CPA

注册会计师全国统一考试应试指导

李彬教你考注会®

AUDITING

审计

李彬 编著　BT教育 组编

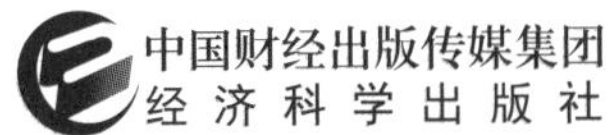

图书在版编目（CIP）数据

审计．2022/李彬编著．--北京：经济科学出版社，2022.3

（李彬教你考注会）

ISBN 978-7-5218-3472-7

Ⅰ.①审…　Ⅱ.①李…　Ⅲ.①审计-资格考试-自学参考资料　Ⅳ.①F239

中国版本图书馆CIP数据核字（2022）第036730号

责任编辑：孙丽丽　撖晓宇
责任校对：靳玉环
责任印制：范　艳

审计（2022）

李　彬　编著　BT教育　组编

经济科学出版社出版、发行　新华书店经销

社址：北京市海淀区阜成路甲28号　邮编：100142

总编部电话：010-88191217　发行部电话：010-88191522

网址：www.esp.com.cn

电子邮箱：esp@esp.com.cn

天猫网店：经济科学出版社旗舰店

网址：http：//jjkxcbs.tmall.com

北京鑫海金澳胶印有限公司印装

787×1092　16开　46.25印张　1180000字

2022年3月第1版　2022年3月第1次印刷

ISBN 978-7-5218-3472-7　定价：98.00元

（图书出现印装问题，本社负责调换。电话：010-88191510）

编 委 会

前言

新一年的备考旅程拉开了序幕，2022 年我们对教材进行了重大且彻底的改革，无论内容加工还是排版形式都进行了极大创新，确保同学们顺利到达通关的彼岸。

21 天教材除保留原有产品特色（知识精简、直击考点）外，还将全书知识点进行了考点制划分，帮大家像完成任务清单一样，对每章内容进行逐个击破。与此同时，我们还针对重难点做出了深入解读，增添了更多的横向关联总结和实务案例，为第一轮备考的学员们提供了充盈的知识库，再也不用因对个别考点一知半解而头疼。我们增加了以下几个模块：

1. 增加章前模块：【考情雷达】+【考点地图】

考生在初学某章时，普遍对内容缺乏整体认知，但没有足够的考试信息做支撑，会陷入“眉毛胡子一把抓”的困境，毕竟是无中生有的过程，没有目标感地盲目学习将导致效率低下。

因此，我们在每章章前都设置了【考情雷达】及【考点地图】功能模块，对本章的考情进行系统分析，标记了往年重要考点，并给出考点类型及考频，让同学们在正式学习前，对本章的内容有一个提纲挈领的认知，以便集中精力去突破关键考点。此外，我们还针对每章内容都做出了学习方法指导，并阐述了本年内容变化，手把手带你渡过难关。

2. 考点制分割，重点分级

为了凸显应试理念，帮助考生快速、高效地实现通关目标，我们一改官方教材的章/节格局，一律以【考点】为任务单元进行全面重组，就像一款打怪升级的游戏，任务完成即可通关。我们对每个考点都进行了专门解读，并在目录中制定了每日任务量和打卡次数，帮助大家拆解全书内容。

此外，我们还根据真题考频对考点重要性进行了标星分级，★越多，代表其越重要，轻重缓急，一目了然。

3. 增加内容模块

【彬哥解读】

在过去的几年中，考生经常反映我们的教材解读不足的问题，对很多知识点的理解均停留在表层，缺乏深入理解。因此 2022 年我们教材增添了更多考点的通俗化解释和深入解读，如公式推导过程、名词原理解释、概念扩充等，帮助同学们挖掘考点深度。

【案例胶卷】

《审计》《公司战略与风险管理》《经济法》这种实务性较强的科目，理论概念均较为抽象，很难令初学者产生具象化认知，因此我们引用了很多实务案例进行补充说明，让同学们对知识掌握的更加精准。

【关联贴纸】

CPA 考试的六门科目并不是六个独立的模块，而是一个有机的整体，各科之间、各章之间，甚至章节内部的知识都盘根错节。在以往的学习过程中，考生们只是对该学科内容各个击破，并没有对关联考点进行延展，这不利于大家养成跨章节的系统性思维。因此，我们开设了此模块，在学习过程中为大家引述相关知识点，做到触类旁通。

【记忆面包】

2022 年特新增了此模块，给大家整理口诀和各种背诵要领。

【考点收纳盒】

将多个知识点做横向串联，以流程图/表格形式针对各类要素进行合并同类项，帮助考生融会贯通。

4. 增加章尾模块

CPA 是一段漫长的征程，缺乏即时反馈，大部分考生往往半途放弃。针对这个痛点，我们在每个单数页的右上角都做了一个进度小标，它会随着学习进度的深入越来越满盈。此外，每章结尾都放置了一段干劲满满的“鸡汤”文，助同学们一路向前。

丈夫欲遂平生志，一载寒窗一举汤，祝每一位 CPA 考生都能顺利通关，考出好成绩！

欢迎 2022 年 CPA 考生加入我们的免费带学群，群内不仅有班班和小伙伴们陪伴你学习，还会不定期分享学习资料。为了达到更好的教学效果，如果你是零基础考生，对该科目缺乏基本认识，也可扫码领取我们的 CPA 小白书电子版进行基础学习、查看勘误文件。

扫码免费领取题库＋随书附送讲义资料

每日计划说明

- 1. 本计划表为同学们做出了 21 天的整体规划，将每科的学习目标都分解成了具体任务，对具有挑战性的章节，我们还列出了学习提示，让考生的备考旅程不再迷茫。
- 2. 该学习计划以每日 3 ~5 小时的有效学习时间作为参考，实际用时因个人基础和学习条件而异，会出现一定程度的提前或延后，可自行做出阶段性调整。
- 3. 首轮学习时，做题正确率在 50% ~60% 为正常情况，但在后续轮次中，应不断消化复习错题，以保证正确率的提升。
- 4. 每完成一项任务，可在后方打勾，每日学习前/完成后查看，会有满满的成就感。
- 5. 周测真题可在 BT 教育 App 或网页端 btclass. com 中找到题库页面参与。

学习计划表

Day1	
章节	第一章　审计概述
所含考点	「考点1」注册会计师的业务类型（★★★） 「考点2」审计的定义和保证水平（★★★） 「考点3」注册会计师审计、政府审计和内部审计（★） 「考点4」审计要素（★★★） 「考点5」审计目标（★★★） 「考点6」审计基本要求（★★★） 「考点7」审计风险（★★★）
学习任务	听视频课 做对应习题 整理改错本 梳理本章框架
学习提示	“地基”章节，内容不难，但是文字表达和专业名词会让你感觉到困难，可以说是晦涩难懂，因为都是外文直译过来的，压根没有考虑过我们读者的感受。学习审计秉持着的原则是，上课认真听老师进行讲解，专业的事情交给专业的人去做，课后熟读课件或教材，培养语感，也要勤于做题，把审计给你埋的坑一一找出来

Day2	
章节	第二章　审计计划
所含考点	「考点1」初步业务活动（★★） 「考点2」总体审计策略和具体审计计划（★） 「考点3」重要性（★★★） 「考点4」错报（★）
学习任务	听视频课 做对应习题 整理改错本 梳理本章框架 复习审计概述
学习提示	凡事预则立，不预则废！审计计划就是讲在做审计的时候应该如何制定计划，这是非常重要的。文字依然是不怎么说“人话”，但是从第一章开始，你已经知道了要如何去学习审计，所以特别要注重老师上课的讲解、课后题目的训练

Day3	
章节	第三章　审计证据
所含考点	「考点1」审计证据的性质（★★★） 「考点2」审计程序（★） 「考点3」函证（★★★） 「考点4」分析程序（★★★）

Day3	
学习任务	听视频课 做对应习题 整理改错本 梳理本章框架 复习审计计划
学习提示	凡事都要讲究证据，对审计这么严谨的学科也是，要用证据说话。所以，就需要去寻找证据，找到了证据还要判断一下是否满足我们的要求。实务性很强，所以对于小白来说不是很好理解，但是也不要过多纠结，本来就不是一遍就能学明白的，要花费时间去复习和做题

Day4	
章节	第四章　审计抽样方法
所含考点	「考点1」审计抽样的基本概念（★★★） 「考点2」审计抽样在控制测试中的应用（★★★） 「考点3」审计抽样在细节测试中的应用（★★★）
学习任务	听视频课 做对应习题 整理改错本 梳理本章框架 复习审计证据
学习提示	你可能会傻眼，为什么还要抽样？证据千千万，哪有这么多人力、物力一个一个盘查，所以就会用到我们统计学里的方法抽样，也不要过于纠结抽样，给到你的概念认真研读，上课认真听老师讲解。本章在理解上还是有一定难度，但是考查还是比较浅显的，所以要认真做题

Day5	
章节	第五章　信息技术对审计的影响＋第六章　审计工作底稿
所含考点	第五章：信息技术对审计的影响 「考点1」信息技术对企业财务报告和内部控制的影响（★） 「考点2」信息技术中的一般控制和应用控制测试（★★） 「考点3」信息技术对审计过程的影响（★） 「考点4」信息技术一般控制对控制风险的影响（★） 「考点5」信息技术应用控制对控制风险和实质性程序的影响（★） 「考点6」在不太复杂的 IT 环境下的审计（★） 「考点7」在较为复杂的 IT 环境下的审计（★） 第六章：审计工作底稿 「考点1」审计工作底稿概述（★★） 「考点2」审计工作底稿的格式、要素和范围（★★） 「考点3」审计工作底稿的归档（★★★）
学习任务	听视频课 做对应习题 整理改错本 梳理本章框架 复习审计抽样方法
学习提示	信息技术对审计的影响，文字读起来吧晦涩难懂，但是对于我们考试来说很友好，不是重点，所以针对考查过的题目进行训练即可。审计工作底稿，学起来还是比较轻松的，容易理解，但是审计题目灵活多变，还是要注重对题目的训练，越是简单的，我们越要把分拿满了，所以还是要勤于做题

Day6	
章节	第七章　风险评估
所含考点	「考点1」风险识别和评估概述（★） 「考点2」风险评估程序、信息来源以及项目组内部的讨论（★） 「考点3」了解被审计单位及其环境（★★★） 「考点4」评估重大错报风险（★★★）
学习任务	听视频课 做对应习题 整理改错本 梳理本章框架 复习信息技术对审计的影响、审计工作底稿
学习提示	代入式学习，你就是最关心公司的人，你想知道公司目前存在着什么风险，首先你得对公司有个了解，从哪些方面了解呢？了解方法有哪些呢？本章就会给到你相应的答案。本章超级重要，有很多重点，但是容易理解。你需要做的就是上课认真听，下课勤于做题

Day7	
章节	第八章　风险应对
所含考点	「考点1」针对财务报表层次重大错报风险的总体应对措施（★★） 「考点2」针对认定层次重大错报风险的进一步审计程序（★） 「考点3」控制测试（★★★） 「考点4」实质性程序（★★★）
学习任务	听视频课 做对应习题 整理改错本 梳理本章框架 复习风险评估
学习提示	通过前面章节，你已经知道公司存在哪些风险，接下来就是要有应对措施了，总不能看着不管吧，所以实务性很强，重点很突出，要引起高度重视

Day8	
章节	第九章　销售与收款循环的审计＋第十章　采购与付款循环的审计
所含考点	第九章：销售与收款循环的审计 「考点1」销售与收款循环的业务活动和相关内部控制（★） 「考点2」销售与收款循环的重大错报风险的评估（★） 「考点3」销售与收款循环的控制测试（★） 「考点4」销售与收款循环的实质性程序（★★） 第十章：采购与付款循环的审计 「考点1」采购与付款循环的业务活动和相关内部控制（★） 「考点2」采购与付款循环的重大错报风险（★） 「考点3」采购与付款循环的控制测试（★） 「考点4」采购与付款循环的实质性程序（★★）

<table>
<tr><th colspan="2">Day8</th></tr>
<tr><td>学习
任务</td><td>听视频课
做对应习题
整理改错本
梳理本章框架
复习风险应对</td></tr>
<tr><td>学习
提示</td><td>这两章都是实务内容，内容很多，但是考点没有很复杂，不要被吓到了，所以上课跟着老师的思路走，下课做对应的题目，去定位相应考点</td></tr>
</table>

<table>
<tr><th colspan="2">Day9</th></tr>
<tr><td>章节</td><td>第十一章　生产与存货循环的审计 + 第十二章　货币资金的审计</td></tr>
<tr><td>所含
考点</td><td>第十一章：生产与存货循环的审计
「考点 1」生产与存货循环的业务活动和相关内部控制（★）
「考点 2」生产与存货循环存在的重大错报风险（★）
「考点 3」生产与存货循环的控制测试（★）
「考点 4」生产与存货循环的实质性程序（★★★）
第十二章：货币资金的审计
「考点 1」货币资金循环的业务活动和相关内部控制（★）
「考点 2」与货币资金相关的重大错报风险（★）
「考点 3」测试货币资金的内部控制（★）
「考点 4」货币资金的实质性程序（★★★）</td></tr>
<tr><td>学习
任务</td><td>听视频课
做对应习题
整理改错本
梳理本章框架
复习销售与收款循环的审计、采购与付款循环的审计</td></tr>
<tr><td>学习
提示</td><td>与前面一天的学习方法是类似的，实务内容，内容很多，但是考点没有很复杂，不要被吓到了，所以上课跟着老师的思路走，下课做对应的题目，去定位相应考点</td></tr>
</table>

<table>
<tr><th colspan="2">Day10</th></tr>
<tr><td>章节</td><td>第十三章　对舞弊和法律法规的考虑</td></tr>
<tr><td>所含
考点</td><td>「考点 1」舞弊的相关概念（★）
「考点 2」风险评估（★★）
「考点 3」风险应对（★★★）
「考点 4」评价审计证据（★）
「考点 5」无法继续执行审计业务（★★）
「考点 6」书面声明（★）
「考点 7」与管理层、治理层和被审计单位之外的适当机构沟通（★★★）
「考点 8」财务报表审计中对法律法规的考虑（★★）</td></tr>
<tr><td>学习
任务</td><td>听视频课
做对应习题
整理改错本
梳理本章框架
复习生产与存货循环的审计、货币资金的审计</td></tr>
</table>

Day10	
学习提示	该怎么形容这一章呢，分值适中，中心明确，逻辑不变（风险评估和风险应对），外加一些小特殊，因为和常规审计不一样，具体怎么不一样，上课认真听老师进行讲解

Day11	
章节	第十四章　审计沟通
所含考点	「考点1」治理层的基本概念（★） 「考点2」沟通的对象（★） 「考点3」沟通的事项（★★★） 「考点4」沟通的过程（★★★） 「考点5」前后任注册会计师的定义（★★★） 「考点6」前后任注册会计师沟通的总体原则（★★★） 「考点7」前后任注册会计师接受委托前的沟通（★★★） 「考点8」前后任注册会计师接受委托后的沟通（★★） 「考点9」发现前任注册会计师审计的财务报表可能存在重大错报时的处理（★）
学习任务	听视频课 做对应习题 整理改错本 梳理本章框架 复习对舞弊和法律法规的考虑
学习提示	我们平时生活中就需要有大量的沟通，跟谁沟通，怎么沟通，沟通方式是怎么样的，特别考验情商。审计同样也是的，也需要沟通，所以本章的内容简单易懂，放轻松即可。但是有很多细碎的地方，就是沟通需要注意的细节点

Day12	
章节	第十五章　注册会计师利用他人的工作
所含考点	「考点1」内部审计的含义（★） 「考点2」内部审计与注册会计师审计的关系（★★） 「考点3」确定是否利用、在哪些领域利用以及在多大程度上利用内部审计的工作（★★★） 「考点4」确定是否利用、在哪些领域利用以及在多大程度上利用内部审计人员提供直接协助（★★★） 「考点5」审计工作底稿（★） 「考点6」专家的概念、利用专家工作的目标及责任（★★★） 「考点7」确定是否利用专家的工作（★） 「考点8」确定专家的工作是否足以实现审计目的（★★★）
学习任务	听视频课 做对应习题 整理改错本 梳理本章框架 复习审计沟通
学习提示	注册会计师不是万能的，什么事儿不可能你全都做了，有些你可能也不会，所以要懂得利用可以利用的资源，提高工作效率，也就是我们本章要学习的利用他人的工作

Day13	
章节	第十六章　对集团财务报表审计的特殊考虑
所含考点	「考点1」集团财务报表审计概述（★★） 「考点2」集团财务报表审计中的责任设定和审计目标（★★★） 「考点3」审计业务的接受与保持（★） 「考点4」重要性（★★★） 「考点5」了解集团及其环境、集团组成部分及其环境（★） 「考点6」了解组成部分注册会计师（★★★） 「考点7」合并过程及期后事项（★★） 「考点8」集团财务报表审计的风险应对（★★★） 「考点9」集团项目组的沟通与评价（★★） 「考点10」评价审计证据的充分性和适当性（★）
学习任务	听视频课 做对应习题 整理改错本 梳理本章框架 复习注册会计师利用他人的工作
学习提示	听这名字就被唬住了，又是集团又是特殊考虑，感觉很吓人。其实不然，内容虽多，但是理解起来不难，与前面内容有些相似，略微有些区别而已

Day14	
章节	第十七章　其他特殊项目的审计
所含考点	「考点1」审计会计估计（★★★） 「考点2」关联方审计（★★★）
学习任务	听视频课 做对应习题 整理改错本 梳理本章框架 复习对集团财务报表审计的特殊考虑
学习提示	看到“特殊”二字就会产生心理反应，可能又是我不会的了。学习本章要保持着耐心，会花费很多时间，做好这样的心理准备就可以了，接下来就是认真听老师讲解，自己课后去做题训练

Day15	
章节	第十七章　其他特殊项目的审计
所含考点	「考点3」持续经营假设（★★） 「考点4」首次接受委托时对期初余额的审计（★★）
学习任务	听视频课 做对应习题 整理改错本 梳理本章框架 复习其他特殊项目的审计相关内容
学习提示	看到“特殊”二字就会产生心理反应，可能又是我不会的了。学习本章要保持着耐心，会花费很多时间，做好这样的心理准备就可以了，接下来就是认真听老师讲解，自己课后去做题训练

Day16	
章节	第十八章　完成审计工作
所含考点	「考点1」评价审计过程中识别的错报（★★★） 「考点2」实施分析程序（★） 「考点3」复核审计工作（包括项目组内部复核和项目质量复核）（★★） 「考点4」期后事项（★★★） 「考点5」书面声明（★★★）
学习任务	听视频课 做对应习题 整理改错本 梳理本章框架 复习其他特殊项目的审计
学习提示	看到“完成”二字，超级开心，终于要收尾了。和我们平时工作中收尾不一样，审计的收尾还是很严谨的，有着具体对应的流程

Day17	
章节	第十九章　审计报告
所含考点	「考点1」审计报告的含义和作用（★） 「考点2」审计报告的基本内容（★） 「考点3」审计意见（★★★） 「考点4」在审计报告中沟通关键审计事项（★★★） 「考点5」在审计报告中增加强调事项段和其他事项段（★★★） 「考点6」比较信息（★★★） 「考点7」注册会计师对其他信息的责任（★★★）
学习任务	听视频课 做对应习题 整理改错本 梳理本章框架 复习完成审计工作
学习提示	来到了第十九章，你快要学完了，不要太开心。听到“报告”二字，就感觉长篇大论，很细碎，方方面面都要顾及，因为不是给一个人看的，是很多人看的。所以就耐心看完吧，做相应的题目训练，定位考点，才是最重要的

Day18	
章节	第二十章　企业内部控制审计
所含考点	「考点1」内部控制审计的相关概念（★★★） 「考点2」计划审计工作（★） 「考点3」选择拟测试的控制——自上而下的方法（★★★） 「考点4」测试控制的有效性（★） 「考点5」企业层面控制的测试（★） 「考点6」业务流程、应用系统或交易层面的控制的测试（★） 「考点7」信息系统控制的测试（★） 「考点8」内部控制缺陷评价（★★★） 「考点9」完成内部控制审计工作（新增） 「考点10」出具审计报告（★★★） 「考点11」内部控制审计和财务报表审计的区别（新增）

Day18	
学习任务	听视频课 做对应习题 整理改错本 梳理本章框架 复习审计报告 复习企业内部控制审计相关内容
学习提示	你可能会疑惑，都学完审计报告了，为什么还有内容？主要是它跟前面的联系不紧密，比较独立，所以重新开始好好学习。但是，你已经有前面的基础了，所以还是可以游刃有余地学习

Day19	
章节	第二十一章　会计师事务所业务质量管理
所含考点	「考点1」会计师事务所的质量管理体系（★★★） 「考点2」项目质量复核（★★★） 「考点3」对财务报表审计实施的质量管理（★）
学习任务	听视频课 做对应习题 整理改错本 梳理本章框架 复习企业内部控制审计
学习提示	学习这一章要转换角度，因为管理的是会计师事务所的质量，前面章节学习的是会计师事务所的客户。转换角度学习之后呢，要注意的是本章细碎、必考，所以耐心学习，注意对题目的训练

Day20	
章节	第二十二章　职业道德基本原则和概念框架
所含考点	「考点1」职业道德基本原则（★） 「考点2」职业道德概念框架（★） 「考点3」注册会计师对职业道德概念框架的具体运用（★★）
学习任务	听视频课 做对应习题 整理改错本 梳理本章框架 复习会计师事务所业务质量管理
学习提示	做人做事都要有职业道德，做审计也是这样的，要有自己的职业道德，把底线守住了

Day21	
章节	第二十三章　审计业务对独立性的要求
所含考点	「考点1」基本概念和要求（★） 「考点2」经济利益——自身利益（★★★） 「考点3」贷款和担保以及商业关系（★★★） 「考点4」家庭和私人关系——自身利益、密切关系或外在压力（★★★） 「考点5」与审计客户发生人员交流（★★★） 「考点6」与审计客户长期存在业务关系——密切关系、自身利益（★★★） 「考点7」为审计客户提供非鉴证服务（★★★） 「考点8」收费（★★） 「考点9」影响独立性的其他事项（★）
学习任务	听视频课 做对应习题 整理改错本 梳理本章框架 复习职业道德的基本原则和概念框架
学习提示	前面讲了要有职业道德，现在是单独把其中一条很重要的独立性拎出来特别说明，足以看出它的重要性。做人要独立，做审计也要独立。篇幅较长，又细碎，耐心学习，课后做题，精准定位考点

目录 | CONTENTS

CHAPTER ONE

第一章　审计概述

考情雷达

本章是对审计基础概念的介绍，包括注册会计师的业务类型、审计的定义和保证水平、注册会计师审计和政府审计的区别、审计五要素、审计目标、审计四大基本要求、审计风险等。从考试情况看，除“具体审计目标”以外其他考点均以客观题的形式呈现，分值为5～8分，属于重点章节，主要是对基础概念的考查，难度不高。考生只要对基础概念进行理解并且熟悉“关键词”就能够轻松应对。

本章新增“内部审计”，当作一个客观题考点掌握。其他考点无实质性变动。

考点地图

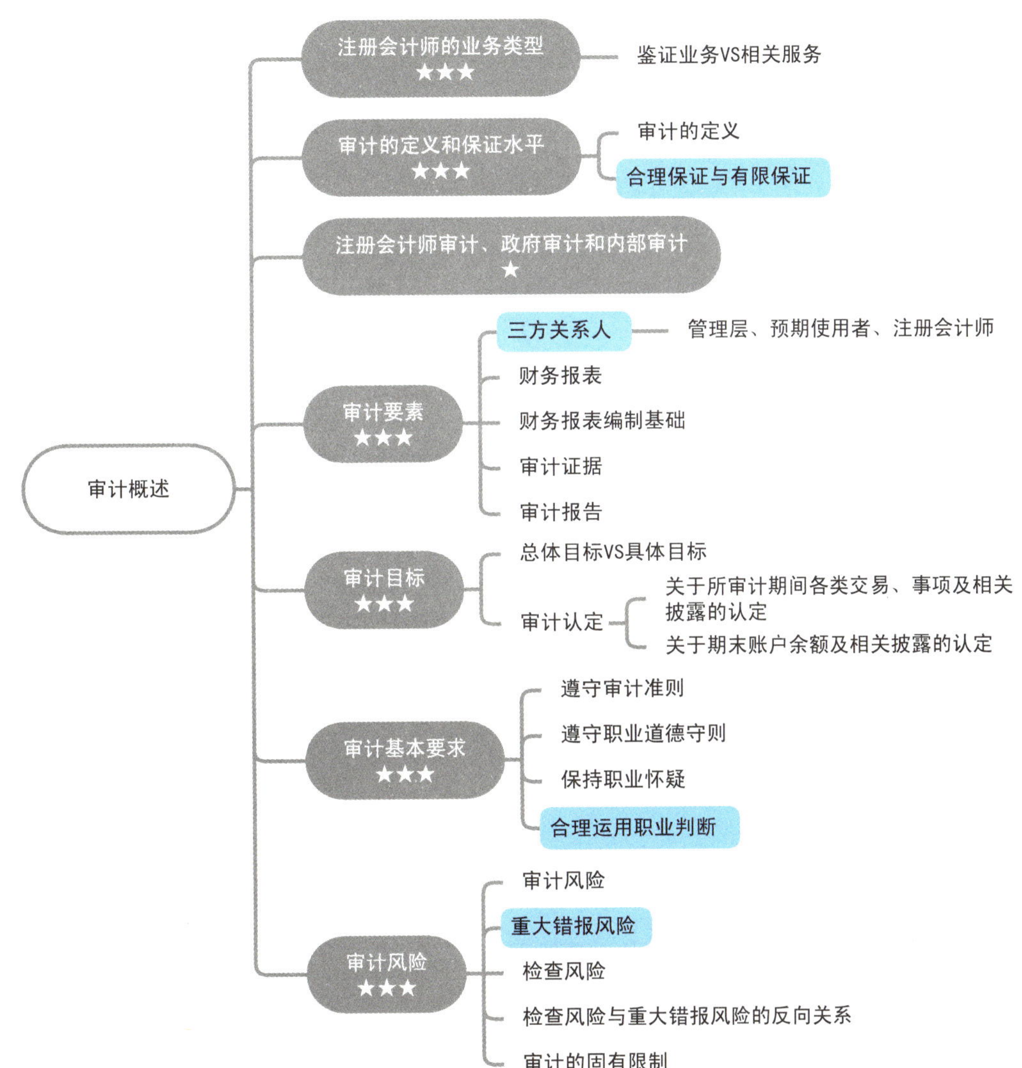

考点1 注册会计师的业务类型（★★★）

注册会计师的业务分为**鉴证业务**和**相关服务**两类。如图1－1所示。

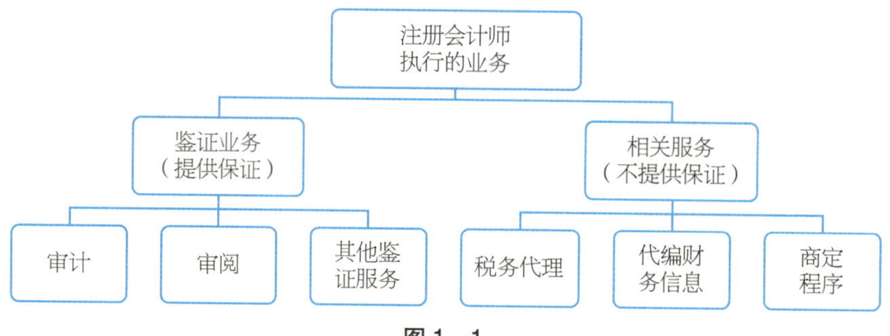

图1－1

彬哥解读

①区分鉴证业务和相关服务是客观题常见考点，属于送分题。区分的基本方法是熟悉上述框架图中常见的业务内容。对于陌生的考点，如“预测性财务信息审核”也可以运用“**秒杀法**”，**只要有“审”字的就是鉴证业务**，其余的就是相关服务。

②对财务信息执行商定程序，是注册会计师对特定财务数据、单一财务报表或整套财务报表等财务信息执行与特定主体商定的具有审计性质的程序，并就执行的商定程序及其结果出具报告。但是注册会计师**仅报告执行的商定程序及其结果，并不提出鉴证结论**。报告使用者自行对注册会计师执行的商定程序及其结果作出评价，并根据注册会计师的工作得出自己的结论。因此不属于鉴证业务，而是相关服务。对这一概念考生无须过分深究，知道属于哪种业务类型即可。

【例题1－1·单选题·2017年】下列各项中，不属于鉴证业务的是（　　）。

A. 财务报表审计　　B. 对财务信息执行商定程序

C. 财务报表审阅　　D. 预测性财务信息审核

【答案】B

【解析】鉴证业务包括审计、审阅和其他鉴证业务。相关服务包括税务咨询和管理咨询、代编财务信息、对财务信息执行商定程序等。

考点2 审计的定义和保证水平（★★★）

（一）审计的定义

财务报表审计是指注册会计师对财务报表是否**不存在重大**错报提供合理保证，以积极方式提出意见，增强除管理层之外的预期使用者对财务报表信赖的程度。

表 1 –1

用户	财务报表的预期使用者，即审计可以用来有效满足财务报表预期使用者的需求
目的	改善财务报表的质量或内涵，增强除管理层之外的预期使用者对财务报表的信赖程度，即以合理保证的方式提高财务报表的可信度，而**不涉及为如何利用信息提供建议**
保证水平	合理保证（是一种高水平的保证）
基础	独立性和专业性
最终产品	审计报告

【提示】

①审计的基础是**独立性和专业性**，不是独立性和客观性，也不是客观性和专业性。独立性，指的是注册会计师要独立于被审计单位和预期使用者。

②审计的最终产品**只有审计报告**，不包含财务报表。财务报表是被审计单位管理层编制的。

【例题 1 –2 · 单选题 · 2014 年】下列有关财务报表审计的说法中，错误的是（　　）。

A. 审计可以有效满足财务报表预期使用者的需求

B. 审计的目的是增强财务报表预期使用者对财务报表的信赖程度

C. 审计涉及为财务报表预期使用者如何利用相关信息提供建议

D. 财务报表审计的基础是注册会计师的独立性和专业性

【答案】C

【解析】本题的选项 AD 都是原文考查，这种题目就要求大家熟读原文即可，审计中有大量这种客观题，难度非常低。

选项 C，审计不涉及为如何利用信息提供建议。“不涉及”是这里面核心关键词，属于常挖坑点。

选项 B，这句话是在原文中抠掉了“除管理层之外的”，这样表述也是对的，因为毕竟管理层也是财务报表预期使用者之一。

（二）合理保证与有限保证

上面我们谈到审计是提供合理保证的鉴证业务。那什么叫作合理保证？还有什么样的保证水平？下面我们进行详细讲解（见表 1 –2）。

表 1 –2

	合理保证（财务报表审计）	有限保证（财务报表审阅）
目标	在可接受的低审计风险下，以积极方式对财务报表整体发表审计意见，提供高水平的保证	在可接受的审阅风险下，以消极方式对财务报表整体发表审阅意见，提供有意义水平的保证
收集证据的程序	包括**检查、观察、询问、函证、重新计算、重新执行、分析程序**等	收集证据的程序受到有意识的限制，主要采用**询问和分析程序**
所需证据数量	较多	较少
检查风险	较低	较高
财务报表的可信性	较高	较低

续表

	合理保证（财务报表审计）	有限保证（财务报表审阅）
提出结论的方式	以积极方式提出结论	以消极方式提出结论
	例如，我们认为，ABC 公司财务报表在所有重大方面按照企业会计准则的规定编制，公允反映了 ABC 公司 2021 年 12 月 31 日的财务状况以及 2021 年度的经营成果和现金流量	例如，根据我们的审阅，我们没有注意到任何事项使我们相信，ABC 公司财务报表没有按照企业会计准则的规定编制，未能在所有重大方面公允反映被审阅单位的财务状况、经营成果和现金流量

【提示】

①只有鉴证业务才有保证水平，相关服务是没有保证的。鉴证业务都是三方关系人，相关服务是两方关系人。因此鉴证业务和相关服务的区别如表 1－3 所示。

表 1－3

鉴证业务	审计（财务报表审计、内部控制审计、其他审计业务）	合理保证	三方关系
	审阅	有限保证	
	其他鉴证业务	保证水平不一定	
相关服务	税务咨询和管理咨询	无保证	两方关系
	代编财务信息		
	对财务信息执行商定程序		

②审计提供的是合理保证、高水平的保证，不是绝对保证。审阅提供的是有限保证、低于高水平的保证、有意义水平的保证，**不能说“低水平保证”。**其他鉴证业务的保证水平是不一定的，有可能是合理保证，也有可能是有限保证。

【例题 1－3·多选题·2020 年】下列各项中，属于合理保证鉴证业务的有（　　）。

A. 财务报表审计业务　　B. 内部控制审计业务

C. 财务报表审阅业务　　D. 审计和审阅以外的其他鉴证业务

【答案】AB

【解析】审计属于合理保证的鉴证业务，选项 AB 正确；审阅属于有限保证的鉴证业务，审计和审阅以外的其他鉴证业务的保证水平是不一定的，有可能是合理保证，也有可能是有限保证。选项 CD 错误。

考点 3　注册会计师审计、政府审计和内部审计（★）

注册会计师审计是指注册会计师接受客户委托，对客户财务报表进行独立检查并发表意见。

政府审计主要是指政府审计机关，例如审计署和地方审计厅局，依法对政府部门的财政收支进行的检查监督，还包括对国有金融机构和企事业组织的财务收支进行的检查监督。

表 1 –4

	政府审计	注册会计师审计
执行主体	政府审计机关（审计署和地方审计厅局）	会计师事务所
审计对象	政府的财政收支或国有金融机构和企事业单位财务收支	企业财务报表
审计目标	确定其是否真实、合法和有效	确定其是否符合会计准则和相关会计制度，是否公允反映了财务状况、经营成果和现金流量
审计标准	依据《中华人民共和国审计法》和审计署制定的《国家审计准则》	依据《中华人民共和国注册会计师法》和财政部批准发布的注册会计师审计准则
经费或收入来源	行政行为，列入同级财政预算，由同级人民政府予以保证	市场行为，有偿服务，由注册会计师和审计客户协商确定
取证权限	相关单位有责任配合，但具有更大的强制力，有关单位和个人应当支持、协助审计相关工作	相关单位有责任配合，但依赖于企业及相关单位配合和协助，对企业和相关单位没有行政强制力
发现问题处理方式	在职权范围内作出审计决定或向有关主管机关提出处理、处罚意见	只能提请企业调整有关数据或进行披露，没有行政强制力，如果企业拒绝调整和披露，注册会计师需根据具体情况予以反映，具体表现为出具保留意见或否定意见的审计报告

内部审计是一种独立、客观的鉴证和咨询活动，它通过运用系统、规范的方法，审查和评价组织的业务活动、内部控制和风险管理的适当性和有效性，以促进组织完善治理、增加价值和实现目标。注册会计师审计与内部审计之间的联系主要体现在，前者在执行业务时可以利用被审计单位的内部审计工作，内部审计应当做好与注册会计师审计的沟通和合作等协调工作，以提高审计效率和效果。内部审计与注册会计师审计的主要区别如表 1 –5 所示。

表 1 –5

	内部审计	注册会计师审计
审计独立性	内审机构受所在单位的直接领导，独立性受到一定的限制，其独立性只是相对于本单位其他职能部门而言的	由与被审计单位完全无关的第三方进行，具有较强的独立性
审计方式	单位根据自身经营管理的需要安排进行	接受委托进行
审计程序	可以根据所执行业务的目的和需要选择并实施必要的程序	需要严格按照执业准则的规定程序进行
审计职责	只对本单位负责，其审计质量基本与外界无直接关系	不仅对被审计单位负责，而且对社会负责，其审计质量对广大财务信息使用者做出相关决策有直接影响
审计作用	内部审计的结论只作为本单位改善工作的参考，对外不起鉴证作用，并对外保密	审计结论则要对外公开并起鉴证作用

考点 4 审计要素（★★★）

所谓审计要素，就是审计所需要涉及的各个方面，首先审计需要**当事人（三方关系人）**，其次审计需要一个**对象（财务报表）**，再次我们去审计总要有个**标准（财务报表编制基础）**判断被审计单位编制的财务报表有没有问题，然后审计就像查案，需要**审计证据**，最后就是出具**审计报告**。

（一）审计业务的三方关系人（当事人）

审计业务的当事人（三方关系人）是：注册会计师、被审计单位管理层（责任方）、财务报表预期使用者（股东、潜在投资人、债权人、政府相关部门、社会公众等），见表1－6。

表1－6

<table>
<tr><th>三方关系人</th><th colspan="2">重点内容</th></tr>
<tr><td>注册会计师</td><td colspan="2">注册会计师通常是指取得注册会计师证书并在会计师事务所执业的项目合伙人或项目组的其他成员，有时也指其所在的会计师事务所。
注册会计师按照审计准则的规定对财务报表发表审计意见，其责任主要是通过签署审计报告确认</td></tr>
<tr><td rowspan="2">被审计单位管理层（责任方）</td><td>三大责任</td><td>①编表之责：
按照适用的财务报告编制基础编制财务报表，并使其实现公允反映（如适用）。
②内控之责：
设计、执行和维护必要的内部控制，以使财务报表不存在由于舞弊或错误导致的重大错报。
③工作条件之责：
向注册会计师提供必要的工作条件，包括允许注册会计师接触与编制财务报表相关的所有信息（如记录、文件和其他事项），向注册会计师提供审计所需的其他信息。允许注册会计师在获取审计证据时不受限制地接触其认为必要的内部人员和其他相关人员</td></tr>
<tr><td>责任解读</td><td>财务报表审计并不减轻管理层或治理层的责任，管理层和治理层理应对编制的财务报表承担完全责任。
如果财务报表存在重大错报，而注册会计师通过审计没能发现，也不能因为财务报表已经被注册会计师审计这一事实而减轻管理层和治理层对财务报表的责任</td></tr>
<tr><td>预期使用者</td><td colspan="2">预期使用者是指预期使用审计报告和财务报表的组织或人员，包括股东、潜在投资人、债权人、政府相关部门、社会公众等。
注册会计师可能无法识别使用审计报告的所有组织和人员，尤其在各种可能的预期使用者对财务报表存在不同的利益需求时。此时，预期使用者主要是指那些与财务报表有重要和共同利益的主要利益相关者。
审计报告的收件人应当尽可能地明确为所有的预期使用者，但在实务中往往很难做到这一点</td></tr>
</table>

【提示】

①由于财务报表是由被审计单位的管理层负责的，因此，注册会计师的审计意见主要是向**除管理层之外**的预期使用者提供的。

②管理层和预期使用者**可能来自同一企业，但并不意味着两者就是同一方**，既有可能是同一方也有可能不是同一方。

③由于审计意见有利于提高财务报表的可信性，有可能对管理层有用，因此，在这种情况下，管理层**也会成为预期使用者之一，但不是唯一的预期使用者**。如果管理层是唯一的预期使用者，就不存在三方关系人了，只有两方关系人，不构成审计业务。

【例题1－4·单选题·2014年】下列有关财务报表审计业务三方关系的说法中，错误的是（　　）。

A. 审计业务的三方关系人分别是注册会计师、被审计单位管理层和财务报表预期使用者

B. 如果注册会计师无法识别出使用审计报告的所有组织或人员，则预期使用者主要是指那些与财务报表有重要和共同利益的主要利益相关者

C. 委托人通常是财务报表预期使用者之一，也可能由责任方担任

D. 如果责任方和财务报表预期使用者来自同一企业，则两者是同一方

【答案】D

【解析】选项AB为原文考查，需要理解并熟悉原文语言。

选项C正确，审计业务的委托人可能是管理层（责任方），也有可能是治理层（如董事会），还有可能是股东（预期使用者）。

选项D错误，在某些情况下，管理层（责任方）和预期使用者可能来自同一企业，但并不意味着两者就是同一方。

（二）财务报表（鉴证对象信息）

在财务报表审计中，审计的对象是历史的财务状况、经营业绩和现金流量。而审计对象的载体是财务报表。

（三）财务报表编制基础（标准）

注册会计师在运用职业判断对审计对象作出合理一致的评价或计量时，需要有适当的标准。

财务报告编制基础分为通用目的编制基础和特殊目的编制基础。

通用目的的编制基础，是旨在满足广大财务报表使用者共同的财务信息需求的财务报告编制基础，主要是指会计准则和会计制度。

特殊目的的编制基础，是旨在满足财务报表特定使用者对财务信息需求的财务报告编制基础，包括计税核算基础、监管机构的报告要求和合同的约定等。

（四）审计证据

注册会计师对财务报表提供合理保证是建立在获取充分、适当证据的基础上的。审计证据，是指注册会计师为了得出审计结论和形成审计意见而使用的必要信息。

（五）审计报告（注册会计师的成果）

注册会计师的审计成果通过审计报告展现，审计报告最核心的就是审计意见。

考点5 审计目标（★★★）

所谓审计的目标，简而言之就是审计需要达到的目的，总体上来看，审计的目标无非就是找出被审计单位财务报表的所有重大问题，并予以纠正，就像警察一样，最后出具恰当的审计报告。但是大目标的实现需要通过小目标的实现而达到。我们需要判断财务报表中每一项交易、账户余额及披露是否不存在重大错报，才能实现总体目标。

（一）审计的总体目标

在执行财务报表审计工作时，注册会计师的总体目标为“发表审计意见、出具审计报告”。

①发表审计意见：对财务报表整体是否不存在由于舞弊或错误导致的重大错报获取合理保证，使得注册会计师能够对财务报表是否在所有重大方面按照适用的财务报告编制基础编制发表审计意见。

②出具审计报告：按照审计准则的规定，根据审计结果对财务报表出具审计报告，并与管

理层和治理层沟通。

【提示】

①对象是“财务报表”，**不是内部控制、不是持续经营假设**等！

②如果表达为：对财务报表整体是否不存在舞弊获取合理保证。是否正确？错！虽然舞弊可能导致财务报表发生重大错报，但是**我们要审的是有没有重大错报，而不是有没有舞弊**！

【例题1－5·多选题·2012年】关于注册会计师执行财务报表审计工作的总体目标，下列说法中，正确的有（　　）。

A. 对财务报表整体是否不存在重大错报获取合理保证，使得注册会计师能够对财务报表是否在所有重大方面按照适用的财务报告编制基础编制发表审计意见

B. 对被审计单位的持续经营能力提供合理保证

C. 对被审计单位内部控制是否存在值得关注的缺陷提供合理保证

D. 按照审计准则的规定，根据审计结果对财务报表出具审计报告，并与管理层和治理层沟通

【答案】AD

【解析】此题为对教材原文内容的考查，注册会计师执行财务报表审计工作的总体目标包括：①对财务报表整体是否不存在由于舞弊或错误导致的重大错报获取合理保证，使得注册会计师能够对财务报表是否在所有重大方面按照适用的财务报告编制基础编制发表审计意见，选项A正确；②按照审计准则的规定，根据审计结果对财务报表出具审计报告，并与管理层和治理层沟通，选项D正确。

审计对象不是持续经营假设，也不是内部控制，选项BC错误。

（二）具体审计目标

我们已经确定了总体审计目标，那么对于接下来的具体目标，我们要如何判断呢？这里就要引入“认定”的概念。

认定是指管理层在财务报表中作出的明确或隐含的表达，注册会计师将其（明确或隐含的表达）用于考虑可能发生的不同类型的潜在错报。

表1－7

两类认定	名称	含义	理解	审计目标
与所审期间各类交易、事项及相关披露有关的认定（利润表项目及附注）	发生	记录或披露的交易和事项已发生，且与被审计单位有关	没有虚构	是真的吗？如果不是真的，就是存在错报
	完整性	所有应当记录的交易和事项均已记录，所有应当包括在财务报表中的相关披露均已包括	没有遗漏	
	准确性	与交易和事项有关的金额及其他数据已恰当记录，相关披露已得到恰当计量和描述	金额准确	
	截止	交易和事项已记录于正确的会计期间	没有跨期（12月31日）	
	分类	交易和事项已记录于恰当的账户	没有跨户	
	列报	交易和事项已被恰当地汇总或分解且表述清楚，相关披露在适用的财务报告编制基础下是相关的、可理解的	表述清楚、相关、可理解	

续表

两类认定	名称	含义	理解	审计目标
与期末账户余额及相关披露有关的认定（资产负债表项目及附注）	存在	记录的资产、负债和所有者权益是存在的	没有虚构	是真的吗？如果不是真的，就是存在错报
	完整性	所有应当记录的资产、负债和所有者权益均已记录，所有应当包括在财务报表中的相关披露均已包括	没有遗漏	
	准确性、计价和分摊	资产、负债和所有者权益以恰当的金额包括在财务报表中，与之相关的计价或分摊调整已恰当记录，相关披露已得到恰当计量和描述	金额准确	
	权利和义务	记录的资产由被审计单位拥有或控制，记录的负债是被审计单位应当履行的偿还义务	资产所有权归你，负债你具有偿还义务	
	分类	资产、负债和所有者权益已记录于恰当的账户	没有跨户	
	列报	资产、负债和所有者权益已被恰当地汇总或分解且表述清楚，相关披露在适用的财务报告编制基础下是相关的、可理解的	表述清楚、相关、可理解	

案例胶卷

表 1－8 具体审计程序举例

项目	认定	目标
运费	发生（没有多记）	该笔运费是否实际发生？
	完整性（没有少记）	该笔运费是否已入账？
	准确性（没有计量不准确）	运费核算计价是否准确，增值税是否单独进行计量？
	截止（没有跨期）	该笔运费是否正确计入本期，没有跨期？
	分类（没有跨户）	该笔运费是否计入正确科目？例如采购的运费应计入存货成本，不应计入销售费用
	列报	运费金额在报表、附注中披露是否准确？
存货	存在（没有多记）	该笔存货是否真实存在？
	准确性、计价和分摊（没有计量不准确）	存货的期末账面价值是按“存货成本跟可变现净值孰低”的原则准确处理的？减值计量是准确的？没有多记也没有少记？
	完整性（没有少记）	该笔存货已完整记录，没有漏记？
	权利和义务	该笔存货所有权都属于你？没有代别人保管的存货？没有被抵押、质押或作为担保物？
	分类（没有跨户）	没有跨户？比如将固定资产和存货记混？
	列报	该笔运费是存货的期末余额减去备抵科目后的净额填入资产负债表中“存货”栏目的？

彬哥解读

①准确性与发生、完整性之间存在区别。发生和完整性是解决“确认”的问题，“准确性”解决的是“计量”的问题。例如将不符合收入确认准则的一笔交易确认为收入，违反了发生认定。如果有一项交易已经满足了收入确认条件，但是没有计入账簿中，违反了完整性认定。如果一项交易满足了收入确认原则，也计入了账簿中，但是金额核算的时候销项税额没有单独核算，计入了收入当中，违反了准确性认定。或者单价核算错了，也违反了准确性认定。

因此，准确性有可能导致“多记”，也可能导致“少记”，但是围绕的是“计量”展开。因此大家在做题的时候不能仅依据金额高了还是低了来判断。

②跨期一定是跨越了12月31日，在资产负债表日前后几天，将本期交易推到下期记录，或将下期交易提前到本期记录。

③将出售经营性固定资产所得的收入记录为营业收入而非资产处置损益，则导致交易分类的错误，违反了分类认定。

④被审计单位将他人寄售的商品列入存货，或者将关联方的欠款计入负债，这些金额虽然并非虚构且没有遗漏，但被审计单位并不对该商品享有权利、对该欠款负有偿还义务，因此违反权利和义务认定。

⑤存货跌价准备、长期资产减值准备、应收账款坏账准备、固定资产折旧、无形资产摊销的相关情形，往往与准确性、计价和分摊认定相关。

【例题1-6·单选题·2010年】对于下列存货认定，通过向被审计单位生产和销售人员询问是否存在过时和周转缓慢的存货，注册会计师认为最可能证实的是（　　）。

A. 准确性、计价和分摊　　B. 权利和义务

C. 存在　　D. 完整性

【答案】A

【解析】存货的过时和周转缓慢，主要是提供了存货是否跌价的相关信息，因此与“准确性、计价和分摊”相关（选项A）。

考点6　审计基本要求（★★★）

审计基本要求包括遵守审计准则、遵守职业道德守则、保持职业怀疑以及合理运用职业判断。

（一）遵守审计准则

注册会计师执行审计业务，必须按照执业准则、规则确定的工作程序出具报告。

（二）遵守职业道德守则

根据职业道德守则，注册会计师应当遵循的基本原则包括：①诚信；②独立性；③客观公正；④专业胜任能力和勤勉尽责；⑤保密；⑥良好职业行为。

（三）保持职业怀疑

1. 职业怀疑的含义

职业怀疑是指注册会计师执行审计业务的一种态度，包括采取质疑的思维方式，对可能表明由于错误或舞弊导致错报的情况保持警觉，以及对审计证据进行审慎评价。

表 1－9

理解要点	说明
秉承质疑的理念	注册会计师应具有批判和质疑的精神，摒弃“存在即合理”的思维，对于提供的证据和解释，不应不假思索的全盘接受。 职业怀疑与**客观公正、独立性**两项职业道德基本原则密切相关。保持独立性可以增强注册会计师在审计中保持客观公正、职业怀疑的能力
对引起疑虑的情形保持警觉	①相互矛盾的证据； ②对可靠性产生怀疑的信息； ③表明可能存在舞弊的情况； ④表明需要实施除审计准则规定外的其他审计程序的情形
审慎评价审计证据	①质疑相互矛盾的审计证据的可靠性； ②在怀疑信息的可靠性或存在舞弊迹象时，注册会计师需要作出进一步调查，并确定需要修改哪些审计程序或实施哪些追加的审计程序； ③虽然注册会计师需要在审计成本与信息的可靠性之间进行权衡，但是，**审计中的困难、时间或成本等事项本身，不能作为省略不可替代的审计程序或满足于说服力不足的审计证据的理由**。 例如注册会计师因为路途遥远成本太高而放弃对大批量存货的监盘程序是不可行的
客观评价管理层和治理层	注册会计师**不应依赖**以往对管理层和治理层诚信形成的判断。即使注册会计师认为管理层和治理层是正直、诚实的，也不能降低保持职业怀疑的要求。 【提示】在客观评价管理层和治理层时，注册会计师**不应该直接假设管理层和治理层是诚信的或者不诚信的**

2. 保持职业怀疑的作用

职业怀疑是保证审计质量的**关键要素**。保持职业怀疑有助于注册会计师恰当运用职业判断，提高审计程序设计及执行的有效性，**降低审计风险**。

表 1－10

在识别和评估重大错报风险时	①有助于注册会计师设计恰当的风险评估程序，有针对性地了解被审计单位及其环境； ②有助于使注册会计师对引起疑虑的情形保持警觉，充分考虑错报发生的可能性和重大程度，有效识别和评估财务报表层次和认定层次的重大错报风险
在设计和实施进一步审计程序应对重大错报风险时	①有助于注册会计师针对评估出的重大错报风险，恰当设计进一步审计程序的性质、时间安排和范围，降低选取不适当的审计程序的可能性； ②有助于注册会计师对已获取的审计证据表明可能存在未识别的重大错报风险的情形保持警觉，并作出进一步调查
在评价审计证据时	①有助于注册会计师评价是否已获取充分、适当的审计证据以及是否还需执行更多的工作； ②有助于注册会计师审慎评价审计证据，纠正仅获取最容易获取的审计证据、忽视存在相互矛盾的审计证据的偏向
对在发现舞弊时，防止审计失败至关重要	①有助于使注册会计师认识到存在由于舞弊导致的重大错报的可能性，不受以前对管理层、治理层正直和诚信形成的判断的影响； ②使注册会计师对获取的信息和审计证据是否表明可能存在由于舞弊导致的重大错报风险始终保持警惕； ③使注册会计师在认为文件可能是伪造的或文件中的某些条款可能已被篡改时，作出进一步调查

【例题1-7·单选题·2015年】下列有关职业怀疑的说法中，错误的是（　　）。

A. 职业怀疑与所有职业道德基本原则均密切相关

B. 职业怀疑是保证审计质量的关键要素

C. 保持职业怀疑可以提高审计程序设计和执行的有效性

D. 职业怀疑要求注册会计师质疑相互矛盾的审计证据的可靠性

【答案】A

【解析】职业怀疑与客观和公正、独立性两项职业道德基本原则密切相关。在审计中，看见“所有”这种字眼的答案我们都应该关注，根据审计的谨慎性，一般不会用绝对性的字眼，所以需要特别关注。

（四）合理运用职业判断

1. 含义

职业判断是指在审计准则、财务报告编制基础和职业道德要求的框架下，注册会计师综合运用相关知识、技能和经验，作出适合审计业务具体情况、有根据的行动决策。

2. 运用环节

职业判断是注册会计师行业的精髓，涉及注册会计师执业的各个环节，在作出下列决策时尤为重要：

①确定**重要性，识别和评估重大错报风险**；

②为满足审计准则的要求和收集审计证据的需要，确定所需实施的**审计程序**的性质、时间安排和范围；

③为实现审计准则规定的目标和注册会计师的总体目标，评价是否已获取充分、适当的**审计证据**以及是否还需执行更多的工作；

④评价管理层在运用适用的**财务报告编制基础**时作出的判断；

⑤根据已获取的审计证据**得出结论**，如评估管理层在编制财务报表时作出的会计估计的合理性；

⑥运用**职业道德概念框架**识别、评估和应对影响职业道德基本原则的不利因素。

3. 提高职业判断质量

注册会计师是职业判断的主体，**职业判断能力**是注册会计师胜任能力的**核心**。通常来说，注册会计师具有下列特征可能有助于提高职业判断质量：

①丰富的知识、经验和良好的专业技能**（能力）**；

②独立、客观和公正**（道德）**；

③保持适当的**职业怀疑**。

4. 衡量职业判断质量标准

表1-11

标准	解释	标准的理解
准确性或意见一致性	职业判断结论与特定标准或客观事实的相符程度。不同职业判断主体针对同一职业判断问题所作判断彼此认同的程度	**准确性是指**与客观事实（或标准）的契合度；意见一致性是指在不同的人之间意见一致

续表

标准	解释	标准的理解
决策一贯性和稳定性	同一注册会计师针对同一项目的不同判断问题，所作出的判断之间是否符合应有的内在逻辑，以及同一注册会计师针对相同的职业判断问题，在不同时点所作出的判断是否结论相同或相似	决策一贯性是指不同的问题之间逻辑契合度。稳定性是指在不同时间对同一问题决策保持稳定
可辩护性	注册会计师是否能够证明自己的工作，通常，理由的充分性、思维的逻辑性和程序的合规性是可辩护性的基础	—

5. 提高职业判断的可辩护性的书面记录

注册会计师需要对职业判断作出适当的书面记录，对下列事项进行书面记录，有利于提高职业判断的可辩护性：

①对职业判断问题和目标的描述；

②解决职业判断相关问题的思路；

③收集到的相关信息；

④得出的结论以及得出结论的理由；

⑤就决策结论与被审计单位进行沟通的方式和时间。

注册会计师编制的审计工作底稿，应当使得未曾接触该项审计工作的有经验的专业人士了解在对重大事项得出结论时作出的重大职业判断。

记忆面包

这一考点基本上是原文考查，因此掌握记忆方法很重要。记忆方式按照解决问题的基本思路往下串即可：描述问题是什么→解决思路是什么→收集到了什么信息→得出了什么结论→最后就你的结论进行沟通交流。

【例题1-8·单选题·2017年】下列有关职业判断的说法中，错误的是（　　）。

A. 职业判断能力是注册会计师胜任能力的核心

B. 注册会计师应当书面记录其在审计过程中作出的所有职业判断

C. 注册会计师保持独立有助于提高职业判断质量

D. 注册会计师工作的可辩护性是衡量职业判断质量的重要方面

【答案】B

【解析】选项ACD均为原文考查，由此可知，大家一定要熟悉教材原文。

选项B，注册会计师需要对重大职业判断作出适当的书面记录，但是并非对其在审计过程中作出的所有职业判断均进行书面记录。

审计题目中，一般看见“所有”“肯定”“必须”字眼的都要谨慎对待，这里一般都会出现陷阱。

考点7 审计风险（★★★）

（一）审计风险

审计风险是指当财务报表存在重大错报时，注册会计师**发表不恰当审计意见的可能性**。

审计风险**取决于**重大错报风险和检查风险。

（二）重大错报风险

1. 含义

重大错报风险是指财务报表在**审计前**存在重大错报的可能性。重大错报风险与被审计单位的风险相关，且**独立于**财务报表审计而存在。

【提示】重大错报风险是**客观存在的风险，注册会计师不能降低，只能评估**。

2. 层次

注册会计师应当从财务报表层次和各类交易、账户余额及披露认定层次方面考虑重大错报风险（见表1－12）。

表1－12

<table>
<tr><th>层次</th><th colspan="4">理解要点</th><th></th></tr>
<tr><td>财务报表层次重大错报风险</td><td colspan="5">①与财务报表整体存在广泛联系，可能影响多项认定；
②通常受被审计单位控制环境的影响，但也可能与其他因素有关；
③此类风险难以界定于某类交易、账户余额和披露的具体认定；
④此类风险增大了认定层次发生重大错报的可能性</td></tr>
<tr><td rowspan="5">认定层次的重大错报风险</td><td>含义</td><td colspan="4">与各类交易、账户余额和披露认定有关</td></tr>
<tr><td rowspan="4">分类</td><td rowspan="2">固有风险</td><td>含义</td><td>指在考虑相关的内部控制之前，某类交易、账户余额或披露的某一认定易于发生错报（该错报单独或连同其他错报可能是重大的）的可能性</td><td rowspan="4">注册会计师既可以对固有风险和控制风险进行单独评估，也可以合并评估</td></tr>
<tr><td>举例</td><td>复杂的计算比简单计算更可能出错。
受重大计量不确定性影响的会计估计发生错报的可能性较大</td></tr>
<tr><td rowspan="2">控制风险</td><td>含义</td><td>指某类交易、账户余额或披露的某一认定发生错报，该错报单独或连同其他错报是重大的，但没有被内部控制及时防止或发现并纠正的可能性</td></tr>
<tr><td>要点</td><td>控制风险取决于与财务报表编制有关的内部控制设计的合理性和运行的有效性。
由于控制的固有局限性，某种程度的控制风险始终存在</td></tr>
</table>

【例题1－9·单选题·2018年】下列有关固有风险和控制风险的说法中，正确的是（　　）。

A. 财务报表层次和认定层次的重大错报风险可以细分为固有风险和控制风险

B. 固有风险和控制风险与被审计单位的风险相关，独立于财务报表审计而存在

C. 注册会计师无法单独对固有风险和控制风险进行评估

D. 固有风险始终存在，而运行有效的内部控制可以消除控制风险

【答案】B

【解析】选项A错误，认定层次的重大错报风险才可以进一步细分为固有风险和控制风险。

选项C错误，注册会计师既可以对固有风险和控制风险进行单独评估，也可以对其进行合并评估。

选项D错误，控制风险取决于与财务报表编制有关的内部控制设计的合理性和运行的有效性。由于控制的固有局限性，某种程度的控制风险始终存在。

（三）检查风险（见表1－13）

表1－13

含义	检查风险是指如果存在某一错报，该错报单独或连同其他错报可能是重大的，注册会计师为将审计风险降至可接受的低水平而实施程序后没有发现这种错报的风险	
理解要点	检查风险取决于什么	检查风险取决于审计程序设计的合理性和执行的有效性
	能否可以降低	检查风险可以降低，但是不可能降低为零
	如何降低	注册会计师可以通过适当计划、在项目组成员之间进行恰当的职责分配、保持职业怀疑的态度以及监督、指导和复核项目组成员执行的审计工作降低检查风险

【提示】

①要重点关注审计风险、重大错报风险和检查风险的含义，考题中经常将三者混淆考查。

②重大错报风险是客观的，不能降低，但是检查风险是和注册会计师工作挂钩的，可以降低。

③既然检查风险可以降低，那么审计风险也可以降低。

【例题1－10·单选题·2017年】下列有关检查风险的说法中，错误的是（　　）。

A. 检查风险是指注册会计师未通过审计程序发现错报，因而发表不恰当审计意见的风险

B. 检查风险取决于审计程序设计的合理性和执行的有效性

C. 检查风险通常不可能降低为零

D. 保持职业怀疑有助于降低检查风险

【答案】A

【解析】选项A错误，审计风险是指当财务报表存在重大错报时，注册会计师发表不恰当审计意见的可能性。而检查风险是指如果存在某一错报，该错报单独或连同其他错报可能是重大的，注册会计师为将审计风险降至可接受的低水平而实施程序后没有发现这种错报的风险。

（四）检查风险与重大错报风险的反向关系

审计风险模型（见图1－2）：

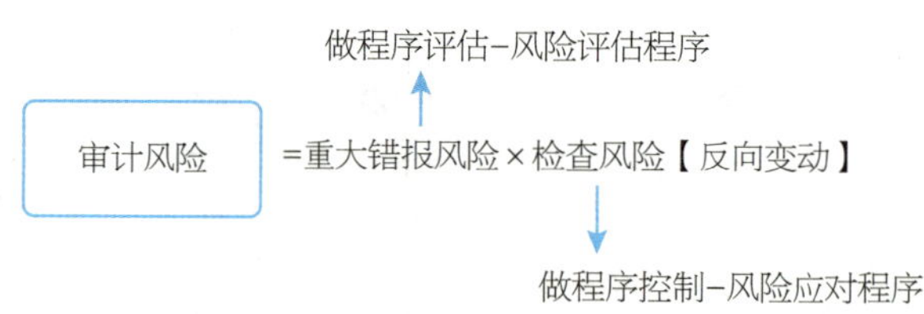

图1-2

彬哥解读

审计风险模型遵循“一定两反”原则。

①审计风险是注册会计师根据实际情况预先设定的。

②评估的重大错报风险和检查风险是反向变动关系。当评估的重大错报风险越高，就要求注册会计师降低检查风险。

【提示】实务中，注册会计师不一定用绝对数量表达这些风险水平，而是选用“高”“中”“低”等文字进行定性描述。

（五）审计的固有限制

注册会计师不可能将审计风险降至为零正是由于审计存在固有限制。

表1-14

审计固有限制的来源	财务报告的性质	①管理层编制财务报表，需要根据被审计单位的事实和情况运用适用的财务报告编制基础的规定，在这一过程中需要作出判断； ②此外，许多财务报表项目涉及主观决策、评估或不确定性，并且可能存在一系列可接受的解释或判断，因此金额本身存在一定的变动幅度，这种变动幅度不能通过实施追加审计程序予以消除
	审计程序的性质	①管理层或其他人员可能有意或无意地不提供与财务报表编制相关的或注册会计师要求的全部信息； ②舞弊可能涉及精心策划和蓄意实施以进行隐瞒； ③审计不是对涉嫌违法行为的官方调查。 【记忆面包】管理层不配合、舞弊精心策划、程序非官方调查
	财务报告的及时性和成本效益的权衡	为了在合理的时间内以合理的成本对财务报表形成审计意见，注册会计师有必要： ①计划审计工作，以使审计工作以有效的方式得到执行； ②将审计资源投向最可能存在重大错报风险的领域，并相应地在其他领域减少审计资源（执行风险导向审计）； ③运用测试和其他方法检查总体中存在的错报（抽样）
审计存在固有限制的影响	①大多数审计证据是说服性而非结论性的； ②注册会计师不能对财务报表不存在由于舞弊或错误导致的重大错报获取绝对保证； ③完成审计工作后发现由于舞弊或错误导致的财务报表重大错报，其本身并不表明注册会计师没有按照审计准则的规定执行审计工作。注册会计师是否按照审计准则的规定执行了审计工作，取决于注册会计师在具体情况下实施的审计程序，由此获取的审计证据的充分性和适当性，以及根据总体目标和对审计证据的评价结果而出具审计报告的恰当性； ④审计固有限制不是注册会计师满足于说服力不足的审计证据的理由	

【例题 1 – 11 · 单选题 · 2019 年】 下列各项中，不属于审计固有限制的来源的是（　　）。

A. 注册会计师可能满足于说服力不足的审计证据

B. 管理层可能不提供与财务报表编制相关的全部信息

C. 注册会计师获取审计证据的能力受到法律上的限制

D. 管理层在编制财务报表的过程中需要运用判断

【答案】 A

【解析】 选项 A 不属于，审计中的困难、时间或成本等事项本身，不能作为注册会计师省略不可替代的审计程序或满足于说服力不足的审计证据的理由。

选项 BCD 属于，审计的固有限制源于：①财务报告的性质（选项 D）；②审计程序的性质（选项 BC）；③在合理的时间内以合理的成本完成审计的需要。

世上每个人本来就有自己的发展时区。有些人看似走在你前面，也有人看似走在你后面，但其实每个人在自己的时区有自己的步程。不用嫉妒或嘲笑他们。他们都在自己的时区里，你也是。生命就是等待正确的行动时机。你没有落后，你也没有领先。在命运为你安排的属于自己的时区里，一切都准时。

CHAPTER TWO

第二章 审计计划

考情雷达

在实施审计程序中，注册会计师首先需要实施初步业务活动判断是否承接业务委托，承接委托以后制定审计计划。在制定审计计划时需要确定重要性，以及界定什么叫作错报，为注册会计师判断财务报表是否不存在重大错报提供基础，这就是本章的学习内容。从考试情况看，本章主要以客观题的形式考查，重要性会涉及主观题，特别是会和第十八章相结合考查综合题，属于非常重要的章节，分值为5分左右，客观题难度很低，基本上以原文考查为主，主观题难度适中，需要考生深刻理解重要性的概念和运用。

本章内容与去年相比无实质性变化。

考点地图

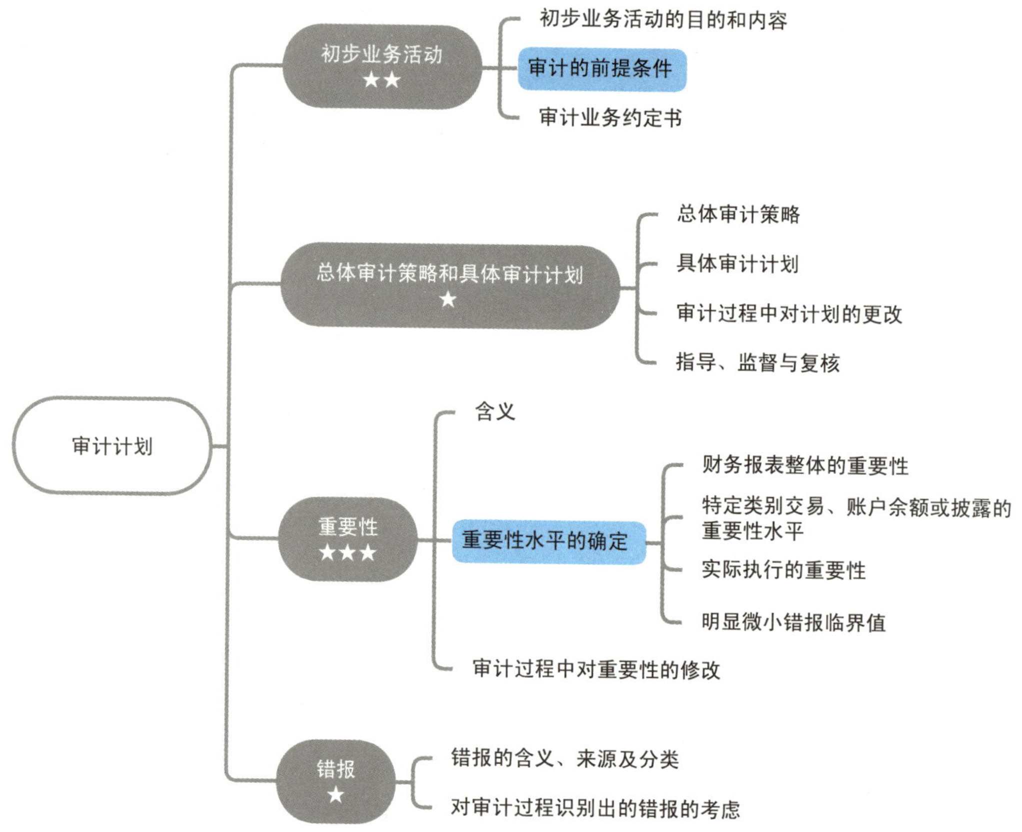

考点1 初步业务活动（★★）

所谓初步业务活动，意思就是在审计计划中第一步要做的工作，那无非就是考查项目，判断能否签订合同。

（一）初步业务活动的目的和内容（见表2－1）

表2－1

	目的	内容
考查自己	具备执行业务所需的独立性和能力	评价遵守相关职业道德要求的情况
考查对方	不存在因管理层诚信问题而可能影响注册会计师保持该项业务的意愿的事项	针对保持客户关系和具体审计业务，实施相应的质量管理程序
达成一致	与被审计单位之间不存在对业务约定条款的误解	就审计业务约定条款与被审计单位达成一致意见

在连续审计的业务中，这些初步业务活动通常在上期审计工作结束后不久或将要结束时就已经开始了。

【提示】初步业务活动主要考查客观题，熟悉关键词遵照原文就可以轻松应对。但是要注意，初步业务活动是承接业务委托之前的工作，承接业务委托以后的活动不属于初步业务活动的内容，例如评价被审计单位内部控制是否有效就不属于初步业务活动。

【例题2－1·多选题·2019年】下列各项中，属于注册会计师应当开展的初步业务活动的有（　　）。

A. 针对接受或保持客户关系实施相应的质量管理程序

B. 确定审计范围和项目组成员

C. 就审计业务约定条款与被审计单位达成一致

D. 评价遵守相关职业道德要求的情况

【答案】ACD

【解析】选项ACD正确，注册会计师应当开展下列初步业务活动：①针对保持客户关系和具体审计业务实施相应的质量管理程序（选项A）；②评价遵守相关职业道德要求的情况（选项D）；③就审计业务约定条款达成一致意见（选项C）。

选项B错误，确定审计范围和项目组成员属于总体审计策略的范畴，属于承接业务委托以后的活动。

（二）审计的前提条件（见图2－1）

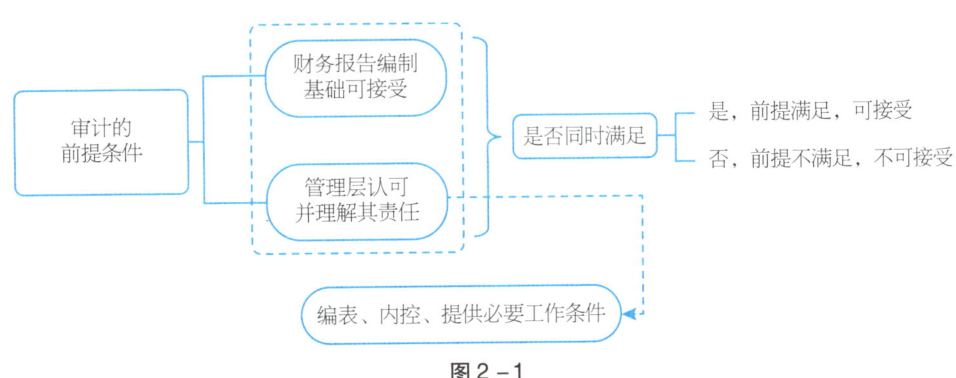

图2－1

1. 财务报告编制基础

确定财务报告编制基础的可接受性时，需要考虑以下相关因素：

①被审计单位的性质，例如被审计单位是商业企业、公共部门实体还是非营利组织；

②财务报表的目的，例如编制报表是用于满足广大财务报表使用者共同的财务信息需求，还是用于满足财务报表特定使用者的财务信息需求；

③财务报表的性质，例如财务报表是整套的还是单一的；

④法律法规是否规定了适用的财务报告编制基础。

记忆面包

营利 or 非营利？共同 or 特定？整套 or 单一？

2. 管理层三大责任确认的形式

注册会计师应当要求管理层就其已履行的某些责任提供书面声明。

如果管理层不认可其责任，或不同意提供书面声明，注册会计师将不能获取充分、适当的审计证据。在这种情况下，注册会计师承接此类业务是不恰当的，除非法律法规另有规定。如果法律法规要求承接此类审计业务，注册会计师可能需要向管理层解释这种情况的重要性及其对审计报告的影响。

【例题 2－2·多选题·2013 年】为确定审计的前提条件是否存在，下列各项中，注册会计师应当执行的工作有（　　）。

A. 确定被审计单位是否存在违反法律法规行为

B. 确定被审计单位的内部控制是否有效

C. 确定管理层在编制财务报表时采用的财务报告编制基础是否是可接受的

D. 确定管理层是否认可并理解其与财务报表相关的责任

【答案】CD

【解析】选项 CD 正确，审计的前提条件包括：①确定管理层在编制财务报表时采用的财务报告编制基础是否是可接受的；②就管理层责任达成一致意见，即确定管理层是否认可并理解其与财务报表相关的责任。

选项 AB 错误，确定被审计单位是否存在违反法律法规行为和确定被审计单位的内部控制是否有效均属于注册会计师承接审计业务后的相关工作。

（三）审计业务约定书

会计师事务所承接任何审计业务，都应与被审计单位签订审计业务约定书。

1. 审计业务约定书的基本内容

①目标范围：财务报表审计的目标与范围；

②乙方责任：注册会计师的责任；

③甲方责任：管理层的责任；

④编制基础：指出用于编制财务报表所适用的财务报告编制基础；

⑤审计报告：提及注册会计师拟出具的审计报告的预期形式和内容，以及对在特定情况下

出具的审计报告可能不同于预期形式和内容的说明。

2. 审计业务约定书的特殊考虑

如果情况需要，注册会计师还可能考虑在审计业务约定书中列明下列内容：

①收费的计算基础和收费安排；

②审计报告中沟通关键审计事项的要求；

③在某些方面对利用其他注册会计师和专家工作的安排；

④对审计涉及的内部审计人员和被审计单位其他员工工作的安排；

⑤在首次审计的情况下，与前任注册会计师（如存在）沟通的安排。

【提示】

①以上内容不是“应当”包含在审计业务约定书中的，是“可能”。

②可能考虑在审计业务约定书中列明的内容本教材并没有全部展示，而是只挑选了部分项目进行罗列，考查概率很低，万一出现考题用排除法更合适。

3. 组成部分审计

如果母公司的注册会计师同时也是组成部分注册会计师，需要考虑下列因素，决定是否向组成部分单独致送审计业务约定书：

①组成部分注册会计师的委托人（委托人不一样，单独签）；

②是否对组成部分单独出具审计报告（单独报告，单独签）；

③与审计委托相关的法律法规的规定；

④母公司占组成部分的所有权份额（份额小，单独签）；

⑤组成部分管理层相对于母公司的独立程度（越独立，单独签）。

4. 连续审计

对于连续审计，注册会计师应当根据具体情况评估是否需要对审计约定条款作出修改，以及是否需要提醒被审计单位注意现有的条款。

注册会计师可以决定不在每期都致送新的业务约定书或其他书面协议。然而，下列因素可能导致注册会计师修改审计业务约定条款或提醒被审计单位注意现有的业务约定条款：

①有迹象表明被审计单位误解审计目标和范围；

②需要修改约定条款或增加特别条款；

③被审计单位高级管理人员近期发生变动；

④被审计单位所有权发生重大变动；

⑤被审计单位业务的性质或规模发生重大变化；

⑥法律法规的规定发生变化；

⑦编制财务报表采用的财务报告编制基础发生变更；

⑧其他报告要求发生变化。

【例题 2－3·单选题·2016 年】下列有关审计业务约定书的说法中，错误的是（　　）。

A. 审计业务约定书应当包括注册会计师的责任和管理层的责任

B. 如果集团公司的注册会计师同时也是组成部分注册会计师，则无须向组成部分单独致送审计业务约定书

C. 对于连续审计，注册会计师可能不需要每期都向被审计单位致送新的审计业务约定书

D. 注册会计师应当在签订审计业务约定书之前确定审计的前提条件是否存在

【答案】B

【解析】选项A正确，审计业务约定书的基本内容包括：①财务报表审计的目标与范围；②注册会计师的责任；③管理层的责任；④指出用于编制财务报表所适用的财务报告编制基础；⑤提及注册会计师拟出具的审计报告的预期形式和内容，以及对在特定情况下出具的审计报告可能不同于预期形式和内容的说明。

选项B错误，如果母公司的注册会计师同时也是组成部分的注册会计师不一定向组成部分单独致送审计业务约定书。

选项C正确，对于连续审计，注册会计师可以决定不在每期都致送新的业务约定书或其他书面协议。

选项D正确，确定审计前提条件是签订审计业务约定前应该做的工作。

5. 审计业务约定条款的变更

变更审计业务约定条款的要求：

在完成审计业务前，如果被审计单位或委托人要求将审计业务变更为保证程度较低的业务，注册会计师应当确定是否存在合理理由予以变更（见表2－2）。

表2－2

变更理由	是否合理	能否提及之前的业务以及原审计业务中已执行的程序	
①**环境变化**对审计服务的需求产生影响。 ②对原来要求的审计业务的性质**存在误解**	合理	审计→审阅、其他相关服务	不可以
		审计→商定程序	可以
③无论是管理层施加的还是其他情况引起的**审计范围受到限制**。 【提示】一旦范围受限就是不合理的理由	不合理	如果注册会计师不同意变更审计业务约定条款，而管理层又不允许继续执行原审计业务，注册会计师应当： ①在适用的法律法规允许的情况下，**解除审计业务约定**。 **【提示】而非直接解除业务约定**。 ②确定**是否有约定义务或其他义务**向治理层、所有者或监管机构等**报告**该事项	

【例题2－4·多选题·2018年】下列各项中，通常可以作为变更审计业务的合理理由的有（　　）。

A. 环境变化对审计服务的需求产生影响

B. 委托方对原来要求的审计业务的性质存在误解

C. 管理层对审计范围施加限制

D. 客观因素导致审计范围受到限制

【答案】AB

【解析】选项AB正确，导致业务变更的合理理由只有：①环境变化对审计服务的需求产生影响；②对原来要求的审计业务的性质存在误解。

选项CD错误，无论是管理层施加的还是其他情况引起的审计范围受到限制，通常不被认为是变更业务的合理理由。

直接按照核心关键词“环境变化”“存在误解”“范围受限”迅速定位正确答案。

考点2 总体审计策略和具体审计计划（★）

审计计划分为总体审计策略和具体审计计划两个层次。

总体审计策略指导具体审计计划的制定，通常在具体审计计划之前。但两项计划具有内在紧密联系，对其中一项的决定可以影响甚至改变另一项的决定。

（一）总体审计策略

注册会计师制定总体审计策略的目的是用以确定审计范围、时间安排和审计方向，并指导具体审计计划的制定。

图2－2

1. 审计范围需要考虑的事项（见表2－3）

表2－3

内容（包括但不限于）	①由组成部分注册会计师审计组成部分的范围； ②内部审计工作的可获得性及注册会计师拟信赖内部审计工作的程度； ③对利用在以前审计工作中获取审计证据的预期； ④信息技术对审计程序的影响，包括数据的可获得性和对使用计算机辅助审计技术的预期； ⑤协调审计工作与中期财务信息审阅的预期涵盖范围和时间安排，以及中期审阅所获取的信息对审计工作的影响
理解要点	与自己的工作范畴、利用他人工作相关的事项

2. 报告目标、时间安排和所需沟通需要考虑的事项（见表2－4）

表2－4

内容（包括但不限于）	①被审计单位对外报告的时间表，包括中间阶段和最终阶段； ②与管理层和治理层举行会谈，讨论审计工作的性质、时间安排和范围； ③与管理层和治理层讨论注册会计师拟出具的报告和类型的时间安排以及沟通的事项； ④与组成部分注册会计师沟通拟出具的报告的类型和时间安排； ⑤项目组成员之间沟通的预期性质和时间安排
理解要点	报告目标、执行审计工作的时间安排以及对相关事项的沟通等

3. 审计方向（重点）

总体审计策略的制定应当包括考虑影响审计业务的重要因素，以确定项目组工作方向，包括确定适当的重要性水平，初步识别可能存在较高的重大错报风险的领域，初步识别重要的组成部分和账户余额，评价是否需要针对内部控制的有效性获取审计证据（即是否需要做控制测试），识别被审计单位、所处行业、财务报告要求及其他相关方面最近发生的**重大变化**等。

在确定审计方向时，注册会计师需要考虑下列事项（包括但不限于）（见表 2－5）：

表 2－5

内容（包括但不限于）	①重大错报风险较高的审计领域； ②评估的财务报表层次的重大错报风险对指导、监督及复核的影响； ③项目组人员的选择（在必要时包括项目质量复核人员）和工作分工，包括向重大错报风险较高的审计领域分派具备适当经验的人员； ④项目预算，包括考虑为重大错报风险可能较高的审计领域分配适当的工作时间； ⑤如何向项目组成员强调在收集和评价审计证据过程中保持职业怀疑的必要性
理解要点	与评估重大错报相联系

4. 审计资源（见表 2－6）

表 2－6

内容（包括但不限于）	①向具体审计领域调配的资源，包括向高风险领域分派有适当经验的**项目组成员**、就复杂的问题利用**专家**工作等； ②向具体审计领域分配资源的多少，包括分派到重要地点进行存货监盘的项目组成员的人数、在集团审计中复核组成部分注册会计师工作的范围、向高风险领域分配的审计时间预算等； ③何时调配这些资源，包括是在期中审计阶段还是在关键的截止日期调配资源等； ④如何管理、**指导**、监督这些资源，包括预期何时召开项目组预备会和总结会，预期项**目合伙人和经理如何进行复核**，**是否需要实施项目质量复核**等
理解要点	人力物力财力这些资源用在哪儿，用多少，如何调配，如何管理、指导、监督

【提示】

①确定**重要性水平**是总体审计策略——审计方向的内容，不是具体审计计划的内容，这是常考项。

②总体审计策略的内容就考查过一次，属于非重点内容，我们只节选了部分可考性较高的内容做了展示，大家无须投入太多时间记忆。

③《中国注册会计师审计准则第 1201 号——计划审计工作》初步业务活动的**结果**以及为被审计单位提供其他服务时所获得的经验**也能够**帮助注册会计师制定总体审计策略。

（二）具体审计计划（认定层次）

确定**审计程序的性质、时间安排和范围的决策**是具体审计计划的**核心**。

具体审计计划应当包括风险评估程序、计划实施的进一步审计程序和其他审计程序，如图 2－3 所示。

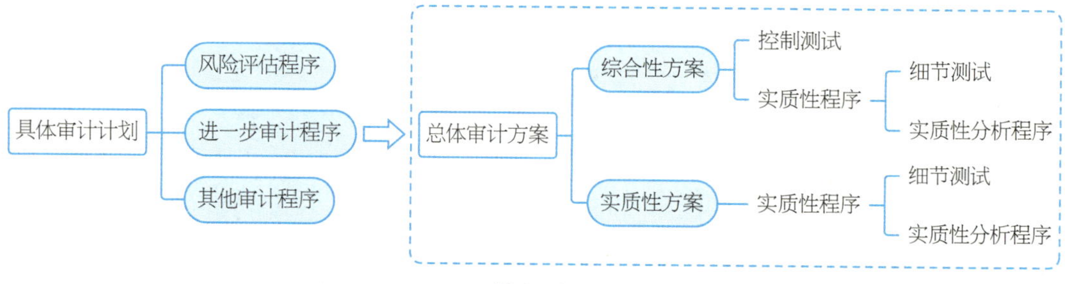

图 2－3

彬哥解读

①具体审计计划的核心词为“程序”，在区分总体审计策略和具体审计计划时通常可以直接采用“秒杀法”，有“程序”的就是具体审计计划，没有程序的就是总体审计策略。

②总体审计方案的选择虽然有“总体”两个字，但是属于具体审计计划的范畴。总体审计方案在有的题目中也叫作“审计方案”，是一个意思。

③计划的其他审计程序可以包括进一步审计程序中没有涵盖的、根据其他审计准则的要求注册会计师应当执行的既定程序，例如，舞弊、持续经营、法律法规以及关联方等。

【例题 2 -5·多选题·2016 年】下列各项中，属于具体审计计划活动的有（　　）。

A. 确定重要性

B. 确定是否需要实施项目质量管理复核

C. 确定风险评估程序的性质、时间安排和范围

D. 确定进一步审计程序的性质、时间安排和范围

【答案】CD

【解析】选项 A 错误，确定重要性是在制定总体审计策略时考虑。

选项 B 错误，确定是否需要实施项目质量管理复核是在制定总体审计策略的审计资源时确定的。

选项 CD 正确，确定进一步审计程序的性质、时间安排和范围，是具体审计计划的核心。具体审计计划包括：①风险评估程序；②计划实施的进一步审计程序；③计划其他审计程序。

本题也可以用秒杀法，选项 CD 有“程序”，属于具体审计计划活动。

（三）审计过程中对计划的更改

1. 总体要求

计划审计工作并非审计业务的一个孤立阶段，而是一个持续的、不断修正的过程，**贯穿于整个审计业务的始终**。

如果注册会计师在审计过程中对总体审计策略或具体审计计划作出重大修改，**应当**在审计工作底稿中**记录作出的重大修改及其理由**。

彬哥解读

①大家首先要识别出什么属于审计计划的修改，例如重要性、审计方案的修改等。其次，如果对审计计划实施了重大修改，**底稿中旧的计划不能删除**，新的计划要写到底稿中，并且写清楚修改的理由。

②审计计划贯穿始终的意思是，审计计划和审计程序之间不存在确定的先后关系，而是穿插进行的。

2. 特别事项

以下事项的修改会直接导致修改审计计划，也会导致对审计工作作出适时调整：

①对重要性水平的调整；
②对某类交易、账户余额和披露的重大错报风险评估的更新和修改；
③对进一步审计程序的更新和修改。

（四）指导、监督与复核

注册会计师**应当制定计划**，确定对项目组成员的指导、监督以及对其工作进行复核的性质、时间安排和范围。

项目组成员的指导、监督以及对其工作进行复核的**性质、时间安排和范围主要取决于**下列因素：

①被审计单位的规模和复杂程度；
②审计领域；
③评估的重大错报风险；
④执行审计工作的项目组成员的专业素质和胜任能力。

考点3 重要性（★★★）

所谓重要性，简单来讲就是对错报的容忍界限，通常是一条**金额线**，用来衡量一个企业的错报到底达到多少金额就算达到了重大的程度。很显然每个企业的这个标准线是不一样的。比如甲上市公司，注册会计师用营业收入乘以5%作为重要性水平，超过这个水平的错报就构成了重大错报。

（一）重要性的含义（见表2-7）

表2-7

重要性概念可从下列三个方面理解	关键词
①如果合理预期错报（包括漏报）单独或汇总起来**可能影响财务报表使用者依据财务报表作出的经济决策**，则通常认为错报是重大的	影响经济决策
②对重要性的判断是根据具体环境作出的，并受错报的**金额或性质**的影响，或受两者共同作用的影响	金额或性质，同时考虑
③判断某事项对财务报表使用者是否重大，是在**考虑财务报表使用者整体共同的财务信息需求的基础上作出的**。由于不同财务报表使用者对财务信息的需求可能差异很大，因此不考虑错报对个别财务报表使用者可能产生的影响	整体而非个别需求

（二）重要性水平的确定（见表2-8）

表2-8

重要性水平的类型	大小	作用	必要性	数量
①**财务报表整体重要性**	例如100万元，单独或汇总错报超过100万元则认为财务报表整体存在重大错报	判断财务报表整体错报够不够大	必须有	一个
②**特定类别交易、账户余额或披露的重要性水平（又称认定层次重要性水平）**	有特殊需求，局部是否超标。例如，使用者认为商誉减值是一个重要项目，要求更严格一些，给它单独定一个低于100万元的重要性，如80万元，超过80万元就认为存在重大错报	判断特别关注的局部错报够不够大	可有可无	一个或多个

续表

重要性水平的类型	大小	作用	必要性	数量
③实际执行的重要性	A 财务报表整体重要性×（50%～75%） B 特定重要性水平（如果有）×（50%～75%）	确定进一步审计程序的范围，降低审计风险，保证更安全	A 必须有，B 可能有	一个或多个
④明显微小错报临界值	财务报表整体重要性×（3%～5%）	太小的错报忽略不计，提高效率	必须有	一个或多个

1. 财务报表整体的重要性（见表2－9）

表2－9

确定的阶段	总体审计策略		
基本方法	职业判断，基准×百分比		
基本原则	注册会计师在确定重要性水平时，**不需考虑与具体项目计量相关的固有不确定性**		
基准	选择基准时的考虑因素	①财务报表要素（如资产、负债、所有者权益、收入和费用）； ②是否存在特定会计主体的财务报表使用者特别关注的项目（如为了评价财务业绩，使用者可能更关注利润、收入或净资产）； ③被审计单位的性质、所处的生命周期阶段以及所处行业和经济环境； ④被审计单位的所有权结构和融资方式（例如，如果被审计单位仅通过债务而非权益进行融资，财务报表使用者可能更关注资产及资产的索偿权，而非被审计单位的收益）； ⑤基准的相对波动性	
	常用的基准	被审计单位的情况	**可能**选择的基准
		①企业的盈利水平稳定	经常性业务的税前利润
		②企业近年来经营状况大幅度波动，盈利和亏损交替发生，或者由正常盈利变为微利或微亏，或本年度税前利润因情况变化而出现意外增减	过去3～5年经常性业务的平均税前利润或亏损（取绝对值），或其他基准，例如营业收入
		③企业为新设企业，处于开办期，尚未开始经营，目前正在建造厂房及购买机器设备	总资产
		④企业处于新兴行业，目前侧重于抢占市场份额、扩大企业知名度和影响力	营业收入
		⑤开放式基金，致力于优化投资组合、提高基金净值、为基金持有人创造投资价值	净资产
		⑥国际企业集团设立的研发中心，主要为集团下属各企业提供研发服务，并以成本加成的方式向相关企业收取费用	成本与营业费用总额
		⑦公益性质的基金会	捐赠收入或捐赠支出总额
	特别提醒	①如果被审计单位的经营规模较**上年度没有重大变化**，通常使用替代性基准确定的重要性**不宜超过上年度的重要性**。 ②选定基准的相关数据，通常包括前期财务成果和财务状况、**本期最新**的财务成果和财务状况、本期的预算和预测结果。当然，本期最新的财务结果和财务状况、本期的预算和预测结果需要根据被审计单位情况的重大变化和被审计单位所处行业和经济环境的相关变化等作出调整。 ③注册会计师选择的基准在各年度中通常会保持稳定，但**并非必须保持一贯不变**。 ④选择基准时**不考虑以前年度错报情况、重大错报风险情况**	

续表

百分比	考虑因素	①被审计单位是否为上市公司或公众利益实体； ②财务报表使用者的范围； ③被审计单位是否由集团内部关联方提供融资或是否有大额对外融资（如债券或银行贷款）； ④财务报表使用者是否对基准数据特别敏感（如具有特殊目的的财务报表的使用者）	
注册会计师使用整体重要性的目的	计划审计工作阶段	①决定风险评估程序的性质、时间安排和范围	决定性、时、范
		②识别和评估重大错报风险	评估风险
		③确定进一步审计程序的性质、时间安排和范围	决定性、时、范
	形成审计结论阶段	评价已识别的错报对财务报表的影响和对审计报告中审计意见的影响	评价错报的影响

【例题 2－6·单选题·2016 年】 下列有关在确定财务报表整体的重要性时选择基准的说法中，正确的是（　　）。

A. 注册会计师应当充分考虑被审计单位的性质和重大错报风险，选取适当的基准

B. 对于以营利为目的的被审计单位，注册会计师应当选取税前利润作为基准

C. 基准一经选定，需在各年度中保持一致

D. 基准可以是本期财务数据的预算和预测结果

【答案】 D

【解析】 选项 A 错误，在确定重要性基准时，不需要考虑重大错报风险。

选项 B 错误，对于以营利为目的的被审计单位，注册会计师可能（注意，不是“应当”）选取经常性业务的税前利润作为基准。

选项 C 错误，根据被审计单位的经营情况的变化，重要性水平的基准可以根据实际来变化，并不是一成不变。

选项 D 正确，关键词为“可以”。选定基准的相关数据，通常包括前期财务成果和财务状况、本期最新的财务成果和财务状况、本期的预算和预测结果。

2. 特定类别交易、账户余额或披露的重要性水平（特定重要性水平）

（1）含义。

特定类别的交易、账户余额或披露发生错报时，即使错报金额低于财务报表整体的重要性，但如果能够合理预期该错报可能影响报表使用者依据财务报表作出的经济决策，应确定该认定的重要性水平。

（2）考虑因素及举例（见表 2－10）。

表 2－10

考虑因素	举例
①法律法规或适用的财务报告编制基础是否影响财务报表使用者对特定项目计量或披露的预期	如关联方交易、管理层和治理层的薪酬及对具有较高估计不确定性的公允价值会计估计的敏感性分析
②与被审计单位所处行业相关的关键性披露	如制药企业的研究与开发成本

续表

考虑因素	举例
③财务报表使用者是否特别关注财务报表中单独披露的业务的特定方面	如关于分部或重大企业合并的披露

【例题2－7·多选题·2020年】下列各项因素中，可能表明注册会计师需要确定特定类别交易、账户余额或披露的重要性水平有（　　）。

A. 是否存在与被审计单位所处行业相关的关键性披露

B. 财务报表使用者是否特别关注财务报表中单独披露的业务的特定方面

C. 是否存在对特定财务报表使用者的决策可能产生影响的披露

D. 适用的财务报告编制基础是否影响财务报表使用者对特定项目计量或披露的预期

【答案】ABD

【解析】根据教材原文，选项ABD正确。

3. 实际执行的重要性（见图2－4）

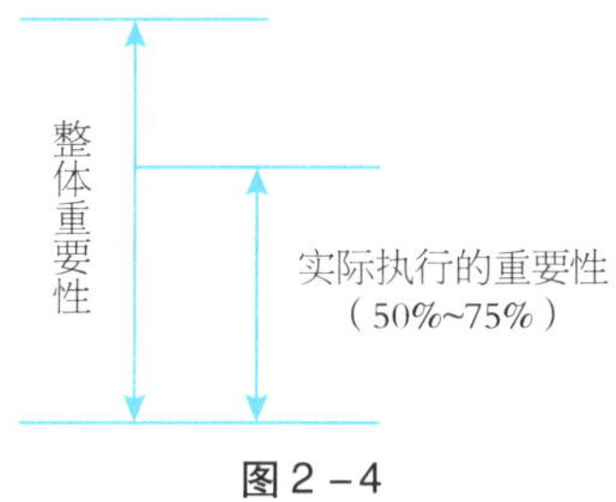

图2－4

（1）含义。

“实际执行的重要性”是指注册会计师确定的低于“财务报表整体重要性”的一个或多个金额，旨在将未更正和未发现错报的汇总数超过“财务报表整体重要性”的可能性降至适当的低水平（将检查风险降到可接受的低水平）。如果适用，“实际执行的重要性”还指注册会计师确定的低于“特定类别交易、账户余额或披露的重要性水平”的一个或多个金额。

（2）确定“实际执行的重要性”应考虑的因素。

①对被审计单位的了解（这些了解在实施风险评估程序的过程中会得到更新）；

②前期审计工作中识别出的错报的性质和范围；

③根据前期识别出的错报对本期错报作出的预期。

（3）实际执行的重要性通常为财务报表整体重要性的50%～75%。

表2－11

经验值	情形
选择较低百分比的情形（接近50%，严）	①首次接受委托的审计项目； ②连续审计的项目，以前年度审计调整较多； ③项目总体风险较高（如处于高风险行业、管理层能力欠缺、面临较大市场竞争压力或业绩压力等）； ④存在或者预期存在值得关注的内部控制缺陷

续表

经验值	情形
选择较高百分比的情形（接近75%，宽）	①连续审计的项目，以前年度审计调整较少； ②项目总体风险低到中等（如处于非高风险行业、管理层有足够的能力、面临较低的市场竞争压力和业绩压力）； ③以前期间的审计经验表明内部控制运行有效

彬哥解读

①这里有个理解误区需要强调一下，所谓财务报表整体重要性的50%~75%，如果到50%，说明实际执行的重要性水平很低，说明很严格，说明风险大；如果是整体重要性的75%，说明重要性水平较高，风险较低。做题的时候一定要多思考！

②注册会计师**无须通过将财务报表整体的重要性平均分配或按比例分配至各个报表项目**的方法来确定实际执行的重要性，而是根据对报表项目的风险评估结果，确定一个或多个实际执行的重要性。

例如，根据以前期间的审计经验和本期审计计划阶段的风险评估结果，注册会计师认为可以以财务报表整体重要性的75%作为大多数报表项目的实际执行的重要性。与营业收入项目相关的内部控制存在控制缺陷，而且以前年度审计中存在审计调整，因此考虑以财务报表整体重要性的50%作为营业收入项目的实际执行的重要性，从而有针对性地对高风险领域执行更多的审计工作。

（4）在审计中运用实际执行的重要性。

注册会计师在计划审计工作时**可以根据实际执行的重要性确定需要对哪些类型的交易、账户余额和披露实施进一步审计程序**，即通常选取金额**超过**实际执行的重要性的财务报表项目。但这不代表注册会计师可以对所有金额低于实际执行的重要性的财务报表项目不实施进一步审计程序，考虑因素：

①汇总：单个金额低于实际执行的重要性的财务报表项目汇总起来可能金额重大，注册会计师需要考虑汇总后的潜在错报风险；

②低估：对于存在低估风险的财务报表项目，不能仅仅因为其金额低于实际执行的重要性而不实施进一步审计程序；

③舞弊：对于识别出存在舞弊风险的财务报表项目，不能因为其金额低于实际执行的重要性而不实施进一步审计程序。

【例题2-8·单选题·2017年】下列情形中，注册会计师通常考虑采用较高的百分比确定实际执行的重要性的是（　　）。

A. 首次接受委托执行审计

B. 预期本年被审计单位存在值得关注的内部控制缺陷

C. 以前年度审计调整较少

D. 本年被审计单位面临较大的市场竞争压力

【答案】C
【解析】选项 ABD，注册会计师可能考虑选择较低的百分比来确定实际执行的重要性。

4. 明显微小错报临界值

所谓明显微小的错报是指，虽是错报，但金额太小，无足轻重，无须过多关注，也不需要累积起来考查对财务报表的影响。

表 2 – 12

含义	如果注册会计师将低于某一金额（明显微小错报临界值）的错报界定为明显微小的错报，这些错报无论从规模、性质或其发生的环境，无论单独或者汇总起来，都是明显微不足道的
性质	**可以不累积**，因为注册会计师认为这些错报的汇总数明显不会对财务报表产生重大影响
金额	注册会计师可能将明显微小错报的临界值确定为**财务报表整体重要性的 3% ~5%**，也可能低一些或高一些，但通常不超过财务报表整体重要性的 10%！除非注册会计师认为有必要单独为重分类错报确定一个更高的临界值
确定明显微小错报的临界值应当考虑的因素	①以前年度审计中识别出的错报（包括已更正和未更正错报）的数量和金额； ②重大错报风险的评估结果； ③被审计单位治理层和管理层对注册会计师与其沟通错报的期望； ④被审计单位的财务指标是否勉强达到监管机构的要求或投资者的期望

【提示】

①临界值可能不只有一个。

②明显微小错报可以确定为 0。

③如果注册会计师不确定一个或多个错报是否明显微小，就不能认为这些错报是明显微小的。

④“明显微小”不等同于“不重大”。是否明显微小用的标准是“明显微小错报临界值”，是否重大用的标准是“财务报表整体重要性”。

记忆面包

以前风险怎么样？期望勉强达标吗？

【例题 2 –9 · 单选题 · 2016 年】下列各因素中，注册会计师在确定明显微小错报临界值时，通常无须考虑的是（　　）。

A. 重大错报风险的评估结果

B. 以前年度审计中识别出的错报

C. 被审计单位的财务报表是否分发给广大范围的使用者

D. 被审计单位治理层和管理层对注册会计师与其沟通错报的期望

【答案】C

【解析】根据教材原文，选项 C 是无须考虑的因素。

表2-13

项目		考虑因素
财务报表整体重要性	基准	①财务报表要素（如资产、负债、所有者权益、收入和费用）； ②是否存在特定会计主体的财务报表使用者特别关注的项目（如为了评价财务业绩，使用者可能更关注利润、收入或净资产）； ③被审计单位的性质、所处的生命周期阶段以及所处行业和经济环境； ④被审计单位的所有权结构和融资方式（例如，如果被审计单位仅通过债务而非权益进行融资，财务报表使用者可能更关注资产及资产的索偿权，而非被审计单位的收益）； ⑤基准的相对波动性
	百分比	①被审计单位是否为上市公司或公众利益实体； ②财务报表使用者的范围； ③被审计单位是否由集团内部关联方提供融资或是否有大额对外融资（如债券或银行贷款）； ④财务报表使用者是否对基准数据特别敏感（如具有特殊目的的财务报表的使用者）
实际执行的重要性	接近50%	①首次接受委托的审计项目； ②连续审计项目，以前年度审计调整较多； ③项目总体风险较高（如处于高风险行业、管理层能力欠缺、面临较大市场竞争压力或业绩压力等）； ④存在或者预期存在值得关注的内部控制缺陷
	接近75%	①连续审计项目，以前年度审计调整较少； ②项目总体风险为低到中等（如处于低风险行业、管理层有足够能力、市场或业绩压力较小）； ③以前期间的审计经验表明内部控制运行有效
明显微小错报临界值	①以前年度审计中识别出的错报（包括已更正和未更正错报）的数量和金额； ②重大错报风险的评估结果； ③被审计单位治理层和管理层对注册会计师与其沟通错报的期望； ④被审计单位的财务指标是否勉强达到监管机构的要求或投资者的期望	

（三）审计过程中修改重要性

由于存在下列原因，注册会计师可能需要修改财务报表整体的重要性和特定类别的交易、账户余额或披露的重要性。

（1）审计过程中情况发生重大变化（如决定处置被审计单位的一个重要组成部分）；

（2）获取新信息；

（3）通过实施进一步审计程序，注册会计师对被审计单位及其经营的了解发生变化。

考点4 错报（★）

（一）错报的含义、来源及分类（见表2-14）

表2-14

含义	错报是指某一财务报表项目的**金额、分类或列报**，与按照适用的财务报告编制基础应当列示的金额、分类或列报之间存在的**差异**，或根据注册会计师的判断，为使财务报表在所有重大方面实现公允反映，需要对金额、分类或列报作出的必要调整
来源	错报可能是由于**错误或舞弊**导致的

续表

分类	事实错报	例如，购入存货的实际价值为 15 000 元，但账面记录的金额却为 10 000 元，这里被低估的 5 000 元就是已识别的对事实的具体错报
	判断错报（会计估计、会计政策）	①管理层和注册会计师对会计估计值的判断差异； ②管理层和注册会计师对选择和运用会计政策的判断差异，由于注册会计师认为管理层选用会计政策造成错报，管理层却认为选用会计政策适当，导致出现判断差异
	推断错报（抽样）	通过测试样本估计出的总体的错报减去在测试中发现的已经识别的具体错报

【提示】错报可能是错误导致，也可能是舞弊导致。舞弊导致的重大错报未被发现的风险，大于错误导致的重大错报未被发现的风险。

（二）对审计过程识别出的错报的考虑

（1）错报可能不会孤立发生，一项错报的发生还可能表明存在其他错报。

彬哥解读

要考虑潜在错报的影响，例如，注册会计师识别出由于内部控制失效而导致的错报，或被审计单位广泛运用不恰当的假设或评估方法而导致的错报，均可能表明还存在其他错报。

（2）审计过程中累积错报的汇总数接近确定的重要性，则表明存在比可接受的低风险水平更大的风险，即可能未被发现的错报连同审计过程中累积错报的汇总数，可能超过重要性。

《中国注册会计师审计准则第 1251 号——评价审计过程中识别出的错报》应用指南第十七条：如果已识别但尚未更正错报的汇总数接近重要性水平，注册会计师应当考虑该汇总数连同尚未发现的错报是否可能超过重要性水平，并考虑通过实施追加的审计程序，或要求管理层调整财务报表降低审计风险。

（3）注册会计师可能要求管理层检查某类交易、账户余额或披露，以使管理层了解注册会计师识别出的错报的产生原因，并要求管理层采取措施以确定这些交易、账户余额或披露实际发生错报的金额，以及对财务报表作出适当的调整。

【例题 2－10·单选题·2014 年】下列关于错报的说法中，错误的是（　　）。

A. 明显微小的错报不需要累积

B. 错报可能是由于错误或舞弊导致的

C. 错报仅指某一财务报表项目金额与按照企业会计准则应当列示的金额之间的差异

D. 判断错报是指由于管理层对会计估计作出不合理的判断或不恰当地选择和运用会计政策而导致的差异

【答案】C

【解析】错报是指某一财务报表项目的金额、分类或列报，与按照适用的财务报告编制基础应当列示的金额、分类或列报之间存在的差异，不仅仅是指金额上的差异。

CHAPTER THREE

第三章　审计证据

考情雷达

注册会计师通过实施审计程序获取审计证据，作为形成审计意见的基础。因此，我们需要确定什么构成审计证据、通过实施什么程序来获取审计证据、对于已收集的证据要评价其是否充分且适当。其中，获取审计证据的程序包括询问、观察、检查、函证、重新计算、重新执行和分析程序7个，考查最多的是函证和分析程序，因此本章进行了单独讲解。从考试情况看，客观题和主观题都涉及，分值在5~10分，属于非常重要的章节。考生在学习函证这一考点时要和第九章、第十章、第十二章相结合，主观题命题跨度大，实务性较强，需要深刻理解并掌握。

本章新增"**电子函证方式**"，但是教材收录的考点非常少，并没有按准则详细讲解，当作一个主观题掌握。其他考点无实质性变动。

考点地图

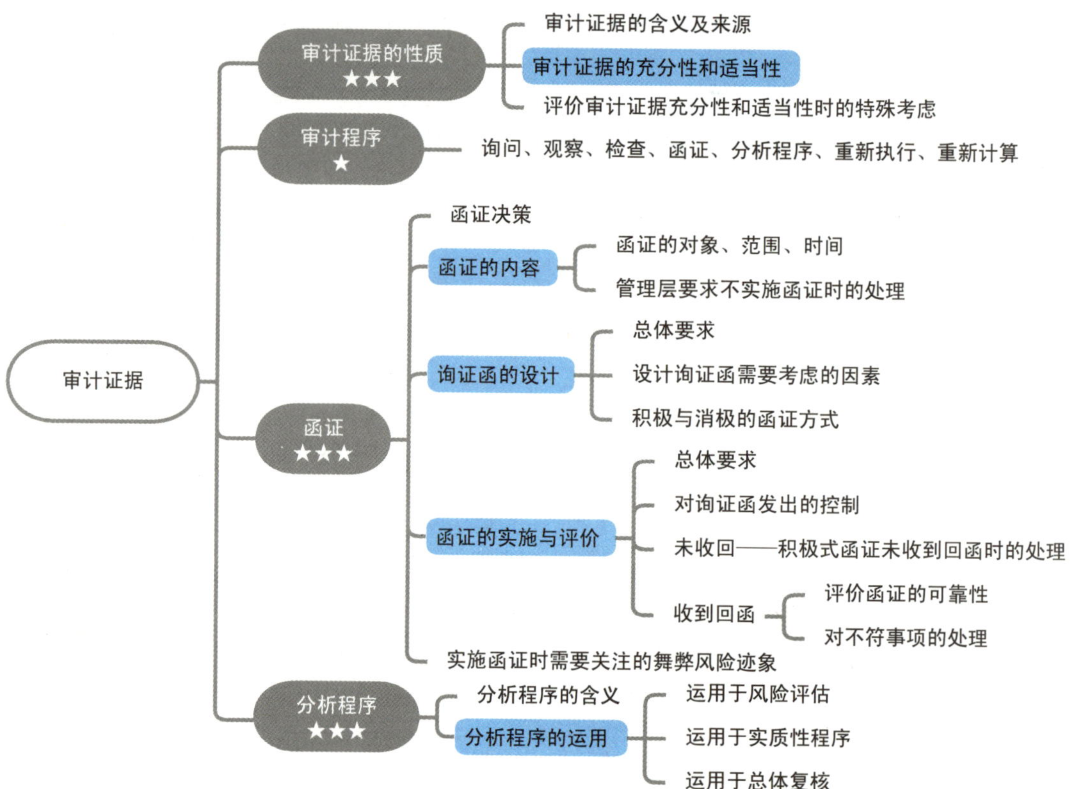

考点1　审计证据的性质（★★★）

（一）审计证据的含义及来源

1. 含义

审计证据是指注册会计师为了得出审计结论、形成审计意见而使用的所有信息，包括构成财务报表基础的会计记录所含有的信息和其他的信息。

表 3－1

审计证据	会计信息	会计信息：各种凭证、账簿、报表等； 包括电子数据和纸质数据； 内部生成或外部收到的信息	二者缺一不可
	其他的信息	从被审计单位内外部获取的会计记录以外的信息； 通过询问、观察和检查等审计程序获取的信息； 自身编制或获取的可以通过合理推断得出结论的信息	

财务报表依据的会计记录中包含的信息和其他的信息共同构成了审计证据，**两者缺一不可**。

会计记录含有的信息**本身并不足以**提供充分的审计证据作为财务报表发表审计意见的基础，注册会计师还应当获取用作审计证据的其他的信息。

审计证据**很少是绝对的（或者结论性）**，从性质上来看**反而是说服性的**。

2. 来源

审计证据在性质上具有**累积性**。

表 3－2

可能构成审计证据的信息			
可能来源		性质	
审计程序获取的	√主要来源	支持和佐证管理层认定的信息	√
以前审计中获取的信息	√有条件	与管理层认定相矛盾的信息	√
会计师事务所接受与保持客户或业务时实施质量管理程序获取的信息	√	在某些情况下，信息的缺乏（如管理层拒绝提供注册会计师要求的声明）本身也构成审计证据	√
被审计单位内部来源	√	—	
被审计单位外部来源	√		
会计信息	√		
其他的信息	√		
被审计单位雇用或聘请的专家编制的信息	√		

【例题 3－1 · 单选题 · 2020 年】 下列有关审计证据的说法中，错误的是（　　）。

A. 审计证据可能包括被审计单位聘请的专家编制的信息

B. 审计证据可能包括与管理层认定相矛盾的信息

C. 信息的缺乏本身不构成审计证据

D. 审计证据可能包括以前审计中获取的信息

【答案】 C

【解析】 选项 A 正确，为教材原文考查。

选项 B 正确，审计证据既包括支持和佐证管理层认定的信息，也包括与这些认定相矛盾的信息。

选项C错误，在某些情况下，信息的缺乏本身也构成审计证据。
选项D正确，为教材原文考查，关键词为“可能”，不是一定。

（二）审计证据的充分性和适当性

1. 审计证据的充分性（见表3－3）

表3－3

<table>
<tr><td rowspan="4">充分性</td><td colspan="3">对数量的衡量</td></tr>
<tr><td rowspan="3">影响因素</td><td rowspan="2">同向</td><td>主要与注册会计师确定的样本量有关</td></tr>
<tr><td>评估的重大错报风险</td></tr>
<tr><td>反向</td><td>审计证据的质量</td></tr>
</table>

2. 审计证据的适当性（见表3－4）

表3－4

<table>
<tr><td rowspan="3">适当性</td><td colspan="3">对质量的衡量</td></tr>
<tr><td rowspan="2">影响因素</td><td>相关性</td><td rowspan="2">只有相关且可靠的审计证据才是高质量的证据</td></tr>
<tr><td>可靠性</td></tr>
</table>

（1）相关性。

表3－5

<table>
<tr><td>含义</td><td colspan="3">指用作审计证据的信息与审计程序的目的、相关认定之间的逻辑联系</td></tr>
<tr><td rowspan="3">影响因素</td><td rowspan="2">方向</td><td>顺查（由证到账）→完整性</td><td>目的：测试应付账款的漏记错报（低估）；
程序：测试期后支出（期后付款记录）、未支付发票、供应商结算单以及发票未到的收货报告（货到票未到）</td></tr>
<tr><td>逆查（由账到证）→存在/发生</td><td>目的：测试应付账款的多记错报（高估）；
程序：测试已记录的应付账款（应付账款明细账）可能是相关的审计程序</td></tr>
<tr><td>对相关性的特殊考虑</td><td colspan="2">①特定程序可能只与某些认定相关，而与其他认定无关；
②某一特定认定的审计证据，不能替代与其他认定相关的审计证据；
③不同来源或不同性质的审计证据可能与同一认定相关</td></tr>
</table>

【提示】在判断是顺查还是逆查时要注意措辞，如“抽取……”“以……为起点”“测试……”这种都是在表达程序的起点。

（2）可靠性。

①含义。

审计证据的可靠性是指证据的可信程度。

②影响因素。

审计证据的可靠性受其**来源和性质**的影响，并取决于获取审计证据的**具体环境**。

③判断审计证据的可靠性时的基本原则（见表3－6）。

表 3 –6

审计证据可靠性【相对而非绝对】	说明
外部独立来源获取 > 其他来源获取	例如银行询证函的回函、应收账款询证函的回函、保险公司等机构出具的证明等
内部控制有效时内部生成 > 内部控制薄弱时内部生成	—
直接获取 > 间接获取或推论得出	例如，注册会计师观察某项内部控制的运行得到的证据比询问被审计单位某项内部控制的运行得到的证据更可靠
以文件、记录形式（无论是纸质、电子或其他介质）存在的审计证据 > 口头形式	纸质和电子证据的可靠性没有孰优孰劣之分
从原件获取 > 从传真件或复印件获取	传真件和复印件的可靠性不存在孰优孰劣之分

【提示】 上述可靠性的比较是**相对的，不是绝对的**。如外部独立来源获取的审计证据可靠性高于其他来源，但是外部独立来源获取的证据不是一定可靠，其他来源获取的审计证据也不是一定不可靠。

3. 充分性和适当性之间的关系

（1）充分性和适当性是审计证据的两个重要特征，两者缺一不可，**只有充分且适当的审计证据才是有证明力的**。

（2）审计证据的数量受审计证据质量的影响，审计证据质量越高，需要的审计证据数量可能越少。但审计证据的质量却不受审计证据数量的影响，**如果审计证据的质量存在缺陷，那么注册会计师仅靠获取更多的审计证据可能无法弥补其质量上的缺陷**。

考点收纳盒

表 3 –7

<table>
<tr><td rowspan="4">充分性</td><td colspan="3">对数量的衡量</td></tr>
<tr><td rowspan="3">影响因素</td><td rowspan="2">同向</td><td>主要与注册会计师确定的样本量有关</td></tr>
<tr><td>评估的重大错报风险</td></tr>
<tr><td>反向</td><td>审计证据的质量</td></tr>
<tr><td rowspan="3">适当性</td><td colspan="3">对质量的衡量</td></tr>
<tr><td rowspan="2">影响因素</td><td>相关性</td><td rowspan="2">只有相关且可靠的审计证据才是高质量的证据</td></tr>
<tr><td>可靠性</td></tr>
<tr><td colspan="4">二者关系：①质量影响数量；
②数量不影响质量，仅靠获取更多的审计证据无法弥补质量上的缺陷</td></tr>
</table>

【例题 3 –2 · 单选题 · 2019 年】 下列有关审计证据的充分性和适当性的说法中，错误的是（　　）。

A. 审计证据的充分性和适当性分别是对审计证据数量和质量的衡量

B. 只有充分且适当的审计证据才有证明力

C. 审计证据的充分性会影响审计证据的适当性

D. 审计证据的适当性会影响审计证据的充分性

【答案】 C

【解析】 注册会计师需要获取的审计证据的数量受审计证据质量的影响。审计证据质量越高，需要的审计证据数量可能越少。也就是说，审计证据的适当性会影响审计证据的充分性。但如果审计证据的质量存在缺陷，那么注册会计师仅靠获取更多的审计证据可能无法弥补其质量上的缺陷，所以选项C错误。

（三）评价审计证据充分性和适当性时的特殊考虑（见表3－8）

表3－8

对文件记录可靠性的考虑	审计工作**通常不涉及鉴定文件记录的真伪**，注册会计师也不是鉴定文件记录真伪的专家。如果在审计过程中识别出的情况使其认为文件记录是伪造的，或文件记录中的某些条款已经发生变动，注册会计师应当做出进一步的调查。必要时，聘请专家予以鉴定
使用被审计单位生成信息时的考虑	注册会计师为获取可靠的审计证据，实施审计程序时**使用的被审计单位生成的信息需要足够完整和准确**。例如，通过用标准价格×销售数量来对收入进行审计时，其有效性受到价格信息的准确性与销售数量完整性和准确性的影响。又比如银行对账单、银行存款余额调节表、应收账款账龄分析表等
审计证据相互矛盾时的考虑	如果针对某项认定从不同来源获取的审计证据或获取的不同性质的审计证据能够相互印证，与该项认定相关的审计证据则具有更强的说服力；如果不一致，则**应当实施追加的审计程序**。例如，口头证据和书面证据矛盾时，不能直接信赖口头证据。又比如，书面声明和其他审计证据相矛盾时，不能直接认为书面声明是不可靠的
获取审计证据时对成本的考虑	注册会计师**可以考虑**获取审计证据的成本与所获取信息的有用性之间的关系，但不应以获取审计证据的困难和成本为由减少**不可替代**的审计程序

【例题3－3·单选题·2015年】 下列有关审计证据的说法中，正确的是（　　）。

A. 外部证据与内部证据矛盾时，注册会计师应当采用外部证据

B. 审计证据不包括会计师事务所接受与保持客户或业务时实施质量管理程序获取的信息

C. 注册会计师可以考虑获取审计证据的成本与获取的信息的有用性之间的关系

D. 注册会计师无须鉴定作为审计证据的文件记录的真伪

【答案】 C

【解析】 选项A错误，产生矛盾，首先应查明原因，不能直接相信任何一个证据。

选项B错误，审计证据包括会计师事务所接受与保持客户或业务时实施质量管理程序获取的信息。

选项C正确，为教材原文表达。

选项D错误，审计工作通常不涉及鉴定文件记录的真伪。关键词为“通常”。

考点2 审计程序（★）

表3－9 审计程序的种类

检查	指注册会计师对被审计单位内部或外部生成的，以纸质、电子或其他介质形式存在的记录和文件进行审查，或对资产进行实物审查
观察	指注册会计师查看相关人员正在从事的活动或实施的程序。 观察可以提供执行有关过程或程序的审计证据，但观察所提供的审计证据仅限于观察发生的时点，而且被观察人员的行为可能因被观察而受到影响，这也会使观察提供的审计证据受到限制
询问	指注册会计师以**书面或口头**方式，向被审计单位**内部或外部**的知情人员获取**财务**信息和**非财务**信息，并对答复进行评价的过程。作为其他审计程序的补充，询问广泛应用于整个审计过程中。 针对**某些事项**，注册会计师**可能认为有必要向管理层和治理层（如适用）获取书面声明**，以证实对口头询问的答复
函证	指注册会计师直接从**第三方（被询证者）**获取**书面**答复以作为审计证据的过程，书面答复可以采用纸质、电子或其他介质等形式。函证不仅仅局限于账户余额，还可能是协议和交易条款。 审计证据来自被审计单位外部，证明力比较强
重新计算	指注册会计师对记录和文件中的数据计算的准确性进行核对
重新执行	指注册会计师独立执行原本作为被审计单位内部控制组成部分的程序或控制
分析程序	指注册会计师通过分析不同财务数据之间以及财务数据与非财务数据之间的内在关系，对财务信息作出评价

考点收纳盒

表3－10 审计程序——大程序和小程序的关系

	风险评估	控制测试	实质性程序
询问	√	√	√
观察	√	√	√
检查	√	√	√
函证	×	×	√
重新计算	×	×	√
重新执行	×	√	×
分析程序	√	×	√

【例题3－4·单选题·2019年】下列审计程序中，不适用于细节测试的是（　　）。

A. 重新执行　　B. 函证　　C. 检查　　D. 询问

【答案】A

【解析】选项A当选，重新执行仅适用于控制测试，不适用于细节测试。

选项BCD不当选，细节测试的程序包括询问、观察、检查、函证、重新计算。

考点3 函证（★★★）

所谓函证，就是去跟第三方核对真实性，用“函件”去“证真伪”，所以就叫“函证”。

（一）函证决策

表3-11 函证决策的考虑因素

考虑因素	内容	说明	
应当考虑	评估的认定层次重大错报风险	风险越高，越需要实施函证	
	函证程序针对的认定	例1，对**应收账款实施函证程序**可能**为存在、权利和义务**认定提供相关可靠的审计证据，但是**不能为准确性、计价和分摊认定**（应收账款涉及的坏账准备计提）提供证据。 例2，在审计**应付账款完整性（低估）**认定时，向被审计单位**主要供应商函证**，即使显示应付余额为零，相对于选择大金额的应付账款进行函证，这在检查未记录负债方面通常更有效。 **【提示】**应付账款低估风险不能只选择大余额应付账款进行函证	
	实施除函证以外的其他审计程序	例如，如果被审计单位**与应收账款存在有关的内控设计良好并有效运行，注册会计师可以减少样本量**	
可以考虑	①**被询证者**对函证事项的了解； ②预期**被询证者**回复询证函的能力和意愿； ③预期**被询证者**的客观性，如关联方函证会降低客观性		**【记忆面包】**都和“被询证者”有关

【提示】函证决策解决的是实施函证的**必要性（要不要函证）**，不是能不能函证。

【例题3-5·简答题·2018年节选】ABC会计师事务所的A注册会计师负责审计甲公司2017年度财务报表。A注册会计师对应收乙公司的款项实施了函证程序。因回函显示无差异，A注册会计师认可了管理层对应收乙公司款项不计提坏账准备的处理。

要求：指出A注册会计师的做法是否恰当。如不恰当，简要说明理由。

【答案】不恰当。函证不能为准确性、计价和分摊认定/应收账款坏账准备的计提提供充分证据。

【解题思路】本题的逻辑关系为：因为函证无差异，所以认可了坏账准备，这个逻辑不成立，因为函证不能为坏账准备是否准确提供证据。

（二）函证的内容

1. 函证的对象（见表3-12）

表3-12

函证对象	函证情形	不函证的情形	不函证的处理
银行存款（包括**零余额账户和在本期内注销的账户**）、借款及与金融机构往来的其他重要信息（例如担保、抵押等）	**应当**函证	除非有充分证据表明对财务报表**不重要且**与之相关的**重大错报风险很低**	如果不函证，注册会计师应当在审计工作底稿中说明理由

续表

函证对象	函证情形	不函证的情形	不函证的处理
应收账款	应当函证	除非有充分证据表明应收账款对财务报表不重要，或函证很可能无效	如果认为函证很可能无效，注册会计师应当实施替代审计程序，获取相关、可靠的审计证据
			如果不对应收账款函证，注册会计师应当在审计工作底稿中说明理由
其他内容	可以函证。其他内容不一一列举，只要觉得可以函证的都可以进行函证		

实务中，表明应收账款函证很可能无效的情况包括：

①以往审计业务经验表明回函率很低；

②某些特定行业的客户通常不对应收账款询证函回函，如电信行业的个人客户；

③业务对方是政府机构或其他出于制度的规定不能回函的单位。

【提示】

①不重要的银行账户常见的有：社保账户、交税账户等。

②函证通常适用于账户余额，也有可能包括与第三方签订的合同条款、背后协议或某项重大交易的细节。

关联贴纸

应收账款函证的替代性审计程序如下，在第九章进行详细讲解：

①检查资产负债表日后收回的货款。注册会计师要查看应收账款的贷方发生额和相关的收款单据，以证实付款方确为该客户且确与资产负债表日的应收账款相关。

②检查相关的销售合同、销售单、出库单等文件。注册会计师需要根据被审计单位的收入确认条件和时点，确定能够证明收入发生的凭证。

③检查被审计单位与客户之间的往来邮件，如有关发货、对账、催款等事宜邮件。

应付账款函证的替代性审计程序如下，在第十章进行详细讲解：

如检查至付款文件（现金支出、电汇凭证和支票复印件）、相关的采购文件（采购订单、验收单、发票和合同）或其他适当文件。

【例题3－6·简答题·2018年节选】ABC会计师事务所的A注册会计师负责审计甲公司2017年度财务报表。甲公司2017年末的一笔大额银行借款已于2018年初到期归还。A注册会计师检查了还款凭证等支持性文件，结果满意，决定不实施函证程序，并在审计工作底稿中记录了不实施函证程序的理由。

要求：指出A注册会计师的做法是否恰当。如不恰当，简要说明理由。

【答案】不恰当。应当对重要的银行借款实施函证程序。

【解题思路】针对大额银行借款，注册会计师实施的程序包括：检查了还款凭证等支持性文件，未做函证是错误的。即使“借款已于2018年初到期归还”，但2017年末时该款项还是存在的，就应当实施函证。

2. 函证的范围

如果采用审计抽样的方式确定函证程序的范围，无论采用统计抽样方法，还是非统计抽样方法，选取的样本应当足以代表总体。根据对被审计单位的了解、评估的重大错报风险以及所测试总体的特征等，注册会计师可以确定**从总体中选取特定项目进行测试**。选取的特定项目可能包括：

①金额较大的项目；

②账龄较长的项目；

③交易频繁但期末余额较小的项目；

④重大关联方交易；

⑤重大或异常的交易；

⑥可能存在争议、舞弊或错误的交易。

关联贴纸

应收账款的函证范围，在第九章进行详细讲解：

①金额较大的项目。

②风险较高的项目：与债务人发生纠纷的项目；重大关联方项目；主要客户（包括关系密切的客户）项目；新增客户项目；交易频繁但期末余额较小甚至余额为零的项目；可能产生重大错报或舞弊的非正常的项目。

3. 函证的时间（见表3－13）

表3－13　　函证的时间

资产负债表日	通常以资产负债表日为截止日，在资产负债表日后适当时间内实施函证
资产负债表日前	如果重大错报风险评估为低水平，注册会计师可选择资产负债表日前适当日期为截止日实施函证，并对所函证项目自该截止日起至资产负债表日止发生变动实施实质性程序

【例题3－7·简答题·2018年节选】ABC会计师事务所的A注册会计师负责审计甲公司2017年度财务报表。A注册会计师评估认为应收账款的重大错报风险较高，为尽早识别可能存在的错报，在期中审计时对截至2017年9月末的余额实施了函证程序，在期末审计时对剩余期间的发生额实施了细节测试，结果满意。

要求：指出A注册会计师的做法是否恰当。如不恰当，简要说明理由。

【答案】不恰当。评估的重大错报风险较高时，注册会计师应在期末或接近期末实施函证时再次发函/只有重大错报风险评估为低水平，才可以在期中实施函证。

【解题思路】“重大错报风险较高”，所以“在期中审计时对截至2017年9月末的余额实施了函证程序”，逻辑存在错误，只有重大错报风险评估为低水平，才可以在期中实施函证。

4. 管理层要求不实施函证时的处理（见图 3－1）

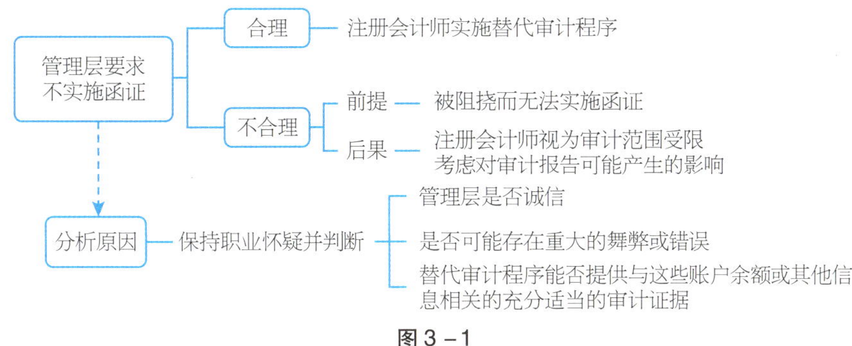

图 3－1

【例题 3－8・简答题・2018 年节选】 ABC 会计师事务所的 A 注册会计师负责审计甲公司 2017 年度财务报表。A 注册会计师拟对甲公司应付丙公司的款项实施函证程序。因甲公司与丙公司存在诉讼纠纷，管理层要求不实施函证程序。A 注册会计师认为其要求合理，实施了替代审计程序，结果满意。

要求：指出 A 注册会计师的做法是否恰当。如不恰当，简要说明理由。

【答案】 不恰当。还应考虑可能存在重大的舞弊或错误，以及管理层的诚信度。

【解题思路】 "甲公司与丙公司存在诉讼纠纷，管理层要求不实施函证程序"说明属于管理层不让实施函证的考点。针对该情形，"A 注册会计师认为其要求合理"这句话是一个已知条件，是正确的，在理由合理的情形下考生需要判断注册会计师的处理是否正确。

（三）询证函的设计

1. 总体要求

注册会计师应当**根据特定审计目标设计询证函**（见表 3－14）。

表 3－14

	实际	账面	询证函	
应收账款	100	200（存在）	不列明余额√	
			列明余额√（回函率更高）【更常见】	
	100	50（完整性）	不列明余额√	
			列明余额×	
应付账款	100	200（存在）	不列明余额√	
			列明余额×	
	100	50（完整性）	不列明余额√	以供应商明细表为起点向主要供应商函证
			列明余额√	

2. 设计询证函需要考虑的因素（见表3－15）

表3－15

考虑因素	解析
函证的方式	函证方式包括积极式函证和消极式函证，不同的函证方式，其提供审计证据的可靠性不同
以往审计或类似业务的经验	回函率（回函率过低意味着函证无效）、以前年度审计中发现的错报、回函所提供信息的准确程度等
拟函证信息的性质	注册会计师应当了解被审计单位与第三方之间交易的实质。例如，非常规交易，不仅应对账户余额或交易金额作出函证，还应考虑对条款实施函证
选择被询证者的适当性	①注册会计师应当对所询证信息知情的第三方发送询证函； ②函证所提供的审计证据的可靠性还受到被询证者的能力、独立性、客观性、回函者是否有权回函等因素影响
被询证者易于回函的信息类型	例如，某些被询证者的信息系统可能更便于对形成账户余额的每笔交易进行函证，而不是对账户余额本身

【提示】设计询证函的考虑因素是客观题考点，以前年份考频不高，但是2022年可考性较高，大家尽量熟悉记忆。

3. 积极与消极的函证方式

注册会计师可采用积极或消极的函证方式实施函证，也可将两种方式结合使用，那么两种函证方式有什么区别呢?

表3－16

<table>
<tr><td rowspan="6">积极式</td><td>要求</td><td colspan="3">所有情况下，都必须回函</td></tr>
<tr><td>种类</td><td colspan="3">列明拟函证的信息、不列明拟函证的信息</td></tr>
<tr><td rowspan="4">结果</td><td colspan="3">注册会计师必须收到回函，才能提供审计证据</td></tr>
<tr><td>收到回函</td><td colspan="2">提供审计证据</td></tr>
<tr><td rowspan="2">未收到回函</td><td>原因</td><td>①被询证者根本不存在；
②被询证者没有收到询证函；
③询证者没有理会询证函</td></tr>
<tr><td colspan="2">不能证明所函证信息是否正确</td></tr>
<tr><td rowspan="3">消极式</td><td>要求</td><td colspan="3">不同意询证函所列示信息的情况下才回函</td></tr>
<tr><td>适用情形【同时存在】</td><td colspan="3">①重大错报风险评估为低水平；
②涉及大量余额较小的账户；
③预期不存在大量的错误；
④没有理由相信被询证者不认真对待函证</td></tr>
<tr><td>结果</td><td colspan="3">未收到回函→不能表示询证函所包含的信息的准确性</td></tr>
</table>

【提示】在实务中，注册会计师也可将这两种方式结合使用。例如，当应收账款的余额是由少量的大额应收账款和大量的小额应收账款构成时，注册会计师可以对所有的或抽取的大额应收账款样本项目采用积极的函证方式，而对抽取的小额应收账款样本项目采用消极的函证方式。

（四）函证的实施与评价

1. 总体要求

注册会计师应当对函证的全过程保持控制。

2. 对询证函发出的控制（见表3－17）

表3－17

发出前的控制	谁发出	询证函经被审计单位盖章后，应当由注册会计师直接发出。 【提示】不能由被审计单位的人代为发出
	核对要求	注册会计师应当对询证函上的各项资料进行充分核对： （1）询证函中填列的需要被询证者确认的信息与被审计单位账簿中有关记录保持一致。针对银行存款的函证，需要银行确认的信息是否与银行对账单等保持一致。 【提示】银行存款的信息要和对账单的信息保持一致，不是银行日记账。 （2）考虑选择的被询证者是否恰当，包括被询证者对函证信息是否知情、是否具有客观性、是否拥有回函的授权等。 （3）在询证函中正确填列被询证者直接向注册会计师回函的地址。 （4）将部分或全部被询证者的名称、地址与被审计单位有关记录进行核对，以确保询证函的名称、地址等内容的准确性。 如何核对？包括但不限于： ①通过企查查、天眼查等查询工具或系统，或通过拨打公共查询电话核实被询证者的名称和地址； ②通过被询证者的网站或其他公开网站核对被询证者的名称和地址； ③将被询证者的名称和地址信息与被审计单位持有的相关合同等文件核对； ④对于供应商或客户，可以将被询证者的名称、地址与被审计单位收到或开具的增值税专用发票中的对方单位名称、地址进行核对。 【提示】 ①只通过被审计单位提供的应收款明细账户名称及客户地址（或者客户清单）等进行核对是不够的； ②上述核对程序通常只要做一项就可以，也可以根据需要选择多项。 【记忆面包】公话、公网、合同、专票
函证发出方式的控制	邮寄	①注册会计师可以在核实由被审计单位提供的被询证者的联系方式后，不使用被审计单位本身的邮寄设施，而是独立寄发询证函（例如，直接在邮局投递）。 ②如果注册会计师使用邮局以外的快递公司寄送询证函，快递人员必须可靠且独立于被审计单位管理层
	跟函	所谓跟函，即注册会计师独自或在被审计单位员工的陪伴下亲自将询证函送至被询证者，在被询证者核对并确认回函后，亲自将回函带回的方式
	电子函证方式	在发函前可以基于对特定询证方式所存在风险的评估，考虑采取相应的控制措施

【例题3－9·简答题·2018年节选】 ABC会计师事务所负责审计甲公司2014年度财务报表，审计项目团队在寄发询证函前，将部分被询证方的名称、地址与甲公司持有的合同及发票中的对应信息进行了核对。

要求：指出审计项目团队的做法是否恰当。如不恰当，简要说明理由。

【答案】 恰当。

【解题思路】 核对部分是正确的，与合同及发票核对也是正确的。

3. 未收回——积极式函证未收到回函时的处理

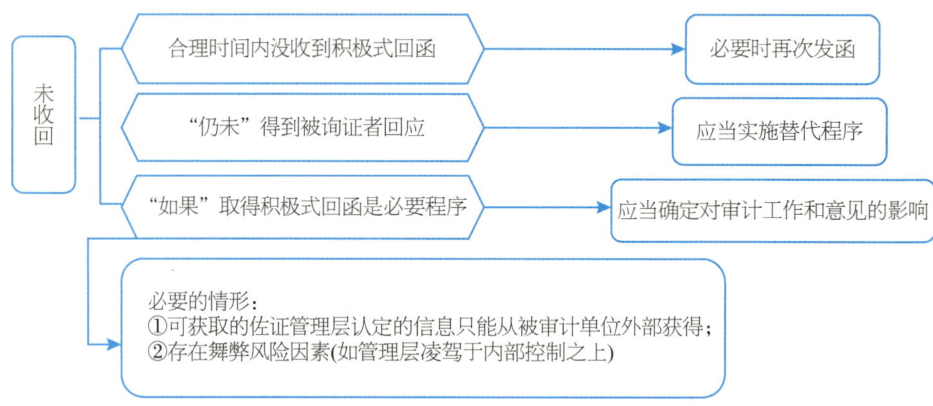

图 3－2

【提示】 应该对所有未回函项目实施替代性审计程序。

4. 收到回函——评价函证的可靠性

（1）评价函证的可靠性时应当考虑的因素。

函证所获取的审计证据的可靠性主要取决于注册会计师设计询证函、实施函证程序和评价函证结果等程序的适当性。

在评价函证的可靠性时，注册会计师应当考虑：

①对询证函的设计、发出及收回的控制情况；

②被询证者的胜任能力、独立性、授权回函情况、对函证项目的了解及其客观性；

③被审计单位施加的限制或回函中的限制。

（2）验证回函的可靠性——回函的方式（见表 3－18）。

表 3－18

回函方式	验证程序
邮寄	①回函是否由被询证者**直接寄给注册会计师（不能由被审计单位转交）；** ②被询证者确认的询证函是否是**原件**，是否与注册会计师发出的是同一份； ③寄给注册会计师的回邮**信封**中记录的**发件方名称、地址**是否与询证函中记载的被询证者名称、地址一致； ④回邮信封上寄出方的**邮戳**显示发出城市或地区是否与被询证者的**地址**一致； ⑤被询证者加盖在询证函上的**印章以及签名**中显示的被询证者**名称**是否与询证函中记载的被询证者名称一致。 **【记忆面包】** 不得转交，验证原件、名称（信封、印章以及签名）、地址（信封、邮戳）
跟函	**原则：全过程控制** ①了解被函证者处理函证的通常流程和处理人员； ②确认处理询证函**人员的身份和处理询证函的权限**； ③**观察**处理询证函的人员是否按照处理函证的**正常流程**认真处理询证函
电子形式（电子邮件、直接访问网站）	①注册会计师和回函者可以采用一定的程序为电子形式的回函创造安全环境，如加密技术、电子数码签名技术、网页真实性认证程序； ②当注册会计师存在疑虑时，可以与被询证者联系以核实回函的来源及内容； ③必要时，注册会计师可以要求被询证者提供回函原件

续表

回函方式	验证程序
口头回复	①只对询证函进行口头回复**不能作为可靠的审计证据**； ②在收到对询证函口头回复的情况下，注册会计师可以要求被询证者提供直接书面回复； ③如果仍未收到书面回函，注册会计师需要通过实施替代程序，寻找其他审计证据以支持口头回复中的信息
传真回复	联系被询证者，与被询证者核实来源和内容

（3）回函中的限制性条款——回函的内容。

询证者的回函中可能包括免责或其他限制条款。回函中存在免责或其他限制条款是影响外部函证可靠性的因素之一，但这种限制不一定使回函失去可靠性，注册会计师能否依赖回函信息以及依赖的程度取决于免责或限制条款的性质和实质。

表3－19

	举例	说明
不产生影响	①“提供的本信息仅出于礼貌，我方没有义务必须提供，我方不因此承担任何明示或暗示的责任、义务和担保”； ②“本回复仅用于审计目的，被询证方、其员工或代理人无任何责任，也不能免除注册会计师做其他询问或执行其他工作的责任”	**格式化免责条款不影响回函可靠性**
	例如，当注册会计师的审计目标是投资是否存在，并使用函证来获取审计证据时，回函中针对投资价值的免责条款不影响回函的可靠性	限制条款如果与所测试的认定无关，也不会导致回函失去可靠性
产生影响	①“本信息是从电子数据库中取得，可能不包括被询证方所拥有的全部信息”； ②“本信息既不保证准确也不保证是最新的，其他方可能会持有不同意见”； ③“接收人不能依赖函证中的信息”	**某些限制条款可能使注册会计师对回函中所包含信息的完整性、准确性或注册会计师能够信赖其所含信息的程度产生怀疑**

如果限制条款使注册会计师将回函作为可靠审计证据的程度受到了限制，则注册会计师可能需要执行额外的或替代审计程序。

如果不能通过替代或额外的审计程序获取充分、适当的审计证据，注册会计师应确定其对审计工作和审计意见的影响。

在特殊情况下，如果限制条款产生的影响难以确定，注册会计师可能认为要求被询证者澄清或寻求法律意见是适当的。

（4）如果认为询证函回函不可靠，注册会计师该怎么办？

如果认为询证函回函不可靠，注册会计师**应当评价其对评估的相关重大错报风险（包括舞弊风险），以及其他审计程序的性质、时间安排和范围的影响**。

5. 收到回函——对不符事项的处理

注册会计师**应当调查不符事项**，以确定是否表明存在错报。

某些不符事项并不表明存在错报。例如，注册会计师可能认为询证函回函的差异是由于函证程序的时间安排、计量或书写错误造成的。

【提示】

①发现不符事项时并非直接要求管理层调整/更正财务报表，因为不符事项不一定是错报，

谈不上调整还是不调整。

②发现不符事项，但是金额低于明显微小错报临界值，所以不作处理是否正确？不正确，因为不符事项不一定是错报，而明显微小错报临界值是界定错报够不够小的标准。

关联贴纸

应收账款回函存在不符事项该如何调查？在第九章进行详细讲解。

注册会计师不能仅通过询问被审计单位相关人员对不符事项的性质和原因得出结论，而是要在询问原因的基础上，检查相关的原始凭证和文件资料予以证实。必要时与被询证方取得联系，获取相关信息和解释。

【例题3-10·简答题·2015年节选】 ABC会计师事务所负责审计甲公司2014年度财务报表，审计项目组确定财务报表整体的重要性为100万元，明显微小错报的临界值为5万元。客户丙公司年末应收账款余额100万元，回函金额90万元，因差异金额高于明显微小错报的临界值，审计项目组据此提出了审计调整建议。

要求：指出审计项目组的做法是否恰当。如不恰当，简要说明理由。

【答案】 不恰当。审计项目组应当调查不符事项，以确定是否表明存在错报。

【解题思路】 回函显示存在10万元的差异，不一定是错报，不应该和明显微小错报临界值进行比较。

（五）实施函证时需要关注的舞弊风险迹象

1. 与函证程序有关的舞弊风险迹象的例子

①管理层不允许寄发询证函；

②管理层试图拦截、篡改询证函或回函，如坚持以特定的方式发送询证函；

③被询证者将回函寄至被审计单位，被审计单位将其转交注册会计师；

④注册会计师跟进访问被询证者，发现回函信息与被询证者记录不一致；

⑤从私人电子信箱发送的回函；

⑥收到同一日期发回的、相同笔迹的多份回函；

⑦位于不同地址的多家被询证者的回函邮戳显示的发函地址相同；

⑧收到不同被询证者用快递寄回的回函，但快递的交寄人或发件人是同一个人或是被审计单位的员工；

⑨回函邮戳显示的发函地址与被审计单位记录的被询证者的地址不一致；

⑩不正常的回函率；

⑪被询证者缺乏独立性。

2. 针对舞弊风险迹象注册会计师可以采取的应对措施

①验证被询证者是否存在、是否与被审计单位之间缺乏独立性，其业务性质和规模是否与被询证者和被审计单位之间的交易记录相匹配；

②将与从其他来源得到的被询证者的地址（如与被审计单位签订的合同上签署的地址、网络上查询到的地址）相比较，验证寄出方地址的有效性；

③将被审计单位档案中有关被询证者的签名样本、公司公章与回函核对；

④要求与被询证者相关人员直接沟通讨论询证事项，考虑是否有必要前往被询证者工作地点以验证其是否存在；

⑤分别在中期和期末寄发询证函，并使用被审计单位账面记录和其他相关信息核对相关账户的期间变动；

⑥考虑从金融机构获得被审计单位的信用记录，加盖该金融机构公章，并与被审计单位会计记录相核对，以证实是否存在被审计单位没有记录的贷款、担保、开立银行承兑汇票、信用证、保函等事项。根据金融机构的要求，注册会计师获取信用记录时可以考虑由被审计单位人员陪同前往。在该过程中，注册会计师需要注意确认该信用记录没有被篡改。

彬哥解读

上述的舞弊情形要熟悉，能够在案例中识别出来属于舞弊情形。应对措施不用记忆，明白一个原则即可：对舞弊迹象，常规程序应对不了，应该实施其他/进一步审计程序验证。

【例题3－11·简答题·2015年节选】 ABC会计师事务所负责审计甲公司2014年度财务报表，客户丁公司回函邮戳显示发函地址与甲公司提供的地址不一致。甲公司财务人员解释是由于丁公司有多处办公地址所致。审计项目团队认为该解释合理，在审计工作底稿中记录了这一情况。指出审计项目组的做法是否恰当。如不恰当，简要说明理由。

【答案】 不恰当。注册会计师应当对该情况进行核实/口头证据不充分，还应实施其他审计程序/仅询问程序不足。

【解题思路】 “回函邮戳显示发函地址与甲公司提供的地址不一致”说明存在舞弊迹象。项目团队仅仅根据被审计单位的解释就认为合理是错误的，程序不充分。

考点4 分析程序（★★★）

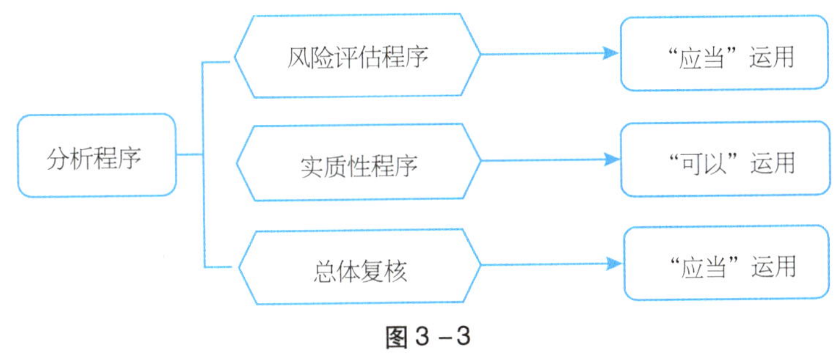

图3－3

（一）分析程序的含义

分析程序是指注册会计师通过分析不同**财务数据之间**以及**财务数据与非财务数据之间**的内在关系，对财务信息作出评价。分析程序还包括在必要时对识别出的、与其他相关信息不一致或与预期值差异重大的波动或关系进行调查。

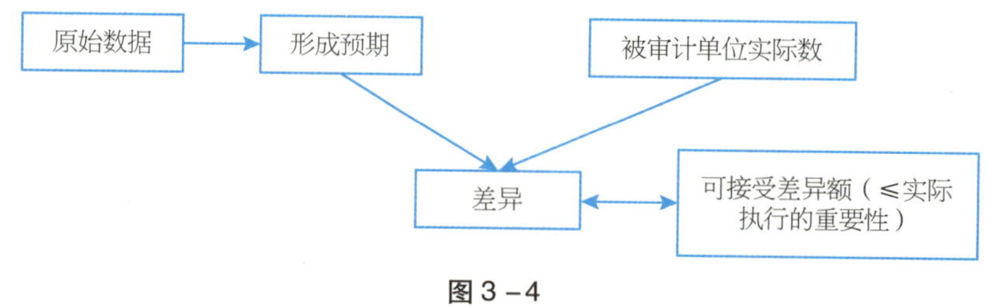

图 3-4

【提示】如果差异 > 可接受差异额，注册会计师需要对差异全额进行调查，而非仅针对超出可接受差异额的部分。

如果差异≤可接受差异额，无须调查差异，因为不属于重大异常情形。

（二）用作风险评估程序

表 3-20

必要性	必须采用。 但是注册会计师无须在了解被审计单位的每一方面都实施分析程序。例如，在了解内部控制时，注册会计师一般不会运用分析程序
目的	了解被审计单位及其环境，识别和评估重大错报风险（识别那些可能表明财务报表存在重大错报风险的异常变化）
使用数据	重点关注的是关键账户余额、趋势和财务比率等方面
特点	①所使用的数据汇总性比较强，其对象主要是财务报表中账户余额及其相互之间的关系；所使用的分析程序通常包括对账户余额变化的分析，并辅之以趋势分析和比率分析。 ②与实质性分析程序比，所进行比较的性质、预期值的精确程度，以及所进行的分析和调查的范围都并不足以提供充分、适当的审计证据

【例题 3-12·单选题·2018 年】下列有关用作风险评估程序的分析程序的说法中，错误的是（　　）。

A. 此类分析程序的主要目的在于识别可能表明财务报表存在重大错报风险的异常变化

B. 此类分析程序所使用数据的汇总性较强

C. 此类分析程序通常不需要确定预期值

D. 此类分析程序通常包括对账户余额变化的分析，并辅之以趋势分析和比率分析

【答案】C

【解析】选项 C 说法错误，风险评估程序中使用的分析程序也需要确定预期值，只不过其精确程度不如实质性分析程序。

（三）用作实质性程序

分析程序在三个阶段都可以使用，但是用作实质性程序的时候可以叫作实质性分析程序，说到实质性分析程序专指风险应对的分析程序。

1. 目的

将认定层次的检查风险降至可接受的水平（发现错报）。

2. 设计和实施实质性分析程序的考虑因素

（1）总体要求。

①在实质性程序中，**并非必须使用分析程序**，根据情况可以使用分析程序。

②当使用分析程序比细节测试能更有效地将认定层次的检查风险降至可接受的水平时，注册会计师可以考虑**单独或结合细节测试**，运用实质性分析程序。

实质性分析程序**不仅仅是细节测试的一种补充**，在某些审计领域，如果重大错报风险较低且数据之间具有稳定的预期关系，注册会计师可以单独使用实质性分析程序获取充分、适当的审计证据。

③相对于细节测试而言，**实质性分析程序能够达到的精确度可能受到种种限制**，所提供的证据很大程度上是间接证据，证明力相对较弱。从审计过程整体来看，注册会计师不能仅依赖实质性分析程序，而忽略对细节测试的运用。

（2）设计和实施实质性分析程序考虑的因素（见表3－21）。

表3－21

因素	说明
确定实质性分析程序对特定认定的适用性	①分析程序适用于**在一段时期内存在预期关系的大量交易**，并不适用所有的财务报表认定。 【彬哥解读】在一段时期内存在预期关系的大量交易，是指有规律的，不是偶然随机的，例如根据租金水平、公寓数量和空置率，可以测算出一幢公寓大楼的总租金收入。 ②对特定实质性分析程序适用性的确定，**受到认定的性质和注册会计师对重大错报风险评估的影响**。 ③**在针对同一认定实施细节测试时，特定的实质性分析程序也可能视为是适当的**
数据可靠性	注册会计师对已记录的金额或比率作出预期时，需要采用内部或外部的数据。 影响数据可靠性的因素： ①可获得信息的**来源**（外部独立来源可靠性高于其他来源）； ②可获得信息的**可比性**（例如，对于生产和销售特殊产品的被审计单位，可能需要对宽泛的行业数据进行补充，使其更具有可比性）； ③可获得信息的**性质和相关性**（例如，是否经过审计）； ④与信息编制相关的**控制**，用以确保信息完整、准确和有效（例如，与预算的编制、复核和维护相关的控制）。 【记忆面包】来源、三性和内控
预期值的精确程度	评价预期值的准确程度，应当考虑的因素： ①对实质性分析程序的预期结果作出预测的**准确性**。例如，与各年度的研究开发和广告费用相比，预测各期毛利率更具有稳定性； ②信息的**可分解程度**； ③财务和非财务信息的**可获得性**。 【记忆面包】儿科（二可）准确性
已记录金额和预期值之间可接受的差异额	考虑因素： ①考虑**重要性**和**计划的保证水平**。可容忍错报越小，可接受差异额越小；计划的保证水平越高，可接受差异额越小； ②还需要考虑一项错报或连同其他错报导致财务报表发生重大错报的可能性（**重大错报风险**）。评估的风险越高，越需要获取有说服力的审计证据，可接受差异额会降低。 【记忆面包】大风险重保证

【例题3－13·多选题·2014年】下列有关在实施实质性分析程序时确定可接受差异额的说法中，正确的有（　　）。

A. 评估的重大错报风险越高，可接受差异额越低

B. 重要性影响可接受差异额

C. 确定可接受差异额时，需要考虑一项错报单独或连同其他错报导致财务报表发生重大错报的可能性

D. 需要从实质性分析程序中获取的保证程度越高，可接受差异额越高

【答案】ABC

【解析】选项D错误，如果注册会计师需要从实质性分析程序中获取的保证程度越高，越需要获取有说服力的审计证据，可接受差异额将会降低。

（四）用于总体复核（见表3－22）

表3－22

<table>
<tr><td>必要性</td><td colspan="2">必须采用</td></tr>
<tr><td>时间</td><td colspan="2">审计结束或临近结束时</td></tr>
<tr><td>目的</td><td colspan="2">确定财务报表整体是否与其对被审计单位的了解一致</td></tr>
<tr><td>总体复核发现的问题及处理</td><td colspan="2">如果识别出以前未识别的重大错报风险，注册会计师应当重新考虑对全部或部分各类交易、账户余额和披露评估的风险是否恰当，并在此基础上重新评价之前计划的审计程序是否充分，是否有必要追加审计程序</td></tr>
<tr><td rowspan="3">与风险评估程序阶段的分析程序、实质性分析程序比较</td><td>相同</td><td>与风险评估程序相比，所进行的比较和使用的手段基本相同</td></tr>
<tr><td rowspan="2">不同</td><td>与风险评估程序相比：目的不同、实施分析程序的时间和重点不同、所取得的数据的数量和质量不同</td></tr>
<tr><td>与实质性分析程序相比：没有那么详细和具体，往往集中在报表层次</td></tr>
</table>

恭喜你，

已完成第三章的学习

扫码免费进 >>>
2022年CPA带学群

天行健，君子以自强不息；地势坤，君子以厚德载物。我不是天才，但我愿发愤图强，永不停息，就让所有的困苦艰难一起来吧，因为宝剑锋从磨砺出，梅花香自苦寒来！

CHAPTER FOUR

第四章 审计抽样方法

考情雷达

所谓审计抽样，是由于被审计单位的交易越来越多，数目庞大，注册会计师不可能对每一笔交易、每一项资产进行审计，所以只能采取一定的方式选出样本进行审计。本章我们要对审计的基本概念和运用进行详细讲解。从考试情况看，本章属于重点章节，近几年平均分值为6分左右，客观题和主观题都有涉及。本章的理论较为复杂，很多同学在第一遍学习的时候会有混乱的感觉，不过也无须害怕，虽然知识点难度较高，但是考题难度并不高，大家先初步掌握重点理论，后续再进一步复习。

本章内容与去年相比无实质性变化。

考点地图

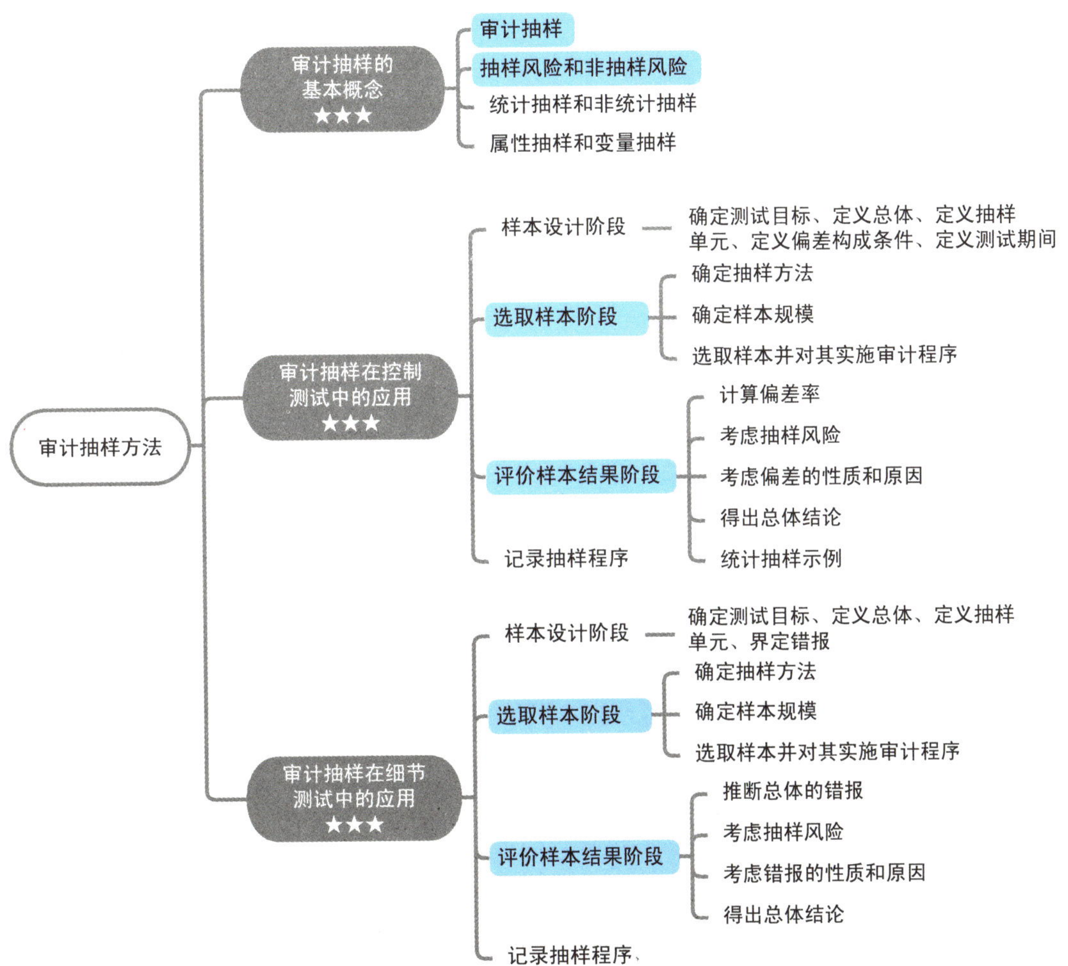

考点1 审计抽样的基本概念（★★★）

（一）审计抽样

1. 选取测试项目的方法（见表4－1）

表4－1

方法	适用情形/特征
选取全部项目测试	通常更适用于细节测试
选取特定项目测试	只挑选具备某一特征的项目（例如，金额大或账龄长的应收账款）进行测试； 只能针对这些特定项目得出结论，而不能根据特定项目的测试结果推断总体的特征
审计抽样	特征【三特征，重要】： ①对具有审计相关性的总体中**低于**百分之百的项目实施审计程序； ②所有抽样单元**都有被选取的机会**（机会不一定相等）； ③可以**根据样本项目的测试结果推断有关抽样总体的结论**

【提示】

①审计抽样时，注册会计师的**目的并不是评价样本，而是对整个总体得出结论**。

②只有当抽样总体中选取的样本具有代表性时（不存在偏向），注册会计师才能根据样本项目的测试结果推断有关总体的结论。

代表性：是指在既定的风险水平下，注册会计师根据样本得出的结论，与对整个总体实施与样本相同的审计程序得出的结论**类似**。样本具有代表性**并不意味着**根据样本测试结果推断的错报一定与总体中的错报**完全相同**。

代表性与整个样本而非样本中的单个项目相关，与样本规模无关，而与如何选取样本相关。代表性通常只与错报的发生率而非错报的特定性质相关（例如，异常情况导致的样本错报就不具有代表性）。

记忆面包

三个相关、三个无关：整体相关、个别无关；方法相关、规模无关；发生率相关、性质无关。

【例题4－1·综合题·2018年节选】A注册会计师在审计工作底稿中记录了针对市场推广费实施的进一步审计程序。甲公司2017年度发生市场推广费2亿元。A注册会计师选取单笔金额100万元以上，合计1亿元的市场推广费实施了细节测试，发现错报250万元，采用比率法推断市场推广费的总体错报为500万元。针对资料，假定不考虑其他条件，指出A注册会计师的做法是否恰当。如不恰当，简要说明理由。

【答案】不恰当。选取特定项目进行审计不属于审计抽样，不能推断总体。

【解题思路】"选取单笔金额100万元以上的推广费实施了细节测试"不是审计抽样，属于选取特定项目审计，不满足审计抽样的特征。

2. 审计抽样的含义

审计抽样是指注册会计师对具有审计相关性的总体中低于百分之百的项目实施审计程序，使所有抽样单元都有被选取的机会，为注册会计师针对整个总体得出结论提供合理基础。

表 4－2

名词	概念	举例
总体	是指注册会计师从中选取样本并期望据此得出审计结论的整个数据集合	企业一个会计年度内有关采购原材料的凭证有 10 万个，我们要测试这些采购业务是否真实发生了。这 10 万张采购凭证就是一个总体
抽样单元	是指构成总体的个体项目	这 10 万个采购凭证中，每一个单据就是一个抽样单元
样本规模	抽出来的样本数量的多少	从中抽取 100 个凭证，即样本规模

3. 审计抽样的适用性（并非所有审计程序都可适用审计抽样）（见表 4－3）

表 4－3

审计程序		适用	不适用
风险评估程序		通常不涉及审计抽样	
进一步审计程序	控制测试	已留下运行轨迹的	未留下运行轨迹的（询问、观察、自动化应用控制）
	实质性程序	细节测试	实质性分析程序

彬哥解读

①在被审计单位采用信息技术处理各类交易及其他信息时，注册会计师通常只需要测试信息技术一般控制，并从各类交易中选取一笔或几笔交易进行测试，就能获取有关信息技术应用控制运行有效性的审计证据，此时不需使用审计抽样。

②实质性分析程序的目的不是根据样本推断总体，因此不宜使用抽样。

③审计抽样可以与其他选取测试项目的方法结合进行。例如，在审计应收账款时，注册会计师可以使用选取特定项目的方法将应收账款中的单个重大项目挑选出来单独测试，再针对剩余的应收账款余额进行抽样。

（二）抽样风险和非抽样风险

在使用审计抽样时，审计风险既可能受到抽样风险的影响，又可能受到非抽样风险的影响。抽样风险和非抽样风险在重大错报风险的评估和检查风险的确定过程中均可能涉及。

1. 抽样风险

（1）含义。

抽样风险是指注册会计师根据样本得出的结论，不同于对整个总体实施与样本相同的审计程序得出的结论的可能性。

（2）影响因素。

抽样风险是由抽样引起的，**与样本规模和抽样方法相关**。

抽样风险与样本规模呈反方向变动：样本规模越小，抽样风险越大；样本规模越大，抽样风险越小。**注册会计师可以通过扩大样本规模降低抽样风险。**

如果对总体中的所有项目都实施检查，就不存在抽样风险，此时审计风险完全由非抽样风险产生。

（3）运用（见表4－4）。

表4－4

控制测试	信赖过度风险	指推断的控制有效性高于其实际有效性的风险	不该信的你信了	影响审计效果
	信赖不足风险	指推断的控制有效性低于其实际有效性的风险	该信的你不信	影响审计效率
细节测试	误受风险	指注册会计师推断某一重大错报不存在而实际上存在的风险，即过度相信	你以为没错实际上有错	影响审计效果
	误拒风险	指注册会计师推断某一重大错报存在而实际上不存在的风险，即过度不相信	你以为有错实际上没错	影响审计效率

2. 非抽样风险

（1）含义。

非抽样风险是指由于任何**与抽样风险无关的原因**而得出错误结论的风险。

（2）原因。

在审计过程中，可能导致非抽样风险的原因包括下列情况（见表4－5）：

表4－5

原因	解释	举例
①注册会计师选择不适合于实现特定目标的审计程序	程序不当	注册会计师依赖应收账款函证来揭露未入账的应收账款
②注册会计师选择的总体不适合于测试目标	总体不当	注册会计师在测试销售收入完整性认定时将主营业务收入日记账界定为总体
③注册会计师未能适当地定义误差（包括控制偏差或错报），导致注册会计师未能发现样本中存在的偏差或错报	误差定义不当	注册会计师在测试现金支付授权控制的有效性时，未将签字人未得到适当授权的情况界定为控制偏差
④注册会计师未能适当地评价审计发现的情况	评价结果不当	注册会计师错误解读审计证据可能导致没有发现误差。注册会计师对所发现误差的重要性的判断有误，从而忽略了性质十分重要的误差，也可能导致得出不恰当的结论

（3）特征。

非抽样风险是由人为因素造成的，虽难以**量化**，但可以通过采取适当的**质量管理政策和程序**，对审计工作进行适当的**指导、监督和复核，仔细设计审计程序，以及对审计实务的适当改进，将其降至可接受水平，但是不能降低为0。**

【提示】非抽样风险**与样本规模无关，即扩大样本规模无法降低非抽样风险。**

【例题4－2·单选题·2015年】下列有关抽样风险和非抽样风险的表述，错误的是（　　）。

A. 信赖不足风险与审计的效果有关

B. 误受风险影响审计效果，容易导致注册会计师发表不恰当的审计意见，因此注册会计师更应重点关注

C. 如果对总体中的所有项目都实施检查，就不存在抽样风险，此时审计风险完全由非抽样风险产生

D. 注册会计师依赖应收账款函证来揭露未入账的应收账款，此时可能产生非抽样风险

【答案】 A

【解析】 选项A说法错误，信赖过度和误受风险表明被骗了，所以影响效果；信赖不足和误拒风险表明多干活了，吃亏了，所以影响效率。

（三）统计抽样和非统计抽样（见表4－6）

表4－6

	统计抽样	非统计抽样
特征	同时具备： ①随机选取样本项目； ②运用概率论评价样本结果、计量抽样风险	不同时具备两个特征
优点	①客观计量抽样风险，通过调整样本规模精确地控制风险； ②有助于注册会计师高效地设计样本，定量评价样本结果	①操作简单，使用成本低； ②适合定性分析
缺点	①需要特殊的专业技能，增加培训注册会计师的成本； ②单个样本项目要符合统计要求，增加了额外费用	无法量化抽样风险，只能估计
共同点	都是抽样，都存在抽样风险，均可以通过扩大样本规模来降低抽样风险	
选择	在统计抽样与非统计抽样方法之间进行选择时主要考虑成本效益。如果设计得当，非统计抽样也能提供与统计抽样方法同样有效的结果	

【例题4－3·单选题·2012年A卷】 下列有关统计抽样和非统计抽样的说法中，错误的是（　　）。

A. 注册会计师应当根据具体情况并运用职业判断，确定使用统计抽样或非统计抽样方法

B. 注册会计师在统计抽样与非统计抽样方法之间进行选择时主要考虑成本效益

C. 非统计抽样如果设计适当，也能提供与统计抽样方法同样有效的结果

D. 注册会计师使用非统计抽样时，不需要考虑抽样风险

【答案】 D

【解析】 选项D错误，审计抽样的方法包括统计抽样和非统计抽样。只要有抽样，抽样风险总会存在。

（四）属性抽样和变量抽样

属性抽样和变量抽样都是统计抽样方法。

1. 属性抽样——适用于控制测试

通常用于测试某一设定控制的**偏差率**，以支持注册会计师评估的控制风险水平。

2. 变量抽样——适用于细节测试

主要用来对**总体金额**得出结论，以确定记录金额是否合理。

考点2 审计抽样在控制测试中的应用（★★★）

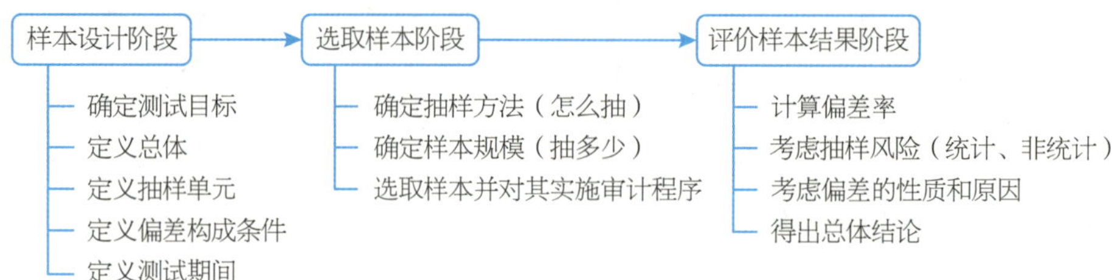

图4－1 审计抽样在控制测试中的运用流程

（一）样本设计阶段

1. 确定测试目标

控制测试的目的是提供关于控制运行有效性的审计证据，以支持计划的重大错报风险评估水平。

2. 定义总体（见表4－7）

表4－7

	含义	举例
适当性（方向）	注册会计师应确定总体适合于特定的审计目标，包括适合于测试的方向。 【提示】方向不对一切都是白搭	要测试用以保证所有发运商品都已开单的控制是否运行有效，注册会计师从已开单的项目中抽取样本不能发现误差，因为该总体不包含那些已发运但未开单的项目。应该**将所有已发运的项目作为总体比较适当**
完整性（内容、时间）	注册会计师应当从总体项目内容和涉及时间等方面确定总体的完整性。注册会计师通常从代表总体的实物中选取样本项目	例1，如果注册会计师从档案中选取付款证明，除非确定**所有的付款证明都已归档**，否则不能对该期间的所有付款证明得出结论。 例2，如果注册会计师对某一控制活动在财务报告期间是否有效运行得出结论，**总体应该包括来自整个报告期间的所有相关项目**
同质性	总体中的所有项目应该具有同样的特征。 【提示】控制测试才强调同质，因为控制手法不同。细节测试不强调，因为钱都是一样的	出口和内销业务的处理方式不同，出口销售在装船时满足收入确认条件，而内销业务需要在客户签收后才满足收入确认条件，则**注册会计师应分别评价两种不同的控制情况，因而出现两个独立的总体**

【例题4－4·简答题·2015年节选】 ABC会计师事务所负责审计甲公司2014年度财务报表。考虑到甲公司2014年固定资产的采购主要发生在下半年，审计项目组从下半年固定资产采购中选取样本实施控制测试。指出审计项目组的做法是否恰当。如果不恰当，简要说明理由。

【答案】 不恰当。控制测试的样本应当涵盖整个期间。

【解题思路】"主要发生在下半年"不代表上半年没有发生采购业务，也应当包含在控制测试的总体当中。"审计项目组从下半年固定资产采购中选取样本实施控制测试"属于总体不完整。

3. 定义抽样单元

定义的抽样单元应与审计测试目标相适应。

通常是能够提供控制运行证据的一份文件资料、一个记录或其中一行。

例如，如果测试目标是确定付款是否得到授权，且设定的控制要求是付款之前授权人在付款单据上签字，抽样单元可能被定义为每一张付款单据。

如果一张付款单据包含了对几张发票的付款，且设定的控制要求是每张发票分别得到授权，那么付款单据上与发票对应的一行就可能被定义为抽样单元。

4. 定义偏差构成条件

在控制测试中，偏差是指偏离对设定控制的预期执行。在评估控制运行的有效性时，注册会计师应当考虑其认为必要的所有环节。

例如，设定的控制要求每笔支付都应附有发票、收据、验收报告和订购单等证明文件，且均盖上"已付"戳记。注册会计师认为盖上"已付"戳记的发票和验收报告足以显示控制的适当运行。在这种情况下，偏差可能被定义为缺乏盖有"已付"戳记的发票和验收报告等证明文件的款项支付。

5. 定义测试期间（见表4-8）

表4-8

<table>
<tr><td rowspan="3">定义测试期间</td><td colspan="2">注册会计师通常在期中实施控制测试。由于期中测试获取的证据只与控制截至期中测试时点的运行有关，注册会计师需要确定如何获取关于剩余期间的证据。注册会计师可以有两种做法</td></tr>
<tr><td>将测试扩展至在剩余期间发生的交易，以获取额外的证据</td><td>①期中实施初始测试。
②注册会计师将总体定义为包括整个被审计期间的交易，但是在期中实施测试。
注册会计师需要估计剩余期间抽样单元的数量，以确定总体规模。这种估计可能存在两种风险：
①高估剩余期间抽样单元的数量。这导致部分被选取的项目编号对应的交易没有发生。
处理：用其他交易代替。
②低估剩余期间抽样单元的数量。导致一些交易没有被选取的机会。
处理：注册会计师可以重新定义总体，将样本中未包含的项目排除在新的总体之外。对未包含在重新定义总体中的项目，注册会计师可以实施替代程序。
有时，虽然审计期间尚未结束，已发现的偏差数量就已经超过允许的偏差数，注册会计师可能决定中止控制测试</td></tr>
<tr><td>不将测试扩展至在剩余期间发生的交易</td><td>总体只包括年初到期中测试日为止的交易，测试结果只能针对这个期间进行推断，注册会计师可以使用替代方法测试剩余期间的控制有效性</td></tr>
</table>

（二）选取样本阶段

1. 确定抽样方法（见表4-9）

表4-9 选取样本的基本方法

方法	说明	统计抽样	非统计抽样
简单随机选样	计算机或随机数表法	√	√

续表

方法	说明	统计抽样	非统计抽样
系统选样	确定选样间隔。 选样间隔＝总体中抽样单元的总数量/样本规模 在第一个间隔中确定一个随机起点，从这个随机起点开始，按照选样间隔，从总体中顺序选取样本	在总体随机分布时适用	√
随意选样	①并不意味着注册会计师可以漫不经心地选择样本。 ②注册会计师要避免任何有意识的偏向或可预见性，从而保证总体中所有项目都有被选中的机会，使选择的样本具有代表性。 ③注册会计师无法量化选取样本的概率	×	√
整群选样	从总体中选取一群（或多群）连续的项目，整群选样通常不能在审计抽样中使用	×	×

2. 确定样本规模

（1）影响样本规模的因素（见表4－10）。

表4－10　　影响控制测试样本规模的因素

影响因素	与样本规模的关系	说明
可接受的信赖过度风险（抽样风险）。 【提示】与信赖不足风险比，更加关注信赖过度风险	反向	通常对所有控制测试确定一个统一的可接受信赖过度风险水平（通常为5%～10%），然后对每一测试根据计划的重大错报风险评估水平和控制有效性分别确定其可容忍偏差率
		影响注册会计师可以接受的信赖过度风险的因素包括： ①该控制所针对的风险的重要性； ②控制环境的评估结果； ③针对风险的控制程序的重要性； ④证明该控制能够防止、发现和改正认定层次重大错报的审计证据的相关性和可靠性； ⑤在与某认定有关的其他控制的测试中获取的证据的范围； ⑥控制的叠加程度； ⑦对控制的观察和询问所获得的答复可能不能准确反映该控制得以持续适当运行的风险
可容忍偏差率。 【提示】是指对控制偏差率的容忍界限	反向	①是注册会计师能够接受的最大偏差数量，如果偏差超过这一数量则减少或取消对内部控制的信赖。 ②确定可容忍偏差率时，应考虑计划评估的控制有效性（也叫风险评估时对相关控制的依赖程度），有效性越低，可容忍偏差率越高，所需要的样本规模越小。 【提示】越依赖，越多测。 ③可容忍偏差率和计划评估的控制有效性之间的关系： 计划评估的控制有效性：高——可容忍偏差率：3%～7% 计划评估的控制有效性：中——可容忍偏差率：6%～12% 计划评估的控制有效性：低——可容忍偏差率：11%～20% 计划评估的控制有效性：最低——可容忍偏差率：不进行控制测试

续表

影响因素	与样本规模的关系	说明
预计总体偏差率	同向	在既定的可容忍偏差率下，预计总体偏差率越大，所需的样本规模越大。 但是预计总体偏差率不应超过可容忍偏差率，如果预计总体偏差率高得无法接受，意味着控制有效性很低，注册会计师通常决定不实施控制测试，而实施更多的实质性程序
总体规模	影响很小	通常将抽样单元超过 2 000 个的总体视为大规模总体。对大规模总体而言，总体的实际容量对样本规模几乎没有影响
其他因素	①控制运行的相关期间（同向）； ②控制程序复杂度（同向）； ③测试的控制类型，人工控制实施的测试要多过自动化控制	

【例题 4－5・单选题・2017 年】 下列有关控制测试的样本规模的说法中，错误的是（　　）。

A. 可接受的信赖过度风险与样本规模反向变动

B. 总体规模与样本规模反向变动

C. 可容忍偏差率与样本规模反向变动

D. 预计总体偏差率与样本规模同向变动

【答案】 B

【解析】 对大规模总体而言，总体的实际容量对样本规模几乎没有影响。

（2）针对运行频率较低的内部控制的考虑。

注册会计师可以根据表 4－11 确定所需的样本规模。一般情况下，样本规模接近表 4－11 中样本数量区间的下限是适当的。如果拟测试的控制是针对相关认定的唯一控制，注册会计师往往可能需要测试比表中所列更多的样本。

表 4－11　　测试运行频率较低的内部控制的有效性

控制运行频率和总体的规模	测试的样本数量
1 次/季度（4）	2
1 次/月度（12）	2 ~5
1 次/半月（24）	3 ~8
1 次/周（52）	5 ~15

（3）确定样本量。

在统计抽样中，进行定量确定样本量，并利用专门的计算机程序或样本量表来确定样本规模。

在非统计抽样中，进行定性估计，并运用职业判断确定样本规模。

3. 选取样本并对其实施审计程序

表 4－12　　选取样本实施审计程序时一些情况的应对

情形	应对
无效单据（空白、作废单据）、未使用（业务没有发生）或者不适用的单据（选取的项目不适用于事先定义的偏差）	不构成对设定控制的偏差，选取其他单据来替代
无法对选取的项目实施检查	如果注册会计师无法对选取的项目实施计划的审计程序或适当的替代程序（单据丢失或损毁），考虑在评价样本时将该样本项目视为控制偏差
对总体的估计出现错误	如果注册会计师高估了总体规模和编号范围，选取的样本中超出实际编号的所有数字都被视为未使用单据。在这种情况下，要用额外的随机数代替这些数字，以确定对应的适当单据
在结束之前停止测试	当对样本的第一部分测试时发现大量偏差，注册会计师认为即使剩余样本没有更多偏差，样本的结果也不支持计划的重大错报风险评估水平，则应重新评估重大错报风险并考虑是否有必要继续进行测试

（三）评价样本结果阶段

在完成对样本的测试并汇总控制偏差之后，注册会计师应当评价样本结果，对总体得出结论，即样本结果是否支持计划评估的控制有效性，从而支持计划的重大错报风险评估水平。

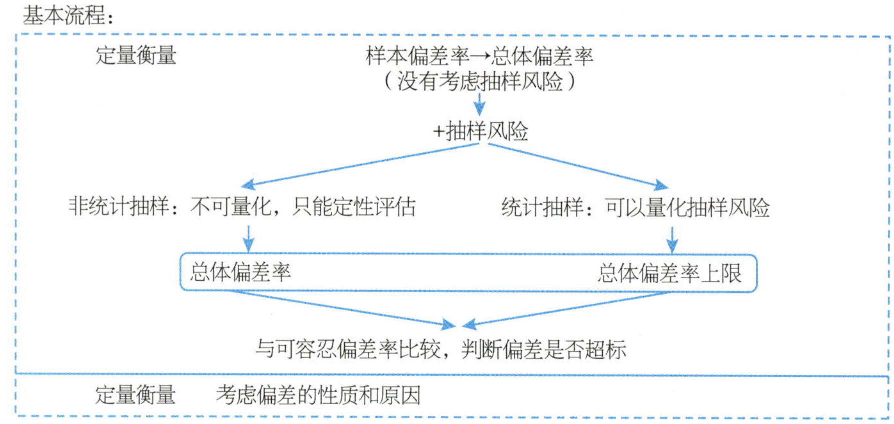

图 4－2

1. 计算偏差率

样本偏差率就是注册会计师对总体偏差率的最佳估计，因而在控制测试中**无须另外推断**总体偏差率，但必须考虑抽样风险。

样本偏差率＝样本中发现的偏差数量÷样本规模

2. 考虑抽样风险

如果总体偏差率（即样本偏差率）低于可容忍偏差率，注册会计师还要考虑实际的总体偏差率仍有可能大于可容忍偏差率的风险。

（1）统计抽样。

①注册会计师在统计抽样中通常使用公式、表格或计算机程序直接计算在确定的信赖过度风险水平下可能发生的偏差率上限。

a. 使用统计公式评价样本结果。**总体偏差率上限＝风险系数÷样本量**

表4－13　　控制测试中常用的风险系数表

样本中发现偏差的数量	信赖过度风险	
	5%	10%
0	3.0	2.3
1	4.8	3.9
2	6.3	5.3
3	7.8	6.7
4	9.2	8.0
5	10.5	9.3
6	11.9	10.6
7	13.2	11.8
8	14.5	13.0
9	15.7	14.2
10	17.0	15.4

b. 使用样本结果评价表。即直接使用样本结果评价表，通过查表得出结果。

表4－14　　控制测试中统计抽样结果评价——信赖过度风险10%时的偏差率上限

样本规模	实际发现的偏差数									
	0	1	2	3	4	5	6	7	8	9
20	10.9	18.1	*	*	*	*	*	*	*	*
25	8.8	14.7	19.9	*	*	*	*	*	*	*
30	7.4	12.4	16.8	*	*	*	*	*	*	*
35	6.4	10.7	14.5	18.1	*	*	*	*	*	*
40	5.6	9.4	12.8	16.0	19.0	*	*	*	*	*
45	5.0	8.4	11.4	14.3	17.0	19.7	*	*	*	*
50	4.6	7.6	10.3	12.9	15.4	17.8	*	*	*	*

②计算出估计的总体偏差率上限后，注册会计师通常可以对总体进行如下判断：

表4－15

比较			结果
总体偏差率上限	大于或等于	可容忍偏差率	**总体不能接受。** 样本结果不支持计划评估的控制有效性，从而不支持计划的重大错报风险评估水平。**此时注册会计师应当修正重大错报风险评估水平，并增加实质性程序的数量**
	低于但接近		**考虑是否接受总体**，并考虑是否需要扩大测试范围，进一步证实计划评估的控制有效性和重大错报风险水平
	低于		**总体可以接受**

【提示】注意是总体偏差率上限和可容忍偏差率进行比较。

（2）非统计抽样。

非统计抽样中，抽样风险无法直接计量。注册会计师通常将估计的总体偏差率（即样本偏差率）与可容忍偏差率相比较，以判断总体是否可以接受。

表 4－16

<table>
<tr><th colspan="3">比较</th><th>结果</th><th rowspan="5">比统计抽样严格一层</th></tr>
<tr><td rowspan="4">总体偏差率</td><td>大于</td><td rowspan="4">可容忍偏差率</td><td>总体不能接受</td></tr>
<tr><td>低于但接近</td><td>总体不能接受</td></tr>
<tr><td>差额不是很大也不是很小</td><td>考虑扩大样本规模或实施其他测试，以进一步收集证据</td></tr>
<tr><td>大大低于</td><td>总体可以接受</td></tr>
</table>

3. 考虑偏差的性质和原因

（1）注册会计师**应当调查识别出所有偏差的性质和原因，**并评价其对审计程序的目的和审计的其他方面可能产生的影响。

（2）无论是统计抽样还是非统计抽样，对样本结果的定性评估和定量评估一样重要。即使样本的评价结果在可接受的范围内，注册会计师也应对样本中的所有控制偏差进行定性分析。

（3）注册会计师对偏差的性质和原因的分析包括：

①系统性偏差：如果注册会计师发现许多偏差具有相同的特征，如交易的类型、地点等，则应考虑该特征是不是引起偏差的原因，是否存在其他尚未发现的具有相同特征的偏差。此时，注册会计师**将具有该共同特征的全部项目划分为一层，并对该层中的所有项目实施审计程序，以发现潜在的系统偏差。**

②如果对偏差的分析表明是故意违背了既定的内部控制政策或程序，注册会计师应考虑存在重大舞弊的可能性。

（4）样本中发现了控制偏差，注册会计师通常有两种处理办法：

一是扩大样本规模，以进一步收集证据；

二是认为控制没有有效运行，增加对相关账户的实质性程序。

【提示】

①如果确定控制偏差是**系统偏差或舞弊导致，扩大样本规模通常无效，**注册会计师需要直接采用第二种方法。

②**如果某项偏差更容易导致金额错报，该项控制偏差就更加重要。**

4. 得出总体结论

表 4－17

<table>
<tr><td colspan="2">（1）如果样本结果及其他相关审计证据支持计划评估的控制有效性，从而支持计划的重大错报风险评估水平，注册会计师可能不需要修改计划的实质性程序</td></tr>
<tr><td rowspan="2">（2）如果样本结果不支持计划的控制运行有效性和重大错报风险的评估水平，注册会计师通常有两种选择</td><td>①进一步测试其他控制（如补偿性控制），以支持计划的控制运行有效性和重大错报风险的评估水平</td></tr>
<tr><td>②提高重大错报风险评估水平，并相应修改计划的实质性程序的性质、时间安排和范围</td></tr>
</table>

5. 统计抽样示例

注册会计师准备使用统计抽样方法，测试现金支付授权控制运行的有效性。

注册会计师作出下列判断：

（1）为发现未得到授权的现金支付，注册会计师将所有已支付现金的项目作为总体；（2）定义的抽样单元为现金支付单据上的每一行；（3）偏差被定义为没有授权人签字的发票和验收报告等证明文件的现金支付；（4）可接受信赖过度风险为10%；（5）可容忍偏差率为7%；（6）根据上年测试结果和对控制的初步了解，预计总体的偏差率为1.75%；（7）由于现金支付业务数量很大，总体规模对样本规模的影响可以忽略。

由教材表格可知，信赖过度风险为10%时，7%可容忍偏差率与1.75%预计总体偏差率的交叉处为55，即需要的样本规模为55，注册会计师使用简单随机选样法选择了55个样本项目，并对其实施了既定的审计程序。

（1）假设这55个项目中没有发现偏差，利用统计公式，在表4－13中查到风险系数为2.3，并据此计算出总体最大偏差率为4.18%。这意味着，如果样本量为55且无一例偏差，总体实际偏差率超过4.18%的风险为10%，即有90%的把握保证总体实际偏差率不超过4.18%。由于注册会计师确定的可容忍偏差率为7%，因此可以得出结论，总体的实际偏差率超过可容忍偏差率的风险很小，总体可以接受。也就是说，样本结果证实注册会计师对控制运行有效性的估计和评估的重大错报风险水平是适当的。

（2）假定在55个样本中发现两个偏差，利用统计公式，计算出总体最大偏差率为9.64%。这意味着，如果样本量为55且有两个偏差，总体实际偏差率超过9.64%的风险为10%。在可容忍偏差率为7%的情况下，注册会计师得出结论，总体的实际偏差率超过可容忍偏差率的风险很大，因而不能接受总体。

（四）记录抽样程序

注册会计师应当记录所实施的审计程序，以形成审计工作底稿。

考点收纳盒

表4－18

<table>
<tr><th colspan="4">审计抽样在控制测试中的应用</th></tr>
<tr><th colspan="2"></th><th>统计抽样</th><th>非统计抽样</th></tr>
<tr><td rowspan="5">样本设计阶段</td><td>1. 确定测试目标</td><td colspan="2">评价内控运行的有效性</td></tr>
<tr><td>2. 定义总体</td><td colspan="2">适当性、完整性、同质性</td></tr>
<tr><td>3. 定义抽样单元</td><td colspan="2">一份文件资料、一个记录或其中一行</td></tr>
<tr><td>4. 定义偏差构成条件</td><td colspan="2">应当考虑其认为必要的所有环节</td></tr>
<tr><td>5. 定义测试期间</td><td colspan="2">（1）将测试扩展至在剩余期间发生的交易；
（2）不将测试扩展至在剩余期间发生的交易</td></tr>
<tr><td>选取样本阶段</td><td>1. 确定抽样方法</td><td>简单随机选样
系统选样（总体随机分布）
随意选样×
整群选样×</td><td>简单随机选样
系统选样
随意选样
整群选样×</td></tr>
</table>

续表

审计抽样在控制测试中的应用				
			统计抽样	非统计抽样
选取样本阶段	2. 确定样本规模	影响样本规模的因素	可接受的信赖过度风险（反） 可容忍偏差率（反） 预计总体偏差率（同） 总体规模（大规模，无影响） 控制运行的相关期间（同） 控制程序复杂度（同） 测试的控制类型，人工控制>自动化控制	
		针对运行频率较低的内部控制的考虑		
		确定样本量	定量确定：计算机程序或样本量表	定性估计
	3. 选取样本并对其实施审计程序		选取样本实施审计程序时一些情况如何应对，如无效单据、未使用或者不适用的单据	
评价样本结果阶段	1. 计算偏差率		样本偏差率就是注册会计师对总体偏差率的最佳估计	
	2. 考虑抽样风险		统计公式评价样本结果（公式法）： 总体偏差率上限 = 风险系数 ÷ 样本量	使用样本结果评价表（查表法）
			总体偏差率上限与可容忍偏差率比较，确定总体能否接受	总体偏差率与可容忍偏差率比较，确定总体能否接受
	3. 考虑偏差的性质和原因		（1）应当调查所有偏差的性质和原因； （2）对于系统偏差或舞弊导致的偏差，扩大样本规模通常无效	
	4. 得出总体结论		（1）如果样本结果支持计划评估的控制有效性：不修改审计计划； （2）如果样本结果不支持计划评估的控制有效性：修改审计计划	

考点3 审计抽样在细节测试中的应用（★★★）

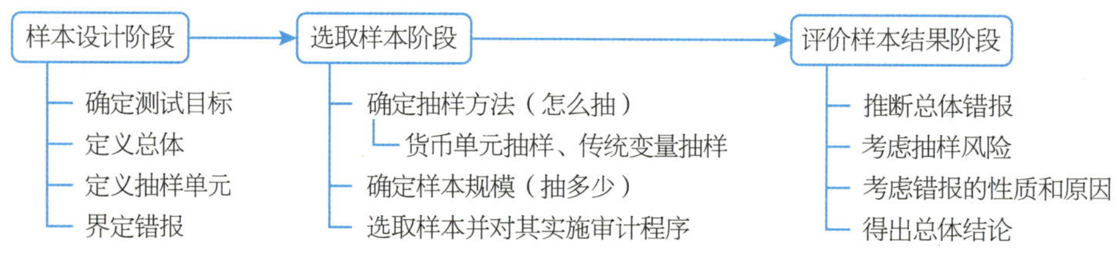

图4－3 审计抽样在细节测试中的运用流程

（一）样本设计阶段

1. 确定测试目标

细节测试的目的是识别财务报表中各类交易、账户余额和披露中存在的重大错报。在细节测试中，抽样通常用来测试有关财务报表金额的一项或多项认定的合理性。

2. 定义总体

（1）考虑总体的适当性和完整性（见表4－19）。

表 4 - 19

	含义	举例
适当性	定义的抽样总体适合于特定的审计目标	为测试销售收入发生认定，总体应当是销售收入明细账的记录，而不应当是出库单、销售单、销售发票，更不应当是销售成本
完整性	总体包含了与测试目标相关的所有个体/抽样单元（时间和内容）	如果注册会计师将总体定义为特定时期的所有现金支付，代表总体的实物就是该时期的所有现金支付单据

【提示】这里的适当性和完整性基本上和控制测试是相同的，但是细节测试不强调同质性。

（2）识别单个重大项目和极不重要的项目（不包括在总体中）。

①单个重大项目。

某一项目可能由于金额较大或存在较高的重大错报风险而被视为单个重大项目，注册会计师应当对单个重大项目实施 100% 的检查（特定项目），**所有单个重大项目都不构成抽样总体**。

②识别极不重要项目。

如果主要关注高估，注册会计师会发现总体中有些项目加总起来是不重要的，或者被认为存在较低的重大错报风险，**可以从抽样计划中剔除这些项目**，以集中精力测试与目标相关度更高的项目，必要时可以对重大错报风险很低的项目实施分析程序。

3. 定义抽样单元

抽样单元可能是**一个账户余额、一笔交易或交易中的一个记录，甚至是每个货币单元**。

【提示】控制测试中的抽样单元通常是能够提供控制运行证据的一份文件资料、一个记录或其中一行，将控制测试与细节测试中定义抽样单元，两项对比记忆。

4. 界定错报

（1）误差是指错报。注册会计师应根据审计目标，确定什么构成错报。

（2）不构成误差的情形：

①收款在途、付款在途、退回货物在途、拒付货物在途；

②被审计单位在不同客户之间误登明细账不影响应收总账余额。

（3）注册会计师还可能将被审计单位自己发现并已在适当期间予以更正的错报排除在外。

（二）选取样本阶段

1. 确定抽样方法

在细节测试中进行审计抽样，可能使用**统计抽样，也可能使用非统计抽样**。注册会计师在细节测试中常用的**统计抽样方法包括货币单元抽样和传统变量抽样**。

（1）货币单元抽样（见表 4 - 20）。

表 4 - 20　货币单元抽样

含义	货币单元抽样是一种运用属性抽样原理对货币金额而不是对发生率得出结论的统计抽样方法。货币单元抽样是以货币单元作为抽样单元进行选样的一种方法。 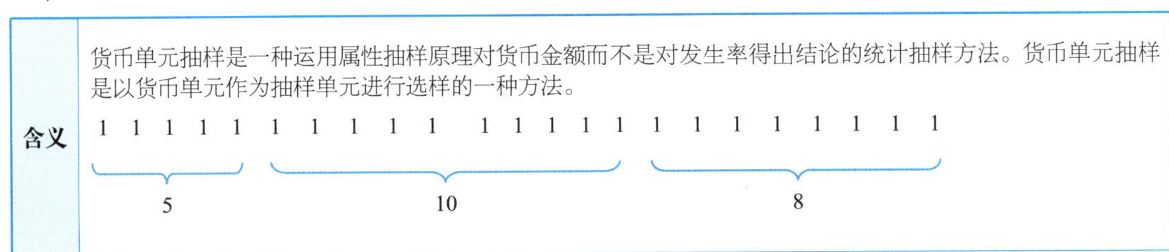

续表

特点	①总体中的每个货币单元被选中的机会相同，所以总体中某一项目被选中的概率等于该项目金额与总体金额的比率。 ②项目金额越大，被选中的概率就越大。 ③实际上注册会计师并不是对总体中的货币单元实施检查，而是对包含被选取货币单元的账户余额或交易实施检查。注册会计师检查的账户余额或交易被称为逻辑单元或实物单元
优点	①能够更方便地计算样本规模和评价样本结果，因此比传统变量抽样更易于使用。 ②在确定样本规模时无须直接考虑总体的特征（如变异性）。 ③项目被选取的概率与其货币金额大小成比例，因而无须通过分层减少变异性。 ④使用系统选样法选取样本时，如果项目金额等于或大于选样间距，货币单元抽样将自动识别所有单个重大项目，即该项目一定会被选中。 ⑤如果注册会计师预计不存在错报，货币单元抽样的样本规模通常比传统变量抽样方法更小。 ⑥样本更容易设计，且可在能够获得完整的最终总体之前开始选取样本
缺点	①不适用于测试低估，因为被低估的项目被选取的概率更低。 ②对零余额或负余额的选取需要在设计时特别考虑。 ③当发现错报时，如果风险水平一定，货币单元抽样在评价样本时可能高估抽样风险的影响，从而导致注册会计师更可能拒绝一个可接受的总体账面金额。 ④在货币单元抽样中注册会计师通常需要逐个累计总体金额。但如果相关的会计数据以电子形式储存，就不会额外增加大量的审计成本。 ⑤当预计总体错报的金额增加时，货币单元抽样所需的样本规模也会增加

【例题4-6·简答题·2018年节选】 A注册会计师负责审计甲公司2010年度财务报表。在针对销售费用的发生认定实施细节测试时，A注册会计师决定采用传统变量抽样方法实施统计抽样，A注册会计师将抽样单元界定为销售费用总额中的每个货币单元。指出A注册会计师的做法是否恰当。如果不恰当，简要说明理由。

【答案】 不恰当。抽样单元应为2010年度确认的每笔销售费用。

【审题思路】 货币单元抽样的抽样单元为每个货币单元。

（2）传统变量抽样（见表4-21）。

表4-21　　传统变量抽样

含义	传统变量抽样运用正态分布理论，根据样本结果推断总体的特征
优点	①如果账面金额与审定金额之间存在较多差异（即存在较多错报），传统变量抽样可能只需较小的样本规模就能满足审计目标。 ②注册会计师关注总体低估时，使用传统变量抽样比货币单元抽样更合适。 ③需要在每一层追加选取额外的样本项目时，传统变量抽样更易于扩大样本规模。 ④对零余额或负余额项目的选取，传统变量抽样不需要在设计时予以特别考虑
缺点	①传统变量抽样比货币单元抽样更复杂，注册会计师通常需要借助计算机程序。 ②在传统变量抽样中确定样本规模时，注册会计师需要估计总体特征的标准差（变异性），而这种估计往往难以作出，注册会计师可能利用以前对总体的了解或根据初始样本的标准差进行估计。 ③如果存在非常大的项目，或者在总体的账面金额与审定金额之间存在非常大的差异，而且样本规模比较小，正态分布理论可能不适用，注册会计师更可能得出错误的结论。 ④如果几乎不存在错报，传统变量抽样中的差异法和比率法将无法使用

考点收纳盒

表 4－22　　货币单元抽样和传统变量抽样特征自测表

问题	货币单元抽样	传统变量抽样
①谁更容易使用？	√	×
②是否考虑总体的变异性？	×	√
③谁适合查高估？	√	×
④对零余额或负余额项目的选取哪种方法需要在设计时予以特别考虑？	√	×
⑤如果预计不存在错报，哪种方法样本规模更小？	√	×
⑥当预计总体错报的金额增加时，哪种方法所需的样本规模也会增加？	√	×
⑦如果账面金额与审定金额之间存在较多差异，哪种方法可能只需较小的样本规模就能满足审计目标？	×	√
⑧如果项目金额等于或大于选样间距，哪种方法将自动识别所有单个重大项目？	√	×

考点收纳盒

表 4－23

	货币单元抽样	传统变量抽样
谁更容易使用？	更易于使用	更复杂
是否考虑总体的变异性？	无须考虑，因而无须通过分层减少变异性	需要估计总体特征的标准差，通过分层减少变异性，降低样本规模
谁适合查高估？	①不适用于测试低估，因为被低估的项目被选取的概率更低； ②如果项目金额等于或大于选样间距，货币单元抽样将自动识别所有单个重大项目，即该项目一定会被选中； ③对零余额或负余额的选取需要在设计时特别考虑	①关注总体的低估时，使用传统变量抽样比货币单元抽样更合适； ②对零余额或负余额项目的选取，传统变量抽样不需要在设计时予以特别考虑
谁适合查错报少、情况好的项目？	①如果注册会计师预计不存在错报，货币单元抽样的样本规模通常比传统变量抽样方法更小； ②当预计总体错报的金额增加时，货币单元抽样所需的样本规模也会增加； ③当发现错报时，如果风险水平一定，货币单元抽样在评价样本时可能高估抽样风险的影响，从而导致注册会计师更可能拒绝一个可接受的总体账面金额	①如果账面金额与审定金额之间存在较多差异，传统变量抽样可能只需较小的样本规模就能满足审计目标； ②如果存在非常大的项目，或者在总体的账面金额与审定金额之间存在非常大的差异，而且样本规模比较小（样本不具有代表性），正态分布理论可能不适用，注册会计师更可能得出错误的结论
其他	在货币单元抽样中注册会计师通常需要逐个累计总体金额。 可在能够获得完整的总体之前开始选取样本	需要在每一层追加选取额外的样本项目时，传统变量抽样更易于扩大样本规模

2. 确定样本规模

（1）影响样本规模的因素（见表4-24）。

表4-24

影响样本规模因素	样本规模变动情况	说明
可接受的误受风险。【提示】与误拒风险比，注册会计师更加关注误受风险	反向	确定可接受的误受风险水平时，注册会计师需要考虑的因素有： ①注册会计师愿意接受的审计风险水平； ②评估的重大错报风险水平； ③针对同一审计目标或财务报表认定的其他实质性程序的检查风险
		与控制测试中对信赖不足风险的关注相比，注册会计师在细节测试中对误拒风险的关注程度通常更高
可容忍错报	反向	可容忍错报**可能等于或低于**实际执行的重要性
预计总体错报	同向	①预计总体错报**不应超过可容忍错报**； ②如果预期错报很高，注册会计师**在实施细节测试时对总体进行100%检查或使用较大的样本规模可能较为适当**
总体的变异性	同向	①衡量总体变异性的指标是标准差； ②如果使用非统计抽样，注册会计师**不需要量化总体标准差**，但需要定性估计总体的变异性； ③对总体进行分层，分层可以降低每一层中项目的变异性，从而在抽样风险没有成比例增加的前提下**减少样本规模**； ④分层后，每层分别独立选取样本，分别推断错报
总体规模	影响很小	—

【例题4-7·单选题·2019年】在运用审计抽样实施细节测试时，下列情形中，对总体进行分层可以提高审计抽样效率的是（　　）。

A. 总体规模较大

B. 总体变异性较大

C. 预计总体错报较高

D. 误拒风险较高

【答案】B

【解析】选项B正确，分层可以降低每一层内项目的变异性，从而减少样本规模，提高审计效率。

（2）确定样本量。

①统计抽样样本量的确定（见表4-25）。

表4-25

统计抽样	货币单元抽样样本量的确定	查表法
		公式法：（总体账面金额÷可容忍错报）×保证系数
	传统变量抽样样本量的确定	运用计算机程序确定
非统计抽样	职业判断和经验	在统计抽样的基础上根据职业判断进行调整

a. 查表法。

表 4 –26 细节测试中货币单元抽样样本规模

误受风险	预计总体错报与可容忍错报之比	可容忍错报与总体账面金额之比										
		50%	30%	10%	8%	6%	5%	4%	3%	2%	1%	0.05%
5%	—	6	10	30	38	50	60	75	100	150	300	600
5%	0.1	8	13	37	46	62	74	92	123	184	368	736
5%	0.2	10	16	47	58	78	93	116	155	232	463	925
5%	0.3	12	20	60	75	100	120	150	200	300	600	1 199
5%	0.4	17	27	81	102	135	162	203	270	405	809	1 618
5%	0.5	24	39	116	145	193	231	289	385	577	1 154	2 308
10%	—	5	8	24	29	39	47	58	77	116	231	461
10%	0.2	7	12	35	43	57	69	86	114	171	341	682
10%	0.3	9	15	44	55	73	87	109	145	217	341	866
10%	0.4	12	20	58	72	96	115	143	191	286	572	1 144
10%	0.5	16	27	80	100	134	160	200	267	400	799	1 597

b. 公式法。

样本规模 =(总体账面金额 ÷ 可容忍错报)× 保证系数

误受风险为 10%，预计总体错报与可容忍错报之比为 0.20，根据表 4 –27，得出保证系数为 3.41，由于可容忍错报与总体账面金额之比为 5%，注册会计师确定的样本规模为 69（3.41 ÷5% =68.2，出于谨慎考虑，将样本规模确定为 69），与表 4 –26 得出的样本规模相同。

表 4 –27 货币单元抽样确定样本规模时的保证系数

预计总体错报与可容忍错报之比	误受风险								
	5%	10%	15%	20%	25%	30%	35%	37%	50%
0.00	3.00	2.31	1.90	1.61	1.39	1.21	1.05	1.00	0.70
0.05	3.31	2.52	2.06	1.74	1.49	1.29	1.12	1.06	0.73
0.10	3.68	2.77	2.25	1.89	1.61	1.39	1.20	1.13	0.77
0.15	4.11	3.07	2.47	2.06	1.74	1.49	1.28	1.21	0.82
0.20	4.63	3.41	2.73	2.26	1.90	1.62	1.38	1.30	0.87
0.25	5.24	3.83	3.04	2.49	2.09	1.76	1.50	1.41	0.92
0.30	6.00	4.33	3.41	2.77	2.30	1.93	1.63	1.53	0.99
0.35	6.92	4.95	3.86	3.12	2.57	2.14	1.79	1.67	1.06

续表

预计总体错报与可容忍错报之比	误受风险								
	5%	10%	15%	20%	25%	30%	35%	37%	50%
0. 40	8. 09	5. 72	4. 42	3. 54	2. 89	2. 39	1. 99	1. 85	1. 14
0. 45	9. 59	6. 71	5. 13	4. 07	3. 29	2. 70	2. 22	2. 06	1. 25
0. 50	11. 54	7. 99	6. 04	4. 75	3. 80	3. 08	2. 51	2. 32	1. 37
0. 55	14. 18	9. 70	7. 26	5. 64	4. 47	3. 58	2. 89	2. 65	1. 52
0. 60	17. 85	12. 07	8. 93	6. 86	5. 37	4. 25	3. 38	3. 09	1. 70

注：此表以泊松分布为基础。

②非统计抽样样本量的确定。

如果使用非统计抽样，注册会计师可以利用表 4 －26（细节测试货币单元抽样样本规模）了解细节测试的样本规模，再考虑影响样本规模的各种因素及非统计抽样与货币单元抽样之间的差异，运用职业判断确定所需的适当样本规模。

例如，如果在设计非统计抽样时没有对总体进行分层，考虑到总体的变异性，注册会计师可能将样本规模调增 50% 。

【提示】样本量的确定通常不考，了解即可。

3. 选取样本并对其实施审计程序

注册会计师应当针对选取的每个项目，实施适合于具体审计目标的审计程序。注册会计师可以根据具体情况，从简单随机选样、系统选样或随意选样中挑选适当的选样方法选取样本，也可以使用计算机辅助审计技术提高选样的效果。

表 4 －28

统计抽样	简单随机选样
	系统选样
非统计抽样	简单随机选样
	系统选样
	随意选样

彬哥解读

在货币单元抽样中，**如果逻辑单元的账面金额是选样间隔的数倍，那么该项目将不止一次被挑选出来。**这种情况下，最终选取的逻辑单元数量小于确定的样本规模。为简化样本评价工作，注册会计师可能对账面金额大于或等于选样间隔的项目实施 100% 的检查，而不将其纳入抽样总体。

（三）评价样本结果阶段

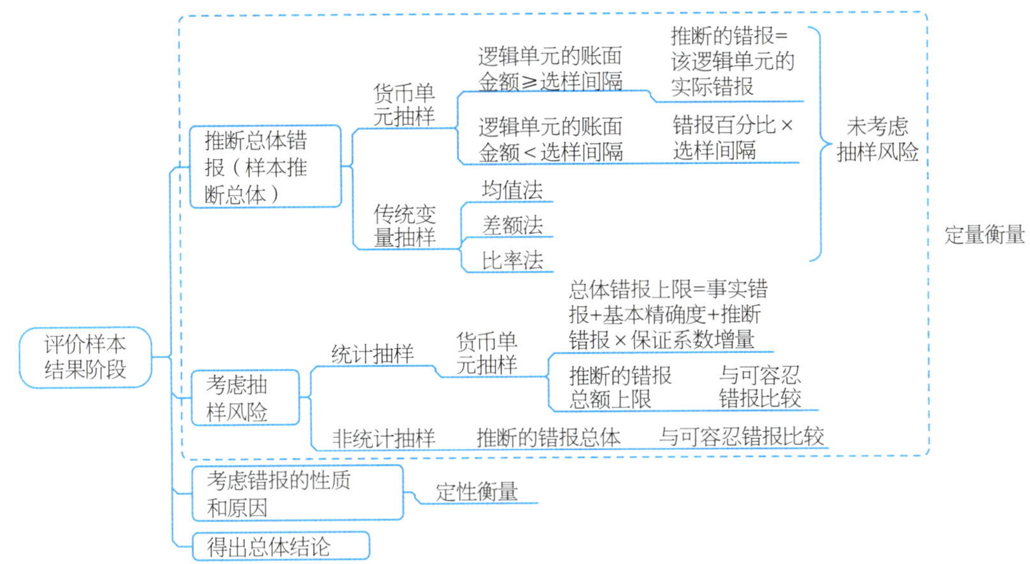

图4－4

1. 推断总体的错报

根据样本中发现的错报金额估计总体的错报金额时，注册会计师可以使用比率法、差额法及货币单元抽样法等。如果注册会计师在设计样本时将进行抽样的项目分为几层，则要在每层分别推断错报，然后将各层推断的金额加总，计算估计的总体错报。注册会计师还要将在进行百分之百检查的个别重大项目中发现的所有错报与推断的错报金额汇总。

（1）使用货币单元抽样时：

逻辑单元的账面金额大于或等于选样间隔，推断的错报＝该逻辑单元的实际错报金额；

逻辑单元的账面金额小于选样间隔：

$$推断的错报=\frac{样本账面金额-样本审定金额}{样本账面金额}\times 选样间隔$$

举例：注册会计师确定的选样间隔是3 000元，如果在样本中发现了3个高估错报，项目的账面金额分别为100元、200元和5 000元，审定金额分别为0、150元和4 000元，则注册会计师推断的错报金额为4 750元（100%×3 000＋25%×3 000＋1 000）。

（2）传统变量抽样：**均值法、差额法和比率法**（见表4－29）。

表4－29

方法	计算公式	说明
均值法	**样本审定金额的平均值＝样本审定金额÷样本规模** 估计的总体金额＝样本审定金额的平均值×总体规模 推断的总体错报＝总体账面金额－估计的总体金额	①注册会计师预计样本项目的审定金额和账面金额之间**没有差异或只有少量差异**（不应使用比率法和差额法，应采用均值法或货币单元抽样）； ②如果**未对总体进行分层，注册会计师通常不使用均值法**，因为此时所需的样本规模可能太大，不符合成本效益原则

续表

方法	计算公式	说明
差额法	**样本平均错报＝（样本账面金额－样本审定金额）÷样本规模** 推断的总体错报＝样本平均错报×总体规模 估计的总体金额＝总体账面金额－推断的总体错报	①样本项目**存在错报**； ②错报金额与项目**数量**密切相关
比率法	**比率＝样本审定金额÷样本账面金额** 估计的总体金额＝总体账面金额×比率 推断的总体错报＝总体账面金额－估计的总体金额	①样本项目**存在错报**； ②错报金额与项目**金额**密切相关

【提示】均值法、差额法和比率法是由样本推断总体错报的具体方法，可以运用在传统变量抽样中，但**不是只能运用于传统变量抽样中**。

【例题4－8·计算题】甲注册会计师审计A公司2012年财务报告，在针对应收账款实施细节测试时，决定采用传统变量抽样方法实施审计抽样。2012年12月31日应收账款账面余额为1 600 000元，甲注册会计师确定总体规模为1 200个，样本规模为200个，样本账面余额为300 000元，样本审定金额为260 000元，代甲注册会计师分别采用均值法、差额法、比率法三种方法推断总体的错报金额。

【答案】

（1）均值法：

①样本审定金额的平均值＝260 000÷200＝1 300（元/个）

②估计的总体金额＝1 300×1 200＝1 560 000（元）

③推断的总体错报＝1 600 000－1 560 000＝40 000（元）

（2）差额法：

①样本平均错报＝（样本账面金额－样本审定金额）÷样本规模＝（300 000－260 000）÷200＝200（元/个）

②推断的总体错报＝200×1 200＝240 000（元）

（3）比率法：

①比率＝样本审定金额÷样本账面金额＝260 000÷300 000＝0.87

②估计的总体金额＝总体账面金额×比率＝1 600 000×0.87＝1 392 000（元）

③推断的总体错报＝总体账面金额－估计的总体金额＝1 600 000－1 392 000＝208 000（元）

2. 考虑抽样风险

在细节测试中，推断的错报是注册会计师对总体错报作出的最佳估计。当推断的错报接近或者超过可容忍错报时，总体中的实际错报金额很可能超过了可容忍错报。如果推断的错报总额低于可容忍错报，注册会计师要考虑总体中实际错报仍有可能大于可容忍错报的风险。

（1）非统计抽样（抽样风险不可量化，定性评估）。

注册会计师运用职业判断和经验考虑抽样风险。

表 4 -30

<table>
<tr><th colspan="3">比较</th><th>结果</th></tr>
<tr><td rowspan="3">推断的错报总额</td><td>大于或接近</td><td rowspan="3">可容忍错报</td><td>总体实际错报超过可容忍错报，不能接受</td></tr>
<tr><td>既不很小又不很大</td><td>注册会计师应当仔细考虑，总体实际错报超过可容忍错报的风险是否高得无法接受。在这种情况下，注册会计师可能会扩大样本规模以降低抽样风险的影响</td></tr>
<tr><td>远远低于</td><td>可接受</td></tr>
</table>

（2）统计抽样（货币单元抽样）。

①计算总体错报上限。

基本公式：

总体错报的上限 = 事实错报 + 基本精确度 + 推断错报 × 保证系数增量

事实错报：**事实错报 = 大于等于选样间距的逻辑单元的错报**

基本精确度：**在样本中发现的错报为 0，基本精确度 = 保证系数 × 选样间隔**

表 4 -31　　货币单元抽样评价样本结果时的保证系数

高估错报的数量	误受风险								
	5%	10%	15%	20%	25%	30%	35%	37%	50%
0	3.00	2.31	1.90	1.61	1.39	1.21	1.05	1.00	0.70
1	4.75	3.89	3.38	3.00	2.70	2.44	2.22	2.14	1.68
2	6.30	5.33	4.73	4.28	3.93	3.62	3.35	3.25	2.68
3	7.76	6.69	6.02	5.52	5.11	4.77	4.46	4.35	3.68
4	9.16	8.00	7.27	6.73	6.28	5.90	5.55	5.43	4.68
5	10.52	9.28	8.50	7.91	7.43	7.01	6.64	6.50	5.68
6	11.85	10.54	9.71	9.08	8.56	8.12	7.72	7.57	6.67
7	13.15	11.78	10.90	10.24	9.69	9.21	8.79	8.63	7.67
8	14.44	13.00	12.08	11.38	10.81	10.31	9.85	9.68	8.67
9	15.71	14.21	13.25	12.52	11.92	11.39	10.92	10.74	9.67
10	16.97	15.41	14.42	13.66	13.02	12.47	11.98	11.79	10.67

注：此表以泊松分布为基础。

a. **如果在样本中没有发现错报（错报为 0）。**

例如，如果误受风险为 5%，选择间隔为 3 000 元，注册会计师没有在样本中发现错报，总体错报的上限为 9 000 元（3 × 3 000）。没有发现错报时估计的总体错报上限也被称作“基本精确度”。

总体错报的上限 = 事实错报 + 基本精确度 + 推断错报 × 保证系数增量 = 0 + 3 × 3 000 + 0 = 9 000（元）

b. **如果在账面金额大于或等于选样间隔的逻辑单元中发现了错报。**

例如，如果误受风险为 5%，选样间隔为 3 000 元，注册会计师在样本中发现 1 个错报，该项目的账面金额为 5 000 元，审定金额为 4 000 元，总体错报的上限为 10 000 元（1 000 + 3 ×3 000）。

总体错报的上限 = 事实错报 + 基本精确度 + 推断错报 × 保证系数增量 =1 000 +3 ×3 000 + 0 =10 000（元）

c. **如果在样本（排除账面金额大于或等于选样间隔的逻辑单元）中发现了错报。**

例如，如果误受风险为 5%，选样间隔为 3 000 元，注册会计师在样本中发现 1 个错报，该项目的账面金额为 20 元，审定金额为 0，则总体错报的上限为 14 250 元（4.75 ×3 000）。

总体错报的上限 = 事实错报 + 基本精确度 + 推断错报 × 保证系数增量 =0 +3 ×3 000 + 100% ×3 000 ×1.75 =14 250（元）

d. **如果在样本（排除账面金额大于或等于选样间隔的逻辑单元）中发现了不止一个错报。**

例如，如果误受风险为 5%，选样间隔为 3 000 元，注册会计师在样本中发现 2 个错报，账户 A 的账面金额为 2 000 元，审定金额为 1 500 元，推断错报为 750 元（500 ÷2 000 × 3 000）；账户 B 的账面金额为 1 000 元，审定金额为 200 元，推断错报为 2 400 元（800 ÷ 1 000 ×3 000）。将推断错报按金额降序排列后，由表 4 –31 可知，在 5% 的误受风险水平下，账户 A 对应的保证系数增量为 1.55，账户 B 对应的保证系数增量为 1.75。

总体错报的上限 = 事实错报 + 基本精确度 + 推断错报 × 保证系数增量 =0 +3 ×3 000 +750 × 1.55 +2 400 ×1.75 =14 363（元）

②**判断总体能否接受。**

总体错报的上限≥可容忍错报，则不能接受。

总体错报的上限 < 可容忍错报，则可以接受。

3. 考虑错报的性质和原因

除了评价错报的金额和频率以及抽样风险之外，注册会计师还应当考虑：

①错报的性质和原因，是原则还是应用方面的差异？是错误还是舞弊导致？是误解指令还是粗心大意所致？

②错报与审计工作其他阶段之间可能存在的关系。

4. 得出总体结论

在推断总体的错报，考虑抽样风险，分析错报的性质和原因之后，注册会计师需要运用职业判断得出总体结论。

①如果样本结果**不支持**总体账面金额，且注册会计师认为账面金额可能存在错报，注册会计师通常**会建议被审计单位对错报进行调查，并在必要时调整账面记录。**

②依据被审计单位已更正的错报对推断的总体错报额进行**调整后**（有错已改），注册会计师应当**将该类交易或账户余额中剩余的推断错报与其他交易或账户余额中的错报总额累计起来**，以评价财务报表整体是否存在重大错报。

③无论样本结果是否表明错报总额超过了可容忍错报，注册会计师都应当要求被审计单位的管理层**记录**已发现的事实错报（除非明显微小）。

④如果样本结果表明注册会计师作出抽样计划时依据的假设有误，注册会计师应当采取适当的行动。例如，如果细节测试中发现的错报的金额或频率大于依据重大错报风险的评估水平作出的预期，注册会计师需要考虑重大错报风险的评估水平是否仍然适当。注册会计师也可能决定修改对重大错报风险评估水平低于最高水平的其他账户拟实施的审计程序。

【**例题4－9·非统计抽样示例**】注册会计师准备使用非统计抽样法，通过函证测试ABC公司2017年12月31日应收账款余额的存在认定。2017年12月31日，ABC公司应收账款账户共有935个，其中：借方账户有905个，账面金额为4 250 000元；贷方账户有30个，账面金额为5 000元。

【**解析**】

<table>
<tr><th>序号</th><th>步骤</th><th>分析</th></tr>
<tr><td>1</td><td>确定测试目标</td><td>应收账款余额的存在认定</td></tr>
<tr><td>2</td><td>定义总体</td><td>①单独测试30个贷方账户；
②另有5个借方账户被视为单个重大项目（单个账户的账面金额大于50 000元，账面金额共计500 000元），实施100%检查；
③剩下的900个应收账款借方账户就是注册会计师定义的总体，总体账面金额为3 750 000元</td></tr>
<tr><td>3</td><td>定义抽样单元</td><td>每个应收账款明细账账户</td></tr>
<tr><td>4</td><td>确定样本规模和样本量</td><td>①考虑总体的变异性：将总体分成两层：第一层包含250个账户（单个账户的账面金额大于或等于5 000元），账面金额共计2 500 000元；第二层包含650个账户（单个账户的账面金额小于5 000元），账面金额共计1 250 000元。
②可接受的误受风险为10%。
③可容忍的错报为150 000元。
④预计的总体错报为30 000元。
⑤查表得到样本量为86。
⑥注册会计师运用职业判断和经验，认为这个样本规模是适当的，不需要调整</td></tr>
<tr><td>5</td><td>选取样本并实施审计程序</td><td>①注册会计师根据各层账面金额在总体账面金额中的占比大致分配样本，从第一层选取58个项目，从第二层选取28个项目；
②注册会计师对91个账户（86个样本加上5个单个重大项目）逐一实施函证程序，收到了80个询证函回函；
③注册会计师对没有收到回函的11个账户实施了替代程序，认为能够合理保证这些账户不存在错报</td></tr>
<tr><td>6</td><td>推断总体的错报及考虑抽样风险</td><td>①在收到回函的80个账户中，有4个存在高估，列表如下：　　单位：元
<table>
<tr><th>账户</th><th>总体账面金额</th><th>样本账面金额</th><th>样本审定金额</th><th>样本错报金额</th></tr>
<tr><td>单个重大账户</td><td>500 000</td><td>500 000</td><td>499 000</td><td>1 000</td></tr>
<tr><td>第一层</td><td>2 500 000</td><td>739 000</td><td>738 700</td><td>300</td></tr>
<tr><td>第二层</td><td>1 250 000</td><td>62 500</td><td>62 350</td><td>150</td></tr>
<tr><td>合计</td><td>4 250 000</td><td>1 301 500</td><td>1 300 050</td><td>1 450</td></tr>
</table>
②注册会计师运用职业判断和经验认为，错报金额与项目的金额而非数量紧密相关，因此选择比率法评价样本结果
<table>
<tr><td rowspan="2">推断错报金额</td><td>第一层</td><td>300÷739 000×2 500 000＝1 015（元）</td></tr>
<tr><td>第二层</td><td>150÷62 500×1 250 000＝3 000（元）</td></tr>
<tr><td rowspan="2">事实错报</td><td>单个重大项目</td><td>1 000元</td></tr>
<tr><td>合计</td><td>1 015＋3 000＋1 000＝5 015（元）</td></tr>
</table>
</td></tr>
</table>

续表

序号	步骤	分析
7	考虑错报的性质和原因	注册会计师对其作了进一步调查，确定只是笔误导致，不涉及舞弊等因素
8	考虑抽样风险得出总体结论	①管理层同意更正 1 450 元的事实错报。 ②剩余的推断错报为 5 015 −1 450 =3 565（元）。 ③剩余的推断错报远远低于可容忍错报。 ④注册会计师认为总体实际错报金额超过可容忍错报的抽样风险很低。 ⑤注册会计师得出结论，样本结果支持应收账款账面金额。不过，还应将剩余的推断错报与其他事实错报和推断错报汇总，以评价财务报表整体是否可能存在重大错报

【例题 4 −10·统计抽样示例】注册会计师准备使用货币单元抽样法，通过函证测试 XYZ 公司 2015 年 12 月 31 日应收账款余额的存在认定。2015 年 12 月 31 日，XYZ 公司应收账款账户共有 602 个，其中：借方账户有 600 个，账面金额为 2 300 000 元；贷方账户有 2 个，账面金额为 3 000 元。

【解析】

序号	步骤	分析
1	确定测试目标	应收账款余额的存在认定
2	定义总体	①单独测试 2 个贷方账户； ②另有 6 个借方账户被视为单个重大项目（单个账户的账面金额大于 25 000 元，账面金额共计 300 000 元），实施 100% 检查； ③剩下的 594 个应收账款借方账户就是注册会计师定义的总体，总体账面金额为 2 000 000元
3	定义抽样单元	每个货币单元
4	确定样本规模和样本量	①可接受的误受风险为 10%； ②可容忍的错报为 40 000 元； ③预计的总体错报为 8 000 元； ④可容忍的错报与总体账面金额之比为 2%； ⑤预计总体错报与可容忍错报之比为 20%； ⑥查表得到样本量为 171
5	选取样本并实施审计程序	①注册会计师使用系统选样； ②选样间隔 =2 000 000 ÷171 ≈11 695（元）； ③注册会计师对 171 个账户（上述 2 个贷方项目及 6 个单个重大项目已单独测试）逐一实施函证程序； ④收到了 155 个询证函回函； ⑤对没有收到回函的 16 个账户实施了替代程序，能够合理保证这些账户不存在错报
6	推断总体的错报及考虑抽样风险	在收到回函的 155 个账户中，有 4 个存在高估，列表如下：　　单位：元

账户	账面	审定	错报	百分比	选样间隔	推断错报
A1	200	190	10	5%	11 695	585
A2	10 000	0	10 000	100%	11 695	11 695
A3	3 000	2 700	300	10%	11 695	1 170
A4	16 000	15 000	1 000	不适用	不适用	1 000

续表

<table>
<tr><th>序号</th><th>步骤</th><th colspan="4">分析</th></tr>
<tr><td rowspan="9">7</td><td rowspan="9">考虑抽样风险</td><td colspan="4">①基本精确度 = 保证系数 × 选样间隔 = 2. 31 × 11 695 = 27 015（元）</td></tr>
<tr><td colspan="4">②大单元事实错报 = 1 000 元</td></tr>
<tr><td colspan="4">③小单元各账户推断错报按金额降序排列，列表如下：</td></tr>
<tr><td>账户</td><td>推断错报</td><td>保证系数增量</td><td>推断错报 × 保证系数增量</td></tr>
<tr><td>A2</td><td>11 695</td><td>1. 58</td><td>18 478</td></tr>
<tr><td>A3</td><td>1 170</td><td>1. 44</td><td>1 685</td></tr>
<tr><td>A1</td><td>585</td><td>1. 36</td><td>796</td></tr>
<tr><td colspan="3">小计</td><td>20 959</td></tr>
<tr><td colspan="4">④总体错报上限 = 27 015 + 1 000 + 20 959 = 48 974（元）</td></tr>
<tr><td>8</td><td>考虑错报的性质和原因</td><td colspan="4">注册会计师对其作了进一步调查，确定只是记账疏忽导致，不涉及舞弊等因素</td></tr>
<tr><td>9</td><td>得出总体结论</td><td colspan="4">由于总体错报上限 48 974 元大于可容忍错报 40 000 元，注册会计师得出结论，样本结果不支持应收账款账面金额。注册会计师进一步建议被审计单位对错报进行调查，并在必要时调整账面记录</td></tr>
</table>

（四）记录抽样程序

注册会计师应当记录所实施的审计程序，以形成审计工作底稿。

考点收纳盒

表 4－32

<table>
<tr><th colspan="6">审计抽样在细节测试中的应用</th></tr>
<tr><th colspan="3"></th><th>统计抽样</th><th colspan="2">非统计抽样</th></tr>
<tr><td rowspan="5">样本设计阶段</td><td colspan="2">1. 确定测试目标</td><td colspan="3">识别重大错报</td></tr>
<tr><td colspan="2" rowspan="2">2. 定义总体</td><td colspan="3">适当性、完整性</td></tr>
<tr><td colspan="3">识别单个重大项目和极不重要的项目，排除在总体之外</td></tr>
<tr><td colspan="2">3. 定义抽样单元</td><td colspan="3">一个账户余额、一笔交易或交易中的一个记录，甚至是每个货币单元</td></tr>
<tr><td colspan="2">4. 界定错报</td><td colspan="3">应当考虑其认为必要的所有环节</td></tr>
<tr><td rowspan="4">选取样本阶段</td><td colspan="2">1. 确定抽样方法</td><td>货币单元抽样</td><td>传统变量抽样</td><td>书上没写</td></tr>
<tr><td rowspan="2">2. 确定样本规模</td><td>影响样本规模的因素</td><td colspan="3">可接受的误受风险（反）
可容忍错报（反）
预计总体错报（同）
总体规模（大规模，无影响）
总体的变异性（同，货币单元抽样不考虑）</td></tr>
<tr><td>确定样本量</td><td>（1）查表法；
（2）公式法：（总体账面金额/可容忍错报）× 保证系数</td><td>计算机程序</td><td>在统计抽样的基础上根据职业判断进行调整</td></tr>
<tr><td colspan="5">3. 选取样本并对其实施审计程序</td></tr>
</table>

续表

<table>
<tr><th colspan="5">审计抽样在细节测试中的应用</th></tr>
<tr><th colspan="2"></th><th>统计抽样</th><th colspan="2">非统计抽样</th></tr>
<tr><td rowspan="5">评价样本结果阶段</td><td>1. 推断总体的错报</td><td>（1）逻辑单元的账面金额“大于或等于”选样间隔，推断的错报 = 该逻辑单元的实际错报金额；
（2）逻辑单元的账面金额“小于”选样间隔：推断的错报 = $\frac{样本账面金额-样本审定金额}{样本账面金额}\times$选样间隔</td><td>均值法、差额法和比率法</td><td>书上没写</td></tr>
<tr><td rowspan="2">2. 考虑抽样风险</td><td>计算总体错报上限：总体错报的上限 = 事实错报 + 基本精确度 + 推断错报 × 保证系数增量</td><td rowspan="2"></td><td rowspan="2">推断的错报总额与可容忍错报比较</td></tr>
<tr><td>判断总体能否接受：推断的错报总额上限与可容忍错报比较</td></tr>
<tr><td colspan="4">3. 考虑偏差的性质和原因</td></tr>
<tr><td>4. 得出总体结论</td><td colspan="3">如果样本结果不支持总体账面金额，则需要进行审计调整</td></tr>
</table>

恭喜你，

已完成第四章的学习

扫码免费进 >>>
2022年CPA带学群

努力的意义是什么？是为了看到更大的世界。是为了可以有自由选择人生的机会。是为了以后可以不向讨厌的人低头。是为了能够在自己喜欢的人出现的时候，不至于自卑得抬不起头，而是充满自信、理直气壮地说出那句话：“我知道你很好，但是我也不差”。

CHAPTER FIVE

第五章　信息技术对审计的影响

考情雷达

本章介绍信息技术对审计的影响，专业术语多，且极为细碎，理解难度较高。但是从考试情况看，大约1~2分，属于非重点章节，大家无须投入太多精力复习，挑重点掌握即可。

本章内容与去年相比无实质性变化。

考点地图

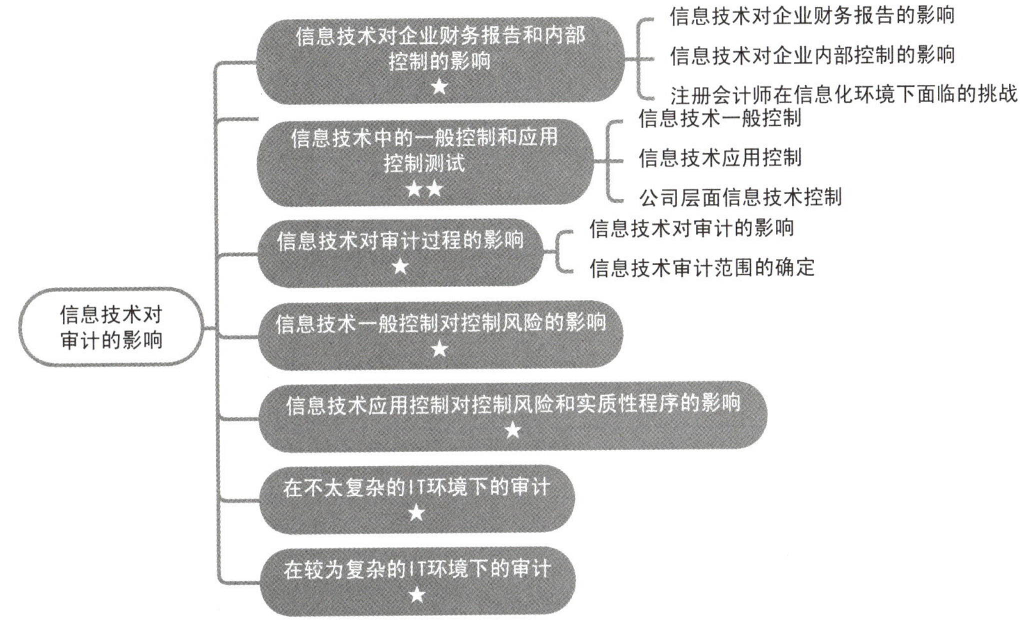

考点1　信息技术对企业财务报告和内部控制的影响（★）

（一）信息技术对企业财务报告的影响

注册会计师在进行财务报表审计时，如果依赖相关信息系统所形成的财务信息和报告作为审计工作的依据，则必须考虑相关信息和报告的质量，而财务报告相关的信息质量是通过交易的录入到输出整个过程中适当的控制来实现的。

所以，注册会计师需要在整个过程中考虑信息的准确性、完整性、授权体系及访问限制。

（二）信息技术对企业内部控制的影响

在信息技术环境下，传统的人工控制越来越多地被自动控制所替代。当然，被审计单位采用信息系统处理业务，**并不意味着人工控制被完全取代**。信息系统对控制的影响，**取决于**被审计单位对信息系统的**依赖程度**。

随着信息技术的发展，内部控制虽然在形式及内涵方面发生了变化，但**内部控制的目标并没有发生改变**。

1. 在信息技术环境下，自动控制能为企业带来的好处（5个方面）

（1）自动控制**能够有效处理大量交易及数据**，因为自动信息系统可以提供与业务规则一致的系统处理方法；

（2）自动控制**比较不容易被绕过**；

（3）自动信息系统、数据库及操作系统的相关安全控制可以实现有效的**职责分离**；

（4）自动信息系统可以提高信息的**及时性、准确性**，并使信息变得更易获取；

（5）自动信息系统**可以提高**管理层对企业业务活动及相关政策的**监督水平**。

2. 信息技术在改进被审计单位内部控制的同时，也产生了特定的风险

（1）信息系统或相关系统程序**可能会对数据进行错误处理**，也可能会**去处理那些本身就错误的数据**；

（2）自动信息系统、数据库及操作系统的相关安全控制如果无效，会**增加对数据信息非授权访问的风险**，这种风险可能导致系统对非授权交易及虚假交易请求的拒绝处理功能遭到破坏，系统程序、系统内的数据遭到不适当的改变，系统对交易进行不适当的记录，以及信息技术人员获得超过其职责范围的过大系统权限等；

（3）**数据丢失风险或数据无法访问风险**，如系统瘫痪；

（4）**不适当的人工干预，或人为绕过自动控制**。

（三）注册会计师在信息化环境下面临的挑战

注册会计师将面临来自信息化环境的众多挑战，主要体现在以下方面（见表5－1）。

表5－1

挑战	说明
①对业务流程开展和内部控制运作的理解	要重新建立对业务流程开展和内部控制运作的理解和认识
②对信息系统相关审计风险的认识	需要充分识别并评估与会计核算和财务报告编制相关的信息技术运用相伴而生的风险
③审计范围的确定	在**确定审计范围时，往往受困于信息技术的复杂性和专业性**
④审计内容的变化	审计内容很有可能包括对信息系统中的相关自动控制的测试。 例如，在针对存货计价不准确的重大错报风险执行审计程序时，由于**被审计单位存货的计价依赖于高度自动化处理**，不存在或存在很少人工干预，针对该风险**仅实施实质性程序可能不可行**。获取的审计证据，即存货的库龄分析仅以电子形式存在，注册会计师**必须测试存货的计价相关的内部控制的有效性，以及存货库龄计算的准确性**
⑤审计线索的隐性化	传统的审计线索可能已经不复存在（没有留下运行轨迹，不适合抽样）
⑥审计技术改进的必要性	—
⑦有待优化的知识结构	—
⑧与专业团队的充分协作	—

考点2 信息技术中的一般控制和应用控制测试（★★）

对于自动控制，就需要从信息技术一般控制审计、信息技术应用控制审计以及公司层面信息技术控制审计三方面进行考虑。

（一）信息技术一般控制（见表5－2）

表5－2

含义	是指为了保证信息系统的安全，对整个信息系统以及外部各种环境要素实施的、对所有的应用或控制模块具有普遍影响的控制措施
作用	信息技术一般控制通常会对实现部分或全部财务报表认定作出间接贡献。在有些情况下，信息技术一般控制也可能对实现信息处理目标和财务报表认定作出直接贡献
内容	包括程序开发、程序变更、程序和数据访问以及计算机运行四个方面
测试的必要性	当人工控制依赖系统生成的信息时，信息技术一般控制同样重要。如果注册会计师计划依赖自动应用控制、自动会计程序或依赖系统生成信息的控制，他们就需要对相关的信息技术一般控制进行测试

【例题5－1·简答题·2014年】 A注册会计师在审计工作底稿中记录了具体审计计划，甲集团公司采用账龄分析法对部分应收账款计提坏账准备，财务人员根据信息系统生成的账龄信息计算坏账准备金额，由财务经理复核并报财务总监批准。A注册会计师拟询问财务经理和财务总监，检查复核与批准记录，以测试该控制的运行有效性。该做法是否恰当。简要说明理由。

【答案】 不恰当。由于该人工控制依赖信息系统生成的信息，A注册会计师还应当验证相关的信息系统控制（如答“信息技术一般控制”或“信息技术应用控制”也可得分）/A注册会计师还应当验证账龄信息的准确性。

【解题思路】 “财务人员根据信息系统生成的账龄信息计算坏账准备金额”说明账龄信息是被审计单位信息系统生成的，注册会计师实施审计程序时首先应该通过对系统实施测试验证账龄信息的准确性。

【例题5－2·单选题·2018年】 下列有关信息技术一般控制的说法中，错误的是（　　）。

A. 信息技术一般控制对所有应用控制具有普遍影响

B. 信息技术一般控制只能对实现部分或全部财务报表认定作出间接贡献

C. 信息技术一般控制包括程序开发、程序变更、程序和数据访问以及计算机运行四个方面

D. 信息技术一般控制旨在保证信息系统的安全

【答案】 B

【解析】 选项B错误，信息技术一般控制通常会对实现部分或全部财务报表认定作出间接贡献。在有些情况下，信息技术一般控制也可能对实现信息处理目标和财务报表认定作出直接贡献。

（二）信息技术应用控制（见表5－3）

表5－3

含义及要素	信息技术应用控制一般要经过输入、处理及输出等环节。和人工控制类似，系统自动控制关注的要素包括：完整性、准确性、存在和发生等

续表

审计关注点	常见的系统自动控制以及信息技术应用控制审计关注点列示如下： ①系统自动生成报告； ②系统配置和科目映射； ③接口控制； ④访问和权限

（三）公司层面信息技术控制

常见的公司层面信息技术控制包括但不限于：

①信息技术规划的制定；

②信息技术年度计划的制定；

③信息技术内部审计机制的建立；

④信息技术外包管理；

⑤信息技术预算管理；

⑥信息安全和风险管理；

⑦信息技术应急预案的制定；

⑧信息系统架构和信息技术复杂性。

（四）信息技术一般控制、应用控制与公司层面控制三者之间的关系

公司层面信息技术控制会影响该公司信息技术一般控制和应用控制的部署和落实。

注册会计师在执行信息技术一般控制和信息技术应用控制审计之前，会首先执行配套的公司层面信息技术控制审计，以了解公司的信息技术整体控制环境，并基于此识别出信息技术一般控制和信息技术应用控制的主要风险点以及审计重点。

因此，**公司层面信息技术控制是公司信息技术整体控制环境**，决定了信息技术一般控制和信息技术应用控制的风险基调；**信息技术一般控制是基础**，信息技术一般控制的有效与否会直接关系到信息技术应用控制的有效性是否能够信任。

考点3 信息技术对审计过程的影响（★）

（一）信息技术对审计的影响（见表5－4）

表5－4

不影响	信息技术在企业中的应用**并不改变注册会计师制定审计目标、进行风险评估和了解内部控制的原则性要求**，审计准则和财务报告审计目标在所有情况下都适用
影响	但是，注册会计师必须更深入了解企业的信息技术应用范围和性质，因为**系统的设计和运行对审计风险的评价、业务流程和控制的了解、审计工作的执行以及需要收集的审计证据的性质都有直接的影响。归纳起来，信息技术对审计过程的影响主要体现在以下几个方面：** ①对审计线索的影响； ②对审计技术手段的影响； ③对内部控制的影响：**内部控制的目标并没有发生改变**，但在高度电算化的信息环境中，业务活动和业务流程引发了新的风险，从而使具体控制活动的性质有所改变； ④对审计内容的影响； ⑤对注册会计师的影响

（二）信息技术审计范围的确定

注册会计师在制定审计策略时，需要结合被审计单位：①业务流程复杂度；②信息系统复杂度；③系统生成的交易数量和业务对系统的依赖程度；④信息和复杂计算的数量；⑤信息技术环境规模和复杂度五个方面，对信息技术审计范围进行适当考虑。

信息技术审计的范围与被审计单位在业务流程及信息系统相关方面的复杂度成正比，在具体评估复杂度时，可以从以下几个方面予以考虑（见表5－5）：

表5－5

评估业务流程的复杂度（如销售流程、薪酬流程、采购流程等）	对业务流程复杂度的评估并不是一个纯粹客观的过程，而是需要注册会计师的职业判断。注册会计师可以通过考虑以下因素，对业务流程复杂度作出适当判断： ①某流程是否涉及过多人员及部门，并且相关人员及部门之间的关系复杂且界限不清； ②某流程是否涉及大量操作及决策活动； ③某流程的数据处理过程是否涉及复杂的公式和大量的数据录入操作； ④某流程是否需要对信息进行手工处理； ⑤对系统生成的报告的依赖程度
评估信息系统的复杂度	与评估业务流程的复杂度相似，对企业信息系统复杂度的评估也不是一个纯粹客观的过程，评估过程包含大量的职业判断，也受所使用系统类型的影响。 具体来说，评估商业软件的复杂程度应当考虑系统复杂程度、市场份额、系统实施和运行所需的参数设置范围，以及客制化程度。同时，还需要考虑系统生成的交易数量、信息和复杂计算的数量
信息技术环境的规模和复杂程度	信息技术环境复杂并不意味着信息系统是复杂的，反之亦然。 评估信息技术环境的规模和复杂程度，主要应当考虑产生财务数据的信息系统数量、信息系统接口以及数据传输方式、信息部门的结构与规模、网络规模、用户数量、外包及访问方式（例如本地登录或远程登录）

综上所述，在信息技术环境下，审计工作与对系统的依赖程度是直接关联的。无论被审计单位运用信息技术的程度如何，注册会计师均需了解与审计相关的信息技术一般控制和应用控制。

【例题5－3·单选题·2016年】下列有关注册会计师评估被审计单位信息系统的复杂度的说法中，错误的是（　　）。

A. 信息技术环境复杂，意味着信息系统也是复杂的

B. 评估信息系统的复杂度，需要考虑系统生产的交易数量

C. 评估信息系统的复杂度，需要考虑系统中进行的复杂计算的数量

D. 对信息系统复杂度的评估，受被审计单位所使用的系统类型的影响

【答案】A

【解析】信息技术环境复杂，并不一定意味着信息系统是复杂的，两者没有必然联系。

【例题5－4·单选题·2020年】下列各项中，不受被审计单位信息系统的设计和运行直接影响的是（　　）。

A. 财务报表审计目标的制定

B. 审计风险的评估

C. 注册会计师对被审计单位业务流程的了解

D. 需要收集的审计证据的性质

【答案】A

【解析】审计风险的评估、对被审计单位业务流程和控制的了解、审计工作的执行以及需要收集的审计证据的性质都受被审计单位信息系统的设计和运行的直接影响。财务报表审计目标的制定不受被审计单位信息系统的设计和运行直接影响。

考点4 信息技术一般控制对控制风险的影响（★）

信息技术一般控制对应用控制的有效性具有普遍性影响。

无效的一般控制增加了应用控制不能防止或发现并纠正认定层次重大错报的可能性，即使这些应用控制本身得到了有效设计。如果一般控制有效，注册会计师可以更多地信赖应用控制，测试这些控制的运行有效性，并将控制风险评估为低于“最高”水平。

考虑到公司层面信息技术控制是公司的整体控制环境，决定了信息技术的风险基准，因此，注册会计师通常优先评估公司层面信息技术控制和信息技术一般控制的有效性。

考点5 信息技术应用控制对控制风险和实质性程序的影响（★）

在评估应用控制对控制风险和实质性程序的影响时，注册会计师需要将控制与具体的审计目标相联系，注册会计师首先针对每个具体的审计目标，了解和识别相关的控制与缺陷，在此基础上，对每个相关审计目标评估初步控制风险。但对于一般控制而言，由于其影响广泛，注册会计师通常不将控制与具体的审计目标相联系。

如果针对某一具体审计目标，注册会计师能够识别出有效的应用控制，**在通过测试确定其运行有效后，注册会计师能够减少实质性程序**。

考点6 在不太复杂的IT环境下的审计（★）

面临不太复杂的IT审计，注册会计师可以采用传统方式进行审计，即**“绕过计算机进行审计”**。在此情况下，注册会计师仍需要了解信息技术一般控制和应用控制（一个都不能少），但不测试其运行有效性（不依赖就不测），即不依赖其降低评估的控制风险水平，更多的审计工作将依赖非信息技术审计方法。

考点7 在较为复杂的IT环境下的审计（★）

当面临较复杂的IT审计时，“绕过计算机进行审计”是不可行的，需要**“穿过计算机进行审计”**。此时，注册会计师更可能需要更多运用计算机辅助审计技术、电子表格、数据分析等工具开展具体的审计工作。

CHAPTER SIX

第六章 审计工作底稿

考情雷达

审计工作底稿是注册会计师在审计过程中形成的审计工作记录和获取的资料。那么注册会计师编制底稿的目的是什么？什么样的工作底稿是符合要求的？底稿该以什么形式存在？包含什么内容？一般的格式是什么样子？如何进行归档保存？这些都是我们在本章要学习的内容。从考试情况看，本章为一般重要章节，近几年分值在3分左右，以客观题为主，偶尔有年份会考查主观题，难度较低。考生在学习时听课是没有难度的，做题会稍微遇到一些障碍，需要结合真题去加深理解。

本章内容与去年相比无实质性变化。

考点地图

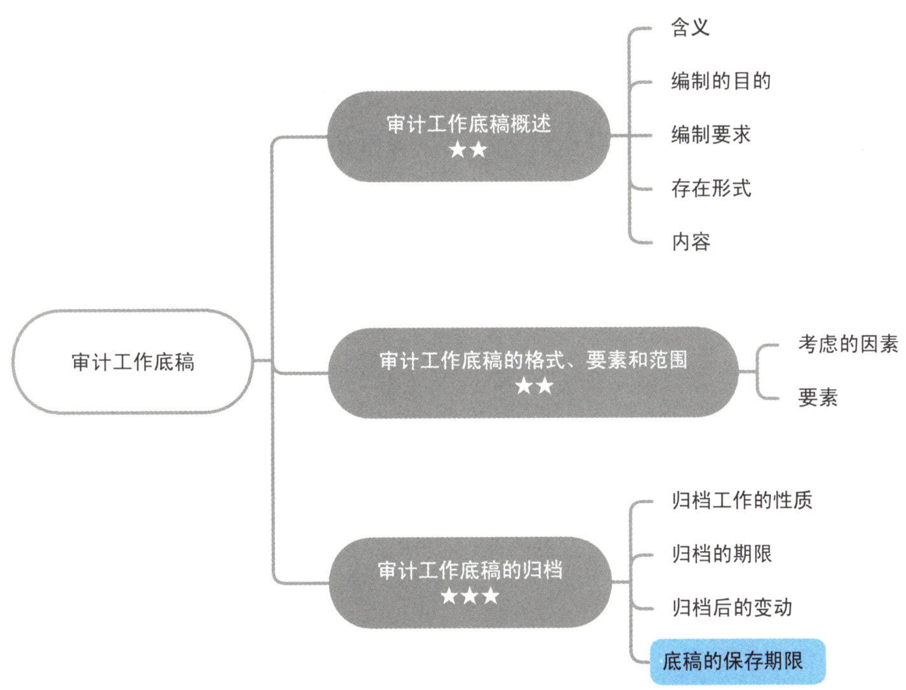

考点1 审计工作底稿概述（★★）

（一）审计工作底稿的含义

审计工作底稿是指注册会计师对制定的审计计划、实施的审计程序、获取的相关审计证据，以及得出的审计结论作出的**记录**。审计工作底稿**是审计证据的载体**，是注册会计师在审计过程中形成的审计工作记录和获取的资料。审计工作底稿形成于审计过程，同时也反映整个审计过程。

（二）审计工作底稿编制的目的

表 6－1

项目	内容	【记忆面包】
主要目的	①提供充分、适当的记录，**作为出具审计报告的基础**	对内出报告
	②**提供证据，证明**注册会计师已经按照审计准则和相关法律法规的规定计划和执行了审计工作	对外证清白
其他目的	①有助于**项目组**计划和执行审计工作	均与项目组有关
	②有助于负责督导**项目组**成员按照审计准则的规定，履行指导、监督与复核审计工作的责任	
	③便于**项目组**说明其执行审计工作的情况	
	④**保留**对未来审计工作持续产生重大影响的事项的**记录**	为保存记录
	⑤便于会计师事务所实施项目**质量复核与检查**	内部检查
	⑥便于**监管机构和注册会计师协会**根据相关法律法规或其他相关要求，对会计师事务所实施执业质量检查	外部检查

【提示】审计工作底稿编制的目的并非是为被审计单位或后任注册会计师服务。

【例题 6－1·单选题·2020 年】下列各项中，不属于编制审计工作底稿目的的是（　　）。

A. 有助于项目组计划和执行审计工作

B. 有助于为涉及诉讼的被审计单位提供证据

C. 便于监管机构对会计师事务所实施执业质量检查

D. 便于项目组说明执行审计工作的情况

【答案】B

【解析】编制底稿的两大主要目的：

①提供充分、适当的记录，作为出具审计报告的基础；

②提供证据，证明已按照审计准则和法律法规的规定计划和执行了审计工作。

其他目的：

①有助于计划和执行审计工作；

②有助于履行指导、监督与复核的责任；

③便于项目组说明其执行审计工作的情况；

④保留对未来审计工作持续产生重大影响的事项的记录；

⑤便于实施质量管理复核与检查；

⑥便于监管机构和注册会计师协会实施执业质量检查。

（三）审计工作底稿的编制要求

注册会计师编制的审计工作底稿，应当使得**未曾接触**该项审计工作的**有经验的专业人士**清楚地了解：

①按照审计准则和相关法律法规的规定实施的审计程序的性质、时间安排和范围；

②实施审计程序的结果和获取的审计证据；

③审计中遇到的重大事项和得出的结论，以及在得出结论时作出的重大职业判断。

彬哥解读

有经验的专业人士，是指会计师事务所内部或外部的具有审计实务经验，并且对下列方面有合理了解的人士：

①审计过程（了解审计）；

②审计准则和相关法律法规的规定（了解法规）；

③被审计单位所处的经营环境（了解客户）；

④与被审计单位所处行业相关的会计和审计问题（了解行业）。

【提示】该有经验的专业人士并非必须要求在会计师事务所执行业务。

（四）审计工作底稿存在形式

表 6－2

1. 审计工作底稿可以以纸质、电子或其他介质形式存在	为便于会计师事务所内部进行质量管理和外部执业质量检查或调查，以电子或其他介质形式存在的审计工作底稿，应与其他纸质形式的审计工作底稿一并归档，并应能通过打印等方式，转换成纸质形式的审计工作底稿。 【提示】是让底稿具有可打印性，不是一定要打印
	在实务中，为便于复核，注册会计师可以将以电子或其他介质形式存在的审计工作底稿通过打印等方式，转换成纸质形式的审计工作底稿，并与其他纸质形式的审计工作底稿一并归档，同时，单独保存这些以电子或其他介质形式存在的审计工作底稿。 【提示】 ①是可以打印，不是必须打印。 ②不能将电子或其他介质的审计工作底稿删除
2. 无论审计工作底稿以哪种形式存在，会计师事务所都应当针对审计工作底稿设计和实施适当的控制，以实现下列目的	①使审计工作底稿清晰地显示其生成、修改及复核的时间和人员； ②在审计业务的所有阶段，尤其是在项目组成员共享信息或通过互联网将信息传递给其他人员时，保护信息的完整性和安全性； ③防止未经授权改动审计工作底稿； ④允许项目组和其他经授权的人员为适当履行职责而接触审计工作底稿。 【记忆面包】显示记录、保护信息、防止擅动、允许接触

（五）审计工作底稿内容

表 6－3

包括的内容	不包括的内容
总体审计策略、具体审计计划、分析表、问题备忘录、重大事项概要、询证函回函和声明、核对表、有关重大事项的往来函件（包括电子邮件）、被审计单位文件记录的摘要或复印件。 此外，审计工作底稿还包括业务约定书、管理建议书、项目组内部或项目组与被审计单位举行的会议记录，与其他人士的沟通文件及错报汇总表等。 但是，审计工作底稿并不能替代被审计单位的会计记录	①已被取代的审计工作底稿的草稿或财务报表的草稿； ②反映不全面或初步思考的记录； ③存在印刷错误或其他错误而作废的文本； ④重复的文件记录。 【记忆面包】草稿、初稿、错稿、重复稿

【例题6-2·单选题·2011年】在编制审计工作底稿时，下列各项中，注册会计师通常认为不必要形成最终审计工作底稿的是（　　）。

A. 注册会计师与甲公司管理层对重大事项进行讨论的结果

B. 注册会计师不能实现相关审计标准规定的目标的情形

C. 注册会计师识别出的信息与针对重大事项得出的最终结论不一致的情形

D. 注册会计师取得的已被取代的财务报表草稿

【答案】D

【解析】审计工作底稿通常不包括：①存在印刷错误或其他错误而作废的文本；②反映不全面或初步思考的记录；③已被取代的审计工作底稿的草稿或者财务报表的草稿；④重复的文件记录等。

考点2　审计工作底稿的格式、要素和范围（★★）

（一）确定审计工作底稿的格式、要素和范围时考虑的因素

表6-4

考虑因素	说明
①被审计单位的规模和复杂程度	大型（底稿多）/小型（底稿少） 复杂（底稿多）/简单（底稿少）
②拟实施审计程序的性质	不同的程序底稿不同（如函证和监盘不同）
③识别出的重大错报风险	风险高（底稿多）/风险低（底稿少）
④已获取的审计证据的重要程度	证据的相关性和可靠性影响底稿的格式、内容和范围
⑤识别出的例外事项的性质和范围	如对不符事项的处理；构成错报和不构成错报的事项，处理方式不同
⑥当从已执行审计工作或获取审计证据的记录中不易确定结论或结论的基础时，记录结论或结论基础的必要性	涉及复杂事项，记录需要更加详细
⑦审计方法和使用的工具	计算机辅助审计技术/人工方式

【提示】不考虑审计的收费水平、审计工作底稿的归档期限。

（二）审计工作底稿的要素

1. 审计工作底稿的标题

每张底稿应当包括：①被审计单位的名称；②审计项目的名称；③资产负债表日或底稿覆盖的会计期间。

2. 审计过程的记录

表6-5

<table>
<tr><td rowspan="2">具体项目或事项的识别特征</td><td>检查原始单据（订购单、验收单、付款单、销售发票、发运单、销售单）</td><td>编号和日期</td></tr>
<tr><td>选取总体××万元以上的特定项目进行测试</td><td>××金额以上的项目（范围，如1米8以上的身高）</td></tr>
</table>

续表

具体项目或事项的识别特征	实施系统选样	样本的来源、抽样的起点及抽样间隔
	询问被审计单位中特定人员	被询问人的姓名及职位、询问的时间
	观察	观察的对象或观察过程、相关被观察人员及其各自的责任、观察的地点和时间
重大事项及相关重大职业判断	重大事项通常包括： ①引起特别风险的事项； ②实施审计程序的结果，该结果表明财务信息可能存在重大错报，或需要修正以前对重大错报风险的评估和针对这些风险拟采取的应对措施； ③导致注册会计师难以实施必要审计程序的情形； ④导致出具非无保留意见或者带强调事项段"与持续经营相关的重大不确定性"等段落的审计报告的事项	注册会计师应当记录与管理层、治理层和其他人员对重大事项的讨论，包括所讨论的重大事项的性质以及讨论的时间、地点和参加人员。 重大事项概要包括审计过程中识别的重大事项及其如何得到解决，或对其他支持性审计工作底稿的交叉索引
针对重大事项如何处理不一致的情况	如果识别出的信息与针对某重大事项得出的最终结论不一致，注册会计师应当记录如何处理不一致的情况。 但是，对如何解决这些不一致的记录要求并不意味着注册会计师需要保留不正确的或被取代的审计工作底稿	

【提示】识别特征要具有唯一性。

3. 编制人员、复核人员及编制日期

通常，需要在每一张审计工作底稿上注明执行审计工作的人员和复核人员、完成该项审计工作的日期以及完成复核的日期。

在实务中，如果若干页的审计工作底稿记录同一性质的具体审计程序或事项，并且编制在同一个索引号中，此时可以仅在审计工作底稿的第一页上记录审计工作的执行人员和复核人员并注明日期。

【例题 6－3·简答题·2017 年】ABC 会计师事务所的 A 注册会计师负责审计多家被审计单位 2016 年度财务报表。A 注册会计师对丙公司发运单实施细节测试时，在审计工作底稿中记录了发运单上载明的发货日期和购货方作为识别特征。指出 A 注册会计师的做法是否恰当。简要说明理由。

【答案】不恰当。所述识别特征不具有唯一性/应将发运单的编号作为识别特征。

【解题思路】识别特征应当具有唯一性，而"发货日期和购货方"并不唯一。

考点 3 审计工作底稿的归档（★★★）

（一）审计工作底稿归档工作的性质

在审计报告日后将审计工作底稿归整为最终审计档案是一项事务性的工作，不涉及实施新的审计程序或得出新的结论，包括：

①删除或废弃被取代的审计工作底稿；

②对审计工作底稿进行分类、整理和交叉索引；

③对审计档案归整工作的完成核对表签字认可；

④记录在审计报告日前获取的、与项目组相关成员进行讨论并达成一致意见的审计证据。

【提示】归档前是可以删除的，归档后坚决不能删除底稿！

【例题6－4·简答题·2013年】A注册会计师负责审计甲公司2012年度财务报表。在归整审计档案时，A注册会计师删除了固定资产减值测试审计工作底稿初稿。指出A注册会计师的做法是否恰当。如不恰当，简要说明理由。

【答案】恰当。

【解题思路】核心关键词为“归档时”，做审计工作底稿的题目，看清楚时间很重要。

（二）审计工作底稿归档的期限

审计工作底稿的归档期限为审计报告日后60天内，如果注册会计师未能完成审计业务，审计工作底稿的归档期限为审计业务中止后的60天内。

（三）审计工作底稿归档后的变动（见表6－6）

表6－6

原则	在完成最终审计档案的归整工作后，注册会计师不应在规定的保存期限届满前删除或废弃任何性质的审计工作底稿。 【提示】特殊情况下可以增加或修改
需要变动审计工作底稿的情形	一般情况下，在审计报告归档之后不需要对审计工作底稿进行修改或增加，有必要修改现有审计工作底稿或增加新的审计工作底稿的情形主要有以下两种： ①注册会计师已实施了必要的审计程序，取得了充分、适当的审计证据并得出了恰当的审计结论，但审计工作底稿的记录不够充分； ②审计报告日后，发现例外情况要求注册会计师实施新的审计程序或追加审计程序，或导致注册会计师得出新的结论
变动审计工作底稿时的记录要求	在完成最终审计档案的归整工作后，如果发现有必要修改现有审计工作底稿或增加新的审计工作底稿，无论修改或增加的性质如何，注册会计师均应当记录下列事项： ①修改或增加审计工作底稿的理由； ②修改或增加审计工作底稿的时间和人员，以及复核的时间和人员

关联贴纸

第二章中“审计过程中对计划的更改”；

如果注册会计师在审计过程中对总体审计策略或具体审计计划作出重大修改，应当在审计工作底稿中记录作出的重大修改及其理由。

常见的审计计划的修改包括：重要性的修改、审计方案的修改等。

【例题6－5·多选题·2014年】下列有关注册会计师在审计报告日后对审计工作底稿做出变动的做法中，正确的有（　　）。

A. 在归档期间删除或废弃被取代的审计工作底稿

B. 在归档期间记录在审计报告日前获取的、与项目组相关成员进行讨论并达成一致意见的审计证据

C. 以归档期间收到的询证函回函替换审计报告日前已实施的替代程序审计工作底稿

D. 在归档后由于实施追加的审计程序而修改审计工作底稿，并记录修改的理由、时间和人员，以及复核的时间和人员

【答案】 ABD

【解析】 选项C错误，不能替换，这两份底稿均需要保存，能相互印证，保证审计质量。

（四）审计工作底稿的保存期限

会计师事务所应当自审计报告日起，对审计工作底稿至少保存10年。如果注册会计师未能完成审计业务，会计师事务所应当自审计业务中止日起，对审计工作底稿至少保存10年（见图6－1）。

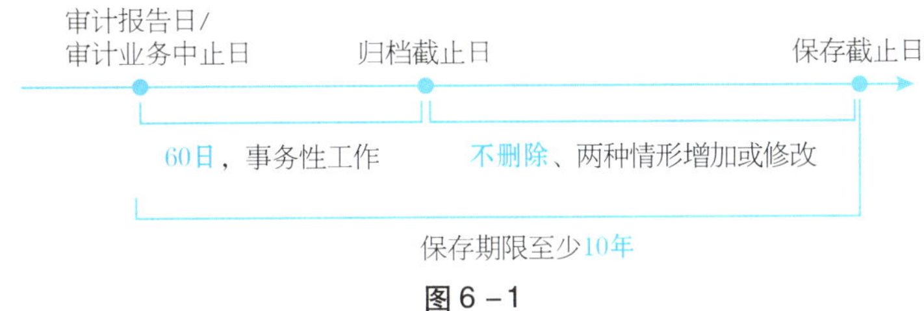

图6－1

彬哥解读

若集团审计报告日和组成部分审计报告并非同一天，则以孰晚日（集团报告日）为准。

恭喜你，
已完成第六章的学习

扫码免费进 >>>
2022年CPA带学群

早起能让我们拥有更多时间，读书能让我们增长学识见闻，跑步能让我们提升毅力体力。从现在开始跑步、读书、早起，成就最好的自己！

CHAPTER SEVEN

第七章　风险评估

考情雷达

本章我们要学习的是风险评估程序，分为两个步骤：风险识别和风险评估。现代审计是风险导向型审计，注册会计师实施审计程序时需要先对被审计单位进行全面的了解分析，发现审计风险点，也就是审计的方向。找到风险点以后再评估风险的大小，确定是否构成重大错报风险。针对重大错报风险，注册会计师需要进一步实施审计程序判断是否存在错报，这是风险应对程序，是下一章要学习的内容，因此本章和下章存在非常紧密的联系，是整本审计教材的核心章节。从考试情况看，近几年分值在7~10分，除了客观题外，综合题每年都考查，属于重点章节。在学习本章的时候考生一定要学会掌握重点，切忌"胡子眉毛一把抓"，有舍才有得！

本章项目组内部的讨论的目的和内容有所修订，当作一个客观题掌握，其他内容与去年相比无实质性变化。

考点地图

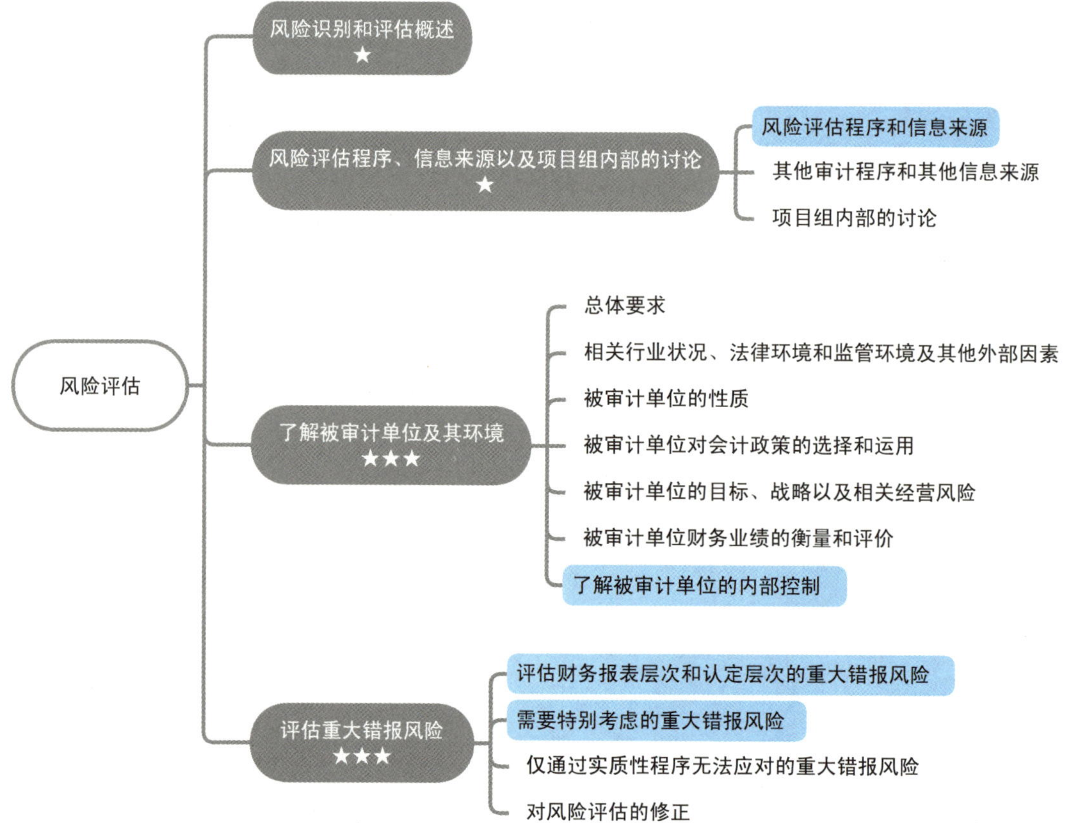

考点1　风险识别和评估概述（★）

风险识别是指找出财务报表层次和认定层次重大错报风险。

风险评估是指对重大错报发生的可能性和后果严重程度进行评估。

考点2 风险评估程序、信息来源以及项目组内部的讨论（★）

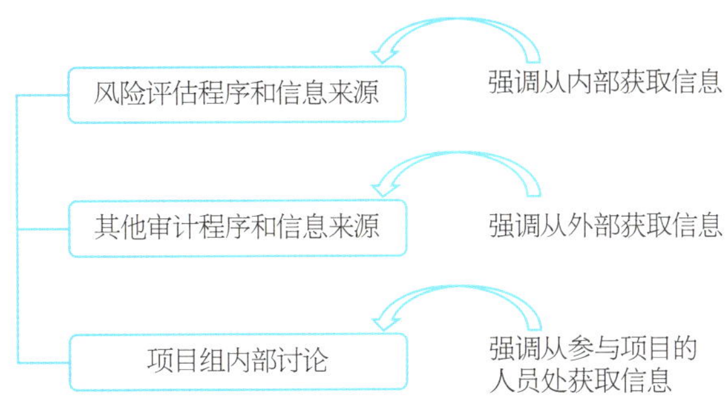

图7-1 风险评估所需信息的来源

（一）风险评估程序和信息来源

注册会计师在审计过程中应当实施下列审计程序，但在了解被审计单位及其环境的每一方面时，无须实施下列所有程序。

表7-1

审计程序	说明
询问	询问对象：管理层、财务负责人、治理层、内部审计人员、内部法律顾问、营销或销售人员、参与生成处理或记录复杂或异常交易的员工
分析程序	分析程序在风险识别和评估程序中必须采用，但是注册会计师无须在了解被审计单位的每一方面都实施分析程序（例如了解内控）
观察和检查	①观察被审单位的经营活动； ②检查文件、记录和内部控制手册； ③阅读由管理层和治理层编制的报告； ④实地察看被审计单位的生产经营场所和厂房设备； ⑤追踪交易在财务报告信息系统中的处理过程（穿行测试），这是注册会计师了解被审计单位业务流程及其相关控制时经常使用的审计程序。 【提示】穿行测试只适用于了解内部控制

【例题7-1·多选题·2016年】 下列各项程序中，通常用作风险评估程序的有（ ）。

A. 检查　　B. 分析程序　　C. 重新执行　　D. 观察

【答案】 ABD

【解析】 选项ABD正确，运用于风险评估程序的审计程序有：询问、分析、观察和检查。选项C错误，重新执行是控制测试的程序。

（二）其他审计程序和其他信息来源

1. 其他审计程序

（1）询问被审计单位聘请的外部法律顾问、专业评估师、投资顾问和财务顾问等。

（2）阅读外部信息，包括证券分析师、银行、评级机构出具的报告；相关的报纸期刊；行业报告等。

2. 其他信息来源

（1）对新的审计业务，注册会计师应在业务承接阶段对被审计单位及其环境有一个初步的了解，以确定是否承接该业务。

（2）对连续审计业务，也应在每年的续约过程中对上年审计作总体评价，并更新对被审计单位的了解和风险评估结果，以确定是否续约。

（3）注册会计师还应当考虑向被审计单位提供其他服务（如执行中期财务报表审阅业务），所获得的经验是否有助于识别重大错报风险。

（三）项目组内部的讨论

项目组内部的讨论在所有业务阶段都非常必要，可以保证所有事项得到恰当的考虑。

项目组在讨论时应当强调在整个审计过程中保持职业怀疑，警惕可能发生重大错报的迹象。

表7－2

讨论的目的	①使经验较丰富的项目组成员（包括项目合伙人）有机会分享其根据对被审计单位的了解形成的见解； ②使项目组成员可以交流与被审计单位面临的经营风险、财务报表容易发生错报的领域以及发生错报的方式相关的信息； ③帮助项目组成员更好地了解在各自负责的领域中，由于舞弊或错误导致财务报表重大错报的可能性，并了解各自实施审计程序的结果如何影响审计的其他方面，包括对确定进一步审计程序的性质、时间安排和范围的影响； ④为项目组成员交流和分享在审计过程中获取的新信息提供基础，这些信息可能影响重大错报风险的评估或应对这些风险的审计程序
讨论的内容	①分享了解的信息； ②分享审计思路和方法； ③为项目组指明审计方向
参与讨论的人员	①关键成员应当讨论； ②拥有信息技术或其他特殊技能的专家根据需要参与讨论； ③项目合伙人应当确定向未参与讨论的项目组成员通报哪些事项
讨论的时间和方式	在整个审计过程中持续交换有关财务报表发生重大错报可能性的信息

考点3　了解被审计单位及其环境（★★★）

（一）总体要求

1. 必要性

了解被审计单位及其环境是必要程序。

了解被审计单位及其环境是一个连续和动态地收集、更新与分析信息的过程，贯穿于整个审计过程的始终。

注册会计师对被审计单位及其环境了解的程度，要低于管理层为经营管理企业而对被审计单位及其环境需要了解的程度。

2. 了解的内容

注册会计师应当从下列方面了解被审计单位及其环境（由宽到窄，由外到内——由国家到行业再到被审计单位）：

表 7－3

了解被审计单位	外部环境	①相关行业状况、法律环境和监管环境及其他外部因素
	内部因素	②被审计单位的性质； ③被审计单位对会计政策的选择和运用； ④被审计单位的目标、战略以及可能导致重大错报风险的相关经营风险； ⑤★被审计单位的内部控制
	内外部因素	⑥对被审计单位财务业绩的衡量和评价

注册会计师针对以上六个方面实施的风险评估程序的性质、时间安排和范围**取决于审计业务的具体情况，如被审计单位的规模和复杂程度，以及注册会计师的相关审计经验**。另外，识别被审计单位及其环境在上述方面与以前期间相比发生的**重大变化**对于充分了解被审计单位及其环境、识别和评估重大错报风险尤为重要。

【例题 7－2・单选题・2017 年】下列有关了解被审计单位及其环境的说法中，正确的是（　　）。

A. 注册会计师无须在审计完成阶段了解被审计单位及其环境

B. 注册会计师对被审计单位及其环境了解的程度，低于管理层为经营管理企业而对被审计单位及其环境需要了解的程度

C. 对小型被审计单位，注册会计师可以不了解被审计单位及其环境

D. 注册会计师对被审计单位及其环境了解的程度，取决于会计师事务所的质量管理政策

【答案】B

【解析】选项 A 错误，了解被审计单位及其环境是一个连续和动态地收集、更新和分析信息的过程，贯穿于整个审计过程的始终。

选项 B 正确，注册会计师对被审计单位及其环境了解的程度，要低于管理层为经营管理企业而对被审计单位及其环境需要了解的程度。

选项 C 错误，了解被审计单位及其环境是必要程序。

选项 D 错误，注册会计师对被审计单位及其环境了解的程度，取决于审计业务的具体情况，如被审计单位的规模和复杂程度，以及注册会计师的相关审计经验。另外，识别被审计单位及其环境在上述方面与以前期间相比发生的重大变化对于充分了解被审计单位及其环境、识别和评估重大错报风险尤为重要。

（二）相关行业状况、法律环境和监管环境及其他外部因素

表 7－4

1. **行业状况**	所处行业的市场与竞争、生产经营的季节性和周期性、与被审计单位产品相关的生产技术、能源供应与成本、行业的关键指标和统计数据
2. **法律环境与监管环境**	会计原则和行业特定惯例、受管制行业的法规框架、对被审计单位经营活动产生重大影响的法律法规、目前对被审计单位开展经营活动产生影响的政府政策、影响行业和被审计单位经营活动的环保要求、税收政策
3. **其他外部因素**	主要包括总体经济情况、利率、融资的可获得性、通货膨胀水平或币值变动等

（三）被审计单位的性质

（1）所有权结构（识别关联方关系，控股母公司的管理风险，是否占用资金，是否施压）；

（2）治理结构（治理层监督，影响控制环境）；

（3）组织结构（复杂的组织结构可能会导致重大错报风险，如财务报表合并、商誉减值、长期股权投资核算）；

（4）经营活动（主要业务性质、市场情况、业务开展情况、从事电子商务情况、地区与行业分布、生产设施、仓库和办公室的位置，存货存放地点和数量、关键客户、供应商、研发活动、关联方交易）；

（5）投资活动；

（6）筹资活动；

（7）财务报告等。

（四）被审计单位对会计政策的选择和运用

（1）**重大和异常**交易的会计处理方法（如医药公司的研发活动等）。

（2）在**缺乏权威性标准或共识，有争议的或新兴领域**采用重要会计政策产生的影响。应当关注被审计单位选用了哪些会计政策、为什么选用这些会计政策。

（3）会计政策的变更。如果被审计单位变更了会计政策，注册会计师应当考虑变更的**原因及适当性**（例如，有没有舞弊的动机）。

①会计政策变更是否是法律、行政法规或者适用的会计准则和相关会计制度要求的变更（是否合法）；

②会计政策变更是否能够提供更可靠、更相关的信息（适当性）；

③注册会计师还应当关注会计政策的变更是否得到恰当处理和披露（适当性）。

（4）**新颁布的财务报告准则、法律法规**，以及被审计单位何时采用、如何采用这些规定：

①是否选择**激进**的会计政策、方法、估计和判断；

②财会人员是否拥有足够的运用会计准则的**知识、经验和能力；**

③是否拥有足够的**资源**支持会计政策的运用。

【提示】曾经考过一次客观题，原文考查，熟悉关键词即可。

（五）被审计单位的目标、战略以及相关经营风险

表7－5

经营风险对重大错报风险的影响	①注册会计师了解被审计单位的经营风险有助于其识别财务报表重大错报风险。但**并非所有的经营风险都与财务报表相关**，注册会计师**没有责任识别或评估对财务报表没有重大影响的经营风险**
	②**多数经营风险最终都会产生财务后果**，从而影响财务报表。但**并非所有**的经营风险都会导致重大错报风险
	③经营风险**可能**对某类交易、账户余额和披露的**认定层次**重大错报风险或**财务报表层次**重大错报风险产生**直接影响**

【例题7-3·单选题·2017年】下列有关经营风险对重大错报风险的影响的说法中，错误的是（　　）。

A. 多数经营风险最终都会产生财务后果，从而可能导致重大错报风险

B. 注册会计师在评估重大错报风险时，没有责任识别或评估对财务报表没有重大影响的经营风险

C. 经营风险通常不会对财务报表层次重大错报风险产生直接影响

D. 经营风险可能对认定层次重大错报风险产生直接影响

【答案】C

【解析】选项C错误，经营风险可能对各类交易、账户余额和披露的认定层次重大错报风险或财务报表层次重大错报风险产生直接影响。

（六）被审计单位财务业绩的衡量和评价

【提示】注册会计师了解被审计单位的业绩衡量和评价，是为了考虑管理层是否面临实现某些关键财务业绩指标的压力（舞弊风险）。

（1）在了解被审计单位财务业绩衡量和评价情况时，注册会计师应当关注下列信息：

①关键业绩指标（财务的或非财务的）、关键比率、趋势和经营统计数据；

②同期财务业绩比较分析；

③预算、预测、差异分析、分部信息与分部、部门或其他不同层次的业绩报告；

④员工业绩考核与激励性报酬政策；

⑤被审计单位与竞争对手的业绩比较。

此外，**外部机构**也会衡量和评价被审计单位的财务业绩，如**分析师的报告和信用评级机构的报告**。

（2）关注内部财务业绩衡量的结果。

内部财务业绩衡量可能显示被审计单位与同行业其他单位相比**具有异常过快的增长率或盈利水平**，此类信息如果**与业绩奖金或激励性报酬等因素结合起来考虑**，可能显示管理层编制报表时存在某种倾向的错报风险。

（七）了解被审计单位的内部控制（重点）

1. 内部控制的含义

内部控制是被审计单位为了合理保证财务报告的可靠性、经营的效率和效果以及对法律法规的遵守，由治理层、管理层和其他人员设计与执行的**政策及程序**。

2. 与审计相关的控制

（1）审计的目标是对财务报表是否不存在重大错报发表审计意见，**并非对被审计单位内部控制的有效性发表意见**。

（2）注册会计师**需要了解和评价的内部控制只是与财务报表审计相关的内部控制**，并非被审计单位所有的内部控制。

例如，被审计单位可能依靠某一复杂的自动化控制提高经营活动的效率和效果（如航空公司用于维护航班时间表的自动化控制系统），但这些控制通常与审计无关。

彬哥解读

与审计相关的内部控制与财务报告内控、经营内控、合规内控的关系，如下图所示：

（3）注册会计师在判断一项控制单独或连同其他控制是否与审计相关时可能考虑下列事项：

①重要性；

②相关风险的重要程度；

③被审计单位的规模；

④被审计单位业务的性质，包括组织结构和所有权特征；

⑤被审计单位经营的多样性和复杂性；

⑥适用的法律法规；

⑦内部控制的情况和适用的要素；

⑧作为内部控制组成部分的系统（包括使用服务机构）的性质和复杂性；

⑨一项特定控制（单独或连同其他控制）是否以及如何防止或发现并纠正重大错报。

【提示】这一考点目前还没有考过，但是有潜在可考性，适当了解。

3. 对内部控制了解的深度（非常重要）

（1）含义。

对内部控制了解的深度，是指在了解被审计单位及其环境时对内部控制了解的程度。包括评价**控制的设计，并确定其是否得到执行**，但不包括对控制是否得到一贯执行的测试。

【提示】评价控制的设计，考虑的是该控制单独或连同其他控制是否能够有效防止（事前拦住）或发现（事后发现）并纠正重大错报。

（2）审计程序。

询问、观察、检查、穿行测试。

【提示】

①“重新执行”是控制测试的程序，不要搞混！

②了解内部控制是必要程序。

③询问本身不足以评价控制的设计以及确定其是否得到执行，注册会计师应当将询问与其他风险评估程序结合使用。

④“对控制是否得到**一贯执行**的测试”指的是控制测试。

（3）了解内部控制与测试控制运行有效性的关系。

表 7－6

	了解内部控制	控制测试
目的	①设计合理吗？理论上能不能提前拦住或事后发现错报？ ②得到执行了吗？有没有按要求去做	评价内部控制有效吗？内部控制做得怎么样（从事实上判断内部控制到底有没有起作用）
关系	除非存在某些可以使控制得到一贯运行的自动化控制，否则注册会计师对控制的了解并不足以测试控制运行的有效性。 由于信息技术处理流程的内在一贯性，实施审计程序确定某项自动控制能否得到执行，也可能实现对控制运行有效性测试的目标，这取决于注册会计师对控制的评估和测试。 例如，获取某一人工控制在某一时点得到执行的审计证据，并不能证明该控制在所审计期间内的其他时点也有效运行	

【例题 7－4·多选题·2017 年】 下列有关注册会计师了解内部控制的说法中，正确的有（　　）。

A. 注册会计师在了解被审计单位内部控制时，应当确定其是否得到一贯执行

B. 注册会计师不需要了解被审计单位所有的内部控制

C. 注册会计师对内部控制的了解通常不足以测试控制运行的有效性

D. 注册会计师询问被审计单位人员不足以评价内部控制设计的有效性

【答案】 BCD

【解析】 对内部控制了解的深度包括评价控制的设计，并确定其是否得到执行，但不包括对控制是否得到一贯执行的测试，选项 A 错误。

选项 C 中，"通常"两个字非常精确。

4. 内部控制的人工和自动化成分

（1）信息技术控制。

表 7－7

优势	风险
①在处理大量的交易或数据时，一贯运用事先确定的业务规则，并进行复杂运算； ②提高信息的及时性、可获得性及准确性； ③促进对信息的深入分析； ④提高对被审计单位的经营业绩及其政策和程序执行情况进行监督的能力； ⑤降低控制被规避的风险； ⑥通过对应用程序系统、数据库系统和操作系统执行安全控制，提高不兼容职务分离的有效性	①所依赖的系统或程序不能正确处理数据，或处理了不正确的数据，或两种情况并存； ②未经授权访问数据，可能导致数据的毁损或对数据不恰当的修改，包括记录未经授权或不存在的交易，或不正确地记录了交易，多个用户同时访问同一数据库可能造成特定风险； ③信息技术人员可能获得超越其职责范围的数据访问权限，因此，破坏了系统应有的职责分工； ④未经授权改变主文档的数据； ⑤未经授权改变系统或程序； ⑥未能对系统或程序作出必要的修改； ⑦不恰当的人为干预； ⑧可能丢失数据或不能访问所需要的数据

（2）人工控制。

表 7－8

适用范围	①存在大额、异常或偶发的交易； ②存在难以界定、预计或预测的错误的情况； ③针对变化的情况，需要对现有的自动化控制进行人工干预； ④监督自动化控制的有效性

续表

不适用范围	①存在大量或重复发生的交易； ②事先可预计或预测的错误能够通过自动化控制参数得以防止或发现并纠正； ③用特定方法实施控制的控制活动可得到适当设计和自动化处理
人工控制的风险	①人工控制可能更容易被规避、忽视或凌驾； ②人工控制可能不具有一贯性； ③人工控制可能更容易产生简单错误或失误

5. 内部控制的局限性

内部控制无论如何有效，都只能为被审计单位实现财务报告目标提供**合理保证**。

表7－9

内部控制的固有局限性原因	
主要原因	①在**决策时人为判断**可能出现错误和因人为失误而导致内部控制失效； ②控制可能由于两个或更多的人员**串通或管理层不当地凌驾于内部控制之上**而被规避
其他原因	①**人员素质**不适应岗位要求； ②**成本效益考虑**：当实施某项控制成本大于控制效果而发生损失时，就没有必要设置该控制环节或控制措施； ③**不经常发生或未预计到的业务**：内部控制一般都是针对经常而重复发生的业务设置的，如果出现不经常发生或未预计到的业务，原有控制就可能不适用

彬哥解读

正是因为内部控制存在局限性，所以注册会计师不能仅依赖内部控制获取充分适当的审计证据，必须包括实质性程序。

6. 内部控制五要素（重点）

接下来的几个内容就是注册会计师分别从五个要素层面去了解被审计单位的内部控制（见图7－2）：

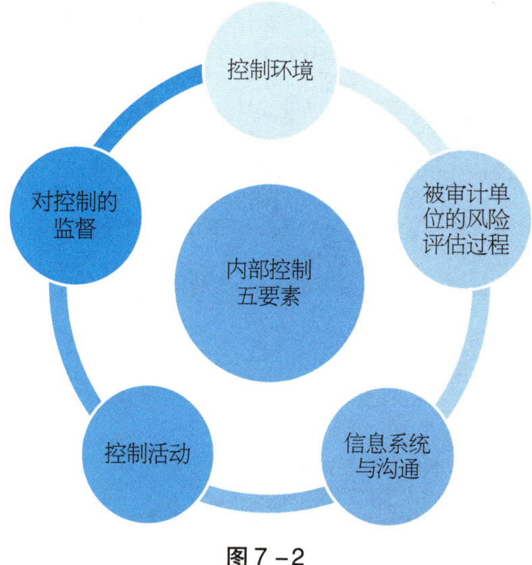

图7－2

（1）控制环境。

注册会计师应当了解控制环境。实际上，在审计业务承接阶段，注册会计师就需要对控制环境作出初步了解和评价。

表 7－10

与控制环境相关的因素	说明（了解）
对诚信和道德价值观念的沟通与落实	对行为规范的沟通和落实
对胜任能力的重视	主要管理人员和其他相关人员是否有足够的胜任能力
治理层的参与程度	治理层的健全、独立、经验、品德等
管理层的理念和经营风格	—
组织结构及职权与责任的分配	业务授权、业务记录、资产保管和维护以及业务执行的责任分离
人力资源政策和实务	招聘、培训、考核、咨询、晋升、薪酬等

注册会计师应当对控制环境的构成要素获取足够的了解，并考虑内部控制的实质及其综合效果，以了解管理层和治理层对内部控制及其重要性的态度、认识以及所采用的措施。

控制环境对重大错报风险的评估具有广泛影响，注册会计师应当考虑控制环境的总体优势是否为内部控制的其他要素提供了适当的基础。

虽然令人满意的控制环境并不能绝对防止舞弊，但却有助于降低发生舞弊的风险。有效的控制环境还能为注册会计师相信在以前年度和期中所测试的控制将继续有效运行提供一定基础。相反，控制环境中存在的弱点可能削弱控制的有效性。例如，注册会计师在进行风险评估时，如果认为被审计单位控制环境薄弱，则很难认定某一流程的控制是有效的。

控制环境本身并不能防止或发现并纠正各类交易、账户余额和披露认定层次的重大错报，注册会计师在评估重大错报风险时，应当将控制环境连同其他内部控制要素产生的影响一并考虑。例如，将控制环境和对控制的监督以及具体的控制活动一并考虑。

【例题 7－5·单选题·2012 年】 下列有关控制环境的说法中，错误的是（　　）。

A. 控制环境本身能防止或发现并纠正认定层次的重大错报

B. 控制环境的好坏影响注册会计师对财务报表层次重大错报风险的评估

C. 控制环境影响被审计单位内部生成的审计证据的可信赖程度

D. 控制环境影响实质性程序的性质、时间安排和范围

【答案】 A

【解析】 选项 A 说法错误，控制环境本身并不能防止或发现并纠正各类交易、账户余额和披露认定层次的重大错报，注册会计师在评估重大错报风险时，应当将控制环境连同其他内部控制要素产生的影响一并考虑。

（2）被审计单位的风险评估过程。

在评价被审计单位风险评估过程的设计和执行时，注册会计师应当确定管理层如何识别与财务报告相关的经营风险，如何估计该风险的重要性，如何评估风险发生的可能性，以及如何采取措施管理这些风险。如果被审计单位的风险评估过程符合其具体情况，了解被审计单位的

风险评估过程和结果有助于注册会计师识别财务报表的重大错报风险。

注册会计师**可以通过了解被审计单位及其环境的其他方面信息**，评价被审计单位风险评估过程的有效性。

在审计过程中，**如果发现与财务报表有关的风险因素**，注册会计师可通过**向管理层询问和检查**有关文件确定被审计单位的风险评估过程**是否也发现了该风险；如果识别出管理层未能识别的重大错报风险**，注册会计师应当考虑被审计单位的风险评估过程**为何没有识别出**这些风险，以及评估过程是否适合于具体环境，或者确定与风险评估过程相关的内部控制**是否存在值得关注的内部控制缺陷**。

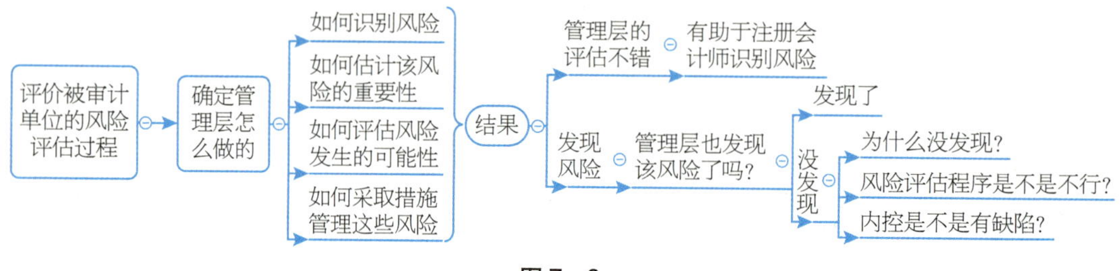

图7-3

【提示】曾经考过一次客观题，非重要考点，根据图7-3梳理清楚逻辑即可。

（3）信息系统与沟通。

了解与财务报告相关的信息系统**应当包括**了解信息系统中与财务报表所**披露信息相关的方面**，无论这些信息是从总账和明细账中获取，还是从总账和明细账之外的其他途径获取。

自动化程序和控制可能降低了发生无意错误的风险，但是并没有消除个人凌驾于控制之上的风险，如某些高级管理人员可能篡改自动过入总分类账和财务报告系统的数据金额。当被审计单位运用信息技术进行数据的传递时，发生篡改可能不会留下痕迹或证据。

【提示】注册会计师需要了解的是与财务报告相关的信息系统。

（4）控制活动（重点）（见表7-11）。

表7-11

控制活动	授权	一般授权（日常）
		特别授权（重大单独）
	业绩评价	①被审计单位分析评价实际业绩与预算（或预测、前期业绩）的差异； ②综合分析财务数据与经营数据的内在关系； ③将内部数据与外部信息来源相比较； ④评价职能部门、分支机构或项目活动的业绩等
	信息处理	一般控制
		应用控制
	实物控制	①对资产和记录采取适当的安全保护措施（安全保护）； ②对访问计算机程序和数据文件设置授权（访问权限）； ③定期盘点并将盘点记录与会计记录核对（定期盘点）
	职责分离	—

续表

注意事项	在了解控制活动时，注册会计师应当重点考虑一项控制活动单独或连同其他控制活动，是否能够以及如何防止或发现并纠正各类交易、账户余额和披露存在的重大错报。 注册会计师的工作重点是识别和了解针对重大错报更高的领域的控制活动。如果多项控制活动能够实现同一目标，注册会计师不必了解与该目标相关的每项控制活动

（5）对控制的监督。

①持续的监督活动通常贯穿于被审计单位日常重复的活动中，包括常规管理和监督工作。

②单独的评价活动是由内部审计人员或具有类似职能的人员（如外部审计）对内部控制的设计和执行进行的，以找出内部控制的优点和不足，并提出改进建议。

举例：管理层对是否定期编制银行存款余额调节表进行复核；内部审计人员评价销售人员是否遵守公司关于销售合同条款的政策；法律部门定期监控公司的道德规范和商务行为准则是否得以遵守。

【例题 7－6·单选题·2017 年】下列各项中，属于对控制的监督的是（　　）。

A. 授权与批准　　B. 职权与责任的分配

C. 业绩评价　　D. 内审部门定期评估控制的有效性

【答案】D

【解析】选项 AC 属于控制活动的内容，选项 B 属于控制环境的内容，只有选项 D 属于对控制的监督起削弱其他控制要素的作用。

7. 在整体层面和业务流程层面了解内部控制

在实务中，注册会计师应当从被审计单位整体层面和业务流程层面分别了解和评价被审计单位的内部控制。

（1）整体层面与业务流程层面的控制的内容。

表 7－12

层面	要点	
整体层面	①主要与控制环境相关； ②对控制的监督； ③考虑舞弊和管理层凌驾于内部控制之上的风险； ④信息系统的一般控制； ⑤财务报告流程的控制	
业务流程层面	①与循环和认定相关的控制； ②信息系统的应用控制； ③控制活动	预防性控制（事前控制，提前防止出错） 检查性控制（事后控制，事后发现错误）

（2）业务流程层面了解内部控制。

在初步计划审计工作时，注册会计师需要确定在被审计单位财务报表中可能存在重大错报风险的重大账户及其相关认定。通常采取下列步骤：

①确定重要业务流程和重要交易类别（了解）。

②了解重要交易类别，并进行记录（了解）。

③确定可能发生错报的环节（了解）。

④识别和了解相关控制（重点）。

通常将业务流程中的控制分为预防性控制和检查性控制。

表 7-13

	概念	举例
预防性控制	预防性控制通常用于正常业务流程的每一项交易，以防止错报的发生（事前预防）	①计算机程序自动生成收货报告，同时也更新采购档案
		②在更新采购档案之前必须先有收货报告
		③销货发票上的价格根据价格清单上的信息确定
		④系统将各凭证上的账户号码与会计科目表对比，然后进行一系列的逻辑测试
检查性控制	检查性控制的目的是发现流程中可能发生的错报（事后检查）	①定期编制银行存款余额调节表，跟踪调查挂账的项目
		②将预算与实际费用间的差异列入计算机编制的报告中并由部门经理复核
		③系统每天比较运出货物的数量和开票数量
		④每季度复核应收账款贷方余额并找出原因

【提示】预防性控制和检查性控制考频非常高，但是不用记忆表 7-13，通过做真题掌握规律即可。

⑤执行穿行测试，证实对交易流程和相关控制的了解。

执行穿行测试的目的：

a. 确认对业务流程的了解；

b. 确认对重要交易的了解是完整的，即在交易流程中所有与财务报表认定相关的可能发生错报的环节都已识别；

c. 确认所获取的有关流程中的预防性控制和检查性控制信息的准确性；

d. 评估控制设计的有效性；

e. 确认控制是否得到执行；

f. 确认之前所做的书面记录的准确性。

记忆面包

通过了解（流程、交易、控制）→评价控制（控制设计的合理性、是否得到执行）

需要注意的是，如果不打算信赖控制，注册会计师仍需要执行穿行测试以确认以前对业务流程及可能发生错报环节了解的准确性和完整性。

⑥初步评价和风险评估（了解）。

⑦对财务报告流程的了解（了解）。

【例题 7-7·单选题·2017 年】 下列各项中，属于预防性控制的是（　　）。

A. 财务主管定期盘点现金和有价证券

B. 管理层分析评价实际业绩与预算的差异，并针对超过规定金额的差异调查原因

C. 董事会复核并批准由管理层编制的财务报表

D. 由不同的员工负责职工薪酬档案的维护和职工薪酬的计算

【答案】D

【解析】选项 ABC 属于检查性控制。

考点 4 评估重大错报风险（★★★）

（一）评估财务报表层次和认定层次的重大错报风险

1. 评估重大错报风险的审计程序

①在了解被审计单位及其环境（包括与风险相关的控制）的整个过程中，结合对财务报表中各类交易、账户余额和披露的考虑，**识别风险**。

②结合对拟测试的相关控制的考虑，**将识别出的风险与认定层次可能发生错报的领域相联系**。

③评估识别出的风险，**并评价其是否更广泛地与财务报表整体相关**，进而潜在地影响多项认定。

④考虑发生错报的**可能性**（包括发生多项错报的可能性），以及潜在错报的**重大程度**是否足以导致重大错报。

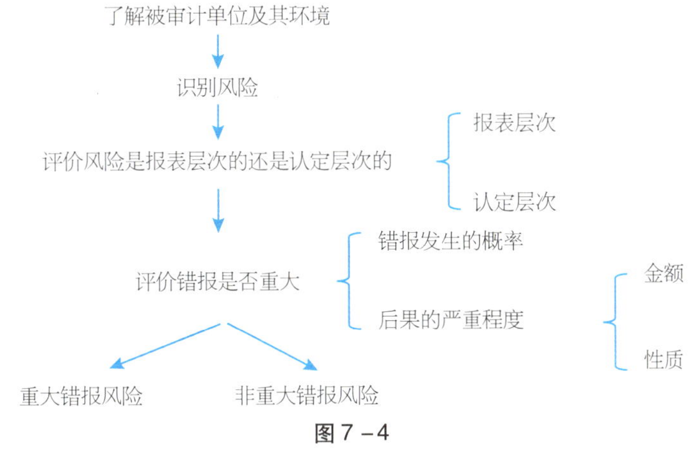

图 7－4

2. 识别两个层次的重大错报风险（重点）

表 7－14

财务报表层次	某些重大错报风险可能与财务报表整体广泛相关，进而影响多项认定。此类风险**通常与控制环境有关**，但也可能与其他因素相关	①**可能导致注册会计师对被审计单位的持续经营能力产生重大疑虑的事项**，包括：在经济不稳定的国家和地区开展业务、资产的流动性出现问题、重要客户流失、融资能力受到限制等。 ②管理层缺乏诚信或承受异常的压力可能引发**舞弊风险**。 ③财务报表层次的重大错报风险很可能源于**薄弱的控制环境**，包括：被审计单位治理层、管理层对内部控制的重要性缺乏认识，没有建立必要的制度和程序；或管理层经营理念偏于激进，又缺乏实现激进目标的人力资源等

续表

认定层次重大错报风险	某些重大错报风险可能与特定的某类交易、账户余额和披露的认定相关	被审计单位**存在复杂的联营或合资**（长投的认定可能存在重大错报风险）。 被审计单位**存在重大的关联方交易**（关联方及关联方交易的披露认定可能存在重大错报风险）
	控制对评估认定层次重大错报风险的影响。 （总结一句话：考虑控制对风险的影响）	注册会计师应当将所了解的控制与特定认定相联系，以评估重大错报风险。 控制有助于防止或发现并纠正认定层次的重大错报。在评估重大错报发生的可能性时，**除了考虑可能的风险外，还要考虑控制对风险的抵销和遏制作用**。 有效的控制会减少错报发生的可能性，而控制不当或缺乏控制，错报就会有可能变成现实。 控制可能与某一认定直接相关，也可能与某一认定间接相关。关系越间接，控制在防止或发现并纠正认定中错报的作用越小

【提示】考生在区分报表层次和认定层次的重大错报时，最好采用排除法，一般认定层次风险是很好识别的。

【例题7-8·多选题·2019年】下列情形中，通常表明可能存在财务报表层次重大错报风险的有（　　）。

A. 被审计单位财务人员不熟悉会计准则

B. 被审计单位频繁更换财务负责人

C. 被审计单位内部控制环境薄弱

D. 被审计单位投资了多家联营企业

【答案】ABC

【解析】选项D错误，被审计单位存在复杂的联营或合资，这一事项表明长期股权投资账户的认定可能存在重大错报风险。

3. 评估重大错报风险时考虑的因素

表7-15

①原因（性质）：已识别的风险是什么原因导致的？	例如，更换赊销审批人员
②规模（金额）：错报一旦发生，规模多大？	例如，新的审批人员共审批了100万元赊销业务
③可能性：风险事件发生的可能性有多大？	例如，客户偿债能力很强

4. 考虑财务报表的可审计性

如果通过对内部控制的了解发现下列情况，并对财务报表局部或整体的可审计性产生疑问。

表7-16

产生疑问的情形	应对措施
①被审计单位会计记录的状况和可靠性存在重大问题，不能获取充分、适当的审计证据以发表无保留意见； ②对管理层的诚信存在严重疑虑	①注册会计师应当考虑出具保**留意见或无法表示意见**的审计报告； ②必要时，注册会计师应当**考虑解除业务约定**

【例题 7－9 · 单选题 · 2019 年】下列情形中，通常可能导致注册会计师对财务报表整体的可审计性产生疑问的是（　　）。

A. 注册会计师对管理层的诚信存在重大疑虑

B. 注册会计师对被审计单位的持续经营能力产生重大疑虑

C. 注册会计师识别出与员工侵占资产相关的舞弊风险

D. 注册会计师识别出被审计单位严重违反税收法规的行为

【答案】A

【解析】如果通过对内部控制的了解发现下列情况，并对财务报表局部或整体的可审计性产生疑问：①被审计单位会计记录的状况和可靠性存在重大问题，不能获取充分、适当的审计证据以发表无保留意见；②对管理层的诚信存在严重疑虑（选项 A 正确）。

（二）需要特别考虑的重大错报风险

1. 特别风险

特别风险，是指注册会计师识别和评估的、根据判断认为需要特别考虑的重大错报风险。

2. 确定特别风险时考虑的因素

在判断哪些风险是特别风险时，注册会计师应当至少考虑下列事项：

①风险是否属于舞弊风险；

②风险是否与近期经济环境、会计处理方法或其他方面的重大变化相关，因而需要特别关注；

③交易的复杂程度；

④风险是否涉及重大的关联方交易；

⑤财务信息计量的主观程度，特别是计量结果是否具有高度不确定性；

⑥风险是否涉及异常或超出正常经营过程的重大交易。

【提示】在判断哪些风险是特别风险时，注册会计师**不应考虑识别出的控制对相关风险的抵销效果**。但一般的重大错报风险评估是需要考虑的。

关联贴纸

三种确定的特别风险：舞弊风险；管理层凌驾于内部控制之上的风险（也是舞弊之一）；超出正常经营过程的重大关联方交易。

3. 特别风险来源

特别风险通常**与重大的非常规交易和判断事项有关**。日常的、不复杂的、经正规处理的交易不太可能产生特别风险。

表 7－17

非常规交易特征	重大判断事项
①管理层更多地干预会计处理； ②数据收集和处理进行更多的人工干预； ③复杂的计算或会计处理方法； ④非常规交易的性质可能使被审计单位难以对由此产生的特别风险实施有效控制	①对涉及会计估计、收入确认等方面的会计原则存在不同的理解； ②所要求的判断可能是主观和复杂的，或需要对未来事项作出假设

4. 考虑与特别风险相关的控制

对于特别风险，注册会计师**应当评价相关控制的设计情况，并确定其是否已经得到执行**。

如果管理层未能实施控制以恰当应对特别风险，注册会计师应当认为**内部控制存在值得关注的内部控制缺陷**，并考虑其对风险评估的影响。在此情况下，注册会计师应当就此类事项与治理层沟通。

【提示】对特别风险相关的内部控制应当了解，不一定要测试。

【例题7－10·单选题·2018年】下列各项中，注册会计师在确定某项重大错报风险是否为特别风险时，通常无须考虑的是（　　）。

A. 风险是否涉及重大的关联方交易

B. 交易的复杂程度

C. 被审计单位财务人员的胜任能力

D. 财务信息计量的主观程度

【答案】C

【解析】选项C错误，在确定一项重大错报风险是否为特别风险时，通常无须考虑被审计单位财务人员的胜任能力。需要考虑的事项包括：①风险是否属于舞弊风险；②风险是否与近期经济环境、会计处理方法或其他方面的重大变化相关；③交易的复杂程度；④是否涉及重大的关联方交易；⑤财务信息计量的主观程度；⑥是否涉及异常或超出正常经营过程的重大交易。

（三）仅通过实质性程序无法应对的重大错报风险

作为风险评估的一部分，**如果认为仅通过实质性程序获取的审计证据无法应对认定层次的重大错报风险，注册会计师应当评价被审计单位针对这些风险设计的控制，并确认执行的情况（必须执行控制测试）**。

这里主要是考虑在被审计单位对日常交易**采用高度自动化处理**的情况下，审计证据可能仅以电子形式存在，其充分性和适当性通常取决于自动化信息系统相关控制的有效性，注册会计师应当考虑仅通过实质性程序不能获取充分、适当审计证据的可能性。同时考虑依赖的相关控制的有效性，并对其进行了解、评估和测试。

（四）对风险评估的修正

评估重大错报风险与了解被审计单位及其环境一样，也是一个连续和动态地收集、更新与分析信息的过程，贯穿于整个审计过程的始终。

恭喜你，
已完成第七章的学习

我们一路奋战，不是为了改变世界，而是为了不让世界改变我们。

CHAPTER EIGHT

第八章 风险应对

考情雷达

通过对被审计单位进行了全面的了解，注册会计师识别和评估出了四种不同类型的重大错报风险，包括报表层次的重大错报风险、认定层次的重大错报风险、特别风险和仅实施实质性程序无法应对的重大错报风险。本章我们将要对这些风险实施不同的程序去应对，也就是风险应对程序。从考试情况看，本章主观题和客观题都有涉及，分值在5~8分，属于非常重要的章节。考生在学习本章时一定要注重理解原理，为后面审计循环章节的学习奠定基础。鉴于近几年考试越来越细致的趋势，考生同时也要注重细节，熟悉教材原文的专业表述。

本章内容与去年相比无实质性变化。

考点地图

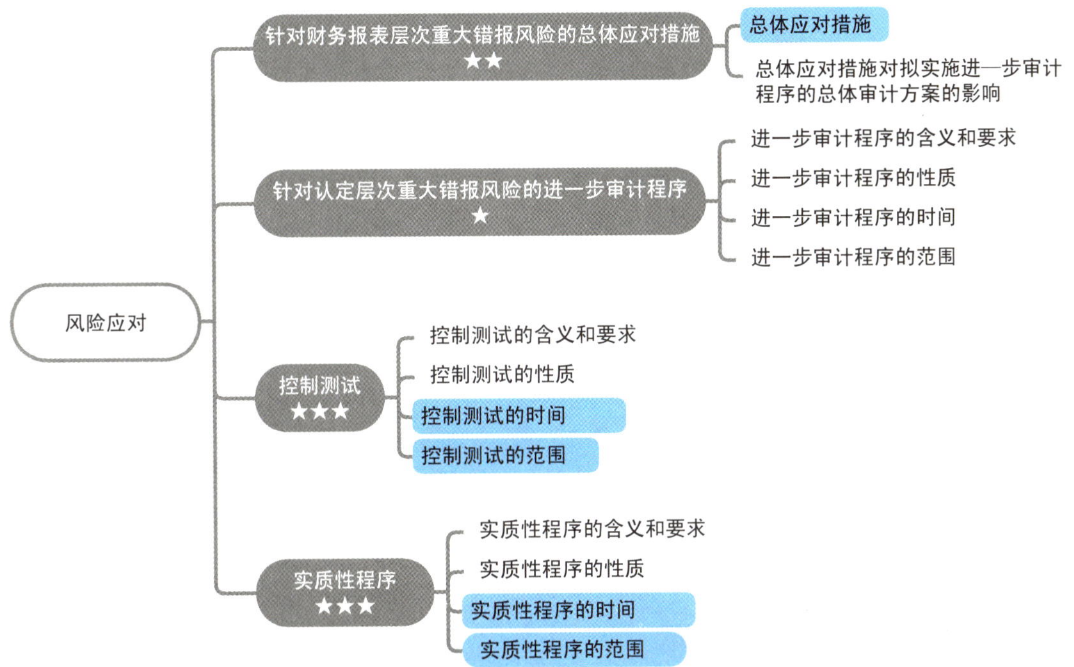

考点1 针对财务报表层次重大错报风险的总体应对措施（★★）

（一）财务报表层次重大错报风险的总体应对措施

1. 注册会计师应当针对评估的财务报表层次重大错报风险确定总体应对措施

表8－1

总体应对措施	向项目组强调保持职业怀疑的必要性	多怀疑
	指派更有经验或具有特殊技能的审计人员，或利用专家的工作	派高手
	提供更多的督导	要监督

续表

<table>
<tr><td rowspan="3">总体应对措施</td><td rowspan="2">在选择拟实施的进一步审计程序时融入更多的不可预见的因素</td><td>方法</td><td>①范围：对某些未测试过的低于设定的重要性水平或风险较小的账户余额和认定实施实质性程序。
②时间：调整实施审计程序的时间，使被审计单位不可预期。
③抽样方法：采取不同的审计抽样方法，使当期抽取的测试样本与以前有所不同。
④地点：选取不同的地点实施审计程序，或预先不告知被审计单位所选定的测试地点</td><td rowspan="2">不一样</td></tr>
<tr><td>思路</td><td>①需要与被审计单位的管理层事先沟通，要求实施具有不可预见性的审计程序，但不能告知其具体内容。注册会计师可以在签订审计业务约定书时明确提出这一要求。
②对于不可预见性程度没有量化的规定。
③项目合伙人需要安排项目组成员有效地实施具有不可预见性的审计程序，但同时要避免使项目组成员处于困难境地</td></tr>
<tr><td>对拟实施审计程序的性质、时间安排或范围作出总体修改</td><td colspan="2">报表层次重大错报风险源于薄弱的控制环境。控制环境存在缺陷，注册会计师在对拟实施审计程序的性质、时间安排和范围作出总体修改时应当考虑：
①在期末而非期中实施更多的审计程序。
【提示】控制环境的缺陷通常会削弱期中获得的审计证据的可信赖程度。
②通过实施实质性程序获取更广泛的审计证据。
【提示】控制环境存在缺陷通常起削弱其他控制要素的作用，导致注册会计师可能无法信赖内部控制，而主要依赖实施实质性程序获取审计证据。
③增加拟纳入审计范围的经营地点的数量</td><td>更严格</td></tr>
</table>

2. 增加审计程序不可预见性的示例

表 8-2

<table>
<tr><th>审计领域</th><th>可能适用的不可预见性审计程序</th></tr>
<tr><td rowspan="2">存货</td><td>向以前审计过程中接触不多的员工询问，例如采购、销售、生产人员等</td></tr>
<tr><td>在不事先通知情况下，选择一些以前未曾到过的盘点地点进行存货监盘</td></tr>
<tr><td rowspan="2">现金和银行存款</td><td>多选几个月的银行存款余额调节表进行测试</td></tr>
<tr><td>对有大量银行账户的，考虑改变抽样方法</td></tr>
<tr><td rowspan="4">销售和应收账款</td><td>向以前审计中接触不多或未曾接触过的被审计单位员工询问，例如负责处理大客户账户的销售部人员</td></tr>
<tr><td>改变实质性分析程序的对象，例如按细类分析收入</td></tr>
<tr><td>针对销售和销售退回延长截止测试期间</td></tr>
<tr><td>实施以前未曾考虑过的程序，例如，①函证销售条款或者选定销售额较不重要、以前未曾关注的销售交易；②实施更细致的分析程序；③测试以前未曾函证的账户，如金额为负或零的账户或低于以前设定的重要性水平的账户；④改变函证日期，把函证截止日提前或推迟；⑤对关联公司销售和相关账户余额，除函证外，实施其他程序验证</td></tr>
<tr><td rowspan="3">采购和应付账款</td><td>如果以前未曾对应付账款余额普遍进行函证，可考虑直接向供应商函证确认余额。如果经常采用函证方式，可考虑改变函证的范围或者时间</td></tr>
<tr><td>对以前由于低于设定的重要性水平而未曾测试过的采购项目，进行细节测试</td></tr>
<tr><td>使用计算机辅助审计技术审阅采购和付款账户，以发现特殊项目，如不同供应商使用相同银行账户</td></tr>
<tr><td>固定资产</td><td>对以前由于低于设定的重要性水平而未曾测试过的固定资产进行测试，例如考虑实地盘查一些价值较低的固定资产，如汽车和其他设备</td></tr>
<tr><td>集团审计项目</td><td>修改组成部分审计工作的范围或者区域（如增加某些不重要的组成部分的审计工作量，或实地去组成部分开展审计工作）</td></tr>
</table>

【提示】上述案例考查客观题，首先你要知道什么程序属于常规程序，和常规程序不同就属于具有不可预见性。

【例题8-1·单选题·2016年】下列各项措施中，不能应对财务报表层次重大错报风险的是（　　）。

A. 在期末而非期中实施更多的审计程序

B. 扩大控制测试的范围

C. 增加拟纳入审计范围的经营地点的数量

D. 增加审计程序的不可预见性

【答案】B

【解析】选项B错误，报表层次重大错报风险很可能源于薄弱的控制环境，导致对控制的信赖程度非常低，因此扩大控制测试的范围无法应对报表层次的重大错报风险，应该扩大实质性程序的范围。

（二）总体应对措施对拟实施进一步审计程序的总体审计方案的影响

注册会计师评估的财务报表层次重大错报风险以及采取的总体应对措施，对拟实施的进一步审计程序的总体审计方案具有重大影响。

当重大错报风险很高时（控制风险也很高），控制往往无效，以实质性程序为主。

表8-3　审计方案的选择

综合性方案	①内部控制预期有效（前提：符合成本效益原则）。 ②仅实施实质性程序无法应对重大错报风险
实质性方案	①内部控制预期无效。 a. 没有控制；b. 有内控，但是设计不合理或没有得到执行。 ②控制测试不符合成本效益原则。 ③评估的重大错报风险很高

【提示】除非特别说明，绝大多数情况下，控制测试是符合成本效益原则的。

考点2　针对认定层次重大错报风险的进一步审计程序（★）

（一）进一步审计程序的含义和要求

1. 进一步审计程序的含义

进一步审计程序相对于风险评估程序而言，是指注册会计师针对评估的各类交易、账户余额和披露认定层次重大错报风险实施的审计程序，包括**控制测试和实质性程序**。

2. 要求

注册会计师设计和实施的进一步审计程序的性质、时间安排和范围，应当与评估的认定层次重大错报风险**具备明确的对应关系**。

3. 设计进一步审计程序时的考虑因素

表 8－4

考虑因素	说明	为总体审计方案奠定基础
①风险的重要性（**后果**）	风险越严重或重大错报发生的可能性越大，越需要注册会计师关注和重视，越需要精心设计有针对性的进一步审计程序	①通常情况下，注册会计师出于成本效益的考虑，可以采用综合性方案设计进一步审计程序。 ②风险评估程序未能识别出与认定相关的任何控制，或注册会计师认为控制测试很可能不符合成本效益原则，则可以认为仅实施实质性程序就是适当的。 ③如果风险为仅实施实质性程序无法应对的重大错报风险，则必须实施控制测试。 ④无论选择何种方案，注册会计师都应当对所有重大类别的交易、账户余额和披露设计和实施实质性程序
②重大错报发生的可能性（**概率**）		
③涉及的各类交易、账户余额和披露的特征（**认定**）	交易、账户余额和披露不同，程序不同	
④被审计单位采用的特定控制的性质（**控制的类型**）	不同性质的控制（尤其是人工控制或自动化控制），程序不同	
⑤注册会计师是否拟获取审计证据，以确定内部控制在防止或发现并纠正重大错报方面的有效性（**控制的评估**）	如果注册会计师在风险评估时预期内部控制运行有效，随后拟实施的进一步审计程序就必须包括控制测试，且实质性程序自然会受到之前控制测试结果的影响	

（二）进一步审计程序的性质

1. 含义

进一步审计程序的性质是指进一步审计程序的**目的和类型**（见表 8－5）。

表 8－5

进一步审计程序的性质			
进一步审计程序的性质	控制测试	目的	确定内部控制运行的有效性
		类型	询问、观察、检查、重新执行
	实质性程序	目的	发现认定层次重大错报
		类型	询问、观察、检查、函证、重新计算、分析程序

在应对评估的风险时，合理确定审计程序的**性质是最重要的**。**这是因为不同的审计程序应对特定认定错报风险的效力不同**。例如，对于与收入完整性认定相关的重大错报风险，控制测试通常更能有效应对；对于与收入发生认定相关的重大错报风险，实质性程序通常更能有效应对。

2. 进一步审计程序性质的选择

（1）认定层次重大错报风险的评估结果。评估的风险越高，对通过实质性程序获取的审计证据的相关性和可靠性要求越高。

（2）评估的认定层次重大错报风险产生的原因，包括各类交易、账户余额和披露的具体特征和内部控制。例如，注册会计师可能判断某特定类别的交易即使不存在相关控制的情况下发生重大错报的风险仍较低，此时注册会计师可能认为仅实施实质性程序就可以获取充分适当的审计证据。

（3）如果在实施进一步审计程序时拟利用被审计单位信息系统生成的信息，注册会计师应当就信息的准确性和完整性获取审计证据。

（三）进一步审计程序的时间（重点）

进一步审计程序的时间是指，注册会计师何时实施进一步审计程序，或审计证据适用的期间或时点。

（1）当**重大错报风险较高时**，注册会计师应当考虑在**期末或接近期末实施实质性程序**，或采用不通知的方式，或在管理层不能预见的时间实施审计程序。

（2）注册会计师在确定何时实施审计程序时要考虑的因素（见表8－6）。

表8－6

考虑因素	说明
①控制环境	良好的控制环境可以抵销在期中实施进一步审计程序的一些局限性。【提示】控制环境越好越适宜期中
②何时能得到相关信息	某些信息可能仅在期中或期中以前发生，之后可能难以再被观察到
③错报风险的性质	例如，被审计单位可能在期末以后伪造销售合同以虚增收入，注册会计师可考虑在期末获取所有销售合同及相关资料
④审计证据适用的期间或时点	例如，对存货期末余额，不宜在与资产负债表日间隔过长的期中时点或期末以后的时点实施存货监盘等程序
⑤编制报表的时间，尤其是某些披露的时间	

（3）要注意，某些审计程序**只能在期末或期末以后实施**。

例如：①将财务报表与会计记录相核对，检查财务报表编制过程中所作的会计调整等。

②如果被审计单位在期末或接近期末发生了重大交易，或重大交易在期末尚未完成，注册会计师应当考虑交易的发生或截止等认定可能存在的重大错报风险，并在期末或期末以后检查此类交易。

【例题8－2·多选题·2020年】下列各项因素中，注册会计师在确定实施审计程序的时间时需要考虑的有（　　）。

A. 何时能得到相关信息　　B. 审计证据适用的期间

C. 错报风险的性质　　D. 被审计单位的控制环境

【答案】ABCD

【解析】选项ABCD正确，注册会计师在确定何时实施审计程序时要考虑的因素：

①控制环境（选项D）；

②何时能得到相关信息（选项A）；

③错报风险的性质（选项C）；

④审计证据适用的期间或时点（选项B）；

⑤编制报表的时间，尤其是某些披露的时间。

（四）进一步审计程序的范围

进一步审计程序的范围，是指实施进一步审计程序的**数量**，包括抽取的样本量、对某项控制活动的观察次数等。

确定进一步审计程序的范围时，注册会计师应当考虑下列因素：

①确定的重要性水平（反向）；

②评估的重大错报风险（同向）；

③计划获取的保证程度（同向）。

【提示】只有当审计程序本身与特定风险相关时，扩大审计程序的范围才是有效的。

考点3 控制测试（★★★）

（一）控制测试的含义和要求

1. 控制测试的含义

控制测试是指用于评价内部控制在防止或发现并纠正认定层次重大错报方面的运行有效性的审计程序。

在测试控制运行的有效性时，注册会计师应当从下列方面获取关于控制是否有效运行的证据：

①控制在所审计期间的相关时点是如何运行的；

②控制是否得到一贯执行；

③控制由谁或以何种方式执行。

从这三个方面来看，控制运行有效性强调的是控制能够在各个不同的时点按照既定设计得以一贯执行。

表8-7　控制运行有效性和了解控制是否得到执行的异同

	控制运行有效性（控制测试）	了解控制是否得到执行（了解内部控制）
强调不同	控制能够在各个不同时点按照既定设计得以一贯执行（运行有效）	①评价控制设计的合理性； ②确定控制是否得到执行
程序不同	询问、观察、检查、重新执行	询问、观察、检查、穿行测试
所需证据不同	抽取足够数量的交易进行检查或观察多个不同时点	只需抽取少量的交易进行检查或观察某几个时点
相同点	为评价控制设计和确定控制是否得到执行而实施的某些风险评估程序并非专为控制测试而设计，但可能提供有关控制运行有效性的审计证据，注册会计师可以考虑在评价控制设计和获取其得到执行的审计证据的同时测试控制运行有效性	

举例说明：控制得到执行和控制有效的区别。

某被审计单位针对销售收入和销售费用的业绩评价控制如下：财务经理每月审核实际销售收入（按产品细分）和销售费用（按费用项目细分），并与预算数和上年同期数比较，对于差异金额超过5%的项目进行分析并编制分析报告；销售经理审阅报告并采取适当措施跟进。

注册会计师抽查了最近3个月的分析报告，并看到上述管理人员在报告上签字确认，证明该控制已经得到执行。然而注册会计师在与销售经理讨论中发现他对分析报告中明显异常的数据并不了解其原因，也无法做出合理解释，从而显示该控制并未得到有效的运行。

【例题8-3·单选题·2012年】下列有关控制测试目的的说法中，正确的是（　　）。

A. 控制测试旨在评价内部控制在防止或发现并纠正认定层次重大错报方面的运行有效性

B. 控制测试旨在发现认定层次发生错报的金额

C. 控制测试旨在验证实质性程序结果的可靠性

D. 控制测试旨在确定控制是否得到执行

【答案】 A

【解析】

①选项 A 正确，选项 C 错误，控制测试定义原文考查，控制测试旨在评价内部控制在防止或发现并纠正认定层次重大错报方面的运行有效性，不是验证实质性程序结果的可靠性。

②选项 B 错误，发现认定层次发生错报的金额属于实质性程序的范畴。

③选项 D 错误，确定控制是否得到执行是了解内部控制的范畴。

【例题 8 –4 · 简答题 · 2015 年节选】 甲公司内部控制制度规定，财务经理每月应当复核销售返利计算表，检查销售收入金额和返利比例是否准确，如有异常进行调查并处理，复核完成后签字存档，审计项目组选取了 3 个月的销售返利计算表，检查了财务经理的签字，认为该控制运行有效。

要求：指出审计项目组的做法是否恰当。如果不恰当，简要说明理由。

【答案】 不恰当。只检查财务经理的签字不足够/应当检查财务经理是否按规定完整实施了该控制。

【解题思路】 被审计单位的内部控制环节包括“财务经理复核，签字”，注册会计师实施控制测试时只检查了签字不能证明内控已经按照既定的设计一贯执行。

2. 控制测试的要求

控制测试并非在任何情况下都需要实施，但注册会计师**应当**实施控制测试的情形有：

①在评估认定层次重大错报风险时，预期控制的运行是有效的；

②仅实施实质性程序并不能够提供认定层次充分、适当的审计证据。

（二）控制测试的性质

1. 控制测试的性质的含义

控制测试的性质，是指控制测试所使用的审计程序的类型及其组合。

表 8 –8

审计程序	说明
询问	**询问本身并不足以测试控制运行的有效性，注册会计师需要将询问与其他审计程序结合使用**
观察	观察是测试不留下书面记录的控制（如职责分离）的运行情况的有效方法。 观察的证据仅限于观察发生的时点
检查	对运行情况留有书面证据的控制，检查非常适用
重新执行	通常重新执行程序适用于对人工控制的测试。 如果需要大量的重新执行，注册会计师就要考虑通过实施控制测试以缩小实质性程序的范围是否有效率。 通常只有当询问、观察和检查程序结合在一起仍无法获得充分的证据时，注册会计师才考虑通过重新执行来证实控制是否有效运行。

【提示】将询问与检查或重新执行结合使用，可能比仅实施询问和观察获取更高水平的保证。

【例题 8 –5·简答题·2012 年节选】在 2011 年度财务报表审计中，A 注册会计师了解到甲公司与现金销售相关的内部控制设计合理并得到执行。A 注册会计师对与现金销售相关的内部控制实施控制测试。经询问财务经理，了解到 2011 年度相关控制运行有效，未发现例外事项。A 注册会计师认为 2011 年度与现金销售相关的内部控制运行有效。假定不考虑其他条件，指出其是否恰当，简要说明理由。

【答案】不恰当。仅通过询问程序不能获取控制运行有效性的证据，还应实施检查或重新执行等程序。

【解题思路】注册会计师仅通过询问就判定内部控制运行有效是错误的。

2. 确定控制测试的性质时的要求

表 8 –9

要求	说明	举例
①考虑特定控制的性质	注册会计师应当根据特定控制的性质选择所需实施审计程序的类型	例如，存在反映控制运行有效性的文件记录，可实施检查程序；否则应考虑询问、观察，或借助计算机辅助审计技术
②考虑测试与认定直接相关和间接相关的控制	在设计控制测试时，注册会计师不仅应当考虑与认定直接相关的控制，还应当考虑这些控制所依赖的与认定间接相关的控制	例如，被审计单位可能针对超出信用额度的例外赊销交易设置报告和审核制度（与认定直接相关的控制）；在测试该项制度的运行有效性时，注册会计师不仅应当考虑审核的有效性，还应当考虑与例外赊销报告中信息准确性有关的控制（与认定间接相关的控制）是否有效运行
③如何对一项自动化的应用控制实施控制测试	对于一项自动化的应用控制，由于信息技术处理过程的内在一贯性，注册会计师可以利用**该项控制得以执行的审计证据**和信息技术**一般控制运行有效性的审计证据**，作为支持该项控制在相关期间运行有效性的重要审计证据。 【记忆面包】一般控制运行有效 + 应用控制得到执行 = 应用控制运行有效	

3. 实施控制测试时对双重目的的实现

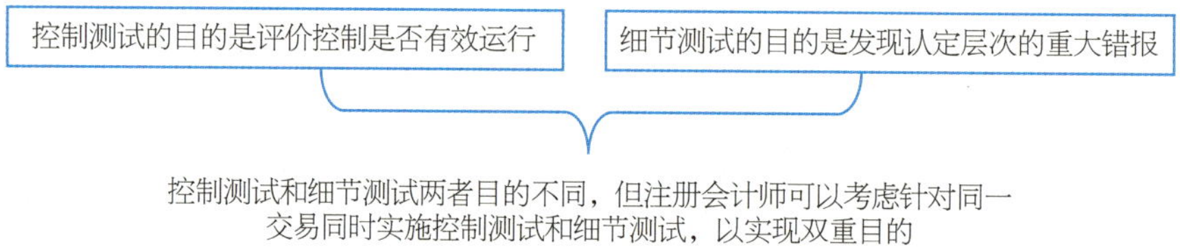

控制测试的目的是评价控制是否有效运行

细节测试的目的是发现认定层次的重大错报

控制测试和细节测试两者目的不同，但注册会计师可以考虑针对同一交易同时实施控制测试和细节测试，以实现双重目的

图 8 –1

例如，注册会计师通过检查某笔交易的发票可以确定其是否经过适当的授权，也可以获取关于该交易的金额、发生时间等细节证据。

（三）控制测试的时间

控制测试的时间所考虑的两个关键性问题是：

①在期中还是在期末进行控制测试；

②是否可以利用以前期间证据，本期不进行测试。

1. 在期中开展控制测试

对于控制测试，注册会计师在**期中实施此类程序具有更积极的作用**！

但需要说明的是，即使注册会计师已获取有关控制在期中运行有效性的审计证据，**仍然需要考虑如何能够将控制在期中运行有效性的审计证据合理延伸到期末**（往后延伸，证明全年有效）。

如果已获取有关控制在期中运行有效性的审计证据，并拟利用该证据，注册会计师应当实施下列审计程序。

（1）获取这些控制在剩余期间发生重大**变化**的审计证据（见图8－2）。

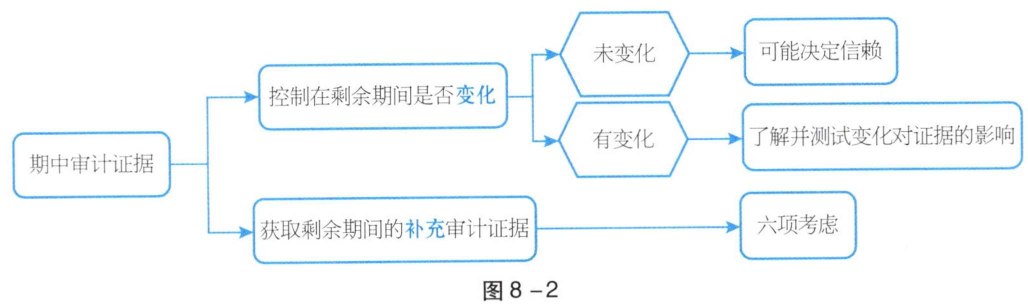

图8－2

（2）确定针对剩余期间还需要获取的**补充**审计证据（见表8－10）。

表8－10

考虑因素	说明
①评估的认定层次重大错报风险的重要程度	同向
②在期中测试的特定控制，以及自期中测试后发生的重大变动	例如，对自动化运行的控制，可以通过测试信息系统一般控制的有效性获取控制在剩余期间运行有效的审计证据。 **【提示】自动化控制一贯性很强**
③在期中对有关控制运行有效性获取审计证据的程度	反向。 **【提示】**前期做得多，后期补充少
④剩余期间的长度	同向
⑤在信赖控制的基础上拟缩小实质性程序的范围	同向。 **【提示】**对相关控制的信赖程度越高，需要补充的证据越多
⑥控制环境	反向。 在注册会计师总体上拟信赖控制的前提下，控制环境越薄弱，需要的补充证据越多。 **【提示】如果已经薄弱到不能接受，就不需要测试了**
⑦对控制的监督	测试被审计单位对控制的监督也能够作为一项有益的补充证据，以便更有把握地将控制在期中运行有效性的审计证据延伸至期末

【例题8－6·单选题·2018年】如果注册会计师已获取有关控制在期中运行有效的审计证据，下列有关剩余期间补充证据的说法中，错误的是（　　）。

A. 注册会计师可以通过测试被审计单位对控制的监督，将控制在期中运行有效的审计证据合理延伸至期末

B. 被审计单位的控制环境越有效，注册会计师需要获取的剩余期间的补充证据越少

C. 如果控制在剩余期间发生了变化，注册会计师可以通过实施穿行测试，将期中获取的审计证据合理延伸至期末

D. 注册会计师在信赖控制的基础上拟减少的实质性程序的范围越大，注册会计师需要获取的剩余期间的补充证据越多

【答案】C

【解析】选项C说法错误，如果这些控制在剩余期间发生了变化，注册会计师需要了解并测试控制的变化对期中审计证据的影响，穿行测试属于了解内部控制，还应当进行控制测试。

2. 如何考虑以前审计获取的审计证据

（1）如何考虑以前期间获取的审计证据（见图8－3）。

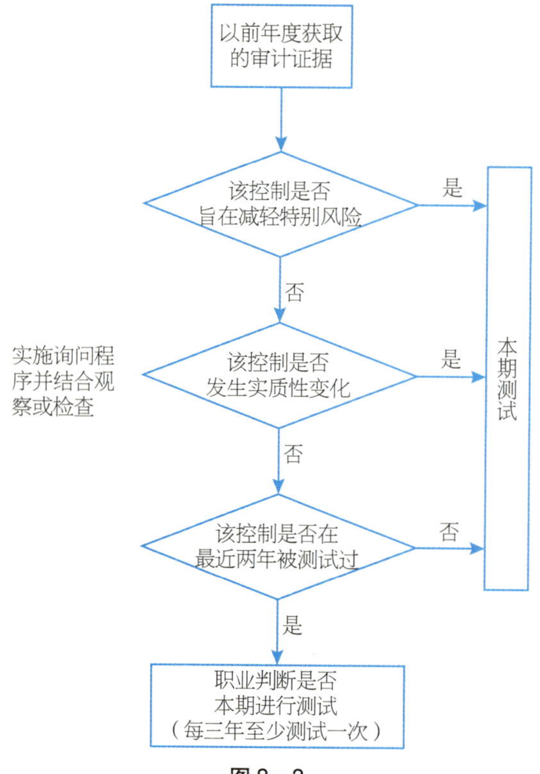

图8－3

【提示】

①如果拟信赖以前审计获取的某些控制运行有效性的审计证据，注册会计师应当在每次审计时选取足够数量的控制，测试其运行的有效性。

②特别风险年年测的**前提条件**是注册会计师“拟信赖该控制”。

本期必须实施控制测试的情形（不能依赖以前年度审计证据）：

①旨在减轻特别风险的控制；

②控制在本期发生实质性变化；

③控制在本期无实质变化，但近两年均未实施控制测试。

（2）在确定利用以前审计获取的有关控制运行有效性的审计证据是否适当以及再次测试控制的时间间隔时，注册会计师应当考虑的因素或情况包括（见表8－1）。

表8－11

因素	说明
①内部控制其他要素的有效性，包括控制环境、对控制的监督以及被审计单位的风险评估过程	反向。 例如，当被审计单位控制环境薄弱或对控制的监督薄弱时，注册会计师应当缩短再次测试控制的时间间隔或完全不信赖以前审计获取的审计证据
②控制特征（是人工控制还是自动化控制）产生的风险	当相关控制中人工成分较大时，可能在本期测试控制的有效性（稳定性差）
③信息技术一般控制的有效性	一般控制薄弱时可能更少地依赖以前获取的证据
④影响内部控制的重大人事变动	发生重大变动，可能决定在本期审计中不依赖以前审计获取的证据
⑤由于环境发生变化而特定控制缺乏相应变化导致的风险	当环境变化表明需要对控制作出相应变化，但控制却没有作出相应变动时，应当充分意识到控制不再有效，此时不应再依赖以前获取的有关控制运行有效性的审计证据
⑥重大错报的风险和对控制的信赖程度	风险较大或拟信赖程度较高，应当缩短时间间隔或完全不依赖以前的证据

【例题8－7·多选题·2016年】 下列有关利用以前审计获取的有关控制运行有效性的审计证据的说法中，错误的有（　　）。

A. 如果拟信赖以前审计获取的有关控制运行有效性的审计证据，注册会计师应当通过询问程序获取这些控制是否已经发生变化的审计证据

B. 如果拟信赖的控制在本期发生变化，注册会计师应当考虑以前审计获取的有关控制运行有效性的审计证据是否与本期审计相关

C. 如果拟信赖的控制在本期未发生变化，注册会计师可以运用职业判断决定不在本期测试其运行的有效性

D. 如果拟信赖的控制在本期未发生变化，控制应对的重大错报风险越高，本次控制测试与上次控制测试的时间间隔越短

【答案】 AC

【解析】选项A说法错误，如果拟信赖以前审计获取的有关控制运行有效性的审计证据，注册会计师应当通过实施询问并结合观察或检查程序，获取这些控制是否已经发生变化的审计证据，不能仅询问。

选项C说法错误，如果拟信赖的控制在本期未发生变化且不属于旨在减轻特别风险的控制，注册会计师应当运用职业判断确定是否在本期审计中测试其运行有效性，以及本次测试与上次测试的时间间隔，每三年至少对控制测试一次。

（四）控制测试的范围

1. 确定控制测试范围的考虑因素

表8－12

因素	影响
①在拟信赖期间，被审计单位执行控制的频率	同向
②在所审计期间，注册会计师拟信赖控制运行有效性的时间长度	同向
③控制的预期偏差	同向/无效
④通过测试与认定相关的其他控制获取的审计证据的范围	反向
⑤拟获取的有关认定层次控制运行有效性的审计证据的相关性和可靠性	反向
⑥对控制的信赖程度	同向

【提示】控制测试中影响样本规模的因素也属于控制测试范围的考虑因素。

2. 对自动化控制的测试范围的特别考虑

对于一项自动化应用控制，一旦确定被审计单位正在执行该控制，注册会计师**通常无须扩大控制测试的范围**。

3. 测试两个层次控制时注意的问题（整体层次、业务流程层次）

注册会计师**最好在审计的早期测试整体层次控制**。原因在于这些控制测试的结果会影响其他计划审计程序的性质和范围。

【例题8－8·多选题】在确定控制测试的范围时，注册会计师正确的做法有（　　）。

A. 在风险评估时对控制运行有效性的拟信赖程度较高，通常应当考虑扩大实施控制测试的范围

B. 如果控制的预期偏差率较高，通常应当考虑扩大实施控制测试的范围

C. 在拟信赖期间，被审计单位执行控制的频率越高，控制测试的范围越大

D. 对于一项持续有效运行的自动化控制，通常应当考虑扩大实施控制测试的范围

【答案】ABC

【解析】选项D错误，对于一项持续有效运行的自动化控制，通常无须扩大实施控制测试的范围。

考点4 实质性程序（★★★）

（一）实质性程序的含义和要求

1. 实质性程序的含义

实质性程序是指用于发现认定层次重大错报的审计程序。

实质性程序包括：

①对各类交易、账户余额和披露的**细节测试和实质性分析程序**；

②将财务报表中的信息与其所依据的会计记录进行核对或调节，包括核对或调节披露中的信息，无论该信息是从总账和明细账中获取，还是从总账和明细账之外的其他途径获取；

③检查财务报表编制过程中作出的重大会计分录和其他调整。

2. 实质性程序的要求

（1）无论评估的重大错报风险的结果如何，注册会计师都**应当针对所有重大类别的交易、账户余额和披露实施实质性程序**。

思考：这里说的“重大”是达到什么程度算作重大？

（2）针对特别风险的要求。

如果认为评估的认定层次重大错报风险是特别风险，注册会计师应当专门针对该风险实施实质性程序。

如果针对特别风险实施的程序**仅为实质性程序，这些程序应当包括细节测试，或将细节测试和实质性分析程序结合使用**。换句话说，针对特别风险，仅实施实质性分析程序不足以获取有关特别风险的充分、适当的审计证据。

表8－13

特别风险	控制测试＋实质性程序（综合性方案）	控制测试＋细节测试	√
		控制测试＋实质性分析程序	√
		控制测试＋细节测试＋实质性分析程序	√
	仅实施实质性程序（实质性方案）	细节测试	√
		细节测试＋实质性分析程序	√
		实质性分析程序	×

【提示】必须包括细节测试是**有前提条件**的，即针对特别风险实施的程序仅为实质性程序，否则没有这一要求。

（二）实质性程序的性质

实质性程序的性质是指实质性程序的类型及其组合。

表 8－14

类型		适用程序
实质性程序	细节测试	检查、询问、观察、函证、重新计算
	实质性分析程序	分析程序
	还包括	①将财务报表与其依据的会计记录进行核对或调节
		②检查财务报表编制过程中作出的重大分录和其他调整

（三）实质性程序的时间

实质性程序的时间所考虑的两个关键性问题是：

①在期中还是在期末实施实质性程序；

②是否可以利用以前期间证据。

1. 如何考虑是否在期中实施实质性程序

表 8－15

考虑因素	是否在期中实施实质性程序
①控制环境和其他相关的控制	控制越薄弱，越不宜在期中实施实质性程序
②实施审计程序所需信息在期中之后的可获得性	在期中之后可能难以获取，应考虑在期中实施实质性程序
③实质性程序的目的	目的就包括获取该认定的期中审计证据（从而与期末比较），应在期中实施实质性程序
④评估的重大错报风险	评估的某项认定的重大错报风险越高，越应当考虑将实质性程序集中于期末（或接近期末）实施
⑤特定类别交易或账户余额以及相关认定的性质	某些交易或账户余额以及相关认定的特殊性质（如收入截止认定、未决诉讼）决定了必须在期末（或接近期末）实施实质性程序
⑥针对剩余期间，能否通过实施实质性程序或将实质性程序与控制测试相结合，降低期末存在错报而未被发现的风险	如果较有把握降低期末存在错报而未被发现的风险，可以考虑在期中实施实质性程序

2. 将期中审计结论合理延伸至期末

①一般：如果在期中实施了实质性程序，注册会计师**应当针对剩余期间实施进一步的实质性程序，或将实质性程序和控制测试结合使用**。

记忆面包

实质性程序 or 控制测试＋实质性程序

②特例：由于舞弊导致的重大错报风险（特别风险）。

为将期中得出的结论延伸至期末而实施的审计程序通常是无效的，注册会计师**应当考虑在期末或者接近期末实施实质性程序**。

【提示】不能说是期末以后。

3. 如何考虑以前审计获取的审计证据

①在以前审计中实施实质性程序获取的审计证据，**通常对本期只有很弱的证据效力或没有证据效力**，不足以应对本期的重大错报风险。

②只有当以前获取的审计证据及其相关事项**未发生重大变动时**（例如，以前审计通过实质性程序测试过的某项诉讼在本期没有任何实质性进展），以前获取的审计证据才可能用作本期的有效审计证据。

③如果拟利用以前审计中实施实质性程序获取的审计证据，注册会计师应当**在本期实施审计程序，以确定这些审计证据是否具有持续相关性**。

记忆面包

未发生重大变化＋具有持续相关性＝可以利用以前年度的审计证据，非常重要，原文背诵。

【例题 8－9·单选题·2016 年】下列有关实质性程序的说法中，正确的是（　　）。

A. 注册会计师应当对所有类别的交易、账户余额和披露实施实质性程序

B. 注册会计师对认定层次的特别风险实施的实质性程序应当包括实质性分析程序

C. 如果在期中实施了实质性程序，注册会计师应当对剩余期间实施控制测试和实质性程序

D. 注册会计师实施的实质性程序应当包括将财务报表与其所依据的会计记录进行核对或调节

【答案】D

【解析】选项 A 错误，无论评估的重大错报风险结果如何，注册会计师都应当针对所有重大类别的交易、账户余额和披露实施实质性程序，而不是所有类别的；

选项 B 错误，如果针对特别风险实施的程序仅为实质性程序，这些程序应当包括细节测试，或将细节测试和实质性分析程序结合使用，以获取充分、适当的审计证据；

选项 C 错误，针对剩余期间可以仅实施进一步实质性程序，也可以将实质性程序与控制测试结合使用。

【例题 8－10·简答题·2013 年节选】2012 年 4 月，ABC 会计师事务所首次接受委托，审计甲公司 2012 年度财务报表。因被投资单位（联营企业）资不抵债，甲公司于 2011 年度对一项金额重大的长期股权投资全额计提减值准备。2012 年末，该项投资及其减值准备余额未发生变化，审计项目组拟不实施进一步审计程序。指出项目组处理是否存在不当之处。简要说明理由。

【答案】存在不当之处。注册会计师应当在本期实施审计程序，确定以前针对该项股权投资获取的证据是否具有持续的相关性。

【解题思路】题干的逻辑为：因为没有变化，因此不实施进一步审计程序（这里只要强调的是实质性程序）。潜在含义是利用了2011年的审计证据，但是实质性程序中利用以前年度审计证据的不只是重大变化，还需要本期实施审计程序确定以前针对该项股权投资获取的证据是否具有持续的相关性。

（四）实质性程序的范围

在确定实质性程序的范围时，注册会计师应当考虑如下因素。

表8-16

综合来看	评估的认定层次重大错报风险	同向。 【彬哥解读】联系风险和审计证据充分性的关系
	实施控制测试的结果	反向。 如果对控制测试结果不满意，注册会计师应当考虑扩大实质性程序的范围
详细来看	细节测试	①样本量（第四章中审计抽样样本规模的影响因素）。 ②选样方法的有效性
	实质性分析程序	①分析什么层次的数据。 例如，按不同的产品线、不同的季节或月份、不同的经营地点或存货存放地点等实施实质性分析。 ②需要对什么幅度或性质的偏差展开进一步调查（可接受差异额）。 可接受差异额越大，作为实质性分析程序一部分的进一步调查范围就越小

（五）实施实质性程序的结果对控制测试结果的影响

表8-17

情形		影响
通过实施实质性程序	未发现某项认定存在错报	并不能说明与该认定有关的控制是有效运行的
	发现某项认定存在错报	注册会计师应当考虑其对评价控制运行有效性的影响： ①降低对相关控制的信赖程度； ②调整实质性程序的性质； ③扩大实质性程序的范围
	发现被审计单位没有识别出的重大错报	通常表明内部控制存在值得关注的缺陷，注册会计师应当就这些缺陷与管理层和治理层进行沟通（链接第十四章审计沟通）

【例题8-11·简答题·2015年节选】审计项目组对银行存款实施了实质性程序，未发现错报，因此认为甲公司与银行存款相关的内部控制运行有效。指出审计项目组的做法是否恰当。如果不恰当，简要说明理由。

【答案】不恰当。通过实质性程序未能发现错报，并不能证明与所测试认定相关的内部控制是有效的/注册会计师不能以实质性测试的结果推断内部控制的有效性。

【解题思路】根据实质性程序未发现错报就得出内部控制是有效的结论是错误的。

考点收纳盒

表 8－18 特别风险总结

风险评估程序	确定特别风险时考虑的因素	①风险是否属于舞弊风险； ②风险是否与近期经济环境、会计处理方法或其他方面的重大变化相关，因而需要特别关注； ③交易的复杂程度； ④风险是否涉及重大的关联方交易； ⑤财务信息计量的主观程度，特别是计量结果是否具有高度不确定性； ⑥风险是否涉及异常或超出正常经营过程的重大交易
	确定特别风险时不考虑的因素	不应考虑识别出的控制对相关风险的抵销效果
	了解内控吗	应当了解
	确定的特别风险种类	舞弊、管理层凌驾于内部控制之上、超出正常经营过程的重大关联方交易
风险应对程序	控制测试	针对旨在减轻特别风险的控制，不论本期是否发生变化，注册会计师都不应依赖以前年度的审计证据
	实质性程序	如果认为评估的认定层次重大错报风险是特别风险，注册会计师应当专门针对该风险实施实质性程序。如果针对特别风险实施的程序仅为实质性程序，这些程序应当包括细节测试，或将细节测试和实质性分析程序结合使用。针对特别风险，仅实施实质性分析程序不足以获取有关特别风险的充分、适当的审计证据

恭喜你，

已完成第八章的学习

扫码免费进 >>>
2022年CPA带学群

从没有白费的努力，也没有碰巧的成功。只要认真对待生活，终有一天，你的每一份努力，都将绚烂成花。

CHAPTER NINE

第九章 销售与收款循环的审计

考情雷达

在销售与收款循环中，注册会计师首先要了解销售与收款循环相关的业务活动，包括相关内部控制，评估出重大错报风险，确定审计目标，设计和实施风险应对程序，主要是针对认定层次重大错报风险的进一步审计程序，包括控制测试和实质性程序。从考试情况看，本章属于非重点章节，分值在2分左右，主要针对实质性程序考查主观题，特别是应收账款的函证，考查频率较高。考生在学习本章时会感觉非常困难，知识点庞杂，实务性非常强，但是考试并不难，应对措施就是抓重点。不重要的考点无须花费太多精力。

本章内容与去年相比无实质性变化。

考点地图

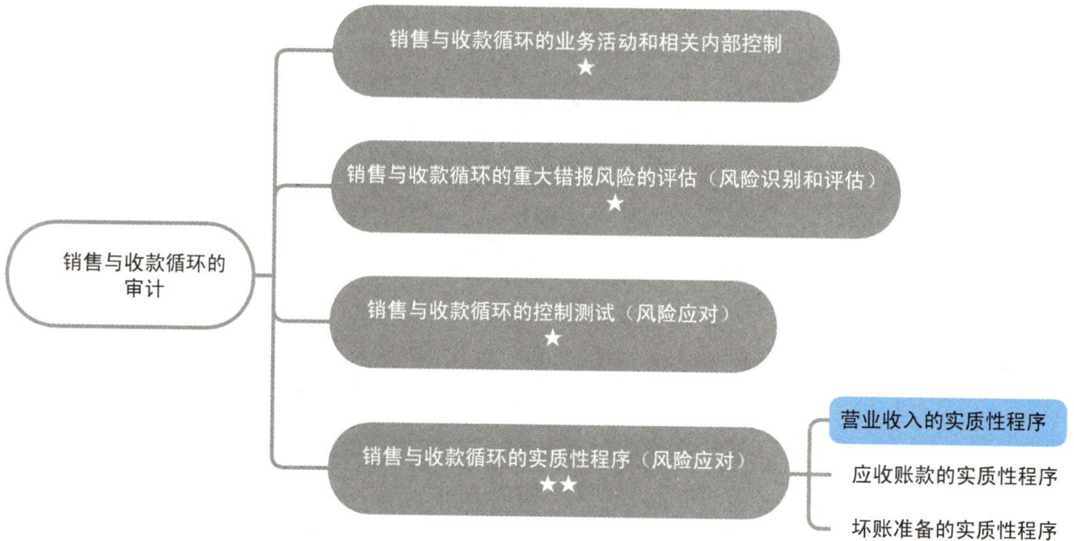

考点1 销售与收款循环的业务活动和相关内部控制（★）

（一）涉及的主要业务活动（见图9－1）

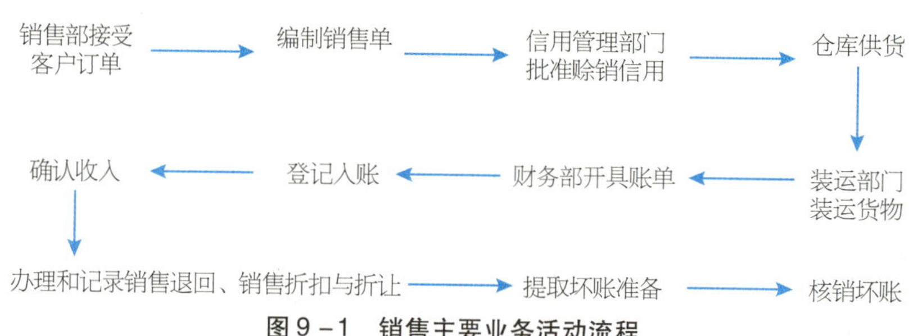

图9－1 销售主要业务活动流程

1. 接受客户订购单

表 9－1

活动	单据	相关认定
①客户提出订货要求是整个销售和收款循环的起点。 ②客户订购单只有在符合企业管理层的授权标准时才能被接受。如果该客户未被列入批准销售的客户名单，则通常需要由销售部门的主管来决定	客户订购单	由于客户订购单也是来自外部的引发销售交易的文件之一，有时也能为有关销售交易的**“发生”**认定提供补充证据

2. 编制销售单

表 9－2

活动	单据	相关认定
销售部门根据审批后的“客户订购单”**编制连续编号的“销售单”**。 很多企业在批准了客户订购单之后，会编制一式多联（一般是四联，上家一联、下家一联、财务一联、自己留一联）的销售单	销售单	**连续编号和“完整性”认定相关**。 销售单是证明管理层有关销售交易的**“发生”**认定的凭据之一，也是此笔销售的交易轨迹的起点之一

3. 批准赊销信用

表 9－3

活动	单据	相关认定
①**信用管理部门**根据本单位的赊销政策在每个客户的已授权的信用额度内进行赊销业务的批准（老客户）。 ②通常应对每个新客户进行信用调查。 ③无论是否批准赊销，都要求信用管理部门人员在销售单上签署意见，然后再送回销售部门（要求销售单都需要有信用管理部门的统一签字）。 **【提示】信用管理部门**与销售部门必须职责分离	经过信用管理部门签字的销售单	设置信用批准控制的**目的是为了降低坏账风险**，因此与应收账款**“准确性、计价和分摊”**认定相关

4. 按销售单编制出库单并发货

表 9－4

活动	单据	相关认定
要求商品仓库管理人员**只有在收到经过批准的销售单时才能编制出库单并供货**。 设立这项控制程序的目的是防止仓库在未经授权的情况下擅自发货。 信息系统可以协助企业在销售单得到发货批准后才能生成连续编号的出库单，并能按照设定的要求核对出库单与销售单之间相关内容的一致性	出库单	**出库单经客户签署返还给销售方**，是收入确认的重要依据之一，与**“发生”**认定相关。 防止仓库在未经授权的情况下擅自发货，与存货的**“存在”**认定相关。 出库单**连续编号与“完整性”**认定相关。 **【提示】**“出库单”实质是能证明库存商品发出转移给客户最有力的证据

5. 按销售单装运货物

表 9－5

活动	单据	相关认定
①装运部门职员在装运之前，通常会进行独立验证，以确定从仓库提取的商品都附有经批准的销售单，并且，所提取商品的内容与销售单及出库单一致。 ②将按照经批准的销售单供货（仓库）与按销售单装运货（运输部门/装运部门）职责相分离	装运单/出库单	供货和运货职责分离有助于避免负责装运货物的员工在未经授权的情况下装运产品，与存货的"存在"认定相关。 【提示】防止监守自盗

6. 向客户开具发票

表 9－6

活动	单据	相关认定
开具发票是指开具并向客户寄送事先连续编号的销售发票。为了降低开具发票过程中出现遗漏、重复、错误计价或其他差错的风险，应设立以下的控制程序： ①负责开发票的员工在开具每张销售发票之前，独立检查是否存在"出库单"和相应的经批准的"销售单"（业务真的发生了?）； ②依据已授权批准的商品价目表开具销售发票（价格对不对?）； ③将出库单上的商品总数与相对应的销售发票上的商品总数进行比较（数量对不对?）	发票	①与"发生"认定相关。 ②③与"准确性"认定相关。 其次，发票都需要连续编号，与"完整性"认定相关

7. 记录销售（入账）

表 9－7

活动	单据	相关认定
①依据有效的"出库单""销售单"记录销售业务。 【提示】销售收入后附的原始单据有：出库单、销售单、发票。 ②使用事先连续编号的销售发票并对发票使用情况进行监控。 ③独立检查已销售发票上的销售金额与会计记录金额的一致性。 ④记录销售的职责应与处理销售交易的其他功能相分离。 ⑤对记录过程中所涉及的有关记录的接触权限予以限制，以减少未经授权批准的记录发生。 ⑥定期独立检查应收账款的明细账与总账的一致性。 ⑦由不负责现金出纳和销售及应收账款/应收账款融资/应收票据/合同资产记账的人员定期向客户寄发对账单，对不符事项进行调查，必要时调整会计记录，编制对账情况汇总报告并交管理层审核	账簿记录	①这些出库单和销售单应能证明销售交易的发生（原始单据齐全，发生）及其发生的日期（截止）。 ③⑥与"准确性"认定相关。 ⑤与"发生"认定相关

8. 办理和记录现金、银行存款收入

9. 确认和记录可变对价的估计和结算情况

如果合同中有可变对价，企业需要对计入交易价格的可变对价进行估计，并在每一资产负债表日重新估计应计入交易价格的可变对价金额。以如实反映报告期末存在的情况以及报告期内发生的情况变化。

10. 提取坏账准备

11. 核销坏账

（二）销售交易的内部控制活动

1. 适当的职责分离

2. 恰当的授权审批
3. 充分的凭证和记录
4. 凭证的预先编号
5. 定期寄发对账单
6. 内部核查程序

考点2 销售与收款循环的重大错报风险的评估（★）

（一）销售与收款循环存在的重大错报风险

相关交易和余额存在的重大错报风险主要包括：

①**收入舞弊风险**。中国注册会计师审计准则要求注册会计师**基于收入确认存在舞弊风险的假定**，评价哪些类型的收入、收入交易或认定导致舞弊风险。

【提示】只是假定，不是就一定存在舞弊，是否存在还需评估。

②收入的复杂性导致的错误。

③发生的收入交易未能得到准确记录。

④期末收入交易和收款交易可能未计入正确期间。

⑤收款未及时入账或记入不正确的账户。

⑥应收账款坏账准备的计提不准确。

（二）收入确认存在舞弊风险的评估

1. 假定收入确认存在舞弊风险的含义

假定收入确认存在舞弊风险，**并不意味着**注册会计师应当将与收入确认相关的所有认定都假定为存在舞弊风险。

如果注册会计师认为收入确认存在舞弊风险的**假定不适用于业务的具体情况**，从而未将收入确认作为由于舞弊导致的重大错报风险领域，**注册会计师应当在审计工作底稿中记录得出该结论的理由**。

2. 通过实施风险评估程序识别与收入确认相关的舞弊风险

风险评估程序应当包括询问管理层以及被审计单位内部其他人员、分析程序、观察和检查程序。

注册会计师应当评价通过实施风险评估程序和执行其他相关活动获取的信息是否表明存在舞弊风险因素。

3. 常用的收入确认舞弊手段

（1）**为达到粉饰财务报表的目的而虚增收入或提前确认收入**。

表9-8

①虚构销售交易	
②进行显失公允的交易（明显高价或低价）	
③在客户取得相关商品控制权前确认销售收入（提前确认收入）	例如，在委托代销安排下，在被审计单位向受托方转移商品时确认收入，而受托方并未获得对该商品的控制权

续表

④通过隐瞒退货条款，在发货时全额确认销售收入	
⑤通过隐瞒不符合收入确认条件的售后回购或售后租回协议，而将以售后回购或售后租回方式发出的商品作为销售商品确认收入	
⑥在被审计单位属于代理人的情况下，被审计单位按主要责任人确认收入（应该是净额法确认收入但是被审计单位采用了总额法）	例如，被审计单位为代理商，按照相关购销交易的总额而非净额（佣金和代理费等）确认收入。 又如，被审计单位将虽然签订购销合同但实质为代理的受托加工业务作为正常购销业务处理，按照相关购销交易的总额而非净额（加工费）确认收入
⑦对于属于在某一时段内履约的销售交易，通过高估履约进度的方法实现当期多确认收入	
⑧当存在多种可供选择的收入确认会计政策或会计估计方法时，随意变更所选择的会计政策或会计估计方法	
⑨通过调整与单独售价或可变对价等相关的会计估计，达到多计或提前确认收入的目的	
⑩对于存在多项履约义务的销售交易，未对各项履约义务单独进行核算，而整体作为单项履约义务一次性确认收入	
⑪对于应整体作为单项履约义务的销售交易，通过将其拆分为多项履约义务，达到提前确认收入的目的	
⑫选择与销售模式不匹配的收入确认会计政策	

（2）**为了达到报告期内降低税负或转移利润等目的而少计收入或推迟确认收入（低估）。**

①被审计单位在满足收入确认条件后，不确认收入，而将收到的货款作为负债挂账，或转入本单位以外的其他账户。

②被审计单位采用以旧换新的方式销售商品时，以新旧商品的差价确认收入。

③对于应采用总额法确认收入的销售交易，被审计单位采用净额法确认收入。

④对于属于在某一时段内履约的销售交易，被审计单位未按实际履约进度确认收入，或采用时点法确认收入。

⑤对于属于在某一时点履约的销售交易，被审计单位未在客户取得相关商品或服务控制权时确认收入，推迟收入确认时点。

⑥通过调整与单独售价或可变对价等相关的会计估计，达到少计或推迟确认收入的目的。

4. 表明被审计单位在收入确认方面可能存在舞弊风险的迹象

通常表明被审计单位在收入确认方面可能存在舞弊风险的迹象举例如下：

表9－9

销售客户方面出现异常情况	①销售情况与客户所处行业状况不符。 ②与同一客户同时发生销售和采购交易，或者与同受一方控制的客户和供应商同时发生交易。 ③交易标的对交易对方而言不具有合理用途。 ④主要客户自身规模与其交易规模不匹配。 ⑤与新成立或之前缺乏从事相关业务经历的客户发生大量或大额的交易，或者与原有客户交易金额出现不合理的大额增长。 ⑥与关联方或疑似关联方客户发生大量或大额交易。 ⑦与个人、个体工商户发生异常大量的交易。 ⑧对应收账款/合同资产账龄长、回款率低或缺乏还款能力的客户，仍放宽信用政策。 ⑨被审计单位的客户是否付款取决于下列情况： a. 能否从第三方取得融资； b. 能否转售给第三方（如经销商）； c. 被审计单位能否满足特定的重要条件。 ⑩直接或通过关联方为客户提供融资担保

续表

销售交易方面出现异常情况	①在临近期末时发生了大量或大额的交易。 ②实际销售情况与订单不符，或者根据已取消的订单发货或重复发货。 ③未经客户同意，在销售合同约定的发货期之前发送商品或将商品运送到销售合同约定地点以外的其他地点。 ④被审计单位的销售记录表明，已将商品发往外部仓库或货运代理人，却未指明任何客户。 ⑤销售价格异常。例如，明显高于或低于被审计单位和其他客户之间的交易价格。 ⑥已经销售的商品在期后有大量退回。 ⑦交易之后长期不进行结算
销售合同、单据方面出现异常情况	①销售合同未签字盖章，或者销售合同上加盖的公章并不属于合同所指定的客户。 ②销售合同中重要条款（例如，交货地点、付款条件）缺失或含糊。 ③销售合同中部分条款或条件不同于被审计单位的标准销售合同，或过于复杂。 ④销售合同或发运单上的日期被更改。 ⑤在实际发货之前开具销售发票，或实际未发货而开具销售发票。 ⑥记录的销售交易未经恰当授权或缺乏出库单、货运单、销售发票等证据支持
销售回款方面出现异常情况	①应收款项收回时，付款单位与购买方不一致，存在较多代付款的情况。 ②应收款项收回时，银行回单中的摘要与销售业务无关。 ③对不同客户的应收款项从同一付款单位收回。 ④经常采用多方债权债务抵销的方式抵销应收款项
被审计单位通常会使用货币资金配合收入舞弊，注册会计师需要关注资金方面出现的异常情况	①通过虚构交易套取资金。 ②发生异常大量的现金交易，或被审计单位有非正常的资金流转及往来，特别是有非正常现金收付的情况。 ③在货币资金充足的情况下仍大额举债。 ④被审计单位申请公开发行股票并上市，连续几个年度进行大额分红。 ⑤工程实际付款进度明显快于合同约定付款进度。 ⑥与关联方或疑似关联方客户发生大额资金往来
其他方面出现异常情况	①采用异常于行业惯例的收入确认方法。 ②与销售和收款相关的业务流程、内部控制发生异常变化，或者销售交易未按照内部控制制度的规定执行。 ③非财务人员过度参与与收入相关的会计政策的选择、运用以及重要会计估计的作出。 ④通过实施分析程序发现异常或偏离预期的趋势或关系。 ⑤被审计单位的账簿记录与询证函回函提供的信息之间存在重大或异常差异。 ⑥在被审计单位业务或其他相关事项未发生重大变化的情况下，询证函回函相符比例明显异于以前年度。 ⑦被审计单位管理层不允许注册会计师接触可能提供审计证据的特定员工、客户、供应商或其他人员

【提示】风险评估程序教材虽然讲了很多，但并不是专业阶段的考查重点，了解即可。

考点3 销售与收款循环的控制测试（★）

风险评估和风险应对是整个审计过程的核心，因此，注册会计师通常以识别的重大错报风险为起点，选取拟测试的控制并实施控制测试。

表 9－10　　　销售与收款循环的风险、存在的内部控制及控制测试程序

可能发生错报的环节	相关的财务报表项目及认定	存在的内部控制（自动）	存在的内部控制（人工）	内部控制测试程序
订单处理和赊销的信用控制				
可能向没有获得赊销授权或超出其信用额度的客户赊销	收入：发生；应收账款/合同资产：存在	订购单上的客户代码与应收账款主文档记录的代码一致。目前未偿付余额加上本次销售额在信用限额范围内。上述两项均满足才能生成销售单	对于不在主文档中的客户或是超过信用额度的客户订购单，需要经过适当授权批准，才可生成销售单	询问员工销售单的生成过程，检查是否所有生成的销售单均有对应的客户订购单为依据。检查系统中自动生成销售单的生成逻辑，是否确保满足了客户范围及其信用控制的要求。对于系统外授权审批的销售单，检查是否经过适当批准
发运商品				
可能在没有批准发货的情况下发出了商品	收入：发生；应收账款/合同资产：存在	当客户销售单在系统中获得发货批准时，系统自动生成连续编号的出库单	只有当附有经批准的销售单和出库单时，保安人员才能放行	检查系统内出库单的生成逻辑以及出库单是否连续编号。 询问并观察发运时保安人员的放行检查

【提示】控制测试的考点不是本章重要考点，了解即可。

控制测试的考题通常有三种考查方式：①被审计单位内部控制的设计是否存在缺陷，近几年没有涉及此类考题。②注册会计师实施的控制测试程序是否恰当，围绕注册会计师的审计程序展开，属于常规考点，结合第八章和第四章基本原理考查。③内部控制运行是否有效。内控运行是否有效的核心逻辑是内部控制是否严格按照设计运行，没有偏差。或者有偏差，但是没有超过容忍界限。

【例题 9－1·综合题·2014 年节选】甲公司是 ABC 会计师事务所的常年审计客户。A 注册会计师负责审计甲公司 2013 年度财务报表，确定财务报表整体的重要性为 240 万元。A 注册会计师在审计工作底稿中记录了实施的控制测试，部分内容摘录如下：

序号	控制	控制测试
①	财务总监负责审批金额超过 50 万元的付款申请单，并在系统中进行电子签署	A 注册会计师从系统中导出已经财务总监审批的付款申请单，抽取样本进行检查
②	超过赊销额度的赊销由销售总监和财务经理审批。自 2013 年 11 月 1 日起，改为由销售总监和财务总监审批	A 注册会计师测试了 2013 年 1～10 月的该项控制，并于 2014 年 1 月询问了销售总监和财务总监控制在剩余期间的运行情况未发现偏差。A 注册会计师认为控制在 2013 年度运行有效
③	财务人员将原材料订购单、供应商发票和入库单核对一致后，编制记账凭证（附上述单据）并签字确认	A 注册会计师抽取了若干记账凭证及附件，检查是否经财务人员签字

要求：假定不考虑其他条件，逐项指出所列控制测试是否恰当。如不恰当，提出改进建议。

【答案】

①不恰当。改进建议：控制测试的总体应为所有金额超过 50 万元的付款申请单。

②不恰当。改进建议：应实施询问以外的其他测试程序。

③不恰当。改进建议：应当对记账凭证后附的原材料订购单、供应商发票和入库单进行检查。

【解题思路】

①“已经财务总监审批的付款申请单”中不可能发现没有经过审批的，方向不对，属于总体不适当。

②A 注册会计师的内部控制测试程序只有询问不充分。

③内部控制有两个环节“核对一致、签字”，注册会计师检查时不能只检查签字。

考点4 销售与收款循环的实质性程序（★★）

在完成控制测试之后，注册会计师基于控制测试的结果（即控制运行是否有效），考虑从控制测试中已获得的审计证据及其保证程度，确定是否需要对具体审计计划中设计的实质性程序的性质、时间安排和范围作出适当调整。

（一）营业收入的实质性程序

1. 营业收入的审计目标

发生、完整性、准确性、截止、分类、列报。

2. 主营业务收入的一般实质性程序

（1）获取营业收入明细表。

①复核加计是否正确，并与总账数和明细账合计数核对是否相符。

②检查以非记账本位币结算的主营业务收入使用的折算汇率及折算是否正确。

（2）实施实质性分析程序。

①针对已识别需要运用分析程序的有关项目，并基于对被审计单位及其环境的了解，通过进行以下比较，同时考虑有关数据间关系的影响，以建立有关数据的期望值。

②确定可接受的差异额。

③将实际金额与期望值相比较，计算差异。

④**如果差异额超过确定的可接受差异额，调查**并获取充分的解释和恰当的、佐证性质的审计证据（如通过检查相关的凭证等）。

【提示】如果差异超过可接受差异额，注册会计师需要**对差异额的全额进行调查证实**，而非仅针对超出可接受差异额的部分。

⑤评价实质性分析程序的结果。

（3）检查主营业务收入确认方法是否符合企业会计准则的规定（是否符合收入确认条件）。

企业应当在履行了合同中的履约义务，即在客户取得相关商品控制权时确认收入。

当企业与客户之间的合同同时满足下列条件时，企业应当在客户取得商品控制权时确认收入：

①合同各方已批准该合同并承诺将履行各自义务；

②该合同明确了合同各方与所转让商品或提供劳务相关的权利和义务；

③该合同有明确的与所转让的商品相关的支付条款；

④该合同具有商业实质，即履行该合同将改变企业未来现金流量的风险、时间分布或金额；

⑤企业因向客户转让商品而有权取得的对价很可能收回。

对于在某一时段内履行的履约义务，企业应当在该段时间内按照履约进度确认收入。

对于在某一时点履行的履约义务，企业应当在客户取得相关商品的控制权时确认收入。

特定的收入交易，评价收入确认方法是否符合企业会计准则的规定：

①对于附有销售退回条款的销售，评价对退回部分的估计是否合理，确定其是否按照因向客户转让商品而预期有权收入的对价金额（即不包含预期因销售退回将退还的金额）确认收入；

②对于附有质量保证条款的销售，评价该质量保证是否在向客户保证所销售商品符合既定标准之外提供了一项单独的服务，如果是额外的服务，是否作为单项履约义务会计处理；

③对于售后回购交易，评价回购安排是否属于远期安排，企业拥有回购选择权还是客户拥有回售选择权等因素，确定企业是否根据不同的安排进行了恰当的会计处理。

（4）检查交易价格。

交易价格，指企业因向客户转让商品而预期有权收取的对价金额。由于合同标价不一定代表交易价格，被审计单位需要根据合同条款，并结合以往的习惯做法等确定交易价格。注册会计师针对交易价格的实质性程序通常为：

①询问管理层对交易价格的确定方法，在确定时管理层如何考虑可变对价、合同中存在的重大融资成分、非现金对价、应付客户对价等因素的影响；

②选取和阅读部分合同，确定合同条款是否表明需要将交易价格分摊至各单项履约义务，以及合同中是否包含可变对价、非现金对价、应付客户对价以及重大融资成分等；

③检查管理层的处理是否恰当，例如，测试管理层对非现金对价公允价值的估计。

（5）逆查（查发生）。

以主营业务收入明细账中的会计分录为起点，检查相关原始凭证如订购单、销售单、出库单、发票等，以评价已入账的营业收入是否真实发生。

（6）顺查（查完整）。

①从**出库单（客户签收联）中选取样本**，追查至主营业务收入明细账，以确定是否存在遗漏事项（完整性认定）。

②注册会计师需要确认全部出库单均已归档，可以通过检查出库单的顺序编号来查明。

（7）函证（结合应收账款）。

（8）主营业务收入的截止测试。

①选取资产负债表日前后若干天的出库单，与应收账款和收入明细账进行核对；同时，从应收账款和收入明细账选取在资产负债表日前后若干天的凭证，与出库单核对，以确定销售是否存在跨期现象。

表 9－11

起点	方向	可能发现的不正常情况
以账簿记录为起点（逆查）	从资产负债表日前的账簿记录追查至客户签收的出库单	无出库单——营业收入违反发生认定
		出库单日期在资产负债表日后——营业收入违反截止认定（提前）

续表

起点	方向	可能发现的不正常情况
以账簿记录为起点（逆查）	从资产负债表日后的账簿记录追查至客户签收的出库单	无出库单——这与本期报表无关
		出库单日期在资产负债表日前——营业收入违反截止认定（推迟）
以出库单为起点（顺查）	从资产负债表日前客户签收的出库单追查至账簿记录	未入账——营业收入违反完整性认定
		入账日期在资产负债表日后——营业收入违反截止认定（推迟）
	从资产负债表日后客户签收的出库单追查至账簿记录	未入账——这与本期报表无关
		入账日期在资产负债表日前——营业收入违反截止认定（提前）

②复核**资产负债表日前后销售和发货水平**，确定业务活动水平是否异常，并考虑是否有必要追加实施截止测试程序。

③取得**资产负债表日后所有的销售退回记录**，检查是否存在提前确认收入的情况。

④结合对资产负债表日应收账款/合同资产的函证程序，检查有无未取得对方认可的销售。

（9）检查销售退回。

对于销售退回，检查相关手续是否符合规定，结合原始销售凭证检查其会计处理是否正确，结合存货项目审计关注其真实性。

（10）检查可变对价的会计处理。

注册会计师针对可变对价的实质性程序可能包括：

①获取可变对价明细表，选取项目与相关合同条款进行核对，检查合同中是否确定存在可变对价。

②检查被审计单位对可变对价的估计是否恰当，例如，是否在整个合同期间内一致地采用同一种方法进行估计。

③检查计入交易价格的可变对价金额是否满足限制条件。

④检查资产负债表日被审计单位是否重新估计了应计入交易价格的可变对价金额。如果可变对价金额发生变动，是否按照《企业会计准则第 14 号——收入》的规定进行了恰当的会计处理。

（11）检查主营业务收入在财务报表中的列报和披露是否符合企业会计准则的规定。

3. 营业收入的“延伸检查”程序

如果识别出被审计单位**收入真实性存在重大异常情况，且通过常规审计程序无法获取充分、适当的审计证据，注册会计师需要考虑实施“延伸检查”程序**，即对检查范围进行合理延伸，以应对识别出的舞弊风险。

实务中，注册会计师可以实施的“延伸检查”程序举例如下：

（1）在获取被审计单位配合的前提下，对相关供应商、客户进行**实地走访**，针对相关采购、销售交易的真实性获取进一步的审计证据。在实施实地走访程序时，注册会计师通常需要关注以下事项：

①被访谈对象的身份真实性和适当性；

②相关供应商、客户是否与被审计单位存在关联方关系或“隐性”关联方关系；

③观察相关供应商、客户的生产经营场地，判断其与被审计单位之间的交易规模是否和其

生产经营规模匹配；

④相关客户向被审计单位进行采购的商业理由；

⑤相关客户采购被审计单位商品的用途和去向，是否存在销售给被审计单位指定单位的情况；

⑥相关客户从被审计单位采购的商品的库存情况，必要时进行实地察看；

⑦是否存在“抽屉协议”，如退货条款、价格保护机制等；

⑧相关供应商向被审计单位销售的产品是否来自被审计单位的指定单位；

⑨相关供应商、客户与被审计单位是否存在除购销交易以外的资金往来，如有，了解资金往来的性质。

注册会计师应当充分考虑被审计单位与被访谈对象串通舞弊的可能性，根据实际情况仔细设计访谈计划和访谈提纲，并对在访谈过程中注意到的可疑迹象保持警觉。注册会计师在访谈前应注意对访谈提纲保密，必要时，选择两名或不同层级的被访谈人员访谈相同或类似问题，进行相互印证。

（2）**利用企业信息查询工具，查询主要供应商和客户的股东至其最终控制人**，以识别相关供应商和客户与被审计单位是否存在关联方关系。

（3）在采用经销模式的情况下，**检查经销商的最终销售实现情况**。

（4）当注意到存在关联方（例如被审计单位控股股东、实际控制人、关键管理人员）配合被审计单位虚构收入的迹象时，**获取并检查相关关联方的银行账户资金流水，关注是否存在与被审计单位相关供应商或客户的异常资金往来**。

如果识别出收入舞弊或获取的信息表明可能存在舞弊，注册会计师可与被审计单位治理层沟通，并要求治理层就舞弊事项进行调查。

【提示】上述“延伸程序”并不需要背下来，但是要明白一个原理：如果发现异常情形，常规程序是应对不了的，需要实施更加靠谱的审计程序，即“延伸程序”。

（二）应收账款的实质性程序

应收账款是企业无条件收取合同对价的权利。合同资产是指企业已向客户转让商品而有权收取对价的权利，且该权利取决于时间流逝之外的因素。两者的主要区别在于相关的风险不同，应收款项仅承担信用风险，而合同资产除信用风险外，还可能承担其他风险。本教材重点阐述应收账款的实质性程序。

1. 应收账款的审计目标

存在；完整性；权利和义务；准确性、计价和分摊；分类；列报。

2. 应收账款的实质性程序

（1）取得应收账款明细表。

复核加计是否正确，并与总账数和明细账合计数核对是否相符；结合损失准备科目与报表数核对是否相符；

检查非记账本位币的应收账款的折算汇率及折算是否正确。

分析有贷方余额的项目，查明原因，必要时建议作重分类调整。

结合其他应收款、预收款项等往来项目的明细余额，调查有无同一客户多处挂账、异常余额或与销售无关的其他款项。如有，应作出记录，必要时提出调整建议。

（2）分析与应收账款相关的财务指标。

复核应收账款借方累计发生额与主营业务收入的关系是否合理；

计算应收账款周转率、周转天数等，并与被审计单位赊销政策、被审计单位以前年度指标、同行业同期相关指标对比，分析是否存在重大异常并查明原因。

（3）函证应收账款（超重点）。

我们在第三章（审计证据）已经学过函证，此处，再复习一下。

表 9－12

<table>
<tr><td>函证的范围（多少）</td><td colspan="3">函证应收账款范围的影响因素主要有：
①应收账款在全部资产中的重要性：比重大，范围大。
②被审计单位内部控制的有效性：控制越有效，范围相应可减少。
③以前期间的函证结果，以前有重大差异，则范围大。</td></tr>
<tr><td>函证的对象（选谁）</td><td colspan="3">①金额较大的项目。
②风险较高的项目：账龄较长的项目、与债务人发生纠纷的项目、重大关联方项目、主要客户（包括关系密切的客户）项目、新增客户项目、交易频繁但期末余额较小甚至余额为零的项目、可能产生重大错报或舞弊的非正常的项目</td></tr>
<tr><td>方式</td><td colspan="3">可采用积极的或消极的函证方式实施函证，也可将两种方式结合使用。
由于应收账款通常存在高估风险，且与之相关的收入确认存在舞弊风险假定，因此，实务中通常对应收账款采用积极的函证方式</td></tr>
<tr><td rowspan="3">不符事项</td><td rowspan="2">导致不符事项的原因</td><td>①登记入账的时间不同而导致的</td><td>不属于错报</td></tr>
<tr><td>②记账错误导致的。
③舞弊导致的</td><td>构成错报</td></tr>
<tr><td>对不符事项的处理</td><td colspan="2">不符事项不一定是错报，必须先调查差异。
如何调查？
注册会计师不能仅通过询问被审计单位相关人员对不符事项的性质和原因得出结论，而是要在询问原因的基础上，检查相关的原始凭证和文件资料予以证实。必要时，与被询证方取得联系，获取相关信息和解释。
【提示】①不能仅通过询问调查差异。
②与被询证方取得联系核实并非是必要的吗</td></tr>
<tr><td>对未回函项目实施替代程序【非常重要】</td><td colspan="3">如果未收到被询证方的回函，注册会计师应当实施替代审计程序：
①检查资产负债表日后收回的货款。注册会计师要查看应收账款的贷方发生额和相关的收款单据，以证实付款方确为该客户且确与资产负债表日的应收账款相关。
【提示】思考一下，能不能只检查期后的应收账款贷方发生额？
②检查相关的销售合同、销售单、出库单等文件。注册会计师需要根据被审计单位的收入确认条件和时点，确定能够证明收入发生的凭证。
【提示】上述原始凭证中，最重要的是经客户签字的出库单。
③检查被审计单位与客户之间的往来邮件，如有关发货、对账、催款等事宜邮件</td></tr>
</table>

【提示】

①注册会计师应当将询证函回函作为审计证据，纳入审计工作底稿管理，询证函回函的所有权归属所在会计师事务所。

②函证不作为催款结算使用。

（4）对应收账款余额实施函证以外的细节测试。

（5）检查坏账的冲销和转回。

（6）确认应收账款的列报是否恰当。

（三）坏账准备的实质性程序

①取得坏账准备明细表，复核加计是否正确，与坏账准备总账数、明细账合计数核对是否相符。

②将应收账款坏账准备本期计提数与信用减值损失相应明细项目的发生额核对是否相符。

③检查应收账款坏账准备计提与核销的批准程序，取得书面报告等证明文件，结合应收账款函证回函结果，评价计提坏账准备所依据的资料、假设和方法。

企业应合理预计信用损失并计提坏账准备，不得多提或少提，否则应视为滥用会计估计，按照前期差错更正的方法进行会计处理。

【提示】在实务中，有些企业通常会编制应收账款账龄分析报告，以监控货款回收情况、及时识别可能无法收回的应收账款，并以账龄组合为基础预计信用损失。在这种情况下，注册会计师可以通过测试应收账款账龄分析表来评估坏账准备的计提是否恰当。应收账款账龄分析表参考格式如表 9－13 所示。

表 9－13　　　　应收账款账龄分析

年　　月　　日　　　　　　　　货币单位：

客户名称	期末余额	账龄			
		1 年以内	1～2 年	2～3 年	3 年以上
合计					

在测试时，除将应收账款账龄分析表中的合计数与应收账款总分类账余额相比较，调查重大调节项目，以确定应收账款账龄分析表计算的准确性外，**注册会计师还需要从账龄分析表中抽取一定数量的项目，追查至相关销售原始凭证，测试账龄划分的准确性。**

【提示】首先保证表格是对的，否则以该表为基础做的坏账准备肯定是错的。

④实际发生坏账损失的，检查转销依据是否符合有关规定，会计处理是否正确。

⑤已经确认并转销的坏账重新收回，检查其会计处理是否正确。

⑥确定应收账款坏账准备的披露是否恰当。

恭喜你，

已完成第九章的学习

扫码免费进 >>>
2022年CPA带学群

放弃同样是一种选择，放弃并不是自己无能，而是因为自己有了更好的选择。有时候，放弃比坚持还需要勇气。

CHAPTER TEN

第十章 采购与付款循环的审计

考情雷达

本章的基本逻辑和第九章完全相同，重点依然是实质性程序，分值为1～2分，属于非重点章节，只要重点掌握应付账款函证相关知识点即可。

本章内容与去年相比无实质性变化。

考点地图

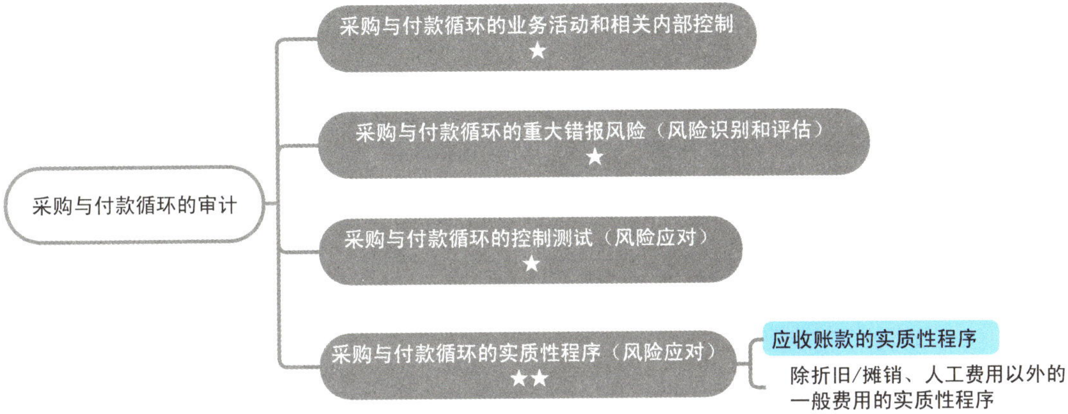

考点1 采购与付款循环的业务活动和相关内部控制（★）

（一）涉及的主要业务活动

1. 制定采购计划

表 10－1

活动	单据	相关认定
基于企业的生产经营计划，生产、仓库等部门定期编制采购计划，经部门负责人等适当的管理人员审批后提交采购部门，具体安排商品及服务采购	采购计划单	与采购交易的“发生”认定、应付账款的“存在”认定相关

2. 供应商认证及信息维护

表 10－2

活动	单据	相关认定
企业通常对于合作的供应商事先进行资质等审核、将通过审核的供应商信息等录入系统，形成完整的供应商清单，并及时对其信息变更进行更新。 采购部门只能向通过审核的供应商进行采购	供应商清单	与采购交易的“发生”认定、应付账款的“存在”认定相关

3. 请购商品和服务【重点】

表 10－3

活动	单据	相关认定
①请购单必须经对这类支出预算负责的主管人员签字批准。 ②由于企业内不少部门都可以填列请购单，可以**按照部门分别设置请购单的连续编号**。 **【提示】并不要求所有请购单都连续编号**	请购单：采购交易的起点	与采购交易的“**发生**”认定、应付账款的“**存在**”认定相关

4. 编制订购单——只能对经过批准的请购单发出订购单

表 10－4

活动	单据	相关认定
①采购部门在收到请购单后，**只能对经过恰当批准的请购单（请购部门传过来的）发出订购单**。 ②订购单应正确填写所需要的商品**名称、数量、价格、厂商名称和地址**等，预先予以**顺序编号**并经过被授权的采购部门采购人员签字。 其正联交给供应商（给下家），副联送至企业内部的验收部门（给下家）、应付凭单部门（给财务）和编制请购单的部门（给上家）	订购单	与交易的“**完整性**”和“**发生/存在**”认定有关

彬哥解读

应付凭单部门就是企业在采购后，对产品进行了验收，而且收到了对方的发票，然后**这个部门独立地对这些原始单据进行核实，看看单据是否齐全，业务是否真实，应支付的款项是否正确等，如果没有问题了，那么审核通过，编制付款凭单**（也就是企业确定的，以后需要支付的金额凭据）。然后这个付款凭单传给财务部门，审核后，作应付账款的账务处理：

借：原材料等

　　贷：应付账款

5. 验收商品

表 10－5

活动	单据	相关认定
①**验收部门**首先应该比较**所收商品与订购单上（采购部门给的）的要求是否相符**，如商品的品名、摘要、数量、质量、到货时间等，然后再盘点商品有无损坏。 **【提示】采购与验收职责分离**。 ②验收以后，验收部门应该编制一式多联、预先**按顺序编号的验收单**，作为验收和检验商品的依据。 验收人员将商品送交仓库或其他请购部门（谁要的给谁）时，应取得经过签收的收据（收了东西要给收据），或要求其在验收单的副联上签收（就像你取快递签字一样，上家一联），以确认他们对所采购资产应负的保管责任。验收人员还应将其中的一联验收单送交应付凭单部门（财务部门）	验收单	验收单是支持资产以及与采购有关的负债的“**存在**”认定的重要凭据。 验收单连续编号与采购交易“**完整性**”认定有关

6. 储存商品

表 10－6

活动	单据	相关认定
①将储存岗位与采购岗位职责分离，可减少未经授权的采购和盗用商品的风险。 【提示】采购与验收职责分离。 ②存放商品的仓储区应相对独立，限制无关人员接近	入库单	与商品“存在”认定相关

7. 确认与记录采购交易与负债

表 10－7

活动	单据	相关认定
①在记录采购交易前，财务部门需要检查订购单、验收单和供应商发票的一致性，确定供应商发票的内容是否与相关的验收单、订购单一致，以及供应商发票的计算是否正确。 ②在检查无误后，会计人员编制转账凭证/付款凭证，经会计主管审核后据以登记相关账簿。 ③如果月末尚未收到供应商发票，财务部门需根据验收单和订购单暂估相关的负债	账簿记录	这些控制与“存在”“发生”“完整性”“权利和义务”和“准确性、计价和分摊”等认定有关

8. 办理付款

9. 记录现金、银行存款支出

（二）了解采购活动的内部控制活动

适当的职责分离，包括采购与付款交易不相容岗位：请购与审批；询价与确定供应商；采购合同的订立与审批；采购与验收；采购、验收与相关会计记录；付款审批与确定付款执行。

【例题 10－1·简答题·2016 年节选】 ABC 会计师事务所的 A 注册会计师负责审计甲公司 2015 年度财务报表，审计工作底稿中与负债审计相关的部分内容摘录如下：

甲公司各部门使用的请购单未连续编号，请购单由部门经理审批，超过一定金额还需总经理批准，A 注册会计师认为该项控制设计有效，实施了控制测试，结果满意。

要求：针对上述事项，指出 A 注册会计师的做法是否恰当。如不恰当，简要说明理由。

【答案】 恰当。

【解题思路】“各部门”三个字是关键词，因为部门和部门之间的订购单不容易进行连续编号，部门内部更易操作。

考点 2 采购与付款循环的重大错报风险（★）

（一）采购和付款循环的相关交易和余额存在的重大错报风险

1. 低估负债

在承受反映较高盈利水平和营运资本的压力下，被审计单位管理层可能试图低估应付账款等负债。

（1）遗漏交易；

（2）采用不正确的费用支出截止期；

（3）将应当及时确认损益的费用性支出资本化，然后通过资产的逐步摊销予以消化等。

2. 管理层错报负债费用支出的偏好和动机

（1）平滑利润。通过多计准备或少计负债，把损益控制在被审计单位管理层希望的程度；

（2）利用特别目的实体把负债从资产负债表中剥离，或利用关联方间的费用定价优势制造虚假的收益增长趋势；

（3）被审计单位管理层把私人费用计入企业费用，把企业资金当作私人资金运作。

3. 费用支出的复杂性

4. 不正确地记录外币交易

5. 舞弊和盗窃的固有风险

6. 存在未记录的权利和义务

考点3 采购与付款循环的控制测试（★）

以风险为起点的控制测试（见表10－8）。

表10－8 采购与付款循环的风险、存在的控制及控制测试程序

可能发生错报的环节	相关的财务报表项目及认定	对应的内部控制示例（自动）	对应的内部控制示例（人工）	内部控制测试程序
采购计划未经适当审批	存货：存在； 销售/管理费用：发生； 应付账款：存在		生产、仓储等部门根据生产计划制定需求计划，采购部门汇总需求，按采购类型制定采购计划，经部门负责人审批后执行	①询问部门负责人审批采购计划的过程； ②检查采购计划是否经部门负责人恰当审批

【提示】控制测试的考点在本章也不是重要考点，如果考查相关考点，利用第八章和第四章的基本原理就可以解决。

考点4 采购与付款循环的实质性程序（★★）

（一）应付账款的实质性程序

1. 审计目标

存在；完整性；权利和义务；准确性、计价和分摊；分类；列报。

2. 应付账款的实质性程序

（1）获取或编制应付账款明细表。

①复核加计是否正确，并与报表数、总账数和明细账合计数核对是否相符。

②检查非记账本位币应付账款的折算汇率及折算是否正确。

③分析出现借方余额的项目，查明原因，必要时，建议作重分类调整。

④结合预付账款、其他应付款等往来项目的明细余额，检查有无针对同一交易在应付账款和预付款项同时记账的情况、异常余额或与购货无关的其他款项（如关联方账户或雇员账户）。

（2）函证应付账款（重点）。

表 10－9

函证的方向	由于采购与付款循环中较为常见的重大错报风险是低估应付账款，因此，注册会计师在实施函证程序时可能需要从非财务部门（如采购部门）获取适当的供应商清单，如本期采购清单、所有现存供应商名录等，从中选取样本进行测试并执行函证程序。 【提示】风险（低估/完整性）→函证程序（起点：供应商清单）
函证对象	针对应付账款的低估风险，注册会计师不能只挑选大额应付账款/大供应商实施函证程序。更应该关注小余额或零余额供应商
对不符事项的处理	调查差异。 如何调查？检查支持性文件，评价已记录金额是否适当
对未回函的项目实施替代程序	检查付款单据（如支票存根）、相关的采购单据（如订购单、验收单、发票和合同）或其他适当文件

（3）检查应付账款是否计入了正确的会计期间，是否存在未入账的应付账款。

①对本期发生的应付账款增减变动，检查至相关支持性文件，确认会计处理是否正确。

②检查资产负债表日后应付账款明细账贷方发生额的相应凭证，关注其验收单、购货发票的日期，确认其入账时间是否合理。

③获取并检查被审计单位与其供应商之间的对账单以及被审计单位编制的差异调节表，确定应付账款金额的准确性。

④针对资产负债表日后付款项目，检查银行对账单及有关付款凭证（银行汇款通知、供应商收据等），询问被审计单位内部或外部的知情人员，查找有无未及时入账的应付账款。

⑤结合存货监盘程序，检查被审计单位在资产负债日前后的存货入库资料（验收报告或入库单），检查相关负债是否计入了正确的会计期间。

彬哥解读

查找应付账款的低估是实务中非常难以实现的审计目标，因此注册会计师的基本思路是“广撒网”，尽可能实施更多的审计程序达到降低审计风险的目的。

（4）查找未入账负债的测试。

获取期后收取、记录或支付的发票明细，从中选取项目（尽量接近审计报告日）进行测试并实施以下程序：

①检查支持性文件，如相关的发票、采购合同、验收单以及接受服务明细，以确定收到商品或接受服务的日期，以及应在期末之前入账的日期；

②追踪已选取项目至应付账款明细账、货到票未到的暂估入账/或预提费用明细表等，关注费用所计入的会计期间；

③评价费用是否被记录于正确的会计期间，并相应确定是否存在期末未入账负债。

（5）检查应付账款长期挂账的原因并作出记录，对确实无须支付的应付账款的会计处理是否正确。

（6）检查应付账款是否已按照企业会计准则的规定在财务报表中作出恰当列报和披露。

（二）除折旧/摊销、人工费用以外的一般费用的实质性程序

1. 一般费用的审计目标

发生、完整性、准确性、截止、分类、列报。

2. 一般费用的实质性程序

（1）获取一般费用明细表，复核其加计数是否正确，并与总账和明细账合计数核对是否正确。

（2）实质性分析程序。

（3）从资产负债表日后的银行对账单或付款凭证中选取项目进行测试，检查支持性文件（如合同或发票），关注发票日期和支付日期，追踪已选取项目至相关费用明细表，检查费用所计入的会计期间，评价费用是否被记录于正确的会计期间。

（4）对本期发生的费用选取样本，检查其支持性文件，确定原始凭证是否齐全，记账凭证与原始凭证是否相符以及账务处理是否正确。

（5）抽取资产负债表日前后的凭证，实施截止测试，评价费用是否被记录于正确的会计期间。

（6）检查一般费用是否已按照企业会计准则及其他相关规定在财务报表中作出恰当的列报和披露。

恭喜你，

已完成第十章的学习

哪里有什么老天的眷顾，所谓的幸运和成功都源自你自身的努力和付出。请记住，你现在多走的每一步都在拉开着你和别人的差距。要做，就做生活的强者。

CHAPTER ELEVEN

第十一章　生产与存货循环的审计

考情雷达

企业在生产过程中会采购原材料，生产出半成品和产成品，这些资产均属于存货。本章我们重点讲解的是存货的审计程序，特别是实质性程序。对于存货来说注册会计师最关心的审计目标是“存在”，而验证存货“存在”最关键的审计程序就是存货监盘程序，这就是本章的重点。从考试情况看，平均分值为6分左右，客观题和主观题均有涉及，属于非常重要的章节。本章难度属于中等水平，实务性较强，考生要侧重于理解，站在审计实务的角度加深思考。

本章内容与去年相比**无实质性变化**。

考点地图

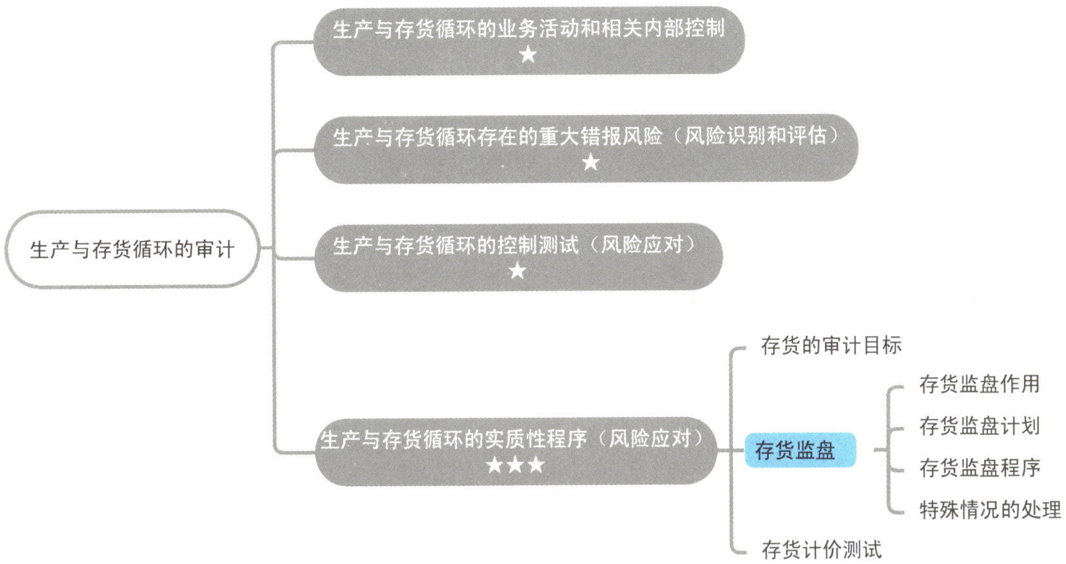

考点1　生产与存货循环的业务活动和相关内部控制（★）

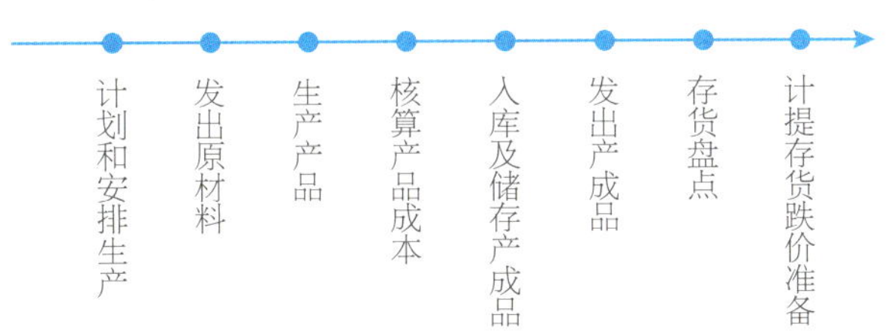

图11－1　生产与存货主要活动流程

了解业务活动和相关内部控制（见表11－1）。

表 11－1

1. 计划和安排生产	生产计划部门的职责是根据客户订购单或者对销售预测和产品需求的分析来决定生产授权。如决定授权生产，即签发预先编号的生产通知单。该部门通常应将发出的所有生产通知单编号并加以记录控制。此外，还需要编制一份材料需求报告，列示所需要的材料和零件及其库存
2. 发出原材料	生产部门收到生产通知单后，在领料单（要经过主管审批）上列示所需的材料数量和种类，以及领料部门的名称，并经生产主管签字批准。领料单一式三联，分别作为生产部门存根联、仓库联和财务联。仓库部门根据从生产部门收到的领料单发出原材料。 仓库管理员应把领料单编号、领用数量、规格等信息输入计算机系统，经仓储经理复核并以电子签名方式确认后，系统自动更新材料明细台账
3. 生产产品	生产部门在收到生产通知单及领取原材料后，将生产任务分解到每一个生产工人，执行生产任务。生产工人在完成生产任务后将完成的产品交生产部门统计人员查点，转交检验员验收并办理入库手续或将所完成的半产品移交下一个部门，作进一步加工。通过产量和工时记录登记生产工人所耗费工时数量
4. 核算产品成本	为了正确核算并有效控制产品成本，必须建立健全成本会计制度，将生产控制和成本核算有机结合在一起。一方面，生产过程中的各种记录、生产通知单、领料单、计工单、入库单等文件资料都要汇集到会计部门，由会计部门对其进行检查和核对，了解和控制生产过程中存货的实物流转；另一方面，会计部门要设置相应的会计账户，会同有关部门对生产过程中的成本进行核算和控制
5. 产成品入库及储存	产成品入库，质量检查员应检查并签发顺序编号的产成品验收单。再由生产小组将产成品送交仓库，仓库管理员应检查产成品验收单，并清点数量，填写顺序编号的产成品入库单。经质检经理、生产经理和仓储经理签字确认后，由仓库管理员将产成品入库单信息输入计算机系统，计算机系统自动更新产成品明细台账并与采购订购单编号核对。存货存放在安全的环境（如上锁、使用监控设备）中，只有经过授权的工作人员可以接触及处理存货
6. 发出产成品	产成品出库时，由仓库管理员填写预先按顺序编号的出库单，并将产成品出库单信息输入计算机系统，经仓储经理复核并以电子签名方式确认后，计算机系统自动更新产成品明细台账并与发运通知单编号核对。 产成品装运发出前，由运输经理独立检查出库单、销售订购单和发运通知单，确定从仓库提取的商品附有经批准的销售订购单，并且所提取商品的内容与销售订购单一致。 每月末，生产成本记账员根据计算机系统内状态为“已处理”的订购单数量，编制销售成本结转凭证，结转相应的销售成本，经会计主管审核批准后进行账务处理
7. 存货盘点	管理人员编制盘点指令，安排适当人员对存货实物（包括原材料、在产品和产成品等所有存货类别）进行定期盘点，将盘点结果与存货账面数量进行核对，调查差异并进行适当调整
	内控要求： （1）生产部门和仓储部门在盘点日前对所有存货进行清理和归整，便于盘点顺利进行。 （2）每一组盘点人员中应包括仓储部门以外的其他部门人员，即不能由负责保管存货的人员单独负责盘点存货；安排不同的工作人员分别负责初盘和复盘。 （3）盘点表和盘点标签事先连续编号，发放给盘点人员时登记领用人员；盘点结束后回收并清点所有已使用和未使用的盘点表和盘点标签。 （4）为防止存货被遗漏或重复盘点，所有盘点过的存货贴盘点标签，注明存货品名、数量和盘点人员，完成盘点前检查现场确认所有存货均已贴上盘点标签。 （5）将不属于本单位的代其他方保管的存货单独堆放并作标识；将盘点期间需要领用的原材料或出库的产成品分开堆放并作标识。 （6）汇总盘点结果，与存货账面数量进行比较，调查分析差异原因，并对认定的盘盈和盘亏提出账务调整意见，经仓储经理、生产经理、财务经理和总经理复核批准后入账。 【提示】盘点是被审计单位执行的内部控制，与监盘不同，要区分开
8. 计提存货跌价准备	定期编制存货货龄分析表，管理人员复核该分析表，确定是否有必要对滞销存货计提存货跌价准备，并计算存货可变现净值，据此计提存货跌价准备。 生产部门和仓储部门每月上报残冷背次存货明细，采购部门和销售部门每月上报原材料和产成品最新价格信息，财务部门据此分析存货跌价风险并计提跌价准备，由财务经理和总经理复核批准并入账（与存货的“准确性、计价和分摊”认定相关）

考点2 生产与存货循环存在的重大错报风险（★）

一般制造类企业的存货的重大错报风险通常包括：

（1）存货实物可能不存在（存在认定）；

（2）属于被审计单位的存货可能未在账面反映（完整性认定）；

（3）存货的所有权可能不属于被审计单位（权利和义务认定）；

（4）存货的单位成本可能存在计算错误（准确性、计价和分摊认定）；

（5）存货的账面价值可能无法实现，即存货跌价准备的计提可能不充分（准确性、计价和分摊认定）。

考点3 生产与存货循环的控制测试（★）

表11－2　　生产与存货循环的风险、存在的控制及控制测试程序

可能发生错报的环节	相关财务报表项目及认定	存在的内部控制（自动）	存在的内部控制（人工）	内部控制测试程序
发出原材料				
发出的原材料可能未正确记入相应产品的生产成本中	存货：准确性、计价和分摊； 营业成本：准确性	领料单信息输入系统时须输入对应的生产任务单编号和所生产的产品代码，每月末系统自动归集生成材料成本明细表	生产主管每月末将其生产任务单及相关领料单存根联与材料成本明细表进行核对，调查差异并处理	检查生产主管核对材料成本明细表的记录，并询问其核对过程及结果

考点4 生产与存货循环的实质性程序（★★★）

（一）存货的审计目标

（1）账面存货余额对应的实物是否真实存在（存在认定）；

（2）属于被审计单位的存货是否均已入账（完整性认定）；

（3）存货是否属于被审计单位（权利和义务）；

（4）存货单位成本的计量是否准确（准确性、计价和分摊认定）；

（5）存货的账面价值是否可以实现（准确性、计价和分摊认定）。

表11－3

存货的主要审计目标及程序	
数量	①主要是存货监盘。 ②对第三方保管的存货实施函证等程序。 【提示】不只是函证，后面会详细讲解。 ③对在途存货检查相关凭证和期后入库记录等
单价/单位成本	对购买和生产成本的审计程序和对存货可变现净值的审计程序

（二）存货监盘

1. 存货监盘作用

表 11-4

（1）要求	如果存货对财务报表是**重要的**，注册会计师**应当**实施下列审计程序，对存货的存在和状况获取充分、适当的审计证据： ①在存货盘点**现场实施监盘（除非不可行）**； ②对期末存货记录实施审计程序，以确定其是否准确反映实际的存货盘点结果（实存数和账存数比，看是不是对得上）。 **【彬哥解读】** **材料中如何识别存货是重要的？①如果是制造业企业，存货一般是重要的；②材料中说到存货占总资产比重较大或者金额大**
（2）程序	在存货盘点现场实施监盘时，注册会计师应当实施下列审计程序： ①评价管理层用以记录和控制存货盘点结果的指令和程序； ②观察管理层制定的盘点程序的执行情况； ③检查存货； ④执行抽盘。 **【彬哥解读】评、观、查、抽四步走，缺一不可**
（3）责任	**存货监盘并不能取代被审计单位管理层**定期盘点存货、合理确定存货数量和状况**的责任**。 **【提示】区分监盘和盘点的责任，不可互替**
（4）目的	①目的：获取有关存货**数量和状况**的审计证据。 ②认定：存货监盘针对的**主要是存货的存在认定**，对存货的**完整性认定及准确性、计价和分摊认定**，也能提供**部分**审计证据。 还可能获取有关存货**所有权**部分审计证据，但存货监盘**本身不足以供注册会计师确定存货的所有权**，注册会计师可能需要执行其他实质性审计程序以应对权力和义务认定的相关风险
（5）运用环节	存货监盘的相关程序可以用作控制测试或者实质性程序。如果**只有少数项目构成了存货的主要部分**，注册会计师**可能选择将存货监盘用作实质性程序**

【例题 11-1·简答题·2018 年节选】 ABC 会计师事务所的 A 注册会计师负责审计多家被审计单位 2017 年度财务报表。与存货审计相关的部分事项如下：

公司从事进口贸易，年末存货均于 2017 年 12 月购入，金额重大。A 注册会计师通过获取并检查采购合同、发票、进口报关单、验收入库单等支持性文件，认为获取了有关存货存在和状况的充分、适当的审计证据。

要求：针对上述事项，指出 A 注册会计师的做法是否恰当。如不恰当，简要说明理由。

【答案】 不恰当。存货对于财务报表是重要的，应当对存货实施监盘程序。

【解题思路】“金额重大”说明存货是重要的，应当实施监盘程序。但是题干中 A 注册会计师仅实施了检查程序，就认为获取了存在和状况的充分、适当的审计证据，是错误的。

2. 存货监盘计划

在评价被审计单位管理层制定的存货盘点程序的基础上，编制存货监盘计划。注册会计师**通常需要与被审计单位就存货监盘等问题达成一致意见（即事先要沟通）**。

（1）制定存货监盘计划应考虑的相关事项。

表 11－5

①与存货相关的重大错报风险	影响重大错报风险的因素具体包括：存货的数量和种类、成本归集的难易程度、陈旧过时的速度或易损坏程度（鲜活、电子产品）、遭受失窃的难易程度（珠宝）。由于制造过程和成本归集制度的差异，制造企业的存货和其他企业的存货相比具有更高的重大错报风险（更重要）。外部因素也会对重大错报风险产生影响。例如，技术进步可能导致某些产品过时，从而导致存货价值更容易发生高估
②与存货相关的内部控制的性质	在制定存货监盘计划时，注册会计师应当了解被审计单位与存货相关的内部控制，并根据内部控制的完善程度确定进一步审计程序的性质、时间安排和范围
③对存货盘点是否制定了适当程序并下达了正确指令	注册会计师一般需要复核或与管理层讨论其存货盘点程序。如果被审计单位的存货盘点程序存在缺陷，注册会计师应当提请被审计单位调整
④存货监盘的时间安排【重点】	如果存货盘点**在财务报表日以外的其他日期进行**，注册会计师除实施存货监盘相关审计程序外，还应当实施其他审计程序，**确定存货盘点日与财务报表日之间的存货变动是否已得到恰当的记录**
⑤被审计单位是否一贯采用永续盘存制	a. 如果被审计单位通过实地盘存制确定存货数量，则注册会计师参加此种盘点。 b. 如果被审计单位采用永续盘存制，则注册会计师在年度中**一次或多次**参加盘点
⑥存货的存放地点，以确定适当的监盘地点【重点】	如果被审计单位的**存货存放在多个地点**，注册会计师可以要求被审计单位提供一份**完整的存货存放地点清单（包括期末库存量为零的仓库、租赁的仓库，以及第三方代被审计单位保管存货的仓库等），并考虑其完整性**
	考虑执行以下一项或多项审计程序判断清单的完整性： a. **询问**被审计单位除管理层和财务部门**以外的**其他人员，如营销人员、仓库人员等，以了解有关存货存放地点的情况； b. 比较被审计单位不同时期的存货存放地点清单，关注仓库**变动**情况，以确定是否存在因仓库变动而未将存货纳入盘点范围的情况发生； c. 检查被审计单位存货的**出、入库单**，关注是否存在被审计单位尚未告知注册会计师的仓库（如期末库存量为零的仓库）； d. **检查费用支出明细账和租赁合同**，关注被审计单位是否租赁仓库并支付租金，如果有，该仓库是否已包括在被审计单位提供的仓库清单中； e. **检查被审计单位"固定资产——房屋建筑物"明细清单**，了解被审计单位可用于存放存货的房屋建筑物
	根据不同地点所存放存货的重要性以及对各个地点与存货相关的重大错报风险的评估结果，选择适当的地点进行监盘，并记录选择这些地点的原因。 **【彬哥解读】注册会计师选择监盘地点时只考虑金额大小，如将仓库存货按金额降序排列，选择金额大的仓库进行监盘是否正确？不正确！还需要考虑风险情况**
	针对**舞弊**导致的影响存货数量的重大错报风险：在**不预先通知**的情况下对特定存放地点的存货实施监盘，或**在同一天对所有存放地点的存货实施监盘**
	在连续审计中，注册会计师可以考虑在不同期间的审计中变更所选择实施监盘的地点
⑦是否需要专家协助	注册会计师可以考虑在其不具备专长与技能的领域利用专家的工作

（2）存货监盘计划的主要内容。

表 11－6

①存货监盘的目标、范围和时间安排	目标	存货数量和状况
	范围	存货监盘范围的大小**取决于存货的内容、性质以及与存货相关的内部控制的完善程度和重大错报风险的评估结果**
	时间	存货监盘时间和被审计单位盘点的时间相协调
②存货监盘的要点及关注事项	要点：注册会计师实施存货监盘程序的方法、步骤，各个环节应注意的问题以及所要解决的问题。 重点关注的事项：盘点期间的存货移动、存货的状况、存货的截止确认、存货的各个存放地点及金额等	
③参加存货监盘人员的分工		
④抽盘存货的范围	注册会计师应当根据**对被审计单位存货盘点和对被审计单位内部控制的评价结果**确定抽盘存货的范围。如果认为被审计单位内部控制设计良好且得到有效实施，存货盘点组织良好，可以相应缩小实施抽盘的范围。 **【提示】抽盘是为了验证被审计单位盘点存货的准确性**	

【例题 11－2·简答题·2017 年节选】 ABC 会计师事务所的 A 注册会计师负责审计甲公司 2016 年度财务报表，与存货审计相关的部分事项如下：

2016 年 12 月 25 日，A 注册会计师对存货实施监盘，结果满意。因年末存货余额与盘点日余额差异较小，A 注册会计师根据监盘结果认可了年末存货数量。

要求：针对上述事项，指出 A 注册会计师的做法是否恰当。如不恰当，简要说明理由。

【答案】 不恰当。注册会计师应当测试盘点日至资产负债表日之间存货的变动情况是否已得到恰当记录。

【解题思路】“年末存货余额与盘点日余额差异较小”，差异小不代表没有差异，针对变动还是要做程序的。

【例题 11－3·简答题·2018 年】 ABC 会计师事务所的 A 注册会计师负责审计多家被审计单位 2017 年度财务报表。与存货审计相关的部分事项如下：

戊公司的存货存放在多个地点。A 注册会计师取得了存货存放地点清单并检查了其完整性，根据各个地点存货余额的重要性及重大错报风险的评估结果，选取其中几个地点实施了监盘。

要求：针对上述事项，指出 A 注册会计师的做法是否恰当。如不恰当，简要说明理由。

【答案】 恰当。

【解题思路】 流程非常正确：取得清单→检查完整性→根据风险和重要性选定了地点。

3. 存货监盘程序

（1）存货监盘前的工作。

在被审计单位盘点存货前，注册会计师**应当观察盘点现场**，确定：

表 11-7

①应纳入盘点范围的存货	是否已经恰当整理和排列，并附有盘点标识，防止遗漏或重复盘点
②对未纳入盘点范围的存货	应当查明未纳入的原因
③对所有权不属于被审计单位的存货【重点】	应当取得其规格、数量等有关资料，确定是否已单独存放、标明，且未被纳入盘点范围
④被审计单位声明不存在受托代存存货	注册会计师在进行存货监盘时也应当关注是否存在某些存货不属于被审计单位的迹象，以避免盘点范围不当

【提示】目的是划定盘点范围，基本原则是：该盘的纳入盘点范围，不该盘的单独存放

（2）存货监盘程序——评、观、查、抽。

表 11-8

<table>
<tr><td rowspan="4">①评价管理层用以记录和控制存货盘点结果的指令和程序——计划得怎么样</td><td colspan="3">包括：
a. 适当控制活动的运用，例如，收集已使用的存货盘点记录，清点未使用的存货盘点表单，实施盘点和复盘程序；
b. 准确认定在产品的完工程度，流动缓慢（呆滞）、过时或毁损的存货项目，以及第三方拥有的存货（如寄存货物）；
c. 在适用的情况下用于估计存货数量的方法，如可能需要估计煤堆的重量；
d. 对存货在不同存放地点之间的移动以及截止日前后出入库的控制</td></tr>
<tr><td>一般情况下</td><td colspan="2">被审计单位在盘点过程中停止生产并关闭存货存放地点以确保停止存货移动，有利于保证盘点的准确性</td></tr>
<tr><td rowspan="2">特定情况下</td><td colspan="2">被审计单位可能由于实际原因无法停止生产或收发货物，注册会计师可以根据被审计单位的具体情况考虑无法停止存货移动的原因及合理性</td></tr>
<tr><td>同时，注册会计师可以通过询问管理层以及阅读被审计单位的盘点计划等方式，了解被审计单位对存货移动所采取的控制程序和对存货收发截止影响的考虑</td><td>例如，被审计单位领用的存货移至过渡区/对盘点期间办理入库手续的存货暂时存放在过渡区域，以此确保相关存货只被盘点一次</td></tr>
<tr><td rowspan="2">②观察管理层制定的盘点程序的执行情况——执行得怎么样</td><td>存货移动</td><td colspan="2">注册会计师应通过实施必要的检查程序，确定被审计单位是否已经对此设置了相应的控制程序，确保在适当的期间内对存货作出准确记录</td></tr>
<tr><td>截止性测试</td><td colspan="2">注册会计师一般应当获取盘点日前后存货收发及移动的凭证，检查库存记录与会计记录期末截止是否正确。
关注以下内容：
a. 所有在截止日以前入库的存货项目是否均已包括在盘点范围内。
b. 任何在截止日期以后入库的存货项目是否均未包括在盘点范围内。
c. 所有在截止日以前装运出库的存货项目是否均未包括在盘点范围内。
d. 任何在截止日期以后装运出库的存货项目是否均已包括在盘点范围内。
e. 所有已确认为销售但尚未装运出库的商品是否均未包括在盘点范围内。
f. 所有已记录为购货但尚未入库的存货是否均已包括在盘点范围内。
g. 在途存货和被审计单位直接向顾客发运的存货是否均已得到了适当的会计处理。
【提示】是我的都要纳入盘点范围，不是我的不纳入</td></tr>
<tr><td>③检查存货</td><td colspan="3">应把过时、毁损或陈旧的存货详细地记录下来，以便于进一步追查这些存货的处置情况，也能为被审计单位存货跌价准备计提的准确性提供证据（准确性、计价和分摊）；此处要用认定的标准全称</td></tr>
<tr><td>④执行抽盘</td><td>双向抽盘</td><td colspan="2">a. 从存货盘点记录选取项目追查至存货实物。
b. 从存货实物中选取项目追查至盘点记录。
目的是以获取有关盘点记录准确性和完整性的审计证据</td></tr>
</table>

续表

④执行抽盘	方法		注册会计师应尽可能**避免让被审计单位事先了解将抽盘的存货项目**
	发现差异		注册会计师在执行抽盘时发现差异，很可能表明被审计单位的存货盘点在准确性或完整性方面存在错误；很可能意味着被审计单位的存货盘点还存在着其他错误
		处理方式	a. 注册会计师应当**查明原因**，并及时提请被审计单位进行更正； b. 注册会计师应当考虑错误的潜在范围和重大程度，在可能的情况下，**扩大检查范围以减少错误的发生**； c. 注册会计师还可要求被审计单位**重新盘点**，重新盘点的范围可限于某一特殊领域的存货或特定盘点小组

（3）存货监盘结束时的工作。

①再次观察盘点现场，以确定所有应纳入盘点范围的存货是否均已盘点。

②取得并检查**已填用、作废或未使用**盘点表单的号码记录，确定其是否**连续编号**，查明已发放的表单**是否均已收回**，并与存货盘点的**汇总记录进行核对**。

③注册会计师应当根据自己在存货监盘过程中获取的信息（抽盘结果、监盘表单）对被审计单位最终的存货盘点结果汇总记录进行**复核**（把自己的和被审计单位的进行核对）。

④对特殊类型存货的监盘举例：

表 11 -9

木材、钢筋盘条、管子	a. 检查标记或标识； b. 利用专家或被审计单位内部有经验人员的工作
贵金属、石器、艺术品与收藏品	选择样品进行化验与分析，或利用专家的工作
生产纸浆用木材、牲畜（牛奶、猪油）	a. 通过高空摄影以确定其存在； b. 不同时点的数量进行比较，并依赖永续存货记录
堆积型存货（糖、煤、钢废料）	a. 运用工程估测、几何计算、高空勘测，并依赖详细的存货记录； b. 如果堆场中的存货堆不高，可进行实地监盘，或通过旋转存货堆加以估计
使用磅秤测量存货	在监盘前和监盘过程中均应检验磅秤的精准度，并留意磅秤的位置移动与重新调校程序；将检查和重新称量程序相结合；检查称量尺度的换算问题
散装物品	a. 使用容器进行监盘或通过预先编号的清单列表加以确定； b. 使用浸蘸、测量棒、工程报告以及依赖永续存货记录； c. 选择样品进行化验与分析，或利用专家的工作

【例题 11 -4·简答题·2020 年节选】 ABC 会计师事务所的 A 注册会计师负责审计多家被审计单位 2017 年度财务报表。与存货审计相关的部分事项如下：

A 注册会计师在己公司盘点结束后、存货未开始流动前抵达盘点现场，对存货进行检查并实施了抽盘，与己公司盘点数量核对无误，据此认可了盘点结果。

要求：针对上述事项，指出 A 注册会计师的做法是否恰当。如不恰当，简要说明理由。

【答案】 不恰当。注册会计师没有（应当）观察己公司管理层制定的盘点程序的执行情况。

【解题思路】“盘点结束后、存货未开始流动前抵达盘点现场”说明错过了现场观察的程序。

4. 特殊情况的处理

表 11－10

特殊情况	处理方法		
在存货盘点现场实施监盘**不可行**	产生原因	合理	存货性质或存放地点等造成。例如，存货存放在对注册会计师的安全有威胁的地点
		不合理	审计中的困难、时间或成本等事项本身，不能作为注册会计师省略不可替代程序或满足于说服力不足的审计证据的正当理由
	怎么办	替代程序可行	应当实施替代审计程序，如检查盘点日后出售、盘点日前取得或购买的特定存货的文件记录
		替代程序不可行（不能实施或不充分）	注册会计师需要按照规定发表非无保留意见
因**不可预见**的情况导致无法在存货盘点现场实施监盘	注册会计师由于不可抗力无法亲临现场或气候因素导致。 注册会计师应当**另择日期实施监盘，并对间隔期间内发生的交易实施审计程序**		
由**第三方保管或控制的存货**	如果由第三方保管或控制的存货对财务报表是重要的，注册会计师应当实施下列一项或两项审计程序： （1）向持有被审计单位存货的第三方**函证**存货的数量和状况。 （2）实施检查或其他适合具体情况的审计程序。 ①实施或安排其他注册会计师实施对第三方的存货**监盘**（如可行）； ②**获取其他注册会计师或服务机构注册会计师**针对用以保证存货得到恰当盘点和保管的**内控的适当性而出具的报告**； ③**检查**与第三方持有的存货相关的**文件记录**，如仓储单； ④当存货被作为抵押品时，要求其他机构或人员进行确认。 （3）可以考虑**应由第三方保管存货的商业理由的合理性**，以进行存货相关风险的评估，包括舞弊风险的评估，并计划和实施适当的审计程序，比如检查被审计单位和第三方所签署的存货保管协议的相关条款，复核被审计单位调查及评价第三方工作的程序		

（三）存货计价测试

存货监盘程序主要是对存货的数量进行测试。为了验证财务报表上**存货余额的真实性**，还应当对存货的计价进行审计。

表 11－11

存货单位成本测试	直接材料成本测试
	直接人工成本测试
	制造费用测试
	生产成本在当期完工产品与在产品之间分配的测试
存货跌价损失准备测试	识别需要计提跌价准备的存货项目
	检查可变现净值的计量是否合理

注册会计师要了解本年度**存货计价方法和以前年度是否保持一致**。如发生变化，变化理由是否合理，是否经过适当审批。

【例题11－5·简答题·2020年节选】 制造业企业甲公司是ABC会计师事务所的常年审计客户。A注册会计师负责审计甲公司2019年度财务报表。与存货审计相关的部分事项如下：

甲公司年末存放于第三方仓库的原材料金额重大。A注册会计师向第三方仓库函证了这些原材料的名称、规格和数量，并测试了其单价，结果满意，据此认可了这些原材料的年末账面价值。

要求：针对上述事项，指出A注册会计师的做法是否恰当。如不恰当，简要说明理由。

【答案】 不恰当。没有就第三方保管的原材料状况获取审计证据。

【解题思路】 年末账面价值＝单价×数量－减值。A注册会计师的程序只对数量和单价获取了证据，没有针对减值获取充分适当的审计证据。

恭喜你，

已完成第十一章的学习

扫码免费进 >>>
2022年CPA带学群

有的人的生活像条咸鱼，有的人的像传奇，有的人的像田园，你理想中的生活只能靠自己争取。所以，趁年轻应该抓住机会去拼一把！

CHAPTER TWELVE

第十二章 货币资金的审计

考情雷达

货币资金包括库存现金、银行存款和其他货币资金三类，其中银行存款是注册会计师在审计过程中重点关注的项目。本章我们依然是按照审计循环的基本逻辑“风险评估—风险应对”展开讲解。从考试情况看，近几年平均分值在3分左右，主要考查主观题，属于一般重要章节，考生在复习本章的时候重点掌握银行存款和其他货币资金的实质性程序即可。

本章内容与去年相比无实质性变化。

考点地图

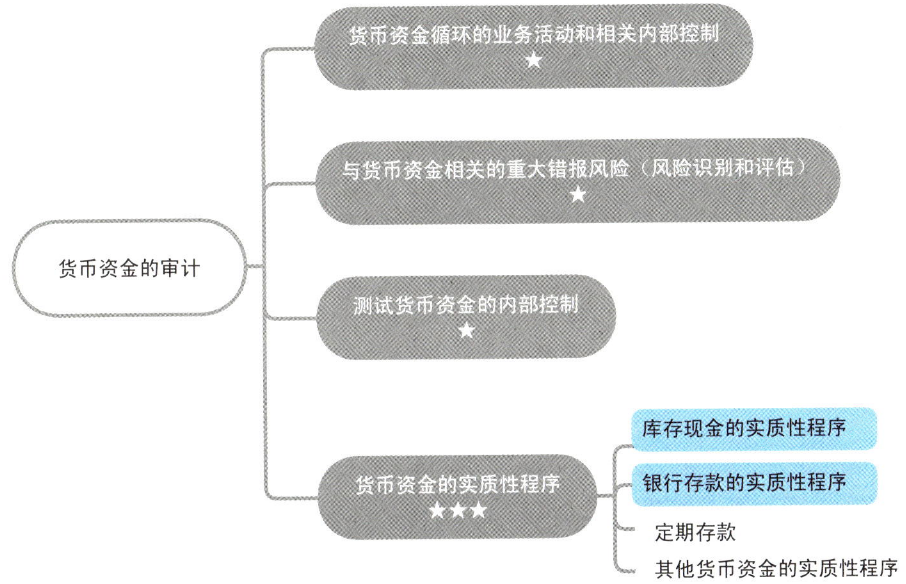

考点1 货币资金循环的业务活动和相关内部控制（★）

（一）涉及的主要业务活动

1. 现金管理

出纳员每日对库存现金自行盘点，编制现金报表，计算当日现金收入、支出及结余额，并将结余额与实际库存额进行核对，如有差异及时查明原因。会计主管不定期检查现金日报表。

每月末，会计主管指定出纳员以外的人员对现金进行盘点，编制库存现金盘点表，将盘点金额与现金日记账余额进行核对。对冲抵库存现金的借条、未提现支票、未做报销的原始票证，在库存现金盘点报告表中予以注明。会计主管复核库存现金盘点表，如果盘点金额与现金日记账余额存在差异，需查明原因并报经财务经理批准后进行财务处理。

2. 银行存款管理

表 12 -1

银行账户管理	企业的银行账户的开立、变更或注销须经财务经理审核，报总经理审批
编制银行存款余额调节表	每月末，会计主管指定出纳员以外的人员核对银行存款日记账和银行对账单，编制银行存款余额调节表，使银行存款账面余额与银行对账单调节相符。如调节不符，查明原因。会计主管复核银行存款余额调节表，对需要进行调整的调节项目及时进行处理
票据管理	财务部门设置银行票据登记簿，防止票据遗失或盗用。出纳员登记银行票据的购买、领用、背书转让及注销等事项。空白票据存放在保险柜中。每月末，会计主管指定出纳员以外的人员对空白票据、未办理收款和承兑的票据进行盘点，编制银行票据盘点表，并与银行票据登记簿进行核对。会计主管复核库存银行票据盘点表，如果存在差异，需查明原因
印章管理	企业的财务专用章由财务经理保管，办理相关业务中使用的个人名章由出纳员保管

（二）相关内部控制（见图 12 -1）

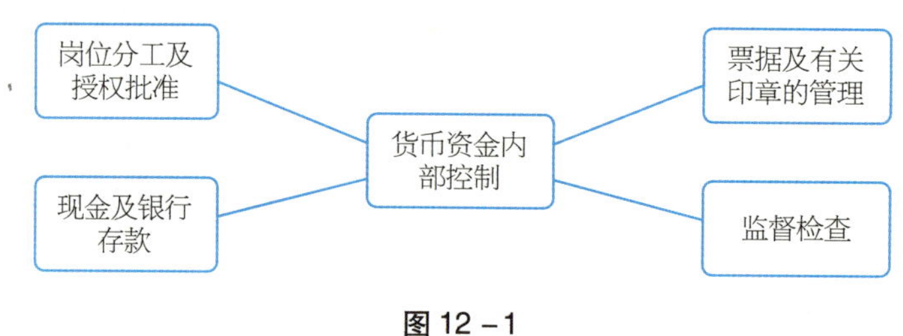

图 12 -1

1. 岗位分工及授权批准

（1）出纳员不得兼任稽核、会计档案的保管和收入、支出、费用、债权债务等账目的登记工作。

（2）货币资金业务应建立严格的授权批准制度，明确审批人对货币资金业务的授权批准方式、权限、程序、责任和相关控制措施。

（3）按照企业规定办理货币资金支付业务。

（4）对于重要货币资金支付业务，应当实行集体决策和审批。

（5）严禁未授权的机构或人员办理货币资金业务或直接接触货币资金。

2. 现金及银行存款管理

（1）企业现金收入应当及时存入银行，不得用于直接支付企业自身的支出。因特殊情况需要坐支的，应事先报经开户银行审查批准。

【提示】坐支现金必须经开户行批准，而非本单位领导批准。

（2）企业取得的货币资金收入应及时入账，不得私设“小金库”，不得账外设账，严禁收款不入账。

（3）每月末，会计主管指定出纳员以外的人员核对银行存款日记账和银行对账单，编制银行存款余额调节表，使银行存款账面余额和银行对账单调节相符。

（4）出纳人员一般不得同时从事银行对账单的获取、银行存款余额调节表的编制工作。确需出纳人员办理上述工作的，应当指定其他人员定期进行审核、监督。

（5）实行网上交易、电子支付等方式办理资金支付业务的企业，应当与承办银行签订网上银行操作协议，明确双方在资金安全方面的责任与义务、交易范围等。操作人员应当根据操作授权和密码进行规范操作。使用网上交易、电子支付方式的企业办理资金支付业务，不应因支付方式的改变而随意简化、变更所必需的授权审批程序。

3. 票据及有关印章管理

（1）企业应当加强与货币资金相关的票据的管理。防止空白票据的遗失和被盗用。每月末，会计主管指定出纳员以外的人员对空白票据、未办理收款和承兑的票据进行盘点，编制银行票据盘点表，并与银行票据登记簿进行核对。会计主管复核银行票据盘点表，如存在差异，需查明原因。

（2）企业应当加强银行预留印鉴的管理。财务专用章应由专人保管，个人名章必须由本人或其授权人保管。严禁一人保管支付款项所需的全部印章。

4. 监督检查

企业应当进行定期和不定期检查。对监督检查过程中发现的货币资金内部控制的薄弱环节，应当及时采取措施，加以纠正和完善。

考点2　与货币资金相关的重大错报风险（★）

货币资金业务交易、账户余额和列报的认定层次的重大错报风险可能包括：

（1）被审计单位存在虚假的货币资金余额或交易，因而导致银行存款余额的存在认定或交易的发生认定存在重大错报风险。

（2）被审计单位存在大额的外币交易和余额，可能存在外币交易或余额未被准确记录的风险。

（3）银行存款的期末收支存在大额的截止性错误。

（4）被审计单位可能存在未能按照企业会计准则的规定对货币资金作出恰当披露的风险。

在对货币资金进行审计时，要对以下情形保持警觉：

（1）被审计单位的现金交易比例较高，并且与其所在行业的常用结算模式不同。

（2）库存现金规模明显超过业务周转所需资金。

（3）银行账户开立数量与企业实际业务规模不匹配，或存在多个零余额账户且长期不注销。

（4）在没有经营业务的地区开立银行账户，或将高额资金存放于其经营和注册地之外的异地。

（5）被审计单位资金存放于管理层或员工个人账户，或通过个人账户进行被审计单位交易的资金结算。

（6）货币资金收支金额与现金流量表中的经营活动、筹资活动、投资活动的现金流量不匹配，或经营活动现金流量净额与净利润不匹配。

（7）不能提供银行对账单或银行存款余额调节表，或提供的银行对账单没有银行印章、交易对方名称或摘要。

（8）存在长期或大量银行未达账项。

（9）银行存款明细账存在非正常转账。例如，短期内相同金额的一收一付或相同金额的分次转入转出等大额异常交易。

（10）存在期末余额为负数的银行账户。

（11）受限货币资金占比较高。

（12）存款收益金额与存款的规模明显不匹配。

（13）针对同一交易对方，在报告期内存在现金和其他结算方式并存的情形。

（14）违反货币资金存放和使用规定，如上市公司将募集资金违规用于质押、未经批准开立账户转移募集资金、未经许可将募集资金转作其他用途等。

（15）存在大额外币收付记录，而被审计单位并不涉足进出口业务。

（16）被审计单位以各种理由不配合注册会计师实施银行函证、不配合注册会计师至中国人民银行或基本户开户行打印《已开立银行结算账户清单》。

（17）与实际控制人（或控股股东）、银行（或财务公司）签订集团现金管理账户协议或类似协议。

需要保持警觉的其他事项或情形：

（1）存在没有真实业务支持或与交易不相匹配的大额资金或汇票往来；

（2）存在长期挂账的大额预付款项；

（3）存在大量货币资金的情况下仍高额或高息举债；

（4）付款方全称与销售客户名称不一致、收款方全称与供应商名称不一致；

（5）开具的银行承兑汇票没有银行承兑协议支持；

（6）银行承兑票据保证金余额与应付票据相应余额比例不合理；

（7）存在频繁的票据贴现；

（8）实际控制人（或控股股东）频繁进行股权质押（冻结）且累计被质押（冻结）的股权占其持有被审计单位总股本的比例较高；

（9）存在大量货币资金的情况下，频繁发生债务违约，或者无法按期支付股利或偿付债务本息；

（10）首次公开发行股票（IPO）公司申报期内持续现金分红；

（11）工程付款进度或结算周期异常等。

【提示】上述风险并不需要记忆，只要明白一个原理：所谓风险，就是不正常的情形即可。

考点3 测试货币资金的内部控制（★）

（一）库存现金的控制测试实例

1. 现金付款的审批和复核（见表12－2）

表12－2

内部控制要求	控制测试
（1）部门经理审批本部门的付款申请，审核付款业务是否真实发生、付款金额是否准确，以及后附票据是否齐备，并在复核无误后签字认可。 （2）财务部门安排付款前，财务经理再次复核经审批的付款申请及后附相关凭据或证明，如核对一致，进行签字认可并安排付款	（1）询问相关业务部门的部门经理和财务经理其在日常现金付款业务中执行的内部控制，以确定其是否与被审计单位内部控制政策要求保持一致。 （2）观察财务经理复核付款申请的过程，是否核对了付款申请的用途、金额及后附相关凭据，以及在核对无误后是否进行了签字确认。 （3）重新核对经过审批及复核的付款申请及其相关凭据，并检查是否经签字确认

2. 现金盘点（见表 12－3）

表 12－3

内部控制要求	控制测试
会计主管指定应付账款会计每月末最后一天对库存现金进行盘点，根据盘点结果编制库存现金盘点表，将盘点余额与现金日记账余额进行核对，并对差异调节项进行说明。 会计主管复核库存现金盘点表，如盘点金额与现金日记账余额存在差异且差异金额超过 2 万元，需查明原因并报财务经理批准后进行财务处理	（1）在月末最后一天参与被审计单位的现金盘点，检查是否由应付账款会计进行现金盘点； （2）观察现金盘点程序是否按照盘点计划的指令和程序执行，是否编制了现金盘点表并根据内控要求经财务部相关人员签字复核； （3）检查现金盘点表中记录的现金盘点金额是否与实际盘点金额保持一致、现金盘点表中记录的现金日记账余额是否与被审计单位现金日记账中余额保持一致； （4）针对调节差异金额超过 2 万元的调节项，检查是否经财务经理批准后进行财务处理

（二）银行存款的控制测试实例（见表 12－4）

表 12－4

内部控制环节	内部控制要求	控制测试程序
银行账户的开立、变更和注销	会计主管根据被审计单位的实际业务需要就银行账户的开立、变更和注销提出申请，经财务经理审核后报总经理审批	（1）询问会计主管被审计单位本年开户、变更、撤销的整体情况。 （2）取得本年度账户开立、变更、撤销申请项目清单，检查清单的完整性，并在选取适当样本的基础上检查账户的开立、变更、撤销项目是否已经财务经理和总经理审批
编制银行存款余额调节表	（1）每月末，会计主管指定应收账款会计核对银行存款日记账和银行对账单，编制银行存款余额调节表，如存在差异项，查明原因并进行差异调节说明。 （2）会计主管复核银行存款余额调节表，对需要进行调整的调节项目及时进行处理，并签字确认	（1）询问应收账款会计和会计主管，以确定其执行的内部控制是否与被审计单位内部控制政策保持一致，特别是针对未达账项的编制及审批流程。 （2）针对选取的样本，检查银行存款余额调节表，查看调节表中记录的企业银行存款日记账余额是否与银行存款日记账余额保持一致、调节表中记录的银行对账单余额是否与被审计单位提供的银行对账单中的余额保持一致。 （3）针对调节项目，检查是否经会计主管的签字复核。 （4）针对大额未达账项进行期后收付款的检查

考点 4 货币资金的实质性程序（★★★）

（一）库存现金的实质性程序

1. 核对库存现金日记账与总账的金额是否相符，检查非记账本位币库存现金的折算汇率及折算金额是否正确

2. 监盘库存现金（见表 12－5）

表 12－5

（1）监盘范围	一般包括被审计单位**各部门经管的所有库存现金**，通常包括对**已收到但未存入银行的现金、零用金、找换金等**的盘点
（2）参加监盘人员	出纳员（盘点人）、会计主管和注册会计师（监盘人）

续表

（3）监盘时间	最好选择在上午上班前或下午下班时进行 【提示】不是“下班后”。 如果库存现金存放部门有两处或两处以上的，应同时进行盘点。 【提示】与存货监盘程序相区分，存货监盘程序一般情况下不要求同时进行
（4）监盘方式	突击进行
（5）监盘是控制测试还是实质性程序?	如果注册会计师可能基于风险评估结果判断无须对现金盘点实施控制测试，仅实施实质性程序
（6）监盘步骤	①查看被审计单位制定的盘点计划，确定监盘时间。 ②审阅库存现金日记账并同时与现金收付凭证相核对。 ③检查被审计单位现金实存数，并将监盘金额与库存现金日记账余额进行核对，如有差异，应要求被审计单位查明原因，必要时应提请被审计单位作出调整。如无法查明原因，应要求被审计单位按管理权限批准后做出调整。若有冲抵库存现金的借条、未提现支票、未作报销的原始凭证，应在“库存现金监盘表”中注明，必要时应提请被审计单位做出调整。 ④在非资产负债表日进行盘点和监盘时，应将监盘金额调整至资产负债表日的金额，并对变动情况实施程序

3. 抽查大额库存现金收支

4. 检查库存现金是否在财务报表中作出恰当列报

【例题 12－1·简答题·2017 年节选】 ABC 会计师事务所的 A 注册会计师负责审计甲公司 2016 年度财务报表，与货币资金审计相关的部分事项如下：

2017 年 1 月 5 日，A 注册会计师对甲公司库存现金实施了监盘，并与当日现金日记账余额核对一致，据此认可了年末现金余额。

要求：针对上述事项，指出 A 注册会计师的做法是否恰当。如不恰当，简要说明理由。

【答案】 不恰当。A 注册会计师应将监盘金额调整至资产负债表日的金额，并对变动情况实施程序。

【解题思路】 1 月 5 日实施监盘程序获取的是库存现金 1 月 5 日的余额，不是年末（12 月 31 日）的余额。

（二）银行存款的实质性程序

1. 获取银行存款余额明细表

获取银行存款余额明细表，复核加计是否正确，并与总账数和日记账合计数核对是否相符；检查非记账本位币银行存款的折算汇率及折算金额是否正确。

如果对被审计单位银行账户的完整性存有疑虑，注册会计师可以考虑额外实施以下实质性程序：

（1）注册会计师亲自到中国人民银行或基本存款账户开户行查询并打印《已开立银行结算账户清单》，观察银行办事人员的查询、打印过程，并检查被审计单位账面记录的银行人民币结算账户是否完整。

【提示】注册会计师未亲自打印，而是使用由被审计单位提供的被审计单位银行账户清单不能作为充分适当的审计证据。

（2）结合其他相关细节测试，关注原始单据中被审计单位的收（付）款银行账户是否包含在注册会计师已获取的开立银行账户清单内。

【例题12－2·简答题·2017年节选】 ABC会计师事务所的A注册会计师负责审计甲公司2016年度财务报表，与货币资金审计相关的部分事项如下：

因对甲公司人民币结算账户的完整性存有疑虑，A注册会计师检查了管理层提供的《已开立银行结算账户清单》，结果满意。

要求：针对上述事项，指出A注册会计师的做法是否恰当。如不恰当，简要说明理由。

【答案】 不恰当。A注册会计师应当亲自到中国人民银行或基本存款账户开户行查询并打印《已开立银行结算账户清单》。

【解题思路】“A注册会计师检查了管理层提供的《已开立银行结算账户清单》”说明清单是管理层给的，是错误的，应该亲自查询并打印。

2. 实施实质性分析程序

计算银行存款累计余额**应收利息收入**，分析比较被审计单位银行存款应收利息收入与实际利息收入的差异是否恰当，评估利息收入的合理性，检查是否存在高额资金拆借，确认银行存款余额是否存在，利息收入是否已经完整记录。

本金×利率＝应收利息

3. 检查银行存款账户发生额

注册会计师还可以考虑对银行存款账户的发生额实施以下程序：

（1）结合银行账户性质，分析不同账户发生银行存款日记账漏记银行交易的可能性，获取相关账户相关期间的**全部银行对账单**。

（2）利用数据分析等技术，**对比银行对账单上的收付款流水与被审计单位银行存款日记账的收付款信息是否一致**，对银行对账单及被审计单位银行存款日记账记录进行**双向核对**。

注册会计师通常可以考虑选择以下银行账户进行核对：**基本户，余额较大的银行账户，发生额较大且收付频繁的银行账户，发生额较大但余额较小、零余额或当期注销的银行账户，募集资金账户等**。

记忆面包

基、大、频、发、零余额、当注销、募资金

针对同一银行账户，注册会计师可以根据具体情况实施下列审计程序：

①选定同一期间（月度、年度）的银行存款日记账、银行对账单的**发生额合计数（借方及贷方）进行总体核对**。

②对银行对账单及被审计单位银行存款日记账记录进行**双向核对**，即在选定的账户和期间，从被审计单位银行存款日记账上选取样本，核对至银行对账单，以及自银行对账单中进一步选取样本，与被审计单位银行存款日记账记录进行核对。在运用数据分析技术时，**可选择全部项目进行核对**。核对内容包括日期、金额、借贷方向、收付款单位、摘要等。

对**相同金额的一收一付、相同金额的多次转入转出等大额异常货币资金发生额**，**检查**银行存款日记账和相应**交易及资金划转的文件资料**，关注相关交易及相应资金流转安排是否具有合理的**商业理由**。

（3）浏览**资产负债表日前后**的银行对账单和被审计单位银行存款账簿记录，关注是否存在大额、异常资金变动以及大量大额红字冲销或调整记录，如存在，需要实施进一步的审计程序。

【提示】资产负债表日前后的要特别关注。

4. 取得并检查银行对账单和银行存款余额调节表（见表12－6）

表12－6

银行存款日记账　100	银行存款对账单　80
加：银行已收，企业未收的款项　20	**加**：企业已收，银行未收的款项　25
减：银行已付，企业未付的款项　30	**减**：企业已付，银行未付的款项　15
90	90
真实的银行存款余额	

（1）取得并检查银行对账单。

①取得被审计单位加盖银行印章的银行对账单。注册会计师应**对银行对账单的真实性保持警觉**，必要时，**亲自**到银行获取对账单，并对获取过程保持控制。此外，注册会计师**还可以观察被审计单位人员登录并操作网银系统导出信息的过程，核对网银界面的真实性**，核对网银中显示或下载的信息与提供给注册会计师的对账单中信息的一致性。

②将被审计单位资产负债表日的银行**对账单与银行询证函回函核对**，确认是否一致。

③将获取的银行对账单余额与银行日记账余额进行**核对**，如存在差异，获取银行存款余额调节表。

【例题12－3·简答题·2015年】 ABC会计师事务所负责审计甲公司2014年度财务报表，审计项目团队认为货币资金的存在和完整性认定存在舞弊导致的重大错报风险，审计工作底稿中与货币资金审计相关的部分内容摘录如下：

因对甲公司提供的银行对账单的真实性存有疑虑，审计项目团队要求甲公司管理层重新取得了所有银行账户的对账单，并现场观察了对账单的打印过程，未发现异常。

要求：针对上述事项，指出A注册会计师的做法是否恰当。如不恰当，简要说明理由。

【答案】 不恰当。如果对甲公司提供的银行对账单的真实性存有疑虑，注册会计师可以在被审计单位的协助下亲自到银行获取银行对账单。在获取银行对账单时，注册会计师要对全过程保持控制。

【解题思路】 对对账单的真实性存有疑虑，要求管理层再次获取对账单不能消除该疑虑，注册会计师最好亲自到银行打印。

（2）取得并检查银行存款余额调节表。

①检查调节表中加计数是否正确，调节后银行存款日记账余额与银行对账单余额是否一致。

②检查调节事项。

表 12 -7

企付银未付款项	检查被审计单位付款的原始凭证，并检查该项付款是否已在期后银行对账单上得以反映；在检查期后银行对账单时，就对账单上所记载的内容，如支票编号、金额等，与被审计单位支票存根进行核对
企收银未收款项	检查被审计单位收款入账的原始凭证，检查其是否已在期后银行对账单上得以反映
银收企未收、银付企未付款项	检查收、付款项的内容及金额，确定是否为截止错报

如果企业的银行存款余额调节表存在大额或长期未达账项，注册会计师应追查原因并检查相应的支持文件，判断是否为错报事项，确定是否需要提请被审计单位进行调整。

③关注长期未达账项，查看是否存在挪用资金等事项。

④特别关注银付企未付、企付银未付中支付异常的领款事项，包括没有载明收款人、签字不全等支付事项，确认是否存在舞弊。

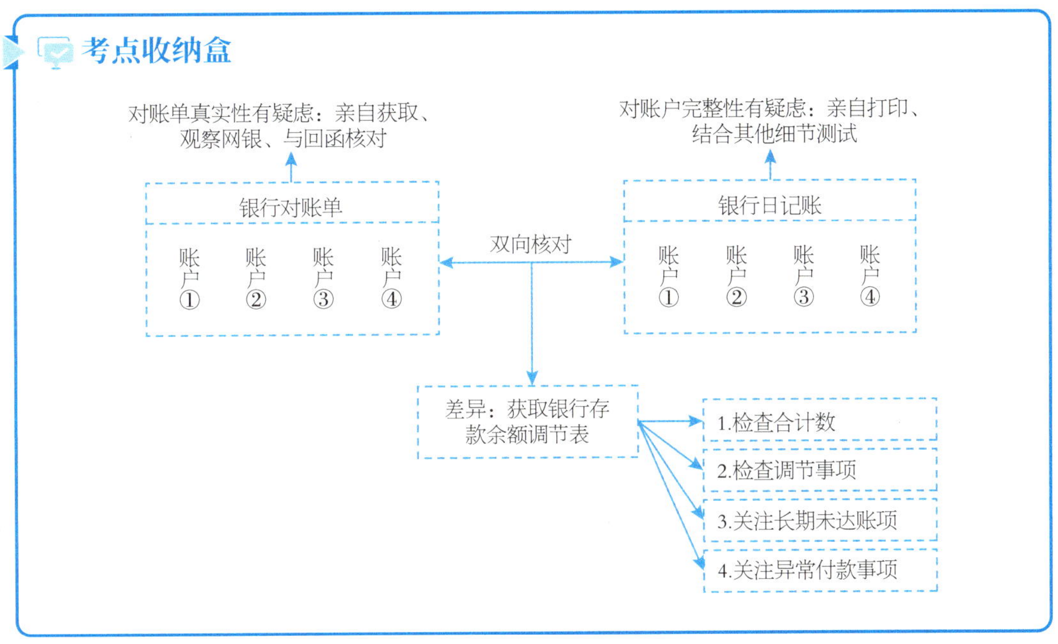

5. 函证银行存款余额（链接第三章）

银行询证函（格式一）

编号：

××（银行）××（分支机构，如适用）（以下简称“贵行”，即“函证收件人”）：

本公司聘请的［××会计师事务所］正在对本公司［________年度（或期间）］的财务报表进行审计，按照［中国注册会计师审计准则］［列明其他相关审计准则名称］的要求，应当询证本公司与贵行相关的信息。

（1）如与贵行记录相符，请在本函“结论”部分［签字和签章］或［签发电子签名］；

（2）如有不符，请在本函“结论”部分列明不符项目及具体内容，并［签字和签章］或

[签发电子签名]。

本公司谨授权贵行将回函直接寄至××会计师事务所[或直接转交××会计师事务所函证经办人]，地址及联系方式如下：

回函地址：

联系人：　　　　电话：　　　　传真：　　　　邮编：

电子邮箱：

（1）根据《中华人民共和国电子签名法》（以下简称《电子签名法》），可靠的电子询证函属于《电子签名法》规定的一种数据电文。可靠的电子签名与手写签名或者盖章具有同等法律效力。函证各相关方在数字函证平台中使用符合《电子签名法》相关规定的数据电文和电子签名具有法律效力。

（2）会计师事务所应按照相关银行公示的函证具体要求提供相关人员的证明文件等。

（3）“回函地址、联系人、电话、传真、邮编、电子邮箱”等要素应完整、准确填写。

6. 检查银行存款账户存款人是否为被审计单位

7. 关注是否存在质押、冻结等对变现有限制或在境外的款项

8. 对不符合现金及现金等价物的条件的银行存款在底稿中予以列明

9. 抽查大额银行存款收支的原始凭证

10. 检查银行存款收支的截止是否正确

选取资产负债表日前后若干天的银行存款收支凭证实施截止测试，关注业务内容及对应项目，如有跨期收支事项，应考虑是否应提出调整建议。

11. 检查银行存款是否在报表中恰当列报和披露（抵押、冻结）

（三）定期存款

（1）询问。

如果定期存款占银行存款的**比例偏高，或同时负债比例偏高**，注册会计师需要向管理层**询问**定期存款存在的**商业理由并评估其合理性**。

（2）获取定期存款明细表。

检查是否与账面记录金额一致，存款人是否为被审计单位，定期存款是否被质押或限制使用。

（3）**监盘定期存款凭据**，或**实地观察**被审计单位登录网银系统查询定期存款信息，并将查询信息**截屏保存**。如果被审计单位在资产负债表日有大额定期存款，基于对风险的判断，考虑选择在资产负债表日实施监盘。

（4）未质押定期存款。

对存款期限跨越资产负债表日的**未质押定期存款，检查开户证实书原件而非复印件**，以防止被审计单位提供的复印件是未质押或未提现前原件的复印件，特别关注被审计单位在定期存单到期之前，是否存在先办理质押贷款或提前套现，再用质押贷款所得货币资金或套取的货币资金虚增收入、挪作他用或从事其他违规业务的情形。在检查时，还要认真核对相关信息，包括存款人、金额、期限等，如有异常，需实施进一步审计程序。

（5）已质押的定期存款。

对已质押的定期存款，检查定期存单复印件，并与相应的质押合同核对，核对存款人、金额、期限等相关信息；对于用于质押借款的定期存单，关注定期存单对应的质押借款有无入

账；对于超过借款期限但仍处于质押状态的定期存款，还需要关注相关借款的偿还情况，了解相关质权是否已被行使；对于为他人担保的定期存单，关注担保是否逾期及相关质权是否已被行使。

（6）函证。

函证定期存款相关信息。关注银行回函是否对包括“是否用于担保或存在其他使用限制”在内的项目给予了完整回复。

（7）分析程序。

结合财务费用和投资收益审计，分析利息收入的合理性，判断定期存款是否真实存在，或是否存在体外资金循环的情形。如果账面利息收入远大于根据定期存款计算的应得利息，很可能表明被审计单位存在账外定期存款。如果账面利息收入远小于根据定期存款计算的应得利息，很可能表明被审计单位存在转移利息收入或挪用、虚构定期存款的情况。

（8）对于在报告期内到期结转的定期存款、资产负债表日后已提取的定期存款，检查、核对相应的兑付凭证、银行对账单或网银记录等。

（9）关注被审计单位是否在财务报表附注中对定期存款及其受限情况（如有）给予充分披露。

（四）其他货币资金的实质性程序

表 12－8

类型	审计程序
保证金存款	检查开立银行承兑汇票的协议或银行授信审批文件
存出投资款	跟踪资金流向，并获取董事会决议等批准文件、开户资料、授权操作资料等
因互联网支付留存于第三方支付平台的资金	了解是否开立支付宝、微信等第三方支付账户，如是，获取相关开户信息资料，了解其用途和使用情况，获取与第三方支付平台签订的协议，了解第三方平台使用流程等内部控制，比照验证银行存款或银行交易的方式对第三方平台支付账户函证交易发生额和余额（如可行）。获取第三方支付平台发生额及余额明细，并与账面记录进行核对，对大额交易考虑实施进一步的检查程序。 【彬哥解读】本段文字阐述了三个层次的程序：①了解开户情况；②了解内控；③检查交易

恭喜你，

已完成第十二章的学习

扫码免费进 >>>
2022年CPA带学群

把努力当成一种习惯，而不是三分钟热度。坚持才是王道，每一个你羡慕的收获，都是别人努力用心拼来的，你可以报怨，也可以无视，但记住，不努力，连认输的资格都没有！

CHAPTER THIRTEEN

第十三章　对舞弊和法律法规的考虑

考情雷达

上市公司的“舞弊”行为触目惊心，注册会计师在审计中更是如履薄冰，一不小心就会被波及到倾家荡产，因此针对舞弊风险，注册会计师要实施充分的程序去识别和应对，以降低审计风险。被审计单位还有可能涉及违反法律法规的行为，有些违反法律法规的行为会对财务报表产生直接影响，有些不会，注册会计师应该分别实施什么样的程序去应对呢？本章将对上述内容展开详细讲解。从考试情况来看，近几年考试分值在5分左右，属于重点章节，客观题和主观题均涉及，但是难度并不太高，基础考点偏多，熟悉教材内容非常重要。

本章修改“**应对评估的由于舞弊导致的认定层次重大错报风险**，注册会计师**采取的具体措施**”内容。其他内容与去年相比无实质性变化。

考点地图

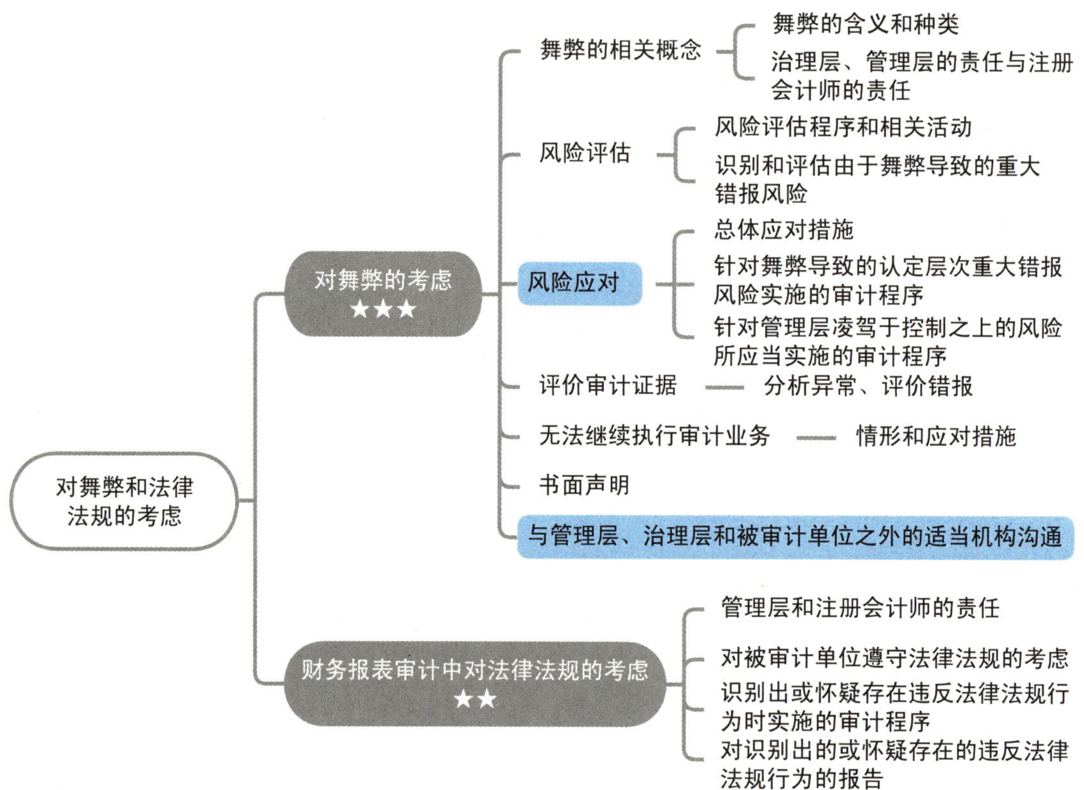

考点1　舞弊的相关概念（★）

（一）舞弊的含义和种类

1. 舞弊的含义

舞弊是指被审计单位的管理层、治理层、员工或第三方使用欺骗手段获取不当或非法利益的故意行为。

2. 舞弊的种类

表 13－1

<table>
<tr><td rowspan="2">编制虚假财务报告导致的错报</td><td>定义</td><td>编制虚假财务报告涉及为欺骗财务报表使用者而作出的故意错报（包括对财务报表金额或披露的遗漏）</td><td rowspan="2">为了让公司报表更好看</td></tr>
<tr><td>举例</td><td>操纵、弄虚作假或篡改会计记录；故意漏记、错误表达财务报表信息；故意错误使用会计原则</td></tr>
<tr><td rowspan="2">侵占资产导致的错报</td><td>定义</td><td>侵占资产包括盗窃被审计单位资产，通常的做法是员工盗窃金额较小且不重要的资产。侵占资产也可能涉及管理层，他们通常更能够通过难以发现的手段掩饰或隐瞒侵占资产的行为</td><td rowspan="2">为了将公司财物占为己用</td></tr>
<tr><td>举例</td><td>贪污款项、盗窃资产、虚假付款、公产私用</td></tr>
</table>

（二）治理层、管理层的责任与注册会计师的责任

1. 治理层、管理层——主要责任

被审计单位**治理层和管理层**对防止或发现舞弊负有**主要责任**。

【提示】不能说“完全责任”。

2. 注册会计师的责任——合理保证

（1）在按照审计准则的规定执行审计工作时，注册会计师有责任**对财务报表整体是否不存在由于舞弊或错误导致的重大错报获取合理保证**。

【提示】注册会计师有责任对财务报表整体是否不存在舞弊或错误获取合理保证，这句话是错误的，我们要对重大错报负责，不是舞弊或错误。

（2）注册会计师是否按照审计准则的规定实施了审计工作，**取决于**：

①其是否根据具体情况实施了审计程序；

②是否获取了充分、适当的审计证据；

③是否根据审计证据评价结果出具了恰当的审计报告。

【提示】

①舞弊导致的重大错报未被发现的风险，**大于**错误导致的重大错报未被发现的风险。

②管理层舞弊导致的重大错报未被发现的风险，**大于**员工导致的重大错报未被发现的风险。

③如果完成审计工作后发现舞弊导致的财务报表重大错报，特别是串通舞弊或伪造文件记录导致的重大错报，**并不一定表明**注册会计师没有遵守审计准则（工作失职或失误）。

【例题 13－1·单选题·2015 年】针对舞弊导致的重大错报风险，下列说法中正确的是（　　）。

A. 被审计单位管理层对防止或发现舞弊负有全部责任

B. 注册会计师对财务报表整体存在由于舞弊或错误导致的重大错报获取合理保证

C. 未发现被审计单位的舞弊行为，表明注册会计师工作失误

D. 注册会计师不能对财务报表整体不存在重大错报获取绝对保证

【答案】D

【解析】选项A错误，被审计单位治理层和管理层对防止或发现舞弊负有主要责任；选项B错误，注册会计师有责任对财务报表是否不存在由于舞弊或错误导致的重大错报获取合理保证；选项C错误，由于审计的固有限制，即使注册会计师按照审计准则的规定恰当计划和执行了审计工作，也不可避免地存在财务报表中的某些重大错报未被发现的风险。

考点2　风险评估（★★）

（一）风险评估程序和相关活动

表13－2

程序	内容
询问	询问管理层、治理层、内部审计人员、被审计单位内部的其他相关人员，其中，被审计单位内部的其他相关人员包括： ①不直接参与财务报告过程的业务人员； ②拥有不同级别权限的人员； ③参与生成、处理或记录复杂或异常交易的人员及对其进行监督的人员； ④内部法律顾问； ⑤负责道德事务的主管人员或承担类似职责的人员； ⑥负责处理舞弊指控的人员
评价舞弊风险因素	注册会计师应当评价通过其他风险评估程序和相关活动获取的信息，是否表明存在舞弊风险因素。存在舞弊风险因素并不必然表明发生了舞弊，但在舞弊发生时通常存在舞弊风险因素，因此，舞弊风险因素可能表明存在由于舞弊导致的重大错报风险。 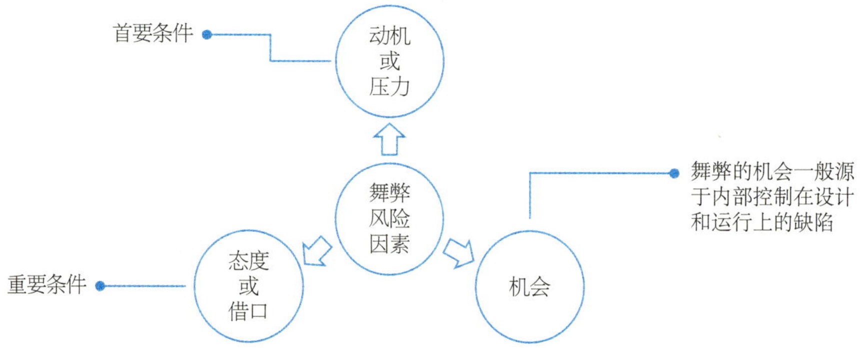 首要条件 动机或压力 舞弊风险因素 舞弊的机会一般源于内部控制在设计和运行上的缺陷 重要条件 态度或借口 机会
分析程序	注册会计师应当评价在实施分析程序时识别出的异常或偏离预期的关系（包括与收入账户有关的关系），是否表明存在由于舞弊导致的重大错报风险
考虑其他信息	其他信息可能来源于项目组内部的讨论、客户承接或续约过程以及向被审计单位提供其他服务所获得的经验
组织项目组讨论	①舞弊迹象（舞弊的方式和领域、管理层操纵利润的迹象）； ②致险因素（管理层故意含糊披露、存在舞弊风险因素）； ③应对措施； ④全过程职业怀疑

1. 与编制虚假财务报告导致的错报相关的舞弊风险因素

第一部分：动机或压力。

表 13－3

舞弊风险因素细分类	舞弊风险因素具体示例
财务稳定性或盈利能力受到经济环境、行业状况或被审计单位经营情况的威胁（内忧外患）	市场竞争激烈或市场饱和，且伴随着利润率的下降
	难以应对技术变革、产品过时、利率调整等因素的急剧变化
	客户需求大幅下降，所在行业或总体经济环境中经营失败的情况增多
	经营亏损使被审计单位可能破产、丧失抵押品赎回权或遭恶意收购
	在财务报表显示盈利或利润增长的情况下，经营活动产生的现金流量经常出现负数，或经营活动不能产生现金流入
	高速增长或具有异常的盈利能力，特别是在与同行业其他企业相比时
	新发布的会计准则、法律法规或监管要求
管理层为满足第三方要求或预期而承受过度的压力（业绩压力）	投资分析师、机构投资者、重要债权人或其他外部人士对盈利能力或增长趋势存在预期（特别是过分激进的或不切实际的预期），包括管理层在新闻报道和年报信息中作出过于乐观的预期
	需要进行额外的举债或权益融资以保持竞争力，包括为重大研发项目或资本性支出融资
	满足交易所的上市要求、偿债要求或其他债务合同要求的能力较弱
	报告较差财务成果将对正在进行的重大交易（如企业合并或签订合同）产生可察觉的或实际的不利影响
管理层或治理层的个人财务状况受到被审计单位财务业绩的影响（利益相连）	在被审计单位中拥有重大经济利益
	其报酬中有相当一部分（如奖金、股票期权、基于盈利能力的支付计划）取决于被审计单位能否实现激进的目标（如在股价、经营成果、财务状况或现金流量方面）
	个人为被审计单位的债务提供了担保
管理层或经营者受到更高级管理层或治理层对财务或经营指标过高要求的压力（业绩压力）	治理层为管理层设定了过高的销售业绩或盈利能力等激励指标

第二部分：机会。

表 13－4

舞弊风险因素细分类	舞弊风险因素具体示例
被审计单位所在行业或其业务的性质为编制虚假财务报告提供了机会（行业特殊）	从事超出正常经营过程的重大关联方交易，或者与未经审计或由其他会计师事务所审计的关联企业进行重大交易
	被审计单位具有强大的财务实力或能力，使其在特定行业中处于主导地位，能够对与供应商或客户签订的条款或条件作出强制规定，从而可能导致不适当或不公允的交易

续表

舞弊风险因素细分类	舞弊风险因素具体示例
被审计单位所在行业或其业务的性质为编制虚假财务报告提供了机会（行业特殊）	资产、负债、收入或费用建立在重大估计的基础上，这些估计涉及主观判断或不确定性，难以印证
	从事重大、异常或高度复杂的交易（特别是临近期末发生的复杂交易，对该交易是否按照“实质重于形式”原则处理存在疑问）
	在经济环境及文化背景不同的国家或地区从事重大经营或重大跨境经营
	利用商业中介，而此项安排似乎不具有明确的商业理由
	在属于“避税天堂”的国家或地区开立重要银行账户或者设立子公司或分公司进行经营，而此类安排似乎不具有明确的商业理由
组织结构复杂或不稳定（结构复杂）	难以确定对被审计单位持有控制性权益的组织或个人
	组织结构过于复杂，存在异常的法律实体或管理层级
	高级管理人员、法律顾问或治理层频繁更换
对管理层的监督失效（监督失效）	管理层由一人或少数人控制（在非业主管理的实体中），且缺乏补偿性控制
	治理层对财务报告过程和内部控制实施的监督无效
内部控制要素存在缺陷（内控缺陷）	对控制的监督不充分，包括自动化控制以及针对中期财务报告（如要求对外报告）的控制
	由于会计人员、内部审计人员或信息技术人员不能胜任而频繁更换
	会计系统和信息系统无效，包括内部控制存在值得关注的缺陷的情况

第三部分：态度或借口。

表 13－5

舞弊风险因素细分类	舞弊风险因素具体示例
管理层态度不端或缺乏诚信（三观不正）	管理层未能有效地传递、执行、支持或贯彻被审计单位的价值观或道德标准，或传递了不适当的价值观或道德标准
	非财务管理人员过度参与或过于关注会计政策的选择或重大会计估计的确定
	被审计单位、高级管理人员或治理层存在违反证券法或其他法律法规的历史记录，或由于舞弊或违反法律法规而被指控
	管理层过于关注保持或提高被审计单位的股票价格或利润趋势
	管理层向分析师、债权人或其他第三方承诺实现激进的或不切实际的预期
	管理层未能及时纠正发现的值得关注的内部控制缺陷
	为了避税的目的，管理层表现出有意通过使用不适当的方法使报告利润最小化
	高级管理人员缺乏士气
	业主兼经理未对个人事务与公司业务进行区分
	股东人数有限的被审计单位股东之间存在争议
	管理层总是试图基于重要性原则解释处于临界水平的或不适当的会计处理

续表

舞弊风险因素细分类	舞弊风险因素具体示例
管理层与现任或前任注册会计师之间的关系紧张（关系紧张）	在会计、审计或报告事项上经常与现任或前任注册会计师产生争议
	对注册会计师提出不合理的要求，如对完成审计工作或出具审计报告提出不合理的时间限制
	对注册会计师接触某些人员、信息或与治理层进行有效沟通施加不适当的限制
	管理层对注册会计师表现出盛气凌人的态度，特别是试图影响注册会计师的工作范围，或者影响对执行审计业务的人员或被咨询人员的选择和保持

2. 与侵占资产导致的错报相关的舞弊风险因素

第一部分：动机或压力。

表 13－6

舞弊风险因素细分类	舞弊风险因素具体示例
个人的生活方式或财务状况问题（缺钱）	接触现金或其他易被侵占（通过盗窃）资产的管理层或员工负有个人债务，可能会产生侵占这些资产的压力
接触现金或其他易被盗窃资产的员工与被审计单位之间存在的紧张关系（报复）	已知或预期会发生裁员
	近期或预期员工报酬或福利计划会发生变动
	晋升、报酬或其他奖励与预期不符

第二部分：机会。

表 13－7

舞弊风险因素细分类	舞弊风险因素具体示例
资产的某些特征或特定情形可能增加其被侵占的可能性（资产特殊）	持有或处理大额现金
	体积小、价值高或需求较大的存货
	易于转手的资产，如无记名债券、钻石或计算机芯片
	体积小、易于销售或不易识别所有权归属的固定资产
与资产相关的不恰当的内部控制可能增加资产被侵占的可能性（内控缺陷）	职责分离或独立审核不充分
	对高级管理人员的支出（如差旅费及其他报销费用）的监督不足
	管理层对负责保管资产的员工的监管不足（如对保管处于偏远地区的资产的员工监管不足）
	对接触资产的员工选聘不严格
	对资产的记录不充分
	对交易（如采购）的授权及批准制度不健全
	对现金、投资、存货或固定资产等的实物保管措施不充分

续表

舞弊风险因素细分类	舞弊风险因素具体示例
与资产相关的不恰当的内部控制可能增加资产被侵占的可能性（内控缺陷）	未对资产作出完整、及时的核对调节
	未对交易作出及时、适当的记录（如销货退回未作冲销处理）
	对处于关键控制岗位的员工未实行强制休假制度
	管理层对信息技术缺乏了解，从而使信息技术人员有机会侵占资产
	对自动生成的记录的访问控制（包括对计算机系统日志的控制和复核）不充分

第三部分：态度或借口。

表 13－8

舞弊风险因素细分类	舞弊风险因素具体示例
管理层或员工不重视相关控制	忽视监控或降低与侵占资产相关的风险的必要性
	忽视与侵占资产相关的内部控制，如凌驾于现有的控制之上或未对已知的内部控制缺陷采取适当的补救措施
	被审计单位人员在行为或生活方式方面发生的变化可能表明资产已被侵占
	容忍小额盗窃资产的行为
对被审计单位存在不满甚至敌对情绪	被审计单位人员的行为表明其对被审计单位感到不满，或对被审计单位对待员工的态度感到不满

【提示】存在舞弊风险因素**并不必然表明**发生了舞弊，但是舞弊发生时通常存在舞弊风险因素。

【例题 13－2·单选题·2015 年】下列舞弊风险因素中，与实施舞弊的动机或压力相关的是（　　）。

A. 组织结构过于复杂，存在异常的法律实体或管理层级

B. 非财务管理人员过度参与会计政策的选择或重大会计评估的确定

C. 管理层在被审计单位中拥有重大经济利益

D. 职责分离或独立审核不充分

【答案】C

【解析】选项 AD 错误，均与实施舞弊的机会相关；选项 B 错误，与实施舞弊的态度或借口有关。

（二）识别和评估由于舞弊导致的重大错报风险

（1）舞弊导致的重大错报风险属于需要注册会计师特别考虑的重大错报风险，即特别风险。

（2）收入确认存在舞弊风险的**假定**。

如果注册会计师认为收入确认存在舞弊风险的**假定不适用于业务的具体情况**，从而未将收

入确认作为由于舞弊导致的重大错报风险领域，注册会计师应当在审计工作底稿中记录得出该结论的理由。

关联贴纸

链接第九章考点。假定收入确认存在舞弊风险，并不意味着注册会计师应当将与收入确认相关的所有认定都假定为存在舞弊风险。

考点3 风险应对（★★★）

（一）总体应对措施——针对舞弊导致的报表层次重大错报风险

（1）派高手：在分派和督导项目组成员时，考虑承担重要业务职责的项目组成员所具备的知识、技能和能力，并考虑由于舞弊导致的重大错报风险的评估结果。

（2）评政策：评价被审计单位对会计政策（特别是涉及主观计量和复杂交易的会计政策）的选择和运用，是否可能表明管理层通过操纵利润对财务信息作出虚假报告。

（3）不可预见：在选择审计程序的性质、时间安排和范围时，增加审计程序的不可预见性。

关联贴纸

注意和第八章一般的报表层次重大错报风险的总体应对措施区分。

总体应对措施：

向项目组强调保持职业怀疑的必要性；

指派更有经验或具有特殊技能的审计人员，或利用专家的工作；

提供更多的督导；

在选择拟实施的进一步审计程序时融入更多的不可预见的因素；

对拟实施审计程序的性质、时间安排或范围作出总体修改。

（二）针对舞弊导致的认定层次重大错报风险实施的审计程序

表 13－9

审计程序	为应对评估的由于舞弊导致的认定层次重大错报风险，注册会计师采取的具体措施可能包括通过下列方式改变审计程序的性质、时间安排和范围： ①改变拟实施审计程序的性质，以获取更可靠、相关的审计证据，或获取额外的佐证信息。 例如，对特定资产进行实地观察或检查；设计询证函时，增加交易日期、退货权、交货条款等销售协议的细节；向被审计单位的非财务人员询问销售协议和交货条款的变化，以对函证获取的信息进行补充。 ②调整实施审计程序的时间安排。 例如，在期末或接近期末实施实质性程序，以更好地应对由于舞弊导致的重大错报风险；由于涉及不恰当收入确认的舞弊可能已在期中发生，针对本期较早期间发生的交易或整个报告期内的交易实施实质性程序。 ③调整实施审计程序的范围，以应对评估的由于舞弊导致的重大错报风险。 例如，扩大样本规模；在更详细的层次上实施分析程序；利用计算机辅助审计技术对电子交易和会计文档实施更广泛的测试。 【记忆面包】性质严格、时间期末、范围扩大

续表

<table>
<tr><td rowspan="5">具体应对措施</td><td rowspan="4">针对编制虚假财务报告导致的错报</td><td>收入确认</td><td>①使用分解的数据实施实质性分析程序（如按月/产品分析收入）。
②向被审计单位客户函证相关的特定合同条款、条件是否存在背后协议。
③向被审计单位销售或内部法律顾问询问临近期末的销售或发货情况，以及他们所了解的与这些交易相关的异常条款或条件。
④期末在被审计单位的一处或多处发货现场实地观察发货情况或准备发出的货物情况（或待处理的退货），并实施其他适当的销售及存货截止测试</td></tr>
<tr><td>存货数量</td><td>①在不预先通知的情况下对特定存放地点的存货实施监盘，或在同一天对所有存放地点实施存货监盘。
②要求被审计单位在报告期末或临近期末的时点实施存货盘点。
③在观察存货盘点的过程中实施额外的程序（如严格检查包装箱中的货物、货物堆放方式、液态物质的质量特征，在这些方面利用专家工作）</td></tr>
<tr><td>管理层估计</td><td>①聘用专家作出独立估计，并与管理层的估计进行比较。
②将询问范围延伸至管理层和会计部门以外的人员，以印证管理层完成与作出会计估计相关的计划的能力和意图</td></tr>
<tr></tr>
<tr><td>针对侵占资产导致的错报</td><td>货币资金、有价证券</td><td>期末或临近期末对现金或有价证券进行监盘</td></tr>
</table>

【例题13－3·单选题·2020年】下列做法中，通常无法应对舞弊导致的认定层次重大错报风险的是（　　）。

A. 改变控制测试的时间

B. 改变实质性程序的时间

C. 改变审计程序的范围

D. 改变审计程序的性质

【答案】A

【解析】选项A当选，存在舞弊风险情形下，被审计单位的内部控制几乎无效，改变控制测试的时间不能应对该风险。

（三）注册会计师针对管理层凌驾于控制之上的风险所应当实施的审计程序

表13－10

背景	由于管理层在被审计单位的地位，管理层凌驾于控制之上的风险在所有被审计单位都可能存在
管理层凌驾于控制之上实施舞弊的手段	①作出虚假会计分录，特别是在临近会计期末时，从而操纵经营成果或实现其他目的。 ②不恰当地调整对账户余额作出估计时使用的假设和判断。 ③在财务报表中漏记、提前或推迟确认报告期内发生的交易或事项。 ④遗漏、掩盖或歪曲适用的财务报告编制基础要求的披露或为实现公允反映所需的披露。 ⑤隐瞒可能影响财务报表金额的事实。 ⑥构造复杂交易以歪曲财务状况或经营成果。 ⑦篡改与重大和异常交易相关的记录和条款

续表

<table>
<tr><td rowspan="4">审计程序
【记忆面包】测试+复核+评价</td><td colspan="2">管理层凌驾于控制之上的风险属于特别风险，无论对管理层凌驾于控制之上的风险的评估结果如何，注册会计师都应当设计和实施下列审计程序</td></tr>
<tr><td>①测试会计分录：测试日常会计核算过程中作出的会计分录以及编制财务报表过程中作出的其他调整是否适当。
【记忆面包】日常分录+其他调整</td><td>注册会计师应当：
a. 向参与财务报告过程的人员询问与处理会计分录和其他调整相关的不恰当或异常的活动；
b. 选择在报告期末作出的会计分录和其他调整；
c. 考虑是否有必要测试整个会计期间的会计分录和其他调整。
【提示】期末的必须测，期间的不一定，要根据舞弊风险情况决定</td></tr>
<tr><td colspan="2">②复核会计估计：复核会计估计是否存在偏向，并评价产生这种偏向的环境是否表明存在由于舞弊导致的重大错报风险</td></tr>
<tr><td>③评价商业理由：对于超出被审计单位正常经营过程的重大交易或异常的重大交易，评价其商业理由是否表明被审计单位从事交易的目的是为了对财务信息作出虚假报告或掩盖侵占资产的行为</td><td>超常重大交易的迹象（了解）：
a. 交易的形式显得过于复杂（例如交易涉及集团内部多个实体，或涉及多个非关联的第三方）；
b. 管理层未与治理层就此类交易的性质和会计处理进行过讨论，且缺乏充分的记录；
c. 管理层更强调采用某种特定的会计处理的需要，而不是交易的经济实质（重需要轻实质）；
d. 对于涉及不纳入合并范围的关联方（包括特殊目的实体）的交易，治理层未进行适当的审核与批准；
e. 交易涉及以往未识别出的关联方，或涉及在没有被审计单位帮助的情况下不具备物质基础或财务能力完成交易的第三方</td></tr>
</table>

【例题 13－4·单选题·2017 年】下列审计程序中，通常不能应对管理层凌驾于控制之上的风险的是（　　）。

A. 测试会计分录和其他调整

B. 获取有关重大关联方交易的管理层书面声明

C. 复核会计估计是否存在偏向

D. 评价重大非常规交易的商业理由

【答案】B

【解析】无论对管理层凌驾于控制之上的风险评估结果如何，注册会计师都应当设计和实施审计程序，用以：①测试日常会计核算过程中作出的会计分录以及编制财务报表过程中作出的其他调整是否适当；②复核会计估计是否存在偏向，并评价产生这种偏向的环境是否表明存在由于舞弊导致的重大错报风险；③对于超出被审计单位正常经营过程的重大交易，或基于对被审计单位及其环境的了解以及在审计过程中获取的其他信息而显得异常的重大交易，评价其商业理由（或缺乏商业理由）是否表明被审计单位从事交易的目的是为了对财务信息作出虚假报告或掩盖侵占资产的行为。

考点4 评价审计证据（★）

（一）分析异常

在就财务报表与所了解的被审计单位的情况是否一致形成总体结论时，注册会计师应当评价在临近审计结束时实施的分析程序，**是否表明存在此前尚未识别的由于舞弊导致的重大错报风险**。

【提示】分析程序在总体复核阶段的运用是必须的。

（二）评价错报

如果识别出某项错报，并有理由认为该项错报是或可能是由于舞弊导致的，**且涉及管理层，特别是涉及较高层级的管理层，无论该项错报是否重大**，注册会计师都应当：

①**重新评价**对由于舞弊导致的重大错报风险的评估结果；

②**重新评价该评估结果对**旨在应对评估的风险的审计程序的性质、时间安排和范围的影响；

③**重新考虑**此前获取的审计证据的可靠性。

【提示】对于舞弊错报，不是改了就没问题了，必须考虑潜在影响。

考点5 无法继续执行审计业务（★★）

表 13 - 11

对继续执行审计业务的能力产生怀疑的异常情形	应对措施
①被审计单位**没有针对舞弊采取**适当的、注册会计师根据具体情况认为**必要的措施**，即使该舞弊对财务报表并不重大。 ②注册会计师对由于舞弊导致的重大错报风险的考虑以及实施审计测试的结果，**表明存在重大且广泛的舞弊风险**。 ③注册会计师**对管理层或治理层的胜任能力或诚信产生重大疑虑**。 **【记忆面包】**措施不到位、舞弊大又广、高层不诚信	①确定适用于具体情况的职业责任和法律责任，包括**是否需要**向审计业务委托人或监管机构**报告**。 ②在相关法律法规允许的情况下，考虑**是否需要解除业务约定**。 如果决定解除业务约定，注册会计师**应当**采取下列措施： a. 与适当层级的管理层和治理层讨论解除业务约定的决定和理由 b. 考虑是否存在职业责任或法律责任，需要向审计业务委托人或监管机构报告解除业务约定的决定和理由。 **【记忆面包】应当讨论+是否报告**

考点6 书面声明（★）

注册会计师**应当**向管理层和治理层（如适用）获取书面声明，**确认其已向注册会计师披露了下列信息**是非常重要的：

①管理层和治理层认可其设计、执行和维护内部控制以防止和发现舞弊的责任；

②管理层和治理层已向注册会计师披露了管理层对由于舞弊导致的财务报表重大错报风险的评估结果；

③管理层和治理层已向注册会计师披露了已知的涉及管理层、在内部控制中承担重要职责的员工以及其他人员的舞弊或舞弊嫌疑；

④管理层和治理层已向注册会计师披露了从现任和前任员工、分析师、监管机构等方面获知的、影响财务报表的舞弊指控或舞弊嫌疑。

考点7　与管理层、治理层和被审计单位之外的适当机构沟通（★★★）

表 13－12

管理层	沟通要求	当已获取的证据表明存在或可能存在舞弊时，除非法律法规禁止，注册会计师应当**及时**提请适当层级的管理层关注这一事项是很重要的。**即使该事项**（如被审计单位组织结构中处于较低职位的员工挪用小额公款）**可能被认为不重要**，注册会计师也应当这样做
	拟沟通的适当层级	通常情况下，适当层级的管理层**至少**要比涉嫌舞弊人员**高出一个级别**
治理层	沟通要求	①如果确定或怀疑舞弊**涉及管理层、在内部控制中承担重要职责的员工以及其舞弊行为可能导致财务报表重大错报的其他人员**，注册会计师**应当及时**就此类事项与治理层沟通。 ②如果根据判断认为还存在与治理层职责相关的、涉及舞弊的其他事项，注册会计师应当就此与治理层沟通
被审计单位之外的适当机构	如果识别出舞弊或怀疑存在舞弊，注册会计师应当**确定是否有责任**向被审计单位以外的适当机构报告	

【提示】和管理层沟通不分大小，只有大事才和治理层沟通。

【例题 13－5·简答题·2016 年】甲公司部分原材料系向农户采购。财务人员办理结算时应当查验农户身份证，并将身份证复印件及农户签字的收据作为付款凭证附件。2 000 元以上的付款应当通过银行转账。2015 年 10 月，A 注册会计师在观察原材料验收流程时发现某农户向验收员支付回扣，以提高核定的品质等级。A 注册会计师认为该事项不重大，在审计完成阶段向管理层通报了该事项。假定不考虑其他条件，指出 A 注册会计师的做法是否恰当。如不恰当，简要说明理由。

【答案】否。应当尽快与管理层进行沟通。

【解题思路】“农户向验收员支付回扣，以提高核定的品质等级”属于舞弊，而且验收员舞弊属于不重要的舞弊。A 认为该事项不重大，在审计完成阶段向管理层通报了该事项，说明没有及时和管理层沟通，是错误的。对于舞弊，即使不重大也应该及时和管理层沟通。

考点8　财务报表审计中对法律法规的考虑（★★）

违反法律法规，是指被审计单位、治理层、管理层或者为被审计单位工作或者受其指导的其他人，有意或无意违背除适用的财务报告编制基础以外的现行法律法规的行为，违反法律法规不包括与被审计单位经营活动无关的个人不当行为。

被审计单位需要遵守以下两类不同的法律法规：

表 13－13

直接影响	通常对决定财务报表的重大金额和披露有直接影响的法律法规	如税收和企业年金方面的法律法规
间接影响	对决定财务报表中的金额和披露没有直接影响的其他法律法规，但遵守这些法律法规对被审计单位的经营活动、持续经营能力或避免大额罚款至关重要；违反这些法律法规，可能对财务报表产生重大影响	如遵守经营许可条件、监管机构对偿债能力的规定或环境保护要求

彬哥解读

①在考虑被审计单位的某项行为是否违反法律法规时，应当征询法律意见（法律业务专家意见）。

②某项行为是否违反法律法规最终只能由法院或其他适当的监管机构作出判决。

（一）管理层遵守法律法规的责任

管理层有责任在治理层的监督下确保被审计单位的经营活动符合法律法规的规定。

（二）注册会计师的责任

注册会计师有责任对财务报表整体不存在由于舞弊或错误导致的重大错报获取合理保证。

注册会计师没有责任防止被审计单位违反法律法规行为，也不能期望其发现所有的违反法律法规行为。

表 13－14　被审计单位需要遵守的法律法规与注册会计师的责任

需遵守的法律法规	注册会计师责任
有直接影响的法律法规	就被审计单位遵守这些法律法规的规定获取充分、适当的审计证据
有间接影响的法律法规	仅限于实施特定的审计程序，以有助于识别可能对财务报表产生重大影响的违反这些法律法规的行为

（三）对被审计单位遵守法律法规的考虑——识别与评估

（1）在了解被审计单位及其环境时，注册会计师应当总体了解下列事项：

①适用于被审计单位及其所处行业或领域的法律法规框架；

②被审计单位如何遵守这些法律法规框架。

（2）程序。

表 13－15　程序或要求

主要程序	直接影响	注册会计师应当获取被审计单位遵守这些规定的充分、适当的审计证据
	间接影响	①向管理层和治理层（如适用）询问被审计单位是否遵守了这些法律法规。 ②检查被审计单位与许可证颁发机构或监管机构的往来函件
其他程序		①阅读会议纪要。 ②向被审计单位管理层、内部或外部法律顾问询问诉讼、索赔及评估情况。 ③对某类交易、账户余额和披露实施细节测试，如营业外支出

续表

书面声明	①由于法律法规对财务报表的影响差异很大，对于管理层识别出的或怀疑存在的、可能对财务报表产生重大影响的违反法律法规的行为，书面声明可以提供必要的审计证据。 ②书面声明本身并不能提供充分、适当的审计证据，因此，不影响注册会计师拟获取的其他审计证据的性质和范围

（四）识别出或怀疑存在违反法律法规行为时实施的审计程序

表 13－16

关注到与识别出的或怀疑存在的违反法律法规行为相关的信息时的审计程序	①了解违反法律法规行为的性质及其发生的环境。 ②获取进一步的信息，以评价对财务报表可能产生的影响
怀疑被审计单位存在违反法律法规行为时的审计程序	①如果怀疑被审计单位存在违反法律法规行为，注册会计师应当就此与适当层级的管理层和治理层（如适用）进行讨论。 ②如果管理层或治理层（如适用）不能向注册会计师提供充分的信息，注册会计师可以考虑向被审计单位内部或外部的法律顾问咨询。 ③如果认为在保密基础上向被审计单位法律顾问咨询是不适当的或不满意其提供的意见，注册会计师可能认为向所在会计师事务所的其他人员、网络事务所、职业团体或注册会计师的法律顾问咨询是适当的。 【记忆面包】 与管理层和治理层讨论 —不充分→ 向被审计单位法律顾问咨询 —不满意→ 向事务所的适当人员咨询
评价识别出的或怀疑存在的违反法律法规行为的影响	①评价对其他方面可能的影响，包括对注册会计师风险评估和被审计单位书面声明可靠性的影响。 ②考虑在法律法规允许的情况下是否有必要解除业务约定

（五）对识别出的或怀疑存在的违反法律法规行为的沟通和报告

1. 与治理层沟通

表 13－17

总体要求	除非治理层全部成员参与管理被审计单位，因而知悉注册会计师已沟通的、涉及识别出的或怀疑存在的违反法律法规行为的事项，注册会计师应当与治理层沟通审计过程中关注到的有关违反法律法规的事项（除非法律法规禁止），但不必沟通明显不重要的事项	
沟通方式	①通常采用书面形式，将沟通文件副本作为工作底稿。 ②若采用口头形式，应形成沟通记录并作为工作底稿保存	
情节严重时的沟通要求	故意和重大的违反法规行为	注册会计师应当就此尽快与治理层沟通
	怀疑违反法律法规行为涉及管理层或治理层	①注册会计师应当向被审计单位审计委员会或监事会等更高层级的机构通报。 ②如果不存在更高层级的机构，或注册会计师认为被审计单位可能不会对通报作出反应，或注册会计师不能确定向谁报告，注册会计师应当考虑是否需要向外部监管机构（如有）报告或征询法律意见。 【提示】内部是应当，外部是不确定

2. 出具审计报告

表 13－18

考虑违反法规行为的影响	①如果认为识别出的或怀疑存在的违反法律法规行为**对财务报表具有重大影响，注册会计师应当要求被审计单位在财务报表中予以恰当反映**（会影响审计报告）。 ②如果认为识别出的或怀疑存在的违反法律法规行为对财务报表**有重大影响，且未能在财务报表中得到恰当反映**，注册会计师应当出具保留意见或否定意见的审计报告。 **【提示】**因为报表中存在重大错报，所以是保留或否定意见
考虑审计范围受到限制的影响	①如果因为管理层或治理层阻挠而无法获取充分、适当的审计证据，以评价是否存在或可能存在对财务报表产生重大影响的违反法律法规行为，注册会计师应当根据审计范围受到限制的程度，发表保留意见或无法表示意见。 ②其他方面的限制。如果由于审计范围受到管理层或治理层以外的其他方面的限制而无法确定被审计单位是否存在违反法律法规行为，注册会计师应当评价这一情况对审计意见的影响

【例题 13－6·多选题·2015 年】识别出被审计单位违反法律法规的行为。下列各项程序，注册会计师应当实施的有（　　）。

A. 了解违反法律法规行为的性质及其发生的环境

B. 评价识别出的违反法律法规行为对注册会计师风险评估的影响

C. 就识别出的所有违反法律法规行为与治理层进行沟通

D. 评价被审计单位书面声明的可靠性

【答案】ABD

【解析】除非治理层全部成员参与管理被审计单位，因而知悉注册会计师已沟通的、涉及识别出的或怀疑存在的违反法律法规行为的事项，注册会计师应当与治理层沟通审计过程中关注到的有关违反法律法规的事项，但不必沟通明显不重要的事项。

【例题 13－7·单选题·2016 年】下列有关财务报表审计中对法律法规的考虑的说法中，错误的是（　　）。

A. 注册会计师没有责任防止被审计单位违反法律法规

B. 注册会计师有责任实施特定的审计程序，以识别和应对可能对财务报表产生重大影响的违反法律法规行为

C. 注册会计师通常采用书面形式与被审计单位治理层沟通审计过程中注意到的有关违反法律法规的事项

D. 如果被审计单位存在对财务报表有重大影响的违反法律法规行为，且未能在财务报表中得到充分反映，注册会计师应当发表保留意见或否定意见

【答案】B

【解析】对于有间接影响的法律法规，注册会计师的责任仅限于实施特定程序以助于识别可能对财务报表产生重大影响的违反法律法规行为，并不需要实施特定程序去应对，选项 B 错误。

3. 向被审计单位之外的适当机构报告识别出的或怀疑存在的违反法律法规行为

如果识别出或怀疑存在违反法律法规的行为，注册会计师应当**考虑是否有责任**向被审计单位以外的适当机构报告。

恭喜你，
已完成第十三章的学习

人生中最大的懒惰，就是当我们明知自己拥有作出选择的能力，却不去主动改变，而是放任它的生活态度。

CHAPTER FOURTEEN

第十四章 审计沟通

考情雷达

本章审计沟通主要包括注册会计师与治理层的沟通和前后任注册会计师的沟通两部分。被审计单位治理层在监督财务报告编制过程中和注册会计师在财务报表审计方面存在着共同的关注点，在履行职责方面存在着很强的互补性，因此注册会计师需要与治理层保持有效的双向沟通。现任注册会计师与前任注册会计师沟通可以获取很多信息，帮助注册会计师作出决策、实施审计程序，因此本章还会对前后任注册会计师的沟通进行讲解。从考试情况看，近几年平均分值在3分左右，客观题、主观题都有涉及，属于一般重要章节。本章的知识点较少，但是比较琐碎，而且考题会和其他章节相结合出现在各种题型中，需要考生关注细节，熟悉教材。

本章内容与去年相比无实质性变化。

考点地图

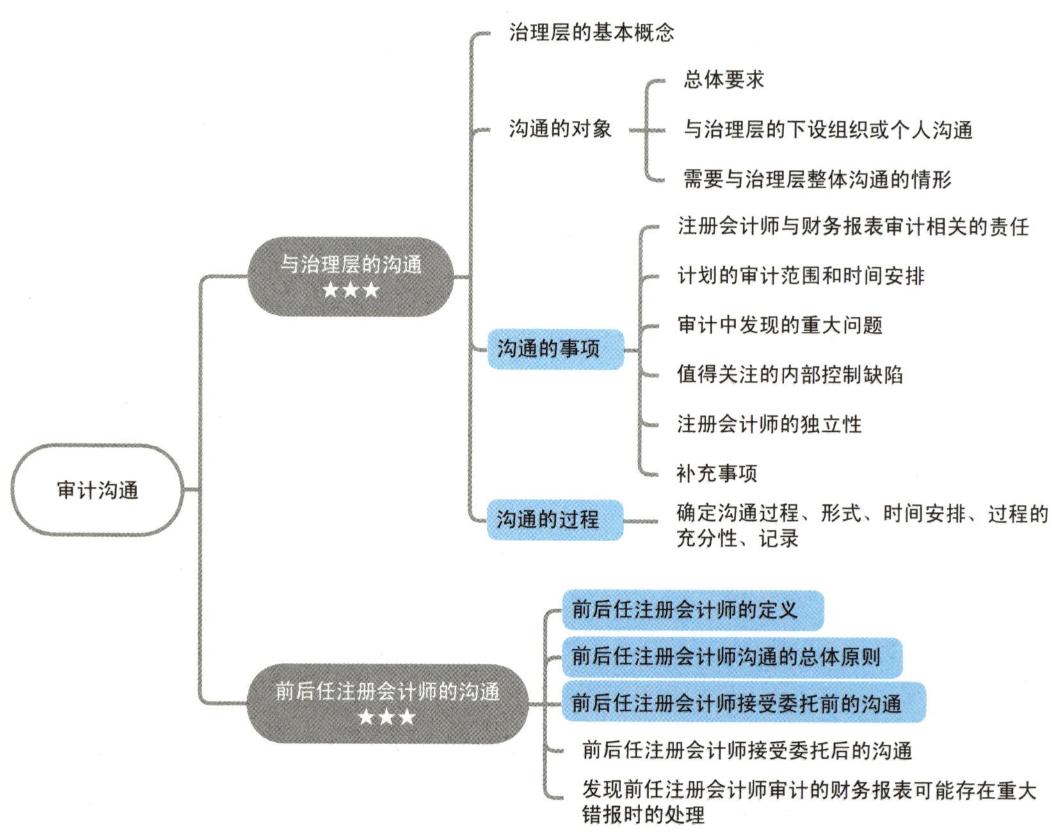

考点1 治理层的基本概念（★）

表14－1

角色	含义	责任
治理层	指对被审计单位战略方向以及对管理层履行经营管理责任负有监督责任的人员或组织。例如，董事会、独立董事、监事会、审计委员会等	包括对财务报告过程的监督
管理层	指对被审计单位经营活动的执行负有管理责任的人员。例如，经理、副经理、财务总监、总会计师	包括编制财务报告

考点2 沟通的对象（★）

（一）总体要求

1. 确定沟通对象的一般要求

不同的被审计单位，适当的沟通对象可能不同；沟通的事项不同，适当的沟通对象可能不同（具体内容具体分析）。

例如，上市公司审计中，有关注册会计师独立性问题的沟通，其沟通对象最好是被审计单位治理结构中有权决定聘任、解聘注册会计师的组织或人员。

又如，有关管理层胜任能力和诚信问题方面的事项，就不宜与兼任高级管理职务的治理层成员沟通。

2. 需要商定沟通对象的特殊情形

一般而言，注册会计师应当利用在了解被审计单位及其环境时获取的有关被审计单位治理结构和治理过程的信息，以识别出适当的沟通对象。如果由于被审计单位的治理结构没有清楚地界定，导致注册会计师无法清楚地识别适当的沟通对象，也没有指定适当的沟通对象，应尽早与审计委托人商定沟通对象，并就商定结果形成备忘录或其他形式的书面记录。

【提示】谁聘用的你，你找谁。

（二）与治理层的下设组织或个人沟通

通常，注册会计师没有必要（实际上也不可能）就全部沟通事项与治理层整体进行沟通，适当的沟通对象往往是治理层的下设组织和人员。

被审计单位设有审计委员会时，与其沟通成为注册会计师与治理层沟通的一个关键。

（三）需要与治理层整体沟通的情形

如果治理层全部成员参与管理，且注册会计师已与管理层沟通，就无须再次与负有治理责任的相同人员沟通，但应当确信与负有管理责任人员的沟通能够向所有负有治理责任的人员充分传递应予沟通的内容。

考点3 沟通的事项（★★★）

- 注册会计师与财务报表审计相关的责任——我的责任是什么
- 计划的审计范围和时间安排——我的工作内容和时间是什么
- 审计中发现的重大问题——我发现了什么问题
- 值得关注的内部控制缺陷——我发现了你们公司内控有什么问题
- 注册会计师的独立性——我是独立的
- 补充事项——其他想说的事

图14-1

（一）注册会计师与财务报表审计相关的责任

注册会计师应当与治理层沟通注册会计师与财务报表审计相关的责任，包括：

①注册会计师负责对管理层在治理层监督下编制的财务报表形成和发表意见；

②财务报表审计**并不减轻**管理层或治理层的责任。

注册会计师与财务报表审计相关的责任**应当包含在审计业务约定书或记录审计业务约定条款的其他适当形式的书面协议中**。

关联贴纸

第二章，**审计业务约定书的基本内容：**

①财务报表审计的目标与范围（目标范围）；

②注册会计师的责任（乙方责任）；

③管理层的责任（甲方责任）；

④指出用于编制财务报表所适用的财务报告编制基础（编制基础）；

⑤提及注册会计师拟出具的审计报告的预期形式和内容，以及对在特定情况下出具的审计报告可能不同于预期形式和内容的说明（审计报告）。

（二）计划的审计范围和时间安排

表14-2

沟通原则	①注册会计师应该与治理层沟通计划的审计范围和时间安排的**总体情况**，**包括识别出的特别风险**。 【提示】注意是“包括”，不是“不包括”。 ②沟通时，要保持职业谨慎，特别是治理层部分或全部成员参与管理被审计单位的情况下，避免损害审计的有效性。 例如，沟通**具体**审计程序的性质和时间安排，可能因这些程序易于被预见而降低其有效性。 【提示】不能沟通得太过具体

续表

沟通内容	①注册会计师拟如何应对由于舞弊或错误导致的特别风险以及重大错报风险评估水平较高的领域。 ②注册会计师对与审计相关的内部控制采取的方案。 ③在审计中对重要性概念的运用。 【提示】不是具体的重要性水平。 ④实施计划的审计程序或评价审计结果需要的专门技术或知识的性质和程度，包括利用专家的工作。 ⑤当准则适用时，注册会计师对哪些事项可能需要重点关注因而可能构成关键审计事项所作的初步判断。 ⑥针对适用的财务报告编制基础或者被审计单位所处的环境、财务状况或活动发生的重大变化对单一财务报表及披露产生的影响，注册会计师拟采取的应对措施
责任	尽管与治理层的沟通可以帮助注册会计师计划审计的范围和时间安排，但并不改变注册会计师独自承担制定总体审计策略和具体审计计划（包括获取充分、适当的审计证据所需程序的性质、时间安排和范围）的责任

【例题 14－1·综合题·2014 年节选】 A 注册会计师拟在审计计划阶段与治理层沟通，主要内容为：注册会计师与财务报表审计相关的责任、注册会计师的独立性、计划的审计范围以及具体审计程序的性质和时间安排。假定不考虑其他条件，指出 A 注册会计师的处理是否恰当。如不恰当，简要说明理由。

【答案】 不恰当。与治理层沟通具体审计程序的性质和时间安排，可能因这些程序易于被预见而降低其有效性。

【审题思路】 “具体审计程序的性质和时间安排”不应与治理层沟通，可能因这些程序易于被预见而降低其有效性。

（三）审计中发现的重大问题

表 14－3

问题	内容
对会计实务重大方面的质量的看法	—
审计工作中遇到的重大困难（重点）	①在提供审计所需信息时出现严重拖延或不愿意提供，或者被审计单位的人员不予配合。 ②不合理地要求缩短完成审计工作的时间。 ③为获取充分、适当的审计证据需要付出的努力远远超过预期。 ④无法获取预期的信息。 ⑤管理层对注册会计师施加的限制。 ⑥管理层不愿意按照要求对被审计单位持续经营能力进行评估，或不愿意延长评估期间
已与管理层讨论或需要书面沟通的重大事项，以及注册会计师要求提供的书面声明，除非治理层全部成员参与管理被审计单位	①影响被审计单位的业务环境，以及可能影响重大错报风险的经营计划和战略。 ②对管理层就会计或审计问题向其他专业人士进行咨询的关注。 ③管理层在首次委托或连续委托注册会计师时，就会计实务、审计准则应用、审计或其他服务费用与注册会计师进行的讨论或书面沟通。 ④当年发生的重大事项或交易。 ⑤与管理层存在意见分歧的重大事项，但因事实不完整或初步信息造成并在随后通过进一步获取相关事实或信息得以解决的初始意见分歧除外

续表

问题	内容
影响审计报告形式和内容的情形（重点）	①发表非无保留意见。 ②报告与持续经营相关的重大不确定性。 ③沟通关键审计事项。 ④增加强调事项段或其他事项段

（四）值得关注的内部控制缺陷

1. 值得关注的内部控制缺陷的定义

值得关注的内部控制缺陷，是指注册会计师根据职业判断，认为**足够重要**从而值得治理层关注的内部控制的一个缺陷或多个缺陷的组合。

2. 向治理层和管理层通报内部控制缺陷

注册会计师**应当以书面形式**及时向治理层通报审计过程中识别出的值得关注的内部控制缺陷。

注册会计师还应当及时向相应层级的管理层通报下列内部控制缺陷：

①已向或拟向治理层通报的值得关注的内部控制缺陷，除非在具体情况下不适合直接向管理层通报；

②在审计过程中识别出的、其他方尚未向管理层通报而注册会计师根据职业判断认为足够重要从而值得管理层关注的内部控制其他缺陷。

【提示】

①注册会计师执行审计工作的目的是对财务报表发表审计意见，**并非对内部控制的有效性发表意见；**

②报告的事项仅限于注册会计师在审计过程中识别出的、认为足够重要从而值得向治理层报告的缺陷。

【例题 14－2·单选题·2013 年】如果被审计单位未纠正注册会计师在上一年度审计时识别出的值得关注的内部控制缺陷，注册会计师在执行本年度审计时，下列做法中，正确的是（　　）。

A. 在制定审计计划时予以考虑，不再与管理层沟通

B. 以书面形式再次向治理层通报

C. 在审计报告中增加强调事项段予以说明

D. 在审计报告中增加其他事项段予以说明

【答案】B

【解析】注册会计师应当以书面形式及时向治理层通报审计过程中识别出的值得关注的内部控制缺陷。

（五）注册会计师的独立性

如果被审计单位是**上市实体**，注册会计师还**应当**与治理层沟通下列内容：

①就审计项目组成员、会计师事务所及其他相关人员，以及会计师事务所和网络事务所按

照相关职业道德要求保持了独立性**作出声明**；

②根据职业判断，注册会计师认为会计师事务所、网络事务所与被审计单位之间存在的可能影响独立性的所有关系和其他事项；

③为消除对独立性的不利影响或将其降至可接受的水平，已经采取的相关防范措施。

（六）补充事项

某些事项不一定与监督财务报告流程有关，但对治理层监督被审计单位的战略方向或与被审计单位受托责任相关的义务很可能是重要的，注册会计师应当就此与治理层沟通。

【例题 14－3·多选题·2012 年】 下列各项中，注册会计师应当与被审计单位治理层沟通的有（　　）。

A. 注册会计师在审计过程中识别出的值得关注的内部控制缺陷

B. 注册会计师与财务报表审计相关的责任

C. 被审计单位管理层拒绝对其持续经营能力进行评估

D. 注册会计师对被审计单位会计实务重大方面的质量的看法

【答案】 ABCD

【解析】 选项 ABCD 正确，注册会计师与治理层沟通的事项包括：

①注册会计师与财务报表审计相关的责任（选项 B）；

②计划的审计范围和时间安排；

③审计中发现的重大问题（选项 CD）；

④值得关注的内部控制缺陷（选项 A）；

⑤注册会计师的独立性；

⑥补充事项。

考点 4　沟通的过程（★★★）

（一）确定沟通过程

1. 与管理层的沟通

在与治理层沟通某些事项前，注册会计师可能就这些事项与管理层讨论，除非这种做法并不适当。例如，就管理层的胜任能力或诚信与其讨论可能是不恰当的。

2. 与第三方的沟通

治理层可能希望向第三方（如银行或特定监管机构）提供注册会计师书面沟通文件的副本。在向第三方提供为治理层编制的书面沟通文件时，在书面沟通文件中声明以下内容，告知第三方这些书面沟通文件不是为他们编制，可能是非常重要的：

①**书面沟通文件**仅为治理层的使用而编制，在适当的情况下也可供集团管理层和集团注册会计师使用，但**不应被第三方依赖**；

②注册会计师**对第三方不承担责任；**

③书面沟通文件向第三方**披露或分发的任何限制**。

应当注意的是，**除非法律法规要求**向第三方提供注册会计师与治理层的书面沟通文件的副本，否则注册会计师在向第三方提供前可能需要**事先征得治理层同意**。

（二）沟通的形式

对于审计准则要求的**注册会计师的独立性、值得关注的内部控制缺陷**，注册会计师**应当（必须）**以书面形式与治理层沟通。**除此之外**的其他事项，注册会计师**可以**采用口头或书面的方式沟通（其他方面非强制）。书面沟通**可能包括向治理层提供审计业务约定书**。

【例题14－4·单选题·2020年】下列各项沟通中，注册会计师应当采用书面形式的是（　　）。

A. 在接受委托后，与前任注册会计师进行沟通

B. 在上市公司审计中，与治理层沟通关键审计事项

C. 在上市公司审计中，与治理层沟通注册会计师的独立性

D. 在接受委托前，与前任注册会计师进行沟通

【答案】C

【解析】选项C正确，以下事项应当采取书面形式：

①对于审计准则要求的注册会计师的独立性（选项C）；

②向治理层通报值得关注的内部控制缺陷。

书面沟通可能包括向治理层提供审计业务约定书。

选项ABD错误，这些事项不是强制要求必须书面沟通的，即可口头可书面。

（三）沟通的时间安排

表14－4

事项	沟通时间
计划事项	早期阶段。 举例，系首次接受委托，沟通**可以**随同就审计业务条款达成一致意见一并进行
重大困难	可能需要**尽快**和治理层沟通
值得关注的内部控制缺陷	书面沟通前，**可能尽快向治理层口头沟通**
独立性	任何时候都可能是适当的
沟通审计中发现的问题	**可能**作为总结性讨论的一部分

【例题14－5·单选题·2015年】在审计过程中，注册会计师需要与被审计单位治理层进行沟通，下列关于与治理层沟通的说法中，错误的是（　　）。

A. 首次承接委托时，与治理层的沟通随同就审计业务条款达成一致意见一并进行

B. 在审计过程中遇到的重大困难，应汇总在完成审计工作时与治理层进行沟通

C. 如果注册会计师与治理层之间的双向沟通不充分，且情况得不到解决，应当采取适当防范措施

D. 对于审计准则要求的注册会计师的独立性，注册会计师应当以书面形式与治理层沟通

【答案】B
【解析】选项B说法错误，对于审计中遇到的重大困难，应尽快与治理层沟通。

（四）沟通过程的充分性

注册会计师应当评价其与治理层之间的双向沟通对实现审计目的是否充分。

（1）注册会计师不需要设计专门程序以支持其对与治理层之间的双向沟通的评价。

（2）如果注册会计师与治理层之间的双向沟通不充分，并且这种情况得不到解决，注册会计师可以采取下列措施：

①根据范围受到的限制发表非无保留意见；

②就采取不同措施的后果征询法律意见；

③与第三方（如监管机构）、被审计单位外部的在治理结构中拥有更高权力的组织或人员（如企业的业主、股东大会中的股东）或对公共部门负责的政府部门进行沟通；

④在法律法规允许的情况下解除业务约定。

记忆面包

采取的措施可以记为“非法勾结”：非（非无保留意见）法（法律意见）勾（进行沟通）结（解除业务约定）。

（五）沟通的记录

总原则：注册会计师应当记录与治理层沟通的重大事项。

表14－5

事项	记录要求
口头形式沟通的	应当将其包括在审计工作底稿中，并记录沟通的时间和对象
书面形式沟通的	应当保存一份沟通文件的副本，作为审计工作底稿的一部分（所有权属于事务所）
被审计单位编制的会议纪要是沟通的适当记录	可以将其副本作为对口头沟通的记录。 如果发现这些记录不能恰当地反映沟通的内容，且有差别的事项比较重大，注册会计师一般会另行编制能恰当记录沟通内容的纪要，将其副本连同被审计单位编制的纪要一起致送治理层，提示两者的差别，以免引起不必要的误解。 【提示】其他都是应当，这个是可以
不容易识别出适当的沟通人员	应当记录识别的过程
治理层全部成员参与管理	应当记录对沟通充分性进行考虑的过程

【例题14－6·单选题·2012年】关于注册会计师与被审计单位治理层的沟通，下列说法中，正确的是（　　）。

A. 对于与治理层沟通的事项，应当事先与管理层讨论

B. 对于涉及舞弊等敏感信息的沟通，应当避免书面记录

C. 与治理层沟通的书面记录是一项审计证据，所有权属于会计师事务所

D. 如果注册会计师应治理层的要求向第三方提供为治理层编制的书面沟通文件的副本，注册会计师有责任向第三方解释其在使用中产生的疑问

【答案】C

【解析】

①选项A说法错误，在与治理层沟通某些事项前，注册会计师可能就这些事项与管理层讨论，除非这种做法并不适当，例如，就管理层的胜任能力或诚信与其讨论可能是不适当的，本题中“应当”两个字太过绝对了。

②选项B说法错误，对于涉及舞弊等事项，可以采用口头或书面形式与治理层沟通。

③选项D说法错误，治理层可能希望向第三方（银行或特定监管机构）提供注册会计师书面沟通文件的副本，但注册会计师没有责任向第三方解释其在使用中产生的疑问。

考点5 前后任注册会计师的定义（★★★）

表14－6

前任注册会计师【可能不止一个】	①已对被审计单位上期财务报表进行审计，但被现任注册会计师接替的其他会计师事务所的注册会计师。 ②接受委托但未完成审计工作，已经或可能与委托人解除业务约定的注册会计师	基本原则：换所，不是换人
后任注册会计师	①正在考虑接受委托或已经接受委托，接替前任注册会计师对被审计单位本期财务报表进行审计的注册会计师。 ②被审计单位委托注册会计师对已审计财务报表进行重新审计，正在考虑接受委托或已经接受委托的注册会计师。 【提示】投标方式承接的，只有中标的才是后任	

需要特别说明的是，如果上期财务报表仅经过代编或审阅，执行代编或审阅业务的注册会计师不能被视为前任注册会计师。

【例题14－7·单选题·2014年】下列有关后任注册会计师的说法中，错误的是（　　）。

A. 当会计师事务所发生变更时，正在考虑接受委托的会计师事务所是后任注册会计师

B. 当会计师事务所发生变更时，已经接受委托的会计师事务所是后任注册会计师

C. 被审计单位的财务报表已经审计但需要重新审计时，接受委托执行重新审计的会计师事务所为后任注册会计师

D. 会计师事务所以投标方式承接审计业务时，所有参与投标的会计师事务所均为后任注册会计师

【答案】D

【解析】当会计师事务所以投标方式承接审计业务时，只有中标的会计师事务所才是后任注册会计师。

考点 6 前后任注册会计师沟通的总体原则（★★★）

表 14 –7

沟通的总体原则	
发起方	后任注册会计师主动发起
前提	征得被审计单位的同意。 【提示】不论是接受委托前还是接受委托后要求都一样
沟通方式	可以采取书面或口头的方式
记录	后任注册会计师应当将沟通的情况记录于审计工作底稿
保密	前后任注册会计师应当对沟通中获知的信息保密。即使未接受委托，后任注册会计师仍应履行保密义务

考点 7 前后任注册会计师接受委托前的沟通（★★★）

表 14 –8

<table>
<tr><td>沟通的要求</td><td colspan="3">接受委托前的沟通是必要的审计程序</td></tr>
<tr><td>沟通的目的</td><td colspan="3">了解被审计单位更换会计师事务所的原因以及是否存在不应该接受委托的情况，以确定是否接受委托</td></tr>
<tr><td>沟通的前提</td><td colspan="3">征得被审计单位的书面同意</td></tr>
<tr><td>沟通的内容</td><td colspan="3">①是否发现被审计单位管理层存在诚信方面的问题。例如，向前任注册会计师了解被审计单位的商业信誉如何，是否发现管理层存在缺乏诚信的行为，被审计单位是否过分考虑将会计师事务所的审计收费维持在尽可能低的水平，审计范围是否受到不适当限制等。
②前任注册会计师与管理层在重大会计、审计等问题上存在的意见分歧。
③前任注册会计师向被审计单位治理层通报的管理层舞弊、违反法律法规行为以及值得关注的内部控制缺陷。
④前任注册会计师认为导致被审计单位变更会计师事务所的原因</td></tr>
<tr><td rowspan="4">前任注册会计师的答复</td><td>一般情况</td><td colspan="2">在被审计单位允许前任注册会计师对后任注册会计师的询问作出充分答复的情况下，前任注册会计师应当根据所了解的事实，对后任注册会计师的合理询问及时作出充分答复</td></tr>
<tr><td>多家竞标</td><td colspan="2">当会计师事务所以投标方式承接审计业务时，前任注册会计师只需对中标的会计师事务所（后任注册会计师）的询问作出答复</td></tr>
<tr><td rowspan="2">如果受到被审计单位的限制或存在法律诉讼顾虑，决定不向后任注册会计师作出充分答复</td><td>前任</td><td>前任注册会计师应当向后任注册会计师表明其答复是有限的，并说明原因</td></tr>
<tr><td>后任</td><td>①后任注册会计师需要判断是否存在由被审计单位或潜在法律诉讼引起的答复限制，并考虑对接受委托的影响。
②如果未得到答复，且没有理由认为变更会计师事务所的原因异常，后任注册会计师需要设法以其他方式与前任注册会计师再次进行沟通。
③如果仍得不到答复，后任注册会计师可以致函前任注册会计师，说明如果在适当的时间内得不到答复，将假设不存在专业方面的原因使其拒绝接受委托，并表明拟接受委托</td></tr>
</table>

考点8 前后任注册会计师接受委托后的沟通（★★）

表14－9

<table>
<tr><td>沟通的要求</td><td colspan="3">接受委托后的沟通不是必要程序，而是由后任注册会计师根据审计工作需要自行决定的</td></tr>
<tr><td rowspan="4">沟通方式</td><td colspan="3">可以采用电话询问、举行会谈、致送审计问卷等方式，但最有效、最常用的方法是查阅前任的工作底稿</td></tr>
<tr><td rowspan="3">查阅前任注册会计师的工作底稿</td><td>前提</td><td>应当征得被审计单位同意</td></tr>
<tr><td>查阅要求</td><td>①审计工作底稿的所有权属于会计师事务所，前任注册会计师所在的会计师事务所可自主决定是否允许后任注册会计师获取工作底稿部分内容，或摘录部分工作底稿。
②在允许查阅工作底稿之前，前任注册会计师应当向后任注册会计师获取确认函，就工作底稿的使用目的、范围和责任等与其达成一致意见。
在实务中，如果后任注册会计师在工作底稿的使用方面作出了更高程度的限制性保证，那么，前任注册会计师可能会愿意向其提供更多的接触工作底稿的机会。相应地，为了获取对工作底稿的更多的接触机会，后任注册会计师可以考虑同意前任注册会计师在自己查阅工作底稿过程中可能作出的限制</td></tr>
<tr><td>利用工作底稿的责任</td><td>查阅前任注册会计师工作底稿获取的信息可能影响后任注册会计师实施审计程序的性质、时间安排和范围，但后任注册会计师应当对自身实施的审计程序和得出的审计结论负责。后任注册会计师不应在审计报告中表明，其审计意见全部或部分地依赖前任注册会计师的审计报告或工作</td></tr>
</table>

【例题14－8·多选题·2016年】下列有关前后任注册会计师沟通的说法中，错误的有（　　）。

A. 后任注册会计师在接受委托前与前任注册会计师沟通，应当征得被审计单位同意

B. 在接受委托前，后任注册会计师应当采用书面形式与前任注册会计师进行沟通

C. 如果需要查阅前任注册会计师的审计工作底稿，后任注册会计师不必征得被审计单位同意

D. 在接受委托前和接受委托后，后任注册会计师均应当与前任注册会计师沟通

【答案】BCD

【解析】

①选项A说法正确，后任注册会计师在接受委托前与前任注册会计师沟通，应当征得被审计单位书面同意。

②选项B说法错误，在接受委托前，后任注册会计师可以采用书面形式或口头形式与前任注册会计师进行沟通。

③选项C说法错误，如果需要查阅前任注册会计师的审计工作底稿，后任注册会计师必须征得被审计单位同意。

④选项D说法错误，在接受委托前，后任注册会计师应与前任注册会计师沟通，而接受委托后，与前任注册会计师的沟通是非必要程序。

考点9 发现前任注册会计师审计的财务报表可能存在重大错报时的处理（★）

后任注册会计师应当**提请被审计单位告知前任注册会计师**。必要时，后任注册会计师应当要求被审计单位安排三方会谈。

如果被审计单位拒绝告知前任注册会计师，或前任注册会计师**拒绝参加**三方会谈，或后任注册会计师对解决问题的方案不满意，后任注册会计师**应当考虑**对审计意见的**影响**或**解除业务约定**。具体来讲，后任注册会计师应当考虑：

①对当前审计业务的潜在影响，并根据具体情况出具恰当的审计报告；

②是否退出当前审计业务；

③考虑向其法律顾问咨询，以便决定如何采取进一步措施。

恭喜你，

已完成第十四章的学习

一个人能走多远，要看他与谁同行；一个人有多优秀，要看他有谁指点；一个人有多成功，要看他与谁相伴。

CHAPTER FIFTEEN

第十五章 注册会计师利用他人的工作

考情雷达

注册会计师在审计过程中可以利用他人的工作，包括利用内部审计的工作和专家的工作，以此来提高效率降低成本。本章知识点比较琐碎，我们可以用一条逻辑线串起来：能否利用——在什么地方用、用多少——用完以后评价能否实现审计目标，让知识点清晰明了。从考试情况看，近几年平均分值为 3 分左右，为一般重要章节。本章重点很突出，考生在学习时抓重点学即可，无须地毯式复习。

本章内容与去年相比无实质性变化。

考点地图

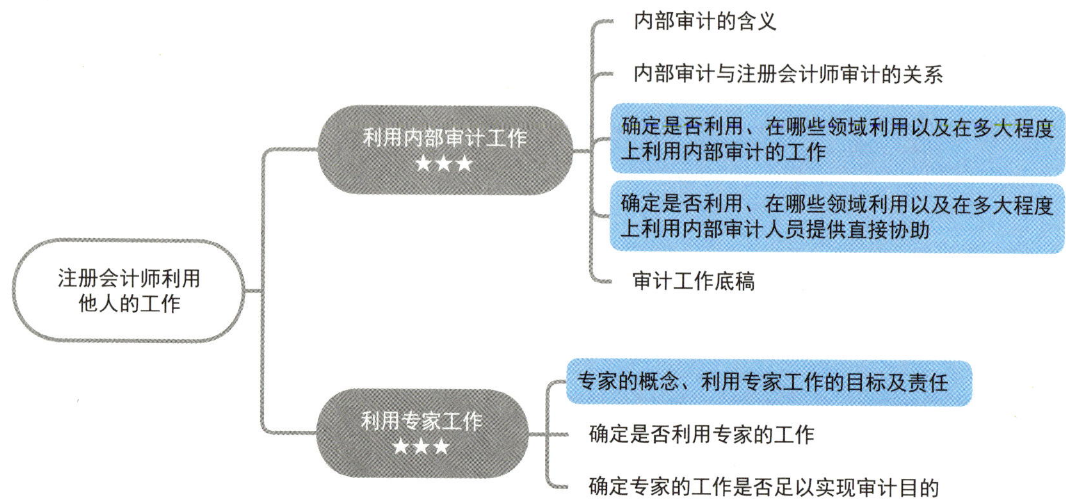

考点 1 内部审计的含义（★）

内部审计，是指被审计单位负责执行**鉴证和咨询活动**，以**评价和改进**被审计单位的治理、风险管理和内部控制流程有效性的部门、岗位或人员。内部审计的职能包括检查、评价和监督内部控制的恰当性和有效性等。

考点 2 内部审计与注册会计师审计的关系（★★）

（一）内部审计与注册会计师审计的联系

尽管内部审计与注册会计师审计之间存在诸多差异，但两者用以实现各自目标的某些方式却通常是相似的。通过了解内部审计工作的情况，注册会计师可以掌握内部审计发现的、可能对被审计单位财务报表和注册会计师审计产生重大影响的事项。

注册会计师在审计中利用内部审计人员的工作包括：

①在获取审计证据的过程中利用内部审计的工作（抄别人的作业）；

②在注册会计师的指导、监督和复核下利用内部审计人员提供直接协助（直接让别人帮你做作业）。

（二）利用内部审计工作不能减轻注册会计师的责任

1. 基本原则

注册会计师必须对与财务报表审计相关的所有重大事项独立作出职业判断。

2. 举例

如重大错报风险的评估、重要性水平的确定、样本规模的确定、对会计政策和会计估计的评估等，均应当由注册会计师负责执行。

【提示】考题中有可能直接考查原文，也有可能不是，遇到不是原文考查的题目时一定要遵照基本原则处理。

注册会计师对发表的审计意见独立承担责任，这种责任并不因利用内部审计工作或利用内部审计人员对该项审计业务提供直接协助而减轻。

【例题 15－1·多选题·2014 年】下列各项审计工作中，注册会计师不能利用内部审计工作的有（　　）。

A. 评估重大错报风险　　B. 确定重要性水平

C. 确定控制测试的样本规模　　D. 评估会计政策和会计估计

【答案】ABCD

【解析】注册会计师必须对与财务报表审计相关的所有重大事项独立做出职业判断。通常，审计过程中涉及的职业判断，如重大错报风险的评估、重要性水平的确定、样本规模的确定、对会计政策和会计估计的评估等，均应当由注册会计师负责执行。

考点 3　确定是否利用、在哪些领域利用以及在多大程度上利用内部审计的工作（★★★）

当被审计单位存在内部审计，并且注册会计师预期将利用其工作以调整注册会计师直接实施的审计程序的性质、时间安排，或缩小其范围时，注册会计师应当确定：

①是否能够利用内部审计的工作（能不能用）；

②如果能够利用，在哪些领域利用以及在多大程度上利用（在哪儿用、用多少）。

（一）是否能够利用内部审计工作

表 15－1

评价事项	①道德：内部审计在被审计单位中的地位，以及相关政策和程序支持内部审计人员客观性的程度。 ②能力：内部审计人员的胜任能力。 ③工作方法：内部审计是否采用系统、规范化的方法（包括质量管理）
不得利用的情形	①内部审计在被审计单位的地位以及相关政策和程序不足以支持内部审计人员的客观性。 ②内部审计人员缺乏足够的胜任能力。 ③内部审计没有采用系统、规范化的方法（包括质量管理）

（二）如果能够利用，在哪些领域利用以及多大程度上利用

表 15－2

考虑因素	注册会计师应当考虑内部审计已执行和拟执行工作的性质和范围，以及这些工作与注册会计师总体审计策略和具体审计计划的相关性，以作为确定能够利用内部审计工作的领域和程度的基础
较少利用内审工作的情形	当存在下列情况之一时，注册会计师**应当计划较少地利用内部审计工作**，而更多地直接执行审计工作： ①当在下列方面**涉及较多判断**时：计划和实施相关的审计程序；评价收集的审计证据。 ②当评估的认定层次**重大错报风险较高**，需要对识别出的特别风险予以特殊考虑时。 ③当内部审计在被审计单位中的**地位**以及相关政策和程序**对内部审计人员客观性的支持程度较弱时**。 【提示】客观性较弱与“不足以支持内部审计人员的客观性”是不同的。 ④当内部审计人员的**胜任能力较低时**。 【提示】不是缺乏足够的胜任能力，是较低。 【记忆面包】较少利用内审的情形可记为：“判断风险，低咳声弱”，判断（涉及较多判断）风险（重大错报风险较高），低（地位）咳（客观）声（胜任能力）弱（客观性较弱、能力较弱）
与治理层的沟通	当注册会计师按照《中国注册会计师审计准则第 1151 号——与治理层的沟通》的规定与治理层沟通计划的审计范围和时间安排的总体情况时，应当包括其计划如何利用内部审计工作

【例题 15－2·多选题·2019 年】下列情形中，注册会计师不得利用内部审计工作的有（　　）。

A. 评估的认定层次的重大错报风险较高

B. 计划和实施相关的审计程序涉及较多判断

C. 内部审计没有采用系统、规范化的方法

D. 内部审计的地位不足以支持内部审计人员的客观性

【答案】CD

【解析】如果存在下列情形之一，注册会计师不得利用内部审计的工作：

①内部审计在被审计单位的地位以及相关政策和程序不足以支持内部审计人员的客观性（选项 D）；

②内部审计人员缺乏足够的胜任能力；

③内部审计没有采用系统、规范化的方法（包括质量管理）（选项 C）。

选项 AB，属于注册会计师应当计划较少地利用内部审计工作的情形。

（三）如何利用内审工作

表 15－3

程序	具体内容
讨论	与内部审计人员讨论利用其工作的计划，以作为协调各自工作的基础
阅读报告	阅读与拟利用的内部审计工作相关的内部审计报告，以了解其实施的审计程序的性质和范围以及相关发现

续表

程序	具体内容
评价能否实现审计目标	注册会计师应当针对计划利用的全部内部审计工作实施充分的审计程序，以确定其对于实现审计目的是否适当，包括评价下列事项： ①内部审计工作是否经过恰当的计划、实施、监督、复核和记录； ②内部审计是否获取了充分、适当的证据，以使其能够得出合理的结论； ③内部审计得出的结论在具体环境下是否适当，编制的报告与执行工作的结果是否一致
程序的适应性	注册会计师实施审计程序的性质和范围应当与其对以下事项的评价相适应，并应当包括重新执行内部审计的部分工作： ①涉及判断的程度； ②评估的重大错报风险； ③内部审计在被审计单位中的地位以及相关政策和程序支持内部审计人员客观性的程度； ④内部审计人员的胜任能力

考点4 确定是否利用、在哪些领域利用以及在多大程度上利用内部审计人员提供直接协助（★★★）

当被审计单位存在内部审计，并且注册会计师预期将利用内部审计人员提供直接协助时，注册会计师应当：

①确定是否能够利用内部审计人员提供直接协助（用不用）；

②如果能够利用，确定在哪些领域利用以及在多大程度上利用（用多少）；

③如果拟利用内部审计人员提供直接协助，适当地指导、监督和复核其工作（指导、监督、复核）。

（一）是否能够利用内部审计人员提供直接协助

表15－4

评价事项	如果法律法规不禁止利用内部审计人员提供直接协助，并且注册会计师计划利用内部审计人员在审计中提供直接协助，注册会计师应当评价： ①道德：是否存在对内部审计人员客观性的不利影响及其严重程度，应当包括询问内部审计人员可能对其客观性产生不利影响的利益和关系。 ②能力：提供直接协助的内部审计人员的胜任能力。 【记忆面包】道德能力
不得利用的情形	①存在对内部审计人员客观性的重大不利影响。 ②内部审计人员对拟执行的工作缺乏足够的胜任能力。 【记忆面包】无德无能

（二）在哪些领域利用以及在多大程度上利用

表15－5

考虑因素	在确定可能分配给内部审计人员的工作的性质和范围，以及根据具体情况对内部审计人员进行指导、监督和复核的性质、时间安排和范围时，注册会计师应当考虑下列方面： ①在计划和实施相关审计程序以及评价收集的审计证据时，涉及判断的程度； ②评估的重大错报风险； ③针对拟提供直接协助的内部审计人员，注册会计师关于是否存在对其客观性的不利影响及其严重程度的评价结果，以及关于其胜任能力的评价结果

续表

不得利用的情形	注册会计师不得利用内部审计人员提供直接协助以实施具有下列特征的程序： ①在审计中涉及作出重大判断； ②涉及较高的重大错报风险，在实施相关审计程序或评价收集的审计证据时需要作出较多的判断； ③涉及内部审计人员已经参与并且已经或将要由内部审计向管理层或治理层报告的工作； ④涉及注册会计师按照规定就内部审计，以及利用内部审计工作或利用内部审计人员提供直接协助作出的决策
与治理层的沟通	注册会计师在按照《中国注册会计师审计准则第1151号——与治理层的沟通》的规定与治理层沟通计划的审计范围和时间安排的总体情况时，应当沟通拟利用内部审计人员提供直接协助的性质和范围，以使双方就在业务的具体情形下并未过度利用内部审计人员提供直接协助达成共识

（三）如果拟利用内部审计人员提供直接协助，适当地指导、监督和复核其工作

表15－6

1. 在利用内部审计人员为审计提供直接协助之前，注册会计师应当	①从拥有相关权限的被审计单位代表人员处获取书面协议，允许内部审计人员遵循注册会计师的指令，并且被审计单位不干涉内部审计人员为注册会计师执行的工作； ②从内部审计人员处获取书面协议，表明其将按照注册会计师的指令对特定事项保密，并将对其客观性产生的任何不利影响告知注册会计师
2. 注册会计师应当按照《中国注册会计师审计准则第1121号——对财务报表审计实施的质量管理》的规定对内部审计人员执行的工作进行指导、监督和复核。	在进行指导、监督和复核时： ①注册会计师在确定指导、监督和复核的性质、时间安排和范围时应当认识到内部审计人员并不独立于被审计单位，并且指导、监督和复核的性质、时间安排和范围应当恰当应对对涉及判断的程度、评估的重大错报风险、拟提供直接协助的内部审计人员客观性和胜任能力的评价结果； ②复核程序应当包括由注册会计师检查内部审计人员执行的部分工作所获取的审计证据
3. 注册会计师对内部审计人员执行的工作的指导、监督和复核应当足以使注册会计师对内部审计人员就其执行的工作已获取充分、适当的审计证据以支持相关审计结论感到满意	

考点收纳盒

能否利用内审工作和利用内审人员提供直接协助的情形：

表15－7

	利用内审工作	用内审人员提供直接协助
能否利用应当评价的事项	①道德； ②能力； ③系统、规范化的方法	①道德； ②能力
不得利用的情形	①无德； ②无能； ③没有采用系统、规范化的方法（包括质量管理）	①无德； ②无能
		①在审计中涉及作出重大判断； ②涉及较高的重大错报风险； ③涉及内部审计人员已经参与并且已经或将要由内部审计向管理层或治理层报告的工作； ④涉及注册会计师按照规定就内部审计，以及利用内部审计工作或利用内部审计人员提供直接协助作出的决策

续表

	利用内审工作	用内审人员提供直接协助
较少利用的情形	①涉及较多判断； ②当评估的认定层次重大错报风险较高； ③对内部审计人员客观性的支持程度较弱时； ④胜任能力较低时	

考点5 审计工作底稿（★）

表15－8

1. 如果利用内部审计工作，注册会计师应当在审计工作底稿中记录	（1）对下列事项的评价： ①内部审计在被审计单位中的地位、相关政策和程序是否足以支持内部审计人员的客观性； ②内部审计人员的胜任能力； ③内部审计是否采用系统、规范化的方法（包括质量管理）。 （2）利用内部审计工作的性质和范围以及作出该决策的基础。 （3）注册会计师为评价利用内部审计工作的适当性而实施的审计程序
2. 如果利用内部审计人员为审计提供直接协助，注册会计师应当在审计工作底稿中记录	（1）关于是否存在对内部审计人员客观性的不利影响及其严重程度的评价，以及关于提供直接协助的内部审计人员的胜任能力的评价； （2）就内部审计人员执行工作的性质和范围作出决策的基础； （3）根据《中国注册会计师审计准则第1131号——审计工作底稿》的规定，所执行工作的复核人员及复核的日期和范围； （4）从拥有相关权限的被审计单位代表人员和内部审计人员处获取的书面协议； （5）在审计业务中提供直接协助的内部审计人员编制的审计工作底稿

考点6 专家的概念、利用专家工作的目标及责任（★★★）

（一）专家的概念

注册会计师的专家，是指在**会计或审计以外**的某一领域具有专长的个人或组织，并且其工作被注册会计师利用。可以是外部专家，也可以是内部专家（事务所或网络所的合伙人、员工，包括临时员工）。

管理层的专家，是指在会计、审计以外的某一领域具有专长的个人或组织，其工作被管理层利用以协助编制财务报表。

【提示】注册会计师的专家**不包括**管理层的专家。

表15－9 外部专家和内部专家的区别

项目	内部专家	外部专家
是否遵守事务所统一的质量管理政策和程序	是	否
保密	是	是
底稿归谁	事务所	外部专家
是否为项目组成员	是	否

【例题 15-3·单选题·2015 年】下列参与审计业务的人员中，不属于注册会计师的专家的是（　　）。

A. 对保险合同进行精算的会计师事务所精算部门人员

B. 受聘于会计师事务所对投资性房地产进行评估的资产评估师

C. 对与企业重组相关的复杂税务问题进行分析的会计师事务所税务部门人员

D. 就复杂会计问题提供建议的会计师事务所技术部门人员

【答案】D

【解析】选项 ABC 均属于注册会计师的专家；选项 D，归根结底没有逃出会计这个圈子，因此不属于注册会计师的专家。

（二）利用专家工作的目标

就利用专家的工作问题，注册会计师的目标是：

①确定是否利用专家的工作；

②如果利用，专家的工作是否足以实现审计目的。

（三）责任

注册会计师对发表的审计意见**独立承担责任**，这种责任并不因利用专家的工作而减轻。

注册会计师不应在无保留意见的审计报告中提及专家的工作，除非法律法规另有规定。如果法律法规要求提及专家的工作，注册会计师应当在审计报告中指明，这种提及并不减轻注册会计师对审计意见承担的责任。

如果注册会计师在审计报告中提及专家的工作，并且这种提及与理解审计报告中的非无保留意见相关，注册会计师仍应在审计报告中指明，这种提及并不减轻注册会计师对审计意见承担的责任。

考点 7　确定是否利用专家的工作（★）

表 15-10

可能需要利用专家工作的情形	①了解被审计单位及其环境。 ②识别和评估重大错报风险。 ③针对评估的财务报表层次风险，确定并实施总体应对措施。 ④针对评估的认定层次风险，设计和实施进一步审计程序，包括控制测试和实质性程序。 ⑤在对财务报表形成审计意见时，评价已获取的审计证据的充分性和适当性。 【提示】包含审计工作的各个方面
确定是否利用专家工作，注册会计师可能考虑的因素	①管理层在编制财务报表时是否利用了管理层的专家的工作。 ②事项的性质和重要性，包括复杂程度。 ③事项存在的重大错报风险。 ④应对识别出的风险的预期程序的性质，包括注册会计师对与这些事项相关的专家工作的了解和具有的经验，以及是否可以获得替代性的审计证据

考点8 确定专家的工作是否足以实现审计目的（★★★）

（一）确定专家工作是否可以实现审计目的的审计程序

1. 专家的胜任能力、专业素质和客观性

注册会计师应当评价专家是否具有实现审计目的所必需的**胜任能力、专业素质和客观性**。

在评价**外部专家**的客观性时，注册会计师**应当询问**可能对外部专家客观性产生不利影响的利益和关系。

【提示】内部专家没有这个要求。

2. 了解专家的专长领域

注册会计师应当充分了解专家的专长领域。

3. 与专家达成一致意见

总体要求：**无论是对外部专家还是内部专家**，注册会计师都有必要就相关事项与其达成一致意见，并**根据需要**形成书面协议。

表 15－11

达成一致的事项	具体内容
专家工作的性质、范围和目标	需要与专家讨论需遵守的相关技术标准、其他职业准则或行业要求
注册会计师和专家各自的角色和责任	①由注册会计师还是专家对原始数据实施细节测试。 ②同意注册会计师与被审计单位或其他人员讨论专家的工作结果或结论，必要时包括同意注册会计师将其专家工作结果或结论的细节作为在审计报告中发表非无保留意见的基础。 【提示】非无保留意见中可以提及专家工作，无保留意见不可以。 ③将注册会计师对专家工作形成的结论告知专家。 ④工作底稿的使用和保管达成一致。 【提示】内部专家底稿归事务所，外部专家底稿属于外部专家
与专家之间沟通的性质、时间安排和范围	如果专家的工作与特别风险相关，专家不仅要在工作结束时提交一份正式的书面报告，而且要随着工作的推进随时作出口头报告
保密规定	内外部专家都要遵守

4. 评价专家工作的恰当性

表 15－12

评价专家工作能否实现审计目的所实施的特定程序（如何评价）	①询问专家。 ②复核专家的工作底稿和报告。 ③实施用于证实的程序：观察、检查、询问、分析程序、重新计算。 ④必要时与具有相关专长的其他专家讨论。 ⑤与管理层讨论专家的报告
评价内容	①评价专家的工作**结果或结论**的相关性和合理性，以及与其他审计证据的一致性。 ②评价专家工作涉及使用**重要的假设和方法**的相关性和合理性。 【提示】不是所有的假设和方法。 ③评价专家工作涉及使用的**重要原始数据**的相关性、完整性和准确性。 【提示】不是所有的原始数据

续表

评价专家的工作结果为不恰当时的措施	①就专家拟执行的进一步工作的性质和范围，与专家达成一致意见。 ②根据具体情况，实施追加的审计程序。 ③如果注册会计师认为专家的工作不足以实现审计目的，且注册会计师通过实施追加的审计程序，或者通过雇用、聘请其他专家仍不能解决问题，则意味着没有获取充分、适当的审计证据，注册会计师有必要按规定发表非无保留意见

（二）确定相关审计程序的性质、时间安排和范围时的考虑事项

在确定这些相关审计程序的性质、时间安排和范围时，注册会计师应当考虑下列事项：

①与专家工作相关的事项的性质；

②与专家工作相关的事项中存在的重大错报风险；

③专家的工作在审计中的重要程度；

④注册会计师对专家以前所做工作的了解，以及与之接触的经验；

⑤专家是否需要遵守会计师事务所的质量管理体系。

【例题 15－4·单选题·2013 年】下列有关注册会计师利用外部专家工作的说法中，错误的是（　　）。

A. 外部专家需要遵守适用于注册会计师的相关职业道德要求中的保密条款

B. 外部专家不受会计师事务所按照质量管理准则制定的质量管理政策和程序的约束

C. 外部专家的工作底稿是审计工作底稿的一部分

D. 在审计报告中提及外部专家的工作并不减轻注册会计师对审计意见承担的责任

【答案】C

【解析】除非协议另作安排，外部专家的工作底稿属于外部专家，不是审计工作底稿的一部分，所以选 C。

恭喜你，

已完成第十五章的学习

扫码免费进 >>>
2022年CPA带学群

有些事，只能一个人做。有些关，只能一个人过。有些路啊，只能一个人走。有些试啊，只能沉下心来考。

CHAPTER SIXTEEN

第十六章　对集团财务报表审计的特殊考虑

考情雷达

本章我们要学习的是集团财务报表审计，基本的审计思路与我们前面学过的基本原理是一致的，唯一的区别是本章的审计对象是集团财务信息，因此有其特殊性。从考试情况看，客观题和主观题都涉及，分值在7分左右，属于非常重要的章节。考生在学习本章时要梳理清楚逻辑，对于重点知识要熟练掌握。

本章新增“**期后事项**”的内容，作为主观题掌握。其他内容与去年相比无实质性变化。

考点地图

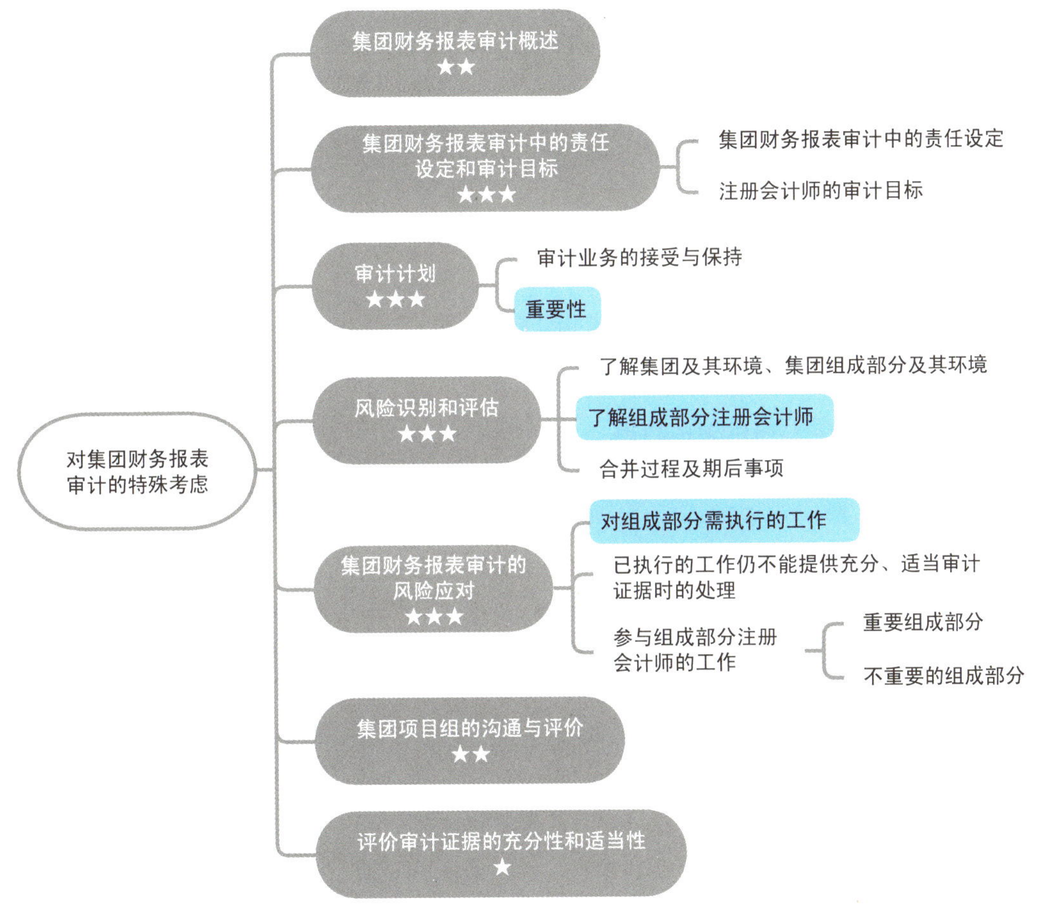

考点1 集团财务报表审计概述（★★）

（一）集团

集团是指由所有组成部分构成的整体，并且所有组成部分的财务信息包括在集团财务报表中。

（二）组成部分

组成部分，指某一实体或某项业务活动，其财务信息由集团或组成部分管理层编制并包括在集团财务报表中，**如母公司、子公司、合营企业、产品线、职能部门、生产过程、单项产品、分支机构等**。

（三）重要组成部分

重要组成部分，是指集团项目组识别出的具有下列特征之一的组成部分（见表16－1）：

表16－1

重要组成部分的类型	说明	判断重要组成部分特征
财务重大性重要组成部分	单个组成部分对集团具有财务重大性	将选定的**基准乘以某一百分比**，以协助识别对集团具有财务重大性的单个组成部分； ①适当的基准可能包括集团资产、负债、现金流量、利润总额或营业收入。 【提示】有一个满足条件即可。 ②百分比通常超过15%
风险重大性重要组成部分	由于单个组成部分的特定性质或情况，可能存在导致集团财务报表发生重大错报的特别风险	例如：从事外汇交易；执行特殊退货安排；从事远期外汇合同交易；使用衍生工具进行交易；存在大量过时存货等。 【提示】要熟悉这些例子，非常重要

（四）集团项目合伙人和集团项目组

集团项目合伙人，是指会计师事务所中负责某项集团审计业务及其执行，并代表会计师事务所在对集团财务报表出具的审计报告上签字的合伙人。

集团项目组，是指参与集团审计的，包括集团项目合伙人在内的所有合伙人和员工。集团项目组负责制定集团总体审计策略，与组成部分注册会计师沟通，针对合并过程执行相关工作，并评价根据审计证据得出的结论，作为形成集团财务报表审计意见的基础。

（五）组成部分注册会计师

组成部分注册会计师，是指**基于集团审计目的**，按照集团项目组的要求，对组成部分财务信息执行相关工作的注册会计师。

基于集团审计目的，集团项目组成员可能按照集团项目组的工作要求，对组成部分财务信息执行相关工作。在这种情况下，该成员也是组成部分注册会计师。

例如，甲公司属于母公司，下属有三个子公司，现在对集团财务报表执行审计，则应当由相应的事务所组成集团项目组，而下属子公司则属于组成部分，应当由组成部分注册会计师执行相应的审计业务，假如组成部分的子公司不聘请组成部分的注册会计师时，集团项目组也可以担任组成部分的注册会计师。两者可以是一家会计师事务所的，也可以是多家会计师事务所的。

考点2 集团财务报表审计中的责任设定和审计目标（★★★）

（一）集团财务报表审计中的责任设定

集团项目组对整个集团财务报表审计工作及审计意见负全部责任，这一责任不因利用组成部分注册会计师的工作而减轻。

①注册会计师对集团财务报表出具的审计报告**不应提及组成部分注册会计师**，除非法律法规另有规定。

②按照职业准则和适用的法律法规的规定，集团项目合伙人应当确信执行集团审计业务的人员（包括组成部分注册会计师）从整体上具备适当的胜任能力和必要素质。集团项目合伙人还需要对指导、监督和执行集团审计业务承担责任，并出具适合具体情况的审计报告。

③如果法律法规要求在审计报告中提及组成部分注册会计师，审计报告应当指明，这种提及并不减轻集团项目合伙人及其所在的会计师事务所对集团审计意见承担的责任。

【例题16－1·简答题·2018年节选】 ABC会计师事务所的A注册会计师负责审计多家上市公司2017年度财务报表。XYZ会计师事务所担任丁公司海外重要子公司的组成部分注册会计师。A注册会计师认为该事项与财务报表使用者理解审计工作相关，拟在对丁公司2017年度财务报表出具的无保留意见审计报告中增加其他事项段，说明该子公司经XYZ会计师事务所审计。指出A注册会计师的做法是否恰当。如不恰当，简要说明理由。

【答案】 不恰当。注册会计师对集团财务报表出具的审计报告不应提及组成部分注册会计师，除非法律法规另有规定。

【审题思路】 “拟在对丁公司2017年度财务报表出具的无保留意见审计报告中增加其他事项段，说明该子公司经XYZ会计师事务所审计”这句话的意思就是在审计报告中提及了组成部分注册会计师，这种做法是错误的，不应提及组成部分注册会计师，除非法律法规另有规定。

（二）注册会计师的审计目标

①确定是否担任集团审计的注册会计师；

②如果担任集团审计的注册会计师，就组成部分注册会计师对组成部分财务信息执行工作的范围、时间安排和发现的问题，与组成部分注册会计师进行清晰的沟通；针对组成部分财务信息和合并过程，获取充分、适当的审计证据，以对集团财务报表是否在所有重大方面按照适用的财务报告编制基础编制发表审计意见。

考点3 审计业务的接受与保持（★）

（一）在接受和保持阶段获取了解

集团项目组应当了解集团及其环境、集团组成部分及其环境，以足以识别可能的重要组成部分。如果组成部分注册会计师对重要组成部分财务信息执行相关工作，集团项目合伙人应当评价集团项目组参与组成部分注册会计师工作的程度是否足以获取充分、适当的审计证据。

（二）审计范围受到限制

1. 如果集团项目合伙人认为由于集团管理层施加的限制，使集团项目组不能获取充分、适当的审计证据，由此产生的影响可能导致对集团财务报表发表无法表示意见，集团项目合伙人应当视具体情况采取下列措施：

①如果是新业务，拒绝接受业务委托，如果是连续审计业务，在法律法规允许的情况下，解除业务约定；

②如果法律法规禁止注册会计师拒绝接受业务委托，或者注册会计师不能解除业务约定，在可能的范围内对集团财务报表实施审计，并对集团财务报表发表无法表示意见。

2. 集团项目组考虑能否获取充分、适当的审计证据的情形

即使接触信息受到限制，集团项目组仍有可能获取充分、适当的审计证据，然而这种可能性随着组成部分对集团重要程度的增加而降低。

表 16－2

重要组成部分	如果集团管理层限制集团项目组或组成部分注册会计师接触重要组成部分的信息，则集团项目组**将无法获取充分、适当的审计证据**
非重要组成部分	集团项目组**仍有可能获取充分、适当的审计证据**。但是受到限制的原因可能影响集团审计意见

考点4 重要性（★★★）

（一）集团财报整体的重要性

集团财务报表整体的重要性由集团项目组自己确定，确定的原则参照第二章中重要性的原则处理。

（二）组成部分重要性

1. 组成部分重要性

表 16－3

什么时候确定	如果对组成部分财务信息实施**审计或审阅**，集团项目组应当为这些组成部分确定组成部分重要性。 【提示】如果仅计划在集团层面对某组成部分实施分析程序，无须为该组成部分确定重要性
由谁来确定	**集团项目组**
定多大	①针对**不同**的组成部分确定的重要性可能有所**不同**。 ②在确定组成部分重要性时，**无须**采用将集团财务报表整体重要性**按比例分配的方式**。 ③**单个**组成部分的重要性**低于**集团财务报表整体的重要性。 ④对不同组成部分确定的重要性的**汇总数，有可能高于**集团财务报表整体重要性

2. 组成部分实际执行的重要性

①由**组成部分注册会计师或集团项目组**根据需要确定组成部分层面实际执行的重要性。

②如果基于集团审计目的，由组成部分注册会计师对组成部分财务信息执行审计工作，集团项目组**应当评价**在组成部分层面确定的实际执行的重要性的适当性。

【提示】一般原则是谁审计组成部分，组成部分实际执行的重要性就由谁确定。

3. 明显微小错报的临界值

注册会计师需要设定临界值，不能将超过该临界值的错报视为对集团财务报表明显微小的错报。**组成部分注册会计师需要将在组成部分财务信息中识别出的超过临界值的错报通报给集团项目组。**

【例题 16－2·多选题·2017 年】在审计集团财务报表时，下列有关组成部分重要性的说法中，正确的有（　　）。

A. 组成部分重要性的汇总数不能高于集团财务报表整体的重要性

B. 集团项目组应当将组成部分重要性设定为低于集团财务报表整体的重要性

C. 组成部分重要性应当由集团项目组确定

D. 集团项目组应当为所有组成部分确定组成部分重要性

【答案】BC

【解析】选项 A 错误，在确定组成部分重要性时，无须采用将集团财务报表整体重要性按比例分配的方式。因此，对不同组成部分确定的重要性的汇总数，有可能高于集团财务报表整体重要性。

选项 B 正确，为将未更正和未发现错报的汇总数超过集团财务报表整体的重要性的可能性降至适当的低水平，集团项目组应当将组成部分重要性设定为低于集团财务报表整体的重要性。

选项 C 正确，如果组成部分注册会计师对组成部分财务信息实施审计或审阅，集团项目组应当基于集团审计目的，为这些组成部分确定组成部分重要性。

选项 D 错误，如果集团项目组仅计划对不重要的组成部分在集团层面实施分析程序，那么无须为其确定重要性。

考点 5　了解集团及其环境、集团组成部分及其环境（★）

（一）集团管理层下达的指令

集团管理层下达的指令通常包括：

①运用的会计政策；

②适用于集团财务报表的法定和其他披露要求，包括分部的确定和报告、关联方关系及其交易、集团内部交易、未实现内部交易损益以及集团内部往来余额；

③报告的时间要求。

（二）舞弊

注册会计师需要识别和评估由于舞弊导致财务报表发生重大错报的风险，针对评估的风险，设计和实施适当的应对措施。

（三）集团项目组成员和组成部分注册会计师对集团财务报表重大错报风险（包括舞弊风险）的讨论

项目组关键成员需要讨论由于舞弊或错误导致被审计单位财务报表发生重大错报的可能性，并特别强调舞弊导致的风险。在集团审计中，**参与讨论的成员还可能包括组成部分注册会计师。

（四）风险评估

集团项目组可以基于下列信息，在集团层面评估集团财务报表重大错报风险：

①在了解集团及其环境、集团组成部分及其环境和合并过程时获取的信息，包括在评价集团层面控制以及与合并过程相关的控制的设计和执行时获取的审计证据。

②从组成部分注册会计师获取的信息。

考点6 了解组成部分注册会计师（★★★）

（一）了解组成部分注册会计师的要求

表16－4

了解组成部分注册会计师的前提	处理
只有当基于集团审计目的，计划要求由组成部分注册会计师执行组成部分财务信息的相关工作时	集团项目组才需要了解组成部分注册会计师
如果集团项目组计划仅在集团层面对某些组成部分实施分析程序	无须了解这些组成部分注册会计师

（二）了解组成部分注册会计师的事项

如果计划要求组成部分注册会计师执行组成部分财务信息的相关工作，集团项目组应当了解下列事项：

①组成部分注册会计师是否了解并将遵守与集团审计相关的职业道德要求，特别是独立性要求；

②组成部分注册会计师是否具备专业胜任能力；

③集团项目组参与组成部分注册会计师工作的程度是否足以获取充分、适当的审计证据；

④组成部分注册会计师是否处于积极的监管环境中。

（三）利用对组成部分注册会计师的了解

表16－5

<table>
<tr><th colspan="2">情形</th><th>参与组成部分注册会计师的工作能否消除相关影响</th><th>应对措施</th></tr>
<tr><td colspan="2">组成部分注册会计师不符合与集团审计相关的独立性要求</td><td rowspan="2">参与不能消除影响</td><td rowspan="2">应当就组成部分财务信息亲自获取充分、适当的审计证据</td></tr>
<tr><td>集团项目组对下列事项存在重大疑虑</td><td>①组成部分注册会计师是否了解并将遵守与集团审计相关的职业道德要求；
②组成部分注册会计师是否具备专业胜任能力；
③集团项目组参与组成部分注册会计师工作的程度是否足以获取充分、适当的审计证据</td></tr>
<tr><td>集团项目组对下列事项存在并非重大疑虑</td><td>①专业胜任能力并非重大的疑虑（如认为其缺乏行业专门知识）；
②组成部分注册会计师未处于积极有效的监管环境</td><td colspan="2">通过参与组成部分注册会计师的工作可以消除对专业胜任能力、未处于积极有效的监管环境中的影响</td></tr>
</table>

【例题 16－3·单选题·2018 年】在审计集团财务报表时，下列情形中，导致集团项目组无法利用组成部分注册会计师工作的是（　　）。

A. 组成部分注册会计师未处于积极有效的监管环境中

B. 组成部分注册会计师不符合与集团审计相关的独立性要求

C. 集团项目组对组成部分注册会计师的专业胜任能力存有并非重大的疑虑

D. 组成部分注册会计师无法向集团项目组提供所有审计工作底稿

【答案】B

【解析】组成部分注册会计师不符合与集团审计相关的独立性要求，集团项目组应当就组成部分财务信息亲自获取充分、适当的审计证据。

考点7　合并过程及期后事项（★★）

（一）合并过程

集团项目组应当了解集团层面的控制和合并过程，包括集团管理层向组成部分下达的指令。

如果对合并过程执行工作的性质、时间安排和范围基于预期集团层面控制有效运行，或者仅实施实质性程序不能提供认定层次的充分、适当的审计证据，集团项目组应当**测试或要求组成部分注册会计师代为测试集团层面控制运行的有效性**。

（二）期后事项

如果集团项目组或组成部分注册会计师对组成部分财务信息实施审计，集团项目组或组成部分注册会计师应当实施审计程序，以识别组成部分自组成部分财务信息日至对集团财务报表出具审计报告日之间发生的、可能需要在集团财务报表中调整或披露的事项。

如果组成部分注册会计师执行组成部分财务信息审计以外的工作，集团项目组应当要求组成部分注册会计师告知其注意到的、可能需要在集团财务报表中调整或披露的期后事项。

考点8　集团财务报表审计的风险应对（★★★）

集团项目组确定对组成部分财务信息拟执行工作的类型以及参与组成部分注册会计师工作的程度，受下列因素影响：

①组成部分的重要程度；

②识别出的可能导致集团财务报表发生重大错报的特别风险；

③对集团层面控制的设计的评价，以及其是否得到执行的判断；

④集团项目组对组成部分注册会计师的了解。

（一）对组成部分需执行的工作（见表16－6）

表16－6

性质		谁负责	执行工作
重要组成部分	财务重大性的重要组成部分	集团项目组**或**代表集团项目组的组成部分注册会计师	应当**运用该组成部分的重要性**，对该组成部分的**财务信息实施审计**
	风险重大性的重要组成部分		①使用**组成部分重要性**对组成部分**财务信息实施审计**。 ②针对与可能导致集团财务报表发生重大错报的**特别风险相关的**一个或多个账户余额、一类或多类交易或披露**实施审计**（特定项目审计）。 ③针对可能导致集团财务报表发生重大错报的**特别风险实施特定的审计程序**（实施特定项目特定审计程序）
不重要的组成部分		**集团项目组**	**应当在集团层面实施分析程序**

【提示】思考一下：如果一个组成部分既满足财务重大性又满足风险重大性该选择什么程序？

（二）已执行的工作仍不能提供充分、适当审计证据时的处理

【提示】本知识点的意思是，注册会计师在执行完前面两项工作之后，即"对重要组成部分需执行的工作"和"对不重要的组成部分所需执行的工作"，但是还是不能获得充分、适当的审计证据，这时我们要进行一些追加的工作，以获得充分、适当的审计证据。

如果集团项目组认为对重要组成部分财务信息执行的工作、对集团层面控制和合并过程执行的工作以及在集团层面实施的分析程序还不能获取形成集团审计意见所需要的充分、适当的审计证据，集团项目组**应当选择某些不重要的组成部分**，并对已选择的组成部分财务信息**执行或由要求组成部分注册会计师执行**下列**一项或多项**工作：

①使用组成部分重要性对组成部分财务信息实施审计；

②对一个或多个账户余额、一类或多类交易或披露实施审计；

③使用组成部分重要性对组成部分财务信息实施审阅；

④实施特定程序。

【例题16－4·单选题·2017年】在审计集团财务报表时，下列工作类型中，不适用于重要组成部分的是（　　）。

A. 特定项目审计　　B. 实施特定审计程序

C. 财务信息审阅　　D. 财务信息审计

【答案】C

【解析】选项C属于针对重要组成部分已执行工作仍不能提供充分、适当审计证据时，对于不重要的组成部分实施的工作。所以财务报表审阅针对的是不重要的组成部分。

（三）参与组成部分注册会计师的工作

集团项目组**是否参与**组成部分注册会计师的工作及**参与的方式**如何，**受其对组成部分注册会计师的了解的影响**。

1. 重要组成部分

（1）如果组成部分注册会计师对重要组成部分财务信息执行审计，集团项目组**应当参与组成**

部分注册会计师实施的风险评估程序，以识别可能导致集团财务报表发生重大错报的特别风险。

集团项目组参与的性质、时间安排和范围受其对组成部分注册会计师所了解情况的影响，但至少应当包括：

①与组成部分注册会计师或组成部分管理层讨论对集团而言重要的组成部分业务活动；

②与组成部分注册会计师讨论由于舞弊或错误导致组成部分财务信息发生重大错报的可能性；

③复核组成部分注册会计师对识别出的可能导致集团财务报表发生重大错报的特别风险形成的审计工作底稿。

（2）如果在由组成部分注册会计师执行相关工作的组成部分内，识别出可能导致集团财务报表发生重大错报的特别风险，集团项目组应当评价针对识别出的特别风险拟实施的进一步审计程序的恰当性。

根据对组成部分注册会计师的了解，集团项目组应当确定是否有必要参与进一步审计程序。

可能影响集团项目组参与组成部分注册会计师工作的因素包括：

①组成部分的重要程度；

②识别出的可能导致集团财务报表发生重大错报的特别风险；

③集团项目组对组成部分注册会计师的了解。

（3）集团项目组参与组成部分注册会计师工作的方式。

①与组成部分管理层或组成部分注册会计师会谈，获取对组成部分及其环境的了解。

②复核组成部分注册会计师的总体审计策略和具体审计计划。

③实施风险评估程序，识别和评估组成部分层面的重大错报风险。集团项目组可以单独或与组成部分注册会计师共同实施这类程序。

④设计和实施进一步审计程序。集团项目组可以单独或与组成部分注册会计师共同设计和实施这类程序。

⑤参加组成部分注册会计师与组成部分管理层的总结会议和其他重要会议。

⑥复核组成部分注册会计师的审计工作底稿的其他相关部分。

2. 不重要的组成部分

如果组成部分是不重要的组成部分，集团项目组参与组成部分注册会计师工作的性质、时间安排和范围，将根据集团项目组对组成部分注册会计师的了解不同而不同。而该组成部分不是重要组成部分这一事实，成为次要考虑的因素。

考点收纳盒

表 16 –7

重要组成部分	风险评估程序	应当参与	受其对组成部分注册会计师所了解情况的影响
	进一步审计程序	应当评价针对识别出的特别风险拟实施的进一步审计程序的恰当性，确定是否有必要参与进一步审计程序	
不重要的组成部分	集团项目组参与组成部分注册会计师工作的性质、时间安排和范围，将根据集团项目组对组成部分注册会计师的了解不同而不同。而该组成部分不是重要组成部分这一事实，成为次要考虑的因素		

【例题 16－5·单选题·2015 年】 注册会计师在确定对组成部分财务信息执行的工作类型时，下列说法错误的是（　　）。

A. 具有财务重大性的重要组成部分，实施审计业务

B. 针对可能存在导致集团财务报表发生重大错报的特别风险的重要组成部分，实施审计业务

C. 不重要组成部分，无须实施相关程序

D. 对重要组成部分财务信息已执行的工作仍不能提供充分、适当审计证据时，集团项目组应选择某些不重要的组成部分，实施审计或审阅业务

【答案】 C

【解析】 不重要组成部分，应当在集团层面实施分析程序。

考点 9　集团项目组的沟通与评价（★★）

（一）与组成部分注册会计师的沟通

如果集团项目组与组成部分注册会计师之间未能建立有效的双向沟通关系，则存在集团项目组可能无法获取形成集团审计意见所依据的充分、适当的审计证据的风险。

表 16－8

集团项目组→组成部分注会通报	①明确组成部分注册会计师应执行的工作和集团项目组对其工作的利用； ②组成部分注册会计师与集团项目组沟通的形式和内容； ③在组成部分注册会计师知悉集团项目组将利用其工作的前提下，要求组成部分注册会计师确认其将配合集团项目组的工作； ④与集团审计相关的职业道德要求，特别是独立性要求； ⑤在对组成部分财务信息实施审计或审阅的情况下，组成部分的重要性和针对特定类别的交易、账户余额或披露采用的一个或多个重要性水平（如适用）以及临界值，超过临界值的错报不能视为对集团财务报表明显微小的错报； ⑥识别出的与组成部分注册会计师工作相关的、由于舞弊或错误导致集团财务报表发生重大错报的特别风险。集团项目组应当要求组成部分注册会计师及时沟通所有识别出的、在组成部分内的其他由于舞弊或错误可能导致集团财务报表发生重大错报的特别风险，以及组成部分注册会计师针对这些特别风险采取的应对措施； ⑦集团管理层编制的关联方清单和集团项目组知悉的任何其他关联方
组成部分注册会计师→集团项目组沟通	①组成部分注册会计师是否已遵守与集团审计相关的职业道德要求，包括对独立性和专业胜任能力的要求； ②组成部分注册会计师是否已遵守集团项目组的要求； ③指出作为组成部分注册会计师出具报告对象的组成部分财务信息； ④因违反法律法规而可能导致集团财务报表发生重大错报的信息； ⑤组成部分财务信息中未更正错报的清单（清单不必包括低于集团项目组通报的临界值且明显微小的错报）； ⑥表明可能存在管理层偏向的迹象； ⑦描述识别出的组成部分层面值得关注的内部控制缺陷； ⑧组成部分注册会计师向组成部分治理层已通报或拟通报的其他重大事项，包括涉及组成部分管理层、在组成部分层面内部控制中承担重要职责的员工以及其他人员的舞弊或舞弊嫌疑； ⑨可能与集团审计相关或者组成部分注册会计师期望集团项目组加以关注的其他事项，包括在组成部分注册会计师要求组成部分管理层提供的书面声明中指出的例外事项； ⑩组成部分注册会计师的总体发现、得出的结论和形成的意见

（二）评价与组成部分注册会计师的沟通

集团项目组应当评价与组成部分注册会计师的沟通。集团项目组应当：

（1）与组成部分注册会计师、组成部分管理层或集团管理层（如适用）讨论在评价过程中发现的重大事项；

（2）确定是否有必要复核组成部分注册会计师审计工作底稿的相关部分；

（3）如果认为组成部分注册会计师的工作不充分，集团项目组应当确定需要实施哪些追加的程序，以及这些程序是由组成部分注册会计师还是由集团项目组实施。

（三）与集团管理层和集团治理层的沟通（见表16－9）

表16－9

沟通对象	沟通内容	
集团管理层	内部控制缺陷	集团项目组应当确定哪些识别出的内部控制缺陷需要向集团治理层和集团管理层通报
	舞弊	如果集团项目组识别出舞弊或组成部分注册会计师提请集团项目组关注舞弊，或者有关信息表明可能存在舞弊，集团项目组应当及时向适当层级的集团管理层通报，以便管理层告知对防止和发现舞弊事项承担主要责任的人员
	对组成部分财务报表发表审计意见	①因法律法规要求或其他原因，组成部分注册会计师可能需要对组成部分财务报表发表审计意见。在这种情况下，集团项目组应当要求集团管理层告知组成部分管理层其尚未知悉的、集团项目组注意到的可能对组成部分财务报表产生重要影响的事项。 ②如果集团管理层拒绝向组成部分管理层通报该事项，集团项目组应当与集团治理层进行讨论。 ③如果该事项仍未得到解决，集团项目组在遵守法律法规和职业准则有关保密要求的前提下，应当考虑是否建议组成部分注册会计师在该事项得到解决之前，不对组成部分财务报表出具审计报告
集团治理层	①对组成部分财务信息拟执行工作的类型的概述。 ②在组成部分注册会计师对重要组成部分财务信息拟执行的工作中，集团项目组计划参与其工作的性质的概述。 ③对组成部分注册会计师的工作作出的评价，引起集团项目组对其工作质量产生疑虑的情形。 ④集团审计受到的限制，如集团项目组接触某些信息受到的限制。 ⑤涉及集团管理层、组成部分管理层、在集团层面控制中承担重要职责的员工以及其他人员（在舞弊行为导致集团财务报表出现重大错报的情况下）的舞弊或舞弊嫌疑	

【例题16－6·单选题·2013年】下列有关集团项目组与集团治理层的沟通内容的说法中，错误的是（　　）。

A. 沟通内容应当包括引起集团项目组对组成部分注册会计师工作质量产生疑虑的情形

B. 沟通内容应当包括集团项目组计划参与组成部分注册会计师工作的性质的概述

C. 如果集团项目组认为组成部分管理层的舞弊行为不会导致集团财务报表发生重大错报，无须就该事项进行沟通

D. 沟通内容应当包括集团项目组对组成部分注册会计师工作作出的评价

【答案】C

【解析】 集团项目组与集团治理层的沟通内容包括：涉及集团管理层、组成部分管理层、在集团层面控制中承担重要职责的员工以及其他人员（在舞弊行为导致集团财务报表出现重大错报的情况下）的舞弊或舞弊嫌疑。

考点10 评价审计证据的充分性和适当性（★）

集团项目组应当评价，通过对合并过程实施的审计程序以及由集团项目组和组成部分注册会计师对组成部分财务信息执行的工作，是否已获取充分、适当的审计证据，作为形成集团审计意见的基础。

如果认为未能获取充分、适当的审计证据作为形成集团审计意见的基础，集团项目组可以要求组成部分注册会计师对组成部分财务信息实施追加的程序。如果不可行，集团项目组可以直接对组成部分财务信息实施程序。

集团项目合伙人应当评价未更正错报和未能获取充分、适当的审计证据的情况下对集团审计意见的影响。集团项目合伙人对错报汇总影响的评价，使其能够确定集团财务报表整体是否存在重大错报。

恭喜你，
已完成第十六章的学习

扫码免费进 >>>
2022年CPA带学群

没有殷实的家庭，没有显赫的背景，要想在残酷的竞争中实现逆袭，唯有靠自己去拼、靠自己去闯，只有努力奋斗的人才配有未来。

CHAPTER SEVENTEEN

第十七章　其他特殊项目的审计

考情雷达

本章内容包括会计估计审计、关联方审计、持续经营假设审计和首次接受委托时对期初余额的审计四个部分，这是整本书难度最高的章节，也是实务工作的难点所在，特别是会计估计审计。本章各个模块的基本逻辑大体上是一致的，包括：概述→风险评估→风险应对→评价错报/出具报告。考生在学习时严格围绕这条逻辑线展开，保证思路清晰。从考试情况看，客观题和主观题均涉及，分值在10分左右，属于非常重要的章节，需要大家花较多时间进行掌握。

本章内容与去年相比无实质性变化。

考点地图

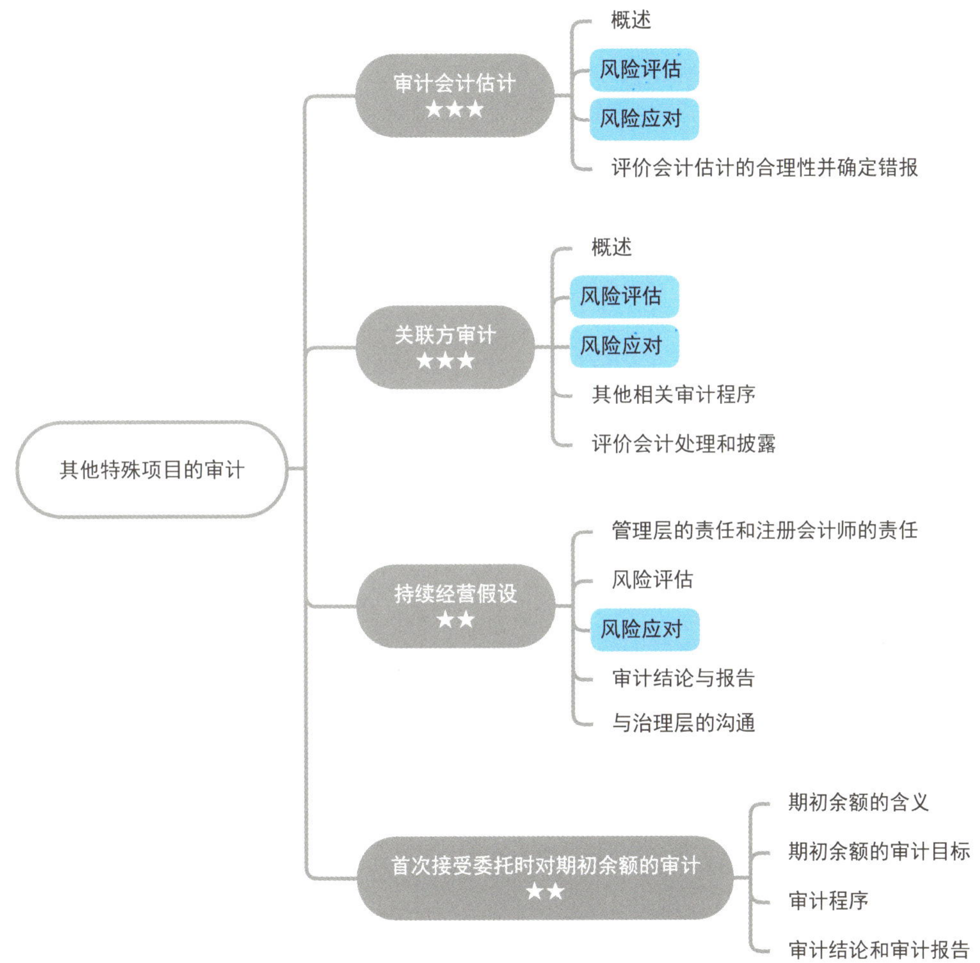

考点1 审计会计估计（★★★）

（一）会计估计概述

1. 含义

会计估计是指在缺乏精确计量手段的情况下，采用的某项金额的近似值。

2. 责任

（1）被审计单位管理层责任：应当对其作出的包括在财务报表中的会计估计负责。

（2）注册会计师责任：获取充分、适当的审计证据，评价被审计单位作出的会计估计是否合理、披露是否充分。

（二）风险评估

1. 风险评估程序和相关活动

（1）了解适用的财务报告编制基础的要求。

了解适用的财务报告编制基础的要求，有助于注册会计师确定该编制基础：

①是否规定了会计估计的确认条件或计量方法；

②是否明确了某些允许或要求采用公允价值计量的条件（如与管理层执行与某项资产或负债相关的特定措施的意图挂钩）；

③是否明确了要求作出或允许作出的披露。

（2）了解管理层如何识别是否需要作出会计估计。

注册会计师**主要通过询问管理层**，就可以了解管理层如何识别需要作出会计估计的情形。询问的内容可以包括：

①被审计单位是否已从事可能需要作出会计估计的新型交易；

②需要作出会计估计的交易的条款是否已改变；

③由于适用的财务报告编制基础的要求或其他规定的变化，与会计估计相关的会计政策是否已经相应变化；

④可能要求管理层修改或作出新会计估计的外部监管变化或其他不受管理层控制的变化是否已经发生；

⑤是否已经发生可能需要作出新估计或修改现有估计的新情况或事项。

【提示】针对新、变情况有可能需要作出新的会计估计。

（3）了解管理层如何作出会计估计（重点）。

管理层作出会计估计的方法和依据包括：

①用以作出会计估计的**方法，包括模型**（如适用）：

如果管理层作出会计估计时采用了内部开发的模型或偏离了某一特定行业或环境中所采用的通用方法，则可能存在更大的重大错报风险。

②相关控制：

a. 管理层如何确定作出会计估计所使用的数据的完整性、相关性和准确性；

b. 由适当层级的管理层和治理层（如适用）对会计估计（包括使用的假设或输入数据）进行复核和批准；

c. 将批准交易的人员和负责作出会计估计的人员进行职责分离。

③管理层是否利用管理层的专家的工作。

④会计估计所依据的**假设**。

⑤用以作出会计估计的方法**是否已经发生**或**应当发生不同于上期的变化**，以及变化的**原因**。

⑥管理层是否评估以及如何评估估计不确定性的影响。

a. 管理层是否已经考虑以及如何考虑各种可供选择的假设或结果，如通过敏感性分析确定假设变化对会计估计的影响；

b. 当敏感性分析表明存在多种可能结果时，管理层如何作出会计估计；

c. 管理层是否监控上期作出会计估计的结果，以及管理层是否已恰当应对实施监控程序的结果。

（4）复核上期会计估计（重点）。

注册会计师**应当复核**上期财务报表中会计估计的结果，或者复核管理层在本期财务报表中对上期会计估计作出的后续重新估计。注册会计师**复核的目的不是质疑上期依据当时可获得的信息而作出的判断**。

会计估计的结果与财务报表中上期已确认或披露的金额存在差异，并不必然表明上期财务报表存在错报。这对于公允价值会计估计而言尤其如此，因为任何已观察到的结果都不可避免地受到作出会计估计的时点后所发生的事项或情况的影响。

【提示】复核的目的是什么？是识别和评估重大错报风险！

【例题 17－1·简答题·2018 年】ABC 会计师事务所的 A 注册会计师负责审计甲公司 2017 年度财务报表。与会计估计审计相关的部分事项如下：

2016 年末，管理层对某项应收款项全额计提了坏账准备。因 2017 年全额收回该款项，管理层转回了相应的坏账准备。A 注册会计师据此认为 2016 年度财务报表存在重大错报，要求管理层更正 2017 年度财务报表的对应数据。

要求：针对上述事项，逐项指出 A 注册会计师的做法是否恰当。如不恰当，简要说明理由。

【答案】不恰当。2016 年度财务报表中的会计估计与实际结果存在差异，并不必然表明 2016 年度财务报表存在错报。

【解题思路】注册会计师因为 2017 年应收款全部收回就认为 2016 年计提的坏账准备存在重大错报的思路是错误的。

【例题 17－2·简答题·2014 年】ABC 会计师事务所负责审计甲公司 2013 年度财务报表，审计项目团队在审计工作底稿中记录了与公允价值和会计估计审计相关的情况，部分内容摘录如下：

为确定甲公司管理层在 2012 年度财务报表中作出的会计估计是否恰当，审计项目团队复核了甲公司 2012 年度财务报表中的会计估计在 2013 年度的结果。

要求：针对上述事项，逐项指出审计项目团队的做法是否恰当。如不恰当，简要说明理由。

【答案】不恰当。注册会计师复核上期财务报表中会计估计的结果，是为了识别和评估本期会计估计重大错报风险而执行的风险评估程序，目的不是质疑上期依据当时可获得的信息而作出的判断。

【解题思路】注册会计师通过复核2012年的会计估计在2013年度的结果，来判断2012年的会计估计是否恰当。这一思路是错误的，因为就算复核出差异来也不一定表明存在错报。

2. 识别和评估重大错报风险

在识别和评估重大错报风险时，注册会计师应当评价与会计估计相关的估计不确定性的程度，并根据**职业判断确定识别出的具有高度估计不确定性的会计估计是否会导致特别风险**。

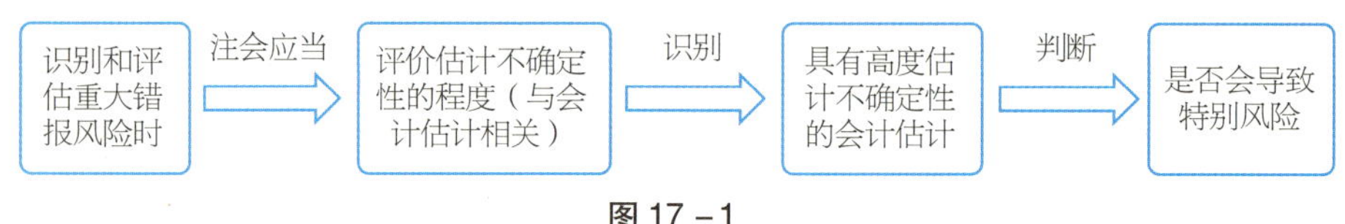

图17-1

（1）估计不确定性的影响因素。

①会计估计对判断的依赖程度。

②会计估计对假设变化的敏感性。

③是否存在可以降低估计不确定性的经认可的计量技术。

④预测期的长度和从过去事项得出的数据对预测未来事项的相关性。

⑤是否能够从外部来源获得可靠数据。

⑥会计估计依据可观察到的或不可观察到的输入数据的程度。

（2）具有高度估计不确定性的会计估计。

①高度依赖判断的会计估计，如对未决诉讼的结果或未来现金流量的金额和时间安排的判断，而未决诉讼的结果或未来现金流量的金额和时间安排取决于多年后才能确定结果的不确定事项。

②未采用经认可的计量技术计算的会计估计。

③注册会计师对上期财务报表中类似会计估计进行复核的结果表明最初会计估计与实际结果之间存在**很大差异**，在这种情况下管理层作出的会计估计。

【提示】存在差异不一定是高度估计不确定，存在很大差异才是高度估计不确定。

④采用高度专业化的、由被审计单位自主开发的模型，或在缺乏可观察到的输入数据的情况下作出的公允价值会计估计。

【例题17-3·多选题·2011年】在评价会计估计的不确定性时，下列会计估计中，注册会计师通常认为具有高度不确定性的有（　　）。

A. 高度依赖判断的会计估计

B. 采用高度专业化的，由被审计单位自己开发的模型作出的公允价值会计估计

C. 存在公开活跃市场情况下作出的公允价值会计估计

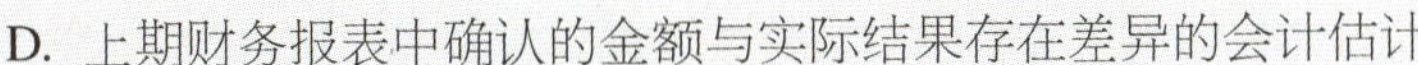

D. 上期财务报表中确认的金额与实际结果存在差异的会计估计

【答案】AB

【解析】选项C中，存在公开活跃市场情况下作出的公允价值会计估计，具备可观察到的输入数据，不属于此类范畴；选项D中，上期财务报表中确认的会计估计金额与实际结果存在差异，而非很大差异，并不一定表明会计估计具有高度不确定性。

（三）风险应对

1. 重大错报风险的应对措施

（1）目的。

基于评估的重大错报风险，注册会计师应当确定：

①管理层**是否恰当运用**与会计估计相关的适用的**财务报告编制基础的规定**。

②作出会计估计的**方法是否恰当**，并得到**一贯运用**，以及会计估计或作出会计估计的方法不同于上期的**变化是否适合于具体情况**。

彬哥解读

在情况没有发生变化或没有出现新的信息时，对会计估计或估计方法作出**改变是武断的**。武断的变化导致各期财务报表不一致，并可能产生财务报表重大错报，或显示存在管理层偏向。因此，注册会计师**考虑会计估计或其估计方法自上期以来发生的变化是非常重要的**。

（2）程序。

表 17－1

<table>
<tr><th colspan="2">在应对评估的重大错报风险时，注册会计师应当考虑会计估计的性质，并实施下列一项或多项程序</th><th>【记忆面包】</th></tr>
<tr><td colspan="2">（1）确定截至审计报告日发生的事项是否提供有关会计估计的审计证据（例如，期后不久出售某被替代的产品的全部存货，可能提供有关其可变现净值估计的审计证据）。
【提示】一定要获取到确凿的证据，如法院判决书、产品的实际销售收入、保险公司的理赔协议（确定能拿到钱的）、行政处罚通知单等</td><td>期后事实</td></tr>
<tr><td rowspan="2">（2）测试管理层如何作出会计估计以及会计估计所依据的数据</td><td>在进行测试时，注册会计师应当评价：
①管理层使用的计量方法在具体情况下是否是适当的；
②管理层使用的假设是否合理（重点）。
针对管理层假设而实施审计程序是为了财务报表审计的目的，而不是为了针对假设本身发表意见</td><td rowspan="2">测你估计</td></tr>
<tr><td>在评价支持会计估计假设的合理性时，注册会计师可能识别出一个或多个重大假设，这可能表明会计估计存在高度估计不确定性并由此可能产生特别风险。
还可能包括：
①测试会计估计所依据的数据的准确性、完整性和相关性，以及管理层是否使用这些数据和假设恰当地作出会计估计；
②考虑外部数据或信息的来源、相关性和可靠性，包括从管理层聘请的、用以协助其作出会计估计的外部专家那里获取的数据或信息；
③重新计算会计估计，并复核有关会计估计信息的内在一致性；
④考虑管理层的复核和批准流程（内控）</td></tr>
</table>

续表

在应对评估的重大错报风险时，注册会计师应当考虑会计估计的性质，并实施下列一项或多项程序		【记忆面包】
（3）测试与管理层如何作出会计估计相关的控制运行有效性，并实施恰当的实质性程序； 【关联贴纸】控制测试＋实质性程序，参照第八章基本原理		我做程序
（4）作出注册会计师的点估计或区间估计，以评价管理层的点估计（自己做估计）	①如果使用有别于管理层的假设或方法，注册会计师应当充分了解管理层的假设或方法，以确定注册会计师在作出点估计或区间估计时已考虑了相关变量。 【提示】可以采用和管理层不同的假设和方法。 ②如果认为使用区间估计是恰当的。 注册会计师应当基于可获得的审计证据来缩小区间估计，直至该区间估计范围内的**所有结果均可被视为合理**。 【提示】注意不是可能，是合理。 当区间估计的区间已缩小至**等于或低于实际执行的重要性**时，该区间估计对于评价管理层的点估计是适当的。 【提示】通常情况下，当区间估计的区间已缩小至等于或低于实际执行的重要性时，该区间估计对于评价管理层的点估计是适当的。而对于某些特定行业，可能难以将区间缩小至低于某一金额。这并不必然否定管理层对会计估计的确认，但是可能意味着与会计估计相关的估计不确定性可能导致特别风险。 ③如何将区间估计缩小至某一区域？ 从区间估计中剔除注册会计师认为不可能发生的极端结果； 根据可获得的审计证据，继续缩小区间估计直至注册会计师认为该区间估计内的所有结果均视为是合理的。 在极其特殊的情况下，注册会计师**可能缩小区间估计直至审计证据指向点估计**	我来估计

考点收纳盒

实际执行重要性水平的运用

分析程序：可接受差异额≤实际执行的重要性

审计抽样细节测试：可容忍错报≤实际执行的重要性

审计会计估计：区间估计≤实际执行的重要性

【例题17－4·简答题·2018年节选】 ABC会计师事务所的A注册会计师负责审计甲公司2017年度财务报表。与会计估计审计相关的部分事项如下：

管理层编制盈利预测以评价递延所得税资产的可回收性。A注册会计师向管理层询问了盈利预测中使用的假设的依据，并对盈利预测实施了重新计算，结果满意，据此认可了管理层的评价。

要求：针对上述事项，逐项指出A注册会计师的做法是否恰当。如不恰当，简要说明理由。

【答案】 不恰当。仅执行询问和重新计算无法获取有关假设合理性的充分、适当的审计证据/还应当执行程序评价盈利预测中假设的合理性。

【**解题思路**】针对管理层做出的会计估计，注册会计师实施的审计程序包括：询问、重新计算，就认可了管理层做出的估计。这一思路是错误的，询问和重新计算都是在管理层使用的假设的基础上实施的审计程序，而没有思考假设本身是否合理。

2. 特别风险的应对措施

在审计导致特别风险的会计估计时，注册会计师在实施进一步实质性程序时需要**重点评价**：

①不确定性：管理层是如何评估不确定性对会计估计的影响，以及这种不确定性对财务报表中会计估计的确认的恰当性可能产生的影响。

②披露：相关披露的充分性。

（1）估计不确定性（重点）。

对导致特别风险的会计估计，除实施《中国注册会计师审计准则第1231号——针对评估的重大错报风险采取的应对措施》和应用指南规定的其他实质性程序外，注册会计师还**应当**实施以下审计程序：

①替代假设：评价管理层如何考虑**替代性的假设或结果**，以及拒绝采纳的原因，或者在管理层没有考虑替代性的假设或结果的情况下，评价管理层在作出会计估计时如何处理估计不确定性。

②重大假设的合理性：评价管理层使用的**重大假设**是否合理。

③重大假设的意图和能力：当管理层实施特定措施的**意图和能力**与其使用的**重大假设**的合理性或对适用的财务报告编制基础的恰当应用相关时，评价这些意图和能力。

（2）作出区间估计。

根据职业判断，如果认为管理层没有适当处理估计不确定性对导致特别风险的会计估计的影响，注册会计师应当在必要时作出用于评价会计估计合理性的区间估计。

（3）确认和计量标准。

对导致特别风险的会计估计，注册会计师应当获取充分、适当的审计证据，以确定下列方面是否符合适用的财务报告编制基础的规定：

①管理层对会计估计在财务报表中予以确认或不予确认的决策。

②作出会计估计所选择的计量基础。

【**例题17－5·简答题·2016年**】甲公司是ABC会计师事务所的常年审计客户。A注册会计师负责审计甲公司2015年度财务报表，确定财务报表整体的重要性为200万元。审计工作底稿中与会计估计审计相关的部分事项摘录如下：

甲公司管理层实施固定资产减值测试时采用的重大假设具有高度估计不确定性，导致特别风险。A注册会计师评价了管理层采用的计量方法，测试了基础数据，并将重大假设与相关历史数据进行了比较，未发现重大差异，据此认为管理层的减值测试结果合理。

要求：针对上述事项，逐项指出A注册会计师的做法是否恰当。如不恰当，简要说明理由。

【**答案**】不恰当。对存在特别风险的会计估计，注册会计师还应评价管理层如何考虑替代性的假设/未评价管理层在作出会计估计时如何处理估计不确定性。

【解题思路】风险为会计估计特别风险。注册会计师采取的应对措施为：①评价了计量方法。②测试了基础数据。③将重大假设与相关历史数据进行了比较。其中①和②属于会计估计导致的常规重大错报风险的应对措施。③属于评价了重大假设，属于特别风险应对措施的一部分。因此题干的应对措施中没有针对特别风险评价替代性假设的合理性。也可以从总体上说未评价管理层在作出会计估计时如何处理估计不确定性。

3. 其他相关审计程序

（1）关注与会计估计相关的披露。

①注册会计师应当获取充分、适当的审计证据，以确定与会计估计相关的财务报表披露是否符合适用的财务报告编制基础的规定。

②对导致特别风险的会计估计，注册会计师**还应当评价**在适用的财务报告编制基础下，财务报表对估计不确定性的**披露的充分性**。

【提示】不只要披露，而且要充分披露估计的不确定性。

（2）识别可能存在管理层偏向的迹象。

注册会计师**应当复核**管理层作出会计估计时的判断和决策，**以识别是否可能存在管理层偏向的迹象**。

与会计估计相关的、可能存在管理层偏向迹象的情形包括：

①管理层主观地认为环境已经发生变化，并相应地改变会计估计或估计方法；

②针对公允价值会计估计，被审计单位的自有假设与可观察到的市场假设不一致，但仍使用被审计单位的自有假设；

③管理层选择或作出重大假设以产生有利于管理层目标的点估计；

④选择带有乐观或悲观倾向的点估计。

【提示】在得出某项会计估计是否合理的结论时，可能存在管理层偏向的迹象本身并不构成错报。

【例题 17－6·多选题·2015 年】下列各项中，表明可能存在与会计估计相关的管理层偏向的有（　　）。

A. 以前年度财务报表确认和披露的重大会计估计与后期实际结果之间存在差异

B. 变更会计估计后被审计单位的财务成果发生显著变化，与管理层增加利润的目标一致

C. 会计估计所依赖的假设存在内在的不一致，如对成本费用增长率的预期与收入增长率的预期显著不同

D. 环境已经发生变化，但管理层并未根据变化对会计估计或估计方法作出相应的改变

【答案】BCD

【解析】以前年度财务报表确认和披露的重大会计估计与后期实际结果之间存在差异并不必然表明存在错报。

（3）获取书面声明。

注册会计师**应当**向管理层和治理层（如适用）获取书面声明，以确定其是否认为在作出会计估计时使用的重大假设是合理的。

针对有关财务报表中**确认和披露的**会计估计和**未在财务报表中确认和披露的**会计估计**都应当包括在书面声明当中**。

表 17－2

在财务报表中确认和披露的会计估计	①计量流程（包括管理层在根据适用的财务报告编制基础作出会计估计时使用的相关假设和模型）的恰当性，以及流程的一贯运用； ②假设恰当地反映了管理层代表被审计单位执行特定措施的意图和能力（当这些意图和能力与会计估计和披露相关时）； ③在适用的财务报告编制基础下与会计估计相关的披露的完整性和适当性； ④不存在需要对财务报表中会计估计和披露作出调整的期后事项
未在财务报表中确认和披露的会计估计	①管理层用于确定不满足适用的财务报告编制基础规定的确认或披露标准的依据的恰当性； ②针对未在财务报表中以公允价值计量或披露的会计估计，管理层用于推翻适用的财务报告编制基础规定的与使用公允价值相关的假定的依据的恰当性

（四）评价会计估计的合理性并确定错报

注册会计师应当根据获取的审计证据，评价财务报表中的会计估计在适用的财务报告编制基础下是合理的还是存在错报。

1. 错报的判断

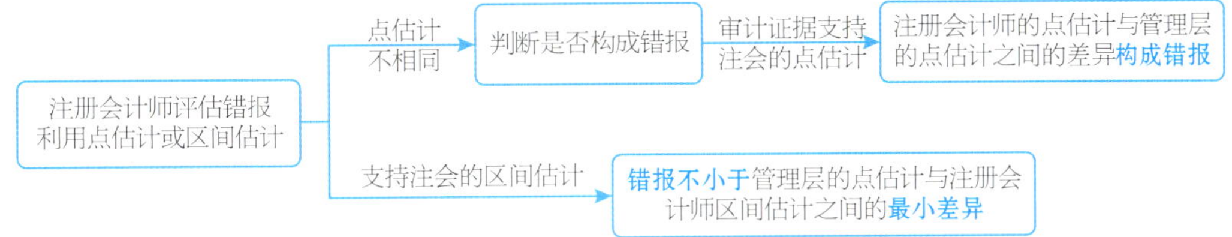

图 17－2 注册会计师利用点估计或区间估计评估错报

彬哥解读

①如果注册会计师作出了点估计（也就是确定的一个金额），并且这个点估计跟管理层在财务报表中的不一样，那么这里可能构成错报；

②如果注册会计师做出了区间估计，比如注册会计师认为某项费用应该在 30 万～50 万元之间，但是管理层在财务报表中作出的点估计是 70 万元，那么这个时候就存在错报，并且错报至少是 20 万元。

③当管理层点估计落在区间估计内，认为管理层会计估计的结果是适当的/可接受的，但是不能说不存在错报。

2. 错报的类型

一项错报，无论是由于舞弊还是错误导致，当与会计估计相关时，可能是由于下列因素导致的（联系第二章错报的知识点）：

（1）毋庸置疑地存在错报（事实错报）；

（2）由注册会计师认为管理层对会计估计作出的判断不合理，或认为管理层对会计政策的选择或运用不恰当而产生的差异（判断错报）；

（3）注册会计师对总体中错报的最佳估计，包括由审计样本中识别出的错报推断出总体中的错报（推断错报）。

考点2 关联方审计（★★★）

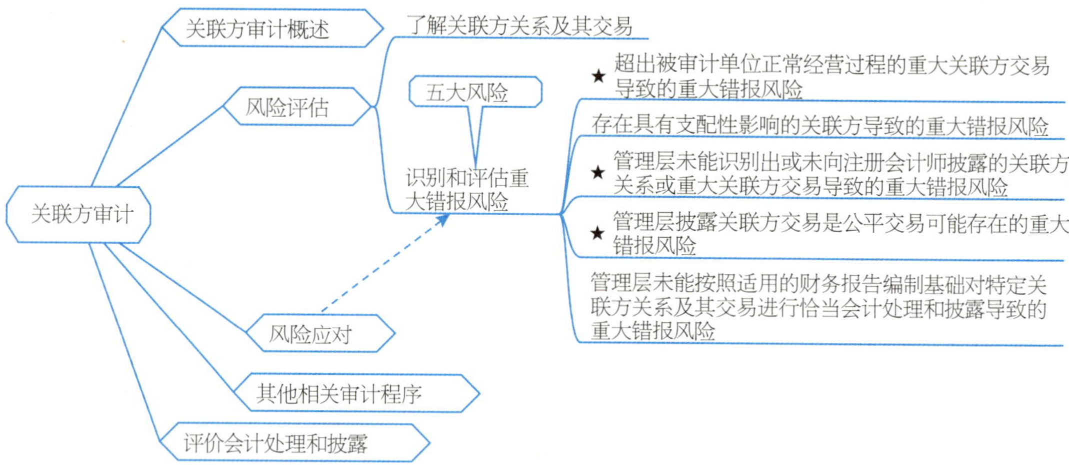

图17-3 关联方审计框架

（一）关联方审计概述

1. 责任

（1）与非关联方相比，关联方交易可能并不具有更高的财务报表重大错报风险。但是，在某些情况下，关联方关系及其交易的性质可能导致关联方交易比非关联方交易具有更高的财务报表重大错报风险。

（2）在适用的财务报告编制基础作出规定的情况下，注册会计师有责任实施审计程序，以识别、评估和应对被审计单位未能按照适用的财务报告编制基础对关联方关系及其交易进行恰当会计处理或披露导致的重大错报风险。

2. 注册会计师审计关联方的目标

（1）**无论适用的财务报告编制基础是否对关联方作出规定**，充分**了解**关联方关系及其交易，以便能够确认由此产生的、与识别和评估由于舞弊导致的重大错报风险相关的舞弊风险因素（如有）；根据获取的审计证据，就财务报表受到关联方关系及其交易的影响而言，确定财务报表是否实现公允反映。

【提示】不论是否作出规定，都应当了解。

（2）如果适用的财务报告编制基础对关联方**作出规定**，获取充分、适当的审计证据，确定关联方关系及其交易是否已按照适用的财务报告编制基础得到恰当**识别、会计处理和披露**。

（二）风险评估

1. 了解关联方关系及其交易

（1）项目组内部的讨论。

项目组按照审计准则的规定进行内部讨论时，应当特别考虑由于关联方关系及其交易导致的舞弊或错误使得财务报表存在重大错报的可能性。

项目组内部讨论的内容可能包括：

①关联方关系及其交易的性质和范围（如利用在每次审计后更新的有关识别出的关联方的记录进行讨论）；

②强调在整个审计过程中对关联方关系及其交易导致的潜在重大错报风险保持职业怀疑的重要性；

③可能显示管理层以前未识别或未向注册会计师披露的关联方关系或关联方交易的情形或状况（如被审计单位组织结构复杂，利用特殊目的实体从事表外交易，或信息系统不够完善）；

④可能显示存在关联方关系或关联方交易的记录或文件；

⑤管理层和治理层对关联方关系及其交易（如果适用的财务报告编制基础对关联方作出规定）进行识别、恰当会计处理和披露的重视程度，以及管理层凌驾于相关控制之上的风险。

（2）询问管理层。

注册会计师**应当**向管理层询问下列事项：

①关联方的**名称**和**特征**，包括关联方自上期以来发生的**变化**；

②被审计单位和关联方之间**关系**的性质；

③被审计单位在本期是否与关联方发生**交易**，如发生，交易的类型、定价政策和目的。

（3）了解与关联方关系及其交易相关的控制。

注册会计师应当询问管理层和被审计单位内部其他人员，实施其他适当的风险评估程序，以获取对相关控制的了解：

①按照适用的财务报告编制基础，对关联方关系及其交易进行识别、会计处理和披露；

②授权和批准重大关联方交易和安排；

③授权和批准超出正常经营过程的重大交易和安排。

2. 识别和评估重大错报风险

（1）超出被审计单位正常经营过程的重大关联方交易导致的重大错报风险。

注册会计师应当将识别出的、超出被审计单位正常经营过程的重大关联方交易导致的风险**确定为特别风险**。

【提示】三个关键词同时满足：①超出被审计单位正常经营过程；②重大；③关联方交易。

考点收纳盒

表 17－3

特别风险	需要判断	收入确认假定存在舞弊
		会计估计具有高度估计不确定性
	一定是	舞弊风险
		管理层凌驾于内部控制之上
		超出被审计单位正常经营过程的重大关联方交易导致的重大错报风险

【例题 17 -7·单选题·2016 年】下列情形中，注册会计师应当将其评估为存在特别风险的是（　　）。

A. 被审计单位将重要子公司转让给实际控制人控制的企业并取得大额转让收益

B. 被审计单位对母公司的销量占总销量的 50%

C. 被审计单位与收购交易的对方签订了对赌协议

D. 被审计单位销售产品给子公司的价格低于销售给第三方的价格

【答案】A

【解析】注册会计师应当将识别出的、超出被审计单位正常经营过程的重大关联方交易导致的风险确定为特别风险，必须同时满足三个条件：超常；重大；关联方。

①选项 A 正确，转让子公司属于超常交易；“取得大额转让收益”“重要子公司”说明重大；“将重要子公司转让给实际控制人”满足关联方关系。

②选项 B 错误，被审计单位向母公司销售产品不属超常规交易；“销量占总销量的 50%”说明重大；“被审计单位对母公司的销量”是关联方交易。三个条件只满足两个。

③选项 C 错误，“收购业务”属于超常交易；题干中看不太出来是否重大；被审计单位与收购交易的对方在收购前还不是关联方关系，不是三个条件同时满足。

④选项 D 错误，销售产品不属于超常交易；“价格低于销售给第三方的价格”看不出来低多少，交易量也不知道有多大，所以看不出来是否重大；“被审计单位销售产品给子公司”属于关联方交易，不是三个条件同时满足。

（2）存在具有支配性影响的关联方导致的重大错报风险。

管理层由一个或少数几个人支配且缺乏补偿性控制是一项舞弊风险因素，而具有支配性影响的关联方（通常为控股股东或实际控制人）借助对被审计单位财务和经营政策实施控制和重大影响的能力，通常能够对被审计单位或其管理层甚至治理层施加支配性影响。

关联方施加的支配性影响可能表现在下列方面：①关联方否决管理层或治理层作出的重大经营决策；②重大交易需经关联方的最终批准；③日常经营（采购、销售或技术支持）高度依赖关联方或关联方提供的资金支持；④对关联方提出的业务建议，管理层和治理层未曾或很少进行讨论即获得通过；⑤对涉及关联方（或与关联方关系密切的家庭成员）的交易，管理层和治理层极少进行独立复核和批准；⑥管理层或治理层成员由关联方选定，独立董事实质上不独立，或者与关联方存在密切关系；⑦存在实际控制人、控股股东或者单一大股东，并利用其影响力凌驾于被审计单位内部控制之上，或使被审计单位管理层在作出决策时只关注单方面的利益，且相关决策在治理层（如董事会）缺乏充分的讨论。

此外，如果关联方在被审计单位的设立和日后经营管理中均发挥主导作用，也可能表明存在支配性影响。

在出现下列风险因素的情况下，存在具有支配性影响的关联方，可能表明存在由于舞弊导致的特别风险。例如：

①异常频繁地变更高级管理人员或专业顾问，可能表明被审计单位为关联方谋取利益而从事不道德或虚假的交易；

②通过中间机构开展的重大交易，且难以判断该交易是否具有必要性及合理的商业理由，

可能表明关联方出于舞弊目的，通过控制这些中间机构从交易中获利；

③有证据显示关联方过度干涉或关注会计政策的选择或重大会计估计的作出，可能表明存在虚假财务报告。

（3）管理层未能识别出或未向注册会计师披露的关联方关系或重大关联方交易导致的重大错报风险。

在某些情况下，管理层未能识别出或未向注册会计师披露某些关联方关系或重大关联方交易**可能是无意的**。在这种情况下，财务报表很可能存在因管理层缺乏足够的胜任能力而导致的重大错报风险。

但是，在其他**大多数情况下**，管理层不向注册会计师披露某些关联方关系或重大关联方交易**可能是有意的**。例如，管理层出于粉饰财务报表的目的，精心策划和实施某项重大关联方交易，并有意不在财务报表中作出披露。在注册会计师实施审计时，管理层与关联方串通向注册会计师提供虚假陈述，蓄意隐瞒交易对方是关联方的事实。**在这种情况下，财务报表存在因管理层舞弊而导致的重大错报风险**。

某些安排或其他信息**可能显示存在管理层未向注册会计师披露的关联方关系或关联方交易**，包括：

①与其他机构或人员组成不具有法人资格的合伙企业；

②按照超出正常经营过程的交易条款和条件，向特定机构或人员提供服务的安排；

③担保和被担保关系。

注册会计师在审计过程中需要对管理层可能未披露的关联方关系及其交易保持警觉。通常情况下，相互独立的交易双方之间的具有合理商业理由的交易通常需要最大程度地满足交易双方各自的利益。因此，如果一项交易中，交易一方利益明显受损而另一方明显得利的话，很可能表明交易双方不独立或交易理由不合理，注册会计师需要对此保持足够的职业怀疑。

（4）管理层披露关联方交易是公平交易时可能存在的重大错报风险。

公平交易，是指按照互不关联、各自独立行事且追求自身利益最大化的、自愿的买卖双方达成的条款和条件进行的交易。

企业会计准则要求企业只有在提供确凿证据的情况下才能披露关联方交易是公平交易。

表 17 –4

重大错报风险	无意	某些被审计单位对公平交易的理解存在误区，**简单认为如果交易价格是按照类似公平交易的价格执行，该项交易就是公平交易**，而**忽略了该项交易的其他条款和条件**（如信用条款、对产品的质量要求等）是否与独立各方之间通常达成的交易条款相同	如果管理层认定并披露关联方交易是公平交易，就可能存在重大错报风险
	故意	一些被审计单位可能**出于误导财务报表使用者的目的，有意忽略**交易价格之外的其他条款，并披露关联方交易是公平交易	

（5）管理层未能按照适用的财务报告编制基础对特定关联方关系及其交易进行恰当会计处理和披露导致的重大错报风险。

导致管理层未能按照适用的财务报告编制基础对特定关联方关系及其交易进行恰当会计处理和披露的原因很多，除了被审计单位管理层**不熟悉相关财务报告编制基础**外，更多的可能是**为了粉饰财务报表**。

（三）风险应对

1. 应对超出被审计单位正常经营过程的重大关联方交易导致的重大错报风险（重点）

表 17－5

应对措施	
检查相关合同或协议（如有）	如果检查相关合同或协议，注册会计师**应当评价**： ①交易的**商业理由**（或缺乏商业理由）是否表明被审计单位从事交易的目的可能是为了对财务信息作出虚假报告或为了隐瞒侵占资产的行为； ②**交易条款**是否与管理层的解释一致； ③关联方交易是否已按照适用的财务报告编制基础得到**恰当会计处理和披露**
获取交易已经恰当授权和批准的审计证据	如果超出正常经营过程的重大关联方交易经管理层、治理层或股东（如适用）授权和批准，可以为注册会计师提供审计证据。 当然，**授权和批准本身不足以就是否不存在由于舞弊或错误导致的重大错报风险得出结论**，原因在于如果被审计单位与关联方串通舞弊或关联方对被审计单位具有支配性的影响，被审计单位与授权和批准相关的控制可能是无效的

【例题 17－8·单选题·2015 年】如果注册会计师识别出超出正常经营过程的重大关联方交易导致的舞弊风险，下列程序中，通常能够有效应对该风险的是（　　）。

A. 检查交易是否经适当的管理层审批

B. 评价交易是否具有合理的商业理由

C. 检查交易是否按照适用的财务报告编制基础进行会计处理和披露

D. 就交易事项向关联方函证

【答案】B

【解析】

①选项 A 错误，如果被审计单位与关联方串通舞弊或关联方对被审计单位具有支配性影响，被审计单位与授权和批准相关的控制可能是无效的。

②选项 B 正确，交易的商业理由（或缺乏商业理由）是应对舞弊风险最有力的证据，同时也是应对超出正常经营过程的重大关联方交易导致的特别风险的审计程序。

③选项 C 错误，关联方交易是否已按照适用财务报告编制基础得到恰当处理和披露。核心词是“恰当”两个字。其次，针对舞弊风险，即使经过恰当的会计处理和披露也不一定没问题。

④选项 D 错误，对于关联方的舞弊风险，向关联方函证可能是无效的。

【解题技巧】本题最核心的是注意“舞弊”这个词汇，也就是关联方交易和舞弊结合的考题，不是单纯地考某一个点。

2. 应对存在具有支配性影响的关联方导致的重大错报风险

如果存在具**有支配性影响的关联方**，并且因此存在由于**舞弊**导致的重大错报风险，注册会计师**将其评估为一项特别风险**。注册会计师还可以实施诸如下列审计程序，以了解关联方与被审计单位直接或间接建立的业务关系，并确定是否有必要实施进一步的恰当的实质性程序：

（1）**询问**管理层和治理层并与之讨论；

（2）**询问**关联方；

（3）检查与关联方之间的重要合同；

（4）通过互联网或某些外部商业信息数据库，进行适当的背景调查；

（5）如果被审计单位保留了员工的举报报告，查阅该报告。

3. 应对管理层未能识别出或未向注册会计师披露的关联方关系或重大关联方交易导致的重大错报风险（重点）

为确定是否存在管理层和治理层未向注册会计师披露的关联方关系或关联方交易，要求注册会计师检查在实施审计程序时获取的银行和律师询证函回函、股东会和治理层会议纪要，以及其认为必要的其他记录和文件。

如果识别出可能表明存在管理层以前未识别出或未向注册会计师披露的关联方关系或关联方交易的安排或信息，注册会计师应当确定相关情况是否能够证实关联方关系或关联方交易的存在。

如果注册会计师认为必要且可行，可以考虑实施的程序包括：

（1）访谈被审计单位的控股股东、实际控制人、治理层以及关键管理人员等，必要时就访谈内容获取上述人员的书面确认或执行函证程序。

（2）以被审计单位控股股东、实际控制人、治理层以及关键管理人员为起点，通过互联网查询或第三方商业信息服务机构实施背景调查，用以识别与这些个人或机构有关联方关系或受其控制的实体，评估这些实体与被审计单位的关系。

如果认为必要且可行，注册会计师也可以考虑将上述访谈和背景调查扩大至其他主要股东及其他相关人员。

（3）运用数据分析工具，设置特定分析条件对被审计单位的交易信息进行分析，识别是否存在管理层未向注册会计师披露的关联方关系和交易，例如：①识别被审计单位与并非客户或供应商的实体之间的大额资金往来、在月初和月末发生的大额资金收付等；②识别交易规模、频率等明显异于被审计单位通常的交易规模或频率的事项，如交易异常频繁，或交易虽不频繁，但单次交易金额重大的事项；③识别在会计记录中首次出现的交易对方，检查其是否包含在管理层提供的当期新增客户或供应商名单中。

（4）亲自获取被审计单位的企业信用报告，关注企业信用报告内容的完整性，检查企业信用报告中显示的内容，包括对外担保等，是否已经完整包含在被审计单位管理层披露的信息中。

（5）检查被审计单位银行对账单中与疑似关联方的大额资金往来交易，关注对账单中是否存在异常的资金流动，关注资金或商业汇票往来是否以真实、合理的交易为基础。

（6）识别被审计单位银行对账单中与实际控制人、控股股东或高级管理人员的大额资金往来交易，关注是否存在异常的资金流动，关注资金往来是否以真实、合理的交易为基础。如果评估认为这些大额资金往来性质异常，注册会计师还可以要求实际控制人、控股股东或高级管理人员提供其自身的银行对账单，并检查其中与被审计单位之间的资金往来。

（7）在获得被审计单位授权后，向为被审计单位提供过税务和咨询服务的有关人员询问其对关联方的了解。

（8）在获得被审计单位授权后，通过律师或其他调查机构获取被审计单位的诉讼信息，关注其中是否存在涉及由于被审计单位对外提供担保而引起的诉讼以及诉讼的内容、性质，评价相关对外担保是否涉及关联方，如果涉及关联方，关联方关系和交易是否已在财务报表中恰当披露。

如果注册会计师识别出重大异常情况，使其对某些供应商、客户或其他交易对方是否为被审计单位关联方存**有重大疑虑**，注册会计师还可以考虑实施以下程序：

（1）针对交易对方实施**背景调查**，将其股东情况、注册时间、注册地址、办公地址、网站地址、邮箱域名、注册登记的联系人及其电话和邮箱等信息与被审计单位的相关信息进行比对；并将交易对方的法定代表人、董事、高级管理人员与被审计单位实际控制人、董事、监事、高级管理人员的名单进行比对，考虑交易对方的日常经营范围和规模是否与相关交易相匹配。

（2）**查询**交易对方在报告期内或邻近报告期末的**股权架构的变动情况**，在必要且可行的情况下，考虑是否需要逐级向上追溯至其实际控制人，将查询结果与被审计单位实际控制人、董事、监事、高级管理人员的名单进行比对。

（3）**获取管理层提供的当期新增客户和供应商清单**，考虑被审计单位与客户和供应商的首次交易时间是否与客户和供应商的注册成立时间重合或接近，以考虑客户和供应商是否仅为与被审计单位开展交易而设立，并考虑客户和供应商是否可能与被审计单位存在关联方关系。

（4）**询问直接参与交易的基层员工**，以了解相关交易的执行情况是否与被审计单位管理层提供的信息一致。

（5）**实施函证和实地走访**，包括观察交易对方的经营场所、货物进出情况，现场询问相关人员，以了解该交易对方与被审计单位的交易详情。例如，询问交易对方的业务人员，了解交易对方与被审计单位开展业务的商业理由，是否与被审计单位存在关联方关系，日常的主营业务、员工人数和规模等是否与被审计单位开展的业务相匹配等。

（6）**利用其他专业人士或机构的工作**，如反舞弊专家、信用调查机构或律师的协助。

【例题 17－9·简答题·2020 年节选】 ABC 会计师事务所的 A 注册会计师负责审计甲公司 2019 年度财务报表。与关联方审计相关的部分事项如下：

A 注册会计师怀疑甲公司 2019 年年末新增的大客户戊公司是甲公司的关联方。管理层解释戊公司是甲公司为开拓某地市场而签约的总经销商，并非关联方。A 注册会计师查阅了相关的经销合同，向戊公司函证了销售金额和应收账款余额，检查了出库物流单据和签收记录，结果满意，认可了管理层的解释。

要求：对上述事项，指出 A 注册会计师的做法是否恰当。如不恰当，简要说明理由。

【答案】 不恰当。还应就是否存在关联方关系实施进一步的审计程序/所实施程序无法证实是否存在关联方关系。

【解题思路】 查阅合同、函证余额、检查出库单和签收记录都属于常规的审计程序，不能有效识别出戊公司是否为甲公司的关联方。

4. 应对管理层披露关联方交易是公平交易时可能存在的重大错报风险

表 17－6

管理层的披露	如果管理层在财务报表中作出认定，声明关联方交易是按照等同于公平交易中通行的条款执行的。 管理层用于支持认定的措施有： ①将关联方交易条款与相同或类似的非关联方交易条款进行比较； ②聘请外部专家确定交易的市场价格，并确认交易的条款和条件； ③将关联方交易条款与公开市场进行的类似交易的条款进行比较

续表

注册会计师的责任	注册会计师应当检查关联方交易披露的充分性，同时就关联方交易为公平交易的披露进行评价。 例如，注册会计师可能能够确定关联方交易是按照市场价格执行的，却不能确定该项交易的其他条款和条件（如信用条款、或有事项以及特定收费等）是否与独立各方之间通常达成的交易条款相同。因此，如果管理层认定关联方交易是按照等同于公平交易中通行的条款执行的，则可能存在重大错报风险
结论	如果无法获取充分、适当的审计证据，注册会计师可以要求管理层撤销此披露。不同意撤销，考虑对审计报告的影响

【例题 17－10·简答题·2020 年节选】 ABC 会计师事务所的 A 注册会计师负责审计甲公司 2019 年度财务报表。与关联方审计相关的部分事项如下：

甲公司管理层在财务报表附注中披露，其向控股股东控制的集团财务公司的借款为公平交易。A 注册会计师将该借款的利率与同期银行借款利率进行了比较，未发现差异，据此认可了管理层的披露。

要求：对上述事项，指出 A 注册会计师的做法是否恰当。如不恰当，简要说明理由。

【答案】 不恰当。还应比较该借款的其他条款和条件。

【解题思路】 判断关联方交易是否为公平交易，不能只比较价格（借款的价格就是利率）。还应该比较借款的其他条款和条件是否与独立各方之间通常达成的交易条款相同。

5. 应对管理层未能按照适用的财务报告编制基础对特定关联方关系及其交易进行恰当会计处理和披露导致的重大错报风险

注册会计师应当评价：

（1）识别出的关联方关系及其交易是否已按照适用的财务报告编制基础得到恰当会计处理和披露。

（2）关联方关系及其交易是否导致财务报表未实现公允反映。

当存在下列情形之一时，表明管理层对关联方交易的披露可能不具有可理解性：

（1）关联方交易的商业理由以及交易对财务报表的影响披露不清楚，或存在错报；

（2）未适当披露为理解关联方交易所必需的关键条款、条件或其他要素。

（四）其他相关审计程序

1. 获取书面声明

如果适用的财务报告编制基础对关联方作出规定，注册会计师应当向管理层和治理层（如适用）获取下列书面声明：

（1）已经向注册会计师披露了全部已知的关联方名称和特征、关联方关系及其交易；

（2）已经按照适用的财务报告编制基础的规定，对关联方关系及其交易进行了恰当的会计处理和披露。

2. 与治理层沟通

除非治理层全部成员参与管理被审计单位，注册会计师应当与治理层沟通审计工作中发现的与关联方相关的重大事项。注册会计师与治理层沟通审计工作中发现的与关联方相关的重大事项，包括：

（1）管理层有意或无意未向注册会计师披露关联方关系或重大关联方交易。沟通这一情况可以提醒治理层关注以前未识别的重要关联方和关联方交易。

（2）识别出的未经适当授权和批准的、可能产生舞弊嫌疑的重大关联方交易。

（3）注册会计师与管理层在按照适用的财务报告编制基础的规定披露重大关联方交易方面存在分歧。

（4）违反适用的法律法规有关禁止或限制特定类型关联方交易的规定。

（5）在识别被审计单位最终控制方时遇到的困难。

（五）评价会计处理和披露

当按照《中国注册会计师审计准则第1501号——对财务报表形成审计意见和出具审计报告》的规定对财务报表形成审计意见时，注册会计师应当评价：

（1）识别出的关联方关系及其交易是否已按照适用的财务报告编制基础得到恰当会计处理和披露。

（2）关联方关系及其交易是否导致财务报表未实现公允反映。

注册会计师在评价某项交易的重要程度时，可能不仅取决于所记录的交易金额，还取决于其他特定的相关因素，如关联方关系的性质。

考点3　持续经营假设（★★）

持续经营假设，是指被审计单位在编制财务报表时，假定其经营活动在可预见的将来会继续下去，不拟也不必终止经营或破产清算，可以在正常的经营过程中变现资产、清偿债务。

（一）管理层的责任和注册会计师的责任

1. 管理层的责任

不论财务报告编制基础是否明确要求管理层对持续经营能力进行评估，管理层**都需要**在编制财务报表时评估持续经营能力。

2. 注册会计师的责任

（1）就管理层在编制和列报财务报表时**运用持续经营假设的适当性获取充分、适当的审计证据**，并**就持续经营能力是否存在重大不确定性得出结论**。

即使编制财务报表时采用的财务报告编制基础**没有明确要求**管理层对持续经营能力作出专门评估，**注册会计师的这种责任仍然存在**。

（2）如果存在可能导致被审计单位不再持续经营的未来事项或情况时，注册会计师不能对这些未来的事项或情况作出预测。

（3）若注册会计师**未在审计报告中提及**持续经营的不确定性，**不能被视为**对被审计单位持续经营能力的保证。

【例题17－11·单选题·2014年】下列有关注册会计师对持续经营假设的审计责任的说法中，错误的是（　　）。

A. 注册会计师有责任就管理层在编制和列报财务报表时运用持续经营假设的适当性获取充分、适当的审计证据

B. 如果适用的财务报告编制基础不要求管理层对持续经营能力作出专门评估，注册会计师没有责任对被审计单位的持续经营能力是否存在重大不确定性作出评估

C. 除询问管理层外，注册会计师没有责任实施其他审计程序，以识别超出管理层评估期间并可能导致对被审计单位持续经营能力产生重大疑虑的事项或情况

D. 注册会计师未在审计报告中提及持续经营能力的不确定性，不能被视为对被审计单位持续经营能力的保证

【答案】 B

【解析】 即使编制财务报表时采用的财务报告编制基础没有明确要求管理层对持续经营能力作出专门评估，注册会计师的这种责任仍然存在，所以选项 B 错误。

（二）风险评估

被审计单位在财务、经营以及其他方面存在的某些事项或情况可能导致经营风险，这些事项或情况单独或连同其他事项或情况可能导致对持续经营假设产生重大疑虑。

表 17－7

风险类别	具体事项或情况
财务方面	①净资产为负或营运资金出现负数； ②定期借款即将到期，但预期不能展期或偿还，或过度依赖短期借款为长期资产筹资； ③存在债权人撤销财务支持的迹象； ④历史财务报表或预测性财务报表表明经营活动产生的现金流量净额为负数； ⑤关键财务比率不佳； ⑥发生重大经营亏损或用以产生现金流量的资产的价值出现大幅下跌； ⑦拖欠或停止发放股利； ⑧在到期日无法偿还债务； ⑨无法履行借款合同的条款； ⑩与供应商由赊购变为货到付款； ⑪无法获得开发必要的新产品或进行其他必要的投资所需的资金
经营方面	①管理层计划清算被审计单位或终止经营； ②关键管理人员离职且无人替代； ③失去主要市场、关键客户、特许权、执照或主要供应商； ④出现用工困难问题； ⑤重要供应短缺； ⑥出现非常成功的竞争者
其他方面	①违反有关资本或者其他法定要求； ②未决诉讼或监管程序，可能导致其无法支付索赔金额； ③法律法规或政府政策的变化预期会产生不利影响； ④对发生的灾害未购买保险或保额不足

需要说明的是，上面的列举不一定涵盖了所有的事项或情况，也不意味着存在其中一个或多个项目就一定表明存在重大不确定性，就必然导致被审计单位无法持续经营。

（三）风险应对

1. 评价管理层对持续经营能力作出的评估

表 17－8

管理层评估涵盖的期间	一般指**财务报表日后 12 个月**，如果管理层评估持续经营能力涵盖的期间短于自财务报表日起的 12 个月，注册会计师应当提请管理层将其至少延长至自财务报表日起的 12 个月
管理层的评估、支持性分析和注册会计师的评价	①纠正管理层缺乏分析的错误**不是注册会计师的责任**。 ②在**某些**情况下，管理层缺乏详细分析以支持其评估，**可能不妨碍**注册会计师确定管理层运用持续经营假设是否适合具体情况。例如，如果被审计单位具有盈利经营的记录并很容易获得财务支持，管理层可能不需要进行详细分析就能做出评估。 ③注册会计师应当考虑管理层作出的评估**是否已考虑所有相关信息**，其中**包括**注册会计师实施审计程序获取的信息。 ④在考虑管理层作出的评估所依据的假设时，注册会计师需要考虑管理层对相关事项或情况结果的预测所依据的**假设是否合理**

2. 超出管理层评估期间的事项或情况

（1）注册会计师**应当询问**管理层是否知悉超出评估期间的、可能导致对持续经营能力产生重大疑虑的事项或情况。

（2）**除询问管理层外，注册会计师没有责任实施其他任何审计程序**，以识别超出管理层评估期间并可能导致对被审计单位持续经营能力产生重大疑虑的事项或情况。

（3）在考虑更远期间发生的事项或情况时，**只有持续经营事项的迹象达到重大时，注册会计师才需要考虑采取进一步措施**。

图示如下：

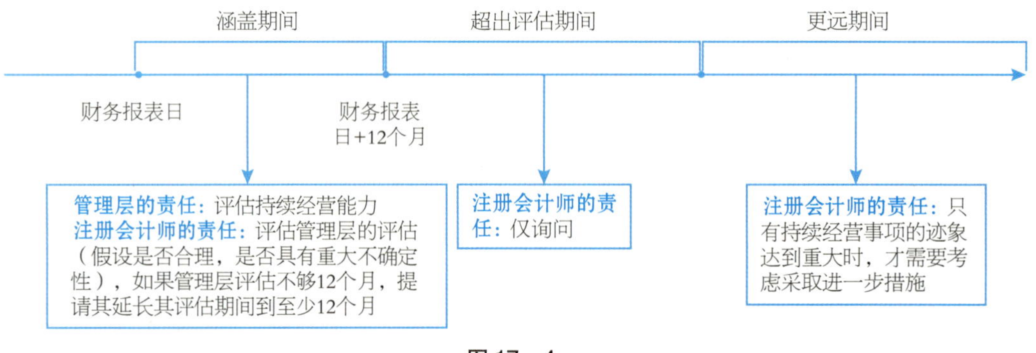

图 17－4

3. 识别出事项或情况时实施追加的审计程序（重点）

如果识别出可能导致对持续经营能力**产生重大疑虑**的事项或情况，注册会计师**应当通过实施追加的审计程序**，获取充分、适当的审计证据，**以确定是否存在重大不确定性**。

这些程序应当包括：

（1）如果管理层尚未对被审计单位持续经营能力作出评估，提请其进行评估。

（2）评价管理层与持续经营能力评估相关的未来应对计划。这些计划的结果是否可能改善目前的状况，以及管理层的计划对于具体情况是否可行。

管理层的应对计划可能包括管理层变卖资产、对外借款、重组债务、削减或延缓开支或者获得新的资本。

（3）如果被审计单位已编制现金流量预测，且对预测的分析是评价管理层未来应对计划时所考虑的事项或情况的未来结果的重要因素，评价用于编制预测的基础数据的可靠性，并确定预测所基于的假设是否具有充分的支持。

（4）考虑自管理层作出评估后是否存在其他可获得的事实或信息。

（5）要求管理层和治理层（如适用）提供有关未来应对计划及其可行性的书面声明。

图示如下：

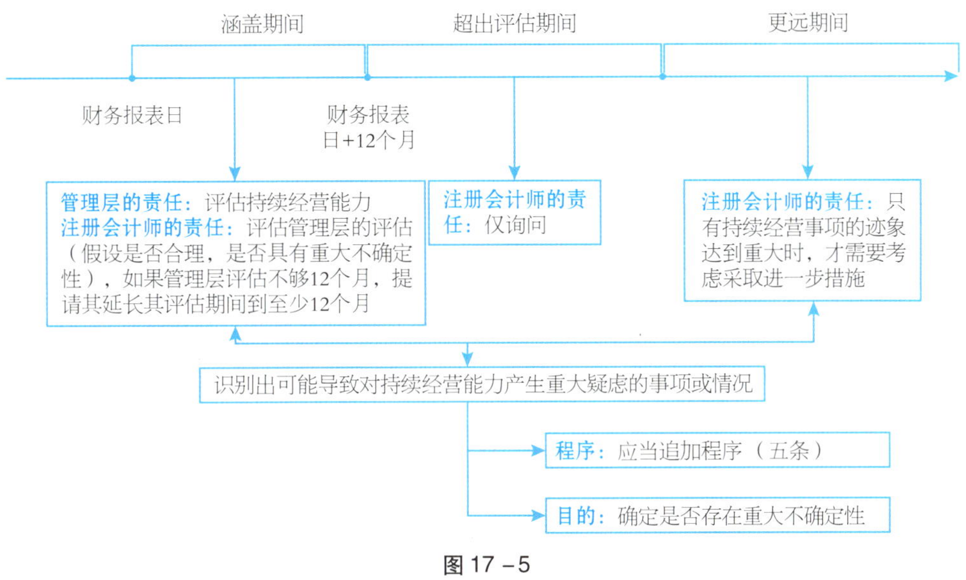

图 17－5

【例题 17－12·多选题·2020 年】如果识别出可能导致对被审计单位持续经营能力产生重大疑虑的事项或情况，注册会计师应当实施追加的审计程序，以确定是否存在重大不确定性。下列各项审计程序中，注册会计师应当实施的有（　　）。

A. 评价与管理层评估持续经营能力相关的内部控制是否运行有效

B. 考虑自管理层作出评估后是否存在其他可获得的事实或信息

C. 如果管理层未对被审计单位持续经营能力作出评估，提请管理层进行评估

D. 要求管理层提供有关未来应对计划及其可行性的书面声明

【答案】BCD

【解析】根据上述原文，选项 BCD 正确。

（四）审计结论与报告

1. 审计意见（重点）

表 17－9

<table>
<tr><td rowspan="4">被审计单位持续经营假设</td><td rowspan="3">适当但存在重大不确定性</td><td rowspan="2">已作充分披露</td><td>无保留意见</td><td>增加以“与持续经营相关的重大不确定性”为标题的单独部分</td></tr>
<tr><td>无法表示意见</td><td>少数情况下，存在多项对财务报表整体具有重要影响的重大不确定时</td></tr>
<tr><td>未作充分披露</td><td colspan="2">保留意见或否定意见</td></tr>
<tr><td>不适当</td><td colspan="3">否定意见（不论是否披露）</td></tr>
</table>

【提示】 围绕两个点展开：①假设是否适当；②是否具有重大不确定性。

2. 替代性假设

如果在具体情况下运用持续经营假设是不恰当的，但是管理层被要求或自愿选择编制报表，则可以采用替代基础（如清算基础）编制财务报表。**如果报表对此进行了充分的披露**，注册会计师可以发表**无保留意见**，但是应当在审计报告中增**加强调事项段**。

3. 严重拖延对财务报表的批准

如果管理层或治理层在财务报表日后严重拖延对财务报表的批准，注册会计师应当询问拖延的原因；如果认为拖延可能涉及与持续经营评估相关的事项或情况，注册会计师有必要实施前述识别出可能导致对持续经营能力产生重大疑虑的事项或情况时追加的审计程序，并就存在的重大不确定性考虑对审计结论的影响。

【例题 17－13·简答题·2018 年节选】 A 注册会计负责审计上市公司戊公司 2017 年度财务报表。因原董事长以公司名义违规对外提供多项担保，导致戊公司 2017 年发生多起重大诉讼，多个银行账户被冻结，业务停止，主要客户和员工流失，管理层在 2017 年度财务报表中确认了大额预计负债，并披露了持续经营存在的重大不确定性，注册会计师认为存在多项对财务报表整体具有重要影响的重大不确定性，拟对戊公司财务报表发表无法表示意见。

要求：针对上述事项，指出注册会计师的做法是否恰当。如不恰当，简要说明理由。

【答案】 恰当。

【解题思路】 题干中持续经营假设是适当的，但是具有重大不确定性，且管理层已经充分披露。但是因为“存在多项对财务报表整体具有重要影响的重大不确定性”，这种情况下发表无法表示意见是恰当的。

（五）与治理层的沟通

注册会计师**应当与治理层就识别出的可能导致对被审计单位持续经营能力产生重大疑虑的事项或情况进行沟通**，除非治理层全部成员参与管理被审计单位。

与治理层的沟通应当包括下列方面：

（1）这些事项或情况是否构成重大不确定性；

（2）管理层在编制财务报表时运用持续经营假设是否适当；

（3）财务报表中的相关披露是否充分；

（4）对审计报告的影响（如适用）。

考点4 首次接受委托时对期初余额的审计（★★）

（一）期初余额的含义

期初余额是指期初存在的账户余额。期初余额以上期期末余额为基础，反映了以前期间的交易和事项以及上期采用的会计政策的结果。

注册会计师对财务报表进行审计，是对被审计单位所审期间财务报表发表审计意见，一般无须专门对期初余额发表审计意见，但因为期初余额是本期财务报表的基础，所以要对期初余额实施恰当的审计程序。

【提示】无须单独为期初余额确定重要性水平。

（二）期初余额的审计目标

（1）确定期初余额是否含有对本期财务报表产生重大影响的错报；

（2）确定期初余额反映的恰当的会计政策是否在本期财务报表中得到一贯运用，或会计政策的变更是否已按照适用的财务报告编制基础作出恰当的会计处理和充分的列报与披露。

企业会计准则规定，企业采用的会计准则在每一会计期间和前后应当保持一致，不得随意变更。

可以变更会计政策的情形：

①法律、行政法规或者国家统一的会计制度等要求变更会计政策；

②会计政策变更能够提供更可靠、更相关的会计信息（应当采用追溯调整法处理）。

【例题17－14·单选题·2018年】首次接受委托时，下列审计工作中，注册会计师应当执行的是（　　）。

A. 为期初余额确定财务报表整体的重要性和实际执行的重要性

B. 评价期初余额是否含有对上期财务报表产生重大影响的错报

C. 查阅前任注册会计师的审计工作底稿

D. 确定期初余额反映的恰当的会计政策是否在本期财务报表中得到一贯应用

【答案】D

【解析】

①选项A错误，注册会计师无须为期初余额确定财务报表整体的重要性水平。

②选项B错误，应当确定期初余额是否含有对本期（不是上期）财务报表产生重大影响的错报。

③选项C错误，查阅前任注册会计师的审计工作底稿不是“应当”执行的审计程序，是“可以”执行的程序。

④选项D正确，注册会计师在接受委托时，确定期初余额反映的恰当的会计政策是否在本期财务报表中得到一贯应用。

（三）审计程序

为达到上述期初余额的审计目标，注册会计师应当阅读被审计单位最近期间的财务报表和相关披露，以及前任注册会计师出具的审计报告（如有），获取与期初余额相关的信息。

注册会计师对期初余额需要实施的审计程序的性质和范围取决于下列事项：

（1）被审计单位运用的会计政策；

（2）账户余额、各类交易和披露的性质以及本期财务报表存在的重大错报风险；

（3）期初余额相对于本期财务报表的重要程度；

（4）上期财务报表是否经过审计，如果经过审计，前任注册会计师的意见是否为非无保留意见。

表 17－10

<table>
<tr><th colspan="4">期初余额的审计程序</th></tr>
<tr><td colspan="4">1. 确定上期期末余额是否已正确结转至本期或在适当的情况下已作出重新表述</td></tr>
<tr><td colspan="3">2. 确定期初余额是否反映对恰当会计政策的运用</td><td>注册会计师首先应了解、分析被审计单位所选用的会计政策是否适当；其次，如果适当，应确定该会计政策是否在每一会计期间和前后各期得到一贯执行；最后，如果发生变更，应确定变更理由是否充分。
如果被审计单位上期运用的会计政策不恰当或与本期不一致，注册会计师在实施期初余额审计时应提请被审计单位进行调整或予以披露</td></tr>
<tr><td rowspan="6">3. 实施一项或多项审计程序</td><td colspan="2">（1）如果上期已经过审计，查阅前任工作底稿</td><td>前提：前任注册会计师的独立性和专业胜任能力。
【提示】需要满足前后任沟通的条件</td></tr>
<tr><td colspan="3">（2）评价本期实施的审计程序是否提供了期初余额的审计证据</td></tr>
<tr><td rowspan="4">（3）其他专门的审计程序</td><td rowspan="3">流动资产和流动负债</td><td>可以通过本期实施的审计程序获取部分审计证据</td></tr>
<tr><td>应收账款：通过在本期获取的收款凭证和客户对账单证实期初应收账款；
短期借款：通过在本期获取的付款凭证和银行对账单来证实</td></tr>
<tr><td>存货（一项或多项）：
①监盘当前的存货数量并调节至期初存货数量；
②对期初存货项目的计价实施审计程序；
③对毛利和存货截止实施审计程序</td></tr>
<tr><td>非流动资产和非流动负债</td><td>长期股权投资、长期借款、固定资产：通过检查形成期初余额的会计记录和其他信息获取审计证据。
还可以通过向第三方函证获取部分审计证据，如长期股权投资、长期借款。
【提示】和第三方有关的可以函证，和第三方无关的不能函证</td></tr>
</table>

【例题 17－15·简答题·2016 年节选】 ABC 会计师事务所首次接受委托，审计上市公司甲公司 2015 年度财务报表，委派 A 注册会计师担任项目合伙人。相关事项如下：

A 注册会计师评估认为前任注册会计师具有独立性和专业胜任能力，查阅了前任注册会计师的审计工作底稿，结果满意，未再对非流动资产期初余额实施其他专门的审计程序。

要求：指出A注册会计师的做法是否恰当。如不恰当，简要说明理由。

【答案】恰当。

【解题思路】以下三种程序：查阅前任工作底稿、评价本期实施的审计程序是否提供了期初余额的审计证据、其他专门的审计程序。实施其中一项或多项审计程序即可。

【例题17－16·简答题·2016年节选】ABC会计师事务所首次接受委托审计甲公司2018年度财务报表，委派A注册会计师担任项目合伙人。与首次承接审计业务相关的部分事项如下：

A注册会计师对2018年末的存货实施了监盘，将年末存货数量调节至期初存货数量，并抽样检查了2018年度存货数量的变动情况，据此认可了存货的期初余额。

要求：指出A注册会计师的做法是否恰当。如不恰当，简要说明理由

【答案】不恰当。还应当对期初存货的计价实施审计程序。

【解题思路】期初余额＝期初单价×期初数量

（四）审计结论和审计报告

表17－11

1. 审计后不能获取有关期初余额充分适当的审计证据	（1）发表适合具体情况的**保留意见或无法表示意见**； （2）除非法律法规禁止，对经营成果和现金流量发表保留意见或无法表示意见，而对财务状况发表无保留意见
2. 期初余额存在对本期产生重大影响的错报	（1）如果期初余额存在对本期财务报表产生重大影响的错报，注册会计师应当**告知管理层**； （2）如果上期财务报表由前任注册会计师审计，注册会计师还应当**考虑提请管理层告知前任注册会计师**； （3）如果错报的影响未能得到正确的会计处理和恰当的列报与披露，注册会计师应当对财务报表发表**保留意见或否定意见**
3. 会计政策变更对审计报告的影响	如果认为按照适用的财务报告编制基础与期初余额相关的会计政策**未能在本期得到一贯运用**，或者会计政策的变更**未能得到恰当的会计处理或适当的列报与披露**，注册会计师应当对财务报表发表**保留意见或否定意见**
4. 前任注册会计师对上期财务报表发表了非无保留意见	（1）如果前任注册会计师对上期财务报表发表了非无保留意见，并且导致发表非无保留意见的事项对本期财务报表仍然**相关和重大**，注册会计师应当按照规定，对本期财务报表发表**非无保留意见**。 （2）在某些情况下，导致前任注册会计师发表非无保留意见的事项与对本期财务报表发表的意见**既不相关也不重大**，注册会计师在本期审计时**无须因此而发表非无保留意见**

恭喜你，

已完成第十七章的学习

扫码免费进 >>>
2022年CPA带学群

人生真的要比想象中短的多，想做的事稍微一拖，可能这辈子就没机会了。

CHAPTER EIGHTEEN

第十八章 完成审计工作

考情雷达

完成审计工作是注册会计师实施完审计程序以后，出具审计报告以前的最后一步工作，本阶段注册会计师主要做的有四件事情：评价审计中发现的错报、复核审计工作底稿和财务报表、处理期后事项、获取书面声明。从考试情况看，客观题和主观题均涉及，特别是评价错报和期后事项，在综合题中考查的频率非常高，分值在4分左右，属于一般重要章节。本章整体难度不高，考生在复习的时候要细致并且需要结合真题分析出题思路。

本章对“评价审计过程中识别的错报”考点重新进行了编写，但与去年相比并无实质性变化。

考点地图

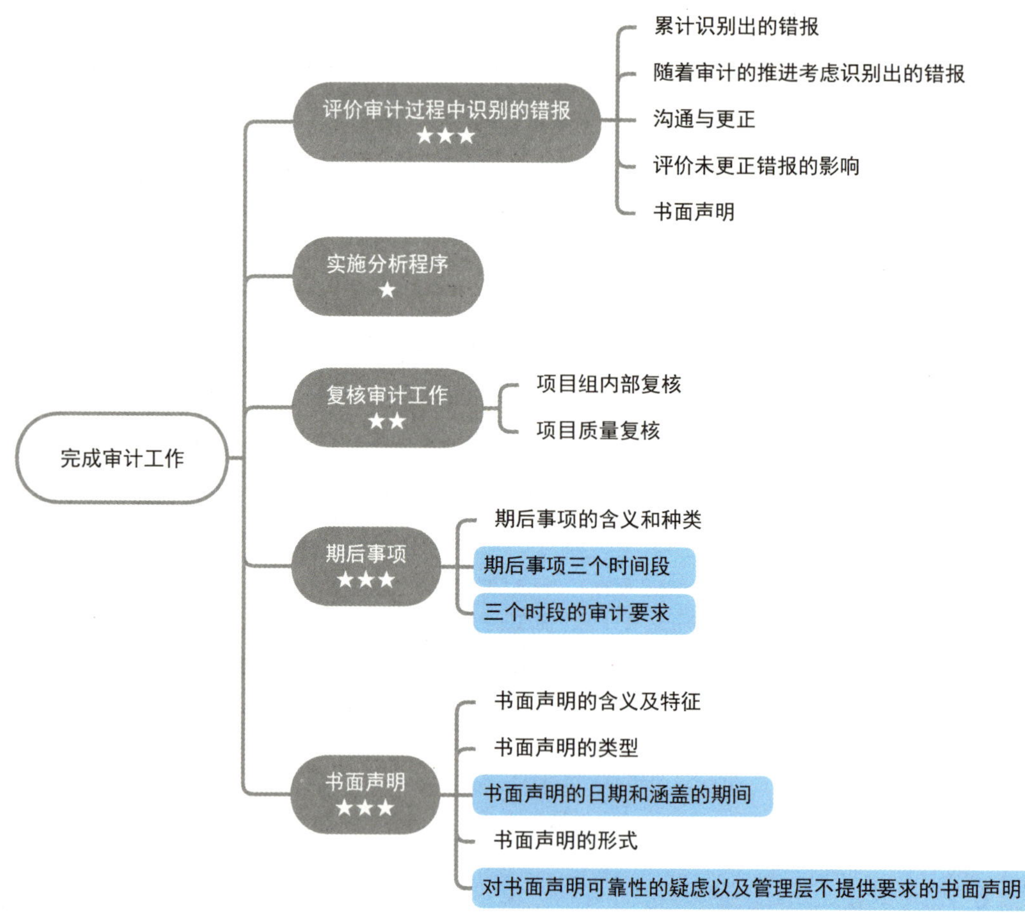

考点1 评价审计过程中识别的错报（★★★）

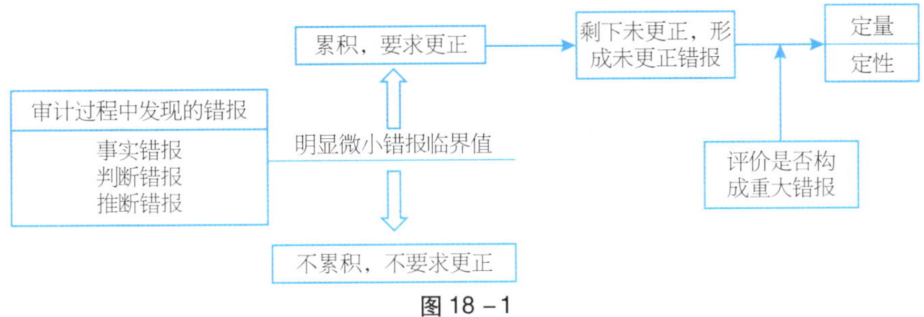

图18－1

（一）累积识别出的错报

注册会计师应当累积审计过程中识别出的错报，除非错报明显微小。

（二）随着审计的推进考虑识别出的错报

如果出现下列情形之一，注册会计师应当确定是否需要修改总体审计策略和具体审计计划：

（1）识别出的错报的性质以及错报发生的环境可能表明可能存在其他错报，并且可能存在的其他错报与审计过程中累积的错报合计起来可能是重大的；

（2）审计过程中累积的错报合计数**接近**重要性。

如果管理层应注册会计师的要求，检查了某类交易、账户余额或披露并更正了已发现的错报，**注册会计师应当实施追加的审计程序，以确定错报是否仍然存在。**

（三）沟通和更正

除非法律法规禁止，注册会计师应当及时将审计过程中**累积的所有错报与适当层级的管理层沟通**。注册会计师**还应当要求管理层更正这些错报**。

【提示】累积的所有错报是指超过明显微小错报临界值的错报。

如果管理层拒绝更正沟通的部分或者全部错报，注册会计师应当了解管理层不更正错报的理由，并在评价财务报表整体是否不存在重大错报时考虑该理由。

（四）评价未更正错报的影响

未更正错报，是指注册会计师在审计过程中**累积的且被审计单位未予更正的错报**。

1. 重新评估重要性

（1）在评价未更正错报的影响之前，注册会计师可能有必要依据实际的财务结果对重要性作出修改（审计计划可能不恰当）。

（2）如果注册会计师对重要性或重要性水平（如适用）进行的重新评估导致需要确定较低的金额，则应**重新考虑实际执行的重要性和进一步审计程序的性质、时间安排和范围的适当性**，以获取充分、适当的审计证据，作为发表审计意见的基础。

例如，注册会计师在审计计划阶段确定的财务报表整体的重要性为100万元（经常性业务的税前利润2 000万元×5%），实际执行的重要性为50万元。在审计过程中注册会计师识别出若干项重大错报，管理层已同意调整，合计调减税前利润800万元。在评价未更正错报前，注册会计师需要用调整后的税前利润1 200万元，重新计算财务报表整体的重要性（60 万元）和实际执行的重要性（30 万元）。在这种情况下，注册会计师需要考虑几个方面的问题：①识别出的重大错报 800 万元远远超出计划阶段确定的财务报表整体的重要性（100 万元），表明存在比可接受的低风险水平更大的风险，注册会计师需要重新考虑对重大错报风险的评估及其应对；②基于调整后的财务报表整体的重要性和实际执行的重要性，已经实施的审计程序是否充分（例如，实际执行的重要性降低可能意味着在采用审计抽样实施细节测试时需要增加样本量）；③注册会计师应当用调整后的财务报表整体的重要性 60 万元评价未更正错报是否重大。

2. 确定未更正错报单独或汇总起来是否重大

注册会计师应当确定未更正错报单独或汇总起来是否重大。在确定时，注册会计师应当考虑：

（1）相对特定类别的交易、账户余额或披露以及财务报表整体而言，错报的金额和性质以及错报发生的特定环境。

①如果注册会计师认为某一单项错报是重大的，则该项错报不太可能被其他错报抵销。

例如，如果收入存在重大高估，即使这项错报对收益的影响完全可被相同金额的费用高估所抵销，注册会计师仍认为财务报表整体存在重大错报。对于同一账户余额或同一类别的交易内部的错报，这种抵销可能是适当的。然而，在得出抵销非重大错报是适当的这一结论之前，需要考虑可能存在其他未被发现的错报的风险。

②确定一项分类错报是否重大，需要进行定性评估。

例如，分类错报对负债或其他合同条款的影响，对单个财务报表项目或小计数的影响，以及对关键比率的影响。即使分类错报超过了在评价其他错报时运用的重要性水平，注册会计师可能仍然认为该分类错报对财务报表整体不产生重大影响。例如，如果资产负债表项目之间的分类错报金额相对于所影响的资产负债表项目金额较小，并且对利润表或所有关键比率以及披露不产生影响，注册会计师可能认为这种分类错报对财务报表整体不产生重大影响。

案例 1：甲公司某项应付账款被误计入其他应付款，其金额高于财务报表整体的重要性，因此项错报不影响甲公司的经营业绩和关键财务指标，审计项目团队同意管理层不予调整。

该项错报属于分类错报，虽然金额高于财务报表整体的重要性，但是因为此项错报不影响甲公司的经营业绩和关键财务指标，因此性质不重大，不属于重大错报。

案例 2：甲公司 2013 年末非流动负债余额中包括一年内到期的长期借款 2 500 万元，占非流动负债总额的 50%，A 注册会计师认为，该错报对利润表没有影响，不属于重大错报，同意管理层不予调整。

该项错报属于分类错报，甲公司将金额非常大的一项流动负债误计入非流动负债中，影响流动比率等关键比率，属于重大错报，应该要求管理层调整。

案例 3：被审计单位没有及时将资产负债表日已达到可使用状态的在建工程转入固定资产，金额超过财务报表整体的重要性，相关折旧金额较小。注册会计师在考虑相关定性因素之后，认为该错报对固定资产账户余额及财务报表整体均不产生重大影响，认为该项错报不是重大错报。

该项错报属于分类错报，但是由于折旧金额对利润影响较小，对固定资产账户余额及财务报表整体均不产生重大影响，因此不属于重大错报。

③在某些情况下，**即使某些错报低于财务报表整体的重要性，但因与这些错报相关的某些**

情况，在将其单独或连同在审计过程中累积的其他错报一并考虑时，注册会计师也可能将这些错报评价为重大错报。例如，某项错报的金额虽然低于财务报表整体的重要性，但对被审计单位的盈亏状况有决定性的影响（扭亏为盈），注册会计师应认为该项错报是重大错报。

（2）与以前期间相关的未更正错报对相关类别的交易、账户余额或披露以及财务报表整体的影响。

与以前期间相关的非重大未更正错报的累积影响，可能对本期财务报表产生重大影响。

除非法律法规禁止，注册会计师应当与治理层沟通未更正错报，以及这些错报单独或汇总起来可能对审计意见产生的影响。在沟通时，注册会计师应当逐项指明重大的未更正错报。

注册会计师应当要求被审计单位更正未更正错报。如果存在大量单项不重大的未更正错报，注册会计师可能就未更正错报的笔数和总金额的影响进行沟通，而不是逐笔沟通单项未更正错报的细节。

注册会计师还应当与治理层沟通与以前期间相关的未更正错报对相关类别的交易、账户余额或披露以及财务报表整体的影响。

考点收纳盒

评价未更正错报是否构成重大错报的标准：

表 18－1

评价未更正错报是否构成重大错报	金额	单项或汇总错报	财务报表整体重要性
			评价该项错报是否超过特定类别的交易、账户余额或披露的重要性水平（如适用）
		错报抵销	不同项目一般不可以抵销
	性质	舞弊、扭亏为盈等	
		分类错报	金额超过重要性不一定构成重大错报，主要看性质
		汇总错报	财务报表整体重要性

（五）书面声明

注册会计师应当要求管理层和治理层（如适用）提供书面声明，说明其是否认为未更正错报单独或汇总起来对财务报表整体的影响不重大。

【例题 18－1・单选题・2013 年】对于审计过程中累积的错报，下列做法中，正确的是（　　）。

A. 如果错报单独或汇总起来未超过实际执行的重要性，注册会计师可以不要求管理层更正

B. 如果错报不影响确定财务报表整体的重要性时选定的基准，注册会计师可以不要求管理层更正

C. 如果错报单独或汇总起来未超过财务报表整体的重要性，注册会计师可以不要求管理层更正

D. 除非法律法规禁止，注册会计师应当要求管理层更正审计过程中累积的所有错报

【答案】D

【解析】除非法律法规禁止，注册会计师应当及时将审计过程中累积的所有错报与适当层级的管理层沟通。注册会计师还应当要求管理层更正这些错报。

考点2 实施分析程序（★）

在临近审计结束时，注册会计师应当运用分析程序，帮助其对财务报表形成总体结论，以确定财务报表**是否与其对被审计单位的了解一致**。

实施分析程序的结果可能有助于注册会计师识别出以前未识别的重大错报风险，在这种情况下，注册会计师**需要修改重大错报风险的评估结果，并相应修改原计划实施的进一步审计程序**。

关联贴纸

分析程序用于总体复核，在第三章讲过。

表18－2

必要性	必须采用	
时间	审计结束或临近结束时	
目的	确定经审计调整后的财务报表整体是否与对被审计单位的了解一致	
总体复核发现的问题及处理	如果识别出以前未识别的重大错报风险，注册会计师应当重新考虑对全部或部分各类交易、账户余额和披露评估的风险是否恰当，并在此基础上重新评价之前计划的审计程序是否充分，是否有必要追加审计程序	
与风险评估程序阶段的分析程序、实质性分析程序比较	相同	所进行的比较和使用的手段基本相同
	不同	与风险评估程序相比：目的不同、实施分析程序的时间和重点不同、所取得的数据的数量和质量不同
		与实质性分析程序相比：没有那么详细和具体，往往集中在报表层次

考点3 复核审计工作（包括项目组内部复核和项目质量复核）（★★）

（一）项目组内部复核

表18－3

复核人员	①由经验较为丰富的项目组成员对经验较为缺乏的项目组成员的工作进行指导、监督、复核。 ②对一些较为复杂、审计风险较高的领域，需要指派经验丰富的项目组成员执行复核，必要时可以由项目合伙人执行复核。例如：舞弊风险的评估与应对、重大会计估计及其他复杂的会计问题、审核会议记录和重大合同、关联方关系和交易、持续经营存在的问题等
复核范围	①审计工作是否已按照职业准则和适用的法律法规的规定执行。 ②重大事项是否已提请进一步考虑。 ③相关事项是否已进行适当咨询，由此形成的结论是否已得到记录和执行。 ④是否需要修改已执行审计工作的性质、时间安排和范围。 ⑤已执行的审计工作是否支持形成的结论，并已得到适当记录。 ⑥已获取的审计证据是否充分、适当。 ⑦审计程序的目标是否已实现

续表

复核时间	审计项目复核贯穿审计全过程	
项目合伙人复核（重点）	责任承担	项目合伙人应当对管理和实现审计项目的高质量承担总体责任
	复核的内容	①重大事项。 ②重大判断，包括与在审计中遇到的困难或有争议事项相关的判断，以及得出的结论。 ③根据项目合伙人的职业判断，与项目合伙人的职责有关的其他事项 【提示】项目合伙人应当在签署审计报告前复核财务报表、审计报告以及相关的审计工作底稿，包括对关键审计事项的描述
	复核时间	项目合伙人应当在审计过程中的适当时点复核审计工作底稿。 在审计报告日或审计报告日之前，项目合伙人应当通过复核审计工作底稿与项目组讨论，确信已获取充分、适当的审计证据，支持得出的结论和拟出具的审计报告。 项目合伙人还应当在与管理层、治理层或相关监管机构签署正式书面沟通文件之前对其进行复核
	记录	项目合伙人应当记录复核的范围和时间

（二）项目质量复核

本教材将在第二十一章第二节对项目质量复核进行全面阐述。

【例题 18－2·单选题·2016 年】下列有关项目合伙人复核的说法中，错误的是（　　）。

A. 审计工作中遇到的重大事项

B. 审计工作中遇到的重大职业判断

C. 项目合伙人应当复核与重大错报风险相关的所有审计工作底稿

D. 项目合伙人应当在审计工作底稿中记录复核的范围和时间

【答案】C

【解析】项目合伙人复核的内容包括：①重大事项；②重大判断，包括与在审计中遇到的困难或有争议事项相关的判断，以及得出的结论；③根据项目合伙人的职业判断，与项目合伙人的职责有关的其他事项，所以选项 C 错误。

考点 4　期后事项（★★★）

（一）期后事项的含义和种类

1. 含义

期后事项是指财务报表日至审计报告日之间发生的事项，以及注册会计师在审计报告日后知悉的事实。

2. 期后事项的种类

表 18－4

	财务报表日后调整事项	财务报表日后非调整事项
定义	对**财务报表日已经存在**的情况提供证据的事项，即对财务报表日已经存在的情况提供了新的或进一步证据的事项。 **【提示】发生在日前**	对**财务报表日后发生的**情况提供证据的事项，即表明财务报表日后发生的情况的事项。 **【提示】发生在日后**
特点	影响财务报表金额。 **【提示】**说明之前报表数是错的，没有客观反映实际情况	虽不影响财务报表金额，但可能影响对财务报表的正确理解。 例如，年前的报表显示你有存货 3 个亿，结果刚过年一把火烧毁了，但报表还显示是 3 个亿，但是实际数已经没有那么多了，会让人误解
处理	提请被审计单位管理层**调整**财务报表及与之相关的披露信息	必要时，提请被审计单位管理层在财务报表中以附注形式予以适当披露
举例	①财务报表日后诉讼案件结案。 ②财务报表日后取得确凿证据，表明某项资产在财务报表日发生了减值或者需要调整该项资产原先确认的减值金额。 ③财务报表日后进一步确定了财务报表日前购入资产的成本或售出资产的收入。 ④财务报表日后发现了财务报表舞弊或差错	①财务报表日后发生重大诉讼、仲裁、承诺。 ②财务报表日后资产价格、税收政策、外汇汇率发生重大变化。 ③财务报表日后因自然灾害导致资产发生重大损失。 ④财务报表日后发行股票和债券以及其他巨额举债。 ⑤财务报表日后资本公积转增资本。 ⑥财务报表日后发生巨额亏损。 ⑦财务报表日后发生企业合并或处置子公司。 ⑧财务报表日后企业利润分配方案中拟分配的以及经审议批准宣告发放的股利或利润

（二）期后事项三个时间段

期后事项可以按时段划分为三个时段：

（1）第一个时段是财务报表日后至审计报告日，即“第一时段期后事项”；

（2）第二个时段是审计报告日后至财务报表报出日，即“第二时段期后事项”；

（3）第三个时段是财务报表报出日后，即“第三时段期后事项”。

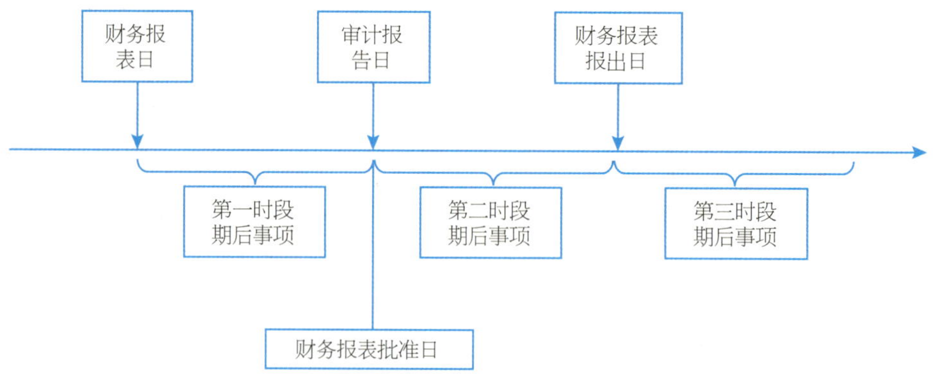

图 18－2　期后事项分段示意

彬哥解读

财务报表批准日是指构成整套财务报表的所有报表（含披露）已经编制完成，并且被审计单位的董事会、管理层或类似机构已经认可其对报表负责的日期（签字）。

审计报告日，不应早于注册会计师获取充分、适当审计证据的日期（包括管理层认可对财报责任且已经批准财报的证据），并在此基础上对财报形成审计意见的日期。在实务中审计报告日与财务报表批准日通常是相同的日期。

（三）三个时段的审计要求

1. 第一时段期后事项（财务报表日至审计报告日之间发生的事项）

表 18－5

责任	注册会计师应当设计和实施审计程序，获取充分、适当的审计证据，以确定所有在财务报表日至审计报告日之间发生的、需要在财务报表中调整或披露的事项均已得到识别。 【彬哥解读】主动识别义务
时间	针对期后事项的专门审计程序，其实施时间越接近审计报告日越好
程序	在确定审计程序的性质和范围时，注册会计师应当考虑风险评估的结果，注册会计师并不需要对之前已实施审计程序并已得出满意结论的事项执行追加的审计程序
	①了解管理层为确保识别期后事项而建立的程序。 ②询问管理层和治理层（如适用），确定是否已发生可能影响财务报表的期后事项。 ③查阅被审计单位的所有者、管理层和治理层在财务报表日后举行会议的纪要，在不能获取会议纪要的情况下，询问此类会议讨论的事项。 ④查阅被审计单位最近的中期财务报表（如有）。 ⑤查阅被审计单位在财务报表日后最近期间内的预算、现金流量预测和其他相关的管理报告。 ⑥就诉讼和索赔事项询问被审计单位的法律顾问，或扩大之前口头或书面查询的范围。 ⑦考虑是否有必要获取涵盖特定期后事项的书面声明以支持其他审计证据，从而获取充分、适当的审计证据
结果	"知悉"对财务报表有重大影响的期后事项时的考虑： 应当确定这些事项是否按照适用的财务报告编制基础的规定在财务报表中得到恰当反映； ①如果所知悉的期后事项属于调整事项，注册会计师应当考虑被审计单位是否已对财务报表作出适当的调整； ②如果所知悉的期后事项属于非调整事项，注册会计师应当考虑被审计单位是否在财务报表附注中予以充分披露

【例题 18－3・综合题・2020 年节选】甲公司是 ABC 会计师事务所的常年审计客户，主要从事家电产品的生产、批发和零售。A 注册会计师负责审计甲公司 2019 年度财务报表，确定财务报表整体的重要性为 800 万元，明显微小错报的临界值为 40 万元。

A 注册会计师在审计工作底稿中记录了重大事项的处理情况，部分内容摘录如下：

甲公司某重要客户于 2020 年 1 月初申请破产清算。管理层在计提 2019 年末坏账准备时考虑了这一情况。A 注册会计师检查了相关法律文件、评估了计提金额的合理性，结果满意，据此认可了管理层的处理。

要求：指出A注册会计师的做法是否恰当。如不恰当，简要说明理由。

【答案】恰当。

【解题思路】该事项属于期后调整事项，注册会计师实施程序认为财务报表处理是正确的，无须调整或披露。

【例题18-4·综合题·2016年节选】A注册会计师在审计工作底稿中记录了错报及重大事项的处理情况，部分内容摘录如下：

2016年1月，甲公司的客户丁公司因火灾导致重大损失，经营困难。甲公司管理层因此在2015年度财务报表中补提了200万元的应收账款坏账准备。A注册会计师在对该事项实施细节测试并获取书面声明后，认可了管理层的处理。

要求：指出A注册会计师的做法是否恰当。如不恰当，简要说明理由。

【答案】不恰当。2016年1月，甲公司的客户丁公司因火灾导致重大损失，该事项属于期后非调整事项，不能进行2015年报表调整/注册会计师不应认可管理层的处理。

【解题思路】1月发生的火灾说明不属于调整事项，不应该调整2015年的财务报表。

2. 第二时段期后事项（注册会计师在审计报告日后至财务报表报出日前知悉的事实）

表18-6

<table>
<tr><td>责任</td><td colspan="3">注册会计师没有义务针对财务报表实施任何审计程序。
管理层有责任将发现的可能影响财务报表的事实告知注册会计师，同时注册会计师还可能从媒体报道、举报信或者证券监管部门告知等途径获悉影响财务报表的期后事项</td></tr>
<tr><td rowspan="2">在审计报告日后至财务报表报出日前，如果知悉了某事实，且若在审计报告日知悉可能导致修改审计报告，注册会计师应当采取的措施</td><td rowspan="2">与管理层和治理层（如适用）讨论该事项，确定财务报表是否需要修改。如果需要修改，询问管理层将如何在财务报表中处理该事项</td><td rowspan="2">管理层修改</td><td>①如果管理层修改财务报表，注册会计师应当根据具体情况对有关修改实施必要的审计程序。
②同时，注册会计师应当将用以识别期后事项的审计程序延伸至新的审计报告日，并针对修改后的财务报表出具新的审计报告。新的审计报告日不应早于修改后的财务报表被批准的日期</td></tr>
<tr><td>特殊情况是，如果管理层对财务报表的修改仅限于反映导致修改的期后事项的影响，被审计单位的董事会、管理层或类似机构也仅对有关修改进行批准，注册会计师可以仅针对有关修改将用以识别期后事项的上述审计程序延伸至新的审计报告日。
在这种情况下，注册会计师应当选用下列处理方式之一：
①修改审计报告，针对财务报表修改部分增加补充报告日期【双报告日期】，从而表明注册会计师对期后事项实施的审计程序仅限于财务报表相关附注所述的修改；
②出具新的或经修改的审计报告【单报告日期】，在强调事项段或其他事项段中说明注册会计师对期后事项实施的审计程序仅限于财务报表相关附注所述的修改</td></tr>
</table>

续表

在审计报告日后至财务报表报出日前，如果知悉了某事实，且若在审计报告日知悉可能导致修改审计报告，注册会计师应当采取的措施	与管理层和治理层（如适用）讨论该事项，确定财务报表是否需要修改。如果需要修改，询问管理层将如何在财务报表中处理该事项	管理层不修改	审计报告未提交：发表非无保留意见 审计报告已提交： ①通知管理层和治理层在财务报表作出必要修改前不要向第三方报出； ②如果财务报表在未经必要修改的情况下仍被报出，注册会计师应当采取适当措施，以设法防止财务报表使用者信赖该审计报告

【例题 18－5·综合题·2019 年节选】甲公司是 ABC 会计师事务所的常年审计客户，主要从事轨道交通车辆配套产品的生产和销售。A 注册会计师负责审计甲公司 2018 年度财务报表，确定财务报表整体的重要性为 1 000 万元，实际执行的重要性为 500 万元。

A 注册会计师在审计工作底稿中记录了重大事项的处理情况，部分内容摘录如下：

在审计报告日后、财务报表报出日前，甲公司 2018 年末的一项重大未决诉讼终审结案，管理层根据判决结果调整了 2018 年度财务报表。在对该调整实施审计程序后，A 注册会计师对重新批准的财务报表出具了新的审计报告。

要求：针对上述事项，假定不考虑其他条件，指出 A 注册会计师的做法是否恰当。如不恰当，简要说明理由。

【答案】不恰当。还应将对期后事项的审计程序延伸至新的审计报告日。

【解题思路】“审计报告日后、财务报表报出日前”属于第二阶段期后事项，“甲公司 2018 年末的一项重大未决诉讼终审结案，管理层根据判决结果调整了 2018 年度财务报表”说明属于调整事项，且管理层已经进行调整。注册会计师需要做两个程序：①针对修改实施审计程序；②应当将用以识别期后事项的审计程序延伸至新的审计报告日，并针对修改后的财务报表出具新的审计报告。题干注册会计师做了程序①，没有做程序②，因此存在错误。

3. 第三时段的期后事项（注册会计师在财务报表报出后知悉的事实）

表 18－7

责任	注册会计师没有义务针对财务报表实施任何审计程序		
如果注册会计师在财务报表报出后知悉了某事实，且若在审计报告日知悉可能导致修改审计报告，注册会计师应当采取的措施	与管理层和治理层（如适用）讨论该事项，确定财务报表是否需要修改。如果需要修改，询问管理层将如何在财务报表中处理该事项	管理层修改	①根据具体情况对有关修改实施必要的审计程序。 ②复核管理层采取的措施能否确保所有收到原财务报表和审计报告的人士了解这一情况。 ③延伸实施审计程序，并针对修改后的财务报表出具新的审计报告。将用以识别期后事项的审计程序延伸至新的审计报告日，并针对修改后的财务报表出具新的审计报告，新的审计报告日不应早于修改后的财务报表被批准的日期。 ④在特殊情况下，修改审计报告或提供新的审计报告。注册会计师应在新的或经修改的审计报告中增加强调事项段或其他事项段

续表

如果注册会计师在财务报表报出后知悉了某事实，且若在审计报告日知悉可能导致修改审计报告，注册会计师应当采取的措施	与管理层和治理层（如适用）讨论该事项，确定财务报表是否需要修改。如果需要修改，询问管理层将如何在财务报表中处理该事项	管理层不修改	①如果管理层没有采取必要措施确保所有收到原财务报表的人士了解这一情况，也没有在注册会计师认为需要修改的情况下修改财务报表，注册会计师**应当通知管理层和治理层**（除非治理层全部成员参与管理被审计单位）。 ②如果注册会计师已经通知管理层或治理层，而管理层或治理层没有采取必要措施，注册会计师**应当采取适当措施，以设法防止财务报表使用者信赖该审计报告**

考点5 书面声明（★★★）

（一）书面声明的含义及特征

1. 含义

书面声明是指管理层向注册会计师提供的书面陈述，用以确认某些事项或支持其他审计证据。书面声明不包括财务报表及其认定，以及支持性账簿和相关记录。

2. 书面声明的特征（重点）

①书面声明是注册会计师在财务报表审计中需要获取的**必要信息**，是审计证据的重要来源。

②如果管理层**修改书面声明的内容或不提供**注册会计师要求的书面声明，**可能使注册会计师警觉存在重大问题的可能性**。

③在很多情况下，要求管理层提供书面声明而非口头声明，**可以促使管理层更加认真地考虑声明所涉及的事项，从而提高声明的质量**。

④尽管书面声明提供必要的审计证据，但其**本身并不为所涉及的任何事项提供充分、适当的审计证据**。

⑤管理层已提供可靠书面声明的事实，**并不影响**注册会计师就管理层责任履行情况或具体认定获取的其他审计证据的性质和范围。

【例题18－6·单选题·2017年】下列有关管理层书面声明的作用的说法中，错误的是（　　）。

A. 书面声明为财务报表审计提供了必要的审计证据

B. 管理层已提供可靠书面声明的事实，可能影响注册会计师就具体认定获取的审计证据的性质和范围

C. 书面声明可以促使管理层更加认真地考虑声明所涉及的事项

D. 书面声明本身不为所涉及的任何事项提供充分、适当的审计证据

【答案】B

【解析】

①选项A说法正确，书面声明是注册会计师在财务报表审计中需要获取的必要信息，是审计证据的重要来源。

②选项B说法错误，管理层已提供可靠书面声明的事实，并不影响注册会计师就管理层责任履行情况或具体认定获取的其他审计证据的性质和范围。

③选项C说法正确，书面声明可以促使管理层更加认真地考虑声明所涉及的事项。

④选项D说法正确，尽管书面声明可以提供必要的审计证据，但本身并不为所涉及的任何事项提供充分、适当的审计证据。

（二）书面声明的类型

1. 针对管理层责任的书面声明

表18－8

类型	①注册会计师应当要求管理层提供书面声明（必要），确认其根据审计业务约定条款，履行了按照适用的财务报告编制基础编制财务报表并使其实现公允反映（如适用）的责任。 ②针对提供的信息和交易的完整性，注册会计师应当要求管理层就下列事项提供书面声明： a. 按照审计业务约定条款，已向注册会计师提供所有相关信息，并允许注册会计师不受限制地接触所有相关信息以及被审计单位内部人员和其他相关人员； b. 所有交易均已记录并反映在财务报表中（信息和交易的完整性）
未获得声明	如果未从管理层获取其确认已履行责任的书面声明，注册会计师在审计过程中获取的有关管理层已履行这些责任的其他审计证据是不充分的
基于管理层认可并理解在审计业务约定条款中提及的管理层的责任，注册会计师可能还要求管理层在书面声明中再次确认其对自身责任的认可与理解	①代表被审计单位签订审计业务约定条款的人员不再承担相关责任。 ②审计业务约定条款是在以前年度签订的。 ③有迹象表明管理层误解了其责任。 ④情况的改变需要管理层再次确认其责任

2. 其他书面声明

除了针对财务报表的编制，注册会计师应当要求管理层提供基本书面声明以确认其履行了责任外，注册会计师可能认为有必要获取有关财务报表的其他书面声明。

表18－9

财务报表的额外书面声明	其他书面声明可能是对基本书面声明的补充，但不构成其组成部分。 其他书面声明，可能包括针对下列事项作出的声明： ①会计政策的选择和运用是否适当； ②是否按照适用的财务报告编制基础对下列事项进行了确认、计量、列报或披露： a. 可能影响资产和负债账面价值或分类的计划或意图； b. 负债（包括实际负债和或有负债）； c. 资产的所有权或控制权，资产的留置权或其他物权，用于担保的抵押资产； d. 可能影响财务报表的法律法规及合同（包括违反法律法规及合同的行为）
与向注册会计师提供信息有关的额外书面声明	除了针对管理层提供的信息和交易的完整性的书面声明外，注册会计师可能认为有必要要求管理层提供书面声明，确认其已将注意到的所有内部控制缺陷向注册会计师通报
特定认定的书面声明	注册会计师可能认为有必要要求管理层提供有关财务报表特定认定的书面声明，尤其是支持注册会计师就管理层的判断或意图或者完整性认定从其他审计证据中获取的了解。 例如，如果管理层的意图对投资的计价基础非常重要，但若不能从管理层获取有关该项投资意图的书面声明，注册会计师就不可能获取充分、适当的审计证据

（三）书面声明的日期和涵盖的期间

图 18－3　书面声明的日期

由于书面声明是必要的审计证据，**在管理层签署书面声明前，注册会计师不能发表审计意见，也不能签署审计报告。**

若在审计报告中提及的所有期间内，出现现任管理层均尚未就任的情形。他们可能由此声称无法就上述期间提供部分或全部书面声明。然而，这一事实**并不能减轻现任管理层对财务报表整体的责任**。相应地，注册会计师仍然需要向现任管理层获取涵盖整个相关期间的书面声明。

【例题 18－7·单选题·2013 年】注册会计师负责审计甲公司 2012 年度财务报表。审计报告日为 2013 年 3 月 31 日，财务报表批准报出日为 2013 年 4 月 1 日。下列有关书面声明日期的说法中，正确的是（　　）。

A. 应当为 2012 年 12 月 31 日

B. 应当尽量接近 2013 年 3 月 31 日，但不得晚于 2013 年 3 月 31 日

C. 应当为 2013 年 4 月 1 日

D. 应当为 2013 年 4 月 1 日以后

【答案】B

【解析】选项 ACD 错误，选项 B 正确，书面声明的日期应当尽量接近对财务报表出具审计报告的日期（2013 年 3 月 31 日），但不得在审计报告日（2013 年 3 月 31 日）后。

（四）书面声明的形式

书面声明应当以声明书的形式致送注册会计师。

参考格式 18－1

致注册会计师：

本声明书是针对你们审计 ABC 公司截至 20×1 年 12 月 31 日的年度财务报表而提供的。审计的目的是对财务报表发表意见，以确定财务报表是否在所有重大方面已按照企业会计准则的规定编制，并实现公允反映。

尽我们所知，并在作出了必要的查询和了解后，我们确认：

一、财务报表

1. 我们已履行［插入日期］签署的审计业务约定书中提及的责任，即根据企业会计准则的规定编制财务报表，并对财务报表进行公允反映。

2. 在作出会计估计时使用的重大假设（包括与公允价值计量相关的假设）是合理的。

3. 已按照企业会计准则的规定对关联方关系及其交易作出了恰当的会计处理和披露。

4. 根据企业会计准则的规定，所有需要调整或披露的资产负债表日后事项都已得到调整或披露。

5. 未更正错报，无论是单独还是汇总起来，对财务报表整体的影响均不重大。未更正错报汇总表附在本声明书后。

6. [插入注册会计师可能认为适当的其他任何事项]。

二、提供的信息

7. 我们已向你们提供下列工作条件：

（1）允许接触我们注意到的、与财务报表编制相关的所有信息（如记录、文件和其他事项）。

（2）提供你们基于审计目的要求我们提供的其他信息。

（3）允许在获取审计证据时不受限制地接触你们认为必要的本公司内部人员和其他相关人员。

8. 所有交易均已记录并反映在财务报表中。

9. 我们已向你们披露了由于舞弊可能导致的财务报表重大错报风险的评估结果。

10. 我们已向你们披露了我们注意到的、可能影响本公司的与舞弊或舞弊嫌疑相关的所有信息，这些信息涉及本公司的：

（1）管理层；

（2）在内部控制中承担重要职责的员工；

（3）其他人员（在舞弊行为导致财务报表重大错报的情况下）。

11. 我们已向你们披露了从现任和前任员工、分析师、监管机构等方面获知的、影响财务报表的舞弊指控或舞弊嫌疑的所有信息。

12. 我们已向你们披露了所有已知的、在编制财务报表时应当考虑其影响的违反或涉嫌违反法律法规的行为。

13. 我们已向你们披露了我们注意到的关联方的名称和特征、所有关联方关系及其交易。

14. [插入注册会计师可能认为必要的其他任何事项]。

附：未更正错报汇总表

ABC 公司　　　　　　　　　　　　ABC 公司管理层

（盖章）　　　　　　　　　　　　（签名并盖章）

中国××市　　　　　　　　　　　二〇×二年×月×日

（五）对书面声明可靠性的疑虑以及管理层不提供要求的书面声明

1. 对书面声明可靠性的疑虑

表 18-10

情形	处理办法
对**管理层**的胜任能力、诚信、道德价值观或勤勉尽责存在疑虑	①注册会计师应当确定这些疑虑**对书面或口头声明和审计证据总体的可靠性可能产生的影响**。 ②注册会计师可能认为，管理层在财务报表中作出不实陈述的风险很大，以至于审计工作无法进行；在这种情况下，除非治理层采取适当的纠正措施，否则注册会计师**可能需要考虑解除业务约定**（如果法律法规允许）。 ③很多时候，治理层采取的纠正措施可能**并不足以**使注册会计师发表无保留意见
书面声明与其他审计证据不一致	①注册会计师**应当实施审计程序以设法解决这些问题**。 ②注册会计师可能需要考虑**风险评估结果是否仍然适当**。如果认为不适当，注册会计师需要修正风险评估结果，并确定进一步审计程序的性质、时间安排和范围，以应对评估的风险。 ③如果问题**仍未解决**，注册会计师应当**重新考虑对管理层**的胜任能力、诚信、道德价值观或勤勉尽责的评估，或者重新考虑对管理层在这些方面的承诺或贯彻执行的评估，并确定书面声明与其他审计证据的不一致**对书面或口头声明和审计证据总体的可靠性可能产生的影响**。 ④如果认为书面声**明不可靠**，注册会计师应当采取适当措施，包括**确定其对审计意见可能产生的影响**

2. 管理层不提供要求的书面声明

表 18-11

管理层不提供要求的一项或多项书面声明	注册会计师应当： ①与管理层讨论该事项； ②重新评价管理层的诚信，并评价该事项对书面或口头声明和审计证据总体的可靠性可能产生的影响； ③采取适当措施，包括确定该事项对审计意见可能产生的影响
注册会计师应当对财务报表发表无法表示意见的情形	①注册会计师对管理层的诚信产生重大疑虑，以至于认为其作出的**书面声明不可靠**； ②管理层**不提供针对管理层责任的书面声明**

恭喜你，
已完成第十八章的学习

扫码免费进 >>>
2022年CPA带学群

如果你不努力，一年后的你还是原来的你，只是老了一岁；如果你不去改变，今天的你还是一年前的你，生活还会是一成不变。

CHAPTER NINETEEN

第十九章　审计报告

考情雷达

本章讲解的内容是审计报告，属于审计业务的最后一个步骤，包括审计意见段、关键审计事项段、强调事项段、其他事项段、注册会计师对其他信息的责任等内容。从考试情况看，主要考查主观题，基本上每年一道简答题，个别考点综合题也有涉及，分值在6分左右，属于非常重要的章节。本章学习难度较高，考生最好结合实务案例和历年真题进行理解。

本章新增了很多案例，对部分语言表达进行了修订，但与去年相比无实质性变化。

考点地图

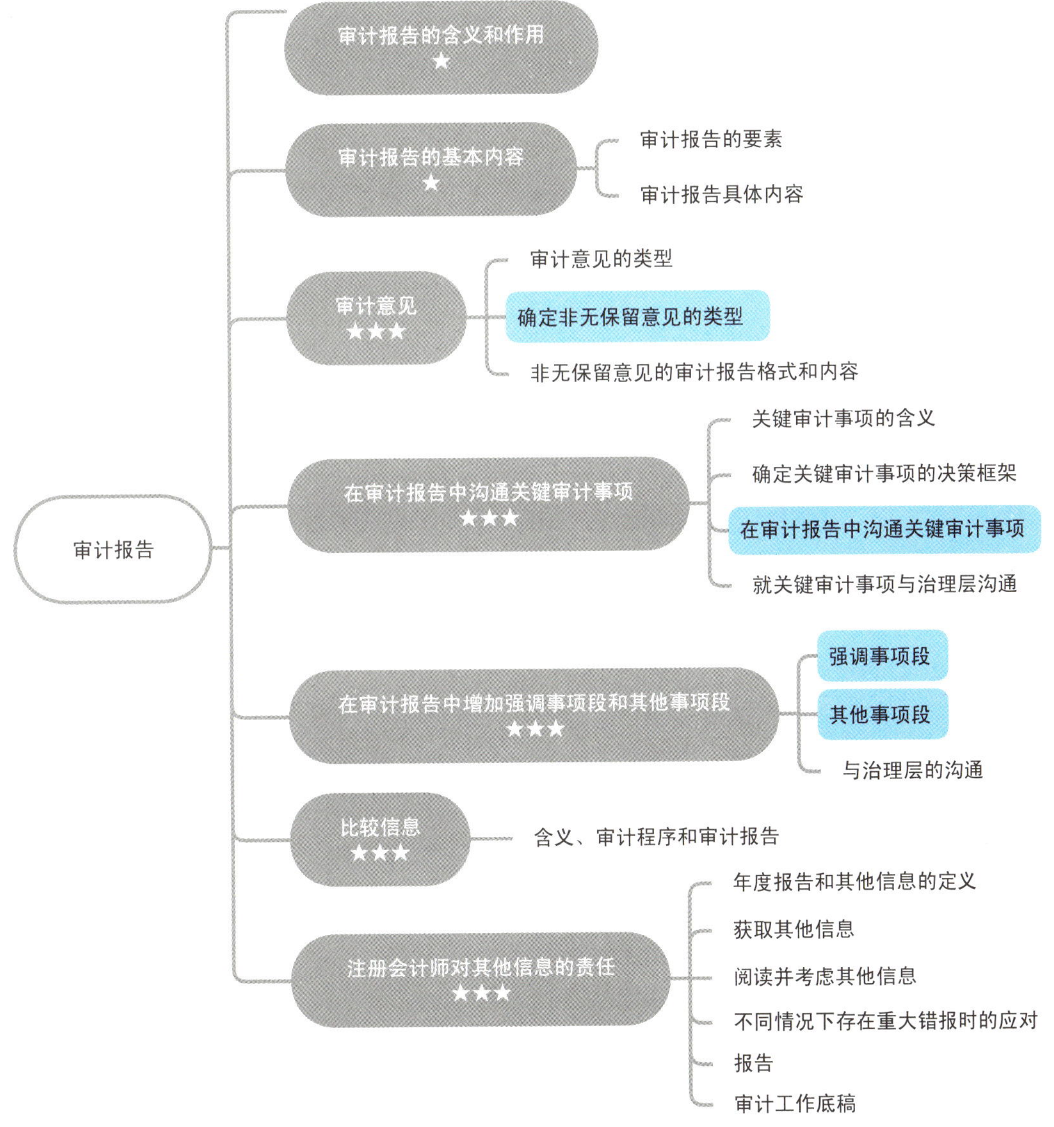

考点1 审计报告的含义和作用（★）

审计报告，是指注册会计师根据审计准则的规定，在执行审计工作的基础上，对财务报表发表审计意见的书面文件。

注册会计师签发的审计报告，主要具有**鉴证、保护和证明**的作用。

考点2 审计报告的基本内容（★）

审计报告包含的要素：

①标题；

②收件人；

③审计意见；

④形成审计意见的基础；

⑤管理层对财务报表的责任；

⑥注册会计师对财务报表审计的责任；

⑦按照相关法律法规的要求报告的事项（如适用）；

⑧注册会计师的签名和盖章；

⑨会计师事务所的名称、地址和盖章；

⑩报告日期。

【提示】审计报告日**不应早于**注册会计师获取充分、适当的审计证据，并在此基础上对财务报表形成审计意见的日期。

参考格式19－1　对上市实体财务报表出具的审计报告（无保留意见）

背景信息：

1. 对上市实体整套财务报表进行审计。该审计不属于集团审计（即不适用《中国注册会计师审计准则第1401号——对集团财务报表审计的特殊考虑》）。

2. 管理层按照企业会计准则编制财务报表。

3. 审计业务约定条款体现了《中国注册会计师审计准则第1111号——就审计业务约定条款达成一致意见》关于管理层对财务报表责任的描述。

4. 基于获取的审计证据，注册会计师认为发表无保留意见是恰当的。

5. 适用的相关职业道德要求为中国注册会计师职业道德守则。

6. 基于获取的审计证据，根据《中国注册会计师审计准则第1324号——持续经营》，注册会计师认为可能导致对被审计单位持续经营能力产生重大疑惑的相关事项或情况不存在重大不确定性。

7. 已按照《中国注册会计师审计准则第1504号——在审计报告中沟通关键审计事项》的规定沟通了关键审计事项。

8. 注册会计师在审计报告日前已获取所有其他信息，且未识别出信息存在重大错报。

9. 负责监督财务报表的人员与负责编制财务报表的人员不同。

10. 除财务报表审计外，按照法律法规的要求，注册会计师负有其他报告责任，且注册会计师决定在审计报告中履行其他报告责任。

审计报告

ABC 股份有限公司全体股东：

一、对财务报表出具的审计报告

（一）审计意见

我们审计了 ABC 股份有限公司（以下简称“ABC 公司”）财务报表，包括 20×1 年 12 月 31 日的资产负债表，20×1 年度的利润表、现金流量表、股东权益变动表以及相关财务报表附注。

我们认为，后附的财务报表在所有重大方面按照企业会计准则的规定编制，公允反映了 ABC 公司 20×1 年 12 月 31 日的财务状况以及 20×1 年度的经营成果和现金流量。

（二）形成审计意见的基础

我们按照中国注册会计师审计准则的规定执行了审计工作。审计报告的“注册会计师对财务报表审计的责任”部分进一步阐述了我们在这些准则下的责任。按照中国注册会计师职业道德守则，我们独立于 ABC 公司，并履行了职业道德方面的其他责任。我们相信，我们获取的审计证据是充分、适当的，为发表审计意见提供了基础。

（三）关键审计事项

关键审计事项是根据我们的职业判断，认为对本期财务报表审计最为重要的事项。这些事项是在对财务报表整体进行审计并形成意见的背景下进行处理的，我们不对这些事项提供单独的意见。

[按照《中国注册会计师审计准则第 1504 号——在审计报告中沟通关键审计事项》的规定描述每一关键审计事项。]

（四）其他信息

按照《中国注册会计师审计准则第 1521 号——注册会计师对其他信息的责任》的规定报告。

（五）管理层和治理层对财务报表的责任

管理层负责按照企业会计准则的规定编制财务报表，使其实现公允反映，并设计、执行和维护必要的内部控制，以使财务报表不存在由于舞弊或错误导致的重大错报。

在编制财务报表时，管理层负责评估 ABC 公司的持续经营能力，披露与持续经营相关的事项（如适用），并运用持续经营假设，除非计划清算 ABC 公司、停止营运或别无其他现实的选择。

治理层负责监督 ABC 公司的财务报告过程。

（六）注册会计师对财务报表审计的责任

我们的目标是对财务报表整体是否不存在由于舞弊或错误导致的重大错报获取合理保证，并出具包含审计意见的审计报告。合理保证是高水平的保证，但并不能保证按照审计准则执行的审计在某一重大错报存在时总能被发现。错报可能由于舞弊或错误导致，如果合理预期错报单独或汇总起来可能影响财务报表使用者依据财务报表作出的经济决策，则通常认为错报是重大的；

在按照审计准则执行审计的过程中，我们运用职业判断，并保持职业怀疑。同时我们也执行下列工作：

（1）识别和评估由于舞弊或错误导致的财务报表重大错报风险；对这些风险有针对性地设计和实施审计程序；获取充分、适当的审计证据，作为发表审计意见的基础。由于舞弊可能涉及串通、伪造、故意遗漏、虚假陈述或凌驾于内部控制之上，未能发现由于舞弊导致的重大错报风险高于未能发现由于错误导致的重大错报的风险。

（2）了解与审计相关的内部控制，以设计恰当的审计程序，但目的并非对内部控制的有效性发表意见。

（3）评价管理层选用会计政策的恰当性和作出会计估计及相关披露的合理性。

（4）对管理层使用持续经营假设的恰当性得出结论。同时，根据获取的审计证据，就可能导致对ABC公司持续经营能力产生重大疑虑的事项或情况是否存在重大不确定性得出结论。如果我们得出结论认为存在重大不确定性，审计准则要求我们在审计报告中提请报表使用者注意财务报表中的相关披露；如果披露不充分，我们应当发表非无保留意见。我们的结论基于审计报告日可获得的信息。然而，未来的事项或情况可能导致ABC公司不能持续经营。

（5）评价财务报表的总体列报、结构和内容，并评价财务报表是否公允反映相关交易和事项。

我们与治理层就计划的审计范围、时间安排和重大审计发现（包括我们在审计中识别的值得关注的内部控制缺陷）等事项进行沟通。

我们还就已遵守与独立性相关的职业道德要求向治理层提供声明，并就可能被合理认为影响我们独立性的所有关系和其他事项，以及相关的防范措施（如适用）与治理层进行沟通；

从与治理层沟通的事项中，我们确定哪些事项对本期财务报表审计最为重要，因而构成关键审计事项。我们在审计报告中描述这些事项，除非法律法规禁止公开披露这些事项，或在极其罕见的情形下，如果合理预期在审计报告中沟通某事项造成的负面后果超过在公众利益方面产生的益处，我们确定不应在审计报告中沟通该事项。

二、按照相关法律法规的要求报告的事项

［本部分的格式和内容，取决于法律法规对其他报告责任的性质的规定。本部分应当说明相关法律法规规范的事项（其他报告责任），除非其他报告责任涉及的事项与审计准则规定的报告责任涉及的事项相同。如果涉及相同的事项，其他报告责任可以在审计准则规定的同一报告要素部分中列示。当其他报告责任和审计准则规定的报告责任涉及同一事项，并且审计报告中的措辞能够将其他报告责任与审计准则规定的责任予以清楚地区分（如差异存在）时，可以将两者合并列示（即包含在“对财务报表出具的审计报告”部分中，并使用适当的副标题）。］

××会计师事务所　　　　　　　　中国注册会计师：×××（项目合伙人）
（盖章）　　　　　　　　　　　　（签名并盖章）

中国注册会计师：×××
（签名并盖章）

中国××市　　　　　　　　　　　二○×二年×月×日

考点3 审计意见（★★★）

（一）审计意见的类型

表 19－1

导致发表非无保留意见的事项的性质	重大但不具有广泛性	重大且具有广泛性
财务报表存在重大错报	保留意见	否定意见
无法获取充分适当的审计证据	保留意见	无法表示意见

（二）确定非无保留意见的类型

1. 财务报表存在的重大错报

表 19－2

选择的会计政策的恰当性	①选择的会计政策与适用的财务报告编制基础不一致。 ②财务报表没有正确描述报表中与重大项目相关的会计政策。 ③财务报表没有按照公允反映的方式列报交易和事项
对所选择的会计政策的运用	①管理层没有按照适用的财务报告编制基础的要求一贯运用所选择的会计政策。 ②不当运用所选择的会计政策（如运用中的无意错误）
财务报表披露的恰当性或充分性	①财务报表没有包括适用的财务报告编制基础要求的所有披露（不完整）。 ②财务报表的披露没有按照适用的财务报告编制基础列报（不恰当）。 ③财务报表没有作出其他必要的披露以实现公允反映（不公允）

2. 无法获取充分、适当的审计证据

表 19－3

超出被审计单位控制的情形	①被审计单位的会计记录已被毁坏。 ②重要组成部分的会计记录已被政府有关机构无限期地查封
与注册会计师工作的性质或时间安排相关的情形	①注册会计师无法获取有关联营企业财务信息的充分、适当的审计证据以评价是否恰当地运用了权益法。 ②注册会计师无法实施存货监盘。 ③注册会计师确定仅实施实质性程序是不充分的，但被审计单位的控制是无效的
管理层对审计范围施加限制的情形	①管理层阻止注册会计师实施存货监盘。 ②管理层阻止注册会计师对特定账户余额实施函证。 【提示】如果注册会计师能够通过实施替代程序获取充分、适当的审计证据，则无法实施特定的程序并不构成对审计范围的限制

【彬哥解读】财务报表中的某些项目涉及的事项的未来结果可能存在不确定性，并且注册会计师在执行审计时**可能还不能获得有关这些事项未来最终结果的结论性证据**。在这种情况下，**管理层**负责按照适用的财务报告编制基础的规定对当前状况进行分析，**估计相关事项未来进展对财务报表的影响并进行确认和计量**，或由于在某些极端罕见的情况下无法作出合理估计而在财务报表中作出必要**披露**。

这些存在不确定性的事项可能包括应收款项的坏账准备、存货的跌价准备、产品质量保证准备金、提供担保的连带偿还责任、尚未判决生效的诉讼或仲裁等。

注册会计师在审计中需要评估所获取的审计证据是否足以支持管理层对相关事项的判断及其处理。**缺乏与这些事项的最终结果相关的信息并不必然导致注册会计师无法获取与管理层判断相关的审计证据。换言之，存在不确定性并不必然导致审计范围受到限制。注册会计师还应当恰当区分审计范围受到限制因而就相关事项无法获取充分、适当的审计证据的情形，以及由于不符合财务报告编制基础中与不确定事项的确认、计量和列报相关的规定而导致相关事项存在重大错报（如作出不恰当的会计估计）的情形。**

例如，被审计单位的法定代表人违规以被审计单位名义为一些关联公司和外部单位提供了大量担保，导致被审计单位因多个债务人逾期未还款而被起诉。由于该法定代表人已失联，被审计单位管理层无法确定是否还存在其他未知的违规担保事项，注册会计师无法就或有事项和关联方交易披露的完整性实施审计程序，这种情况即属于"无法获取充分、适当的审计证据"。

又如，被审计单位由于关联方交易的转移定价问题受到税务机关的稽查，管理层没有计提可能需要补缴的税款。注册会计师在税务专家的协助下评估了补缴税款的可能性，并对可能需要补缴的税款作出了区间估计，据此提出了审计调整。被审计单位管理层以税务稽查结果存在重大不确定性、无法可靠估计为由拒绝接受调整建议。截至审计报告日，税务机关尚未就稽查结果提供明确信息。在这种情况下，如果注册会计师根据所获得的信息和基于这些信息所作的合理判断已经足以认定财务报表存在重大错报，这种情况即属于"财务报表存在重大错报"。

3. 重大性和广泛性

（1）影响重大性。

①定量：财务报表整体的重要性或特定类别的交易、账户余额或披露的重要性水平（如适用）。

②定性：例如，错报是否影响被审计单位实现盈利预期或达到监管要求，错报是否影响被审计单位的盈亏状况，错报是否是由于舞弊导致的。

（2）影响广泛性。

①**不限于**对财务报表的**特定**要素、账户或项目产生影响。

a. **重大错报对财务报表的影响**。如果注册会计师发现了多项重大错报（例如商誉、固定资产、存货和应收账款的减值准备计提均不充分），这些重大错报影响多个财务报表项目（商誉、固定资产、存货、应收账款、营业成本、信用减值损失、资产减值损失等），通常认为这些重大错报对财务报表的影响具有广泛性。

b. **在无法获取充分、适当的审计证据**时，未发现的错报（如存在）对财务报表可能产生的影响。

例1：如果注册会计师无法对被审计单位某一重要子公司的财务信息执行审计工作，因而无法就被审计单位合并财务报表中与该子公司有关的项目获取充分、适当的审计证据，由于该子公司可能存在的错报影响被审计单位合并财务报表的大多数项目，通常认为该事项对被审计单位合并财务报表可能产生的影响重大且具有广泛性。

例2：注册会计师新承接的某生产制造业审计客户与存货相关的会计记录和物流记录不完整、不准确，注册会计师因此无法就期末和期初存货余额以及当期的存货增减变动情况获取充分、适当的审计证据。由于存货对利润表的营业收入、营业成本、资产减值损失、所得税费用等项目以及资产负债表的应收账款、应付账款、应交税费等项目均有重大影响，该事项导致注册会计师对这些相关项目也无法获取充分、适当的审计证据，对财务报表可能产生的影响重大且具有广泛性。

②虽然仅对财务报表的特定要素、账户或项目产生影响，但这些要素、账户或项目是或可能是财务报表的**主要组成部分**。

例1：被审计单位处于筹建期，其年末账面资产余额的80%为在建工程。注册会计师无法就年末在建工程余额获取充分、适当的审计证据。由于在建工程构成财务报表的主要组成部分，注册会计师认为上述事项对财务报表可能产生的影响重大且具有广泛性。

例2：某上市公司的控股股东违规占用上市公司资金，且上市公司违规为控股股东的借款提供担保，截至资产负债表日，上述违规占用资金和违规担保余额合计为上市公司年末净资产余额的数倍。控股股东财务状况持续恶化，偿债能力严重不足，其由上市公司提供担保的借款均已进入诉讼程序。注册会计师认为上市公司未就与被占用资金相关的应收款项计提减值准备、未就与违规担保相关的偿付义务计提预计负债构成重大错报。在这种情况下，尽管涉及的财务报表项目较为有限，但金额特别重大，因此，可以认为与控股股东资金占用和违规担保相关的交易和余额构成财务报表的主要组成部分，该事项的影响重大且具有广泛性。

例3：某被审计单位对某一项金额特别重大的资产（占年末总资产余额的比例超过60%）计提了大额减值准备，与该项资产相关的资产减值损失是导致被审计单位当年出现重大亏损的主要原因。注册会计师无法实施审计程序就该项资产的实际性质和减值准备的合理性获取充分、适当的审计证据。在这种情况下，虽然涉及的财务报表项目较为有限，但对资产负债表和利润表而言金额均特别重大，可以认为构成了财务报表的主要组成部分，该事项的影响重大且具有广泛性。

③当与披露相关时，产生的影响对财务报表使用者**理解财务报表至关重要**。

例：基于获取的审计证据，注册会计师认为可能导致对被审计单位持续经营能力产生重大疑虑的事项或情况存在重大不确定性，且该公司正考虑申请破产。管理层在财务报表中遗漏了与重大不确定性相关的必要披露（即完全未披露）。注册会计师认为该漏报对财务报表的影响重大且具有广泛性。

【例题19-1·简答题·2015年节选】ABC会计师事务所的A注册会计师担任多家被审计单位2014年度财务报表审计的项目合伙人，遇到下列导致出具非标准审计报告的事项：

丁公司是金融机构，在风险管理中运用大量复杂金融工具。因风险管理负责人离职，人事部暂未招聘到合适的人员，管理层未能在财务报表附注中披露与金融工具相关的风险。

要求：针对上述事项，指出A注册会计师应当出具何种类型的非标准审计报告，并简要说明理由。

【答案】应出具保留意见。理由：存在影响重大但不具有广泛性的披露错报。

【解题思路】“管理层未能在财务报表附注中披露与金融工具相关的风险”属于披露不完整导致的重大错报，题干中看不出来达到广泛性程度，因此是保留意见审计报告。

（三）非无保留意见的审计报告格式和内容

1. 审计意见段

表 19－4

<table>
<tr><th>审计意见</th><th colspan="2">在意见段中说明</th><th>要点</th></tr>
<tr><td rowspan="2">发表保留意见</td><td>重大错报原因</td><td>注册会计师认为，除了“形成保留意见的基础”部分所述事项产生的影响外，后附的财务报表在所有重大方面按照适用的财务报告编制基础编制，公允反映了［……］</td><td rowspan="3">当发表保留意见或否定意见时，注册会计师应当修改“形成保留（否定）审计意见的基础”部分的描述，以说明：注册会计师相信，其获取的审计证据是充分、适当的，为发表保留（否定）意见提供了基础</td></tr>
<tr><td>无法获取充分、适当的审计证据的原因</td><td>使用“除……可能产生的影响外”等措辞</td></tr>
<tr><td>否定意见</td><td colspan="2">注册会计师认为，由于“形成否定意见的基础”部分所述事项的重要性，后附的财务报表没有在所有重大方面按照适用的财务报告编制基础编制，未能公允反映［……］</td></tr>
<tr><td>无法表示意见</td><td colspan="2">由于“形成无法表示意见的基础”部分所述事项的重要性，注册会计师无法获取充分、适当的审计证据为发表审计意见提供基础，因此，注册会计师不对这些财务报表发表审计意见。
同时，注册会计师应当将有关财务报表已经审计的说明，修改为注册会计师接受委托审计财务报表</td><td>当发表无法表示意见时，注册会计师不应提及审计报告中用于描述注册会计师责任的部分，也不应说明注册会计师是否已获取充分、适当的审计证据以作为形成审计意见的基础</td></tr>
</table>

【提示】即使发表了否定意见或无法表示意见，注册会计师**也应当在形成审计意见的基础部分说明注意到的、将导致发表非无保留意见的所有其他事项及其影响。**

在执行审计的过程中，即使已发现的重大错报具有广泛性，足以导致发表否定意见，**注册会计师仍然需要对其余不涉及上述重大错报的财务报表项目按照审计准则的规定执行并完成审计工作**；即使审计范围受到限制可能产生的影响足以导致发表无法表示意见，除非属于在可行时解除业务约定的情形，**注册会计师仍然需要对审计范围没有受到限制的方面按照审计准则的规定执行并完成审计工作**。并且，注册会计师应当在“形成否定（无法表示）意见的基础”部分说明注意到的、将导致发表非无保留意见的所有其他事项及其影响。

例如，因管理层未提供完整的相关资料，注册会计师无法就被审计单位的存货、应付账款、营业成本、管理费用和资产减值损失等多个重大的财务报表项目获取充分、适当的审计证据；此外，注册会计师发现被审计单位期末某项金额重大的、以公允价值计量的交易性金融资产存在重大错报。在这种情况下，由于前一个事项对财务报表可能产生的影响重大且具有广泛性，注册会计师应当发表无法表示意见。在审计报告的“形成无法表示意见的基础”部分，除了说明导致无法表示意见的事项外，还应当说明识别出的重大错报。

又如，被审计单位连续多年严重亏损，资不抵债，大量债务违约并涉及诉讼，多个银行账户被冻结，大量资产被查封，主营业务处于停滞状态，管理层制定的各种应对措施是否能够落实具有很高的不确定性。注册会计师认为导致对被审计单位持续经营能力产生重大疑虑的事项和情况存在多个重大不确定性，这些不确定事项之间存在相互影响，对财务报表产生累积影响，注册会计师无法判断被审计单位采用持续经营假设编制本期财务报表是否适当，从而无法对财务报表整体形成审计意见。同时，被审计单位在财务报表附注中对与持续经营相关的多个重大不确定性作出了一些披露但披露并不充分，属于与应披露未披露信息相关的重大错报。在这种情况下，注册会计师应当发表无法表示意见，在“形成无法表示意见的基础”部分，除了说明由于与持续经营相关的多个重大不确定性而发表无法表示意见外，还要说明财务报表附注未予以充分披露的情况。

【提示】对“形成非无保留意见的基础”部分的可理解性的考虑。

就“形成非无保留意见的基础”部分的整体结构而言，注册会计师可以考虑采取以下方式提高这部分内容的可理解性：

（1）如果非无保留意见涉及多个事项，可以以简要概括方式对每一事项**分别增加一个小标题**。

（2）如果非无保留意见涉及的事项在财务报表附注中有相关披露内容，**索引至相关财务报表附注**有助于使用者了解这些事项的具体情况。

（3）就“形成非无保留意见的基础”部分中单个事项的描述而言，**注册会计师需要从对使用者决策有用性角度考虑如何恰当体现相关描述的恰当性和可理解性**。

以“因无法获取充分、适当的审计证据，而对财务报表整体发表保留意见”的情形为例，注册会计师在描述相关事项时可能考虑采取的做法：

①说明审计范围受到限制相关事项影响的财务报表项目、金额及可能存在的具体影响。

②在说明无法获取充分、适当的审计证据的原因时，描述导致审计范围受到限制的具体情形。

上述描述有助于使用者了解注册会计师审计范围受到限制的具体性质，并判断相应影响程度。

2. 非无保留意见的审计报告要素

（1）发表保留意见或否定意见的审计报告。

参考格式 19－2　由于财务报表存在重大错报而发表保留意见的审计报告（节选）

（一）保留意见

我们审计了 ABC 股份有限公司（以下简称“ABC 公司”）财务报表，包括 20×1 年 12 月 31 日的资产负债表，20×1 年度的利润表、现金流量表、股东权益变动表以及相关财务报表附注。

我们认为，除“形成保留意见的基础”部分所述事项产生的影响外，后附的财务报表在所有重大方面按照企业会计准则的规定编制，公允反映了 ABC 公司 20×1 年 12 月 31 日的财务状况以及 20×1 年度的经营成果和现金流量。

（二）形成保留意见的基础

ABC 公司 20×1 年 12 月 31 日资产负债表中存货的列示金额为×元。管理层根据成本对存货进行计量，而没有根据成本与可变现净值孰低的原则进行计量，这不符合企业会计准则的规定。ABC 公司的会计记录显示，如果管理层以成本与可变现净值孰低来计量存货，存货列示金额将减少×元。相应地，资产减值损失将增加×元，所得税、净利润和股东权益将分别减少×元、×元和×元。

我们按照中国注册会计师审计准则的规定执行了审计工作。审计报告的“注册会计师对财务报表审计的责任”部分进一步阐述了我们在这些准则下的责任。按照中国注册会计师职业道德守则，我们独立于ABC公司，并履行了职业道德方面的其他责任。我们相信，我们获取的审计证据是充分、适当的，为发表保留意见提供了基础。

参考格式19-3 由于合并财务报表存在重大错报而发表否定意见的审计报告（节选）

（一）否定意见

我们审计了ABC股份有限公司及其子公司（以下简称“ABC集团”）的合并财务报表，包括20×1年12月31日的合并资产负债表，20×1年度的合并利润表、合并现金流量表、合并股东权益变动表以及相关合并财务报表附注。

我们认为，由于“形成否定意见的基础”部分所述事项的重要性，后附的合并财务报表没有在所有重大方面按照××财务报告编制基础的规定编制，未能公允反映ABC集团20×1年12月31日的合并财务状况以及20×1年度的合并经营成果和合并现金流量。

（二）形成否定意见的基础

如财务报表附注×所述，20×1年ABC集团通过非同一控制下的企业合并获得对XYZ公司的控制权，因未能取得购买日XYZ公司某些重要资产和负债的公允价值，故未将XYZ公司纳入合并财务报表的范围。按照××财务报告编制基础的规定，该集团应将这一子公司纳入合并范围，并以暂估金额为基础核算该项收购。如果将XYZ公司纳入合并财务报表的范围，后附的ABC集团合并财务报表的多个报表项目将受到重大影响。但我们无法确定未将XYZ公司纳入合并范围对合并财务报表产生的影响。

我们按照中国注册会计师审计准则的规定执行了审计工作。审计报告的“注册会计师对财务报表审计的责任”部分进一步阐述了我们在这些准则下的责任。按照中国注册会计师职业道德守则，我们独立于ABC集团，并履行了职业道德方面的其他责任。我们相信，我们获取的审计证据是充分、适当的，为发表否定意见提供了基础。

（2）发表无法表示意见的审计报告。

描述说明：注册会计师接受委托审计财务报表；注册会计会师不对后附的财务报表发表审计意见；由于形成无法表示意见的基础部分所述事项重要性，注册会计师无法获取充分、适当的审计证据以作为对财务报表发表审计意见的基础（见参考格式19-4）。

参考格式19-4 由于注册会计师无法针对财务报表多个要素获取充分、适当的审计证据而发表无法表示意见的审计报告（节选）

（一）无法表示意见

我们接受委托，审计ABC股份有限公司（以下简称“ABC公司”）财务报表，包括20×1年12月31日的资产负债表，20×1年度的利润表、现金流量表、股东权益变动表以及相关财务报表附注。

我们不对后附的 ABC 公司财务报表发表审计意见。由于“形成无法表示意见的基础”部分所述事项的重要性，我们无法获取充分、适当的审计证据以作为对财务报表发表审计意见的基础。

（二）形成无法表示意见的基础

我们于 20×2 年 1 月接受 ABC 公司的审计委托，因而未能对 ABC 公司 20×1 年初金额为×元的存货和年末金额为×元的存货实施监盘程序。此外，我们也无法实施替代审计程序获取充分、适当的审计证据。并且，ABC 公司于 20×1 年 9 月采用新的应收账款电算化系统，由于存在系统缺陷导致应收账款出现大量错误。截至报告日，管理层仍在纠正系统缺陷并更正错误，我们也无法实施替代审计程序，以对截至 20×1 年 12 月 31 日的应收账款总额×元获取充分、适当的审计证据。因此，我们无法确定是否有必要对存货、应收账款以及财务报表其他项目作出调整，也无法确定应调整的金额。

考点 4 在审计报告中沟通关键审计事项（★★★）

（一）关键审计事项的含义

关键审计事项，是指注册会计师根据职业判断认为**对当期财务报表审计最为重要的事项**。

《在审计报告中沟通关键审计事项》准则适用于对上市实体整套通用目的财务报表进行审计，以及注册会计师决定或委托方要求在审计报告中沟通关键审计事项的其他情形。如果法律法规要求注册会计师在审计报告中沟通关键审计事项，该准则亦适用。

当对财务报表**发表无法表示意见时，注册会计师不得在审计报告中包含关键审计事项部分**。

在审计报告中沟通关键审计事项**以注册会计师已就财务报表整体形成审计意见为背景**。在审计报告中沟通关键审计事项不能代替下列事项：

（1）管理层按照适用的财务报告编制基础在财务报表中作出的披露，或为使财务报表实现公允反映而作出的披露（如适用）；

（2）注册会计师按照审计业务的具体情况发表非无保留意见；

（3）当可能导致对被审计单位持续经营能力产生重大疑虑的事项或情况存在重大不确定性时，注册会计师按照《中国注册会计师审计准则第 1324 号——持续经营》的规定进行报告。

在审计报告中沟通关键审计事项**不是注册会计师就单一事项单独发表意见**。

（二）确定关键审计事项的决策框架

（1）注册会计师在确定关键审计事项时，需要遵循以下决策框架：

①以**“与治理层沟通的事项”为起点**选择关键审计事项；

②从“与治理层沟通过的事项”中**确定“在执行审计工作时重点关注过的事项”**；

③从“在执行审计工作时重点关注过的事项”中**确定哪些事项对本期财务报表审计“最为重要”**，从而构成关键审计事项。

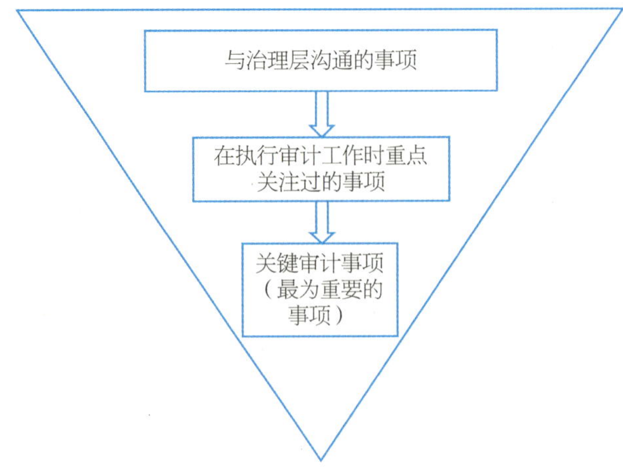

图 19－1　关键审计事项的决策框架

（2）注册会计师在**确定哪些事项属于重点关注过的事项时**，需要特别考虑下列方面：

①评估的重大错报风险较高的领域或识别出的特别风险；

②与财务报表中涉及重大管理层判断的领域相关的重大审计判断；

③本期重大交易或事项对审计的影响。

“最为重要的事项”并不意味着只有一项。数量可能受被审计单位规模和复杂程度、业务和经营环境的性质，以及审计业务具体事实和情况的影响。

（3）在确定某一与治理层沟通过的事项的**相对重要程度以及该事项是否构成关键审计事项时**，需要考虑：

①该事项对预期使用者理解财务报表整体的重要程度，尤其是对财务报表的重要性；

②与该事项相关的会计政策的性质或者与同行业其他实体相比，管理层在选择恰当的会计政策时涉及的复杂程度或主观程度；

③从定性和定量方面考虑，与该事项相关的由于舞弊或错误导致的已更正错报和累计未更正错报（如有）的性质和重要程度；

④为应对该事项所需要付出的审计努力的性质和程度，包括特殊知识技能或项目组之外的咨询；

⑤在实施审计程序、评价实施审计程序的结果、获取相关和可靠的审计证据以作为发表审计意见的基础时，注册会计师遇到的困难的性质和严重程度，尤其是当注册会计师的判断变得更加主观时；

⑥识别出的与该事项相关的控制缺陷的严重程度；

⑦该事项是否涉及数项可区分但又相互关联的审计考虑。

（三）在审计报告中沟通关键审计事项

（1）在审计报告中单设关键审计事项部分。

注册会计师应当在审计报告中单设一部分，以“关键审计事项”为标题，并在该部分使用恰当的子标题逐项描述关键审计事项。

关键审计事项的**引言应当同时说明的事项：**

①关键审计事项是注册会计师根据职业判断，**认为对本期财务报表审计最为重要的事项；**

②关键审计事项的应对以对财务报表整体进行审计并形成审计意见为背景，**注册会计师对财务报表整体形成审计意见，而不对关键审计事项单独发表意见**。

（2）描述单一关键审计事项。

表 19－5

描述要点	
同时说明内容	①该事项被认定为审计中最为重要的事项之一，因而**被确定为关键审计事项的原因**。 ②该事项在审计中是**如何应对的**
描述要求	注册会计师**还应当分别索引至财务报表的相关披露**（如有），以使预期使用者能够进一步了解管理层在编制财务报表时如何应对这些事项
原始信息	原始信息是指**与被审计单位相关、尚未由被审计单位公布的信息**，提供这些信息**是被审计单位管理层和治理层的责任**。 在描述关键审计事项时，注册会计师需要**避免不恰当地提供与被审计单位相关的原始信息**，对关键审计事项的描述通常**不构成**有关被审计单位的原始信息

（3）在关键审计事项部分披露的关键审计事项是**已经得到满意解决的事项，即不存在审计范围受到限制，也不存在注册会计师与被审计单位管理层意见分歧的情况**。

（4）不在审计报告中沟通关键审计事项的情形。

①除非存在下列情况之一，注册会计师应当在审计报告中逐项描述关键审计事项：

a. 法律法规禁止公开披露某事项。

b. 在极少数的情况下，如果合理预期在审计报告中沟通某事项造成的负面后果超过产生的公众利益方面的益处，注册会计师确定不应在审计报告中沟通该事项。

如果被审计单位存在上述情形，注册会计师确定不在审计报告中沟通某一关键审计事项，并且不存在其他关键审计事项，注册会计师可以在审计报告单设的关键审计事项部分表述为“我们确定不存在需要在审计报告中沟通的关键审计事项”。

②如果根据被审计单位和审计业务的具体事项和情况，注册会计师确定不存在需要沟通的关键审计事项，可以在审计报告中单设的关键审计事项部分，表述为“我们确定不存在需要在审计报告中沟通的关键审计事项”。

③仅有的需要沟通的关键审计事项是导致发表保留意见或否定意见的事项，或者是可能导致对被审计单位持续经营能力产生重大疑虑的事项或情况存在重大不确定性，注册会计师可以在审计报告单设的关键审计事项部分表述为“除形成保留（否定）意见的基础部分或与持续经营相关的重大不确定性部分所描述的事项外，我们确定不存在其他需要在审计报告中沟通的关键审计事项”。

就其性质而言这些事项都属于关键审计事项，但已经在审计报告中专门的部分披露，不在审计报告的关键审计事项部分进行描述。注册会计师应当按照适用的审计准则的规定报告这些事项，并在关键审计事项部分提及形成保留（否定）意见的基础部分或与持续经营相关的重大不确定性部分。

④如果注册会计师认为有必要在审计报告中增加强调事项段或其他事项段，审计报告中的强调事项段或其他事项段需要与关键审计事项部分分开列示。如果某事项被确定为关键审计事项，则不能以强调事项或其他事项代替对关键审计事项的描述。

（四）就关键审计事项与治理层沟通

注册会计师应当就下列事项与治理层沟通：

（1）注册会计师确定的关键审计事项；

（2）根据被审计单位和审计业务的具体情况，注册会计师确定不存在需要在审计报告中沟通的关键审计事项（如适用）。

参考格式如下。

参考格式19－5　　　　　　　　关键审计事项

关键审计事项

关键审计事项是我们根据职业判断，认为对本期财务报表审计最为重要的事项。这些事项的应对以对财务报表整体进行审计并形成审计意见为背景，我们不对这些事项单独发表意见。我们确定下列事项是需要在审计报告中沟通的关键审计事项。

关键审计事项	该事项在审计中是如何应对的
（一）收入确认	
由于营业收入是××关键财务指标之一，且存在管理层为了达到特定目标或满足期望而操纵收入确认的固有风险，因此我们将收入确认作为关键审计事项	我们针对收入确认主要执行以下审计程序： （1）了解、评价和测试与收入确认相关的内部控制设计和运行的有效性； （2）执行分析性复核程序，分析收入及毛利变动的合理性； （3）执行细节测试，抽取本期确认营业收入的销售合同、与之相关的存货收发记录、客户确认单据、收款记录、海关数据等以评价收入确认的真实性； （4）对主要客户执行函证程序，以确认应收账款余额、本期销售收入等信息； （5）执行截止性测试程序，以确认收入是否计入恰当的会计期间

【例题19－2·简答题·2020年】 ABC会计师事务所的A注册会计师负责审计多家上市公司2018年度财务报表，遇到下列与审计报告相关的事项：

因无法就甲公司2018年度财务报表的多个项目获取充分、适当的审计证据，A注册会计师发表了无法表示意见，并在审计报告的关键审计事项部分说明：除形成无法表示意见的基础部分所述事项外，不存在其他需要在审计报告中沟通的关键审计事项。

要求：针对上述事项，指出A注册会计师的做法是否恰当。如不恰当，简要说明理由。

【答案】 不恰当。当对财务报表发表无法表示意见时，注册会计师不得在审计报告中包含关键审计事项部分。

考点5　在审计报告中增加强调事项段和其他事项段（★★★）

（一）强调事项段

审计报告的强调事项段，是指审计报告中含有的一个段落，该段落提及**已在财务报表中恰当列报或披露的事项**，且根据注册会计师的职业判断，**该事项对财务报表使用者理解财务报表至关重要**。

表 19－6

	说明
增加条件（同时满足）	①该事项不会导致注册会计师发表非无保留意见。 ②该事项未被确定为在审计报告中沟通的关键审计事项。 【提示】关键审计事项段优先于强调事项段
增加强调事项段的情形	①法律法规规定的财务报告编制基础不可接受，但其是基于法律或法规作出的规定。 ②提醒财务报表使用者注意财务报表按照特殊目的编制基础编制。 ③注册会计师在审计报告日后知悉了某些事实（即期后事项），并且出具了新的或经修改了的审计报告。 ④异常诉讼或监管行动的未来结果存在不确定性。 ⑤在财务报表日至审计报告日之间发生的重大期后事项。 ⑥提前应用（在允许的情况下）对财务报表有重大影响的新会计准则。 ⑦存在已经或持续对被审计单位财务状况产生重大影响的特大灾难
应当采取的措施	①将强调事项段作为单独的一部分置于审计报告中，并使用包含“强调事项”这一术语的适当标题。 ②明确提及被强调事项以及相关披露的位置，以便能够在财务报表中找到对该事项的详细描述。 ③指出审计意见没有因该强调事项而改变

参考格式 19－6　同时包含关键审计事项部分、强调事项段和其他事项段的审计报告（节选）

（一）审计意见

我们审计了 ABC 股份有限公司（以下简称“ABC 公司”）财务报表，包括 20×1 年 12 月 31 日的资产负债表，20×1 年度的利润表、现金流量表、股东权益变动表以及相关财务报表附注。

我们认为，后附的财务报表在所有重大方面按照企业会计准则的规定编制，公允反映了 ABC 公司 20×1 年 12 月 31 日的财务状况以及 20×1 年度的经营成果和现金流量。

（二）形成审计意见的基础

我们按照中国注册会计师审计准则的规定执行了审计工作。审计报告的“注册会计师对财务报表审计的责任”部分进一步阐述了我们在这些准则下的责任。按照中国注册会计师职业道德守则，我们独立于 ABC 公司，并履行了职业道德方面的其他责任。我们相信，我们获取的审计证据是充分、适当的，为发表审计意见提供了基础。

（三）强调事项

我们提醒财务报表使用者关注，财务报表附注×描述了火灾对 ABC 公司的生产设备造成的影响。本段内容不影响已发表的审计意见。

（四）关键审计事项

关键审计事项是根据我们的职业判断，认为对本期财务报表审计最为重要的事项。这些事项是在对财务报表整体进行审计并形成意见的背景下进行处理的，我们不对这些事项单独发表意见。

【按照《中国注册会计师审计准则第 1504 号——在审计报告中沟通关键审计事项》的规定描述每一关键审计事项】

（五）其他事项

20×0 年 12 月 31 日的资产负债表、20×0 年度的利润表、现金流量表、股东权益变动表以及相关财务报表附注由其他会计师事务所审计，并于 20×1 年 3 月 31 日发表了无保留意见。

案例胶卷

案例 1：强调事项

我们提醒财务报表使用者关注，如财务报表附注十四、2 所述，××为深圳市年富供应链有限公司提供担保，涉及金额折合人民币为 90 445.01 万元，××经综合判断计提预计负债 40 000 万元。同时如财务报表附注十五、4 所述，在中国证券监督管理委员会对××下发《行政处罚决定书》后，部分投资者以××虚假陈述致使原告在证券交易中遭受经济损失为由，要求××给予赔偿。截至审计报告日，××虚假陈述责任纠纷案所涉诉讼在诉索赔金额为 6 499 712.05 元。**上述诉讼案件尚处于审理阶段，尚未产生具有法律效力的判决或裁定，未来结果具有不确定性**。**本段内容不影响已发表的审计意见**。

案例 2：强调事项

我们提醒财务报表使用者关注，财务报表附注 10.4.8 描述了 2020 年 5 月至 2020 年 11 月实际控制人控制的关联企业通过采购设备、工程材料、原材料累计占用中飞股份资金 8.31 亿元，中飞股份财务报告与该事项相关的内部控制存在重大缺陷，截至报告日，中飞股份已完成了对该事项的整改。本段内容不影响已发表的审计意见。

（二）其他事项段

其他事项段是指审计报告中含有的一个段落，该段落提及**未在财务报表中列报或披露的事项**，且根据注册会计师的职业判断，该事项**与财务报表使用者理解审计工作、注册会计师的责任或审计报告相关**。

表 19－7

其他事项段必须满足的条件	①未被法律法规禁止。 ②该事项未被确定为审计报告中沟通的关键审计事项
需要增加其他事项段的情形	①与使用者**理解审计工作**相关的情形。 例如，管理层对审计范围施加的限制可能产生广泛性影响，但不能解除业务约定。注册会计师可能认为**有必要增加其他事项段，解释为何不能解除业务约定**。 ②与使用者**理解注册会计师的责任或审计报告**相关的情形。 ③**对两套以上财务报表出具审计报告**的情形（重要）。 ④**限制审计报告分发和使用**的情形

需要注意的是，其他事项段的内容明确反映了未被要求在财务报表中列报的其他事项。其他事项段**不包括法律法规或其他职业准则**（如中国注册会计师职业道德守则中与信息保密相关的规定）**禁止注册会计师提供的信息**。其他事项段**也不包括要求管理层提供的信息**。

【例题19-3·简答题·2017年】ABC会计师事务所的A注册会计师负责审计多家上市公司2016年度财务报表，遇到下列与审计报告相关的事项：

戊公司管理层在2016年度财务报表附注中披露了2017年1月发生的一项重大收购。A注册会计师认为该事项对财务报表使用者理解财务报表至关重要，拟在审计报告中增加其他事项段予以说明。

要求：针对上述事项，指出A注册会计师的做法是否恰当。如不恰当，简要说明理由。

【答案】不恰当。应当增加强调事项段予以说明而非其他事项段。

【解题思路】财务报表中恰当列报或披露过的事项不符合其他事项段的定义，符合强调事项段的定义。

（三）与治理层的沟通

如果拟在审计报告中增加强调事项段或其他事项段，注册会计师**应当就该事项和拟使用的措辞与治理层沟通**。

与治理层的沟通能使治理层了解注册会计师拟在审计报告中所强调的特定事项的性质，并在必要时为治理层提供向注册会计师作出进一步澄清的机会。对于连续审计业务，当某一特定事项在每期审计报告中的其他事项段中重复出现时，除非法律法规另有规定，注册会计师可能认为没有必要在每次审计业务中重复沟通。

考点6 比较信息（★★★）

（一）比较信息的含义

比较信息是指包含于财务报表中的、符合适用的财务报告编制基础的、与一个或多个以前期间相关的金额和披露。

1. 比较信息的类别

比较信息包括**对应数据和比较财务报表**，二者内容见表19-8。

表19-8

比较信息的类型	含义	意见	书面声明
对应数据	是指作为本期财务报表组成部分的上期金额和相关披露，这些金额和披露**只能与本期相关的金额和披露（称为“本期数据”）联系起来阅读**。对应数据列报的详细程度主要取决于其与本期数据的相关程度	审计意见**仅提及本期**	注册会计师需要要求管理层**仅就本期财务报表提供书面声明**
比较财务报表	是指为了与本期财务报表相比较而包含的上期金额和相关披露。比较财务报表包含信息的详细程度与本期财务报表包含信息的详细程度相似	审计意见**提及列报的财务报表所属的各期**	注册会计师需要要求管理层提供**与审计意见所提及的所有期间相关的书面声明**

2. 比较信息的审计目标

①获取充分、适当的审计证据，确定在财务报表中包含的比较信息是否在所有重大方面按照适用的财务报告编制基础有关比较信息的要求进行列报。

②按照注册会计师的报告责任出具审计报告。

（二）审计程序

1. 一般审计程序

注册会计师应当确定财务报表中**是否包括**适用的财务报告编制基础要求的比较信息，以及比较信息**是否得到恰当分类**。基于上述目的，注册会计师应当评价：

①比较信息**是否与上期**财务报表列报的金额和相关披露**一致**，如果必要，比较信息**是否已经重述**。

②在比较信息中反映的**会计政策是否与本期采用的会计政策一致**，如果会计政策已发生变更，这些**变更是否得到恰当处理并得到充分列报与披露**。

2. 注意到比较信息可能存在重大错报时的审计要求

①在实施本期审计时，如果注意到**比较信息可能存在重大错报**，注册会计师**应当根据实际情况追加必要的审计程序**，获取充分、适当的审计证据，以确定是否存在重大错报。

②如果上期财务报表已经审计，注册会计师还应当遵守《中国注册会计师审计准则第1332号——期后事项》的相关规定。**如果上期财务报表已经得到更正，注册会计师应当确定比较信息与更正后的财务报表是否一致。**

（三）审计报告

1. 对应数据

当财务报表中列报对应数据时，由于审计意见是针对包括对应数据的本期财务报表整体的，审计意见**通常不提及对应数据**。

只有在特定情况下，注册会计师才应当在审计报告中提及对应数据。特定情形如下：

①导致对上期财务报表发表非无保留意见的事项在本期仍未解决。

表 19－9

<table>
<tr><th>情形</th><th colspan="3">具体处理</th></tr>
<tr><td rowspan="2">对上期财务报表发表了否定意见或无法表示意见，且事项仍未解决</td><td>对本期财务报表的影响或可能产生的影响仍然重大且具有广泛性</td><td>应当对本期财务报表发表否定意见或无法表示意见</td><td rowspan="3">注册会计师应当在形成非无保留意见的基础部分同时提及本期数据和对应数据</td></tr>
<tr><td>影响或可能产生的影响仍然重大，但不再具有广泛性</td><td>应当对本期财务报表发表保留意见</td></tr>
<tr><td>对上期财务报表发表了保留意见，且事项仍未解决</td><td colspan="2">应当对本期财务报表发表非无保留意见</td></tr>
<tr><td>对上期财务报表发表了非无保留意见，且事项未解决，该未解决事项可能与本期数据无关</td><td colspan="2">由于未解决事项对本期数据和对应数据的可比性存在影响或可能存在影响，仍需要对本期财务报表发表非无保留意见</td><td>注册会计师应当在形成非无保留意见的基础部分说明，由于未解决事项对本期数据和对应数据之间可比性的影响或可能的影响，因此发表了非无保留意见</td></tr>
</table>

例1：注册会计师由于无法对被审计单位的某一重要子公司执行审计工作而对被审计单位上一年度合并财务报表发表了无法表示意见。本年度审计中注册会计师仍然无法对该子公司执行审计工作。

场景1：被审计单位在本年12月出售了其持有的该子公司全部股权。在这种情况下，尽管该子公司在被审计单位本年年末合并资产负债表中已出表，但本年合并利润表、合并现金流量表以及合并股东（所有者）权益变动表中仍然包括该子公司被处置前的经营业绩和现金流量，**对被审计单位的合并财务报表本期数仍有重大且广泛的影响**。此外，该事项对合并财务报表的**对应数据可能产生的影响仍然没有消除**，且该子公司于股权处置日的净资产直接影响被审计单位本期就股权处置交易确认的损益，注册会计师对该项处置损益也无法获取充分、适当的审计证据。综合考虑这些情况，导致对上期合并财务报表发表无法表示意见的事项**并未解决**，对本期合并财务报表的**影响重大且具有广泛性**，注册会计师无法获取充分、适当的审计证据，应当对本期合并财务报表发表**无法表示意见**。

场景2：被审计单位在本年1月1日出售了其持有的该子公司全部股权。在这种情况下，无法对该子公司执行审计工作导致注册会计师无法就本期确认的股权处置损益获取充分、适当的审计证据，且对对应数据可能产生的影响仍然没有消除。假定上述股权处置损益金额重大但不构成本期合并财务报表的主要组成部分，注册会计师综合考虑上述因素之后可能认为导致对上期合并财务报表发表无法表示意见的事项**对本期合并财务报表的影响重大但不具有广泛性**，因而发表保留意见。

例2：由于上期财务报表中的应收账款、存货、营业收入、营业成本等多个项目存在重大错报，注册会计师对被审计单位上期财务报表发表了否定意见。被审计单位管理层就上期财务报表中存在的重大错报调整了本期财务报表的对应数据，并在财务报表附注中作出了充分披露，**注册会计师对本期数据和更正后的对应数据均获取了充分、适当的审计证据，认为不存在重大错报，应当对本期财务报表发表无保留意见**。

例3：由于被审计单位在上期末对金额重大的商誉和固定资产实施减值测试，注册会计师无法就商誉和固定资产是否存在减值以及可能需要计提的减值准备获取充分、适当的审计证据，因此对上期财务报表发表了保留意见。被审计单位管理层在本期期末实施了商誉和固定资产减值测试并计提了大额减值准备，确认了资产减值损失。注册会计师执行审计工作后认可了本期期末的减值准备金额，但认为一部分资产减值损失应当在上期财务报表中确认，相关金额对本期财务报表的本期数据和对应数据均有重大影响。在这种情况下，导致对上期财务报表发表保留意见的事项**并未解决，相关错报对本期财务报表的影响重大但不具有广泛性，注册会计师应当对本期财务报表发表保留意见**。

②上期财务报表是否经前任审计时的报告要求。

表19－10

上期财务报表已由前任注册会计师审计	注册会计师在审计报告中**可以提及**前任注册会计师对对应数据出具的审计报告。决定提及时，在审计报告中**增加其他事项段**说明： ①上期财务报表**已由前任注册会计师审计**； ②前任注册会计师发布的意见的**类型**（如果是非无保留意见，还应当说明发表非无保留意见的理由）； ③前任注册会计师出具的审计报告的**日期**
上期财务报表未经审计	注册会计师**应当**在审计报告的**其他事项段**中说明对应数据未经审计。 但这种说明**并不减轻**注册会计师获取充分、适当的审计证据，以确定期初余额不含有对本期财务报表产生重大影响的错报的责任

参考格式 19 -7　　有关对应数据的审计报告（节选）

形成保留意见的基础

由于我们在 20×0 年末接受 ABC 公司的委托，我们无法对 20×0 年初的存货实施监盘，也不能实施替代程序确定存货的数量。鉴于年初存货影响经营成果的确定，我们不能确定是否应对 20×0 年度的经营成果和年初留存收益作出必要的调整。因此，我们对 20×0 年度的财务报表发表了保留意见。由于该事项对本期数据和对应数据的可比性存在影响或可能存在影响，我们对本期财务报表发表了保留意见。

我们按照中国注册会计师审计准则的规定执行了审计工作。审计报告的"注册会计师对财务报表审计的责任"部分进一步阐述了我们在这些准则下的责任。按照中国注册会计师职业道德守则，我们独立于 ABC 公司，并履行了职业道德方面的其他责任。我们相信，我们获取的审计证据是充分、适当的，为发表保留意见提供了基础。

参考格式 19 -8　　有关比较财务报表的审计报告（节选）

形成保留意见的基础

如财务报表附注×所述，ABC 公司未按照企业会计准则的规定对房屋建筑物和机器设备计提折旧。如果按照房屋建筑物 5% 和机器设备 20% 的年折旧率计提折旧，20×1 年度和 20×0 年度的当年亏损将分别增加×元和×元，20×1 年末和 20×0 年末的房屋建筑物和机器设备的净值将因累计折旧而减少×元和×元，并且 20×1 年末和 20×0 年末的累计亏损将分别增加×元和×元。

我们按照中国注册会计师审计准则的规定执行了审计工作。审计报告的"注册会计师对财务报表审计的责任"部分进一步阐述了我们在这些准则下的责任。按照中国注册会计师职业道德守则，我们独立于 ABC 公司，并履行了职业道德方面的其他责任。我们相信我们获取的审计证据是充分、适当的，为发表保留意见提供了基础。

【例题 19 -4·简答题·2019 年】 ABC 会计师事务所的 A 注册会计师负责审计多家上市公司 2018 年度财务报表，遇到下列与审计报告相关的事项：

乙公司管理层 2017 年末未计提商誉减值准备，A 注册会计师无法就此获取充分适当的审计证据，对 2017 年度财务报表发表了保留意见。管理层于 2018 年末根据减值测试结果计提了商誉减值准备，并在 2018 年度利润表中确认了资产减值损失。A 注册会计师认为导致上年度发表保留意见的事项已经解决，对 2018 年度财务报表发表了无保留意见。

要求：针对上述事项，指出 A 注册会计师的做法是否恰当。如不恰当，简要说明理由。

【答案】 不恰当。导致上期发表保留意见的事项未得到解决/对本期数据仍有影响，应发表保留意见。

【解题思路】 2017 年末未计提商誉减值，在 2018 年根据减值测试结果计提了减值准备，导致本应该确认在 2017 年的资产减值确认在了 2018 年，因此导致上年度发表保留意见的事项没有解决，不能发表无保留意见。

2. 比较财务报表

当列报比较财务报表时，**审计意见应当提及列报财务报表所属的各期，以及发表的审计意见涵盖的各期**。

由于对比较财务报表出具的审计报告涵盖所列报的每期财务报表，注册会计师可以对一期或多期财务报表发表保留意见、否定意见或无法表示意见，或者在审计报告中增加强调事项段，而对其他期间的财务报表发表不同的审计意见。

表 19－11

<table>
<tr><th>情形</th><th colspan="2">具体处理</th></tr>
<tr><td>因本期审计对上期财务报表发表的意见与以前发表的意见不同</td><td colspan="2">注册会计师应当在其他事项段中披露导致不同意见的实质性原因</td></tr>
<tr><td rowspan="3">认为存在影响上期财务报表的重大错报，而前任注册会计师以前出具了无保留意见的审计报告</td><td colspan="2">①注册会计师应当与管理层进行沟通，并要求其告知前任注册会计师。
②还应当与治理层进行沟通，除非治理层全部成员参与管理被审计单位</td></tr>
<tr><td>上期财务报表已经更正，且前任注册会计师同意对更正后的上期财务报表出具新的审计报告</td><td>仅对本期财务报表出具审计报告</td></tr>
<tr><td>前任注册会计师可能无法或不愿对上期财务报表重新出具审计报告</td><td>可以在审计报告中增加其他事项段，指出前任注册会计师对更正前的上期财务报表出具了报告</td></tr>
<tr><td>上期财务报表已由前任审计。
【提示】对应数据是“可以”</td><td colspan="2">除非前任注册会计师对上期财务报表出具的审计报告与财务报表一同对外提供，注册会计师除对本期财务报表发表意见外，还应当在其他事项段中说明：
①上期财务报表已由前任注册会计师审计；
②前任注册会计师发表的意见的类型（如果是非无保留意见，还应当说明发表非无保留意见的理由）；
③前任注册会计师出具的审计报告的日期</td></tr>
<tr><td>上期财务报表未经审计。
【提示】同对应数据</td><td colspan="2">应当在其他事项段中说明比较财务报表未经审计。
但这种说明并不减轻注册会计师获取充分、适当的审计证据，以确定期初余额不含有对本期财务报表产生重大影响的错报的责任</td></tr>
</table>

考点收纳盒

表 19－12 关于提及的总结

<table>
<tr><td rowspan="2">专家</td><td colspan="3">无保留意见</td><td>不提及</td></tr>
<tr><td colspan="3">非无保留意见</td><td>可以提及</td></tr>
<tr><td rowspan="3">前任</td><td>第十五章</td><td colspan="3">后任注册会计师不应在审计报告中表明，其审计意见全部或部分地依赖前任注册会计师的审计报告或工作</td></tr>
<tr><td rowspan="2">第十九章</td><td rowspan="2">对应数据</td><td>上期财务报表已由前任注册会计师审计</td><td>可以提及；其他事项段（已审计、意见类型、日期）</td></tr>
<tr><td>上期财务报表未经审计</td><td>应当提及；其他事项段</td></tr>
</table>

续表

前任	第十九章	比较报表	上期财务报表已由前任注册会计师审计	应当提及；其他事项段（已审计、意见类型、日期）
			上期财务报表未经审计	应当提及；其他事项段
组成部分注册会计师	注册会计师对集团财务报表出具的审计报告不应提及组成部分注册会计师，除非法律法规另有规定（基本原则，重要!）； 如果法律法规要求在审计报告中提及组成部分注册会计师（这个例外很少见到），审计报告应当指明，这种提及并不减轻集团项目合伙人及其所在的会计师事务所对集团审计意见承担的责任			

考点7 注册会计师对其他信息的责任（★★★）

（一）年度报告和其他信息的定义

1. 年度报告

年度报告，是指管理层或治理层根据法律法规的规定或惯例，一般以年度为基础编制的、旨在向所有者（或类似的利益相关方）提供实体经营情况和财务业绩及财务状况（财务业绩及财务状况反映于财务报表）信息的一个文件或系列文件组合。一份年度报告包含或随附财务报表和审计报告，通常包括实体的发展，未来前景、风险和不确定事项，治理层声明，以及包含治理事项的报告等信息。

2. 其他信息

其他信息，是指在被审计单位**年度报告中包含的除财务报表和审计报告以外的财务信息和非财务信息**。

（二）获取其他信息

注册会计师应当：

（1）通过与管理层讨论，确定哪些文件组成年度报告，以及被审计单位计划公布这些文件的方式和时间安排。

（2）就及时获取组成年度报告的文件的最终版本与管理层作出适当安排。**如果可能，在审计报告日之前获取**。

（3）如果组成年度报告的部分或全部文件**在审计报告日后才能取得，要求管理层提供书面声明**，声明上述文件的最终版本将在可获取时并且**在被审计单位公布前**提供给注册会计师，以使注册会计师可以完成准则要求的程序。

如果治理层需要在被审计单位发布其他信息前批准其他信息，其他信息的最终版本应为治理层**已经批准的**用于发布的版本。

如果使用者只能通过被审计单位的网站获取其他信息，注册会计师**应当根据审计准则对其执行程序的相关文件是从被审计单位获取的，而不是直接从被审计单位网站获取的其他信息的版本**。

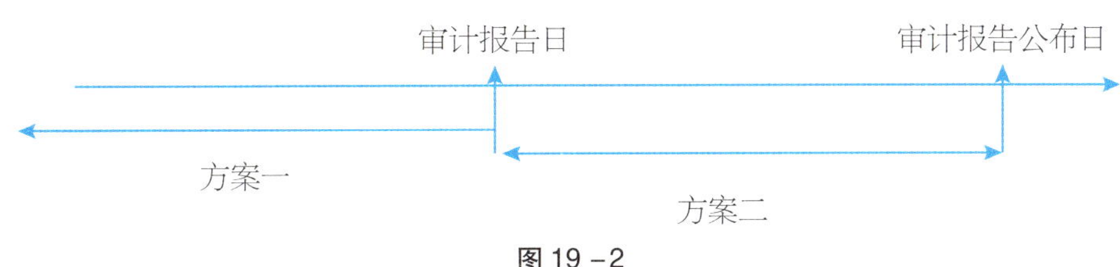

图 19-2

【例题 19-5·综合题·2018 年】上市公司甲公司是 ABC 会计师事务所的常年审计客户，主要从事汽车的生产和销售。A 注册会计师负责审计甲公司 2017 年度财务报表，确定财务报表整体的重要性为 1 000 万元，明显微小错报的临界值为 30 万元。

A 注册会计师在审计工作底稿中记录了重大事项的处理情况，部分内容摘录如下。

因未能在审计报告日前获取甲公司 2017 年年度报告，A 注册会计师于审计报告日后从网上下载了甲公司公布的年度报告进行阅读，结果满意。

要求：针对上述事项，假定不考虑其他条件，指出 A 注册会计师的做法是否恰当。如不恰当，简要说明理由。

【答案】不恰当。注册会计师应当获取管理层提供的年度报告的最终版本/不应在网上下载。

（三）阅读并考虑其他信息

（1）其他信息中可能包括金额或其他项目，这些金额或其他项目与财务报表中的金额或其他项目相一致，或对其进行概括，或为其提供更详细的信息，注册会计师应当考虑这些其他信息**和财务报表之间是否存在重大不一致**。

（2）其他信息中，针对注册会计师在审计财务报表过程中已经了解到一些情况，注册会计师应当考虑其**与注册会计师在审计中了解到的情况是否存在重大不一致**。

（3）其他信息中，针对注册会计师在审计财务报表过程中了解到的情况不相关的部分，注册会计师应当对与财务报表或了解到的情况**不相关的其他信息中似乎存在重大错报的迹象保持警觉**。

（四）当似乎存在重大不一致或其他信息似乎存在重大错报时的应对

如果注册会计师识别出似乎存在重大不一致，或者知悉其他信息似乎存在重大错报，注册会计师应当与管理层讨论该事项，必要时，实施其他程序以确定：

1. 其他信息是否存在重大错报

如果注册会计师认为其他信息存在重大错报，**应当要求管理层更正**其他信息：

（1）如果管理层同意更正，则注册会计师确定更正已经完成；

（2）如果管理层拒绝作出更正，则注册会计师就该事项**与治理层沟通**，并要求作出更正。

表 19－13

获取时间	采取措施	
审计报告日前获取	更正	没事了
	未更正	①考虑对审计报告的影响，并就注册会计师计划如何在审计报告中处理重大错报与治理层进行沟通。注册会计师可**在审计报告中指明**其他信息存在重大错报。在少数情况下，当拒绝更正其他信息的重大错报导致对管理层和治理层的诚信产生怀疑，进而质疑审计证据总体上的可靠时，对财务报表**发表无法表示意见**可能是恰当的。 ②在相关法律法规允许的情况下，**解除业务约定**
审计报告日后获取	更正	注册会计师应当根据具体情形实施必要的程序，包括确定更正已经完成，也可能包括**复核**管理层为与收到其他信息的人士沟通并告知其修改而采取的步骤
	未更正，可能采取以下措施	①向管理层提供一份**新的或修改后的审计报告，其中指出其他信息的重大错报**。 ②**提醒审计报告使用者关注**其他信息的重大错报，例如，在股东大会上通报该事项。 ③与监管机构或相关职业团体**沟通**未更正的重大错报。 ④**考虑对持续承接业务的影响**。 **【提示】以上四个程序不是都要做的，可以根据情形进行选择**

2. 财务报表是否存在重大错报

3. 注册会计师对被审计单位及其环境的了解是否需要更新

如果注册会计师认为财务报表存在重大错报，或者注册会计师对被审计单位及其环境的了解需要更新，注册会计师应当根据其他审计守则作出恰当应对，包括修改注册会计师对风险的评估、评估已识别的错报对审计的影响和未更正错报（如有）对财务报表的影响的责任、考虑注册会计师关于期后事项的责任。

（五）报告

（1）如果在审计报告日存在下列两种情况之一，审计报告**应当**包括一个单独部分，以“其他信息”为标题：

①对于**上市实体**财务报表审计，注册会计师**已获取或预期将获取**其他信息；

②对于上市实体**以外**其他被审计单位的财务报表审计，注册会计师**已获取**部分或全部其他信息。

（2）审计报告包含的其他信息部分应当包括的内容。

①管理层对其他信息负责的说明。

②指明：

a. 注册会计师于审计报告日前已获取的其他信息（如有）。

b. 对于上市实体财务报表审计，预期将于审计报告日后获取的其他信息（如有）。

c. 说明**注册会计师的审计意见未涵盖其他信息**，因此，注册会计师**对其他信息不发表（或不会发表）审计意见或任何形式的鉴证结论**。

d. 描述注册会计师根据审计准则的要求，对其他信息进行**阅读、考虑和报告**的责任。

e. 如果**审计报告日前已经获取**其他信息，则选择下列两种做法之一进行说明：

第一，说明注册会计师无任何需要报告的事项；

第二，如果注册会计师认为其他信息存在未更正的重大错报，说明其他信息中的未更正重大错报。

如果发表**保留或者否定意见**，注册会计师**应当考虑导致非无保留意见的事项对上述说明的影响**。

（3）无法表示意见的审计报告中不应该包括其他信息段。

参考格式19－9　当注册会计师在审计报告日前已获取所有其他信息，且未识别出其他信息存在重大错报时的无保留意见审计报告（节选）

其他信息

管理层对其他信息负责。其他信息包括［X报告中涵盖的信息，但不包括财务报表和我们的审计报告］。

我们对财务报表发表的审计意见并不涵盖其他信息，我们也不对其他信息发表任何形式的鉴证结论。

结合我们对财务报表的审计，我们的责任是阅读其他信息，在此过程中，考虑其他信息是否与财务报表或我们在审计过程中了解到的情况存在重大不一致或者似乎存在重大错报。基于我们已经执行的工作，如果我们确定其他信息存在重大错报，我们应当报告该事实。在这方面，我们无任何事项需要报告。

【例题19－6·简答题·2018年】A注册会计师负责审计丙公司2017年度财务报表。

A注册会计师无法就丙公司年末与重大诉讼相关的预计负债获取充分、适当的审计证据，拟对财务报表发表保留意见。A注册会计师在审计报告日前取得并阅读了丙公司2017年年度报告，未发现其他信息与财务报表有重大不一致或存在重大错报，拟在保留意见审计报告的其他信息部分说明无任何需要报告的事项。

要求：针对上述事项，指出A注册会计师的做法是否恰当。如不恰当，简要说明理由。

【答案】不恰当。注册会计师需要考虑导致保留意见的事项对其他信息的影响/注册会计师需要在其他信息部分说明无法判断与导致保留意见的事项相关的其他信息是否存在重大错报。

（六）审计工作底稿（补充教材内容）

根据《中国注册会计师审计准则第1131号——审计工作底稿》中与本准则相关的要求，注册会计师**应当就下列事项形成审计工作底稿：**

（1）按照本准则的规定实施的程序；

（2）注册会计师按照本准则的规定执行工作所针对的其他信息的最终版本。

【例题19－7·简答题·2017年】ABC会计师事务所的A注册会计师负责审计多家被审计单位2016年度财务报表。与审计工作底稿相关的部分事项如下：

A 注册会计师获取了丁公司 2016 年年度报告的最终版本，阅读和考虑年度报告中的其他信息后，通过在年度报告封面上注明“已阅读”作为已执行工作的记录。

要求：针对上述事项，指出 A 注册会计师的做法是否恰当。如不恰当，简要说明理由。

【答案】不恰当。应当记录实施的具体程序/应当记录阅读和考虑的程序。

恭喜你，

已完成第十九章的学习

扫码免费进 >>>
2022年CPA带学群

如果有一天，你撑不住了想放弃的时候，想一想当初的满腔热血。没有谁不辛苦，没有路全平整。贵在坚持，败在放弃。

CHAPTER TWENTY

第二十章　企业内部控制审计

考情雷达

本书主要讲解的是财务报表审计，但是本章讲解的是内部控制审计，主要目的是判断被审计单位内部控制是否存在重大缺陷，并且出具内部控制审计报告。从考试情况看，主要以客观题考查为主，分值在4分左右，属于比较重要章节。本章难度适中，考试重点突出，考生在复习时也要紧抓重点，提高复习效率。

本章内容与去年相比**变化较大**，对**内部控制审计体系**进行了完善，**新增“表明可能存在重大缺陷的迹象”“完成内部控制审计工作”“内部控制审计和财务报表审计的区别”**，**修订“信息系统控制的测试”“非财务报告内部控制重大缺陷”**，对考试影响较大，要重点关注考点。

考点地图

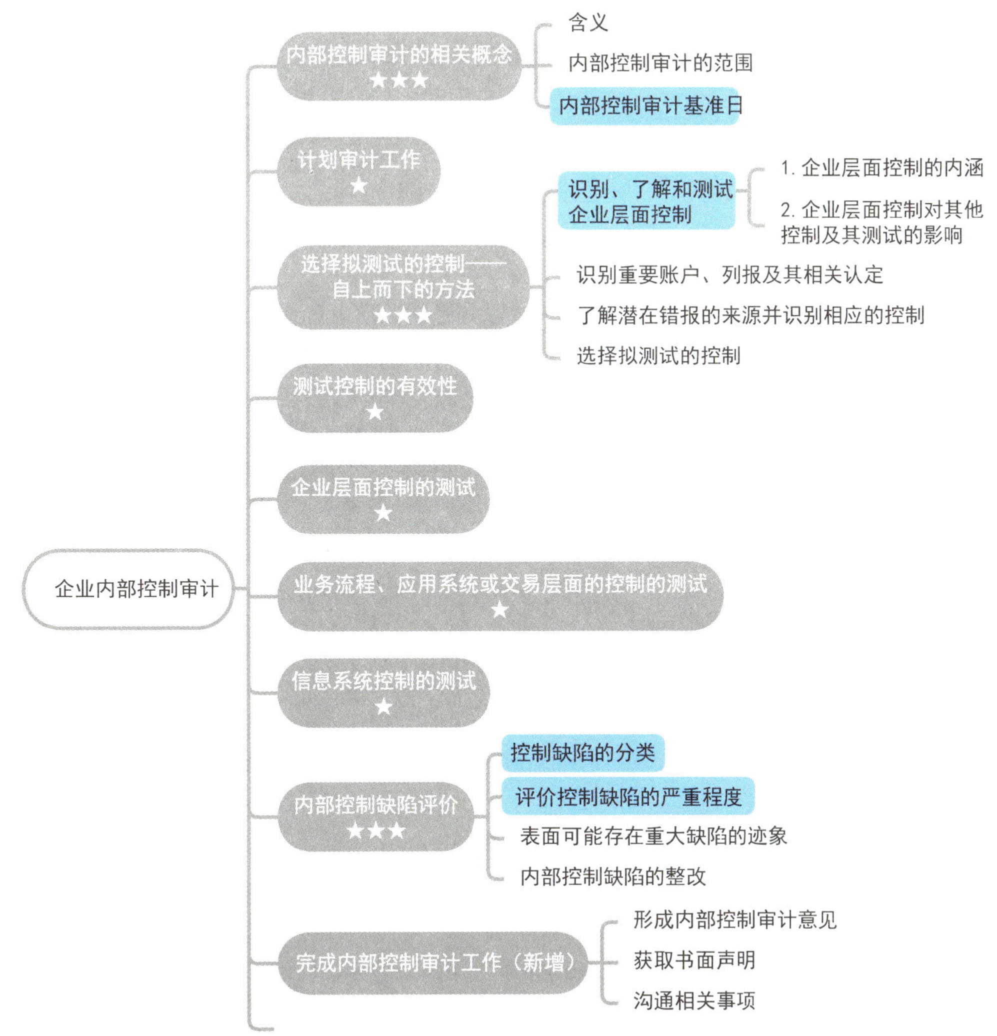

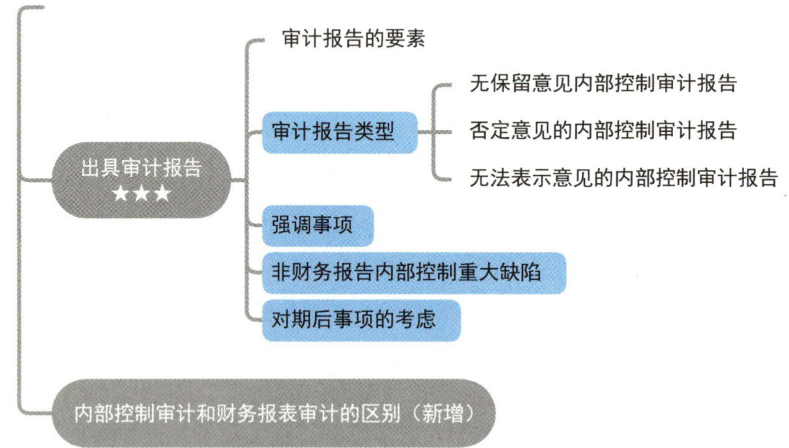

考点1 内部控制审计的相关概念（★★★）

（一）含义

内部控制审计，是指会计师事务所接受委托，对特定基准日**内部控制设计与运行的有效性**进行审计。

（二）内部控制审计的范围

尽管这里提及的是内部控制审计，但是无论从国外审计规定和实践看，还是从我国的相关规定看，注册会计师执行的**内部控制审计都是严格限定在财务报告内部控制审计**，因此，审计意见覆盖的范围是：

（1）针对**财务报告内部控制**，注册会计师**对其有效性发表审计意见**；

（2）针对**非财务报告内部控制**，注册会计师针对内部控制审计过程中注意到的非财务报告内部控制的重大缺陷，在内部控制审计报告中**增加"非财务报告内部控制重大缺陷描述段"予以披露**。

知识拓展：财务报告内部控制

财务报告内部控制、是指公司的董事会、监事会、管理层及全体员工实施的旨在合理保证财务报告及相关信息真实、完整而设计和运行的内部控制，以及用于保护资产安全的内部控制中与财务报告可靠性目标相关的控制。

注册会计师考虑某项控制是否是财务报告内部控制的关键依据是控制目标，财务报告内部控制是那些与企业的财务报告的可靠性目标相关的内部控制。例如，企业建立的与客户定期对账和差异处理的相关控制与应收账款的存在、权利和义务等认定相关，属于财务报告内部控制。又如，企业为达到最佳库存的经营目标而建立的对存货采购间隔时间进行监控的相关控制与经营效率效果相关，而不直接与财务报表的认定相关，属于非财务报告内部控制。

当然，相当一部分的内部控制能够实现多种目标，主要与经营目标或合规性目标相关的控制可能同时也与财务报告可靠性目标相关。因此，**不能仅因为某一控制与经营目标或合规性目标相关而认定其属于非财务报告内部控制**。

（三）内部控制审计基准日

内部控制审计基准日，是指注册会计师评价内部控制在某一时日是否有效所涉及的基准日，也是被审计单位评价基准日，即最近一个会计期间截止日。

注册会计师对特定基准日内部控制的有效性发表意见，并不意味着注册会计师只测试基准日这一天的内部控制，而是需要考查足够长一段时间内部控制设计和运行的情况。

对控制有效性的测试涵盖的期间越长，提供的控制有效性的审计证据越多。

在整合审计中，控制测试所涵盖的期间应当尽量与财务报表审计中拟信赖内部控制的期间保持一致。

【提示】所谓整合审计，是指财务报表审计和内部控制的审计同时进行。

考点2 计划审计工作（★）

（一）计划审计工作时应当考虑的事项

企业的内部控制分为企业层面控制和业务流程、应用系统或交易层面的控制两个层面。

（1）与企业相关的风险。

（2）相关法律法规和行业概况。

（3）企业组织结构、经营特点和资本结构等相关重要事项。

（4）企业内部控制最近发生变化的程度。

（5）与企业沟通过的内部控制缺陷。

（6）重要性、风险等与确定内部控制重大缺陷相关的因素。

（7）对内部控制有效性的初步判断。

（8）可获取的、与内部控制有效性相关的证据的类型和范围。

注册会计师综合上述考虑以及借鉴以前年度的经验，形成对企业内部控制有效性的初步判断。对于内部控制可能存在重大缺陷的领域，注册会计师应给予充分的关注，具体表现在：①对相关的内部控制亲自进行测试而非利用他人工作；②在接近内部控制评价基准日的时间测试内部控制；③选择更多的子公司或业务部门进行测试；④增加相关内部控制的控制测试范围等。

（二）总体审计策略和具体审计计划

总体审计策略用以总结计划阶段的成果，确定审计的范围、时间和方向，并指导具体审计计划的制定。

表 20－1 总体审计策略和具体审计计划体现的内容

总体审计策略体现的内容	具体审计计划体现的内容
①确定审计业务的特征，以界定审计范围。 ②明确审计业务的报告目标，以计划审计的时间安排和所需沟通的性质。 ③根据职业判断，考虑用以指导项目组工作方向的重要因素。 ④考虑初步业务活动的结果，并考虑对被审计单位执行其他业务时获得的经验是否与内部控制审计业务相关。 ⑤确定执行业务所需资源的性质、时间安排和范围	①了解和识别内部控制的程序的性质、时间安排和范围。 ②测试控制设计有效性的程序的性质、时间安排和范围。 ③测试控制运行有效性的程序的性质、时间安排和范围

考点3 选择拟测试的控制——自上而下的方法（★★★）

自上而下的方法始于财务报表层次，从注册会计师对财务报告内部控制整体风险的了解开始，然后，将关注重点放在企业层面的控制上，并将工作逐渐下移至重要账户、列报及其相关认定。随后，确认其对被审计单位业务流程中风险的了解，并选择能足以应对评估的每个相关认定的重大错报风险的控制进行测试。

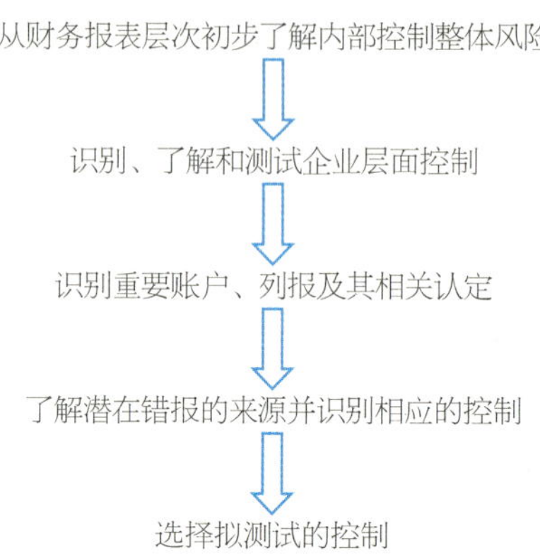

图20－1 自上而下的方法步骤

（一）识别、了解和测试企业层面控制

1. 企业层面控制的内涵

企业的内部控制分为企业层面控制和业务流程、应用系统或交易层面的控制两个层面。

企业层面的控制通常在比业务流程更高的层面上乃至整个企业范围内运行，其作用比较广泛，通常不局限于某个具体认定。

企业层面控制：

（1）与控制环境相关的控制；

（2）针对管理层和治理层凌驾于控制之上的风险而设计的控制；

（3）被审计单位的风险评估过程；

（4）对内部信息传递和期末财务报告流程的控制；

（5）对控制有效性的内部监督和内部控制评价；

（6）集中化的处理和控制（包括共享的服务环境）、监控经营成果的控制以及针对重大经营控制及风险管理实务的政策。

2. 企业层面控制对其他控制及其测试的影响

不同的企业层面控制在性质和精确度上存在差异，注册会计师应当从下列方面考虑这些差异对其他控制及其测试的影响：

（1）某些企业层面控制，例如某些与控制环境相关的控制，对重大错报是否能够被及时防止或发现的可能性有重要影响，虽然这种**影响是间接的**，但这些控制**可能影响注册会计师拟测试的其他控制及其对其他控制所执行程序的性质、时间安排和范围**。

（2）某些企业层面控制能够监督其他控制的有效性。这些控制**本身并非精确到足以及时防止或发现相关认定的重大错报**。当这些控制运行有效时，注册会计师**可以减少**原本拟对其他控制的有效性进行的测试。

（3）某些企业层面控制本身能精确到足以及时防止或发现一个或多个相关认定中存在的重大错报。如果一项企业层面控制足以应对已评估的重大错报风险，注册会计师可能可以不必测试与该风险相关的其他控制。

正是由于企业层面控制的上述作用，注册会计师应当识别、了解和测试对内部控制有效性结论有重要影响的企业层面控制。注册会计师对企业层面控制的评价，可能增加或减少本应对其他控制所进行的测试。此外，由于对企业层面控制的评价结果将影响注册会计师测试其他控制的性质、时间安排及范围，所以注册会计师可以考虑在执行业务的早期阶段对企业层面控制进行测试。在完成对企业层面控制的测试后，注册会计师可以根据测试结果评价被审计单位的企业层面控制是否有效，并且计划需要测试的其他控制及对其他控制所执行程序的性质、时间安排和范围。

（二）识别重要账户、列报及其相关认定（重要）

注册会计师应当基于财务报表层次识别重要账户、列报及其相关认定。

表 20－2

概念	重要账户或列报	如果某账户或列报可能存在一个错报，该错报单独或连同其他错报将导致财务报表发生重大错报，则该账户或列报为重要账户或列报
	相关认定	如果某财务报表认定可能存在一个或多个错报，这个或这些错报将导致财务报表发生重大错报，则该认定为相关认定
考虑因素【重点】	①定量	超过财务报表整体重要性的账户，无论是在内部控制审计，还是财务报表审计中，通常情况下被认定为重要账户。 但一个账户或列报的金额超过财务报表整体重要性，并不必然表明其属于重要账户或列报，还要考虑定性问题
	②定性	即使账户或列报从金额上看并不重大，但注册会计师可能因为固有风险或舞弊风险的影响而将其确定为重要账户或列报。 例如，某负债类账户金额不重大，但很可能被显著低估，注册会计师应该将该类负债账户确定为重要账户
	①注册会计师不仅需要在重要账户或列报层面考虑风险，还需要深入账户或列报的明细项目。 ②注册会计师应当依据其固有风险，而不应考虑相关控制的影响，因为内部控制审计的目标本身就是评价控制的有效性。 ③注册会计师还应当确定重大错报的可能来源。 ④考虑以前年度审计中了解到的情况影响注册会计师对固有风险的评估。 ⑤应当评价的风险因素，与财务报表审计中考虑的因素相同。因此，在这两种审计中识别的重要账户、列报及其相关认定应当相同	

【例题 20－1·单选题·2017 年】注册会计师执行内部控制审计时，下列有关识别重要账户、列报及其相关认定的说法中，错误的是（　　）。

A. 注册会计师应当从定性和定量两个方面识别重要账户、列报及其相关认定

B. 在识别重要客户、列报及其相关认定时，注册会计师应当确定重大错报的可能来源

C. 注册会计师通常将超过财务报表整体重要性的账户认定为重要账户

D. 在识别重要账户、列报及其相关认定时，注册会计师应当考虑控制的影响

【答案】 D

【解析】 在识别重要账户、列报及其相关认定时，注册会计师不应考虑控制的影响，因为内部控制审计的目标本身就是评价控制的有效性。

（三）了解潜在错报的来源并识别相应的控制

（1）注册会计师应当进一步了解潜在错报的来源，并为选择拟测试的控制奠定基础。

（2）穿行测试通常是实现上述目标和评价控制设计的有效性以及确定控制是否得到执行的有效方法。

注册会计师一般会实施穿行测试的情况包括：

①存在较高固有风险的复杂领域；

②以前年度审计中识别出的缺陷（需要考虑缺陷的严重程度）；

③由于引入新的人员、新的系统、收购和采取新的会计政策而导致流程发生重大变化。

一般而言，对每个重要流程，选取一笔交易或事项实施穿行测试即可。如果被审计单位采用集中化的系统为多个组成部分执行重要流程，则可能**不必在每个重要的经营场所或业务单位选取一笔交易或事项实施穿行测试**。

（四）选择拟测试的控制

1. 选择拟测试控制的基本要求

注册会计师应当针对每一相关认定获取控制有效性的审计证据，以便对内部控制整体的有效性发表意见，但**没有责任对单项控制的有效性发表意见**。

注册会计师**没有必要测试与某些相关认定有关的所有控制**。

在确定是否测试某项控制时，注册会计师应当考虑该项控制单独或连同其他控制，是否足以应对评估的某项相关认定的错报风险，而不论该项控制的分类和名称如何。

2. 选择拟测试的控制的考虑因素

注册会计师在选取拟测试的控制时，**通常不会选取整个流程中的所有控制，而是选择关键控制**，即能够为一个或多个重要账户或列报的一个或多个相关认定提供最有效果或最有效率的证据的控制。选取关键控制需要注册会计师作出职业判断。

在选择关键控制时，注册会计师需要考虑：

①哪些控制是不可缺少的？

②哪些控制直接针对相关认定？

③哪些控制可以应对错误或舞弊导致的重大错报风险？

④控制的运行是否足够精确？

注册会计师**无须测试那些即使有缺陷也合理预期不会导致财务报表重大错报的控制**。

注册会计师应当选择测试那些对形成内部控制审计意见有重大影响的控制。对于与所有重要账户和列报相关的所有相关认定，注册会计师都需要取得关于控制设计和运行是否有效的证据。如果存在多个控制均应对相关认定的重大错报风险，注册会计师**通常会选择那个（些）能够以最有效的方式予以测试的控制**。

管理层在执行内部控制自我评价时选择测试的控制，**可能多于**注册会计师认为为了评价内

部控制的有效性有必要测试的控制。

【例题 20 - 2 · 单选题 · 2018 年】 在执行内部控制审计时，下列有关注册会计师选择拟测试的控制的说法中，错误的是（ ）。

A. 注册会计师无须测试即使有缺陷也合理预期不会导致财务报表重大错报的控制

B. 注册会计师应当选择测试对形成内部控制审计意见有重大影响的控制

C. 注册会计师选择拟测试的控制，应当涵盖企业管理层在执行内部控制自我评价时测试的控制

D. 注册会计师通常选择能够为一个或多个重要账户或列报的一个或多个相关认定提供最有效果或最有效率的证据的控制进行测试

【答案】 C

【解析】 注册会计师在选取拟测试的控制时，通常不会选取整个流程中的所有控制，而是选择关键控制（选项 AB 正确），也就是能够为一个或多个重要账户或列报的一个或多个相关认定提供最有效果或最有效率的证据的控制（选项 D 正确）；选项 C 错误，管理层在执行内部控制自我评价时测试的控制，可能多于注册会计师认为为了评价内部控制的有效性有必要测试的控制。

考点 4 测试控制的有效性（★）

（一）内部控制的有效性

内部控制的有效性包括内部控制设计的有效性和内部控制运行的有效性。

1. 内部控制设计的有效性

如果某项控制由拥有有效执行控制所需的授权和专业胜任能力的人员按规定的程序和要求执行，能够实现控制目标，从而有效地防止或发现并纠正可能导致财务报表发生重大错报的错误或舞弊，则表明该项控制的设计是有效的。

2. 内部控制运行的有效性

如果某项控制正在按照设计运行、执行人员拥有有效执行控制所需的授权和专业胜任能力，能够实现控制目标，则表明该项控制的运行是有效的。

如果被审计单位利用第三方的帮助完成一些财务报告工作，注册会计师在评价负责财务报告及相关控制的人员的专业胜任能力时，可以一并考虑第三方的专业胜任能力。

注册会计师获取的有关控制运行有效性的审计证据包括：

（1）控制在所审计期间的相关时点是如何运行的；

（2）控制是否得到一贯执行；

（3）控制由谁或以何种方式执行。

（二）与控制相关的风险

在测试所选定控制的有效性时，注册会计师**应当根据与控制相关的风险，确定所需要获取的审计证据**。

与控制相关的风险包括一项控制可能无效的风险，以及如果该控制无效，可能导致重大缺

陷的风险。与控制相关的风险越高，注册会计师需要获取的审计证据就越多。

（三）控制测试的性质

表 20－3

询问	仅实施询问程序不能为某一特定控制的有效性提供充分、适当的证据。注册会计师通常需要获取其他信息以印证询问所取得的信息，这些其他信息包括被审计单位其他人员的佐证，控制执行时所使用的报告、手册或其他文件等
观察	观察是测试运行不留下书面记录的控制的有效方法。观察也可运用于测试对实物的控制。观察可以提供执行有关过程或程序的审计证据，但是观察所提供的审计证据，仅仅限于观察发生的时点，而且被观察人员的行为可能因被观察而受到影响，这也会使观察提供的审计证据受到限制
检查	检查通常用于确认控制是否得以执行。但是有些情况下，存在书面证据不一定表明控制一定有效
重新执行	通常只有当综合运用询问、观察和检查程序仍无法获取充分、适当的证据时，注册会计师才会考虑重新执行程序。 重新执行的目的是评价控制的有效性而不是测试特定交易或余额的存在或准确性，即定性而非定量，**因此一般不必选取大量的项目，也不必特意选取金额重大的项目进行测试**

（四）控制测试的时间安排

表 20－4

基本要求	对于内部控制审计业务，注册会计师应当获取内部控制**在基准日之前一段足够长的期间内**有效运行的审计证据。 对控制有效性的测试涵盖的期间越长，提供的控制有效性的审计证据越多。 对控制有效性测试的实施时间**越接近基准日，提供的控制有效性的审计证据越有力。** 【提示】在整合审计中，注册会计师控制测试所涵盖的期间应尽量与财务报表审计中拟信赖内部控制的期间保持一致
	为了获取充分、适当的审计证据，注册会计师应当在下列两个因素之间作出平衡，以确定测试的时间： ①尽量在**接近基准日**实施测试； ②实施的测试需要**涵盖足够长的期间**
期中测试的两种方法	在整合审计中测试控制在整个会计年度的运行有效性时： ①注册会计师**可以进行期中测试，然后对剩余期间实施前推测试；** ②将样本分成两部分，**一部分在期中测试，剩余部分在临近年末的期间测试。** 与所测试的控制相关的风险越低，注册会计师需要对该控制获取的审计证据就越少，可能对该控制实施期中测试就可以为其运行有效性提供充分、适当的审计证据。相应地，如果与所测试的控制相关的风险越高，需要获取的证据就越多，注册会计师应当取得一部分更接近基准日的证据
	如果已获取有关控制在**期中运行有效性**的审计证据，注册会计师**应当确定还需要获取哪些补充审计证据，以证实剩余期间控制的运行情况**（前推测试）。在将期中测试结果前推至基准日时，注册会计师应当考虑下列因素以确定需获取的补充审计证据： ①基准日之前测试的特定控制，包括与控制相关的风险、控制的性质和测试的结果； ②期中获取的有关审计证据的充分性和适当性； ③剩余期间的长短； ④期中测试之后，内部控制发生重大变化的可能性； ⑤注册会计师基于对控制的依赖程度拟减少进一步实质性程序的程度（仅适用于整合审计）； ⑥控制环境
	如果信息技术一般控制有效且关键的自动化控制未发生任何变化，注册会计师就不需要对该自动化控制（应用控制）实施前推测试

续表

是否测试被取代的控制	如果注册会计师认为新的控制能够满足控制的相关目标，而且新控制已运行足够长的时间，足以使注册会计师通过实施控制测试评估其设计和运行的有效性，则注册会计师不再需要测试被取代的控制的设计和运行的有效性
	但是如果被取代的控制的运行有效性对注册会计师执行财务报表审计时的控制风险评估具有重要影响，注册会计师应当适当地测试这些被取代的控制的设计和运行的有效性
以前审计获取的有关控制运行有效性的审计证据	对于财务报表审计，注册会计师可以在某些方面利用以前审计中获取的有关控制运行有效性的审计证据。 对于内部控制审计，除自动化控制以外，注册会计师不能利用以前审计中获取的有关控制运行有效性的审计证据，而是需要每年获取有关控制有效性的审计证据
针对信息技术一般控制和自动控制的前推程序（新增）	如果信息技术一般控制有效且关键的自动控制未发生任何变化，注册会计师就不需要对该自动控制实施前推测试。 但是，如果注册会计师在期中对重要的信息技术一般控制实施了测试，则通常还需要对其实施前推程序。 如果重要的信息技术一般控制无效，且无法获得其他替代证据以证实关键的自动控制自其上次被测试后未发生变化，注册会计师在执行内部控制审计时，通常就需要获取有关该自动控制在接近基准日的期间内是否有效运行的证据

【例题 20－3·单选题·2019 年】对于内部控制审计业务，下列有关控制测试的时间安排的说法中，错误的是（　　）。

A. 注册会计师应当获取内部控制在基准日之前一段足够长的期间内有效运行的审计证据

B. 如果被审计单位在所审计年度内对控制作出改变，注册会计师应当对新的控制和被取代的控制分别实施控制测试

C. 注册会计师对控制有效性测试的实施越接近基准日，提供的控制有效性的审计证据越有力

D. 如果已获取有关控制在期中运行有效性的审计证据，注册会计师应当获取补充证据，将期中测试结果前推至基准日

【答案】B

【解析】选项 B 说法错误，如果注册会计师认为新的控制能够满足控制的相关目标，而且新控制已运行足够长的时间，足以使注册会计师通过实施控制测试评估其设计和运行的有效性，则注册会计师不再需要测试被取代的控制的设计和运行有效性。但是如果被取代的控制的运行有效性对注册会计师执行财务报表审计时的控制风险评估具有重要影响，注册会计师应当适当地测试这些被取代的控制的设计和运行的有效性。

（五）控制测试的范围

注册会计师在测试控制的运行有效性时，应当在考虑与控制相关的风险的基础上，确定测试的范围（样本规模）。

1. 测试人工控制的最小样本规模

在测试人工控制时，如果采用检查或重新执行程序，注册会计师测试的最小样本规模区间参见表 20－5。

表 20－5　　测试人工控制的最小样本规模区间

控制运行频率	控制运行的总次数	测试的最小样本规模区间
每年 1 次	1	1
每季度 1 次	4	2
每月 1 次	12	2～5
每周 1 次	52	5～15
每天 1 次	250	20～40
每天多次	大于 250 次	25～60

注：测试的最小样本规模是指所需测试的控制运行次数。

2. 测试自动应用控制的最小样本规模

信息技术处理具有内在一贯性，除非系统发生变动，一项自动应用控制应当一贯运行。对于一项**自动应用**控制，**一旦确定被审计单位正在执行该控制，注册会计师通常无须扩大控制测试的范**围。

3. 发现偏差时的处理

如果发现控制偏差，注册会计师应当评价控制偏差的影响。评价控制偏差的影响需要注册会计师运用职业判断，并受到控制的性质和所发现偏差数量的影响。如果发现的控制偏差是系统性偏差或人为有意造成的偏差，注册会计师应当考虑舞弊的可能迹象以及对审计方案的影响。

表 20－6

定量	由于有效的内部控制不能为实现控制目标提供绝对保证，**单项控制并非一定要毫无偏差地运行，才被认为有效**	
定性	**系统性偏差**或**人为有意造成的偏差（舞弊）**	**扩大样本规模无效**
	不是系统性偏差或人为有意造成的偏差	**可以扩大样本规模**进行测试

考点 5　企业层面控制的测试（★）

（一）与控制环境相关的控制

控制环境包括治理职能和管理职能，以及治理层和管理层对内部控制及其重要性的态度、认识和行动。

在进行内部控制审计时，注册会计师可以首先了解控制环境的各个要素，在此过程中注册会计师应当考虑其是否得到执行。因为管理层可能建立了合理的内部控制，但却未能有效执行。在了解的基础上，注册会计师可以选择那些对财务报告内部控制有效性的结论产生重要影响的企业层面控制进行测试。

（二）针对管理层和治理层凌驾于控制之上的风险而设计的控制

针对凌驾风险采用的控制包括但不限于：

（1）针对重大的异常交易（尤其是那些导致会计分录延迟或异常的交易）的控制；

（2）针对关联方交易的控制；

（3）与管理层的重大估计相关的控制；

（4）能够减弱管理层伪造或不恰当操纵财务结果的动机及压力的控制。

（5）建立内部举报投诉制度。

（三）被审计单位的风险评估过程

风险评估过程包括识别与财务报告相关的经营风险，以及针对这些风险所采取的措施。

首先，被审计单位需要有充分的内部控制去识别来自外部环境的风险，比如监管环境和经营环境的变化、新的或升级的信息系统等方面。

其次，充分且适当的风险评估过程应当包括对重大风险的估计，对风险发生可能性的评定以及应对方法的确定。

（四）对内部信息传递和期末财务报告流程的控制

期末财务报告流程对内部控制审计和财务报表审计有重要影响，注册会计师应当对期末财务报告流程进行评价。

由于期末财务报告流程通常发生在管理层评价日之后，注册会计师一般只能在该日之后测试相关控制。

（五）对控制有效性的内部监督和内部控制评价

监督层面：控制监督可以在企业层面或业务流程层面上实施。

监督方式：通过持续的监督和管理活动、审计委员会或内部审计部门的活动，以及自我评价的方式等来实现。

监督内容：对运营报告的复核和核对、与外部人士的沟通、其他未参与控制执行人员的监控活动，以及信息系统所记录的数据与实物资产的核对等。

（六）集中化的处理和控制

采用集中化管理可以降低各个下属单位或分部负责人对该单位或分部财务报表的影响，并且可能会使财务报表相关的内部控制更为有效，所以集中化的财务管理可能有助于降低财务报表错报的风险。

注册会计师可以考虑在较早的阶段执行对共享服务中心内部控制的有效性测试。

（七）监督经营成果的控制

管理层对于各个单位或业务部门经营情况的监控是企业层面的主要内部控制之一。

（八）针对重大经营控制及风险管理实务的政策

保持良好的内部控制的企业通常针对重大经营控制及风险管理实务采用相应的内部控制政策，考虑因素（包括但不限于）：

（1）企业是否建立了重大风险预警机制，明确界定哪些风险是重大风险，哪些事项一旦出现必须启动应急处理机制；

（2）企业是否建立了突发事件应急处理机制，确保突发事件得到及时妥善处理。

考点6 业务流程、应用系统或交易层面的控制的测试（★）

（一）了解企业经营活动和业务流程

注册会计师可以通过检查被审计单位的手册和其他书面指引获得有关信息，还可以通过询问和观察来获得全面的了解。

向负责处理具体业务人员的上级进行询问通常更加有效。

（二）识别可能发生错报的环节

注册会计师需要了解和确认被审计单位应在哪些环节设置控制，以防止或发现并纠正各重要业务流程可能发生的错报。

（三）识别和了解相关控制

针对业务流程中容易发生错报的环节，注册会计师应当确定：

（1）被审计单位是否建立了有效的控制，以防止或发现并纠正这些错报；

（2）被审计单位是否遗漏了必要的控制；

（3）是否识别出可以最有效测试的控制。

主要方法是询问被审计单位各级别的负责人员。通常先询问级别较高的人员，再询问级别较低的人员。业务流程越复杂，注册会计师越有必要询问信息系统人员。

（四）记录相关控制

注册会计师应将其记录于工作底稿，同时记录由谁执行该控制。

考点7 信息系统控制的测试（★）

（一）信息技术产生的风险

在信息技术环境下，传统的手工控制越来越多地被自动控制所替代。但是，信息技术在改进企业控制的同时，也产生了特定的风险。

（二）信息技术内部控制测试

1. 信息技术一般控制

信息系统一般控制是指为了保证信息系统的安全，对整个信息系统以及外部各种环境要素实施的、对所有的应用或控制模块具有普遍影响的控制措施。

2. 信息技术应用控制测试

信息技术应用控制一般要经过输入、处理及输出等环节，与手工控制一样，信息技术应用控制同样关注信息处理目标的四个要素：完整性、准确性、授权和访问限制。

3. 信息技术应用控制和信息技术一般控制的关系

如果带有关键的编辑检查功能的应用系统所依赖的计算机环境存在信息技术一般控制的缺陷，注册会计师可能就不能信赖上述编辑检查功能按设计发挥作用。

考点8 内部控制缺陷评价（★★★）

（一）控制缺陷的分类

表20－7

按性质分	设计缺陷	缺少为实现控制目标所必需的控制，或现有控制设计不适当、即使正常运行也难以实现预期的控制目标
	运行缺陷	现存设计适当的控制没有按设计意图运行，或执行人员没有获得必要授权或缺乏胜任能力，无法有效地实施内部控制
按严重性分	重大缺陷	内部控制中存在的、可能导致不能及时防止或发现并纠正财务报表出现重大错报的一项控制缺陷或多项控制缺陷的组合
	重要缺陷	内部控制中存在的、其严重程度不如重大缺陷但足以引起负责监督被审计单位财务报告的人员（如审计委员会或类似机构）关注的一项控制缺陷或多项控制缺陷的组合
	一般缺陷	内部控制中存在的、除重大缺陷和重要缺陷之外的控制缺陷

（二）评价控制缺陷的严重程度

注册会计师应当评价其识别的各项控制缺陷的严重程度，以确定这些缺陷单独或组合起来，是否构成内部控制的重大缺陷。但是，在计划和实施审计工作时，不要求注册会计师寻找单独或组合起来不构成重大缺陷的控制缺陷。

表20－8　控制缺陷的严重程度取决因素

影响因素	说明
控制不能防止或发现并纠正账户或列报**发生错报的可能性**的大小	（1）控制缺陷的严重程度**与错报是否发生无关**，而**取决于**控制不能防止或发现并纠正错报的**可能性的大小**。 （2）评价控制缺陷是否可能导致错报时，注册会计师**无须**将错报发生的概率量化为某特定的百分比或区间。 （3）如果多项控制缺陷影响财务报表的同一账户或列报，错报发生的概率会增加
因一项或多项控制缺陷导致的**潜在错报的金额**大小	（1）在评价因一项或多项控制缺陷导致的潜在错报的金额大小时，注册会计师应当考虑的因素包括： ①**受控制缺陷影响的财务报表金额或交易总额**； ②在本期或预计的未来期间**受控制缺陷影响的账户余额或各类交易涉及的交易量**。 （2）在评价潜在错报的金额大小时，账户余额或交易总额的**最大多报**金额通常是已记录的金额，但其**最大少报**金额可能超过已记录的金额。 （3）小金额错报比大金额错报发生的概率更高

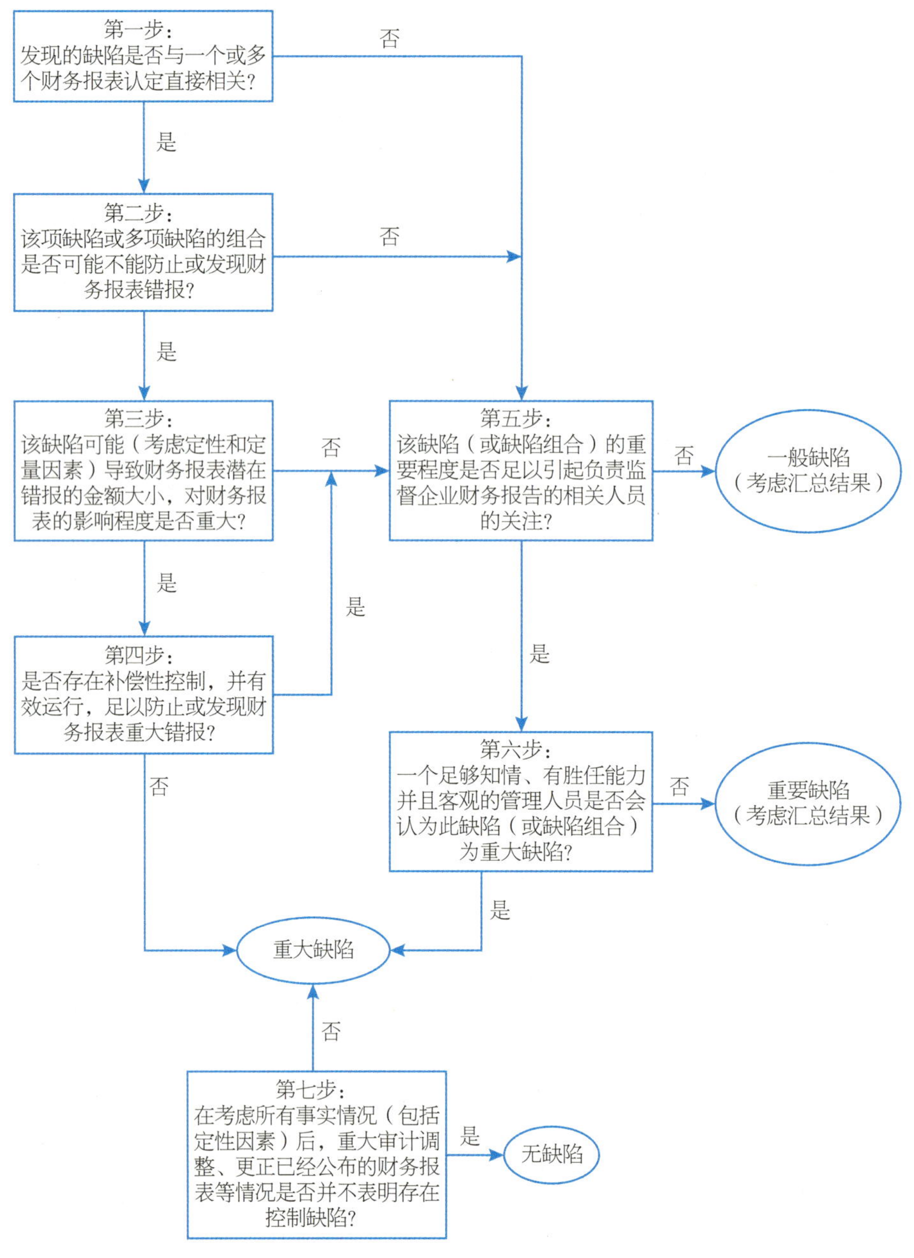

图 20－2　控制缺陷评价流程

（三）表明可能存在重大缺陷的迹象（新增）

如果注册会计师确定发现的一项控制缺陷或多项控制缺陷的组合将导致审慎的管理人员在执行工作时，认为自身无法合理保证按照适用的财务报告编制基础记录交易，应当将这一项控制缺陷或多项控制缺陷的组合视为存在重大缺陷的迹象。下列迹象可能表明内部控制存在重大缺陷：

（1）注册会计师发现董事、监事和高级管理人员的任何舞弊；

（2）被审计单位重述以前公布的财务报表，以更正由于舞弊或错误导致的重大错报；

（3）注册会计师发现当期财务报表存在错报，而被审计单位内部控制在运行过程中未能发现该错报；

（4）审计委员会和内部审计机构对内部控制的监督无效。

（四）内部控制缺陷的整改

如果被审计单位在基准日前对存在缺陷的控制进行了整改，整改后的控制需要运行足够长的时间，才能使注册会计师得出其是否有效的审计结论。

注册会计师应当根据控制的性质和与控制相关的风险，合理运用职业判断，确定整改后控制运行的最短时间（或整改后控制的最少运行次数）以及最少测试数量。

表 20－9　　整改后控制运行的最短期间（或最少运行次数）和最少测试数量

控制运行频率	整改后控制运行的最短期间或最少运行次数	最少测试数量
每季度 1 次	2 个季度	2
每月 1 次	2 个月	2
每周 1 次	5 周	5
每天 1 次	20 天	20
每天多次	25 次（分布于涵盖多天的期间，通常不少于 15 天）	25

如果被审计单位在基准日前对存在重大缺陷的内部控制进行了整改，但新控制尚没有运行足够长的时间，注册会计师应当将其视为内部控制在基准日存在重大缺陷

【例题 20－4・单选题・2017 年】 注册会计师执行内部控制审计时，下列有关评价控制缺陷的说法中，错误的是（　　）。

A. 如果一项控制缺陷存在补偿性控制，注册会计师不应将该控制缺陷评价为重大缺陷

B. 注册会计师评价控制缺陷的严重程度时，无须考虑错报是否已经发生

C. 注册会计师评价控制缺陷是否可能导致错报时，无须量化错报发生的概率

D. 注册会计师评价控制缺陷导致的潜在错报的金额大小时，应当考虑本期或未来期间受控制缺陷影响的账户余额或各类交易涉及的交易量

【答案】 A

【解析】 在确定一项控制缺陷或多项控制缺陷的组合是否构成重大缺陷时，注册会计师应当评价补偿性控制的影响。在评价补偿性控制是否能够弥补控制缺陷时，注册会计师应当考虑补偿性控制是否有足够的精确度以防止或发现并纠正可能发生的重大错报，也就是注册会计师可能将该控制评价为重大缺陷。

考点 9　完成内部控制审计工作（新增）

（一）形成内部控制审计意见

注册会计师应当评价从各种来源获取的审计证据，包括对控制的测试结果、财务报表审计中发现的错报以及已识别的所有控制缺陷，形成对内部控制有效性的意见。在评价审计证据

时，注册会计师应当查阅本年度涉及内部控制的内部审计报告或类似报告，并评价这些报告中指出的控制缺陷。

在对内部控制的有效性形成意见后，注册会计师应当评价企业内部控制评价报告对相关法律法规规定的要素的列报是否完整和恰当。

（二）获取书面声明

注册会计师**应当获取经被审计单位签署的书面声明**。书面声明的内容应当包括：

（1）被审计单位董事会认可其对建立健全和有效实施内部控制负责；

（2）被审计单位已对内部控制进行了评价，并编制了内部控制评价报告；

（3）被审计单位没有利用注册会计师在内部控制审计和财务报表审计中执行的程序及其结果作为评价的基础；

（4）被审计单位根据内部控制标准评价内部控制有效性得出的结论；

（5）被审计单位已向注册会计师披露识别出的所有内部控制缺陷，并单独披露其中的重大缺陷和重要缺陷；

（6）被审计单位已向注册会计师披露导致财务报表发生重大错报的所有舞弊，以及其他不会导致财务报表发生重大错报，但涉及管理层、治理层和其他在内部控制中具有重要作用的员工的所有舞弊；

（7）注册会计师在以前年度审计中识别出的且已与被审计单位沟通的重大缺陷和重要缺陷是否已经得到解决，以及哪些缺陷尚未得到解决；

（8）在基准日后，内部控制是否发生变化，或者是否存在对内部控制产生重要影响的其他因素，包括被审计单位针对重大缺陷和重要缺陷采取的所有纠正措施。

如果被审计单位**拒绝提供或以其他不当理由回避书面声明，注册会计师应当将其视为审计范围受到限制，解除业务约定或出具无法表示意见的内部控制审计报告**。此外，注册会计师应当评价拒绝提供书面声明这一情况对其他声明（包括在财务报表审计中获取的声明）的可靠性的影响。

（三）沟通相关事项

对于重大缺陷和重要缺陷，注册会计师**应当以书面形式与管理层和治理层沟通**。书面沟通应当在注册会计师出具内部控制审计报告**之前**进行。

注册会计师**应当以书面形式**与管理层沟通其在审计过程中识别的**所有其他内部控制缺陷**，并在沟通完成后告知治理层。在进行沟通时，注册会计师**无须重复**自身、内部审计人员或被审计单位其他人员以前书面沟通过的控制缺陷。

虽然并不要求注册会计师执行足以识别所有控制缺陷的程序，但是，注册会计师**应当沟通其注意到的内部控制的所有缺陷**。内部控制审计不能保证注册会计师能够发现严重程度低于重大缺陷的所有控制缺陷。注册会计师**不应在内部控制审计报告中声明，在审计过程中没有发现严重程度低于重大缺陷的控制缺陷**。

考点10 出具审计报告（★★★）

（一）审计报告的要素

表20－10

内部审计报告包含要素	①标题。 ②收件人。 ③引言段。 ④企业对内部控制的责任段。 ⑤注册会计师责任段。 ⑥内部控制固有局限性的说明段。 ⑦财务报告内部控制审计意见段。 ⑧非财务报告内部控制重大缺陷描述段。 ⑨注册会计师的签名和盖章。 ⑩会计师事务所的名称、地址及盖章。 ⑪报告日期

（二）审计报告类型

在**整合审计**中，注册会计师在完成内部控制审计和财务报表审计后，应当**分别**对内部控制和财务报表出具审计报告，并签署相同的日期。

1. 无保留意见的内部控制审计报告

如果符合下列所有条件，应当对财务报表内部控制出具无保留意见的内部控制审计报告：

（1）在基准日，被审计单位按照适用的内部控制标准的要求，在所有重大方面保持了有效的内部控制。

（2）注册会计师已经按照《企业内部控制审计指引》的要求计划和实施审计工作，在审计过程中未受到限制。

2. 否定意见的内部控制审计报告

表20－11

适用情形	如果认为内部控制**存在一项或多项重大缺陷，除非审计范围受到限制**，注册会计师应当对财务报表内部控制发表否定意见。 【提示】如果审计范围受限，应该优先发表无法表示意见	
内容	否定意见的内部控制审计报告还包括： ①重大缺陷的定义； ②重大缺陷的性质； ③对内部控制的影响程度	
是否包含在企业内部控制评价报告中	包括	注册会计师**仍应发表否定意见**，但需在审计报告中**提及**评价报告的反映
	不包括	如重大缺陷尚未包含在评价报告中，应在内部控制审计报告中说**明**重大缺陷**已经识别，但没有包含**在企业内部控制评价报告中

3. 无法表示意见的内部控制审计报告

表 20－12

适用情形	如果审计范围受到限制，注册会计师应当解除业务约定或出具无法表示意见的内部控制审计报告。 豁免情形：如果法律法规的相关豁免规定允许被审计单位不将某些实体纳入内部控制的评价范围，注册会计师可以不将这些实体纳入内部控制审计的范围。这种情况不构成审计范围受到限制
实施要点	只要认为审计范围受到限制将导致无法获取发表审计意见所需的充分、适当的审计证据，注册会计师不必执行任何其他工作即可对内部控制出具无法表示意见的内部控制审计报告
报告日期	内部控制审计报告的日期应当为注册会计师已就该报告中陈述的内容获取充分、适当的审计证据的日期
段落描述	发表无法表示意见时，不应在内部控制审计报告中指明所执行的程序，也不应描述内部控制审计的特征，以避免误解
已发现重大缺陷的处理	如果在已执行的有限程序中发现内部控制存在重大缺陷，应当在内部控制审计报告的“识别的财务报告内部控制重大缺陷”部分对重大缺陷做出详细说明（而非发表否定意见，无法表示意见优先于否定意见）

（三）强调事项

表 20－13

强调事项	含义	如果认为内部控制虽然不存在重大缺陷，但仍有一项或多项重大事项需要提请内部控制审计报告使用者注意，注册会计师应当在内部控制审计报告中增加强调事项段予以说明。不影响对内部控制发表的审计意见
	应增加强调事项段的情形	如果确定企业内部控制评价报告对要素的列报不完整或不恰当，注册会计师应当在内部控制审计报告中增加强调事项段，说明这一情况并解释得出该结论的理由

（四）非财务报告内部控制重大缺陷（新教材改编）

表 20－14

非财务报告内部控制重大缺陷	一般缺陷	注册会计师应当与企业进行沟通，提醒企业加以改进，但无须在内部控制审计报告中说明
	重要缺陷	注册会计师应当以书面形式与企业董事会和管理层沟通，提醒企业加以改进，但无须在内部控制审计报告中说明
	重大缺陷	注册会计师应当以书面形式与企业董事会和管理层沟通，提醒企业加以改进；同时应当在内部控制审计报告中增加非财务报告内部控制重大缺陷描述段，对重大缺陷的性质及其对实现相关控制目标的影响程度进行披露，提示内部控制审计报告使用者注意相关风险，但无须对其发表审计意见

（五）对期后事项的考虑（新增）

在基准日后至审计报告日前（以下简称“期后期间”），内部控制可能发生变化，或出现其他可能对内部控制产生重要影响的因素。注册会计师应当询问是否存在这类变化或因素，并获取被审计单位关于这类变化或因素的书面声明。

此外，注册会计师还应当考虑获取期后期间的其他文件，并按照《中国注册会计师审计准则第1332号——期后事项》的规定，对其进行检查。

如果知悉对基准日内部控制有效性有重大负面影响的期后事项，注册会计师应当对内部控制发表否定意见。如果注册会计师不能确定期后事项对内部控制有效性的影响程度，应当出具无法表示意见的内部控制审计报告。

如果管理层在评价报告中披露了基准日之后采取的整改措施，注册会计师应当在内部控制审计报告中指明不对这些信息发表意见。

注册会计师可能知悉在基准日并不存在，但在期后期间发生的事项。如果这类期后事项对内部控制有重大影响，注册会计师应当在内部控制审计报告中增加强调事项段，描述该事项及其影响，或提醒内部控制审计报告使用者关注企业内部控制评价报告中披露的该事项及其影响。

在出具内部控制审计报告后，如果知悉在审计报告日已存在的、可能对审计意见产生影响的情况，注册会计师应当按照《中国注册会计师审计准则第1332号——期后事项》的相关规定处理。如果被审计单位更正以前公布的财务报表，注册会计师应当按照《中国注册会计师审计准则第1332号——期后事项》的相关规定重新考虑以前发表的内部控制审计意见的适当性。

参考格式20－1　　带强调事项段的无保留意见内部控制审计报告（节选）

强调事项

我们提醒内部控制审计报告使用者关注，[描述强调事项的性质及其对内部控制的重大影响。]本段内容不影响已对财务报告内部控制发表的审计意见。

参考格式20－2　　否定意见内部控制审计报告（节选）

四、导致否定意见的事项

重大缺陷是内部控制中存在的、可能导致不能及时防止或发现并纠正财务出现重大错报的一项控制缺陷或多项控制缺陷的组合。

[指出注册会计师已识别出的重大缺陷，并说明重大缺陷性质及其对财务报告内部控制的影响程度。]

有效的内部控制能够为财务报告及相关信息的真实完整提供合理保证，而上述重大缺陷使××公司内部控制失去这一功能。

××公司管理层已识别出上述重大缺陷，并将其包含在企业内部控制评价报告中。上述缺陷在所有重大方面得到公允反映。

在××公司××年财务报表审计中，我们已经考虑了上述重大缺陷对审计程序的性质、时间安排和范围的影响。本报告并未对我们在××年×月×日对×公司××年财务报表出具的审计报告产生影响。

五、财务报告内部控制审计意见

我们认为，由于存在上述重大缺陷及其对实现控制目标的影响，××公司于××年×月×日未能按照《企业内部控制基本规范》和相关规定在所有重大方面保持有效的财务报告内部控制。

参考格式 20－3　无法表示意见内部控制审计报告（节选）

三、导致无法表示意见的事项

［描述审计范围受到限制的具体情况。］

四、财务报告内部控制审计意见

由于审计范围受到上述限制，我们未能实施必要的审计程序以获取发表意见所需的充分、适当证据，因此，我们无法对××公司财务报告内部控制的有效性发表意见。

五、识别的财务报告内部控制重大缺陷

［如在审计范围受到限制前，执行有限程序未能识别出重大缺陷，则应删除本段］

重大缺陷是内部控制中存在的、可能导致不能及时防止或发现并纠正财务报表出现重大错报的一项控制缺陷或多项控制缺陷的组合。

尽管我们无法对××公司财务报告内部控制的有效性发表意见，但在我们实施的有限程序的过程中，发现了以下重大缺陷：

［指出注册会计师已识别出的重大缺陷，并说明重大缺陷的性质及其对财务报告内部控制的影响程度。］

有效的内部控制能够为财务报告及相关信息的真实完整提供合理保证，而上述重大缺陷使××公司内部控制失去这一功能。

参考格式 20－4　非财务报告重大缺陷的内部控制审计报告（节选）

非财务报告内部控制重大缺陷

在内部控制审计过程中，我们注意到××公司的非财务报告内部控制存在重大缺陷［描述该缺陷的性质及其对实现相关控制目标的影响程度］。由于存在上述重大缺陷，我们提醒本报告使用者注意相关风险。需要指出的是，我们并不对××公司的非财务报告内部控制发表意见或提供保证。本段内容不影响对财务报告内部控制有效性发表的审计意见。

【例题 20－5·多选题·2020 年】下列情形中，注册会计师应当考虑在内部控制审计报告中增加强调事项段的有（　　）。

A. 被审计单位的企业内部控制评价报告对要素的列报不完整

B. 注册会计师知悉在基准日不存在但在期后期间发生的事项，且这类期后事项对内部控制有重大影响

C. 被审计单位存在非财务报告内部控制重大缺陷

D. 上一年度的内部控制重大缺陷在本年度已得到整改

【答案】AB

【解析】

①选项 A 正确，如果确定企业内部控制评价报告对要素的列报不完整或不恰当，注册会计师应当在内部控制审计报告中增加强调事项段，说明这一情况并解释得出该结论的理由。

②选项B正确，如果注册会计师知悉在基准日并不存在，但在期后期间发生的事项，且这类期后事项对内部控制有重大影响，注册会计师应当在内部控制审计报告中增加强调事项段，描述该事项及其影响，或提醒内部控制审计报告使用者关注企业内部控制评价报告中披露的该事项及其影响。

③选项C错误，当注册会计师确定被审计单位存在非财务报告内部控制重大缺陷时，应当在内部控制审计报告中增加“非财务报告内部控制重大缺陷描述段”，对重大缺陷的性质及其对实现相关控制目标的影响程度进行披露。

④选项D错误，上一年度的内部控制重大缺陷在本年度已得到整改不属于需增加强调事项段的事项。

考点11 内部控制审计和财务报表审计的区别（新增）

内部控制审计是对内部控制的有效性发表意见，并对内部控制审计过程中注意到的非财务报告内部控制重大缺陷进行披露；财务报表审计是对财务报表是否在所有重大方面按照适用的财务报告编制基础编制发表审计意见。由于发表审计意见的对象不同，使得两者存在一定区别。

表20－15　　内部控制审计与财务报表审计的主要区别

主要区别	财务报表审计	内部控制审计
对内部控制进行了解和测试的目的	识别、评估和应对重大错报风险，据此确定实质性程序的性质、时间安排和范围，并获取与**财务报表**是否在所有重大方面按照适用的财务报告编制基础编制相关的审计证据，以支持对财务报表发表的审计意见	对**内部控制的有效性**发表审计意见
测试内部控制运行有效性的范围要求	当存在下列情形之一时，注册会计师应当设计和实施控制测试：（1）在评估认定层次重大错报风险时，**预期控制运行有效**；（2）**仅实施实质性程序不能提供认定层次充分、适当的审计证据**。如果以上两种情况均不存在，注册会计师可能对部分认定，甚至全部认定均不测试内部控制运行的有效性	针对**所有重要**账户和列报的每一相关认定获取控制设计和运行有效性的审计证据
测试内部控制的期间要求	（1）需要获取内部控制在**整个拟信赖期间**运行有效的审计证据。 （2）如果拟信赖的控制自上次测试后未发生变化，且不属于旨在减轻特别风险的控制，可以利用以前审计获取的有关控制运行有效性的审计证据，但每三年至少对控制测试一次	（1）需要获取内部控制在**基准日前足够长的时间（可能短于整个审计期间）**内运行有效的审计证据。 （2）不得采用“每三年至少对控制测试一次”的方法，**应当在每一年度中测试内部控制**（对自动控制在满足特定条件情况下所采用的与基准相比较策略除外）
评价控制缺陷	需要确定识别出的内部控制缺陷单独或连同其他缺陷是否构成值得关注的内部控制缺陷	应当评价识别出的内部控制缺陷是否构成一般缺陷、重要缺陷或重大缺陷

续表

主要区别	财务报表审计	内部控制审计
沟通控制缺陷	（1）应当以书面形式及时向治理层通报值得关注的内部控制缺陷。 （2）应当及时向相应层级的管理层通报下列内部控制缺陷： ①已向或拟向治理层通报的值得关注的内部控制缺陷，除非在具体情况下不适用直接向管理层通报，此项需采用书面形式通报； ②在审计过程中识别出的，其他方尚未向管理层通报而注册会计师根据职业判断认为足够重要从而值得管理层关注的内部控制其他缺陷，可以采用书面或口头形式	（1）对于重大缺陷和重要缺陷，以书面形式与治理层和管理层沟通，书面沟通应在注册会计师出具内部控制审计报告前进行；如果注册会计师认为审计委员会和内部审计机构对内部控制的监督无效，应当就此以书面形式直接与董事会沟通。 （2）以书面形式与管理层沟通在审计过程中识别的所有内部控制其他缺陷（包括注意到的非财务报告内部控制缺陷），并在沟通完成后告知治理层
审计报告的形式和内容以及所包括的意见类型	（1）按照中国注册会计师审计准则的规定出具财务报表审计报告。 （2）审计意见类型包括无保留意见、保留意见、否定意见和无法表示意见	（1）按照《企业内部控制审计指引》和《企业内部控制审计指引实施意见》的规定出具内部控制审计报告。 （2）审计意见类型包括无保留意见、否定意见和无法表示意见

恭喜你，
已完成第二十章的学习

扫码免费进 >>>
2022年CPA带学群

每天多一点点的努力，不为别的，只为了日后能够多一些选择，选择云卷云舒的小日子，选择自己喜欢的人。

CHAPTER TWENTY-ONE

第二十一章 会计师事务所业务质量管理

考情雷达

执业质量是会计师事务所的生命线，是注册会计师行业维护公众利益的专业基础和诚信义务。为保障事务所的执业质量，降低审计风险，事务所应当按照本章要求结合本会计师事务所及其业务的实际情况设计、实施和运行适合本所的质量管理体系。从考试情况看，基本上每年考查一道简答题，分值在6分左右，属于非常重要的章节。而且本章的考试难度和学习难度都很低，重点也非常突出，要求考生尽量拿满分。

本章对“会计师事务所质量管理体系”中的内容进行补充。对“对财务报表审计实施的质量管理”中“客户关系和审计业务的接受与保持”“确定审计项目组是否具备适当的胜任能力时，审计项目合伙人可以考虑的因素”“对项目组成员的指导和监督可能包括的方面”“咨询”内容进行了补充。要适当关注新变动点，主观题具有可考查性。

考点地图

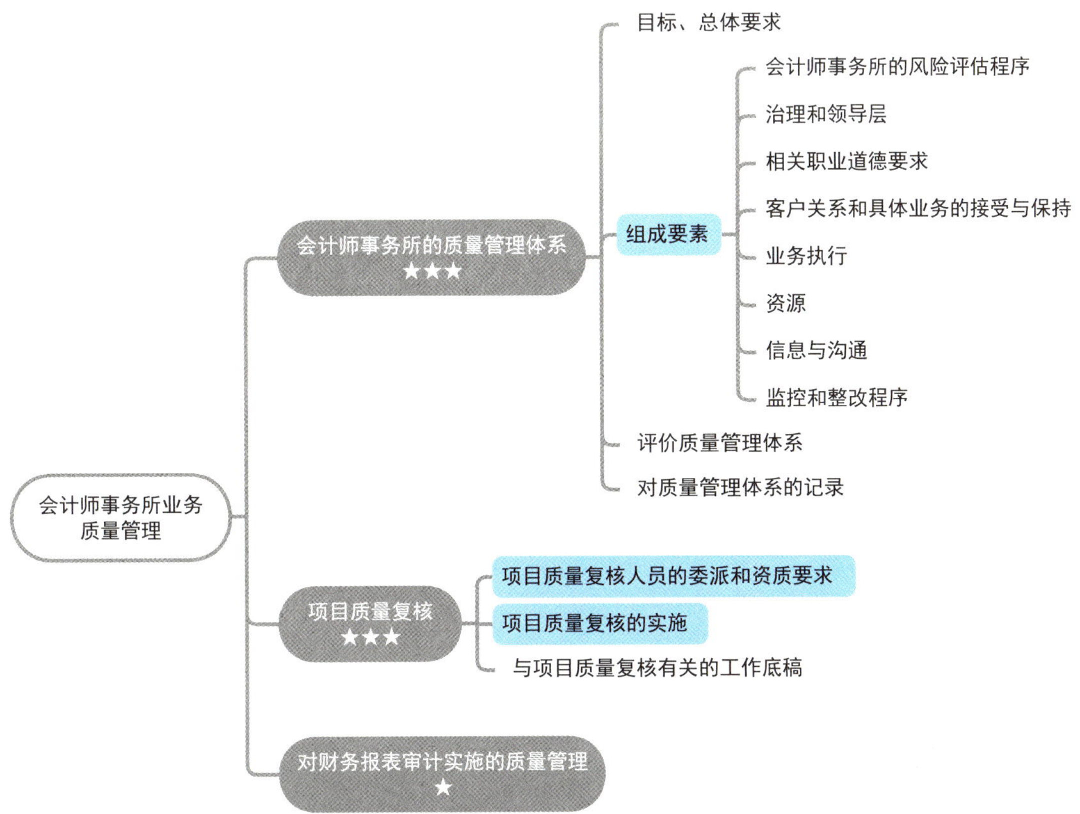

考点1 会计师事务所的质量管理体系（★★★）

（一）质量管理体系的目标、总体要求

1. 质量管理体系的目标

质量管理体系是会计师事务所为实施质量管理而设计、实施和运行的系统，其目标是在以下两个方面提供合理保证：

①会计师事务所及其人员按照适用的法律法规和职业准则的规定履行职责，并根据这些规定执行业务（执业）；

②会计师事务所和项目合伙人出具适合具体情况的业务报告（报告）。

2. 质量管理体系的框架

会计师事务所质量管理体系的框架包括八个要素：

①会计师事务所的风险评估程序；

②治理和领导层；

③相关职业道德要求；

④客户关系和具体业务的接受与保持；

⑤业务执行；

⑥资源；

⑦信息与沟通；

⑧监控和整改程序。

3. 质量管理体系的总体要求

会计师事务所质量管理体系应当满足以下总体要求：

（1）在全所范围内统一设计、实施和运行。

会计师事务所应当在**全所范围内（包括分所或分部）**统一设计、实施和运行质量管理体系，实现人事、财务、业务、技术标准和信息管理五方面的统一管理；如果会计师事务所通过**合并、新设等方式成立分所（或分部），应当将该分所（或分部）纳入质量管理体系中统一实施质量管理。**

【例题21－1·简答题·2014年节选】2013年1月，DEF会计师事务所与XYZ会计师事务所合并成立ABC会计师事务所，相关事项如下：

原DEF、XYZ两家会计师事务所的质量管理体系存在差异。ABC会计师事务所拟逐步进行整合，确保两年后建立统一的质量管理体系。

要求：指出事务所的做法是否恰当。如不恰当，简要说明理由。

【答案】不恰当。两年内ABC会计师事务所没有使用统一的质量管理体系不符合准则的规定。应当将该分所（或分部）纳入质量管理体系中统一实施质量管理。

【解题思路】“两年后建立统一的质量管理体系”说明前两年没有使用统一的质量管理体系，不符合准则规定。

（2）风险导向的思路。

会计师事务所在设计、实施和运行质量管理体系时，应当采用风险导向的思路。按照风险

导向的思路，会计师事务所应当采取以下三个步骤：

①针对质量管理体系的各个要素设定质量目标。

例如，针对“治理和领导层”要素，会计师事务所可以设定如下质量目标：会计师事务所领导层通过实际行动展示其对质量的重视。

针对该质量目标，会计师事务所可以将其进一步细化为以下两个子目标：

a. 会计师事务所领导层能够了解到所有与本会计师事务所执业质量相关的内外部投诉和举报及其处理情况；

b. 对于涉及会计师事务所执业质量的重大问题，会计师事务所领导层**亲自**参与相关决策过程，并且在全所范围内形成一种“质量至上”的示范效应。

②识别和评估质量风险。

③设计和采取应对措施以应对质量风险。应对措施的性质、时间安排和范围取决于相关质量风险的评估结果及得出该评估结果的理由。

（3）会计师事务所应当**实事求是**，根据本事务所及其业务的性质和具体情况以及本事务所质量管理的实际需要**“量身定制”**适合本事务所的质量管理体系。会计师事务所在“量身定制”适合本所的质量管理体系时，针对质量管理体系的框架，可以使用与前述不同的名称来描述质量管理体系的要素，也可以根据实际情况调整这些要素，但调整的范围仅限于更改要素的名称、将某个要素进行拆分或将某些要素进行合并。

（4）不断优化和完善。质量管理体系**应当是动态的，而不是一成不变的**。

（二）质量管理体系的组成要素

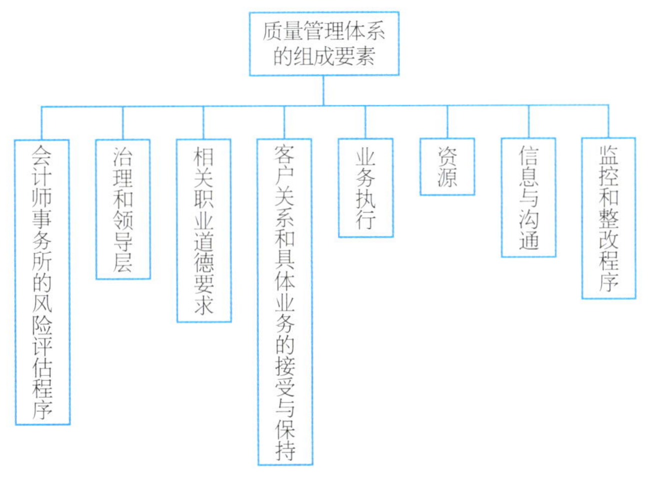

图21－1

1. 会计师事务所的风险评估程序

识别和评估质量风险并采取应对措施：

会计师事务所在识别和评估质量风险时，应当了解可能对实现质量目标产生不利影响的事项或情况（风险点），包括相关人员的作为或不作为。这些事项或情况包括下列方面：

①会计师事务所的性质和具体情况；

②会计师事务所业务的性质和具体情况。

2. 对风险评估程序的动态调整

实务中，会计师事务所或其业务的性质和具体情况可能发生变化。会计师事务所应当制定政策和程序，以识别这些变化。如果识别出变化，会计师事务所应当考虑调整之前实施风险评估程序的结果。

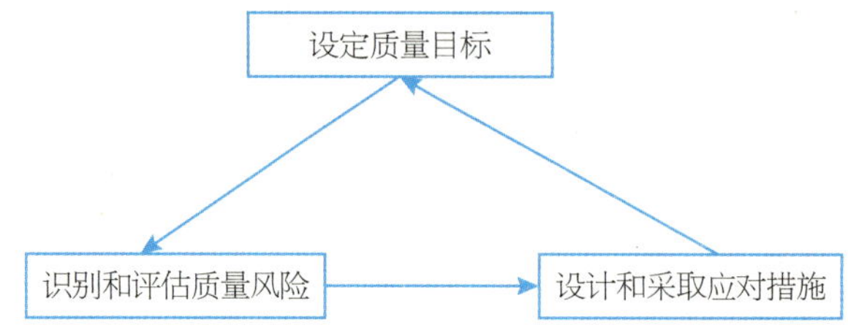

图 21 -2　会计师事务所风险评估程序的基本思路

3. 治理和领导层

会计师事务所的治理和领导层在全所范围内营造一种“质量至上”的文化氛围，能够为会计师事务所质量管理设定良好的“高层基调”，将对质量管理体系的设计、实施和运行产生广泛和积极的影响。

（1）相关质量目标：

①会计师事务所在全所范围内形成一种“质量至上”的文化，树立质量意识；

②会计师事务所的领导层对质量负责，并通过实际行动展示出其对质量的重视；

③会计师事务所领导层向会计师事务所人员传递“质量至上”的执业理念，培育以质量为导向的文化；

④会计师事务所的组织结构以及对相关人员角色、职责、权限的分配是恰当的，能够满足质量管理体系设计、实施和运行的需要；

⑤会计师事务所的资源需求得到恰当的计划，并且资源的取得和分配能够为会计师事务所持续高质量地执行业务提供保障。

（2）会计师事务所质量管理领导层（见表 21 -1）。

表 21 -1　　三种质量管理的领导层

三种角色	责任	上述三类人员的资质要求
主要负责人（如首席合伙人、主任会计师或者同等职位的人员）	**应当对质量管理体系承担最终责任**	①具备适当的**知识、经验和资质**； ②在会计师事务所内具有履行其责任所需要的**权威性和影响力**； ③具有充足的**时间和资源**履行其责任； ④充分理解其应负的责任并接受对这些责任履行情况的问责
事务所**指定专门的合伙人**（或类似职位的人员）	**对质量管理体系**的**运行**承担责任，具体负责质量管理体系的设计、实施和运行	
事务所**指定专门的合伙人**（或类似职位的人员）	**对质量管理体系特定方面的运行**承担责任	

会计师事务所领导层成员应当以身作则、率先垂范，带头遵守质量管理体系中的各项政策和程序，不得干扰项目组按照职业准则的要求执行业务、作出职业判断。

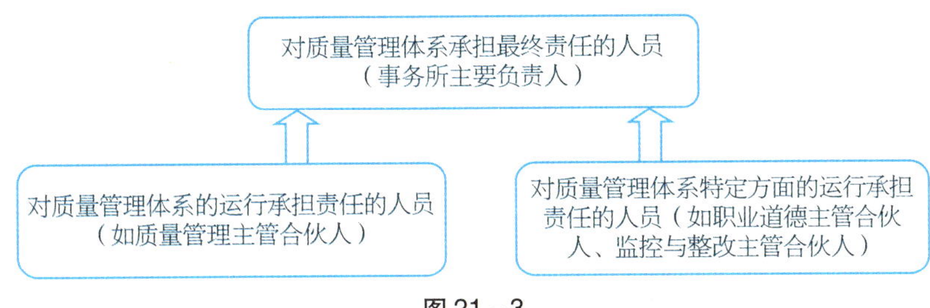

图21－3

【例题21－2·简答题·2017年改编】ABC会计师事务所的质量管理体系部分内容摘录如下：

质量管理部负责会计师事务所质量管理体系的设计和监控，其部门主管合伙人对质量管理体系承担最终责任。

要求：指出ABC会计师事务所的质量管理体系的内容是否恰当。如不恰当，简要说明理由。

【答案】不恰当。应由会计师事务所的主任会计师/首席合伙人对质量管理体系承担最终责任。

（3）合伙人管理（见表21－2）。

表21－2

总体要求	晋升、培训、考核、分配、转入、退出的管理均应体现以质量为导向的文化
员工（包括外部转入人员）晋升合伙人的管理	应建立以质量为导向的晋升机制，不得以承接和执行业务的收入或利润作为晋升合伙人的首要指标。 会计师事务所应当针对合伙人的晋升建立和实施质量一票否决制度，例如，会计师事务所可以制定政策和程序，要求在一定期间内执业有重大质量问题的人员，不得被提名晋升为合伙人。实务中，会计师事务所可以综合考虑重大质量问题的性质和影响程度，该问题是否表明相关人员缺乏必要的胜任能力和职业道德，以及相关人员的整改情况等因素，判定执业中的质量问题是否重大。如果在经过适当的期间后，会计师事务所认为该人员的执业质量已经得到全面提升，能够满足晋升合伙人的标准，该人员可以恢复晋升机会。 事务所还可以建立与执业质量挂钩的合伙人奖惩机制
合伙人考核和收益分配	会计师事务所应当在全所范围内统一进行合伙人考核和收益分配。 在进行考核和收益分配时，应当综合考虑合伙人的执业质量、管理能力、经营业绩、社会声誉等指标，不得以承接和执行业务的收入或利润作为首要指标，不应直接或变相以分所、部门、合伙人所在团队作为利润中心进行收益分配

【例题21－3·简答题·2016年节选】ABC会计师事务所的质量管理制度部分内容摘录如下：

合伙人考核的主要指标依次为业务收入指标的完成情况、参与事务所管理的程度、职业道德遵守情况及业务质量评价结果。

要求：针对上述事项，指出ABC会计师事务所的质量管理制度的内容是否恰当。如不恰当，简要说明理由。

【答案】 不恰当。事务所应当建立以质量为导向的业绩评价政策/应将业务质量放在第一位。

【解题思路】 "依次"体现了顺序的先后。说明该公司的考核指标首要考查的是收入，不是质量。

4. 相关职业道德要求

（1）相关质量目标。

为确保会计师事务所执业人员按照相关职业道德要求（包括独立性要求）履行职责，会计师事务所应当设定下列质量目标：

①会计师事务所及其人员充分了解相关职业道德要求，并严格按照这些职业道德要求履行职责；

②受相关职业道德要求约束的其他组织或人员（例如网络事务所及其人员），充分了解与其相关的职业道德要求，并严格按照这些职业道德要求履行职责。

为此，会计师事务所应当制定下列政策和程序：

①识别、评价和应对对遵守相关职业道德要求的不利影响；

②识别、沟通、评价和报告任何违反相关职业道德要求的情况，并针对这些情况的原因和后果及时作出适当应对；

③**至少每年一次向所有需要按照相关职业道德要求保持独立性的人员获取其已遵守独立性要求的书面确认**。

【例题21-4·简答题·2016年节选】 ABC会计师事务所是一家新成立的事务所，最近制定了业务质量管理制度，有关内容摘录如下：

独立性政策规定，每年需要为保持独立性的人员提供关于独立性要求的培训，并要求高级经理以上（含高级经理）的人员每年签署遵守独立性要求的书面确认函。

要求：针对上述事项，指出ABC会计师事务所业务质量管理制度是否符合会计师事务所质量管理准则的规定，并简要说明理由。

【答案】 不符合。事务所应当每年至少一次向所有受独立性要求约束的人员获取其遵守独立性政策的书面确认函。

【解题思路】 不能只要求高级经理以上人员，所有需要保持独立性的人员都得作出要求。

（2）关键审计合伙人轮换机制。

关于关键审计合伙人轮换的具体要求，请参见本教材第二十三章考点6"与审计客户长期存在业务关系——密切关系、自身利益"。

对公众利益实体审计业务的关键审计合伙人轮换制度的规定：

①对关键审计合伙人的轮换情况进行实时**监控**；

②建立关键审计合伙人**服务年限清单**；

③每年对轮换情况进行复核，并在全所范围内统一进行轮换。

【例题21－5·简答题】2020年1月，DEF会计师事务所与XYZ会计师事务所合并成立ABC会计师事务所，相关事项如下：

针对公众利益实体审计业务，会计师事务所对关键审计合伙人轮换情况进行实时监控，每三年对轮换情况复核一次，并在全所范围内统一进行轮换。

要求：针对上述事项，逐项指出ABC会计师事务所的质量管理体系是否恰当。如不恰当，说明理由。

【答案】不恰当。事务所应当每年对轮换情况进行复核。

5. 客户关系和具体业务的接受与保持

（1）相关质量目标。

会计师事务所在作出是否承接与保持某项客户关系和具体业务的决策时，应当“知己知彼”。因此，针对客户关系和具体业务的接受与保持，会计师事务所应当设定下列质量目标（见表21－3）。

表21－3

<table>
<tr><td rowspan="2">①会计师事务所就是否接受或保持某项客户关系或具体业务所作出的判断是适当的，充分考虑了以下方面</td><td>知彼：会计师事务所是否针对业务的性质和具体情况以及客户的诚信和道德价值观获取了足以支持上述判断的充分信息</td></tr>
<tr><td>知己：会计师事务所是否具备按照适用的法律法规和职业准则的规定执行业务的能力</td></tr>
<tr><td colspan="2">②会计师事务所在财务和运营方面对优先事项的安排，并不会导致对是否接受或保持客户关系或具体业务作出不恰当的判断。
例如，会计师事务所在运营方面的优先事项可能包括市场份额的增长、聚焦于特定行业或新业务拓展等；会计师事务所在财务方面的优先事项可能更多关注其盈利能力。如果会计师事务所过于强调经济利益优先，则可能为取得较高的业务收入而承接一些高风险客户，这些客户的风险可能超出会计师事务所的承受能力，从而可能给会计师事务所执业质量带来不利影响</td></tr>
</table>

（2）树立风险意识。

在决策时，会计师事务所应当充分考虑相关职业道德要求、管理层和治理层的诚信状况、业务风险以及是否具备执行业务所必需的时间和资源，审慎作出承接与保持的决策。

对于会计师事务所认定存在高风险的业务，应当设计和实施专门的质量管理程序，如加强与前任注册会计师的沟通、与相关监管机构沟通、访谈拟承接客户以了解有关情况、加强内部质量复核等，并经质量管理主管合伙人（或类似职位的人员）或其授权的人员审批。

6. 业务执行

会计师事务所的整体质量，是由每个项目组实际执行业务的质量决定的。每个项目组的质量，都会直接影响会计师事务所整体的执业质量。因此，会计师事务所有必要在项目层面实施质量管理。

（1）相关质量目标。

针对业务执行，会计师事务所应当设定下列质量目标：

①项目组了解并履行其与所执行业务相关的责任，包括项目合伙人对项目管理和项目质量承担总体责任，并充分、适当地参与项目全过程；

②对项目组进行的指导和监督以及对项目组已执行的工作进行的复核是恰当的，并且由经验较为丰富的项目组成员对经验较为缺乏的项目组成员的工作进行指导、监督和复核；

③项目组恰当运用职业判断并保持职业怀疑；

④项目组对困难或有争议的事项进行了咨询，并已按照达成的一致意见执行业务；

⑤项目组内部、项目组与项目质量复核人员之间（如适用），以及项目组与会计师事务所内负责执行质量管理体系相关活动的人员之间存在的意见分歧，能够得到会计师事务所的关注并予以解决；

⑥业务工作底稿能够在业务报告日之后及时得到整理，并得到妥善的保存和维护，以遵守法律法规、相关职业道德要求和其他职业准则的规定，并满足会计师事务所自身的需要。

（2）对项目合伙人的要求。

项目合伙人，是指会计师事务所中负责某项业务及其执行，并代表会计师事务所在出具的报告上签字的合伙人。

会计师事务所应当制定政策和程序，**在全所范围内统一委派**具有足够**专业胜任能力、时间，并且无不良执业诚信记录的项目合伙人执行业务**。

会计师事务所应当按照质量管理体系的要求，**对项目合伙人的委派进行复核**。

（3）项目组内部复核。

项目组是指执行某项业务的所有合伙人和员工，以及为该项业务实施程序的所有其他人员，但**不包括外部专家，也不包括为项目组提供直接协助的内部审计人员**。

会计师事务所应当制定与内部复核相关的政策和程序，对内部复核的层级、各层级的复核范围、执行复核的具体要求以及对复核的记录要求等作出规定。

（4）项目质量复核（见表21－4）。

表21－4　项目质量复核

项目质量复核	是指在报告日或报告日之前，项目质量复核人员对项目组作出的重大判断及据此得出的结论作出的客观评价
项目质量复核人员	是指会计师事务所中实施项目质量复核的合伙人或其他类似职位的人员，或者由会计师事务所委派实施项目质量复核的外部人员。 【提示】 ①项目质量复核人员可以是事务所内部，也可以是事务所外部人员。 ②项目质量复核人员是**由事务所委派的，不能由项目合伙人来挑选**
复核的范围	会计师事务所**应当**就项目质量复核制定政策和程序，并对下列业务实施项目质量复核： ①**上市实体财务报表审计业务**； ②**法律法规要求**实施项目质量复核的审计业务或其他业务； ③**会计师事务所认为**，为应对一项或多项质量风险，有必要实施项目质量复核的审计业务或其他业务

表 21 -5 项目质量复核与项目组内部复核的区别

复核的主体不同	项目质量复核	由独立于项目组的项目质量复核人员执行
	项目组内部复核	由项目组内部人员执行的复核，通常包括多个复核层级
适用的业务范围不同	项目质量复核	仅适用于上市实体财务报表审计业务、法律法规要求实施项目质量复核的审计业务或其他业务，以及会计师事务所政策和程序要求实施项目质量复核的审计业务或其他业务
	项目组内部复核	适用于所有业务
复核的内容不同	项目质量复核	主要聚焦于复核两个方面的内容： ①项目组作出的重大判断； ②根据重大判断得出的结论
	项目组内部复核	内容比较宽泛，涉及项目的各个方面

【例题 21 -6 · 简答题 · 2018 年改编】ABC 会计师事务所的质量管理体系部分内容摘录如下：

对上市实体财务报表审计业务应实施项目质量复核，其他业务是否实施项目质量复核由各业务部门的主管合伙人决定。

要求：针对上述事项，指出 ABC 会计师事务所的质量管理体系的内容是否恰当。如不恰当，简要说明理由。

【答案】不恰当。针对上市实体财务报表审计以外的其他业务，应根据法律法规和事务所的要求自行决定确定是否应当实施项目质量复核/不应由各业务部主管合伙人自行决定。

（5）意见分歧（见表 21 -6）。

表 21 -6 意见分歧的来源和解决政策

分歧的来源	项目组内部、项目组与被咨询者之间以及项目合伙人与项目质量复核人员之间	
解决政策	复核	明确要求项目合伙人和项目质量复核人员（如有）复核并评价项目组是否已就疑难问题或涉及意见分歧的事项进行适当咨询，以及咨询得出的结论是否得到执行
	记录	明确要求在业务工作底稿中适当记录意见分歧的解决过程和结论。如果项目质量复核人员（如有）、项目组成员以外的其他人员参与形成业务报告中的专业意见，也应当在业务工作底稿中作出适当记录
	报告	确保所执行的项目在意见分歧解决后才能出具业务报告

【例题 21 -7 · 简答题 · 2019 年】ABC 会计师事务所的质量管理体系部分内容摘录如下：

审计过程中项目合伙人与项目质量复核人员出现意见分歧时，应咨询事务所专业技术委员会，如分歧仍不能解决，经首席合伙人和质量管理主管合伙人批准方可出具审计报告。

要求：针对上述事项，指出 ABC 会计师事务所的质量管理体系的内容是否恰当。如不恰当，简要说明理由。

【答案】不恰当。只有分歧得以解决，项目合伙人才能出具审计报告。

（6）出具业务报告。

业务报告在出具前，应当经**项目合伙人、项目质量复核人员（如有）复核确认**，确保其内容、格式符合职业准则的规定，并**由项目合伙人及其他适当的人员（如适用）签署**。会计师事务所应当加强对业务报告签发过程的控制，委派专门人员负责对报告的签章进行严格管理。

【提示】质量复核人无须签署审计报告，但是需要复核。

（7）投诉和指控。

会计师事务所应当制定政策和程序，以接收、调查、解决由于未能按照适用的法律法规、职业准则的要求执行业务，或由于未能遵守会计师事务所制定的政策和程序，而引发的投诉和指控。

会计师事务所领导层需要重视并妥善处理与会计师事务所执业质量相关的投诉和指控。为此，会计师事务所可能需要制定相关政策和程序，包括相关机制和处理流程，使投诉和指控能够得到积极、公平、恰当的处理，并鼓励会计师事务所人员能够积极、通畅地反映与执业质量相关的问题而不用担心遭受打击报复。

7. 资源

会计师事务所的资源是一个宽泛的概念，既包括财务资源等各种有形资源，也包括人力资源、知识资源和技术资源。从某种意义上说，人力资源、知识资源和技术资源，与会计师事务所的整体质量具有更高的相关性。

（1）相关质量目标。

会计师事务所应当设定下列质量目标，以及时且适当地获取、开发、利用、维护和分配资源，支持质量管理体系的设计、实施和运行：

①会计师事务所招聘、培养和留住在下列方面具备胜任能力的人员：

具备与会计师事务所执行的业务相关的知识和经验，能够持续高质量地执行业务；

执行与质量管理体系运行相关的活动或承担与质量管理体系相关的责任。

②会计师事务所人员通过其行为展示出对质量的重视，不断培养和保持适当的胜任能力以履行其职责。会计师事务所通过及时的业绩评价、薪酬调整、晋升和其他奖惩措施对这些人员进行问责或认可。

③当会计师事务所在质量管理体系的运行方面缺乏充分、适当的人员时，能够从外部（如网络、网络事务所或服务提供商）获取必要的人力资源支持。

④会计师事务所为每项业务分派具有适当胜任能力的项目合伙人和其他项目组成员，并保证其有充足的时间持续高质量地执行业务。

⑤会计师事务所分派具有适当胜任能力的人员执行质量管理体系内的各项活动，并保证其有充足的时间执行这些活动。

⑥会计师事务所获取、开发、维护、利用适当的技术资源，以支持质量管理体系的运行和业务的执行。

⑦会计师事务所获取、开发、维护、利用适当的知识资源，为质量管理体系的运行和高质量业务的持续执行提供支持，并且这些知识资源符合相关法律法规和职业准则的规定。

⑧结合上述第④～⑦项所述的质量目标，从服务提供商获取的人力资源、技术资源或知识资源能够适用于质量管理体系的运行和业务的执行。

（2）与资源相关的政策和程序。

会计师事务所需要投入足够资源，建立与下列方面相关的政策和程序：

①组建一支专业性强、经验丰富、运作规范的质量管理体系团队，以维持质量管理体系的日常运行；

②与专业技术支持相关的政策和程序，配备具备相应专业胜任能力、时间和权威性的技术支持人员，确保相关业务能够获得必要的专业技术支持；

③完善的工时管理系统，确保相关人员投入足够的时间执行业务，并为业绩评价提供依据；

④与业务操作规程、业务软件等有关的指引，把职业准则的要求从实质上执行到位，确保执业人员恰当记录判断过程、程序执行情况及得出的结论。

8. 信息与沟通

会计师事务所质量管理体系能够流畅、有效地运行，有赖于会计师事务所与项目组之间，以及各项目组之间能够有效地进行双向沟通，传递相关、可靠的信息。

（1）相关质量目标。

会计师事务所应当设定下列质量目标，以支持质量管理体系的设计、实施和运行，确保相关方能够及时获取、生成和利用与质量管理体系有关的信息，并及时在会计师事务所内部或与外部各方沟通信息：

①会计师事务所的信息系统能够识别、获取、处理和维护来自内部或外部的相关、可靠的信息，为质量管理体系提供支持。

②会计师事务所的组织文化认同并强调会计师事务所人员与会计师事务所之间，以及这些人员彼此之间交换信息的责任。

③会计师事务所内部以及各项目组之间能够交换相关、可靠的信息，这种信息交换包括以下方面：

a. 会计师事务所向相关人员和项目组传递信息，传递的性质、时间安排和范围足以使其理解和履行与执行业务或质量管理体系各项活动相关的责任；

b. 会计师事务所人员和项目组在执行业务或质量管理体系各项活动的过程中向会计师事务所传递信息。

④会计师事务所向外部各方传递相关、可靠的信息，这种信息传递包括以下方面：

a. 会计师事务所向其所在的网络、网络中的其他事务所，或者向服务提供商（如有）传递信息；

b. 会计师事务所根据相关法律法规或职业准则的规定向外部利益相关方传递信息，或为了帮助外部各利益相关方了解质量管理体系而向其传递信息。

（2）与信息与沟通相关的政策和程序。

会计师事务所应当针对下列方面制定政策和程序：

①会计师事务所在执行上市实体财务报表审计业务时，应当与治理层沟通质量管理体系是如何为持续高质量地执行业务提供支撑的；

②会计师事务所在何种情况下向外部各方沟通与质量管理体系相关的信息是适当的；

③会计师事务所按照上述第①项和第②项的规定进行外部沟通时应当沟通哪些信息，以及沟通的性质、时间安排、范围和适当形式。

9. 监控和整改程序

通过实施监控和整改程序，会计师事务所能够对质量管理体系的运行情况进行定期和持续监控，如果会计师事务所发现质量管理体系存在缺陷，应当评价该缺陷的严重程度和广泛性，考虑设计和采取整改措施。

（1）相关质量目标。

会计师事务所应当建立在全所范围内统一的监控和整改程序，并开展实质性监控，以实现下列质量目标：

①就质量管理体系的设计、实施和运行情况提供相关、可靠、及时的信息；

②采取适当的行动以应对识别出的质量管理体系的缺陷，以使该缺陷能够及时得到整改。

（2）监控活动（见表21－7）。

表21－7 监控考点归纳

监控活动	会计师事务所的监控活动，既包括定期实施的监控活动，又包括持续实施的监控活动
监控周期	会计师事务所的监控活动应当包括从会计师事务所已经完成的项目中**周期性地选择部分项目进行检查**。**在每个周期内，对每个项目合伙人，至少选择一项已完成的项目进行检查**。**对承接上市实体审计业务的每个项目合伙人，检查周期最长不得超过三年**
执行监控活动的人员	会计师事务所**执行监控活动的人员**应当符合以下要求： ①具备有效执行监控活动所必需的**胜任能力、时间和权威性**； ②具有**客观性，项目组成员和项目质量复核人员不得参与对其项目的监控活动**

【例题21－8·简答题·2017年】ABC会计师事务所的质量管理制度部分内容摘录如下：

每六年为一个周期，对每个项目合伙人已完成的业务至少选取两项进行检查。

要求：指出ABC会计师事务所的质量管理制度的内容是否恰当。如不恰当，简要说明理由。

【答案】不恰当。至少每三年对每个项目合伙人检查一项已完成的业务。

（3）会计师事务所质量管理体系的缺陷（见表21－8）。

表21－8 质量管理体系的缺陷

情形	当存在下列情况之一时，表明会计师事务所质量管理体系存在缺陷： ①未能设定某些质量目标，而这些质量目标对实现质量管理体系的目标是必要的； ②未能识别或恰当评估一项或多项质量风险； ③未能恰当设计和采取应对措施，或者应对措施未能有效发挥作用，导致一项应对措施或者多项应对措施的组合未能将相关质量风险发生的可能性降低至可接受的低水平； ④质量管理体系的某些方面缺失，或者某些方面未能得到恰当的设计、实施或有效运行
评价缺陷的严重程度和广泛性	①调查缺陷的根本原因； ②评价这些缺陷单独或累积起来对质量管理体系的影响

（4）整改措施。

会计师事务所应当根据对根本原因的调查结果，设计和采取整改措施，以应对识别出的缺陷。

针对缺陷的性质和影响程度，会计师事务所应当对相关人员进行问责。

这种问责应当与相关责任人员的考核、晋升和薪酬挂钩。对执业中存在重大缺陷的项目合伙人，会计师事务所应当对其是否具备从事相关业务的职业道德水平和专业胜任能力作出评价。

（三）评价质量管理体系

1. 对质量管理体系的评价

会计师事务所主要负责人应当代表会计师事务所对质量管理体系进行评价。这种评价应当以某一时点为基准，并且应当至少每年一次。

2. 对相关人员的业绩评价

会计师事务所应当定期对下列人员进行业绩评价：

①主要负责人；

②对质量管理体系承担运行责任的人员；

③对质量管理体系特定方面承担运行责任的人员。

在进行业绩评价时，会计师事务所应当考虑对质量管理体系的评价结果。

（四）对质量管理体系的记录

1. 记录的目的

会计师事务所应当对质量管理体系进行记录，以实现下列目的：

①为会计师事务所人员对质量管理体系的一致理解提供支持，包括理解其在质量管理体系和业务执行中的角色和责任；

②为质量管理体系的持续实施和运行提供支持；

③为应对措施的设计、实施和运行提供证据，以支持主要负责人对质量管理体系进行评价。

2. 记录的内容

会计师事务所应当就下列方面形成工作记录：

①主要负责人和对质量管理体系承担运行责任的人员各自的身份；

②会计师事务所的质量目标和质量风险；

③对应对措施的描述以及这些措施是如何应对质量风险的；

④实施的监控和整改程序；

⑤主要负责人对质量管理体系作出的评价及其依据。

3. 记录的保存期限

会计师事务所应当规定质量管理体系工作记录的保存期限，该期限应当涵盖足够长的期间，以使会计师事务所能够监控质量管理体系的设计、实施和运行情况。如果法律法规要求更长的期限，应当遵守法律法规的要求。

考点2 项目质量复核（★★★）

（一）项目质量复核人员的委派和资质要求

1. 全所统一委派

会计师事务所应当在全所范围内（包括分所或分部）统一委派项目质量复核人员，并确保负责实施委派工作的人员具有必要的胜任能力和权威性。

关联贴纸

"考点1 会计师事务所的质量管理体系"中的业务执行讲过这一部分。

2. 项目质量复核人员的资质要求（见表21－9）

表21－9

<table>
<tr><td>胜任能力</td><td colspan="2">项目质量复核人员应当具备适当的胜任能力，包括充足的时间和适当的权威性以实施项目质量复核。项目质量复核人员的胜任能力应当至少与项目合伙人相当</td></tr>
<tr><td rowspan="3">职业道德</td><td>独立</td><td>由于项目质量复核人员应当独立于执行业务的项目组，因此，项目合伙人和项目组其他成员不得成为本项目的项目质量复核人员</td></tr>
<tr><td rowspan="2">客观</td><td>为了确保项目质量复核人员的权威性和客观性，会计师事务所应当委派合伙人或类似职位的人员，或者会计师事务所外部的人员担任项目质量复核人员。在为某一具体项目委派项目质量复核人员时，会计师事务所应当充分考虑拟委派人员的胜任能力和客观性</td></tr>
<tr><td>拟委派项目质量复核人员的客观性可能受到以下情况的影响：
①项目之间交叉实施项目质量复核。例如，在同一年度内，由A项目的项目合伙人对B项目实施项目质量复核，同时由B项目的项目合伙人对A项目实施项目质量复核。除非出现特殊情况，如具有适当胜任能力和权威性的人员不足，否则，会计师事务所应当尽量避免在同一年度内交叉实施项目质量复核。
②某一项目的前任项目合伙人被委任为该项目的项目质量复核人员。例如，甲注册会计师于2020年度担任某项目的项目合伙人，如果其在2021年度被委派担任同一项目的项目质量复核人员，将可能对其客观性产生不利影响。因此，会计师事务所应当规定一段冷却期，要求在冷却期结束之前，前任项目合伙人不得担任该项目的项目质量复核人员。这段冷却期至少应当为两年</td></tr>
<tr><td>法律法规</td><td colspan="2">项目质量复核人员应当遵守与项目质量复核人员任职资质要求相关的法律法规（如有）</td></tr>
</table>

【例题21－9·简答题】 ABC会计师事务所（承接甲公司××年度财务报表审计项目）的业务质量管理制度部分内容摘录如下：

ABC会计师事务所委派B注册会计师担任该项目质量复核合伙人，并负责甲公司某重要子公司的审计。

要求：针对上述事项，逐项指出ABC会计师事务所的质量管理体系是否恰当。如不恰当，说明理由。

【答案】 不恰当。项目质量复核必须由独立于项目组的人员执行。

3. 为项目质量复核提供协助的人员的资质要求

在实施项目质量复核的过程中，项目质量复核人员通常需要相关人员提供协助。同样，**为了确保协助人员的客观性，项目合伙人和项目组其他成员也不得为本项目的项目质量复核提供协助**。

除此之外，为项目质量复核提供协助的人员还应当同时满足下列条件：

①具备适当的胜任能力，包括充足的时间，以履行对其分配的职责；

②遵守相关法律法规的规定（如有）和相关职业道德要求。

尽管在实施项目质量复核的过程中可以利用相关人员提供协助，项目质量复核人员仍然应当对项目质量复核的实施承担总体责任，并负责确定对协助人员进行指导、监督和复核的性质、时间安排和范围。

4. 项目质量复核人员不再符合任职资质要求的情况

当项目质量复核人员意识到其不再符合任职资质要求时，应当通知会计师事务所适当人员，并采取下列措施：

①如果项目质量复核尚未开始，不再承担项目质量复核责任；

②如果项目质量复核已经开始实施，立即停止实施项目质量复核。

（二）项目质量复核的实施

1. 复核程序

在实施项目质量复核时，项目质量复核人员应当实施下列程序（见表21－10）。

表21－10

程序	内容
阅读并了解相关信息	这些信息包括： ①与项目组就项目和客户的性质与具体情况进行沟通获取的信息； ②与会计师事务所就监控和整改程序进行沟通获取的信息，特别是针对可能与项目组的重大判断相关或影响该重大判断的领域识别出的缺陷进行的沟通
讨论重大事项及重大职业判断	与项目合伙人及项目组其他成员讨论重大事项，以及在项目计划、实施和报告时作出的重大判断
复核工作底稿	基于实施上述第①项和第②项程序获取的信息，选取部分与项目组作出的重大判断相关的业务工作底稿进行复核
评价独立性	对于财务报表审计业务，评价项目合伙人确定独立性要求已得到遵守的依据
评价咨询	评价是否已就疑难问题或争议事项、涉及意见分歧的事项进行适当咨询，并评价咨询得出的结论
评价项目合伙人的结论	对于财务报表审计业务，评价项目合伙人得出下列结论的依据： ①项目合伙人对整个审计过程的参与程度是充分且适当的； ②项目合伙人能够确定作出的重大判断和得出的结论适合项目的性质和具体情况
复核	针对下列方面实施复核： ①针对财务报表审计业务，复核被审计财务报表和审计报告，以及审计报告中对关键审计事项的描述（如适用）； ②针对财务报表审阅业务，复核被审阅财务报表或财务信息，以及拟出具的审阅报告； ③针对财务报表审计和审阅以外的其他鉴证业务或相关服务业务，复核业务报告和鉴证对象信息（如适用）

2. 与项目质量复核相关的政策和程序

针对项目质量复核的实施，会计师事务所应当制定与下列方面相关的政策和程序：

①项目质量复核人员有责任在项目的适当时点实施复核程序，为客观评价项目组作出的重大判断和据此得出的结论奠定适当基础；

②项目合伙人与项目质量复核相关的责任，包括**禁止项目合伙人在收到项目质量复核人员就已完成项目质量复核发出的通知之前签署业务报告；**

③对项目质量复核人员的客观性产生不利影响的情形，以及在这些情形下需要采取的适当

行动。

3. 项目质量复核的完成

如果项目质量复核人员怀疑项目组作出的重大判断或据此得出的结论不恰当，应当告知项目合伙人。

如果这一怀疑不能得到满意的解决，项目质量复核人员应当通知会计师事务所适当人员项目质量复核无法完成。

如果项目质量复核人员确定项目质量复核已经完成，应当签字确认并通知项目合伙人。

（三）与项目质量复核有关的工作底稿

项目质量复核人员应当负责就项目质量复核的实施情况形成工作底稿。对项目质量复核形成的工作底稿应当足以使未曾接触该项目的、有经验的执业人员了解项目质量复核人员以及对项目质量复核提供协助的人员（如有）所执行程序的性质、时间安排和范围，以及在实施复核的过程中得出的结论。

项目质量复核工作底稿的内容：

①项目质量复核人员及协助人员的姓名；

②已复核的业务工作底稿的识别特征；

③项目质量复核人员确定项目质量复核已经完成的依据；

④项目质量复核人员就无法完成项目质量复核或项目质量复核已完成所发出的通知；

⑤完成项目质量复核的日期。

考点3 对财务报表审计实施的质量管理（★）

财务报表审计是会计师事务所的核心业务，财务报表审计质量的高低，对于维护公众利益，特别是资本市场上的投资者和债权人的利益至关重要。本节将在会计师事务所质量管理体系的框架下，进一步探讨在财务报表审计业务中，会计师事务所如何实施质量管理，特别是审计项目合伙人在其中应当承担的角色和责任。

（一）审计项目合伙人管理和实现审计质量的领导责任

审计项目合伙人应当对管理和实现审计项目的高质量承担总体责任。

审计项目合伙人可以将设计或实施某些审计程序、执行某些审计工作或采取某些行动的任务分配给审计项目组其他成员，但审计项目合伙人仍然应当通过指导、监督这些审计项目组成员并复核其工作，对管理和实现审计项目的高质量承担总体责任。

审计项目合伙人应当确定下列事项：

①审计项目合伙人已经充分、适当地参与了审计项目的全过程，能够确定审计项目组作出的重大判断和据此得出的结论是适当的；

②考虑了审计项目的性质和具体情况、发生的任何变化，以及会计师事务所与之相关的政策和程序。

（二）相关职业道德要求

审计项目合伙人应当负责确保审计项目组其他成员了解与本审计项目相关的职业道德要求，以及会计师事务所相关的政策和程序。

审计项目合伙人应当通过观察和必要的询问，在整个审计过程中对审计项目组成员违反相关职业道德要求或会计师事务所相关政策和程序的情形保持警觉。

如果审计项目合伙人注意到某些事项可能对遵守相关职业道德要求产生不利影响，应当对照会计师事务所的政策和程序，利用来自会计师事务所、审计项目组或其他来源的相关信息，对这些不利影响作出评价，并采取适当行动。

如果某些事项表明相关职业道德要求未得到遵守，审计项目合伙人应当在咨询会计师事务所相关人员后，立即采取适当行动。

在签署审计报告之前，审计项目合伙人应当负责确定相关职业道德要求（包括独立性要求）已经得到遵守。

（三）客户关系和审计业务的接受与保持

审计项目合伙人应当确定会计师事务所就客户关系和审计业务的接受与保持制定的政策和程序已得到遵守，并且得出的相关结论是适当的。例如下列信息可能有助于审计项目合伙人确定针对客户关系和审计业务的接受与保持得出的结论是否适当：

①被审计单位的主要所有者、实际控制人、关键管理层、治理层的**诚信状况和道德价值观**；

②是否具备充分、适当的**资源**以执行该审计项目；

③被审计单位管理层和治理层**是否认可其与该审计项目相关的责任**；

④审计项目组是否具备足够的**胜任能力**，包括充足的**时间**以执行该审计项目；

⑤本期或以前期间审计中发现的重大事项是否影响该审计业务的保持。

如果审计项目组在接受或保持某项客户关系或审计业务后获知了某些信息，并且，如果这些信息在接受或保持之前获知，可能会导致会计师事务所拒绝接受或保持该客户关系或审计业务，则审计项目合伙人应当立即与会计师事务所沟通该信息，以使会计师事务所和审计项目合伙人能够立即采取必要的行动。

（四）业务资源

审计项目合伙人应当结合会计师事务所的政策和程序、审计项目的性质和具体情况，以及在执行审计项目过程中可能发生的任何变化，确定充分、适当的资源已被及时分配给审计项目组用于执行审计项目，或审计项目组能够及时获取这些资源。

审计项目合伙人应当确保审计项目组成员以及审计项目组成员以外提供直接协助的外部专家或内部审计人员作为一个集体，拥有适当的**胜任能力**，包括充足的**时间**执行审计项目。

在确定审计项目组是否具备适当的胜任能力时，审计项目合伙人可以考虑下列因素：

①审计项目组通过适当的培训并依赖执业经历，是否能够理解具有相似性质和复杂程度的审计业务，以及是否拥有相关实务经验；

②审计项目组是否理解适用的法律法规和职业准则的要求；

③审计项目组是否具备会计或审计特殊领域的专长；

④针对被审计单位所使用的信息技术，以及审计项目组在计划和执行审计工作时拟使用的自动化工具或技术，审计项目组是否具备专长；

⑤审计项目组是否了解被审计单位所处的行业；

⑥审计项目组是否能够运用职业判断并保持职业怀疑；

⑦审计项目组是否理解会计师事务所的政策和程序。

（五）业务执行

1. 对项目组成员指导、监督和复核

审计项目合伙人应当负责对审计项目组成员进行指导、监督并复核其工作。

2. 复核审计工作底稿等相关文件（见表21－11）

表21－11

复核内容	审计工作底稿，包括： ①重大事项； ②重大判断，包括与在审计中遇到的困难或有争议事项相关的判断，以及得出的结论； ③根据审计项目合伙人的职业判断，与审计项目合伙人的职责有关的其他事项
	在签署审计报告前，为确保拟出具的审计报告适合审计项目的具体情况，审计项目合伙人应当复核财务报表、审计报告以及相关的审计工作底稿，包括对关键审计事项的描述（如适用）
复核的时间	在审计报告日或审计报告日之前，审计项目合伙人应当通过复核审计工作底稿以及与审计项目组讨论，确保已获取充分、适当的审计证据，以支持得出的结论和拟出具的审计报告

3. 咨询

审计项目组在执行审计项目的过程中时常会遇到各种各样的疑难问题或者争议事项。当这些问题和事项不能在审计项目组内部得到解决时，有必要向审计项目组之外的适当人员咨询。针对审计项目中需要咨询的事项，审计项目合伙人应当承担下列责任（见表21－12）。

表21－12

（1）审计项目组就下列事项进行咨询承担责任	困难或有争议的事项，以及会计师事务所政策和程序要求咨询的事项； 审计项目合伙人根据职业判断认为需要咨询的其他事项
（2）确定审计项目组成员已在审计过程中就相关事项进行了适当咨询，咨询可能在审计项目组内部进行，或者在审计项目组与会计师事务所内部或外部的其他适当人员之间进行	
（3）确定已与被咨询者就咨询的性质、范围以及形成的结论达成一致意见	
（4）确定咨询形成的结论已得到执行	

4. 项目质量复核

针对需要实施项目质量复核的审计项目，审计项目合伙人应当承担下列责任：

①确定会计师事务所已委派项目质量复核人员；

②配合项目质量复核人员的工作，并要求审计项目组其他成员配合项目质量复核人员的工作；

③与项目质量复核人员讨论在审计中遇到的重大事项和重大判断，包括在项目质量复核过程中识别出的重大事项和重大判断；

④只有在项目质量复核完成后，才签署审计报告。

（六）意见分歧

审计项目组内部、审计项目组与项目质量复核人员之间（如适用），或者审计项目组与在会计师事务所质量管理体系内执行相关活动的人员（包括提供咨询的人员）之间可能出现意见分歧，审计项目组应当遵守会计师事务所处理及解决意见分歧的政策和程序。

针对意见分歧，审计项目合伙人应当承担下列责任：

①对按照会计师事务所的政策和程序处理和解决意见分歧承担责任；

②确定咨询得出的结论已经记录并得到执行；

③在所有意见分歧得到解决之前，不得签署审计报告。

（七）监控与整改

针对监控与整改，审计项目合伙人应当对下列方面承担责任：

①了解从会计师事务所的监控和整改程序获取的信息，这些信息可能是由会计师事务所提供的，也可能来自网络和网络事务所的监控和整改程序（如适用）；

②确定上述第①项提及的信息与审计项目的相关性及其对审计项目的影响，并采取适当行动；

③在整个审计过程中，对可能与会计师事务所的监控和整改程序相关的信息保持警觉，并将此类信息通报给对监控和整改程序负责的人员。

（八）审计工作底稿

针对财务报表审计的质量管理，注册会计师应当在审计工作底稿中记录下列事项：

①针对相关职业道德要求（包括独立性要求）、客户关系和审计业务的接受与保持等方面识别出的事项、与相关人员进行的讨论，以及讨论得出的结论；

②在审计过程中进行咨询的性质、范围、得出的结论，以及这些结论是如何得到执行的；

③如果审计项目需要实施项目质量复核，则应当记录项目质量复核已经在审计报告日或之前完成。

恭喜你，

已完成第二十一章的学习

如果你和你想做的事不在同一个频道，你就会浪费许多精力。等你有机会做你想做的事时，你可能已经没有力气或时间了。

CHAPTER TWENTY-TWO

第二十二章 职业道德基本原则和概念框架

考情雷达

注册会计师在执业过程中除了要遵守审计准则，恰当地执行业务，还需要遵守职业道德，保持诚信、客观和公正、独立性、专业胜任能力和勤勉尽责、保密、良好的职业行为，才能更好地提高审计业务质量，满足使用者的需求，提高审计业务的公信力。从考试情况看，本章主要和第二十三章结合考查简答题，分值在1分左右，属于非重要章节，考生抓重点掌握即可。

本章内容与去年相比无实质性变化。

考点地图

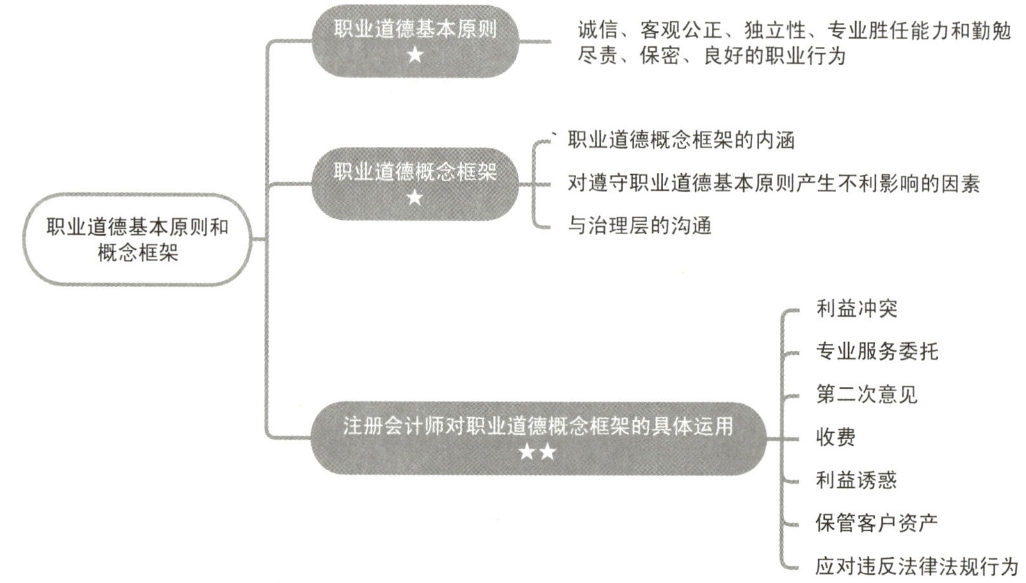

考点1 职业道德基本原则（★）

（一）诚信

（1）诚信原则要求注册会计师在所有的职业活动中，保持正直，诚实守信。注册会计师不得与下列有问题的信息发生牵连，如果发生牵连，则应当消除牵连。

①含有虚假或误导性的陈述；

②含有缺乏充分依据的陈述或信息；

③存在遗漏或含糊其辞的信息。

（2）在鉴证业务中，如果注册会计师依据职业准则的规定出具了恰当的业务报告，例如在审计业务中出具恰当的非无保留意见审计报告，则不被视为违反诚信原则。

（二）客观公正

客观公正原则要求会员应当公正处事，实事求是，不得由于偏见、利益冲突或他人的不当影响而损害自己的职业判断。如果存在对职业判断产生过度不当影响的情形，会员不得从事与之相关的职业活动。

（三）独立性

独立性，是指不受外来力量控制、支配，按照一定之规行事。

注册会计师的独立性包括两个方面——实质上的独立和形式上的独立。注册会计师执行鉴证业务时，应当从实质上和形式上保持独立性，不得因任何利害关系影响其客观公正。

会计师事务所在承办鉴证业务时，应当从整体层面和具体业务层面采取措施，以保持会计师事务所和项目组的独立性。

（四）专业胜任能力和勤勉尽责

专业胜任能力和勤勉尽职原则要求会员通过教育、培训和执业实践获取和保持专业胜任能力。

（五）保密

保密原则要求会员应当对职业活动中获知的涉密信息保密。

表 22－1

要求保密的情形	根据该原则，会员应当遵守下列要求： ①警觉无意中泄密的可能性，包括在社会交往中无意中泄密的可能性，特别要警觉无意中向关系密切的商业伙伴或近亲属泄密的可能性，近亲属是指配偶、父母、子女、兄弟姐妹、祖父母、外祖父母、孙子女、外孙子女； ②对所在会计师事务所、工作单位内部的涉密信息保密； ③对职业活动中获知的涉及国家安全的信息保密； ④对拟承接的客户、拟受雇的工作单位向其披露的涉密信息保密； ⑤在**未经客户、工作单位授权的情况下**，不得向**会计师事务所、工作单位以外的第三方披露**其所获知的涉密信息，**除非法律法规或职业准则规定会员在这种情况下有权利或义务进行披露；** ⑥不得利用因职业关系而获知的涉密信息为自己或第三方谋取利益； ⑦不得在职业关系结束后利用或披露因该职业关系获知的涉密信息； ⑧采取适当措施，确保下级员工以及为会员提供建议和帮助的人员履行保密义务。 【提示】单位的、国家的、客户的保密信息都应该保密
可以披露涉密信息的情形	①**法律法规**允许披露，并且**取得客户或工作单位的授权**； ②根据法律法规的要求，为法律诉讼、仲裁准备文件或提供证据，以及向有关监管机构报告发现的违法行为； ③法律法规允许的情况下，在法律诉讼、仲裁中维护自己的合法权益； ④接受注册会计师协会或监管机构的执业质量检查，答复其询问和调查； ⑤法律法规、执业准则和职业道德规范规定的其他情形

【例题 22－1·简答题·2016 年节选】ABC 会计师事务所首次接受委托审计上市公司甲公司 2015 年度财务报表，委派 A 注册会计师担任项目合伙人。A 注册会计师将与某重大会计问题相关的审计工作底稿发给其大学导师，并就具体问题进行了讨论。

要求：指出 A 注册会计师的做法是否恰当。如不恰当，简要说明理由。

【答案】不恰当。未经客户许可授权，A注册会计师不得将客户涉密信息提供给事务所以外的第三方。

【审题思路】大学导师属于事务所以外的第三方。题干中没有谈到客户授权，因此不恰当。

（六）良好的职业行为

会员应当遵守相关法律法规，避免发生任何损害职业声誉的行为。如果某些法律法规的规定与职业道德守则的相关条款不一致，会员应当注意到这些差异。除非法律法规禁止，会员应当按照较为严格的规定执行。

会员应当诚实、实事求是，不得有下列行为：

①夸大宣传提供的服务、拥有的资质或获得的经验；

②贬低或无根据地比较他人的工作。

考点2 职业道德概念框架（★）

（一）职业道德概念框架的内涵

职业道德概念框架，是指解决职业道德问题的思路和方法，用以指导注册会计师：

①识别对职业道德基本原则的不利影响；

②评价不利影响的严重程度；

③必要时采取防范措施消除不利影响或将其降低至可接受的水平（应对）。

（二）对遵守职业道德基本原则产生不利影响的因素

通常来说，一种情形可能产生多种不利影响，一种不利影响也可能影响多项职业道德基本原则。

可能对职业道德基本原则产生不利影响的因素包括自身利益、自我评价、过度推介、密切关系和外在压力。

表22-2　对职业道德基本原则产生不利影响的因素

因素	含义	举例	记忆面包
自身利益	是指由于某项经济利益或其他利益，可能不当影响会员的判断或行为，而对职业道德基本原则产生的不利影响	①注册会计师在客户中拥有直接经济利益。 ②会计师事务所的收入过分依赖某一客户。 ③会计师事务所以较低的报价获得新业务，而该报价过低，可能导致注册会计师难以按照适用的职业准则要求执行业务。 ④注册会计师与客户之间存在密切的商业关系。 ⑤注册会计师能够接触到涉密信息，而该涉密信息可能被用于谋取个人私利。 ⑥注册会计师在评价所在会计师事务所以往提供的专业服务时，发现了重大错误	利诱（钱的事儿）

续表

因素	含义	举例	记忆面包
自我评价	是指会员在执行当前业务的过程中，其判断需要依赖其本人（或所在会计师事务所或工作单位的其他人员）以往执行业务时作出的判断或得出的结论，而该会员可能不恰当地评价这些以往的判断或结论，从而对职业道德基本原则产生的不利影响	①注册会计师在对客户提供财务系统的设计或实施服务后，又对系统的运行有效性出具鉴证报告。 ②注册会计师为客户编制用于生成有关记录的原始数据，而这些记录是鉴证业务的对象	既当运动员又当裁判
过度推介	是指会员倾向客户或工作单位的立场，导致该会员的客观公正原则受到损害而产生的不利影响	①注册会计师推介客户的产品、股份或其他利益。 ②当客户与第三方发生诉讼或纠纷时，注册会计师为该客户辩护。 ③注册会计师站在客户的立场上影响某项法律法规的制定	立场有倾向
密切关系	是指会员由于与客户或工作单位存在长期或密切的关系，导致过于偏向他们的利益或过于认可他们的工作，从而对职业道德基本原则产生的不利影响	①审计项目团队成员的近亲属担任审计客户的董事或高级管理人员。 ②鉴证客户的董事、高级管理人员，或所处职位能够对鉴证对象施加重大影响的员工，最近曾担任注册会计师所在会计师事务所的项目合伙人。 ③审计项目团队成员与审计客户之间存在长期业务关系	人情（情的事儿）
外在压力	是指会员迫于实际存在的或可感知到的压力，导致无法客观行事而对职业道德基本原则产生的不利影响	①注册会计师因对专业事项持有不同意见而受到客户解除业务关系或被会计师事务所解雇的威胁。 ②由于客户对所沟通的事项更具有专长，注册会计师面临服从该客户判断的压力。 ③注册会计师被告知，除非其同意审计客户某项不恰当的会计处理，否则计划中的晋升将受到影响。 ④注册会计师接受了客户赠与的重要礼品，并被威胁将公开其收受礼品的事情	威逼

近亲属包括主要近亲属和其他近亲属。**主要近亲属是指配偶、父母或子女；**其他近亲属是指兄弟姐妹、祖父母、外祖父母、孙子女、外孙子女。

（三）与治理层的沟通

会员在识别、评价和应对不利影响时，应当根据职业判断，就有关事项与治理层进行沟通。

考点3 注册会计师对职业道德概念框架的具体运用（★★）

（一）利益冲突

利益冲突通常对客观公正原则产生不利影响，也可能对其他职业道德基本原则产生不利影响。

1. 产生利益冲突的情形

①向某一客户提供交易咨询服务，该客户拟收购注册会计师的某一审计客户，而注册会计师已在审计过程中获知了可能与该交易相关的涉密信息。

②同时为两家客户提供建议，而这两家客户是收购同一家公司的竞争对手，并且注册会计师的建议可能涉及双方相互竞争的立场。

③在同一项交易中同时向买卖双方提供服务。

④同时为两方提供某项资产的估值服务，而这两方针对该资产处于对立状态。

⑤针对同一事项同时代表两个客户，而这两个客户正处于法律纠纷中。

⑥针对某项许可证协议，就应收的特许权使用费为许可证授予方出具鉴证报告，并同时向被许可方就应付金额提供建议。

⑦建议客户投资一家企业，而注册会计师的主要近亲属在该企业拥有经济利益。

⑧建议客户买入一项产品或服务，但同时与该产品或服务的潜在卖方订立佣金协议。

2. 应对措施

在评价因利益冲突产生的不利影响的严重程度时，注册会计师需要**考虑是否存在相关保密措施**。当为针对某一特定事项存在利益冲突的双方或多方提供专业服务时，这些保密措施能够防止未经授权而披露涉密信息。这些措施可能包括：

①会计师事务所内部为特殊的职能部门或岗位设置单独的工作空间，作为防止泄露客户涉密信息的屏障；

②限制访问客户文档的政策和程序；

③会计师事务所合伙人和员工签署的保密协议；

④使用物理方式和电子方式对涉密信息采取隔离措施；

⑤专门且明确的培训和沟通。

举例来说，**下列防范措施可能能够应对因利益冲突产生的不利影响：**

①由不同的项目组分别提供服务，并且这些项目组已被明确要求遵守涉及保密性的政策和程序；

②由未参与提供服务或不受利益冲突影响的适当人员复核已执行的工作，以评估关键判断和结论是否适当。

（二）专业服务委托

（1）在接受客户关系前，注册会计师应当确定接受客户关系是否对职业道德基本原则产生不利影响。

①如果注册会计师知悉客户存在某些问题，可能对诚信、良好职业行为原则产生不利影响。

②如果项目组不具备或不能获得恰当执行业务所必需的胜任能力，将因自身利益对专业胜任能力和勤勉尽责原则产生不利影响。

举例来说，下列防范措施可能能够应对因自身利益产生的不利影响：

①分派足够的、具有必要胜任能力的项目组成员；

②就执行业务的合理时间安排与客户达成一致意见；

③在必要时利用专家的工作。

（2）在连续业务中，注册会计师应当定期评价是否继续保持该业务。在承接某项业务之后，注册会计师可能发现对职业道德基本原则的潜在不利影响，这种不利影响如果在承接之前知悉，将会导致注册会计师拒绝承接该项业务。例如，注册会计师可能发现客户实施不当的盈余管理，或者资产负债表中的估值不当，这些事项可能因自身利益对诚信原则产生不利影响。

（3）专业服务委托的变更。

当注册会计师遇到下列情况时，应当确定是否有理由拒绝承接该项业务：

①潜在客户要求其取代另一注册会计师；

②考虑以投标方式接替另一注册会计师执行的业务；

③考虑执行某些工作作为对另一注册会计师工作的补充。

如果注册会计师并未知悉所有相关事实就承接业务，可能因自身利益对专业胜任能力和勤勉尽责原则产生不利影响。如果客户要求注册会计师执行某些工作以作为对现任或前任注册会计师工作的补充，可能因自身利益对专业胜任能力和勤勉尽责原则产生不利影响。注册会计师应当评价不利影响的严重程度。

（三）第二意见

（1）**注册会计师可能被要求就某实体或以其名义运用相关准则处理特定交易或事项的情况提供第二意见，而这一实体并非注册会计师的现有客户。向非现有客户提供第二意见可能因自身利益或其他原因对职业道德基本原则产生不利影响。**

（2）防范措施：

①征得客户同意与前任注册会计师沟通；

②在与客户沟通中说明注册会计师发表专业意见的局限性；

③向现任或前任注册会计师提供第二次意见的副本。

如果客户不允许与现任或前任注册会计师沟通，注册会计师应当决定是否提供第二次意见。

（四）收费【重点】

表 22－3

	说明	防范措施
收费水平	收费报价水平可能影响注册会计师按照职业准则提供专业服务的能力。如果**报价水平过低**，以致注册会计师难以按照适用的职业准则执行业务，**则可能因自身利益对专业胜任能力和勤勉尽责原则产生不利影响**。如果收费报价明显低于前任注册会计师或其他会计师事务所的相应报价，会计师事务所应当确保在提供专业服务时，遵守执业准则和相关职业道德规范的要求，使工作质量不受损害，并使客户了解专业服务的范围和收费基础	①调整收费水平或业务范围。 ②由适当复核人员复核已执行的工作
或有收费	除法律法规允许外，注册会计师**不得以或有收费方式提供鉴证服务**，收费与否或收费多少不得以鉴证工作结果或实现特定目的为条件	①由独立第三方复核注册会计师已执行的工作。 ②预先就收费的基础与客户达成书面协议。 ③向报告的预期使用者披露注册会计师所执行的工作及收费基础。 ④实施质量控制政策和程序

续表

	说明	防范措施
收取介绍费或佣金	注册会计师**不得收取**与客户相关的介绍费或佣金，**也不得向客户或其他方支付**业务介绍费。 若收取或支付，可能对客观公正原则以及专业胜任能力和勤勉尽责原则产生非常严重的不利影响	没有防范措施

【例题 22-2·简答题·2012 年节选】 A 注册会计师担任甲公司审计项目合伙人。在审计过程中，遇到下列与职业道德相关的事项：

审计业务约定书约定，甲公司如上市成功，将另行奖励 ABC 会计师事务所，奖励金额按发行股票融资额的 0.1% 计算。

要求：指出事务所及项目组成员是否违反职业道德守则，并简要说明理由。

【答案】 违反。提供审计服务不得采用或有收费，否则严重影响独立性。

【解题思路】"奖励金额按发行股票融资额的 0.1% 计算"说明不是确定的，属于或有收费。

【例题 22-3·简答题·2010 年节选】 ABC 会计师事务所通过招投标程序接受委托，负责审计上市公司甲公司 2009 年度财务报表，并委派 A 注册会计师为审计项目组负责人，在招投标阶段和审计过程中，ABC 会计师事务所遇到下列与职业道德有关的事项：

签订审计业务约定书时，ABC 会计师事务所根据有关部门的要求。与甲公司商定按六折收取审计费用，据此，审计项目组计划相应缩小审计范围，并就此事与甲公司治理层达成一致意见。

要求：指出 ABC 会计师事务所是否违反职业道德守则，并简要说明理由。

【答案】 违反。会计师事务所不能因减少审计收费而不恰当地缩小审计范围，影响审计质量。

【解题思路】 因为收费过低（六折）相应缩小审计范围是错误的，因为审计范围的缩小可能会提高审计风险，导致无法提供合理保证。

（五）利益诱惑（包括礼品和款待）

1. 一般规定

利益诱惑是指影响其他人员行为的物质、事件或行为，但利益诱惑并不一定具有不当影响该人员行为的意图。利益诱惑可能采取多种形式，例如：①礼品；②款待；③娱乐活动；④捐助；⑤意图建立友好关系；⑥工作岗位或其他商业机会；⑦特殊待遇、权利或优先权。

注册会计师提供或接受利益诱惑，可能因自身利益、密切关系或外在压力对职业道德基本原则产生不利影响，尤其可能对诚信、客观公正、良好职业行为原则产生不利影响。

2. 意图不当影响行为的利益诱惑

注册会计师**不得提供或接受**，或者授意他人提供或接受任何意图不当影响接受方或其他人员行为的利益诱惑。

防范措施如下：

①就该利益诱惑的情况告知会计师事务所的高级管理层或客户治理层；

②调整或终止与客户之间的业务关系。

3. 无不当影响行为意图的利益诱惑

即使注册会计师认为某项利益诱惑无不当影响行为的意图，提供或接受此类利益诱惑仍可能对职业道德基本原则产生不利影响。

下列防范措施可能能够消除因提供或接受此类利益诱惑产生的不利影响：

①拒绝接受或不提供利益诱惑；

②将向客户提供专业服务的责任移交给其他人员，前提是注册会计师没有理由相信该人员在提供专业服务时可能会受到不利影响。

下列防范措施可能能够将提供或接受此类利益诱惑的不利影响降低至可接受的水平：

①就提供或接受利益诱惑的事情，与会计师事务所或客户的高级管理层保持信息对称；

②在由会计师事务所高级管理层或其他负责会计师事务所职业道德合规性的人员监控的，或者由客户维护的记录中登记该利益诱惑；

③针对提供利益诱惑的客户，由未参与提供专业服务的适当复核人员复核注册会计师已执行的工作或作出的决策；

④在接受利益诱惑之后将其捐赠给慈善机构，并向会计师事务所高级管理层或提供利益诱惑的人员适当披露该项捐赠；

⑤支付与所接受利益诱惑（如款待）同等价值的价款；

⑥在收到利益诱惑（如礼品）后尽快将其返还给提供者。

（六）保管客户资产

除非法律法规允许或要求，并且满足相关条件，**注册会计师不得提供保管客户资金或其他资产的服务**。

保管客户资产可能因自身利益或其他原因而对客观公正、良好职业行为原则产生不利影响。

注册会计师如果保管客户资金或其他资产，应当符合下列要求：

①遵守所有与保管资产和履行报告义务相关的法律法规；

②将客户资金或其他资产与其个人或会计师事务所的资产分开；

③仅按照预定用途使用客户资金或其他资产；

④随时准备向相关人员报告资产状况及产生的收入、红利或利得。

如果客户资金或其他资产来源于非法活动（如洗钱），注册会计师不得提供保管资产服务，并应当运用职业道德概念框架应对此类违反法律法规行为。

（七）应对违反法律法规行为

违反法律法规行为包括客户、客户的治理层和管理层，以及为客户工作或在客户指令下工作的人员有意或无意作出的与现行法律法规不符的疏漏或违法行为。

举例来说，主要涉及下列方面的法律法规：①舞弊、腐败和贿赂；②国家安全、洗钱和犯罪所得；③证券市场和交易；④银行业务、其他金融产品和服务；⑤信息安全；⑥税务、社会保障；⑦环境保护；⑧公共健康与安全。

在向客户提供专业服务的过程中，当注册会计师知悉或怀疑存在这种违反或涉嫌违反法律法规的行为时，**可能因自身利益或外在压力对诚信和良好职业行为原则产生不利影响**。注册会计师应当运用职业道德概念框架识别、评价和应对此类不利影响。

恭喜你，

已完成第二十二章的学习

扫码免费进 >>>
2022年CPA带学群

有一种努力叫作靠自己，没有人能成为你永远的避风港，你才是自己人生路上唯一的导航灯，你想要的人生，只有你自己给得起。

CHAPTER TWENTY-THREE

第二十三章 审计业务对独立性的要求

考情雷达

独立性是审计的基础，是注册会计师的灵魂，也是职业道德中最重要的部分。本章我们将深入学习审计业务对独立性的要求，包括各种影响独立性的情形以及注册会计师的防范措施。从考试情况看，每年考查一道简答题，分值为6分左右，属于非常重要的章节，但是知识点较多，考生需要有足够的耐心并结合历年真题进行熟练掌握。

本章内容与去年相比无实质性变化。

考点地图

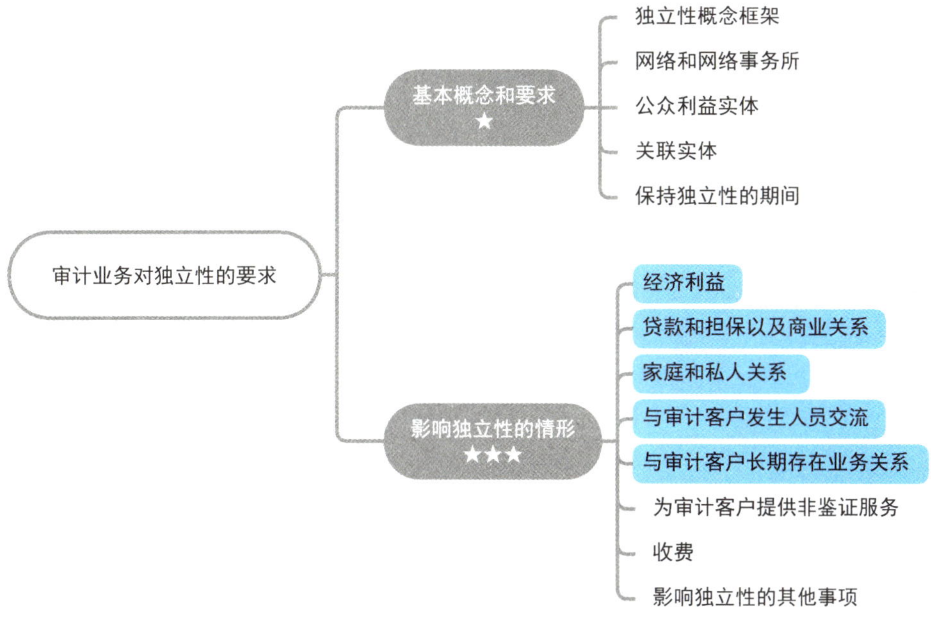

考点1 基本概念和要求（★）

（一）独立性概念框架

1. 独立性包括实质上的独立性和形式上的独立性

实质上的独立性是一种内心状态，使得注册会计师在提出结论时不受损害职业判断的因素影响，诚信行事，遵循客观公正原则，保持职业怀疑。

形式上的独立性是一种外在表现，使得一个理性且掌握充分信息的第三方，在权衡所有相关事实和情况后，认为会计师事务所或审计项目组成员没有损害诚信原则、客观公正原则或职业怀疑。

2. 独立性概念框架是指解决独立性问题的工作思路

首先，识别对独立性产生不利影响的各种关系或情形；

其次，评价不利影响的严重程度；

最后，必要时采取防范措施消除不利影响或将其降低至可接受的水平。

（二）网络和网络事务所

1. 网络和网络事务所的定义

网络事务所，是指属于某一网络的会计师事务所或实体。如果某一会计师事务所被视为网络事务所，则应当与网络中其他会计师事务所的审计客户保持独立，而无论该实体本身是否为会计师事务所。**除非另有说明，本章所称会计师事务所包括网络事务所。**

2. 判断一个联合体是否形成网络的标准（以下视为网络）

一个联合体旨在通过合作，在各实体之间共享收益或分担成本；

如果构成“联合体”的实体之间分担的成本不重要，或分担的成本仅限于与开发审计方法、编制审计手册或提供培训课程有关的成本，则不被视为网络事务所。

在下列情形中，共享的资源被视为不重要：

①共享的资源仅限于共同的审计手册或审计方法；

②共享培训资源，而并不交流人员、客户信息或市场信息；

③没有一个共有的技术部门。

（三）公众利益实体

在评价对独立性产生不利影响的重要程度以及为消除不利影响或将其降低至可接受水平采取的必要防范措施时，注册会计师应当考虑实体涉及公众利益的程度。

表 23－1

公众利益实体	①上市公司； ②法律法规界定的公众利益实体； ③法律法规规定按照上市公司审计独立性的要求接受审计的实体（比如央企）； ④其债券在法律法规认可的证券交易所报价或挂牌，或是在法律法规认可的证券交易所或其他类似机构的监管下进行交易的实体

（四）关联实体

表 23－2

关联实体，是指与客户存在下列任一关系的实体	①能够对客户施加直接或间接控制的实体，并且客户对该实体重要； ②在客户内拥有直接经济利益的实体，并且该实体对客户具有重大影响，在客户内的利益对该实体重要； ③受到客户直接或间接控制的实体； ④客户（或受到客户直接或间接控制的实体）拥有其直接经济利益的实体，并且客户能够对该实体施加重大影响，在实体内的经济利益对客户重要； ⑤与客户处于同一控制下的实体（即“姐妹实体”），并且该实体和客户对其控制方均重要

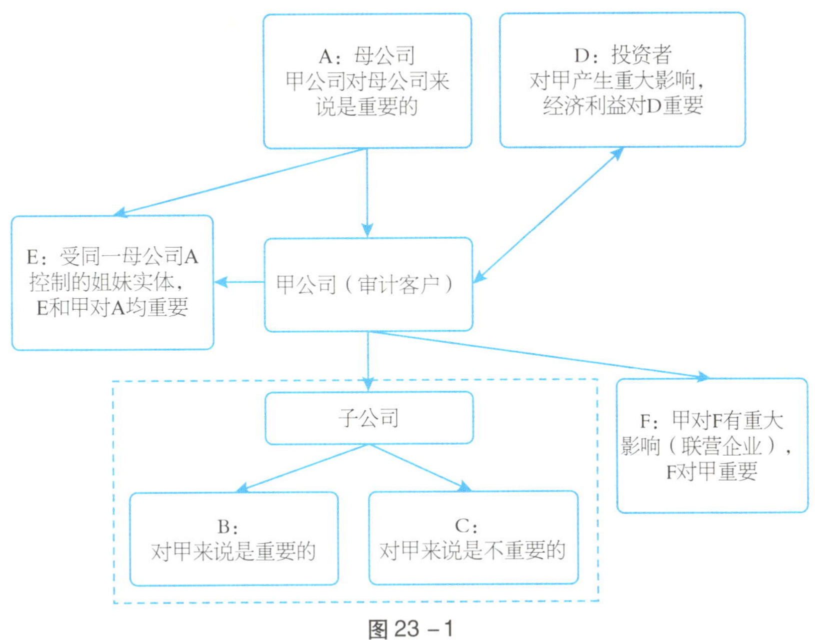

图 23－1

控制我的、我控制的、重大影响我的、我重大影响的、姐妹实体

【提示】如果审计客户是上市公司，审计客户包括其所有的“关联实体”。如果不是上市公司，则审计客户仅包括该客户直接或间接控制的关联实体。

（五）保持独立性的期间

注册会计师应当在业务期间和财务报表涵盖的期间独立于审计客户。

1. 定义

业务期间是指自审计项目组开始执行审计业务之日起，至出具审计报告之日止。

如果审计业务具有连续性，业务期间结束日应以其中一方通知解除业务关系或出具最终审计报告两者时间孰晚为准。

2. 业务期间和财务报表涵盖期间的关系

如图 23－2 所示，假设 ABC 会计师事务所于 2013 年 3 月 1 日首次接受委托，承接甲上市公司 2013 年度财务报表审计业务，这项工作将从 2013 年 3 月 1 日开始实施并持续到 2014 年 4 月 6 日。财务报表涵盖的期间是 2013 年 1 月 1 日至 2013 年 12 月 31 日。那么，业务期间为 2013 年 3 月 1 日至最终审计报告出具之日，即 2014 年 4 月 6 日（如果会计师事务所继续为该企业提供审计服务，业务期间将会延伸至第二年）。自 2013 年 1 月 1 日开始，会计师事务所必须保持独立性，直到其终止作为客户的注册会计师这一角色。

根据 ABC 事务所的该项审计业务，则：

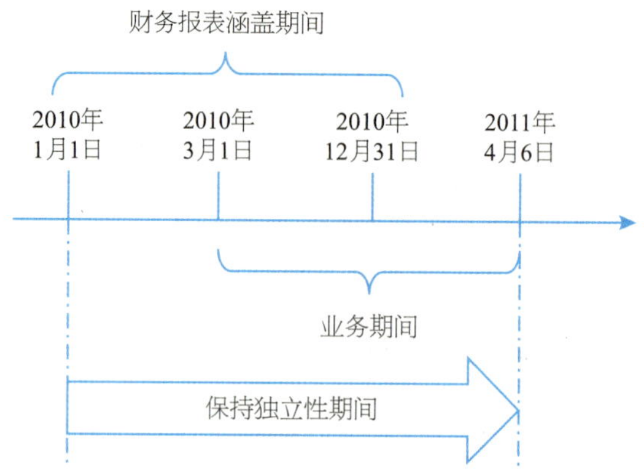

图 23－2 业务期间和财务报表涵盖期间示例

3. 独立性判断

如果一个实体委托会计师事务所对其财务报表发表意见，并且在该财务报表涵盖的期间或之后成为审计客户，会计师事务所应当确定下列因素是否对独立性产生不利影响：

①在财务报表涵盖的期间或之后、接受审计业务委托之前，与审计客户之间存在的经济利益或商业关系；

②以往向审计客户提供的服务。

4. 注册会计师在向审计客户提供在审计期间不允许提供的非鉴证业务

如果在财务报表涵盖的期间或之后，在审计项目组开始执行审计业务之前，会计师事务所向审计客户提供了非鉴证服务，并且该非鉴证服务在审计期间不允许提供，会计师事务所应当评价提供的非鉴证服务对独立性产生的不利影响。

如图 23－3 所示，如果会计师事务所在 2010 年 1 月 1 日至 2010 年 3 月 1 日期间为其审计客户提供了不被允许的非鉴证服务，将对独立性产生不利影响。

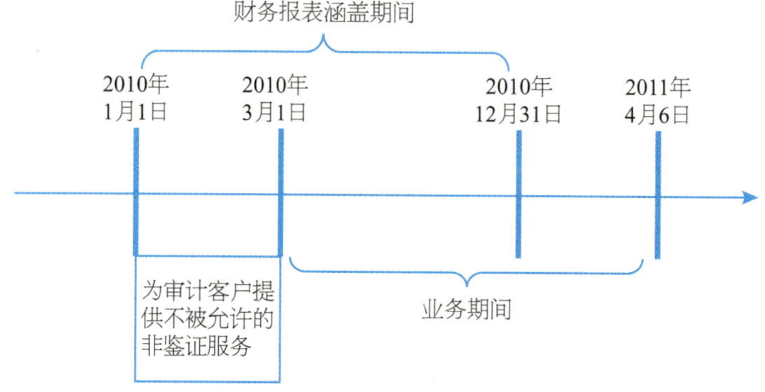

图 23－3 不能向审计客户提供非鉴证服务的期间示例

表 23－3

防范措施	①不允许提供非鉴证服务的人员担任审计项目团队成员； ②必要时由适当复核人员复核审计和非鉴证工作； ③由其他会计师事务所评价非鉴证服务的结果，或由其他会计师事务所重新执行非鉴证服务，使得其他会计师事务所能够对该非鉴证服务承担责任

考点 2 经济利益——自身利益（★★★）

（一）经济利益的种类

1. 直接经济利益

包括股票、债券、认沽权、认购权、期权、权证和卖空权等。

2. 间接经济利益

间接经济利益是指个人或实体通过集合投资工具、信托、实体或合伙组织，或第三方而实质拥有的经济利益，但没有能力控制这些投资工具，或影响其投资决策。

例如，投资经理投资了共同基金，而这些共同基金投资了一揽子基础金融产品，那么在这种情况下，该共同基金属于直接经济利益，而这些基础金融产品将被视为间接经济利益。

（二）不得在审计客户中拥有的经济利益的情形【最重要的情形】

表 23－4

谁（我方主体）	在哪儿（对方主体）	拥有什么经济利益	允许吗
会计师事务所、审计项目团队成员及其主要近亲属	审计客户	拥有直接经济利益或重大间接经济利益	不得拥有
与执行审计业务的项目合伙人同处一个分部的其他合伙人及其主要近亲属			
为审计客户提供非审计服务的其他合伙人、管理人员及其主要近亲属			

彬哥解读

①审计项目团队成员包括执行某项审计业务的所有合伙人和员工，以及为该项业务实施审计程序的所有其他人员（即审计项目组），还包括会计师事务所及网络事务所中能够直接影响审计业务结果的其他人员。例如，能对审计项目合伙人提出薪酬建议，以及进行直接指导、管理或监督的人员，为执行审计业务提供技术或行业具体问题、交易或事项的咨询的人员（如针对与审计相关的准备计提或价值评估工作进行复核的财务交易咨询部的专业人员），或对审计业务实施项目管理的人员，包括项目质量复核人员。

②执行审计业务的项目合伙人所处的分部并不一定是其所隶属的分部。当项目合伙人与审计项目团队的其他成员隶属于不同的分部时，会计师事务所应当运用职业判断确定项目合伙人执行审计业务时所处的分部。例如，某一审计客户的大部分业务发生在北京，执行此审计业务时均由北京分部的项目组成员（除合伙人外）负责，而项目合伙人是从香港分部被委派到北京分部协助其业务发展的，其身份隶属于香港分部，在此情况下，项目合伙人执行审计业务所处的分部通常被认为是北京分部，因此，在北京分部的其他合伙人或其主要近亲属不得在审计客户中拥有直接经济利益或重大间接经济利益。

例外情形：可以在审计客户中拥有直接经济利益或重大间接经济利益。

表 23－5

谁（我方主体）		在哪儿（对方主体）	主要近亲属可以在审计客户拥有的经济利益的条件
两类主要近亲属	与执行审计业务的项目合伙人同处一个分部的其他合伙人的主要近亲属	审计客户	同时满足以下条件： ①该主要近亲属**作为审计客户的员工**有权（例如通过退休金或股票期权计划）取得该经济利益，**并且会计师事务所在必要时能够应对**因该经济利益产生的不利影响； ②当该主要近亲属拥有或取得处置该经济利益的权利，或者在股票期权中，有权行使期权时，能够**尽快处置或放弃该经济利益**
	为审计客户提供非审计服务的其他合伙人、管理人员的主要近亲属		

【例题 23－1·简答题·2020 年节选】 上市公司甲公司是 ABC 会计师事务所的常年审计客户。审计项目团队在甲公司 2019 年财务报表审计中遇到下列事项，甲公司是上市公司乙公司的重要联营企业。项目经理 B 注册会计师的父亲于 2020 年 1 月 6 日购买了乙公司股票 2 000 股。乙公司不是 ABC 会计师事务所的审计客户。

要求：指出是否可能存在违反中国注册会计师职业道德守则有关独立性规定的情况，并简要说明理由。

【答案】 违反。B 注册会计师的父亲在审计业务期间拥有甲公司关联实体的直接经济利益，因自身利益对独立性产生严重不利影响。

【解题思路】“甲公司是上市公司乙公司的重要联营企业”说明乙公司对甲公司有重大影响，同时甲公司对乙公司来说也是重要的，因此乙公司是甲公司的关联实体。“2020 年 1 月6 日”属于审计业务期间。会计师事务所、审计项目团队成员及其主要近亲属在业务期间不得在审计客户（包括其关联实体）中拥有直接经济利益。

【例题23－2·简答题·2014年节选】上市公司甲公司从事保险业务。2013年5月，ABC会计师事务所拟承接甲公司2013年度财务报表审计业务。C注册会计师是ABC会计师事务所金融保险业务部主管合伙人，其父亲通过二级市场买入并持有甲公司股票2 000股。

要求：指出是否存在可能对ABC会计师事务所的独立性产生不利影响的情况，并简要说明理由。如果存在可能产生不利影响的情况，简要说明可以采取的防范措施。

【答案】存在不利影响。C注册会计师作为同一分部的合伙人/审计项目团队成员，其主要近亲属不得持有甲公司的股票，否则将因自身利益对独立性产生严重不利影响。

防范措施：C注册会计师的父亲应当在ABC会计师事务所接受审计委托之前卖出股票。

【解题思路】"事务所金融保险业务部主管合伙人"说明C注册会计师属于同一分部的其他合伙人。

【例题23－3·简答题·2013年节选】甲银行是A股上市公司，系ABC会计师事务所的常年审计客户。XYZ咨询公司是ABC会计师事务所的网络事务所。在对甲银行2012年度财务报表执行审计的过程中存在下列事项：

XYZ咨询公司的合伙人C的父亲持有甲银行少量股票，截至2012年12月31日，这些股票市值为6 000元。合伙人C自2011年起为甲银行下属某分行提供企业所得税申报服务，但在服务过程中不承担管理层职责。

要求：针对上述事项，逐项指出是否存在违反中国注册会计师职业道德守则的情况，并简要说明理由。

【答案】是。为甲银行的关联实体提供非审计服务的合伙人C及其主要近亲属不得在甲银行中拥有任何直接经济利益，否则将因自身利益对独立性产生严重不利影响。

【解题思路】"合伙人C自2011年起为甲银行下属某分行提供企业所得税申报服务"说明C合伙人属于为审计客户提供非审计服务的其他合伙人。

（三）在控制审计客户的实体中拥有经济利益（审计客户的母公司）

表23－6

谁（我方主体）	在哪儿（对方主体）	拥有什么经济利益	允许吗
会计师事务所、审计项目团队成员及其主要近亲属	一个实体（母公司）：该实体在审计客户中拥有控制性的权益，并且审计客户对该实体重要时	直接经济利益或重大间接经济利益	将因自身利益产生非常严重的不利影响，导致没有防范措施能够将其降低至可接受的水平

（四）作为受托管理人拥有经济利益

表 23－7

谁（我方主体）	情形（原因）	在哪儿（对方主体）	被允许拥有的经济利益（直接 or 重大间接）的条件
会计师事务所、审计项目团队成员及其主要近亲属	作为受托管理人	审计客户	同时满足： ①受托管理人、审计项目团队成员、两者的主要近亲属，会计师事务所均不是受托财产的受益人； ②通过信托而在审计客户中拥有的经济利益对于该项信托而言并不重大； ③该项信托不能对审计客户施加重大影响； ④受托管理人、审计项目团队成员、两者的主要近亲属，会计师事务所对涉及审计客户经济利益的投资决策没有重大影响。 【提示】不满足条件，则不得拥有
与执行审计业务的项目合伙人同处一个分部的其他合伙人及其主要近亲属			
为审计客户提供非审计服务的其他合伙人、管理人员及其主要近亲属			

（五）与审计客户拥有共同经济利益

表 23－8

我方主体	情形（原因）	对方主体	可以拥有的经济利益的条件
会计师事务所、审计项目团队成员或其主要近亲属	同时在某一实体拥有经济利益	审计客户	除非满足下列条件之一，否则会计师事务所、审计项目团队成员及其主要近亲属不得在该实体中拥有经济利益： ①经济利益对会计师事务所、审计项目团队成员及其主要近亲属，以及审计客户均不重要； ②审计客户无法对该实体施加重大影响。 【提示】满足条件之一即可拥有该经济利益

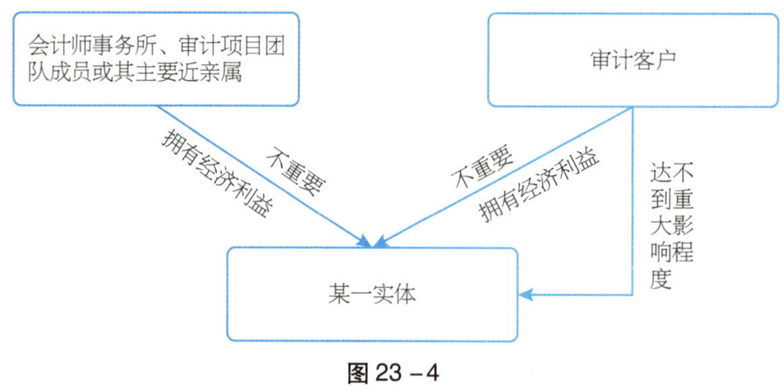

图 23－4

拥有此类经济利益的人员，在成为审计项目团队成员之前，该人员或其主要近亲属应当处置全部经济利益，或处置足够数量的经济利益，使剩余经济利益不再重大。

【例题 23－4·简答题·2019 年】 上市公司甲公司是 ABC 会计师事务所的常年审计客户。审计项目团队在甲公司 2018 年度财务报表审计中遇到下列事项，审计项目团队成员 B 注册会计师的父亲在丙公司持有重大经济利益。丙公司为甲公司不重要的联营企业，不是 ABC 会计师事务所的审计客户。

要求：指出是否可能存在违反中国注册会计师职业道德守则有关独立性规定的情况，并简要说明理由。

【答案】 违反。甲公司对丙公司有重大影响，且项目组成员 B 的父亲在丙公司持有重大经济利益，因自身利益对独立性产生严重不利影响。

【解题思路】“丙公司为甲公司不重要的联营企业”，说明甲对丙有重大影响，但是丙对甲来说不重要，即丙不是甲的关联实体。那只能按照在同一实体中（与审计客户拥有共同经济利益）拥有经济利益的要求来判断。

除非满足下列条件之一，否则会计师事务所、审计项目团队成员及其主要近亲属不得在该实体中拥有经济利益：

①经济利益对会计师事务所、审计项目团队成员及其主要近亲属，以及审计客户均不重要；

②审计客户无法对该实体施加重大影响。

题干条件①和②均不满足，所以会对独立性产生影响。

（六）无意中获取的经济利益

表 23－9

谁（我方主体）	情形（原因）	在哪儿（对方主体）	拥有了什么经济利益	允许吗	防范措施
会计师事务所、审计项目团队成员或其主要近亲属	继承、馈赠、企业合并等	审计客户	直接经济利益或重大间接经济利益	不允许	应当立即处置全部经济利益，或处置全部直接经济利益并处置足够数量的间接经济利益，以使剩余经济利益不再重大
会计师事务所员工或其主要近亲属					应当在合理期限内尽快处置全部经济利益，或处置全部直接经济利益并处置足够数量的间接经济利益，以使剩余经济利益不再重大

（七）其他情况下的经济利益

1. 与审计客户的利益相关者同时在某一实体中拥有经济利益

表 23 – 10

谁（我方主体）	情形（原因）	对方主体	影响吗	防范措施
会计师事务所、审计**项目团队成员**或其**主要**近亲属	同时在某一实体拥有经济利益	**审计客户的**董事、高级管理人员或拥有控制权的所有者（称为**利益相关者**）	可能因为自身利益、密切关系或外在压力产生不利影响	①将拥有该经济利益的审计项目团队成员**调离**审计项目团队，可能能够消除不利影响。 ②由审计项目团队以外的注册会计师**复核**该成员已执行的工作，可能能够将不利影响降低至可接受的水平

2. 对审计项目团队成员其他近亲属拥有的经济利益

表 23 – 11

谁（我方主体）	在哪儿（对方主体）	拥有了什么经济利益	影响吗	防范措施
审计项目团队某一成员的**其他近亲属**	审计客户	直接经济利益或重大间接经济利益	将因自身利益产生非常严重的不利影响	①其他近亲属**尽快处置**全部经济利益，或处置全部直接经济利益并处置足够数量的间接经济利益，以使剩余经济利益不再重大。 ②将该成员**调离**审计项目团队。 ③由审计项目团队以外的适当**复核**人员复核该审计项目团队成员已执行的工作

3. 对其他人员拥有经济利益的要求

表 23 – 12

谁（我方主体）	在哪儿（对方主体）	影响吗	防范措施
除下述［提示］中提及的人员外，事务所合伙人、专业人员，两者的主要近亲属	审计客户	可能因为自身利益产生不利影响	①将存在密切私人关系的审计项目团队成员**调离**审计项目团队，以消除不利影响。 ②**不允许该审计项目团队成员参与有关审计业务的任何重大决策**，以将不利影响降低至可接受的水平。 ③由审计项目团队以外的适当**复核**人员复核该审计项目团队成员已执行的工作，以将不利影响降低至可接受的水平
与审计项目团队成员存在**密切私人关系的人员**			

【提示】提及的人员包括：会计师事务所、审计项目团队成员及其主要近亲属、与执行审计业务的项目合伙人同处一个分部的其他合伙人及其主要近亲属、为审计客户提供非审计服务的其他合伙人、管理人员及其主要近亲属。

4. 会计师事务所的退休金计划

表 23－13

谁（我方主体）	情形（原因）	在哪儿（对方主体）	拥有了什么经济利益	影响吗	防范措施
会计师事务所	退休金计划	审计客户	直接经济利益或重大间接经济利益	可能因为自身利益产生不利影响	必要时采取防范措施消除不利影响或将其降低至可接受的水平

考点 3 贷款和担保以及商业关系（★★★）

（一）贷款和担保——自身利益

1. 从审计客户取得贷款或获得贷款担保

表 23－14

谁（我方主体）	对方主体：审计客户	行为	结果	
会计师事务所	银行或类似金融机构	取得贷款或者担保（包括按揭贷款、银行透支、汽车贷款和信用卡等）	非正常程序、条款、条件	不允许，否则将因自身利益对独立性产生不利影响
			正常程序、条款、条件	如果该贷款对审计客户或取得贷款的会计师事务所**是重要的，也可能因自身利益对独立性产生不利影响**
	不属于银行或类似金融机构		不允许，否则将因自身利益对独立性产生不利影响	
审计项目团队成员或其主要近亲属	银行或类似金融机构	取得贷款或者担保	非正常程序、条款、条件	不允许
			正常程序、条款、条件	允许
	不属于银行或类似金融机构		不允许，否则将因自身利益对独立性产生不利影响	

2. 向审计客户提供贷款或为其提供担保

表 23－15

谁（我方主体）	在哪儿（对方主体）	行为	防范措施
会计师事务所、审计项目团队成员或其主要近亲属	审计客户	提供贷款或为其提供担保	将因自身利益产生非常严重的不利影响，导致没有防范措施能够将其降低至可接受的水平。**不得**向审计客户提供贷款或担保

3. 在审计客户开立存款或经纪账户

表 23－16

谁（我方主体）	在哪儿（对方主体）	行为	防范措施	
会计师事务所、审计项目团队成员或其主要近亲属	审计客户	银行或类似金融机构开立存款或经纪账户	正常商业条件	不影响
			非正常商业条件	不得

（二）商业关系

1. 一般规定——自身利益或外在压力

会计师事务所、审计项目**团队成员**或其**主要**近亲属与审计客户或其高级管理人员之间，由于商务关系或共同的经济利益而**存在密切的商业关系**，**可能因自身利益或外在压力产生严重的不利影响**。

表 23－17

谁（我方主体）	在哪儿（对方主体）	行为	结果
会计师事务所、审计项目**团队成员**或其**主要**近亲属	审计客户或其控股股东、董事、高级管理人员	**共同开办**企业	（1）会计师事务所、审计项目团队成员：**不得**与审计客户或其高级管理人员建立密切的商业关系。 ①如果**会计师事务所**存在此类商业关系，应当予以**终止**。 ②如果此类商业关系涉及**审计项目团队成员**，会计师事务所应当将该成员**调离**审计项目团队。 （2）审计项目团队成员的**主要近亲属**：与审计客户或其高级管理人员存在此类商业关系，注册会计师**应当评价不利影响的严重程度，并在必要时采取防范措施消除不利影响或将其降低至可接受的水平**
		按照协议，将会计师事务所的产品或服务与客户的产品或服务结合在一起，并以双方名义**捆绑销售**	
		按照协议，会计师事务所销售或推广客户的产品或服务，**或者**客户销售或推广会计师事务所的产品或服务（**互相推广**）	

【例题 23－5·简答题·2019 年节选】上市公司甲公司是 ABC 会计师事务所的常年审计客户。审计项目团队在甲公司 2018 年度财务报表审计中遇到下列事项，甲公司研发的新型电动汽车于 2018 年 12 月上市，甲公司在 ABC 会计师事务所年会上为其员工举办了专场试驾活动，并宣布事务所员工可以按照甲公司给其同类大客户的优惠价格购车。

要求：指出是否可能存在违反中国注册会计师职业道德守则有关独立性规定的情况，并简要说明理由。

【答案】违反。该试驾活动被视为 ABC 会计师事务所向其员工推销甲公司产品/属于禁止的商业关系，将因自身利益对独立性产生严重不利影响。

2. 与审计客户或利益相关者一同在某股东人数有限的实体中拥有利益——自身利益

表 23－18

谁（我方主体）	在哪儿（对方主体）	行为	结果
会计师事务所、审计项目团队成员或其主要近亲属	审计客户或其董事、高级管理人员，或者上述各方作为投资者的任何组合	在股东人数有限的实体中拥有经济利益	会计师事务所、审计项目团队成员或其主要近亲属不得拥有会涉及该实体经济利益的商业关系。 除非同时满足下列条件： ①这种商业关系对于会计师事务所、审计项目团队成员或其主要近亲属以及审计客户均不重要。 【提示】对我方不重要。 ②该经济利益对上述投资者或投资组合并不重大。 【提示】对对方不重要。 ③该经济利益不能使上述投资者或投资组合控制该实体。 【提示】对方也不能控制该实体

3. 从客户购买商品或服务——自身利益

表 23－19

谁（我方主体）	在哪儿（对方主体）	行为	结果	
会计师事务所、审计项目团队成员或其主要近亲属	审计客户	购买商品或服务	正常的商业程序公平交易	通常不会对独立性产生不利影响
				如果交易性质特殊或金额较大，可能因自身利益产生不利影响。 会计师事务所应当评价不利影响，采取防范措施： ①取消交易或降低交易规模； ②将相关审计项目组成员调离审计项目组

【例题 23－6·简答题·2019 年】 上市公司甲公司系 ABC 会计师事务所的常年审计客户。在对甲公司 2013 年度财务报表执行审计的过程中存在下列事项：

2013 年 12 月，审计项目团队成员 B 注册会计师通过银行按揭，按照市场价格 500 万元购买了甲公司出售的公寓房一套。

要求：指出是否可能存在违反中国注册会计师职业道德守则有关独立性规定的情况，并简要说明理由。

【答案】 是。交易金额对 B 注册会计师而言较大，即使按照正常的商业程序公平交易，但交易金额较大，也将因自身利益对独立性产生不利影响。

【解题思路】 “500 万元”对一位普通的注册会计师来说已经达到了重大程度。

考点4 家庭和私人关系——自身利益、密切关系或外在压力（★★★）

如果审计项目团队成员与审计客户的董事、高级管理人员，或所处职位能够对客户会计记录或被审计财务报表的编制施加重大影响的员工（以下简称“特定员工”）存在家庭和私人关系，可能因自身利益、密切关系或外在压力对独立性产生不利影响。

表23－20

<table>
<tr><th>我方主体</th><th>在审计客户任职（干什么的）</th><th>结果</th></tr>
<tr><td rowspan="2">审计项目团队成员的主要近亲属</td><td>董事、高级管理人员或担任能够对被审计单位财务报表或会计记录施加重大影响的职位的员工（董高特）。
【提示】现在担任或者在业务期间或财务报表涵盖的期间曾担任上述职务</td><td>将对独立性产生非常严重的不利影响，导致没有防范措施能够消除该不利影响或将其降低至可接受的水平，拥有此类关系的人员不得成为审计项目团队成员</td></tr>
<tr><td>所处职位能够对客户的财务状况、经营成果和现金流量施加重大影响</td><td rowspan="2">将因自身利益、密切关系或外在压力对独立性产生不利影响。
防范措施：
①将该成员调离审计项目组；
②合理安排审计项目组成员的职责，使该成员的工作不涉及其主要/其他近亲属的职责范围</td></tr>
<tr><td>审计项目团队成员的其他近亲属</td><td>董高特</td></tr>
<tr><td>审计项目团队成员的其他密切关系的人员</td><td>董高特</td><td>即使该员工不是审计项目组成员的近亲属，也将对独立性产生不利影响。
防范措施：
①将该成员调离审计项目组；
②合理安排该成员的职责，使其工作不涉及与之存在密切关系的员工的职责范围</td></tr>
<tr><td>审计项目团队成员以外的人员</td><td>与审计客户的董事、高级管理人员或特定员工之间存在家庭（亲属）或私人关系</td><td>可能因为自身利益、密切关系或外在压力产生不利影响。
防范措施：
①合理安排该合伙人或员工的职责，以减少对审计项目组可能产生的影响。
思考：为什么不是调离？
②由审计项目组以外的注册会计师复核已执行的相关审计工作</td></tr>
</table>

【例题23－7·简答题·2014年节选】上市公司甲公司从事保险业务。2013年5月，ABC会计师事务所承接甲公司2013年度财务报表审计业务。B注册会计师是ABC会计师事务所金融保险业务部的合伙人，其妻子是甲公司某分公司的人事部经理。

要求：指出是否存在可能对ABC会计师事务所的独立性产生不利影响的情况，并简要说明理由。如果存在可能产生不利影响的情况，简要说明可以采取的防范措施。

【答案】否。B注册会计师的妻子不属于甲公司高级管理人员/不属于对公司财务报表编制产生重大影响的员工，因此该家庭关系不会对独立性产生不利影响。

防范措施：不适用。

考点5 与审计客户发生人员交流（★★★）

（一）与审计客户发生雇佣关系——密切关系或外在压力

1. 一般规定

如果审计客户的董事、高级管理人员或特定员工，曾经是审计项目团队的成员或会计师事务所的合伙人，可能因密切关系或外在压力产生不利影响。

表 23－21

<table>
<tr><th colspan="2">情形</th><th>防范措施</th></tr>
<tr><td rowspan="2">审计项目组“前任合伙人、前任成员”加入审计客户，担任重要职位（董高特）</td><td>与会计师事务所仍保持重要联系</td><td>将产生非常严重的不利影响，导致没有防范措施能够将其降低至可接受的水平。
如果同时满足下列条件，将不被视为损害独立性：
①“前任合伙人、前任成员”无权从会计师事务所获取报酬或福利（除非报酬或福利是按照预先确定的固定金额支付的）；
②应付该人员的金额（如有）对会计师事务所不重要；
③“前任合伙人、前任成员”未继续参与，并且在外界看来未参与会计师事务所的经营活动或职业活动</td></tr>
<tr><td>与会计师事务所已经没有重要联系</td><td>不影响</td></tr>
<tr><td colspan="2">前任合伙人加入的某一实体并担任董高特，该实体随后成为审计客户</td><td>可能因密切关系或外在压力产生不利影响。
防范措施可能包括：
①修改审计计划；
②向审计项目团队分派与该人员相比经验更加丰富的人员；
③由适当复核人员复核前任审计项目团队成员已执行的工作</td></tr>
<tr><td colspan="2">审计项目团队某成员拟加入审计客户</td><td>将因为自身利益对独立性产生不利影响。
会计师事务所应当制定政策和程序，要求审计项目组成员在与审计客户协商受雇于该客户时，向会计师事务所报告。在接到报告后，会计师事务所应当评价不利影响的严重程度，并在必要时采取防范措施消除不利影响或将其降低至可接受的水平。
防范措施主要包括：
①将该成员调离审计项目组；
②由审计项目组以外的注册会计师复核该成员在审计项目组中作出的重大判断</td></tr>
</table>

2. 审计客户属于公众利益实体——密切关系或外在压力

表 23－22

<table>
<tr><th>情形</th><th>说明</th></tr>
<tr><td rowspan="2">关键审计合伙人加入审计客户担任重要职位【董高特】</td><td>关键审计合伙人，是指项目合伙人、实施项目质量复核的负责人，以及审计项目组中负责对财务报表审计所涉及的重大事项作出关键决策或判断的其他审计合伙人（其他审计合伙人还包括负责审计重要子公司或分支机构的项目合伙人）</td></tr>
<tr><td>除非该合伙人不再担任关键审计合伙人后，该公众利益实体发布了已审计财务报表涵盖期间不少于 12 个月，并且该合伙人未参与财务报表的审计，否则独立性将视为受到损害</td></tr>
</table>

续表

情形	说明
前任高级合伙人加入审计客户担任重要职位【董高特】	除非该高级合伙人离职已超过12个月，否则独立性将视为受到损害
因企业合并导致前任关键审计合伙人或前任高级合伙人加入审计客户担任重要职位【董高特】	同时满足下列条件，则不被视为独立性受到损害： ①该人员接受该职务时，并未预料到会发生企业合并； ②该人员在会计师事务所中应得的报酬或福利都已全额支付（除非报酬或福利是按照预先确定的固定金额支付的，并且应付金额对会计师事务所不重要）； ③该人员未继续参与，或在外界看来未参与会计师事务所的经营活动或职业活动； ④已就该人员在审计客户中的职位与治理层讨论。 【记忆面包】出乎意料＋报酬付清＋再无瓜葛＋参与讨论

【例题23－8·简答题·2014年节选】上市公司甲公司是ABC会计师事务所的常年审计客户。审计项目团队在甲公司2017年度财务报表审计中遇到下列事项：

B注册会计师曾担任甲公司2016年度财务报表审计的项目质量管理复核人，于2017年5月退休，之后未和ABC会计师事务所保持交往。2018年1月1日，B注册会计师受聘担任甲公司独立董事。

要求：指出是否可能存在违反中国注册会计师职业道德守则有关独立性规定的情况，并简要说明理由。

【答案】违反。B注册会计师在2017年财务报表发布前就已担任甲公司独立董事，属于因密切关系和外在压力对独立性产生严重不利影响。

【解题思路】B注册会计师担任该项目的关键审计合伙人是2016年，需要等2016年财报对外公布以后再等至少12个月才能加入审计客户担任董高特。题干中“2018年1月1日”很明显没有等到2017年财务报表对外公布12个月以后，因此违反独立性。

（二）临时借调员工——自我评价、过度推介或密切关系

表23－23

一般	如果会计师事务所向审计客户借出员工，可能因自我评价、过度推介或密切关系产生不利影响
不会产生不利影响的情形	除非同时满足下列条件，否则会计师事务所不得向审计客户借出员工： ①仅短期向客户借出员工； ②借出的员工不得为审计客户提供中国注册会计师职业道德守则禁止提供的非鉴证服务； ③借出的员工不得承担审计客户的管理层职责，且审计客户负责指导和监督该员工的活动

（三）最近曾任审计客户的董事、高级管理人员或特定员工——自身利益、自我评价或密切关系

如果审计项目团队成员最近曾担任审计客户的董事、高级管理人员或特定员工，可能因自身利益、自我评价或密切关系产生不利影响。

表 23－24

情形	结果
在财务报表涵盖的期间	将产生非常严重的不利影响，导致没有防范措施能够将其降低至可接受的水平。 注册会计师不得将此类人员分派到审计项目团队。 【提示】不是本团队就可以
在财务报表涵盖的期间之前	可能因自身利益、自我评价或密切关系对独立性产生不利影响。 评价不利影响存在与否以及严重程度取决于下列因素： ①该成员在客户中曾担任的职务 【提示】曾任的职务对现在的审计对象没有影响即可 ②该成员离开客户的时间长短。 ③该成员在审计项目组中的角色

【例题 23－9・简答题・2016 年节选】 ABC 会计师事务所委派 A 注册会计师担任上市公司甲公司 2015 年度财务报表审计项目合伙人。审计项目团队成员 C 曾任甲公司重要子公司的出纳，2014 年 10 月加入 ABC 会计师事务所，2015 年 9 月加入甲公司审计项目团队，参与审计固定资产项目。

要求：指出是否存在违反中国注册会计师职业道德守则有关独立性规定的情况，并简要说明理由。

【答案】 不违反。审计项目团队成员 C 在财务报表涵盖期之前加入事务所，且其在审计项目团队中的工作不涉及评价其就职于甲公司的子公司时所做的工作，因此不会对独立性产生不利影响。

【解题思路】 C 于 2015 年 9 月加入甲公司审计项目团队，且担任的职务是固定资产审计。与其曾经在审计客户担任的出纳工作没有关系，不会涉及自我评价，因此不违反独立性。

（四）兼任审计客户的董事或高级管理人员——自身利益、自我评价

如果会计师事务所的合伙人或员工兼任审计客户的董事或高级管理人员，将因自我评价和自身利益产生非常严重的不利影响，导致没有防范措施能够将其降低至可接受的水平。

考点 6 与审计客户长期存在业务关系——密切关系、自身利益（★★★）

（一）一般规定

会计师事务所长期委派同一名合伙人或高级员工执行某一客户的审计业务，将因密切关系和自身利益产生不利影响。

表 23－25

评价不利影响时主要考虑下列因素	防范措施
①该人员加入审计项目组的时间长短； ②该人员在审计项目组中的角色以及影响审计结果的程度； ③更高层人员对该人员所实施的工作进行指导、复核和监督的程度； ④该人员与客户高级经理层或治理层之间关系的密切程度、互动的性质频率和程度； ⑤审计客户的组织结构是否发生变化，高级管理层或治理层是否发生变动，从而影响会计师事务所人员与客户高级管理层或治理层之间互动的性质、频率和程度； **⑥该人员与客户之间关系的总体时间长度；** **⑦审计客户会计和财务报告问题的性质和复杂程度，以及性质和复杂程度是否发生变化**	会计师事务所应当评价因密切关系和自身利益产生的不利影响的严重程度，并在必要时采取下列防范措施消除不利影响或将其降低至可接受的水平。 ①将该人员轮换出审计项目组； ②由审计项目组以外的注册会计师复核该人员已执行的工作； ③定期对该业务实施独立的质量复核； ④变更该人员在审计项目组中担任的角色或实施任务性质范围

（二）属于公众利益实体的审计客户

1. 与公众利益实体审计客户关键审计合伙人轮换相关的**任职期**

如果审计客户属于公众利益实体，会计师事务所任何人员**担任下列一项或多项职务的累计时间不得超过五年：**

①项目合伙人；

②项目质量复核人员；

③其他属于关键审计合伙人的职务；

任期结束后，该人员应当遵守有关冷却期的规定。

彬哥解读

①注册会计师担任上述职务的时间应当**累计计算**，除非该人员不再担任这些职务的期间达到最短时间要求，否则累计期间不得清零并重新计算。最短时间要求应当是一个连续的期间，至少等于该人员所适用的冷却期。

②在任期内，如果某人员继担任项目合伙人之后立即或短时间内担任项目质量复核人员，可能因自我评价对客观公正原则产生不利影响，**该人员不得在两年内担任该审计业务的项目质量复核人员**。

③**在极其特殊的情况下**，会计师事务所可能因无法预见和控制的情形而不能按时轮换关键审计合伙人。如果关键审计合伙人的连任对审计质量特别重要，在获得审计客户治理层同意的前提下，并且通过采取防范措施能够消除对独立性的不利影响或将其降低至可接受的水平，则在法律法规允许的情况下，**该人员担任关键审计合伙人的期限可以延长一年**。

关联贴纸

第二十一章中“项目质量复核人员的资质要求”

拟委派项目质量复核人员的客观性可能受到以下情况的影响：

某一项目的前任项目合伙人被委任为该项目的项目质量复核人员。例如，甲注册会计师于2020年度担任某项目的项目合伙人，如果其在2021年度被委派担任同一项目的项目质量复核人员，将可能对其客观性产生不利影响。因此，会计师事务所应当规定一段冷却期，要求在冷却期结束之前，前任项目合伙人不得担任该项目的项目质量复核人员。**这段冷却期至少应当为两年**。

2. 与公众利益实体审计客户关键审计合伙人轮换相关的**冷却期**

表 23－26

<table>
<tr><th></th><th>关键审计合伙人</th><th colspan="2">冷却期</th></tr>
<tr><td rowspan="3">担任一项关键审计合伙人职责</td><td>项目合伙人或其他签字注册会计师</td><td colspan="2">连续五年</td></tr>
<tr><td>质量复核人员</td><td colspan="2">连续三年</td></tr>
<tr><td>其他关键审计合伙人</td><td colspan="2">连续两年</td></tr>
<tr><td rowspan="4">担任多项关键审计合伙人职责</td><td>担任项目合伙人累计达到三年或以上</td><td>连续五年</td><td rowspan="4">【记忆面包】
以谁为主按谁算</td></tr>
<tr><td>担任项目质量复核人员累计达到三年或以上</td><td>连续三年</td></tr>
<tr><td>担任项目合伙人和项目质量复核人员累计达到三年或以上，但累计担任项目合伙人未达到三年</td><td>连续三年</td></tr>
<tr><td>担任多项关键审计合伙人职责，并且不符合上述各项情况</td><td>连续两年</td></tr>
</table>

【提示】

①任职期是累计算，冷却期是连续算。

②在确定某人员担任关键审计合伙人的年限时，服务年限应当包括该人员在之前任职的会计师事务所工作时针对同一审计业务担任关键审计合伙人的年限（如适用）。

3. 客户成为公众利益实体后的轮换时间（非公转公）

表 23－27

在审计客户成为公众利益实体前的服务年限（X 年）	成为公众利益实体后继续服务的年限（任职期）	冷却期		
		项目合伙人	项目质量复核人员	其他关键审计合伙人
X≤3	（5－X）年	5 年	3 年	2 年
X≥4	2 年	5 年	3 年	2 年
如客户是首次公开发行证券	2 年	5 年	3 年	2 年

4. 冷却期内关键审计合伙人不得从事的行为

①**成为审计项目组成员或为审计项目提供项目质量管理**。

②就有关技术或行业特定问题、交易或事项向审计项目组或审计客户**提供咨询**（如果与审计项目组沟通仅限于该人员任职期间的最后一个年度所执行的工作或得出的结论，并且该工作和结论与审计业务仍然相关，则不违反本项规定）。

③负责领导或协调会计师事务所向审计客户提供的专业服务，或者监控会计师事务所与审计客户的关系。

④执行上述各项未提及的、涉及审计客户且导致该人员出现下列情况的职责或活动（包括

提供非鉴证服务）：

a. 与审计客户高级管理层或治理层进行重大或频繁的互动；

b. 对审计业务的结果施加直接影响。

上述规定并非旨在禁止个人担任会计师事务所的领导层职务，如高级合伙人或管理合伙人。

【例题23－10·简答题·2017年】 ABC会计师事务所委派A注册会计师担任上市公司甲公司2016年度财务报表审计项目合伙人。B注册会计师曾担任甲公司2011年度至2015年度财务报表审计项目合伙人，之后调离甲公司审计项目团队，担任乙公司2016年度财务报表审计项目合伙人。乙公司是甲公司重要的子公司。

要求：指出是否存在违反中国注册会计师职业道德守则有关职业道德和独立性规定的情况，并简要说明理由。

【答案】 违反。B注册会计师在冷却期不应参与甲公司的审计业务，否则将因密切关系或自身利益对独立性产生严重不利影响。

【解题思路】“乙公司是甲公司重要的子公司”核心词是“重要”，说明B注册会计师担任关键审计合伙人的期间为2011～2016年。超过了项目合伙人五年的任职期的要求。

考点7 为审计客户提供非鉴证服务（★★★）

（一）承担管理层职责

会计师事务所承担审计客户的管理层职责，将因自身利益、自我评价、密切关系、过度推介对独立性产生非常严重的不利影响，导致没有防范措施能够将其降低至可接受的水平。

会计师事务所**不得承担审计客户的管理层职责**。

表23－28

管理层职责	①制定政策和战略方针； ②招聘或解雇员工； ③指导员工与工作有关的行动并对其行动负责； ④对交易进行授权； ⑤控制或管理银行账户或投资； ⑥确定采纳会计师事务所或其他第三方提出的建议； ⑦代表管理层向治理层报告； ⑧负责按照适用的财务报告编制基础编制财务报表； ⑨负责设计、执行、监督和维护内部控制

如果会计师事务所仅向审计客户提供意见和建议以协助其管理层履行职责，通常不视为承担管理层职责。

（二）会计和记账服务——自我评价

会计师事务所向审计客户提供会计和记账服务，可能因自我评价对独立性产生不利影响。

1. 编制财务报表是管理层的职责

按照适用的财务报告编制基础编制财务报表是管理层的职责。

表 23-29

按照适用的财务报告编制基础编制财务报表（包括但不限于）	①设计、执行和维护必要的内部控制，以使财务报表不存在由于舞弊或错误导致的重大错报； ②评估被审计单位的持续经营能力和运用持续经营假设是否适当，并披露与持续经营相关的事项（如适用）； ③确定会计政策并运用该政策确定会计处理方法，并作出恰当的会计估计； ④编制或更改会计分录，确定或批准交易的账户分类； ⑤编制或更改以电子形式或其他形式存在的、用以证明交易发生的相关凭证或数据

2. 不对独立性产生不利影响的活动

（1）沟通审计相关的事项。

在审计过程中，会计师事务所与审计客户管理层可能就下列事项进行沟通：①对会计准则或会计政策，以及财务报表披露要求的运用；②财务报告内部控制的有效性，以及资产、负债计量方法的适当性；③审计调整建议。这些活动通常不对独立性产生不利影响。

（2）提供会计咨询服务。

审计客户可能要求会计师事务所在下列方面提供**技术支持或建议**等会计咨询服务：

①解决账户调节问题；

②分析和收集监管机构要求提供的信息；

③为会计准则转换（如为了遵守集团会计政策从企业会计准则转换为国际财务报告准则）提供咨询服务；

④协助了解相关会计准则、原则和解释，分享领先的行业最佳实践。

如果会计师事务所不承担审计客户的管理层职责，通常不会对独立性产生不利影响。

（3）日常性或机械性的会计和记账服务。

日常性或机械性的会计和记账服务通常不需要很多职业判断。这类服务的例子包括：

①根据来源于客户的数据编制工资计算表或工资报告，供客户批准并支付；

②在客户已确定或批准账户分类的前提下，以原始凭证（如水电费单据）或原始数据为基础，记录易于确定其金额并且重复发生的交易；

③根据客户确定的折旧政策、预计使用寿命和净残值计算固定资产折旧；

④将客户已记录的交易过入总分类账；

⑤将客户批准的分录过入试算平衡表；

⑥根据客户批准的试算平衡表中的信息编制财务报表，根据客户批准的记录编制相关财务报表附注。

（4）向不属于公众利益实体的审计客户提供会计和记账服务。

除非同时满足下列条件，否则会计师事务所不得向不属于公众利益实体的审计客户提供会计和记账服务，包括编制被审计财务报表（包括财务报表附注）或构成财务报表基础的财务信息：

①该服务是日常性或机械性的；

②会计师事务所能够采取防范措施应对因提供此类服务产生的超出可接受水平的不利影响。

（5）向公众利益实体的审计客户提供会计和记账服务。

会计师事务所不得向属于公众利益实体的审计客户提供会计和记账服务，包括编制被审计财务报表（包括财务报表附注）或构成财务报表基础的财务信息。

在同时满足下列条件的情况下，会计师事务所可以向属于公众利益实体的审计客户的分支机构或关联实体提供会计和记账服务：

①该服务是日常性或机械性的；

②提供服务的人员不是审计项目团队成员；

③接受该服务的分支机构或关联实体从整体上对被审计财务报表不具有重要性，或者该服务所涉及的事项从整体上对该分支机构或关联实体的财务报表不具有重要性（对审计对象没有重大影响）。

（三）行政事务性服务

行政事务性服务包括协助客户执行正常经营过程中的日常性或机械性任务。此类服务通常不需要很多职业判断，且属于文书性质的工作。行政事务性服务的例子包括：

①文字处理服务；

②编制行政或法定表格供客户审批；

③按照客户的指示将该表格提交给各级监管机构；

④跟踪法定报备日期，并告知审计客户该日期。

向审计客户提供上述行政事务性服务通常不会对独立性产生不利影响。

（四）评估服务——自我评价或过度推介

向审计客户提供评估服务可能因自我评价或过度推介对独立性产生不利影响。

表 23－30

审计客户	评估结果	是否提供评估服务
不属于公众利益实体	如果审计客户要求会计师事务所提供评估服务，以帮助其履行纳税申报义务或满足税务筹划目的，**并且评估的结果不对财务报表产生直接影响，且间接影响并不重大，或者评估服务经税务机关或类似监管机构外部复核**	通常不对独立性产生不利影响
	评估服务对被审计财务报表具有**重大影响**，且评估结果涉及**高度的主观性**	**不得提供**
属于公众利益实体	评估结果单独或累积起来**对被审计财务报表具有重大影响**	**不得**提供

【例题 23－11·简答题·2019 年节选】 上市公司甲公司是 ABC 会计师事务所的常年审计客户。XYZ 公司和 ABC 会计师事务所处于同一网络。审计项目团队在甲公司 2018 年度财务报表审计中遇到下列事项：

甲公司是丁公司的重要联营企业。2018 年 8 月，XYZ 公司接受丁公司委托对其拟投资的标的公司进行评估，作为定价参考。丁公司不是 ABC 会计师事务所的审计客户。

要求：针对上述事项，指出是否可能存在违反中国注册会计师职业道德守则有关独立性规定的情况，并简要说明理由。

【答案】不违反。XYZ对丁公司投资标的的评估结果不会对甲公司财务报表产生影响/不构成实施审计程序的对象，不会对独立性产生不利影响。

【解题思路】“甲公司是丁公司的重要联营企业”说明丁公司投资了甲公司，对甲公司能够施加重大影响，同时甲对丁来说也是重要的。XYZ对丁公司投资标的的评估结果不会对甲公司财务报表产生影响，因为丁公司的财务数据不会影响甲，但是甲公司的财务数据会影响丁，因此不涉及自我评价，不影响独立性。

（五）税务服务——自我评价或过度推介

表23－31

税务服务种类	说明
编制纳税申报表	由于纳税申报表须经税务机关审查或批准，如果管理层对纳税申报表承担责任，会计师事务所提供此类服务通常不对独立性产生不利影响
为进行会计处理计算税额	在审计客户属于公众利益实体的情况下，除非为其计算的当期所得税或递延所得税对被审计财务报表不重要，基于进行会计处理的目的，为审计客户计算当期所得税或递延所得税负债（或资产），将因自我评价产生不利影响
税务筹划或其他税务咨询服务	税务建议的有效性取决于某项特定会计处理或财务报表列报，且同时存在下列情况，将因自我评价产生非常严重的不利影响，导致没有防范措施能够消除不利影响或将其降低至可接受的水平： ①审计项目组对于相关会计处理或财务报表列报的适当性存有疑问； ②税务建议的结果或执行后果将对被审计财务报表产生重大影响
协助解决税务纠纷	①如果该服务涉及在公开审理或仲裁的税务纠纷中担任审计客户的辩护人，并且所涉金额对被审计财务报表具有重大影响，会计师事务所不得向审计客户提供涉及协助解决税务纠纷的税务服务。 ②在公开审理或仲裁期间，会计师事务所可以继续为审计客户提供有关法庭裁决事项的咨询，例如，协助客户对具体问题作出回复，提供背景材料或证词，或分析税收问题。 【记忆面包】辩护人＋重大影响禁止；咨询不影响

（六）内部审计服务——自我评价

（1）如果会计师事务所人员在为审计客户提供内部审计服务时承担管理层职责，将产生非常严重的不利影响，导致没有防范措施能够将其降低至可接受的水平。

（2）在审计客户属于公众利益实体的情况下，会计师事务所不得提供与下列方面有关的内部审计服务：

①财务报告内部控制的组成部分；

②财务会计系统；

③单独或累积起来对被审计财务报表具有重大影响的金额或披露。

【例题 23－12·简答题·2020 年节选】上市公司甲公司是 ABC 会计师事务所的常年审计客户。XYZ 公司和 ABC 会计师事务所处于同一网络。审计项目团队在甲公司 2×19 年财务报表审计中遇到下列事项：

丙公司是甲公司的不重要的子公司，其内审部聘请 XYZ 公司提供投资业务流程专项审计服务。提供该服务的项目组成员不是甲公司审计项目团队成员。

要求：针对上述事项，指出是否可能存在违反中国注册会计师职业道德守则有关独立性规定的情况，并简要说明理由。

【答案】违反。子公司构成 ABC 会计师事务所实施审计程序的对象，XYZ 公司为子公司提供审计服务，将因自我评价对独立性产生严重不利影响。

【解题思路】不管重不重要，丙公司都是甲公司的子公司，XYZ 公司为丙公司提供的投资业务流程专项审计服务会对甲公司的财务报表施加重大影响。

（七）信息技术系统服务——自我评价

（1）如果会计师事务所人员**不承担管理层职责**，则提供下列信息技术系统服务不被视为对独立性产生不利影响：

①设计或操作**与财务报告内部控制无关的**信息技术系统；

②设计或操作信息技术系统，其生成的信息不构成会计记录或财务报表的重要组成部分；

③**操作**由第三方开发的会计或财务信息报告软件；

④对由其他服务提供商或审计客户自行设计并操作的系统进行**评价和提出建议**。

（2）会计师事务所不得向属于**公众利益实体**的审计客户提供与设计或操作信息技术系统相关的服务的情形：

①**信息技术系统构成财务报告内部控制的重要组成部分；**

②**信息技术系统生成的信息对会计记录或被审计财务报表影响重大。**

【例题 23－13·简答题·2019 年】上市公司甲公司是 ABC 会计师事务所的常年审计客户。XYZ 公司和 ABC 会计师事务所处于同一网络。审计项目团队在甲公司 2018 年度财务报表审计中遇到下列事项：

甲公司聘请 XYZ 公司提供人力资源系统的设计和实施服务，该系统包括考勤管理和薪酬计算等功能。

要求：针对上述事项，指出是否可能存在违反中国注册会计师职业道德守则有关独立性规定的情况，并简要说明理由。

【答案】违反。人力资源系统包括薪酬计算功能，生成的信息对甲公司会计记录或财务报表影响重大/构成财务报告内部控制的重要组成部分，将因自我评价对独立性产生严重不利影响。

【解题思路】人力资源系统当中包括薪酬计算功能，该信息技术系统生成的信息对会计记录或被审计财务报表影响重大。

（八）诉讼支持服务——自我评价或过度推介

会计师事务所向审计客户提供诉讼支持服务，可能因自我评价或过度推介产生不利影响。

诉讼支持服务可能包括下列活动：

①担任证人，包括专家证人；

②计算诉讼或其他法律纠纷涉及的估计损失或其他应收、应付的金额；

③协助管理和检索文件。

如果向审计客户提供诉讼支持服务涉及对损失或其他金额的估计，并且这些损失或其他金额影响被审计财务报表，会计师事务所应当遵守关于评估服务的规定。

（九）法律服务——自我评价或过度推介

1. 首席法律顾问

会计师事务所的合伙人或员工担任审计客户首席法律顾问，将对独立性产生非常严重的不利影响，导致没有防范措施能够将其降低至可接受的水平。会计师事务所人员不得担任审计客户的首席法律顾问。

2. 担任客户的辩护人

（1）在审计客户解决纠纷或进行法律诉讼时，如果会计师事务所人员担任辩护人，并且纠纷或法律诉讼所涉金额对被审计财务报表有重大影响，将产生非常严重的不利影响，导致没有防范措施能够将其降低至可接受的水平。会计师事务所不得为审计客户提供此类服务。

（2）在审计客户解决纠纷或应对法律诉讼时，如果会计师事务所人员担任辩护人，并且纠纷或法律诉讼所涉金额对被审计财务报表无重大影响，采取下列防范措施可能能够应对因自我评价产生的不利影响：

①由审计项目团队以外的专业人员提供该服务；

②由未参与提供法律服务的适当复核人员复核所执行的审计工作或提供的服务。

（十）招聘服务——自身利益、密切关系或外在压力

表 23 – 32

1. 在向审计客户提供招聘服务时，会计师事务所不得代表客户与应聘者进行谈判	
2. 如果属于审计客户拟招聘董事、高级管理人员，或所处职位能够对客户会计记录或被审计财务报表的编制施加重大影响的员工，会计师事务所不得提供下列招聘服务	①寻找候选人，或从候选人中挑选出适合相应职位的人员； ②对候选人实施背景调查
3. 当向审计客户提供下列招聘服务时，只要会计师事务所人员不承担管理层职责，通常不会对独立性产生不利影响	①对多名候选人的专业资格进行审核，并就其是否适合该职位提供咨询意见； ②对候选人进行面试，并对候选人在财务会计、行政管理或内部控制等职位上的胜任能力提供咨询意见

（十一）公司财务服务——自我评价或过度推介

（1）会计师事务所提供财务服务，可能因自我评价或过度推介产生不利影响。

（2）会计师事务所不得提供涉及推荐、交易或承销审计客户股票的公司财务服务。

如果财务建议的有效性取决于某一特定会计处理或财务报表列报，并且同时存在下列情

形，会计师事务所不得提供此类财务建议：

①根据相关财务报告编制基础，审计项目团队对相关会计处理或列报的适当性存有疑问；

②公司财务建议的结果将对被审计财务报表产生重大影响。

考点8 收费（★★）

（一）收费结构——自身利益或外在压力

如果会计师事务所从某一审计客户收取的全部费用占其收费总额的比重很大，则对该客户的依赖及对可能失去该客户的担心将因自身利益或外在压力产生不利影响。

表23－33

情形	影响及措施
从某一审计客户收取的全部费用占会计师事务所收费总额比重很大时	将因自身利益或外在压力产生不利影响。 防范措施： ①扩大会计师事务所的客户群，从而降低对该客户的依赖程度； ②就关键的审计判断向第三方咨询； ③实施外部质量控制复核
从某一审计客户收取的全部费用占某一合伙人或分部收费总额比重很大	将因自身利益或外在压力产生不利影响。 防范措施可能包括： ①扩大该合伙人或分部的客户群，从而降低对来源于该客户的收费的依赖程度； ②由审计项目团队以外的适当复核人员复核已执行的工作
从属于公众利益实体的某一审计客户收取的全部费用比重较大	将因自身利益或外在压力产生不利影响。 如果会计师事务所连续两年从某一属于公众利益实体的审计客户及其关联实体收取的全部费用，占其从所有客户收取的全部费用的比重超过15%；会计师事务所应当向审计客户治理层披露这一事实，并讨论选择下列何种防范措施： ①在对第二年度财务报表发表审计意见之前，由其他会计师事务所对该业务再次实施项目质量复核，或由其他专业机构实施相当于项目质量复核的复核（以下简称“发表审计意见前复核”）； ②在对第二年度财务报表发表审计意见之后、对第三年度财务报表发表审计意见之前，由其他会计师事务所对第二年度的审计工作再次实施项目质量复核，或由其他专业机构实施相当于项目质量复核的复核

（二）逾期收费——自身利益

如果审计客户长期未支付应付的审计费用，尤其是相当部分的审计费用在出具下一年度审计报告前仍未支付，可能因自身利益产生不利影响。

会计师事务所通常要求审计客户在审计报告出具前付清上一年度的审计费用。

（三）或有收费——自身利益

或有收费是指收费与否或收费多少取决于交易的结果或所执行工作的结果。如果一项收费是由法院或政府有关部门规定的，则该项收费不被视为或有收费。

会计师事务所不得采用这种收费安排。

考点9 影响独立性的其他事项（★）

（一）薪酬或业绩评价政策——自身利益

关键审计合伙人的薪酬或业绩评价不得与其向审计客户推销的非鉴证服务直接挂钩。

某一审计项目组成员的薪酬或业绩评价与其向审计客户推销的非鉴证服务挂钩，将因自身利益产生不利影响。防范措施：

①将该成员调离审计项目组；

②由审计项目组以外的注册会计师复核该成员已执行的工作；

③修改该成员的薪酬计划或业绩评价程序。

（二）礼品和款待——自身利益、密切关系或外在压力

会计师事务所或审计项目团队成员接受审计客户的礼品或款待，可能因自身利益、密切关系或外在压力对独立性产生不利影响。

会计师事务所或审计项目团队成员不得接受礼品。

（三）诉讼或诉讼产生威胁——自身利益和外在压力

如果会计师事务所或审计项目组成员与审计客户发生诉讼或很可能发生诉讼，将因自身利益和外在压力产生不利影响。会计师事务所应当评价不利影响的严重程度，并在必要时采取防范措施消除不利影响或将其降低至可接受的水平。

防范措施：

①如果诉讼涉及某一审计项目组成员，将该成员调离审计项目组；

②由适当复核人员复核已执行的工作。

考点收纳盒

表 23－34

<table>
<tr><th colspan="2">影响独立性的情形</th><th colspan="2">对职业道德基本原则产生不利影响的因素</th></tr>
<tr><td colspan="2">经济利益</td><td>自身利益</td><td rowspan="5">和“钱”有关系，主要是自身利益</td></tr>
<tr><td colspan="2">贷款和担保</td><td>自身利益</td></tr>
<tr><td rowspan="3">商业关系</td><td>共同开办、捆绑销售、互相推广（一般规定）</td><td>自身利益或外在压力</td></tr>
<tr><td>与审计客户或利益相关者一同在某股东人数有限的实体中拥有利益</td><td>自身利益</td></tr>
<tr><td>从客户购买商品或服务</td><td>自身利益</td></tr>
</table>

续表

影响独立性的情形		对职业道德基本原则产生不利影响的因素	
家庭和私人关系		自身利益、密切关系或外在压力	和“人”有关系，都涉及密切关系。兼职是个例外
与审计客户发生人员交流	与审计客户发生雇佣关系	密切关系或外在压力	
	临时借调员工	自我评价、过度推介或密切关系	
	最近曾任审计客户的董事、高级管理人员或特定员工	自身利益、自我评价或密切关系	
	兼任审计客户的董事或高级管理人员	自身利益、自我评价	
与审计客户长期存在业务关系		密切关系、自身利益	
为审计客户提供非鉴证服务	会计和记账服务	自我评价	主要是自我评价，招聘是个例外
	评估服务	自我评价或过度推介	
	税务服务	自我评价或过度推介	
	内部审计服务	自我评价	
	信息技术系统服务	自我评价	
	诉讼支持服务	自我评价或过度推介	
	法律服务	自我评价或过度推介	
	招聘服务	自身利益、密切关系或外在压力	
	公司财务服务	自我评价或过度推介	
收费	收费结构	自身利益或外在压力	和“钱”有关系，主要是自身利益
	逾期收费	自身利益	
	或有收费	自身利益	
影响独立性的其他事项	薪酬或业绩评价政策	自身利益	主要是自身利益
	礼品和款待	自身利益、密切关系或外在压力	
	诉讼或诉讼产生威胁	自身利益和外在压力	

恭喜你，
已完成第二十三章的学习

善于利用零星时间的人，才会做出更大的成绩来。

2022

21天突破

CPA

注册会计师全国统一考试应试指导

李彬教你考注会®

AUDITING

审计

习题册

李彬 编著　BT教育 组编

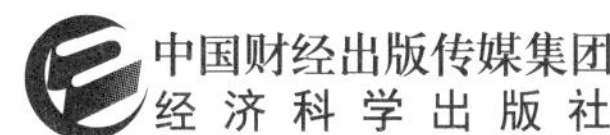
中国财经出版传媒集团
经济科学出版社

前言

解题能力是应试的核心，虽然这么多年来考生们已达成了“真题为王”的共识，但面对如何刷题、如何掌握命题规律、如何切实提升考试成绩，这些问题仍然一脸茫然。

为此，我们进行了反复的内测试验，最终凝结成了新版习题册，该书与 BT 教育 21 天突破主教材的考点制接轨，将前十年真题全部按照考点进行专项整合，考生可根据做题情况直接定位自身的薄弱环节，查漏补缺。

除此之外，我们还一改传统“只言片语”的题目解析形式，将解析进行了全面翔实的补充，彻底解决大家看不懂、做不会的困扰。2022 年我们还增添了【抢分技巧】【审题思路】等实用性超强的板块，助大家彻底消化每道真题，迅速提分。

1. 考点制分割，重点分级

为了凸显应试理念，帮考生快速、高效地完成通关目标，我们一改官方教材的章/节格局，一律以「考点」为任务单元进行全面重组，对每个考点进行了专门解读，并将该考点所对应的历年真题按此类目悉数列入。

此外，我们还根据真题考频对考点重要性进行了标星分级，★越多，代表其重要性越强，轻重缓急，一目了然。

2. 解析更为详细

与传统习题册的简略版解析不同，为了让同学们对真题有更深入独到的见解，充分提升得分能力，我们将解析进行了丰富优化，对每道题的解读都追求精深而细致，彻底吃透解题原理。

历年真题中，对于相同考点的考查方法往往趋于一致，我们将类似的考法还进行了延伸总结，帮助大家一通百通，全面躲避出题人埋下的各类陷阱。

3. 主观题审题思路

主观题是绝大多数考生的重灾区，尤其是纯文字题，在海量的案例材料中，很难做到精准定位，继而掌握正确的做题思路。为此我们在每段主观题题干旁都给出了破题指导，完善大家的审题思路，规范大家的做题过程。

4. 题码检索

除了纸质真题册外，我们还有线上题库 App，考生可追踪刷题数据，智能组卷练习，还能对往日错题进行打包回顾。建议大家先下载“BT 教育”App，以后遇到不会的题目，直接在题库中搜索该题的【题码】，就能找到对应的答案和解析，而且还能查看每道题目的名师视频解析，帮你彻底吃透真题。

5. 拓展真题

本书已收录了近五年的精华真题，实乃每章必刷真题，如果考生们想追求更扎实的训练效果，请扫码获取近十年拓展真题，对知识点进行进一步消化。

扫码免费领取题库＋随书附送讲义资料

目 录
CONTENTS

习题

答案

习题

01 第一章　审计概述

「考情分析」

考点	星级	近十年考频	2012年	2013年	2014年	2015年	2016年	2017年	2018年	2019年	2020年	2021年
1. 注册会计师的业务类型	★★★	3					√				√	√
2. 审计的定义和保证水平	★★★	7			√	√	√	√	√	√	√	
3. 注册会计师审计、政府审计和内部审计	★	3				√				√		√
4. 审计要素	★★★	7			√		√	√	√	√	√	√
5. 审计目标	★★★	3	√	√	√							
6. 审计基本要求	★★★	5				√	√	√	√			√
7. 审计风险	★★★	6				√	√	√	√	√		√

「考点 1」注册会计师的业务类型（★★★）

1.「**2021 年 · 多选题 · 题码 156845**」

下列各项注册会计师执行的业务中，能够提供合理保证或有限保证的有（　　）。

A. 对财务信息执行商定程序　　B. 财务报表审阅

C. 管理咨询　　D. 财务报表审计

2.「**2019 年 · 多选题 · 题码 146044**」

下列各项不属于鉴证业务的有（　　）。

A. 财务报表审阅　　B. 财务报表审计

C. 对财务信息执行商定程序　　D. 代编财务信息

3.「**2018 年 · 多选题 · 题码 146043**」

下列各项中，属于鉴证业务的有（　　）。

A. 财务报表审计　　B. 财务报表审阅

C. 代编财务信息　　D. 对财务信息执行商定程序

4.「**2017 年 · 单选题 · 题码 146045**」

下列各项中，不属于鉴证业务的是（　　）。

A. 财务报表审计　　B. 对财务信息执行商定程序

C. 财务报表审阅　　D. 预测性财务信息审核

「考点2」审计的定义和保证水平（★★★）

1.「2020 年 · 单选题 · 题码 146102」

下列有关财务报表审计的说法中，错误的是（　　）。

A. 财务报表审计的目的是发现所有由于错误或舞弊导致的重大错报

B. 财务报表审计能够提高财务报表的可信度

C. 财务报表审计能够提供高水平的保证

D. 财务报表审计的基础是独立性和专业性

2.「2020 年 · 多选题 · 题码 146108」

下列各项中，属于合理保证鉴证业务的有（　　）。

A. 财务报表审计业务　　B. 内部控制审计业务

C. 财务报表审阅业务　　D. 审计和审阅以外的其他鉴证业务

3.「2019 年 · 单选题 · 题码 146103」

下列有关财务报表审计的说法中，错误的是（　　）。

A. 审计不涉及为如何利用信息提供建议

B. 审计的目的是增强预期使用者对财务报表的信赖程度

C. 审计只提供合理保证，不提供绝对保证

D. 审计的最终产品是审计报告和已审财务报表

4.「2018 年 · 单选题 · 题码 146104」

下列有关财务报表审计的说法中，错误的是（　　）。

A. 财务报表审计的基础是独立性和专业性

B. 财务报表审计的目的是改善财务报表的质量或内涵

C. 财务报表审计可以有效满足财务报表预期使用者的需求

D. 财务报表审计提供的合理保证意味着注册会计师可以通过获取充分、适当的审计证据消除审计风险

5.「2018 年 · 多选题 · 题码 146109」

下列有关鉴证业务保证程度的说法中，正确的有（　　）。

A. 审计提供合理保证，审阅和其他鉴证业务提供有限保证

B. 合理保证是高水平的保证、有限保证是中等水平的保证

C. 合理保证以积极方式得出结论，有限保证以消极方式得出结论

D. 合理保证所需证据数量较多，有限保证所需证据数量较少

6.「2017 年 · 单选题 · 题码 146105」

下列有关财务报表审计和财务报表审阅的区别的说法中，错误的是（　　）。

A. 财务报表审计所需证据的数量多于财务报表审阅

B. 财务报表审计提出结论的方式与财务报表审阅不同

C. 财务报表审计采用的证据收集程序少于财务报表审阅

D. 财务报表审计提供的保证水平高于财务报表审阅

7.「**2015 年·单选题·题码 146106**」

下列有关注册会计师执行的业务提供的保证程度的说法中，正确的是（　　）。

A. 鉴证业务提供高水平保证

B. 代编财务信息提供合理保证

C. 财务报表审阅提供有限保证

D. 对财务信息执行商定程序提供低水平保证

8.「**2015 年·单选题·题码 146107**」

关于注册会计师执行审计业务，下列说法中错误的是（　　）。

A. 审计业务以积极方式对财务报表整体发表审计意见

B. 注册会计师主要采用询问、分析程序收集审计证据

C. 审计业务需要证据数量高于审阅业务

D. 审计业务可接受的检查风险低于审阅业务

「考点 3」审计要素（★★★）

1.「**2020 年·单选题·题码 146113**」

下列各项中，不属于审计业务要素的是（　　）。

A. 财务报告编制基础　　B. 审计报告

C. 财务报表　　D. 审计准则

2.「**2020 年·单选题·题码 146114**」

下列有关审计报告预期使用者的说法中，错误的是（　　）。

A. 注册会计师可能无法识别所有的预期使用者

B. 预期使用者不包括被审计单位的管理层

C. 预期使用者可能不是审计业务的委托人

D. 预期使用者不包括执行审计业务的注册会计师

3.「**2019 年·多选题·题码 146117**」

下列各项中，属于审计业务要素的有（　　）。

A. 审计证据　　B. 财务报表编制基础

C. 审计业务的三方关系人　　D. 审计报告

4.「**2018 年·单选题·题码 146115**」

下列各方中，通常不属于审计报告预期使用者的是（　　）。

A. 被审计单位的股东

B. 被审计单位的管理层

C. 对被审计单位财务报表执行审计的注册会计师

D. 向被审计单位提供贷款的银行

5.「**2017 年·多选题·题码 146119**」

下列各项中，属于审计业务要素的有（　　）。

A. 财务报表　　B. 审计证据

C. 财务报表编制基础　　　　D. 审计报告

6.「2016 年 · 单选题 · 题码 146116」

下列有关审计业务的说法中，正确的是（　　）。

A. 审计业务的最终产品是审计报告和后附财务报表

B. 如果不存在除责任方之外的其他预期使用者，则该项业务不属于审计业务

C. 审计的目的是改善财务报表质量，因此审计可以减轻被审计单位管理层对财务报表的责任

D. 执行审计业务获取的审计证据大多数是结论性而非说服性的

「考点 4」审计基本要求（★★★）

1.「2018 年 · 多选题 · 题码 146156」

注册会计师需要对职业判断作出适当的书面记录。下列各项记录内容中，有利于提高职业判断的可辩护性的有（　　）。

A. 注册会计师得出的结论及理由

B. 注册会计师解决职业判断相关问题的思路

C. 注册会计师收集到的相关信息

D. 注册会计师就决策结论与被审计单位进行沟通的方式和时间

2.「2018 年 · 多选题 · 题码 146157」

下列各项中，属于审计基本要求的有（　　）。

A. 遵守审计准则　　　　B. 遵守职业道德守则

C. 保持职业怀疑　　　　D. 合理运用职业判断

3.「2018 年 · 单选题 · 题码 146150」

下列有关职业怀疑的说法中，错误的是（　　）。

A. 保持职业怀疑是注册会计师的必备技能

B. 注册会计师应当在整个审计过程中保持职业怀疑

C. 保持职业怀疑是保证审计质量的关键要素

D. 保持职业怀疑可以使注册会计师发现所有由于舞弊导致的错报

4.「2017 年 · 单选题 · 题码 146151」

下列有关职业怀疑的说法中，错误的是（　　）。

A. 职业怀疑要求注册会计师摒弃“存在即合理”的逻辑思维

B. 职业怀疑要求注册会计师对引起疑虑的情形保持警觉

C. 职业怀疑要求注册会计师审慎评价审计证据

D. 职业怀疑要求注册会计师假定管理层和治理层不诚信，并以此为前提计划审计工作

5.「2017 年 · 单选题 · 题码 146152」

下列有关职业判断的说法中，错误的是（　　）。

A. 职业判断能力是注册会计师胜任能力的核心

B. 注册会计师应当书面记录其在审计过程中作出的所有职业判断

C. 注册会计师保持独立有助于提高职业判断质量

D. 注册会计师工作的可辩护性是衡量职业判断质量的重要方面

6.「**2017 年·多选题·题码 146158**」

下列各项中，通常需要注册会计师运用职业判断的有（　　）。

A. 确定财务报表整体的重要性

B. 确定审计工作底稿归档的最晚日期

C. 确定是否利用被审计单位的内部审计工作

D. 评价审计抽样的结果

7.「**2016 年·单选题·题码 146153**」

下列有关职业判断的说法中，错误的是（　　）。

A. 如果有关决策不被该业务的具体事实和情况所支持，职业判断并不能作为注册会计师作出不恰当决策的理由

B. 注册会计师恰当记录与被审计单位就相关决策结论进行沟通的方式和时间，有利于提高职业判断的可辩护性

C. 保持职业怀疑有助于注册会计师提高职业判断质量

D. 职业判断涉及与具体会计处理和审计程序相关的决策，但不涉及与遵守职业道德要求相关的决策

8.「**2016 年·单选题·题码 146154**」

下列有关职业怀疑的说法中，错误的是（　　）。

A. 会计师事务所的业绩评价机制会削弱注册会计师对职业怀疑的保持程度

B. 注册会计师是否能够保持职业怀疑在很大程度上取决于其胜任能力

C. 审计的时间安排和工作量要求有可能会阻碍注册会计师保持职业怀疑

D. 保持独立性可以增强注册会计师在审计中保持职业怀疑的能力

9.「**2015 年·单选题·题码 146155**」

下列有关职业怀疑的说法中，错误的是（　　）。

A. 职业怀疑与所有职业道德基本原则均密切相关

B. 职业怀疑是保证审计质量的关键要素

C. 职业怀疑要求注册会计师质疑相互矛盾的审计证据的可靠性

D. 保持职业怀疑可以提高审计程序设计和执行的有效性

「考点 5」审计风险（★★★）

1.「**2020 年·单选题·题码 146170**」

下列有关重大错报风险的说法中，错误的是（　　）。

A. 所有被审计单位的财务报表都可能存在财务报表层次的重大错报风险和认定层次的重大错报风险

B. 财务报表层次的重大错报风险通常是舞弊导致的，认定层次的重大错报风险通常是错误导致的

C. 财务报表层次的重大错报风险增大了认定层次发生重大错报的可能性
D. 财务报表层次的重大错报风险和认定层次的重大错报风险均可能构成特别风险

2. **「2020 年・单选题・题码 146171」**

下列各项中，不属于审计的固有限制来源的是（　　）。

A. 管理层编制财务报表时需要作出判断
B. 管理层可能不提供注册会计师要求的全部信息
C. 注册会计师在合理的时间内以合理的成本完成审计的需要
D. 注册会计师对重大错报风险的评估可能不恰当

3. **「2019 年・单选题・题码 146172」**

下列有关重大错报风险的说法中，错误的是（　　）。

A. 重大错报风险是指财务报表在审计前存在重大错报的可能性
B. 重大错报风险可进一步细分为固有风险和检查风险
C. 注册会计师应当从财务报表层次和各类交易、账户余额和披露认定层次考虑重大错报风险
D. 注册会计师可以定性或定量评估重大错报风险

4. **「2019 年・单选题・题码 146173」**

下列各项中，不属于审计固有限制的来源的是（　　）。

A. 注册会计师可能满足于说服力不足的审计证据
B. 管理层可能不提供与财务报表编制相关的全部信息
C. 注册会计师获取审计证据的能力受到法律上的限制
D. 管理层在编制财务报表的过程中需要运用判断

5. **「2018 年・单选题・题码 146174」**

下列有关固有风险和控制风险的说法中，正确的是（　　）。

A. 固有风险和控制风险与被审计单位的风险相关，独立于财务报表审计而存在
B. 财务报表层次和认定层次的重大错报风险可以细分为固有风险和控制风险
C. 注册会计师无法单独对固有风险和控制风险进行评估
D. 固有风险始终存在，而运行有效的内部控制可以消除控制风险

6. **「2018 年・多选题・题码 146177」**

下列各项中，导致审计固有限制的有（　　）。

A. 注册会计师没有被授予调查被审计单位涉嫌违法行为所必要的特定法律权力
B. 许多财务报表项目涉及主观决策、评估或一定程度的不确定性，并且可能存在一系列可接受的解释或判断
C. 被审计单位管理层可能拒绝提供注册会计师要求的某些信息
D. 注册会计师将审计资源投向最可能存在重大错报风险的领域，并且相应减少其他领域的审计资源

7. **「2018 年・多选题・题码 146178」**

下列各项中，导致审计固有限制的有（　　）。

A. 许多财务报表项目涉及主观决策、评估或一定程度的不确定性
B. 注册会计师获取审计证据的能力受到实务和法律上的限制
C. 注册会计师只能在合理的时间内以合理的成本完成审计工作
D. 注册会计师的胜任能力可能不足够

8. **「2017 年 · 单选题 · 题码 146175」**
下列有关检查风险的说法中，错误的是（　　）。
A. 检查风险是指注册会计师未能通过审计程序发现错报，因而发表不恰当审计意见的风险
B. 检查风险取决于审计程序设计的合理性和执行的有效性
C. 检查风险通常不可能降低为零
D. 保持职业怀疑有助于降低检查风险

9. **「2015 年 · 单选题 · 题码 146176」**
下列有关审计风险的说法中，错误的是（　　）。
A. 如果注册会计师将某一认定的可接受审计风险设定为 10%，评估的重大错报风险为 35%，则可接受的检查风险为 25%
B. 实务中，注册会计师不一定用绝对数量表达审计风险水平，可选用文字进行定性表述
C. 审计风险并不是指注册会计师执行业务的法律后果
D. 在审计风险模型中，重大错报风险独立于财务报表审计而存在

02 第二章　审计计划

「考情分析」

考点	星级	近十年考频	2012年	2013年	2014年	2015年	2016年	2017年	2018年	2019年	2020年	2021年
1. 初步业务活动	★★	5	√		√	√				√		√
2. 总体审计策略和具体审计计划	★	4				√	√			√		√
3. 重要性	★★★	10	√	√	√	√	√	√	√	√	√	√
4. 错报	★	4	√		√		√		√			

「考点 1」初步业务活动（★★）

1.「**2020 年 · 单选题 · 题码 146253**」

下列各项因素中，注册会计师在确定财务报告编制基础的可接受性时通常无须考虑的是（　　）。

A. 被审计单位的性质

B. 编制财务报表的目的

C. 注册会计师是否充分了解财务报告编制基础

D. 法律法规是否规定了适用的财务报告编制基础

2.「**2019 年 · 单选题 · 题码 146254**」

通常无须包含在审计业务约定书中的是（　　）。

A. 财务报表审计的目标与范围

B. 出具审计报告的日期

C. 管理层和治理层的责任

D. 用于编制财务报表所适用的财务报告编制基础

3.「**2019 年 · 多选题 · 题码 146258**」

下列各项中，属于注册会计师应当开展的初步业务活动的有（　　）。

A. 针对接受或保持客户关系实施相应的质量管理程序

B. 确定审计范围和项目组成员

C. 就审计业务约定条款与被审计单位达成一致

D. 评价遵守相关职业道德要求的情况

4.「**2018 年 · 单选题 · 题码 146256**」

下列各项中，不属于财务报表审计的前提条件的是（　　）。

A. 管理层设计、执行和维护必要的内部控制，以使财务报表不存在由于舞弊或错误导致的重大错报

B. 管理层按照适用的财务报表编制基础编制财务报表，并使其实现公允反映
C. 管理层承诺将更正注册会计师在审计过程中识别出的重大错报
D. 管理层向注册会计师提供必要的工作条件

5.「**2018 年・多选题・题码 146259**」
下列各项中，通常可以作为变更审计业务的合理理由的有（　　）。
A. 环境变化对审计服务的需求产生影响
B. 委托方对原来要求的审计业务的性质存在误解
C. 管理层对审计范围施加限制
D. 客观因素导致审计范围受到限制

6.「**2016 年・单选题・题码 146257**」
下列有关审计业务约定书的说法中，错误的是（　　）。
A. 审计业务约定书应当包括注册会计师的责任和管理层的责任
B. 如果集团公司的注册会计师同时也是组成部分注册会计师，则无须向组成部分单独致送审计业务约定书
C. 对于连续审计，注册会计师可能不需要每期都向被审计单位致送新的审计业务约定书
D. 注册会计师应当在签订审计业务约定书之前确定审计的前提条件是否存在

7.「**2016 年・多选题・题码 146260**」
下列因素中，注册会计师在评价财务报告编制基础可接受性时需要考虑的有（　　）。
A. 被审计单位的性质
B. 财务报表的性质
C. 财务报表的目的
D. 法律法规是否规定了适用的财务报告编制基础

8.「**2015 年・多选题・题码 146261**」
注册会计师在承接业务之前进行初步业务活动的目的包括（　　）。
A. 确保会计师事务所具备执行业务所需的独立性和专业胜任能力
B. 与被审计单位之间不存在对业务约定条款的误解
C. 不存在因管理层诚信问题而可能影响注册会计师保持该项业务的意愿的事项
D. 识别被审计单位存在的重大错报风险

「考点 2」总体审计策略和具体审计计划（★）

1.「**2020 年・单选题・题码 146268**」
下列有关计划审计工作的说法中，错误的是（　　）。
A. 在制定总体审计策略时，注册会计师应当考虑初步业务活动的结果
B. 注册会计师制定的具体审计计划应当包括风险评估程序、计划实施的进一步审计程序和其他审计程序
C. 注册会计师在制定审计计划时，应当确定对项目组成员的工作进行复核的性质、时间安排和范围

D. 具体审计计划通常不影响总体审计策略

2. 「2019 年 · 单选题 · 题码 146269」

确定项目组内部复核的性质、时间安排和范围时，注册会计师不应当考虑的是（　　）。

A. 被审计单位的规模

B. 评估的重大错报风险

C. 项目质量管理复核人的经验和能力

D. 项目组成员的专业素质和胜任能力

3. 「2021 年 · 多选题 · 题码 156843」

在确定被审计单位财务报告编制基础的可接受性时，下列各项中，注册会计师需要考虑的有（　　）。

A. 财务报表的性质

B. 被审计单位的性质

C. 财务报表的目的

D. 被审计单位管理层是否充分了解财务报告编制基础

4. 「2016 年 · 多选题 · 题码 146271」

下列各项中，属于具体审计计划活动的有（　　）。

A. 确定重要性

B. 确定是否需要实施项目质量管理复核

C. 确定风险评估程序的性质、时间安排和范围

D. 确定进一步审计程序的性质、时间安排和范围

5. 「2015 年 · 单选题 · 题码 146270」

下列有关审计计划的说法中，正确的是（　　）。

A. 制定总体审计策略的过程通常在具体审计计划之前

B. 总体审计策略不受具体审计计划的影响

C. 具体审计计划的核心是确定审计的范围和审计方案

D. 制定审计计划的工作应当在实施进一步审计程序之前完成

「考点 3」重要性（★★★）

1. 「2021 年 · 单选题 · 题码 156837」

注册会计师为确定财务报表整体的重要性而选择基准时，通常无须考虑的是（　　）。

A. 被审计单位的所有权结构

B. 是否为首次接受委托的审计项目

C. 被审计单位的融资方式

D. 被审计单位的性质

2. 「2020 年 · 单选题 · 题码 146313」

下列有关财务报表整体的重要性的说法中，错误的是（　　）。

A. 注册会计师应当在制定总体审计策略时确定财务报表整体的重要性

B. 注册会计师应当从定性和定量两个方面考虑财务报表整体的重要性

C. 财务报表的审计风险越高，财务报表整体的重要性金额越高

D. 财务报表整体的重要性可能需要在审计过程中作出修改

3. 「**2020 年 · 单选题 · 题码 146314**」

下列有关实际执行的重要性的说法中，错误的是（　　）。

A. 注册会计师可以确定一个或多个实际执行的重要性

B. 实际执行的重要性应当低于财务报表整体的重要性

C. 并非所有审计业务都需要确定实际执行的重要性

D. 实际执行的重要性可以被用作细节测试中的可容忍错报

4. 「**2020 年 · 多选题 · 题码 146321**」

下列各项审计工作中，注册会计师需要使用财务报表整体重要性的有（　　）。

A. 识别和评估重大错报风险

B. 确定实际执行的重要性

C. 评价已识别的错报对财务报表的影响

D. 确定风险评估程序的性质、时间安排和范围

5. 「**2020 年 · 多选题 · 题码 146322**」

下列各项因素中，可能表明注册会计师需要确定特定类别交易、账户余额或披露的重要性水平的有（　　）。

A. 是否存在与被审计单位所处行业相关的关键性披露

B. 财务报表使用者是否特别关注财务报表中单独披露的业务的特定方面

C. 是否存在对特定财务报表使用者的决策可能产生影响的披露

D. 适用的财务报告编制基础是否影响财务报表使用者对特定项目计量或披露的预期

6. 「**2019 年 · 单选题 · 题码 146315**」

下列各项中，不属于注册会计师使用财务报表整体重要性的目的的是（　　）。

A. 决定风险评估程序的性质、时间安排和范围

B. 确定审计中识别出的错误是否需要累积

C. 评价已识别的错报对审计意见的影响

D. 识别和评估重大错报风险

7. 「**2019 年 · 单选题 · 题码 146316**」

下列因素中，注册会计师在确定实际执行的重要性时无须考虑的是（　　）。

A. 是否为首次接受委托的审计项目

B. 前期审计中识别出的错报的数量和性质

C. 是否存在值得关注的内部控制缺陷

D. 是否存在财务报表使用者特别关注的项目

8. 「**2019 年 · 多选题 · 题码 146323**」

下列各项中，注册会计师在所有审计业务中均应当确定的有（　　）。

A. 财务报表整体的重要性

B. 实际执行的重要性

C. 可容忍错报

D. 明显微小错报的临界值

9.「2019 年 · 多选题 · 题码 146324」

下列各项因素中，注册会计师在确定财务报表整体重要性水平时通常要考虑的有（　　）。

A. 被审计单位所处的行业和经济环境

B. 被审计单位所处的生命周期

C. 以前年度是否存在审计调整

D. 财务报表预期使用者的范围

10.「2018 年 · 单选题 · 题码 146317」

下列情形中，注册会计师通常采用较高的百分比确定实际执行的重要性的是（　　）。

A. 以前期间的审计经验表明被审计单位的内部控制运行有效

B. 被审计单位面临较大的市场竞争压力

C. 被审计单位管理层能力欠缺

D. 注册会计师首次接受委托

11.「2017 年 · 单选题 · 题码 146318」

下列情形中，注册会计师通常考虑采用较高的百分比确定实际执行的重要性的是（　　）。

A. 首次接受委托执行审计

B. 预期本年被审计单位存在值得关注的内部控制缺陷

C. 以前年度审计调整较少

D. 本年被审计单位面临较大的市场竞争压力

12.「2016 年 · 单选题 · 题码 146319」

下列有关在确定财务报表整体的重要性时选择基准的说法中，正确的是（　　）。

A. 注册会计师应当充分考虑被审计单位的性质和重大错报风险，选取适当的基准

B. 对于以营利为目的的被审计单位，注册会计师应当选取税前利润作为基准

C. 基准一经选定，需在各年度中保持一致

D. 基准可以是本期财务数据的预算和预测结果

13.「2015 年 · 单选题 · 题码 146320」

注册会计师通常选定基准乘以某一百分比确定财务报表整体重要性。关于选定的基准的相关表述，正确的是（　　）。

A. 盈利水平稳定的企业，选择过去三到五年经常性业务平均税前利润为基准

B. 处于开办期的企业，选择费用总支出为基准

C. 在新兴行业中，现阶段以抢占市场、扩大知名度为目标，选择营业收入为基准

D. 公益性基金会，选择总资产为基准

「考点 4」错报（★）

1.「2018 年 · 多选题 · 题码 146343」

下列各项因素中，注册会计师在确定明显微小错报的临界值时通常需要考虑的有（　　）。

A. 以前年度审计中识别出的错报的数量和金额

B. 重大错报风险的评估结果

C. 被审计单位的财务指标是否勉强达到监管机构的要求

D. 财务报表使用者的经济决策受错报影响的程度

2.「2016 年 · 单选题 · 题码 146342」

下列各因素中，注册会计师在确定明显微小错报临界值时，通常无须考虑的是（　　）。

A. 重大错报风险的评估结果

B. 以前年度审计中识别出的错报

C. 被审计单位的财务报表是否分发给广大范围的使用者

D. 被审计单位治理层和管理层对注册会计师与其沟通错报的期望

主观题部分

1.「2015 年 · 简答题 · 题码 148222」

ABC 会计师事务所首次接受委托，审计甲公司 2014 年度财务报表，甲公司处于新兴行业，面临较大竞争压力，目前侧重于抢占市场份额，审计工作底稿中与重要性和错报评价相关的部分内容摘录如下：

❶ 考虑到甲公司所处市场环境，财务报表使用者最为关注收入指标，审计项目团队将营业收入作为确定财务报表整体重要性的基准。

❷ 经与前任注册会计师沟通，审计项目团队了解到甲公司以前年度内部控制运行良好、审计调整较少，因此，将实际执行的重要性确定为财务报表整体重要性的 75%。

❸ 审计项目团队将明显微小错报的临界值确定为财务报表整体重要性的 3%，该临界值也适用于重分类错报。

❹ 审计项目团队认为无须对金额低于实际执行的重要性的财务报表项目实施进一步审计程序。

「要求」针对上述事项，逐项指出审计项目团队的做法是否恰当。如不恰当，简要说明理由。

2.「2020 年 · 综合题 · 题码 148229」

A 注册会计师在审计工作底稿中记录了审计计划，部分事项如下：因实施穿行测试时发现甲公司与投资和筹资相关的内部控制未得到执行，A 注册会计师将投资和筹资循环的审计策略由综合性方案改为实质性方案，并用新编制的审计计划工作底稿替换了原工作底稿。

「要求」假定不考虑其他条件，指出 A 注册会计师的做法是否恰当。如不恰当，简要说明理由。

3.「2018 年 · 综合题 · 题码 148267」

A 注册会计师在审计工作底稿中记录了审计计划，部分内容摘录如下：

因其他应收款和其他应付款的年初年末余额均低于实际执行的重要性，A 注册会计师拟不对其实施进一步审计程序。

「要求」假定不考虑其他条件，指出审计计划的内容是否恰当。如不恰当，简要说明理由。

4. 「**2016 年 · 综合题 · 题码 148272**」

A 注册会计师在审计工作底稿中记录了审计计划，部分内容摘录如下：

拟实施的进一步审计程序的范围是：金额高于实际执行的重要性的财务报表项目；金额低于实际执行的重要性但存在舞弊风险的财务报表项目。

「**要求**」假定不考虑其他条件，指出审计计划的内容是否恰当。如不恰当，简要说明理由。

03 第三章　审计证据

「考情分析」

考点	星级	近十年考频	2012年	2013年	2014年	2015年	2016年	2017年	2018年	2019年	2020年	2021年
1. 审计证据的性质	★★★	7	√			√	√	√	√	√	√	
2. 审计程序	★	1							√			
3. 函证	★★★	7		√	√		√	√	√	√		√
4. 分析程序	★★★	7	√		√		√	√	√		√	√

「考点 1」审计证据的性质（★★★）

1. **「2020 年・单选题・题码 146505」**

下列有关审计证据的说法中，错误的是（　　）。

A. 审计证据可能包括被审计单位聘请的专家编制的信息

B. 审计证据可能包括与管理层认定相矛盾的信息

C. 信息的缺乏本身不构成审计证据

D. 审计证据可能包括以前审计中获取的信息

2. **「2020 年・单选题・题码 146506」**

下列有关审计证据的相关性的说法中，错误的是（　　）。

A. 审计证据的相关性是审计证据适当性的核心内容之一

B. 审计证据的相关性影响审计证据的充分性

C. 审计证据的可靠性影响审计证据的相关性

D. 审计证据的相关性可能受测试方向的影响

3. **「2020 年・多选题・题码 146515」**

下列有关职业怀疑的说法中，正确的有（　　）。

A. 职业怀疑要求注册会计师质疑相互矛盾的审计证据的可靠性

B. 职业怀疑要求注册会计师对舞弊风险因素保持警觉

C. 职业怀疑要求注册会计师鉴定文件记录的真伪

D. 职业怀疑要求注册会计师质疑管理层的诚信

4. **「2019 年・单选题・题码 146507」**

下列各项中，不影响审计证据可靠性的是（　　）。

A. 被审计单位内控是否有效

B. 用作审计证据的信息与认定之间的关系

C. 审计证据的来源

D. 审计证据的存在形式

5.「**2019 年 · 单选题 · 题码 146508**」

下列有关审计证据充分性和适当性的说法中，错误的是（　　）。

A. 审计证据的充分性和适当性分别是对审计证据数量和质量的衡量

B. 只有充分且适当的审计证据才有证明力

C. 审计证据的充分性会影响审计证据的适当性

D. 审计证据的适当性会影响审计证据的充分性

6.「**2018 年 · 单选题 · 题码 146509**」

下列有关审计证据的适当性的说法中，错误的是（　　）。

A. 审计证据的适当性不受审计证据的充分性的影响

B. 审计证据的适当性包括相关性和可靠性

C. 审计证据的适当性影响审计证据的充分性

D. 审计证据的适当性是对审计证据质量和数量的衡量

7.「**2017 年 · 单选题 · 题码 146510**」

下列有关审计证据质量的说法中，错误的是（　　）。

A. 审计证据的适当性是对审计证据质量的衡量

B. 审计证据的质量与审计证据的相关性和可靠性有关

C. 注册会计师可以通过获取更多的审计证据弥补审计证据质量的缺陷

D. 在既定的重大错报风险水平下，需要获取的审计证据的数量受审计证据质量的影响

8.「**2016 年 · 单选题 · 题码 146511**」

下列有关审计证据可靠性的说法中，正确的是（　　）。

A. 可靠的审计证据是高质量的审计证据

B. 审计证据的充分性影响审计证据的可靠性

C. 内部控制薄弱时内部生成的审计证据是不可靠的

D. 从独立的外部来源获得的审计证据可能是不可靠的

9.「**2015 年 · 单选题 · 题码 146512**」

下列有关审计证据的说法中，错误的是（　　）。

A. 从外部独立来源获取的审计证据比从其他来源获取的审计证据更可靠

B. 口头证据与书面证据矛盾时，注册会计师应当采用书面证据

C. 审计证据相关性可能受测试方向的影响

D. 相关性和可靠性是审计证据适当性的核心

10.「**2015 年 · 单选题 · 题码 146514**」

下列有关审计证据的说法中，正确的是（　　）。

A. 外部证据与内部证据矛盾时，注册会计师应当采用外部证据

B. 审计证据不包括会计师事务所接受与保持客户或业务时实施质量管理程序获取的信息

C. 注册会计师可以考虑获取审计证据的成本与获取的信息的有用性之间的关系

D. 注册会计师无须鉴定作为审计证据的文件记录的真伪

11.「**2018 年·多选题·题码 146118**」

下列各项中，可能构成审计证据的有（　　）。

A. 注册会计师在本期审计中获取的信息

B. 注册会计师在以前审计中获取的信息

C. 会计师事务所接受业务时实施质量管理程序获取的信息

D. 被审计单位聘请的专家编制的信息

「考点 2」审计程序（★）

1.「**2019 年·单选题·题码 146593**」

下列审计程序中，不适用于细节测试的是（　　）。

A. 重新执行　　B. 函证　　C. 检查　　D. 询问

2.「**2018 年·单选题·题码 146594**」

下列有关询问程序的说法中，错误的是（　　）。

A. 询问适用于风险评估、控制测试和实质性程序

B. 询问可以以口头或书面方式进行

C. 注册会计师应当就管理层对询问作出的口头答复获取书面声明

D. 询问是指注册会计师向被审计单位内部或外部的知情人员获取财务信息和非财务信息，并对答复进行评价的过程

「考点 3」函证（★★★）

1.「**2017 年·多选题·题码 146599**」

下列各项因素中，通常影响注册会计师是否实施函证的决策的有（　　）。

A. 评估的认定层次重大错报风险　　B. 被审计单位管理层的配合程度

C. 函证信息与特定认定的相关性　　D. 被询证者的客观性

2.「**2016 年·多选题·题码 146600**」

下列有关询证函回函可靠性的说法中，错误的有（　　）。

A. 被询证者对于函证信息的口头回复是可靠的审计证据

B. 询证函回函中的免责条款削弱了回函可靠性

C. 由被审计单位转交给注册会计师的回函不是可靠的审计证据

D. 以电子形式收到的回函不是可靠的审计证据

3.「**2015 年·单选题·题码 146597**」

下列有关积极式函证的说法中，错误的是（　　）。

A. 注册会计师应当在发出询证函后予以跟进，必要时再次向被询证者寄发询证函

B. 如果管理层不允许寄函证，注册会计师可以发表非无保留意见

C. 如果注册会计师认为取得积极式函证回函是获取充分、适当的审计证据的必要程序，则替代程序不能提供注册会计师所需要的审计证据

D. 为保证回函率，注册会计师应当要求被审计单位安排专人催收函证

4.「2015 年 · 单选题 · 题码 146598」
注册会计师考虑是否实施函证程序时，下列说法中错误的是（　　）。
A. 向被审计单位的律师函证固定资产的投保情况，函证可能无效
B. 实施函证程序应考虑被询证者回复询证函的能力
C. 函证被审计单位的子公司，回函的可靠性会降低
D. 无须考虑被询证者的客观性

「考点 4」分析程序（★★★）

1.「2020 年 · 单选题 · 题码 146643」
下列有关分析程序的说法中，错误的是（　　）。
A. 注册会计师不需要在所有审计业务中运用分析程序
B. 对某些重大错报风险，分析程序可能比细节测试更有效
C. 分析程序并不适用于所有财务报表认定
D. 分析程序所使用的信息可能包括非财务数据

2.「2020 年 · 单选题 · 题码 146644」
在实施实质性分析程序时，注册会计师需要确定已记录金额与预期值之间可接受的差异额。下列各项因素中，注册会计师在确定可接受的差异额时通常无须考虑的是（　　）。
A. 实际执行的重要性
B. 明显微小错报的临界值
C. 计划的保证水平
D. 评估的重大错报风险

3.「2020 年 · 单选题 · 题码 146645」
在实施实质性分析程序时，注册会计师需要对已记录的金额或比率作出预期。下列各项因素中，与作出预期所使用数据的可靠性无关的是（　　）。
A. 可获得信息的相关性
B. 信息的可分解程度
C. 可获得信息的可比性
D. 与信息编制相关的控制

4.「2019 年 · 单选题 · 题码 146646」
下列有关实质性分析程序的说法中，错误的是（　　）。
A. 实质性分析程序达到的精确度低于细节测试
B. 实质性分析程序并不适用于所有财务报表认定
C. 实质性分析程序提供的审计证据是间接证据，因此无法为相关财务报表认定提供充分、适当的审计证据
D. 注册会计师可以对某些财务报表认定同时实施实质性分析程序和细节测试

5.「2018 年 · 单选题 · 题码 146647」
下列有关用作风险评估程序的分析程序的说法中，错误的是（　　）。
A. 此类分析程序所使用数据的汇总性较强
B. 此类分析程序的主要目的在于识别可能表明财务报表存在重大错报风险的异常变化
C. 此类分析程序通常不需要确定预期值
D. 此类分析程序通常包括账户余额变化的分析，并辅之以趋势分析和比率分析

6.「2017 年 · 单选题 · 题码 146648」

下列有关注册会计师在临近审计结束时运用分析程序的说法中，错误的是（　　）。

A. 注册会计师进行分析的重点通常集中在财务报表层次

B. 注册会计师进行分析的目的在于识别可能表明财务报表存在重大错报风险的异常变化

C. 注册会计师采用的方法与风险评估程序中使用的分析程序基本相同

D. 注册会计师进行分析并非为了对特定账户余额和披露提供实质性的保证水平

7.「2016 年 · 单选题 · 题码 146649」

下列有关分析程序的说法中，正确的是（　　）。

A. 分析程序是指注册会计师通过分析不同财务数据之间的内在关系对财务信息作出评价

B. 注册会计师无须在了解被审计单位及其环境的各个方面实施分析程序

C. 细节测试比实质性分析程序更能有效地将认定层次的检查风险降至可接受的水平

D. 用于总体复核的分析程序的主要目的在于识别那些可能表明财务报表存在重大错报风险的异常变化

8.「2016 年 · 多选题 · 题码 146650」

下列各项因素中，注册会计师在确定实质性分析程序的可接受差异额时需要考虑的有（　　）。

A. 重要性

B. 预期值的准确程度

C. 计划的保证水平

D. 一项错报单独或连同其他错报导致财务报表发生重大错报的可能性

主观题部分

1.「2020 · 简答题 · 题码 148366」

ABC 会计师事务所的 A 注册会计师负责审计甲公司 2019 年度财务报表。与函证相关的部分事项如下：

❶ 在发出询证函前，A 注册会计师根据风险评估结果选取部分被询证者，通过查询公开网站等方式，验证了甲公司管理层提供的被询证者名称和地址的准确性，结果满意。

❷ 甲公司开户行乙银行因受新冠肺炎疫情影响无法处理函证。A 注册会计师与乙银行的上级银行沟通后向其寄发了询证函并收到回函，结果满意。

❸ 2020 年 3 月现场审计工作开始前，甲公司已收回 2019 年末的大部分应收账款。A 注册会计师检查了相关的收款单据和银行对账单，结果满意，决定不对应收账款实施函证程序，并在审计工作底稿中记录了不发函的上述理由。

❹ A 注册会计师收到丙公司通过电子邮件发来的其他应收款回函扫描件后，向甲公司财务人员取得了丙公司财务人员的微信号，联系对方核实了函证内容，并在审计工作底稿中记录了沟通情况及微信对话截屏。

「**要求**」针对上述事项，逐项指出 A 注册会计师的做法是否恰当。如不恰当，简要说明理由。

2.「2020 年 · 简答题 · 题码 148452」

甲公司对生产工人采用计件工资制。在对直接人工成本实施实质性分析程序时，A 注册会计师取得了生产部门提供的产量统计报告和人事部门提供的计件工资标准，评价了相关信息的可靠性，据此计算了直接人工成本的预期值。

「要求」指出 A 注册会计师的做法是否恰当。如不恰当，简要说明理由。

3.「2018 年 · 简答题 · 题码 148457」

ABC 会计师事务所的 A 注册会计师负责审计甲公司 2017 年度财务报表。审计工作底稿中与函证相关的部分内容摘录如下：

❶ 甲公司 2017 年末的一笔大额银行借款已于 2018 年初到期归还。A 注册会计师检查了还款凭证等支持性文件，结果满意，决定不实施函证程序，并在审计工作底稿中记录了不实施函证程序的理由。

❷ A 注册会计师评估认为应收账款的重大错报风险较高，为尽早识别可能存在的错报，在期中审计时对截至 2017 年 9 月末的余额实施了函证程序，在期末审计时对剩余期间的发生额实施了细节测试，结果满意。

❸ A 注册会计师对应收乙公司的款项实施了函证程序。因回函显示无差异，A 注册会计师认可了管理层对应收乙公司款项不计提坏账准备的处理。

❹ A 注册会计师拟对甲公司应付丙公司的款项实施函证程序。因甲公司与丙公司存在诉讼纠纷，管理层要求不实施函证程序。A 注册会计师认为其要求合理，实施了替代审计程序，结果满意。

❺ A 注册会计师评估认为应付账款存在低估风险，因此，在询证函中未填列甲公司账面余额，而是要求被询证者提供余额信息。

「要求」针对上述事项，逐项指出 A 注册会计师的做法是否恰当。如不恰当，简要说明理由。

4.「2018 年 · 简答题 · 题码 148502」

ABC 会计师事务所的 A 注册会计师负责审计甲公司 2018 年度财务报表。审计工作底稿中与函证相关的部分内容摘录如下：

❶ A 注册会计师对甲公司年内已注销的某人民币银行账户实施函证，银行表示无法就已注销账户回函。A 注册会计师检查了该账户的注销证明原件，核对了亲自从中国人民银行获取的《已开立银行结算账户清单》中的相关信息，结果满意。

❷ 在实施应收账款函证程序时，A 注册会计师将财务人员在发函信封上填写的客户地址与销售部门提供的客户清单中的地址进行核对后，亲自将询证函交予快递公司发出。

❸ A 注册会计师对应收账款余额实施了函证程序，有 15 家客户未回函。A 注册会计师对其中 14 家实施了替代程序，结果满意；对剩余一家的应收账款余额，因其小于明显微小错报的临界值，A 注册会计师不再实施替代程序。

❹ 甲公司未对货到票未到的原材料进行暂估。A 注册会计师从应付账款明细账中选取 90% 的供应商实施函证程序，要求供应商在询证函中填列余额信息。

「要求」针对上述事项，逐项指出 A 注册会计师的做法是否恰当。如不恰当，简要说明理由。

5.「2017 年·简答题·题码 148564」

A 注册会计师向乙公司函证由其保管的甲公司存货的数量和状况，收到的传真件回函显示，数量一致，状况良好。A 注册会计师据此认可了回函结果。

「要求」指出 A 注册会计师的做法是否恰当。如不恰当，简要说明理由。

6.「2017 年·简答题·题码 148568」

乙银行在银行询证函回函中注明："接收人不能依赖函证中的信息。"A 注册会计师认为该条款不影响回函的可靠性，认可了回函结果。

「要求」指出 A 注册会计师的做法是否恰当。如不恰当，简要说明理由。

7.「2015 年·简答题·题码 148566」

ABC 会计师事务所负责审计甲公司 2014 年度财务报表，审计项目团队确定财务报表整体的重要性为 100 万元，明显微小错报的临界值为 5 万元，审计工作底稿中与函证程序相关的部分内容摘录如下：

❶ 审计项目团队在寄发询证函前，将部分被询证方的名称、地址与甲公司持有的合同及发票中的对应信息进行了核对。

❷ 甲公司应付账款年末余额为 550 万元。审计项目团队认为应付账款存在低估风险，选取了年末余额合计为 480 万元的两家主要供应商实施函证，未发现差异。

❸ 审计项目团队成员跟随甲公司出纳到乙银行实施函证。出纳到柜台办理相关事宜，审计项目团队成员在等候区等候。

❹ 客户丙公司年末应收账款余额 100 万元，回函金额 90 万元，因差异金额高于明显微小错报的临界值，审计项目团队据此提出了审计调整建议。

❺ 客户丁公司回函邮戳显示发函地址与甲公司提供的地址不一致。甲公司财务人员解释是由于丁公司有多处办公地址所致。审计项目团队认为该解释合理，在审计工作底稿中记录了这一情况。

❻ 客户戊公司为海外公司。审计项目团队收到戊公司境内关联公司代为寄发的询证函回函，未发现差异，结果满意。

「要求」针对上述事项，逐项指出审计项目团队的做法是否恰当。如不恰当，简要说明理由。

8.「2015 年·简答题·题码 148570」

甲公司是 ABC 会计师事务所的常年审计客户。A 注册会计师负责审计甲公司 2014 年度财务报表。审计工作底稿中与分析程序相关的部分内容摘录如下：

❶ 甲公司所处行业 2014 年度市场需求显著下降，A 注册会计师在实施风险评估分析程序时，以 2013 年财务报表已审数为预期值，将 2014 年财务报表中波动较大的项目评估为存在重大错报风险的领域。

❷ A 注册会计师对营业收入实施实质性分析程序，将实际执行的重要性作为已记录金额与预期值之间可接受的差异额。

❸ 甲公司的产量与生产工人工资之间存在稳定的预期关系，A 注册会计师认为产量信息来自非财务部门，具有可靠性，在实施实质性分析程序时据以测算直接人工成本。

❹ A 注册会计师在审计过程中未提出审计调整建议，已审财务报表与未审财务报表一致，因此认为无须在临近审计结束时运用分析程序对财务报表进行总体复核。

「要求」针对上述事项，逐项指出 A 注册会计师的做法是否恰当。如不恰当，提出改进建议。

9.「**2015 年 · 简答题 · 题码 148572**」

ABC 会计师事务所负责审计甲公司 2014 年度财务报表，审计项目团队认为货币资金的存在和完整性认定存在舞弊导致的重大错报风险，审计工作底稿中与货币资金审计相关的部分内容摘录如下：

❶ 审计项目团队未对年末余额小于 10 万元的银行账户实施函证，这些账户年末余额合计小于实际执行的重要性，审计项目团队检查了银行对账单原件和银行存款余额调节表，结果满意。

❷ 审计项目团队发现 X 银行询证函回函上的印章与以前年度的不同，甲公司管理层解释 X 银行于 2014 年中变更了印章样式，并提供了 X 银行的收款回单，审计项目团队通过比对印章样式，认可了甲公司管理层的解释。

「**要求**」针对上述事项，逐项指出审计项目团队的做法是否恰当。如不恰当，提出改进建议。

10.「**2018 年 · 综合题 · 题码 148575**」

A 注册会计师在审计工作底稿中记录了实施进一步审计程序的情况，部分内容摘录如下：

A 注册会计师采用实质性分析程序测试甲公司 2017 年度的运输费用，已记录金额低于预期值 500 万元，因该差异低于实际执行的重要性，A 注册会计师认可了已记录金额。

「**要求**」假定不考虑其他条件，指出 A 注册会计师的做法是否恰当。如不恰当，简要说明理由。

11.「**2017 年 · 综合题 · 题码 148578**」

A 注册会计师在审计工作底稿中记录了实施的进一步审计程序，部分内容摘录如下：

❶ 甲公司 2016 年末应收票据余额重大。A 注册会计师于 2016 年 12 月 31 日检查了这些票据的复印件，并核对了相关信息，结果满意。

❷ 甲公司的某企业客户利用甲公司的快递服务，向 A 注册会计师寄回了询证函回函。A 注册会计师认为回函可靠性受到影响，重新发函并要求该客户通过其他快递公司寄回询证函。

「**要求**」针对上述事项，假定不考虑其他条件，逐项指出 A 注册会计师的做法是否恰当。如不恰当，简要说明理由。

12.「**2016 年 · 综合题 · 题码 148717**」

A 注册会计师在审计工作底稿中记录了审计计划，部分内容摘录如下：

2015 年有多名消费者起诉甲公司，管理层聘请外部律师担任诉讼代理人。A 注册会计师拟亲自向律师寄发由管理层编制的询证函，并要求与律师进行直接沟通。

「**要求**」假定不考虑其他条件，指出审计计划的内容是否恰当。如不恰当，简要说明理由。

04 第四章　审计抽样方法

「考情分析」

考点	星级	近十年考频	2012年	2013年	2014年	2015年	2016年	2017年	2018年	2019年	2020年	2021年
1. 审计抽样的基本概念	★★★	8		√	√	√	√	√	√		√	√
2. 审计抽样在控制测试中的应用	★★★	7		√	√	√		√	√		√	√
3. 审计抽样在细节测试中的应用	★★★	3			√	√	√					

「考点 1」审计抽样的基本概念（★★★）

1.「2021 年 · 单选题 · 题码 156839」

下列对于检查风险的表述中，错误的是（　　）。

A. 检查风险取决于审计程序设计的合理性和执行的有效性

B. 检查风险不可能被降低为零

C. 抽样风险不会导致检查风险

D. 在既定的审计风险程度下，评估的重大错报风险越低，可接受的检查风险越高

2.「2021 年 · 单选题 · 题码 156840」

下列各项中，关于统计抽样和非统计抽样的共同点的说法中，错误的是（　　）。

A. 统计抽样和非统计抽样都可以客观计量抽样风险

B. 统计抽样和非统计抽样都难以量化非抽样风险

C. 统计抽样和非统计抽样都需要注册会计师的职业判断

D. 如果设计得当，非统计抽样能够提供与统计抽样同样有效的结果

3.「2020 年 · 单选题 · 题码 146687」

下列有关审计抽样的样本代表性的说法中，错误的是（　　）。

A. 样本代表性与样本规模相关

B. 样本代表性与如何选取样本相关

C. 样本代表性与整个样本而非样本中的单个项目相关

D. 样本代表性通常与错报的发生率相关

4.「2020 年 · 单选题 · 题码 146688」

下列有关非抽样风险的说法中，错误的是（　　）。

A. 注册会计师未能适当地定义误差会导致非抽样风险

B. 非抽样风险可以量化

C. 非抽样风险在所有审计业务中均存在

D. 对总体中所有的项目实施测试无法消除非抽样风险

5.「**2018 年 · 单选题 · 题码 146689**」

下列有关非抽样风险的说法中，错误的是（　　）。

A. 非抽样风险影响审计风险

B. 非抽样风险不能量化

C. 注册会计师可以通过采取适当的质量管理政策和程序降低非抽样风险

D. 注册会计师可以通过扩大样本规模降低非抽样风险

6.「**2018 年 · 单选题 · 题码 146690**」

下列有关审计抽样的样本代表性的说法中，错误的是（　　）。

A. 如果样本的选取是无偏向的，该样本通常具有代表性

B. 样本具有代表性意味着根据样本测试结果推断的错报与总体中的错报相同

C. 样本的代表性与样本规模无关

D. 样本的代表性通常只与错报的发生率而非错报的特定性质相关

7.「**2018 年 · 多选题 · 题码 146695**」

下列审计程序中，通常不宜使用审计抽样的有（　　）。

A. 风险评估程序

B. 对未留下运行轨迹的控制的运行有效性实施测试

C. 对信息技术应用控制的运行有效性实施测试

D. 实质性分析程序

8.「**2017 年 · 多选题 · 题码 146696**」

下列各项中，属于审计抽样基本特征的有（　　）。

A. 对具有审计相关性的总体中低于百分之百的项目实施审计程序

B. 可以根据样本项目的测试结果推断出有关抽样总体的结论

C. 所有抽样单元都有被选取的机会

D. 可以基于某一特征从总体中选出特定项目实施审计程序

9.「**2016 年 · 单选题 · 题码 146691**」

下列有关信赖过度风险的说法中，正确的是（　　）。

A. 信赖过度风险属于非抽样风险

B. 信赖过度风险影响审计效率

C. 信赖过度风险与控制测试和细节测试均相关

D. 注册会计师可以通过扩大样本规模降低信赖过度风险

10.「**2016 年 · 单选题 · 题码 146692**」

下列有关抽样风险的说法中，错误的是（　　）。

A. 在使用非统计抽样时，注册会计师可以对抽样风险进行定性的评价和控制

B. 如果注册会计师对总体中的所有项目都实施检查，就不存在抽样风险

C. 注册会计师未能恰当地定义误差将导致抽样风险

D. 无论是控制测试还是细节测试，注册会计师都可以通过扩大样本规模降低抽样风险

11.「2016 年 · 多选题 · 题码 146697」

下列有关非抽样风险的说法中，正确的有（　　）。

A. 注册会计师实施控制测试和实质性程序时均可能产生非抽样风险

B. 注册会计师保持职业怀疑有助于降低非抽样风险

C. 注册会计师可以通过扩大样本规模降低非抽样风险

D. 注册会计师可以通过加强对审计项目团队成员的监督和指导降低非抽样风险

12.「2015 年 · 单选题 · 题码 146693」

下列有关抽样风险和非抽样风险的表述，错误的是（　　）。

A. 信赖不足风险与审计的效果有关

B. 误受风险影响审计效果，容易导致注册会计师发表不恰当的审计意见，因此注册会计师更应重点关注

C. 如果对总体中的所有项目都实施检查，就不存在抽样风险，此时审计风险完全由非抽样风险产生

D. 注册会计师依赖应收账款函证来揭露未入账的应收账款，此时可能产生非抽样风险

13.「2015 年 · 单选题 · 题码 146694」

下列有关抽样风险的说法中，错误的是（　　）。

A. 除非注册会计师对总体中所有的项目都实施检查，否则存在抽样风险

B. 在使用统计抽样时，注册会计师可以准确地计量和控制抽样风险

C. 注册会计师可以通过扩大样本规模降低抽样风险

D. 控制测试中的抽样风险包括误受风险和误拒风险

「考点 2」审计抽样在控制测试中的应用（★★★）

1.「2021 年 · 单选题 · 题码 156841」

使用审计抽样实施控制测试时，下列各项中与样本规模同向变动的是（　　）。

A. 总体规模　　B. 可容忍偏差率

C. 可接受的信赖过度风险　　D. 预计总体偏差率

2.「2020 年 · 单选题 · 题码 146698」

在运用审计抽样实施控制测试时，下列各项因素中，不影响样本规模的是（　　）。

A. 选取样本的方法　　B. 控制的类型

C. 可容忍偏差率　　D. 控制运行的相关期间的长短

3.「2019 年 · 单选题 · 题码 146699」

下列与内部控制有关的审计工作中，通常可以使用审计抽样的是（　　）。

A. 评价内部控制设计的合理性

B. 确定控制是否得到执行

C. 测试自动化应用控制的运行有效性

D. 测试留下运行轨迹的人工控制的运行有效性

4.「2018 年 · 单选题 · 题码 146700」
下列有关控制测试的样本规模的说法中，错误的是（　　）。
A. 预计总体偏差率与样本规模同向变动
B. 可容忍偏差率与样本规模反向变动
C. 信赖不足风险与样本规模反向变动
D. 总体规模对样本规模的影响几乎为零，除非总体非常小

5.「2018 年 · 多选题 · 题码 146704」
下列抽样方法中，通常可以用于统计抽样的有（　　）。
A. 系统选样　　B. 随机选样
C. 随意选样　　D. 整群选样

6.「2017 年 · 单选题 · 题码 146701」
下列有关控制测试的样本规模的说法中，错误的是（　　）。
A. 可接受的信赖过度风险与样本规模反向变动
B. 总体规模与样本规模反向变动
C. 可容忍偏差率与样本规模反向变动
D. 预计总体偏差率与样本规模同向变动

7.「2017 年 · 单选题 · 题码 146702」
使用审计抽样实施控制测试时，下列情形中，注册会计师不能另外选取替代样本的是（　　）。
A. 单据丢失　　B. 单据不适用
C. 单据无效　　D. 单据未使用

8.「2015 年 · 单选题 · 题码 146703」
下列抽样方法中，适用于控制测试的是（　　）。
A. 变量抽样　　B. 货币单元抽样
C. 差额法　　D. 属性抽样

「考点 3」审计抽样在细节测试中的应用（★★★）

1.「2019 年 · 单选题 · 题码 146713」
在运用审计抽样实施细节测试时，下列情形中，对总体进行分层可以提高审计抽样效率的是（　　）。
A. 总体规模较大　　B. 总体变异性较大
C. 预计总体错报较高　　D. 误拒风险较高

2.「2019 年 · 多选题 · 题码 146716」
运用审计抽样进行细节测试时，可以作为抽样单元的有（　　）。
A. 一笔交易　　B. 一个账户余额
C. 每个货币单元　　D. 交易中的一个记录

3.「**2018 年 · 多选题 · 题码 146717**」

下列各项工作中，注册会计师通常要运用实际执行的重要性的有（　　）。

A. 运用实质性分析程序时，确定已记录金额与预期值之间的可接受差异额

B. 确定需要对哪些类型的交易、账户余额或披露实施进一步审计程序

C. 运用审计抽样实施细节测试时，确定可容忍错报

D. 确定未更正错报对财务报表整体的影响是否重大

4.「**2017 年 · 单选题 · 题码 146714**」

下列有关细节测试的样本规模说法中，错误的是（　　）。

A. 可接受的误受风险与样本规模同向变动

B. 可容忍错报与样本规模反向变动

C. 总体项目的变异性越低，通常样本规模越小

D. 可接受的误受风险与样本规模反向变动

5.「**2016 年 · 多选题 · 题码 146718**」

下列有关注册会计师在实施审计抽样时评价样本结果的说法中，正确的有（　　）。

A. 在分析样本误差时，注册会计师应当对所有误差进行定性评估

B. 注册会计师应当实施追加的审计程序，以高度确信异常误差不影响总体的其余部分

C. 控制测试的抽样风险无法计量，但注册会计师在评价样本结果时仍应考虑抽样风险

D. 在细节测试中，如果根据样本结果推断的总体错报小于可容忍错报，则总体可以接受

6.「**2016 年 · 多选题 · 题码 146719**」

下列有关注册会计师使用非统计抽样实施细节测试的说法中，错误的有（　　）。

A. 注册会计师增加单独测试的重大项目，可以减少样本规模

B. 在定义抽样单元时，注册会计师无须考虑实施计划的审计程序或替代程序的难易程度

C. 在确定可接受的误受风险水平时，注册会计师无须考虑针对同一审计目标的其他实质性程序的检查风险

D. 注册会计师根据样本中发现的错报金额推断总体错报金额时，可以采用比率法或差额法

7.「**2015 年 · 单选题 · 题码 146715**」

下列有关样本规模的说法中，正确的是（　　）。

A. 注册会计师愿意接受的抽样风险越高，样本规模越大

B. 在控制测试中，注册会计师确定的可容忍偏差率越低，样本规模越小

C. 在细节测试中，总体规模越大，注册会计师确定的样本规模越大

D. 在既定的可容忍误差下，注册会计师预计的总体误差越大，样本规模越大

主观题部分

1.「**2015 年 · 简答题 · 题码 148730**」

ABC 会计师事务所负责审计甲公司 2014 年度财务报表，审计工作底稿中与内部控制相关的部分内容摘录如下：

❶ 考虑到甲公司 2014 年固定资产的采购主要发生在下半年，审计项目团队从下半年固定

资产采购中选取样本实施控制测试。

❷ 甲公司与原材料采购批准相关的控制每日运行数次，审计项目团队确定样本规模为25个，考虑到该控制自2014年7月1日起发生重大变化，审计项目团队从上半年和下半年的交易中分别选取12个和13个样本实施控制测试。

「要求」针对上述事项，逐项指出每个事项中审计项目团队的做法是否恰当。如果不恰当，简要说明理由。

2.「2015年·简答题·题码148772」

ABC会计师事务所首次接受委托，审计甲公司2014年度财务报表，甲公司处于新兴行业，面临较大竞争压力，目前侧重于抢占市场份额。在运用审计抽样实施细节测试时，考虑到评估的重大错报风险水平为低，审计项目团队将可容忍错报的金额设定为实际执行的重要性的120%。

「要求」指出审计项目团队的做法是否恰当，如不恰当，简要说明理由。

3.「2019年·综合题·题码148788」

A注册会计师在审计工作底稿中记录了审计计划，部分内容摘录如下：

甲公司供应商数量多，采购交易量大。A注册会计师拟对采购与付款循环相关的财务报表项目实施综合性方案，采用随意抽样测试相关内部控制的运行有效性，采用货币单元抽样测试应付账款的准确性和完整性。

「要求」假定不考虑其他条件，指出A注册会计师的做法是否恰当。如不恰当，简要说明理由。

4.「2019年·综合题·题码148798」

A注册会计师在审计工作底稿中记录了实施进一步审计程序的情况，部分内容摘录如下：

甲公司原材料年末余额为10 000万元，包括3 000个项目。A注册会计师在实施计价测试时，抽样选取了50个项目作为测试样本，发现两个样本存在错报，这两个样本的账面金额为150万元和50万元，审定金额为120万元和40万元。A注册会计师采用比率法推断的总体错报为2 400万元。

「要求」假定不考虑其他条件，指出A注册会计师的做法是否恰当。如不恰当，简要说明理由。

5.「2018年·综合题·题码148803」

A注册会计师在审计工作底稿中记录了实施进一步审计程序的情况，部分内容摘录如下：

❶ A注册会计师在测试与销售收款相关的内部控制时识别出一项偏差，经查系员工舞弊所致。因追加样本量进行测试后未再识别出偏差，A会计师认为相关内部控制运行有效，并向管理层通报了该项舞弊。

❷ A注册会计师选取甲公司的部分分公司实施库存现金监盘，发现某分公司存在以报销凭证冲抵现金的情况。因错报金额低于明显微小错报的临界值，A注册会计师未再实施其他审计程序。

「要求」针对上述事项，假定不考虑其他条件，逐项指出A注册会计师的做法是否恰当。如不恰当，简要说明理由。

6.「**2017 年 · 综合题 · 题码 148807**」

A 注册会计师在审计工作底稿中记录了实施的进一步审计程序，部分内容摘录如下：

在采用审计抽样测试甲公司付款审批控制时，A 注册会计师确定总体为 2016 年度的所有付款单据，抽样单元为单张付款单据，选取 2016 年 12 月 26 日至 12 月 31 日的全部付款单据共计 80 张作为样本，测试结果满意。

「**要求**」假定不考虑其他条件，指出 A 注册会计师的做法是否恰当。如不恰当，简要说明理由。

05 第五章　信息技术对审计的影响

1.「2020 年 · 单选题 · 题码 146729」

下列各项中，不受被审计单位信息系统的设计和运行直接影响的是（　　）。

A. 财务报表审计目标的制定

B. 审计风险的评估

C. 注册会计师对被审计单位业务流程的了解

D. 需要收集的审计证据的性质

2.「2019 年 · 单选题 · 题码 146730」

下列有关信息技术对审计的影响的说法中，错误的是（　　）。

A. 被审计单位对信息技术的运用不改变注册会计师制定审计目标，进行风险评估和了解内部控制的原则性要求

B. 被审计单位对信息技术的运用影响审计内容

C. 被审计单位对信息技术的运用影响注册会计师需要获取的审计证据的性质

D. 被审计单位对信息技术的运用不影响注册会计师需要获取的审计证据的数量

3.「2018 年 · 单选题 · 题码 146731」

下列有关信息技术一般控制的说法中，错误的是（　　）。

A. 信息技术一般控制对所有应用控制具有普遍影响

B. 信息技术一般控制只能对实现部分或全部财务报表认定作出间接贡献

C. 信息技术一般控制包括程序开发、程序变更、程序和数据访问以及计算机运行四个方面

D. 信息技术一般控制旨在保证信息系统的安全

4.「2016 年 · 单选题 · 题码 146732」

下列有关注册会计师评估被审计单位信息系统的复杂度的说法中，错误的是（　　）。

A. 信息技术环境复杂，意味着信息系统也是复杂的

B. 评估信息系统的复杂度，需要考虑系统生成的交易数量

C. 评估信息系统的复杂度，需要考虑系统中进行的复杂计算的数量

D. 对信息系统复杂度的评估，受被审计单位所使用的系统类型的影响

主观题部分

1.「2017 年 · 综合题 · 题码 148812」

A 注册会计师在审计工作底稿中记录了实施的进一步审计程序，部分内容摘录如下：甲公司收入交易高度依赖信息系统。ABC 事务所的信息技术专家对甲公司信息技术一般控制和与收入相关的信息技术应用控制进行了测试，结果满意。

「要求」指出 A 注册会计师的做法是否恰当。如不恰当，简要说明理由。

2. 「**2015 年·简答题·题码 148817**」

2014 年，甲公司使用新的存货管理系统，A 注册会计师拟信赖与存货相关的自动化应用控制，确定信息系统审计的范围为：了解和评估系统环境和信息技术一般控制，测试自动化应用控制。

「**要求**」指出所列审计计划是否恰当。如不恰当，简要说明理由。

3. 「**2017 年·综合题·题码 148824**」

A 注册会计师在审计工作底稿中记录了实施的进一步审计程序，部分内容摘录如下：

甲公司收入交易高度依赖信息系统。ABC 事务所的信息技术专家对甲公司信息技术一般控制和与收入相关的信息技术应用控制进行了测试，结果满意。

「**要求**」假定不考虑其他条件，指出 A 注册会计师的做法是否恰当。如不恰当，简要说明理由。

06 第六章　审计工作底稿

「考情分析」

考点	星级	近十年考频	2012年	2013年	2014年	2015年	2016年	2017年	2018年	2019年	2020年	2021年
1. 审计工作底稿概述	★★	2					√		√			
2. 审计工作底稿的格式、要素和范围	★★	1									√	
3. 审计工作底稿的归档	★★★	3	√		√						√	

「考点 1」审计工作底稿概述（★★）

1.「2020 年・单选题・题码 146737」

下列各项中，不属于编制审计工作底稿目的的是（　　）。

A. 有助于项目组计划和执行审计工作

B. 有助于为涉及诉讼的被审计单位提供证据

C. 便于监管机构对会计师事务所实施执业质量检查

D. 便于项目组说明执行审计工作的情况

2.「2016 年・多选题・题码 146739」

下列各项中，属于注册会计师编制审计工作底稿的目的的有（　　）。

A. 有助于项目组计划和执行审计工作

B. 保留对未来审计工作持续产生重大影响的事项的记录

C. 便于后任注册会计师的查阅

D. 便于监管机构对会计师事务所实施执业质量检查

「考点 2」审计工作底稿的格式、要素和范围（★★）

「2020 年・单选题・题码 146738」

下列各项因素中，注册会计师在确定审计工作底稿的要素和范围时通常无须考虑的是（　　）。

A. 审计方法

B. 审计程序的范围

C. 已获取的审计证据的重要程度

D. 识别出的例外事项的性质

「考点 3」审计工作底稿的归档（★★★）

1.「2020 年・单选题・题码 146740」

下列有关保存审计工作底稿的做法中，错误的是（　　）。

A. 自审计报告日起保存 10 年
B. 自审计工作底稿归档日起保存 10 年
C. 自所审计财务报表的财务报表日起保存 15 年
D. 无限期保存所有审计工作底稿

2.「2020 年 · 单选题 · 题码 146741」
下列有关审计工作底稿归档期限的说法中，正确的是（ ）。
A. 注册会计师应当自财务报表报出日起 60 天内将审计工作底稿归档
B. 注册会计师应当自财务报表批准日起 60 天内将审计工作底稿归档
C. 如对同一财务信息出具两份日期相近的审计报告，注册会计师应当在较早的审计报告日后 60 天内将审计工作底稿归档
D. 如注册会计师未能完成审计业务，那么无论是否可能重新启动，都应当自审计业务中止后的 60 天内将审计工作底稿归档

3.「2019 年 · 单选题 · 题码 146742」
下列各项中，不属于审计工作底稿归档期间的事务性变动的是（ ）。
A. 删除被取代的工作底稿
B. 对审计工作底稿进行分类和整理
C. 将在审计报告日后获取的管理层书面声明放入审计工作底稿
D. 将在审计报告日前获取的、与项目组相关成员进行讨论达成一致意见的审计证据列入审计工作底稿

4.「2018 年 · 多选题 · 题码 146743」
注册会计师在审计工作底稿归档期间作出的下列变动中，属于事务性变动的有（ ）。
A. 删除管理层书面声明的草稿
B. 将审计报告日前已收回的询证函进行编号和交叉索引
C. 获取估值专家的评估报告最终版本并归入审计工作底稿
D. 对审计档案归整工作的完成核对表签字认可

主观题部分

「2017 年 · 简答题 · 题码 148829」
ABC 会计师事务所的 A 注册会计师负责审计多家被审计单位 2016 年度财务报表。与审计工作底稿相关的部分事项如下：

❶ 因无法获取充分、适当的审计证据，A 注册会计师在 2017 年 2 月 28 日终止了甲公司 2016 年度财务报表审计业务。考虑到该业务可能重新启动，A 注册会计师未将审计工作底稿归档。

❷ A 注册会计师在出具乙公司 2016 年度审计报告日次日收到一份应收账款询证函回函，确认金额无误后将其归入审计工作底稿，未删除记录替代程序的原审计工作底稿。

❸ 在将丙公司 2016 年度财务报表审计工作底稿归档后，A 注册会计师知悉丙公司已于 2017 年 4 月清算并注销，认为无须保留与丙公司相关的审计档案，决定销毁。

❹ A 注册会计师在丁公司 2016 年度审计工作底稿归档后，收到管理层寄回的书面声明原件，与已归档的传真件核对一致后，直接将其归入审计档案。

「要求」针对上述事项，逐项指出 A 注册会计师的做法是否恰当。如不恰当，简要说明理由。

07 第七章　风险评估

「考情分析」

考点	星级	近十年考频	2012年	2013年	2014年	2015年	2016年	2017年	2018年	2019年	2020年	2021年
1. 风险评估程序、信息来源以及项目组内部的讨论	★	4	√			√	√					√
2. 了解被审计单位及其环境	★★★	7	√	√	√		√	√	√			√
3. 评估重大错报风险	★★★	8	√		√	√	√	√	√		√	√

「考点1」风险评估程序、信息来源以及项目组内部的讨论（★）

「2016年·多选题·题码146791」

下列各项程序中，通常用作风险评估程序的有（　　）。

A. 检查　　B. 分析程序　　C. 重新执行　　D. 观察

「考点2」了解被审计单位及其环境（★★★）

1.「2019年·单选题·题码146798」

下列有关注册会计师了解被审计单位对会计政策的选择和运用的说法中，错误的是（　　）。

A. 如果被审计单位变更了重要的会计政策，注册会计师应当考虑会计政策的变更是否能够提供更可靠、更相关的会计信息

B. 在缺乏权威性标准或共识的领域，注册会计师应当协助被审计单位选用适当的会计政策

C. 当新的会计准则颁布施行时，注册会计师应当考虑被审计单位是否应采用新的会计准则

D. 注册会计师应当关注被审计单位是否采用激进的会计政策

2.「2019年·多选题·题码146806」

下列有关注册会计师了解被审计单位的风险评估过程的说法中，正确的有（　　）。

A. 如果被审计单位的风险评估过程符合其具体情况，了解风险评估过程有助于注册会计师识别财务报表重大错报风险

B. 在评价被审计单位的风险评估过程的设计和执行时，注册会计师应当了解管理层如何估计风险的重要性

C. 注册会计师可以通过了解被审计单位及其环境的其他方面获取的信息，评价被审计单位风险评估过程的有效性

D. 如果注册会计师识别出管理层未能识别出的重大错报风险，应当将与风险评估过程相关的内部控制评估为存在值得关注的内部控制缺陷

3.「2018 年 · 单选题 · 题码 146799」

下列各项控制中，属于检查性控制的是（　　）。

A. 出纳不能兼任收入或支出的记账工作

B. 财务总监复核并批准财务经理提出的撤销银行账号的申请

C. 财务经理根据其权限复核并批准相关付款

D. 财务经理复核会计编制的银行存款余额调节表

4.「2017 年 · 单选题 · 题码 146800」

下列各项中，属于对控制的监督的是（　　）。

A. 授权与批准

B. 职权与责任的分配

C. 业绩评价

D. 内审部门定期评估控制的有效性

5.「2017 年 · 单选题 · 题码 146801」

下列有关了解被审计单位及其环境的说法中，正确的是（　　）。

A. 注册会计师无须在审计完成阶段了解被审计单位及其环境

B. 注册会计师对被审计单位及其环境了解的程度，低于管理层为经营管理企业而对被审计单位及其环境需要了解的程度

C. 对小型被审计单位，注册会计师可以不了解被审计单位及其环境

D. 注册会计师对被审计单位及其环境了解的程度，取决于会计师事务所的质量管理政策

6.「2017 年 · 单选题 · 题码 146802」

下列有关经营风险对重大错报风险的影响的说法中，错误的是（　　）。

A. 多数经营风险最终都会产生财务后果，从而可能导致重大错报风险

B. 注册会计师在评估重大错报风险时，没有责任识别或评估对财务报表没有重大影响的经营风险

C. 经营风险通常不会对财务报表层次重大错报风险产生直接影响

D. 经营风险可能对认定层次重大错报风险产生直接影响

7.「2017 年 · 单选题 · 题码 146803」

下列各项中，属于预防性控制的是（　　）。

A. 财务主管定期盘点现金和有价证券

B. 管理层分析评价实际业绩与预算的差异，并针对超过规定金额的差异调查原因

C. 董事会复核并批准由管理层编制的财务报表

D. 由不同的员工负责职工薪酬档案的维护和职工薪酬的计算

8.「2017 年 · 多选题 · 题码 146807」

下列有关注册会计师了解内部控制的说法中，正确的有（　　）。

A. 注册会计师在了解被审计单位内部控制时，应当确定其是否得到一贯执行

B. 注册会计师不需要了解被审计单位所有的内部控制

C. 注册会计师对内部控制的了解通常不足以测试控制运行的有效性

D. 注册会计师询问被审计单位人员不足以评价内部控制设计的有效性

9.「2016 年 · 单选题 · 题码 146804」

下列各项中，不属于控制环境要素的是（　　）。

A. 对诚信和道德价值观念的沟通与落实

B. 内部审计的职能范围

C. 治理层的参与

D. 人力资源政策与实务

10.「2015 年 · 单选题 · 题码 146805」

下列不属于在了解被审计单位及其环境时实施的审计程序的是（　　）。

A. 重新执行

B. 分析程序

C. 观察

D. 询问被审计单位管理层

「考点 3」评估重大错报风险（★★★）

1.「2019 年 · 多选题 · 题码 146991」

下列各项中，属于注册会计师通过实施穿行测试可以实现的目的的有（　　）。

A. 确认对业务流程的了解

B. 评价控制设计的有效性

C. 确认控制是否得到执行

D. 确认对重要交易的了解是否完整

2.「2019 年 · 多选题 · 题码 146992」

下列情形中，通常表明可能存在财务报表层次重大错报风险的有（　　）。

A. 被审计单位财务人员不熟悉会计准则

B. 被审计单位投资了多家联营企业

C. 被审计单位频繁更换财务负责人

D. 被审计单位内部控制环境薄弱

3.「2018 年 · 单选题 · 题码 146988」

下列各项中，注册会计师在确定某项重大错报风险是否为特别风险时，通常无须考虑的是（　　）。

A. 交易的复杂程度

B. 风险是否涉及重大的关联方交易

C. 被审计单位财务人员的胜任能力

D. 财务信息计量的主观程度

4.「2017 年 · 多选题 · 题码 146993」

下列各项中，通常可能导致财务报表层次重大错报风险的有（　　）。

A. 被审计单位新聘任的财务总监缺乏必要的胜任能力

B. 被审计单位的长期资产减值准备存在高度的估计不确定性

C. 被审计单位管理层缺乏诚信

D. 被审计单位的某项销售交易涉及复杂的安排

5.「2016 年 · 单选题 · 题码 146989」

下列情形中，通常表明存在财务报表层次重大错报风险的是（　　）。

A. 被审计单位的竞争者开发的新产品上市

B. 被审计单位从事复杂的金融工具投资

C. 被审计单位资产的流动性出现问题

D. 被审计单位存在重大的关联方交易

6.「2016 年 · 多选题 · 题码 146994」

下列关于重大错报风险的说法中，正确的有（　　）。

A. 重大错报风险包括固有风险和检查风险

B. 注册会计师应当将重大错报风险与特定的交易、账户余额和披露的认定相联系

C. 在评估一项重大错报风险是否为特别风险时，注册会计师不应考虑控制对风险的抵销作用

D. 注册会计师对重大错报风险的评估，可能随着审计过程中不断获取审计证据而做出相应的变化

7.「2015 年 · 单选题 · 题码 146990」

下列有关特别风险的说法中，正确的是（　　）。

A. 注册会计师在判断重大错报风险是否为特别风险时，应当考虑识别出的控制对于相关风险的抵销效果

B. 注册会计师应当将管理层凌驾于控制之上的风险评估为特别风险

C. 注册会计师应当了解并测试与特别风险相关的控制

D. 注册会计师应当对特别风险实施细节测试

8.「2015 年 · 多选题 · 题码 146995」

关于注册会计师对特别风险的考虑中，下列说法中正确的有（　　）。

A. 注册会计师应当在考虑识别出的控制对相关风险的抵销效果前，根据风险的性质、潜在错报的重要程度和发生的可能性，判断风险是否属于特别风险

B. 重大非常规交易容易导致特别风险

C. 针对特别风险，注册会计师应当了解和评估相关的控制活动

D. 注册会计师应当直接认定被审计单位收入确认存在特别风险

9.「2019 年 · 单选题 · 题码 146255」

下列情形中，通常可能导致注册会计师对财务报表整体的可审计性产生疑问的是（　　）。

A. 注册会计师对管理层的诚信存在重大疑虑

B. 注册会计师对被审计单位的持续经营能力产生重大疑虑

C. 注册会计师识别出与员工侵占资产相关的舞弊风险

D. 注册会计师识别出被审计单位严重违反税收法规的行为

主观题部分

1.「2019 年·综合题·题码 148840」

A 注册会计师在审计工作底稿中记录了审计计划，部分内容摘录如下：

甲公司利用生产管理系统中的自动化控制进行生产工人的排班调度，以提高生产效率。A 注册会计师认为该控制与审计无关，拟不纳入了解内部控制的范围。

「要求」假定不考虑其他条件，指出 A 注册会计师的做法是否恰当。如不恰当，简要说明理由。

2.「2016 年·综合题·题码 148844」

A 注册会计师在审计工作底稿中记录了审计计划，部分内容摘录如下：

A 注册会计师和项目组成员就甲公司财务报表存在重大错报的可能性等事项进行了讨论。因项目组某关键成员无法参加会议，拟由项目组其他成员选取相关事项向其通报。

「要求」假定不考虑其他条件，指出审计计划的内容是否恰当，如不恰当，简要说明理由。

3.「2020 年·综合题·题码 148850」

甲公司是 ABC 会计师事务所的常年审计客户，主要从事家电产品的生产、批发和零售。A 注册会计师负责审计甲公司 2019 年度财务报表，确定财务报表整体的重要性为 800 万元，明显微小错报的临界值为 40 万元。

资料一：

A 注册会计师在审计工作底稿中记录了所了解的甲公司情况及其环境，部分内容摘录如下：

❶ 2019 年 6 月，甲公司推出了应用 AI 技术的新款洗衣机，新产品迅速占领市场并持续热销。甲公司自 2019 年末起以成本价清理旧款洗衣机库存。

❷ 为使空调产品在激烈竞争中保持市场占有率，甲公司自 2019 年 3 月起推出 30 天保价和赠送 5 次空调免费清洗服务的促销措施。

❸ 2018 年 12 月 31 日，甲公司取得常年合作电商平台乙公司 20% 股权，对其具有重大影响。乙公司 2019 年接受委托对甲公司自有电子商务平台进行升级改造。乙公司 2019 年度净利润为 3 亿元。

❹ 2019 年，甲公司获得节能产品价格补贴 5 000 万元和智能家电研发补助 6 000 万元。

❺ 2019 年 1 月起，甲公司将智能家电产品的质保期由一年延长至两年，产品销量因此有所增长。

资料二：

A 注册会计师在审计工作底稿中记录了甲公司的财务数据，部分内容摘录如下：

金额单位：万元

项目	未审数	已审数
	2019 年	2018 年
营业收入——洗衣机（旧款）	130 000	220 000
营业成本——洗衣机（旧款）	120 000	170 000

续表

项目	未审数	已审数
	2019 年	2018 年
营业收入——空调	300 000	290 000
营业成本——空调	220 000	200 000
其他收益——节能产品价格补贴	5 000	0
其他收益——研发补助	6 000	3 000
研发费用	24 000	25 000
存货——洗衣机（旧款）	20 000	40 000
存货——洗衣机（旧款）存货跌价准备	800	1 600
长期股权投资——乙公司	56 000	50 000
固定资产——电子商务平台系统	15 000	5 000
预计负债——空调产品售后清洗服务	6 000	0
预计负债——智能家电产品质量保证	7 200	6 000

「要求」针对资料一第❶～❺项，结合资料二，假定不考虑其他条件，逐项指出资料一所列事项是否可能表明存在重大错报风险。如果认为可能表明存在重大错报风险，简要说明理由，并说明该风险主要与哪些财务报表项目的哪些认定相关（不考虑税务影响）。

4.「**2019 年 · 综合题 · 题码 148855**」

甲公司是 ABC 会计师事务所的常年审计客户，主要从事轨道交通车辆配套产品的生产和销售。A 注册会计师负责审计甲公司 2018 年度财务报表，确定财务报表整体的重要性为 1 000 万元，实际执行的重要性为 500 万元。

资料一：

A 注册会计师在审计工作底稿中记录了所了解的甲公司情况及其环境，部分内容摘录如下：

❶ 因 2017 年 a 产品生产线的产能利用率已接近饱和，甲公司于 2018 年初开始建设一条新的生产线，预计工期 15 个月。

❷ 甲公司于 2018 年 5 月应乙公司要求，开始设计开发新产品 b 的模具。乙公司于 2018 年 10 月汇付甲公司 1 200 万元，为模具前期开发提供资金支持。双方约定该款项从 b 产品的货款中扣除。

❸ 2018 年 3 月，甲公司与丙公司签订销售合同，为其定制 c 产品，并应丙公司要求与其签订采购合同，向其购买 c 产品的主要原材料。

❹ 2018 年，由于竞争对手改进生产工艺，大幅提高了产品质量，甲公司 d 产品的订单量锐减。

❺ 2018 年 9 月，甲公司委托丁公司研发一项新技术，甲公司承担研发过程中的风险并享有研发成果。委托合同总价款 5 000 万元，合同生效日预付 40%，成果交付日支付剩余款项。该研发项目 2018 年末的完工进度约为 30%。

资料二：

A 注册会计师在审计工作底稿中记录了甲公司的财务数据，部分内容摘录如下：

金额单位：万元

项目	未审数	已审数
	2018 年	2017 年
营业收入——a 产品	30 000	20 000
营业成本——a 产品	21 000	14 000
营业收入——c 产品	10 000	0
营业成本——c 产品	9 800	0
营业收入——d 产品	2 200	8 000
营业成本——d 产品	2 000	5 500
其他收益——b 产品模具补贴	1 200	0
预付款项——丁公司研发费	2 000	0
存货——a 产品	9 000	7 000
存货——c 产品主要原材料	2 000	0
存货——d 产品	200	1 000
在建工程——b 产品模具	2 400	0
无形资产——d 产品专有技术	2 500	3 000

「要求」针对资料一第❶～❺项，结合资料二，假定不考虑其他条件，逐项指出资料一所列事项是否可能表明存在重大错报风险。如果认为可能表明存在重大错报风险，简要说明理由，并说明该风险主要与哪些财务报表项目的哪些认定相关（不考虑税务影响）。

5.「**2018・综合题・题码 148860**」

上市公司甲公司是 ABC 会计师事务所的常年审计客户，主要从事汽车的生产和销售。A 注册会计师负责审计甲公司 2017 年度财务报表，确定财务报表整体的重要性为 1 000 万元，明显微小错报临界值为 30 万元。

资料一：

A 注册会计师在审计工作底稿中记录了所了解的甲公司情况及其环境，部分内容摘录如下：

❶ 2017 年，在钢材价格及劳动力成本大幅上涨的情况下，甲公司通过调低主打车型的价格，保持了良好的竞争力和市场占有率。

❷ 2017 年，甲公司首款互联网汽车研发项目取得突破性进展，于 2017 年末开始量产。甲公司因此获得研发补助 1 800 万元，并于 2017 年 12 月将相关开发支出转入无形资产。

❸ 自 2017 年 1 月起，甲公司将产品质量保证金的计提比例由营业收入的 3% 调整为 2%。

❹ 2017 年 12 月 31 日，甲公司以 1 亿元购入丙公司 40% 股权。根据约定，甲公司按持股比例享有丙公司自评估基准日 2017 年 6 月 30 日至购买日的净利润。

❺ 2017 年 12 月，甲公司与非关联方丁公司签订意向书，以 3 000 万元价格向其转让一批旧设备。2018 年 1 月，该交易获得批准并完成交付。

资料二：

A 注册会计师在审计工作底稿中记录了甲公司的财务数据，部分内容摘录如下：

单位：万元

项目	未审数	已审数
	2017 年	2016 年
营业收入	100 000	95 000
营业成本	89 000	84 500
销售费用——产品质量保证	2 000	2 850
投资收益——权益法核算（丙公司）	1 200	0
其他收益——互联网汽车项目补助	1 800	0
持有待售资产——拟销售给丁公司的设备	4 200	0
长期股权投资——丙公司	11 200	0
无形资产——互联网汽车开发项目	4 000	0

「要求」针对资料一第❶ ~ ❺项，结合资料二，假定不考虑其他条件，逐项指出资料一所列事项是否可能表明存在重大错报风险。如果认为可能表明存在重大错报风险，简要说明理由，并说明该风险主要与哪些财务报表项目的哪些认定相关（不考虑税务影响）。

6. **「2017 年 · 综合题 · 题码 148862」**

ABC 会计师事务所首次接受委托，审计上市公司甲公司 2016 年度财务报表，委派 A 注册会计师担任项目合伙人。A 注册会计师确定财务报表整体的重要性为 1 200 万元。甲公司主要提供快递物流服务。

资料一：

A 注册会计师在审计工作底稿中记录了所了解的甲公司情况及其环境，部分内容摘录如下：

❶ 2016 年 3 月，甲公司股东大会批准一项利润分享计划。如 2016 年度实现净利润较上年度增长 20% 以上，按净利润增长部分的 10% 给予管理层奖励。

❷ 2015 年 6 月，甲公司开始经营航空快递业务，以经营租赁方式租入 2 架飞机，租期五年。管理层按实际飞行小时和预计每飞行小时维修费率计提租赁期满退租时的大修费用。2016 年 1 月起，甲公司航空运输服务降价 40%，业务出现爆发式增长。

❸ 2016 年 9 月，甲公司出资 500 万元与非关联方乙公司共同投资设立丙公司，持有其 45% 股权，并按持股比例享有其净资产。丙公司的重大生产经营和财务决策须由股东双方共同作出。甲公司将丙公司作为合营企业核算。

❹ 2016 年 4 月，甲公司推出加盟营运模式。一次性收取加盟费 50 万元，提供五年加盟期间的培训和网络服务。2016 年度甲公司共收到加盟费 3 000 万元。

❺ 2016 年 6 月，甲公司向丁公司预付 1 000 万元用于某部电影拍摄，不享有收益权和版权。丁公司承诺在该电影中植入三分钟甲公司广告，如该电影不能上映，全额退款。2017 年 1 月，该电影已取得发行放映许可证，将于 2017 年春节上映。

资料二：

A 注册会计师在审计工作底稿中记录了甲公司的财务数据，部分内容摘录如下：

金额单位：万元

项目	未审数	已审数
	2016 年	2015 年
营业收入——航空运输收入	32 000	8 000
营业收入——加盟费收入	3 000	0
投资收益——丙公司	30	0
净利润	19 500	16 000
预付款项——丁公司	1 000	0
应付职工薪酬——管理层利润分享	350	0
长期应付款——退租大修费用	2 400	600

「要求」针对资料一第❶～❺项，结合资料二，假定不考虑其他条件，逐项指出资料一所列事项是否可能表明存在重大错报风险。如果认为可能表明存在重大错报风险，简要说明理由。如果认为该风险为认定层次重大错报风险，说明该风险主要与哪些财务报表项目（仅限于应收账款、预付款项、预收款项、应付职工薪酬、长期应付款、营业收入、营业成本、销售费用、投资收益）的哪些认定相关（不考虑税务影响）。

7.「**2016 年・综合题・题码 148868**」

甲公司是会计师事务所的常年审计客户，主要从事肉制品的加工和销售。A 注册会计师负责审计甲公司 2015 年度财务报表，确定财务报表整体的重要性为 100 万元。审计报告日为 2016 年 4 月 30 日。

资料一：

2015 年 3 月 15 日，媒体曝光甲公司的某批次产品存在严重的食品安全问题。在计划审计阶段，A 注册会计师就此事项及相关影响与管理层进行了沟通，部分内容摘录如下：

❶ 受食品安全事件影响，甲公司产品出现滞销。为恢复市场占有率，甲公司未因本年度成本大幅上涨而提高售价，销量逐步回升。

❷ 甲公司每年向母公司支付商标使用费 300 万元，2015 年度母公司豁免了该项费用。

❸ 2015 年，甲公司多名关键员工离职。管理层正在考虑一项员工激励计划，向服务至 2018 年末的员工发放特别奖金。因计划未确定，管理层未在 2015 年度财务报表中确认。

❹ 为对产品进行升级，2015 年末，甲公司以其持有的账面价值为 500 万元的长期股权投资从非关联方换入账面价值为 400 万元的专利权，并收到补价 100 万元，换入资产和换出资产的公允价值均不能可靠计量。

❺ 为增收节支，甲公司董事会决定将管理人员迁至厂区办公，并自 2015 年 12 月 1 日起将二号办公楼出租给乙公司，租期 10 年。管理层在起租日将该办公楼转为投资性房地产，采用公允价值模式进行计量。

资料二：

A 注册会计师在审计工作底稿中记录了甲公司的财务数据，部分内容摘录如下：

金额单位：万元

项目	未审数	已审数
	2015 年	2014 年
营业收入	7 200	7 500
营业成本	4 900	5 000
管理费用——商标使用费	300	300
营业外收入——母公司豁免商标使用费	300	0
投资收益——非货币性资产交换收益	100	0
公允价值变动收益——投资性房地产（二号办公楼）	4 000	0
投资性房地产——成本（二号办公楼）	10 000	0
无形资产——非货币性资产交换换入专利权	500	0

「**要求**」针对资料一第❶～❺项，结合资料二，假定不考虑其他条件，逐项指出资料一所列事项是否可能表明存在重大错报风险。如果认为可能表明存在重大错报风险，简要说明理由，并说明该风险主要与哪些财务报表项目（仅限于应收账款、存货、投资性房地产、无形资产、应付职工薪酬、资本公积、营业收入、营业成本、销售费用、管理费用、公允价值变动收益、投资收益、营业外收入）的哪些认定相关（不考虑税务影响）。

08 第八章　风险应对

「考情分析」

考点	星级	近十年考频	2012年	2013年	2014年	2015年	2016年	2017年	2018年	2019年	2020年	2021年
1. 针对财务报表层次重大错报风险的总体应对措施	★★	5	√	√		√	√				√	
2. 针对认定层次重大错报风险的进一步审计程序	★	5	√	√		√		√	√			
3. 控制测试	★★★	6	√	√			√	√	√			√
4. 实质性程序	★★★	5		√	√	√	√					√

「考点 1」针对财务报表层次重大错报风险的总体应对措施（★★）

1.「2019 年 · 单选题 · 题码 147301」

下列有关审计程序不可预见性的说法中，错误的是（　　）。

A. 增加审计程序的不可预见性是为了避免管理层对审计效果的人为干预

B. 增加审计程序的不可预见性会导致注册会计师实施更多的审计程序

C. 注册会计师无须量化审计程序的不可预见程度

D. 注册会计师在设计拟实施审计程序的性质、时间安排和范围时，都可以增加不可预见性

2.「2016 年 · 单选题 · 题码 147302」

下列各项措施中，不能应对财务报表层次重大错报风险的是（　　）。

A. 在期末而非期中实施更多的审计程序

B. 扩大控制测试的范围

C. 增加拟纳入审计范围的经营地点的数量

D. 增加审计程序的不可预见性

3.「2015 年 · 多选题 · 题码 147303」

下列有关审计程序不可预见性的说法中，正确的有（　　）。

A. 注册会计师需要与被审计单位管理层事先沟通拟实施具有不可预见性的审计程序的要求，但不能告知其具体内容

B. 注册会计师应当在签订审计业务约定书时明确提出拟在审计过程中实施具有不可预见性的审计程序，但不能明确其具体内容

C. 注册会计师采取不同的抽样方法使当年抽取的测试样本与以前有所不同，可以增加审计程序的不可预见性

D. 注册会计师通过调整实施审计程序的时间，可以增加审计程序的不可预见性

「考点 2」针对认定层次重大错报风险的进一步审计程序（★）

1.「2021 年 · 多选题 · 题码 156846」

在设计进一步审计程序时，下列各项因素中，注册会计师应当考虑的有（　　）。

A. 涉及的各类交易、账户余额和披露的特征

B. 重大错报发生的可能性

C. 被审计单位采用的特定控制的性质

D. 风险的重要性

2.「2020 年 · 多选题 · 题码 147306」

下列各项因素中，注册会计师在确定实施审计程序的时间时需要考虑的有（　　）。

A. 何时能得到相关信息

B. 审计证据适用的期间

C. 错报风险的性质

D. 被审计单位的控制环境

3.「2015 年 · 单选题 · 题码 147305」

下列有关注册会计师实施进一步审计程序的时间的说法中，错误的是（　　）。

A. 如果被审计单位的控制环境良好，注册会计师可以更多地在期中实施进一步审计程序

B. 注册会计师在确定何时实施进一步审计程序时需要考虑能够获取相关信息的时间

C. 如果评估的重大错报风险为低水平，注册会计师可以选择资产负债表日前适当日期为截止日实施函证

D. 对于被审计单位发生的重大交易，注册会计师应当在期末或期末以后实施实质性程序

4.「2017 年 · 多选题 · 题码 147307」

下列各项中，注册会计师在确定进一步审计程序的范围时应当考虑的有（　　）。

A. 评估的重大错报风险

B. 审计证据适用的期间或时点

C. 计划获取的保证程度

D. 确定的重要性水平

「考点 3」控制测试（★★★）

1.「2019 年 · 多选题 · 题码 147336」

下列有关与特别风险相关的控制的说法中，正确的有（　　）。

A. 注册会计师应当了解和评价与特别风险相关的控制的设计情况，并确定其是否得到执行

B. 对于与特别风险相关的控制，注册会计师不能利用以前审计获取的有关控制运行有效性的审计证据

C. 如果被审计单位未能实施控制以恰当应对特别风险，注册会计师应当针对特别风险实施细节测试

D. 如果注册会计师实施控制测试后认为与特别风险相关的控制运行有效，对特别风险实施

的实质性程序可以仅为实质性分析程序

2.「**2019 年 · 单选题 · 题码 147308**」

对于财务报表审计业务，在决定是否信赖以前审计获取的有关控制运行有效性的审计证据时，下列各项中，注册会计师通常无须考虑的是（　　）。

A. 控制发生的频率

B. 控制是否是复杂的人工控制

C. 控制是否是自动化控制

D. 控制在本年是否发生变化

3.「**2018 年 · 单选题 · 题码 147309**」

如果注册会计师已获取有关控制在期中运行有效的审计证据，下列有关剩余期间补充证据的说法中，错误的是（　　）。

A. 注册会计师可以通过测试被审计单位对控制的监督，将控制在期中运行有效的审计证据合理延伸至期末

B. 被审计单位的控制环境越有效，注册会计师需要获取的剩余期间的补充证据越少

C. 如果控制在剩余期间发生了变化，注册会计师可以通过实施穿行测试，将期中获取的审计证据合理延伸至期末

D. 注册会计师在信赖控制的基础上拟减少的实质性程序的范围越大，注册会计师需要获取的剩余期间的补充证据越多

4.「**2017 年 · 多选题 · 题码 147310**」

下列情形中，注册会计师不应利用以前年度获取的有关控制运行有效的审计证据的有（　　）。

A. 注册会计师拟信赖旨在减轻特别风险的控制

B. 控制在过去两年审计中未经测试

C. 控制在本年发生重大变化

D. 被审计单位的控制环境薄弱

5.「**2016 年 · 多选题 · 题码 147311**」

下列有关利用以前审计获取的有关控制运行有效性的审计证据的说法中，错误的有（　　）。

A. 如果拟信赖以前审计获取的有关控制运行有效性的审计证据，注册会计师应当通过询问程序获取这些控制是否已经发生变化的审计证据

B. 如果拟信赖的控制在本期发生变化，注册会计师应当考虑以前审计获取的有关控制运行有效性的审计证据是否与本期审计相关

C. 如果拟信赖的控制在本期未发生变化，注册会计师可以运用职业判断决定不在本期测试其运行的有效性

D. 如果拟信赖的控制在本期未发生变化，控制应对的重大错报风险越高，本次控制测试与上次控制测试的时间间隔越短

「考点4」实质性程序（★★★）

1.「2019 年 · 多选题 · 题码 147513」

下列各项中，注册会计师在判断重大错报风险是否为特别风险时应当考虑的有（　　）。

A. 风险是否涉及重大的关联方交易

B. 风险是否与近期经济环境的重大变化相关

C. 财务信息计量的主观程度

D. 风险是否属于舞弊风险

2.「2019 年 · 单选题 · 题码 147332」

下列审计程序中，不适用细节测试的是（　　）。

A. 函证　　B. 检查　　C. 询问　　D. 重新执行

3.「2016 年 · 单选题 · 题码 147334」

下列有关实质性程序的说法中，正确的是（　　）。

A. 注册会计师应当对所有类别的交易、账户余额和披露实施实质性程序

B. 注册会计师对认定层次的特别风险实施的实质性程序应当包括实质性分析程序

C. 如果在期中实施了实质性程序，注册会计师应当对剩余期间实施控制测试和实质性程序

D. 注册会计师实施的实质性程序应当包括将财务报表与其所依据的会计记录进行核对或调节

4.「2017 年 · 单选题 · 题码 147335」

下列有关实质性分析程序的适用性的说法中，错误的是（　　）。

A. 实质性分析程序通常更适用于在一段时间内存在预期关系的大量交易

B. 注册会计师无须在所有审计业务中运用实质性分析程序

C. 实质性分析程序不适用于识别出特别风险的认定

D. 对特定实质性分析程序适用性的确定，受到认定的性质和注册会计师对重大错报风险评估的影响

5.「2015 年 · 单选题 · 题码 146513」

下列有关审计证据充分性的说法中，错误的是（　　）。

A. 初步评估的控制风险越低，需要通过控制测试获取的审计证据的可能越少

B. 计划从实质性程序中获取的保证程度越高，需要的审计证据可能越多

C. 审计证据质量越高，需要的审计证据可能越少

D. 评估的重大错报风险越高，需要的审计证据可能越多

主观题部分

1.「2020 年 · 简答题 · 题码 148979」

在测试 2019 年度营业成本时，A 注册会计师检查了成本核算系统中结转营业成本的设置，并检查了财务经理对营业成本计算表的复核审批记录，结果满意，据此认可了甲公司 2019 年度的营业成本。指出 A 注册会计师的做法是否恰当。如不恰当，简要说明理由。

2.「2019 年 · 简答题 · 题码 148981」

A 注册会计师采用实质性方案应对与收入确认相关的舞弊风险。为减少期末审计工作量，A 注册会计师拟在期中审计时对甲公司 2018 年 1 ~11 月的营业收入实施细节测试，在期末审计时对 12 月的营业收入实施实质性分析程序。

「要求」假定不考虑其他条件，指出 A 注册会计师的做法是否恰当。如不恰当，简要说明理由。

3.「2018 年 · 简答题 · 题码 148983」

ABC 会计师事务所的 A 注册会计师负责审计多家被审计单位 2017 年度财务报表。与存货审计相关的部分事项如下：

❶ 甲公司为制造型企业，采用信息系统进行成本核算。A 注册会计师对信息系统一般控制和相关的自动化应用控制进行测试后结果满意，不再对成本核算实施实质性程序。

❷ 因乙公司存货不存在特别风险，且以前年度与存货相关的控制运行有效，A 注册会计师因此减少了本年度存货细节测试的样本量。

「要求」针对上述事项，逐项指出 A 注册会计师的做法是否恰当。如不恰当，简要说明理由。

4.「2018 年 · 简答题 · 题码 148985」

A 注册会计师认为应收账款坏账准备的计提存在特别风险，在了解相关内部控制后，对应收账款坏账准备实施了实质性分析程序，结果满意，据此认可了管理层计提的金额。

「要求」指出 A 注册会计师的做法是否恰当。如不恰当，简要说明理由。

5.「2017 年 · 简答题 · 题码 148987」

甲公司的存货存在特别风险。A 注册会计师在了解相关内部控制后，未测试控制运行的有效性，直接实施了细节测试。

「要求」指出 A 注册会计师的做法是否恰当。如不恰当，简要说明理由。

6.「2017 年 · 简答题 · 题码 148989」

甲公司有一笔 2015 年 10 月存入的期限两年的大额定期存款。A 注册会计师在 2015 年度财务报表审计中检查了开户证实书原件并实施了函证，结果满意，因此，未在 2016 年度审计中实施审计程序。

「要求」指出 A 注册会计师的做法是否恰当，如不恰当，简要说明理由。

7.「2016 年 · 简答题 · 题码 148992」

甲公司有一笔账龄三年以上、金额重大的其他应付款。因 2015 年度未发生变动，A 注册会计师未实施进一步审计程序。

「要求」指出 A 注册会计师的做法是否恰当。如不恰当，简要说明理由。

8.「2015 年 · 简答题 · 题码 148994」

ABC 会计师事务所负责审计甲公司 2014 年度财务报表，审计工作底稿中与内部控制相关的部分内容摘录如下：

❶ 甲公司营业收入的发生认定存在特别风险。相关控制在2013年度审计中经测试运行有效。因这些控制本年未发生变化，审计项目团队拟继续予以信赖，并依赖了上年审计获取的有关这些控制运行有效的审计证据。

❷ 审计项目团队对银行存款实施了实质性程序，未发现错报，因此认为甲公司与银行存款相关的内部控制运行有效。

❸ 甲公司内部控制制度规定，财务经理每月应复核销售返利计算表，检查销售收入金额和返利比例是否准确，如有异常进行调查并处理，复核完成后签字存档。审计项目团队选取了3个月的销售返利计算表，检查了财务经理的签字，认为该控制运行有效。

❹ 审计项目团队拟信赖与固定资产折旧计提相关的自动化应用控制。因该控制在2013年度审计中测试结果满意，且在2014年未发生变化，审计项目团队仅对信息技术一般控制实施测试。

「要求」针对上述事项，逐项指出每个事项中审计项目团队的做法是否恰当。如果不恰当，简要说明理由。

9.「**2015年·简答题·题码149013**」

ABC会计师事务所负责审计甲公司2015年度财务报表，审计工作底稿中与内部控制相关的部分内容摘录如下：

❶ 因被投资单位（联营企业）资不抵债，甲公司于2014年度对一项金额重大的长期股权投资全额计提减值准备。2015年末，该项投资及其减值准备余额未发生变化，审计项目团队拟不实施进一步审计程序。

❷ 在识别甲公司管理层未向注册会计师披露的诉讼事项时，审计项目团队根据管理层提供的诉讼事项清单，检查相关的文件记录，未发现明显异常。

❸ 甲公司营业收入的发生认定存在特别风险，相关控制在2014年度审计中经测试运行有效，因这些控制本年未发生变化，审计项目团队拟继续予以信赖，并依赖了上年审计获取的有关这些控制运行有效的审计证据。

❹ 审计项目团队认为甲公司存在低估负债的特别风险，在了解相关控制后，未信赖这些控制，直接实施了细节测试。

❺ 甲公司使用存货库龄等信息测算产成品的可变现净值，审计项目团队拟信赖与库龄记录相关的内部控制，通过穿行测试确定了相关内部控制运行有效。

「要求」针对上述事项，逐项指出A注册会计师的做法是否恰当。如不恰当，简要说明理由。

10.「**2020年·综合题·题码149019**」

A注册会计师在审计工作底稿中记录了实施进一步审计程序的情况，部分内容摘录如下：

❶ A注册会计师在期中审计时针对2019年1月至9月与采购相关的内部控制实施测试，发现存在控制缺陷，因此，未测试2019年10月至12月的相关控制，通过细节测试获取了与2019年度采购交易相关的审计证据。

❷ 甲公司销售经理每月将销售费用实际发生额与预算数进行比较分析，并编制分析报告，交副总经理审核。A注册会计师选取了4个月的分析报告，检查了报告上副总经理的签

字，据此认为该控制运行有效。

「要求」针对上述事项，假定不考虑其他条件，逐项指出 A 注册会计师的做法是否恰当。如不恰当，简要说明理由。

11. **「2019 年・综合题・题码 149033」**

A 注册会计师在审计工作底稿中记录了实施进一步审计程序的情况，部分内容摘录如下：

A 注册会计师抽样测试了与职工薪酬相关的控制，发现一个偏差。因针对职工薪酬实施实质性程序未发现错报，A 注册会计师认为该偏差不构成缺陷，相关控制运行有效。

「要求」假定不考虑其他条件，指出 A 注册会计师的做法是否恰当。如不恰当，简要说明理由。

12. **「2018 年・综合题・题码 149038」**

A 注册会计师在审计工作底稿中记录了审计计划，部分内容摘录如下：

❶ A 注册会计师认为仅实施实质性程序不能获取与成本核算相关的充分、适当的审计证据，因此，拟实施综合性方案：测试相关内部控制在 2017 年 1 ~10 月期间的运行有效性，并对 2017 年 11 ~12 月的成本核算实施细节测试。

❷ A 注册会计师在询问管理层、阅读内控手册并执行穿行测试后，尽管认为甲公司与关联方交易相关的内部控制设计合理，但不拟信赖，拟直接实施细节测试。

「要求」针对上述事项，假定不考虑其他条件，逐项指出审计计划的内容是否恰当。如不恰当，简要说明理由。

13. **「2016 年・综合题・题码 149044」**

A 注册会计师在审计工作底稿中记录了审计计划，部分内容摘录如下：

A 注册会计师拟复核和评价甲公司内部审计人员编制的内部控制说明和流程图，以了解内部控制是否发生变化，并对拟信赖的控制实施测试。

「要求」针对上述事项，假定不考虑其他条件，指出审计计划的内容是否恰当，如不恰当，简要说明理由。

14. **「2016 年・综合题・题码 149064」**

甲公司部分原材料系向农户采购，财务人员办理结算时应当查验农户身份证，并将身份证复印件及农户签字的收据作为付款凭证附件。2 000 元以上的付款应当通过银行转账。A 注册会计师在审计工作底稿中记录了与采购和付款交易相关的审计工作，部分内容摘录如下：

❶ 注册会计师在实施控制测试时，发现有一笔 8 000 元的采购交易被拆分成八笔，以现金支付。财务经理解释该农户无银行卡，A 注册会计师询问了该农户，对控制测试结果满意。

❷ 注册会计师在实施细节测试时，发现有一笔付款凭证后未附农户身份证复印件。财务经理解释付款时已查验原件，忘记索要复印件。A 注册会计师询问了该农户，验证了签字的真实性，并扩大了样本规模，未发现其他例外事项，结果满意。

「要求」针对上述事项，假定不考虑其他条件，逐项指出 A 注册会计师的做法是否恰当。如不恰当，简要说明理由。

15.「**2015 年 · 综合题 · 题码 149071**」

A 注册会计师在审计工作底稿中记录了风险应对的情况，部分内容摘录如下：

❶ A 注册会计师认为甲集团公司存在低估负债的特别风险，在了解相关控制后，未信赖这些控制，直接实施了细节测试。

❷ 甲集团公司使用存货库龄等信息测算产成品的可变现净值。A 注册会计师拟信赖与库龄记录相关的内部控制，通过穿行测试确定了相关内部控制运行有效。

「**要求**」针对上述事项，假定不考虑其他条件，逐项指出 A 注册会计师的做法是否恰当。如不恰当，简要说明理由。

09 第九章　销售与收款循环的审计

「考情分析」

考点	星级	近十年考频	2012年	2013年	2014年	2015年	2016年	2017年	2018年	2019年	2020年	2021年
1. 销售与收款循环的业务活动和相关内部控制	★	3		√	√			√				
2. 销售与收款循环的重大错报风险的评估	★	5				√	√	√	√			√
3. 销售与收款循环的实质性程序	★★	2			√							√

「考点」销售与收款循环的重大错报风险的评估（★）

「2016年·单选题·题码147342」

下列有关收入确认的舞弊风险的说法中，错误的是（　　）。

A. 关联方交易比非关联方交易更容易增加收入的发生认定存在舞弊风险的可能性

B. 对于以营利为目的的被审计单位，收入的发生认定存在舞弊风险的可能性通常大于完整性认定存在舞弊风险的可能性

C. 如果被审计单位已经超额完成当年的利润目标，但预期下一年度的目标较难达到，表明收入的截止认定存在舞弊风险的可能性较大

D. 如果被审计单位采用完工百分比法确认收入，且合同完工进度具有高度估计不确定性，表明收入的准确性认定存在舞弊风险的可能性较大

主观题部分

1.「2019年·简答题·题码149079」

ABC会计师事务所的A注册会计师负责审计甲公司2018年度财务报表。甲公司根据销售合同在发出商品时确认收入。客户乙公司回函确认金额小于函证金额，甲公司管理层解释系期末发出商品在途所致。A注册会计师检查了合同、出库单以及签收单等支持性文件，并与乙公司财务人员电话确认了相关信息，结果满意。指出A注册会计师的做法是否恰当。如不恰当，简要说明理由。

2.「2016年·简答题·题码149083」

A注册会计师在实施销售截止测试时，因收入存在高估风险，从资产负债表日前若干天的客户签收记录查至收入明细账，并从资产负债表日后若干天的收入明细账查至客户签收记录，未发现异常。指出A注册会计师的做法是否恰当。如不恰当，提出改进建议。

3.「2015 年 · 简答题 · 题码 149085」

甲公司是 ABC 会计师事务所的常年审计客户。A 注册会计师负责审计甲公司 2014 年度财务报表。

A 注册会计师对运输费用实施实质性分析程序，确定已记录金额与预期值之间可接受的差异额为 150 万元，实际差异为 350 万元。A 注册会计师就超出可接受差异额的 200 万元询问了管理层，并对其答复获取了充分、适当的审计证据。

「要求」指出 A 注册会计师的做法是否恰当。如不恰当，提出改进建议。

4.「2020 年 · 综合题 · 题码 149087」

A 注册会计师在审计工作底稿中记录了实施进一步审计程序的情况，部分内容摘录如下：

❶ 甲公司 2019 年末应收账款余额较 2018 年末增长 30%，明显高于 2019 年度的收入增幅。管理层解释系调整赊销政策所致。A 注册会计师检查了甲公司赊销政策的变化情况，扩大了函证、截止测试和期后收款测试的样本量，并走访了甲公司的重要客户，结果满意。

❷ A 注册会计师对甲公司店面租金费用实施实质性分析程序时，确定可接受差异额为 400 万元，账面金额比期望值少 1 400 万元。A 注册会计师针对其中 1 200 万元的差异进行了调查，结果满意。因剩余差异小于可接受差异额，A 注册会计师认可了管理层记录的租金费用。

「要求」针对上述事项，假定不考虑其他条件，逐项指出 A 注册会计师的做法是否恰当。如不恰当，简要说明理由。

5.「2019 年 · 综合题 · 题码 149089」

A 注册会计师在审计工作底稿中记录了实施进一步审计程序的情况，部分内容摘录如下：

A 注册会计师采用实质性分析程序测试甲公司 2018 年度的借款利息支出，发现已记录金额与预期值之间存在 600 万元差异，因可接受差异额为 500 万元，A 注册会计师要求管理层更正了 100 万元的错报。

「要求」假定不考虑其他条件，逐项指出 A 注册会计师的做法是否恰当。如不恰当，简要说明理由。

10 第十章　采购与付款循环的审计

「考情分析」

考点	星级	近十年考频	2012年	2013年	2014年	2015年	2016年	2017年	2018年	2019年	2020年	2021年
采购与付款循环的实质性程序	★★	3				√	√		√			

主观题部分

「2016 年 · 简答题 · 题码 149091」

ABC 会计师事务所的 A 注册会计师负责审计甲公司 2015 年度财务报表。审计工作底稿中与负债审计相关的部分内容摘录如下：

❶ 甲公司各部门使用的请购单未连续编号，请购单由部门经理批准，超过一定金额还需总经理批准。A 注册会计师认为该项控制设计有效，实施了控制测试，结果满意。

❷ 为查找未入账的应付账款，A 注册会计师检查了资产负债表日后应付账款明细账贷方发生额的相关凭证，并结合存货监盘程序，检查了甲公司资产负债表日前后的存货入库资料，结果满意。

「要求」针对上述事项，逐项指出 A 注册会计师的做法是否恰当。如不恰当，简要说明理由。

11 第十一章　生产与存货循环的审计

「考情分析」

考点	星级	近十年考频	2012年	2013年	2014年	2015年	2016年	2017年	2018年	2019年	2020年	2021年
生产与存货循环的实质性程序	★★★	3			√	√						√

「考点」生产与存货循环的实质性程序（★★★）

「2015 年・单选题・题码 147345」

下列有关存货监盘的说法中，正确的是（　　）。

A. 注册会计师主要采用观察程序实施存货监盘

B. 注册会计师在实施存货监盘过程中不应协助被审计单位的盘点工作

C. 注册会计师实施存货监盘通常可以确定存货的所有权

D. 由于不可预见的情况而导致无法在预定日期实施存货监盘，注册会计师可以实施替代审计程序

主观题部分

1.「2020 年・简答题・题码 149093」

制造业企业甲公司是 ABC 会计师事务所的常年审计客户。A 注册会计师负责审计甲公司 2019 年度财务报表。与存货审计相关的部分事项如下：

❶ A 注册会计师取得了甲公司 2019 年末存货跌价准备明细表，测试了明细表中的存货数量、单位成本和可变现净值，结果满意，据此认可了年末的存货跌价准备。

❷ A 注册会计师于 2019 年 12 月 31 日对甲公司的存货盘点实施了监盘。因人手不足，管理层和 A 注册会计师分别执行了其中的八个和两个仓库的盘点。在管理层完成八个仓库的盘点后，A 注册会计师取得了管理层编制的盘点表，从中选取项目执行了抽盘，结果满意，据此认可了盘点结果。

❸ 甲公司年末存放于第三方仓库的原材料金额重大。A 注册会计师向第三方仓库函证了这些原材料的名称、规格和数量，并测试了其单价，结果满意，据此认可了这些原材料的年末账面价值。

❹ A 注册会计师在对甲公司存货执行监盘时发现部分产成品未纳入盘点范围，管理层解释这些产成品已售出，对方尚未提货。A 注册会计师检查了已售未出库产成品台账和销售部门开出的提货单，结果满意，据此认可了管理层的做法。

❺ 在丙公司存货盘点现场实施监盘时，A 注册会计师发现两个抽盘的存货项目未包含在管理层的盘点表中。管理层解释系疏忽所致并修改了盘点表。A 注册会计师检查了修改后的盘点表，结果满意，据此认可了管理层的盘点结果。

❻ 2020 年 1 月 3 日，A 注册会计师在丁公司存货盘点现场实施了监盘。因盘点日存货账面余额与 2019 年末存货账面余额变动较小，A 注册会计师认为通过上述监盘已就 2019 年末的存货数量获取了充分、适当的审计证据。

「要求」针对上述事项，逐项指出 A 注册会计师的做法是否恰当。如不恰当，简要说明理由。

2.「**2018 年·简答题·题码 149095**」

ABC 会计师事务所的 A 注册会计师负责审计多家被审计单位 2017 年度财务报表。与存货审计相关的部分事项如下：

❶ 丙公司采用连续编号的盘点标签记录盘点结果，并逐项录入盘点结果汇总表。A 注册会计师将抽盘样本的数量与盘点标签记录的数量进行了核对，未发现差异，据此认可了盘点结果汇总表记录的存货数量。

❷ 丁公司从事进口贸易，年末存货均于 2017 年 12 月购入，金额重大。A 注册会计师通过获取并检查采购合同、发票、进口报关单、验收入库单等支持性文件，认为获取了有关存货存在和状况的充分、适当的审计证据。

❸ 戊公司的存货存放在多个地点。A 注册会计师取得了存货存放地点清单并检查了其完整性，根据各个地点存货余额的重要性及重大错报风险的评估结果，选取其中几个地点实施了监盘。

❹ A 注册会计师在己公司盘点结束后、存货未开始流动前抵达盘点现场，对存货进行检查并实施了抽盘，与己公司盘点数量核对无误，据此认可了盘点结果。

❺ A 注册会计师评价认为丁公司管理层有关存货盘点的指令和程序设计合理，因此在监盘中缩小了抽盘范围。

「要求」针对上述事项，逐项指出 A 注册会计师的做法是否恰当。如不恰当，简要说明理由。

3.「**2017 年·简答题·题码 149097**」

ABC 会计师事务所的 A 注册会计师负责审计甲公司 2016 年度财务报表，与存货审计相关的部分事项如下：

❶ 2016 年 12 月 25 日，A 注册会计师对存货实施监盘，结果满意。因年末存货余额与盘点日余额差异较小，A 注册会计师根据监盘结果认可了年末存货数量。

❷ 在执行抽盘时，A 注册会计师从存货盘点记录中选取项目追查至存货实物，从存货实物中选取项目追查至盘点记录，以获取有关盘点记录准确性和完整性的审计证据。

❸ A 注册会计师获取了甲公司的存货货龄分析表，考虑了生产和仓储部门上报的存货损毁情况及存货监盘中对存货状况的检查情况，认为甲公司财务人员编制的存货可变现净值计算表中计提跌价准备的项目不存在遗漏。

❹ 因天气恶劣，A 注册会计师无法在 2016 年 12 月 31 日到达甲公司某异地仓库现场对存货实施监盘，检查了甲公司的相关存货盘点报告，据此认可了盘点记录。

「要求」针对上述事项，逐项指出 A 注册会计师的做法是否恰当。如不恰当，简要说明理由。

4.「**2016 年·简答题·题码 149099**」

ABC 会计师事务所的 A 注册会计师负责审计甲公司等多家被审计单位 2015 年度财务报表，

与存货审计相关事项如下：

❶ 在对甲公司存货实施监盘时，A 注册会计师在存货盘点现场评价了管理层用以记录和控制存货盘点结果的程序，认为其设计有效，A 注册会计师在检查存货并执行抽盘后结束了现场工作。

❷ 因乙公司存货品种和数量均较少，A 注册会计师仅将监盘程序用作实质性程序。

❸ 丙公司 2015 年末已入库未收到发票而暂估的存货金额占存货总额的 30%，A 注册会计师对存货实施了监盘，测试了采购和销售交易的截止，均未发现差错，据此认为暂估的存货记录准确。

❹ 丁公司管理层未将以前年度已全额计提跌价准备的存货纳入本年末盘点范围，A 注册会计师检查了以前年度审计工作底稿，认可了管理层的做法。

❺ 己公司管理层规定，由生产部门人员对全部存货进行盘点，再由财务部门人员抽取 50% 进行复盘，A 注册会计师对复盘项目执行抽盘，未发现差异，据此认可了管理层的盘点结果。

❻ A 注册会计师在实施抽盘时，发现三个样本存在差异，系甲公司盘点人员疏忽所致，A 注册会计师提请甲公司盘点人员重新盘点了这些项目并更正了盘点记录，认为抽盘结果满意。

「要求」针对上述事项，逐项指出 A 注册会计师做法是否恰当。如不恰当，简要说明理由。

5.「2018 年 · 简答题 · 题码 149102」

ABC 会计师事务所的 A 注册会计师负责审计多家被审计单位 2017 年度财务报表。与存货审计相关的部分事项如下：

❶ 甲公司存货产销量大但年末余额不重大，因此，A 注册会计师未了解与生产和存货循环相关的业务流程，直接实施了细节测试。

❷ A 注册会计师于 2017 年末对戊公司存货实施监盘时，得知管理层拟于 2018 年 1 月销毁一批过期商品，A 注册会计师检查了该批商品的账簿记录，确认已全额计提跌价准备，不再将其纳入监盘范围。

❸ 丁公司从事进口贸易，年末存货均于 2017 年 12 月购入，金额重大，A 注册会计师通过获取并检查采购合同、发票、进口报关单、验收入库单等支持性文件，认为获取了有关存货存在和状况的充分、适当的审计证据。

❹ 己公司是 ABC 会计师事务所 2018 年 2 月新承接的客户，管理层于 2017 年 12 月 31 日进行了存货盘点，因年末存货余额重大，A 注册会计师详细检查了已公司的年末盘点记录以及期后的存货出入库记录及相关单据，结果满意，据此认可了年末存货数量。

❺ 乙公司 2017 年末持有的在途存货于 2018 年 1 月 4 日验收入库，管理层在 2018 年 1 月 5 日实施盘点时将这些存货纳入了盘点范围，A 注册会计师在实施监盘的基础上，检查了这些存货的验收入库单据等，结果满意。

「要求」针对上述事项，逐项指出 A 注册会计师做法是否恰当。如不恰当，简要说明理由。

6.「2019 年 · 综合题 · 题码 149111」

A 注册会计师在审计工作底稿中记录了实施进一步审计程序的情况，部分内容摘录如下：

甲公司年末存放在客户仓库的产品余额为 2 000 万元。由于无法实施监盘，且认为函证很可能无效，A 注册会计师检查了甲公司相关产品的发出和客户签收记录、与客户的对账记录以及期后结算单据，查询了客户网站上开放给供应商的库存信息，据此认可了该项存货的数量。

「要求」假定不考虑其他条件，指出 A 注册会计师的做法是否恰当。如不恰当，简要说明理由。

7. **「2015 年 · 综合题 · 题码 149113」**

A 注册会计师在审计工作底稿中记录了风险应对的情况，部分内容摘录如下：

甲集团公司的存货存放在多个地点。A 注册会计师基于管理层提供的存货存放地点清单，并根据不同地点所存放存货的重要性及评估的重大错报风险确定了监盘地点。

「要求」假定不考虑其他条件，指出 A 注册会计师的做法是否恰当。如不恰当，简要说明理由。

12 第十二章　货币资金的审计

「考情分析」

考点	星级	近十年考频	2012年	2013年	2014年	2015年	2016年	2017年	2018年	2019年	2020年	2021年
货币资金的实质性程序	★★★	3	√		√							√

「考点」货币资金的实质性程序（★★★）

「2016年·单选题·题码147349」

下列审计程序中，通常不能为定期存款的存在认定提供可靠的审计证据的是（　　）。

A. 函证定期存款的相关信息

B. 对于未质押的定期存款，检查开户证实书原件

C. 对于已质押的定期存款，检查定期存单复印件

D. 对于在资产负债表日后已到期的定期存款，核对兑付凭证

主观题部分

1.「2020·简答题·题码149116」

ABC会计师事务所的A注册会计师负责审计甲公司2019年度财务报表。与函证相关的部分事项如下：

❶ 甲公司2019年12月31日银行借款账面余额为零。为确认这一情况，A注册会计师在询证函中将银行借款项目用斜线划掉。银行回函显示信息相符，结果满意。

❷ 因未收到乙银行回函，A注册会计师检查了甲公司管理层提供的网上银行余额截屏，据此确认了甲公司在乙银行的存款余额。

「要求」针对上述事项，指出A注册会计师的做法是否恰当。如不恰当，简要说明理由。

2.「2017年·简答题·题码149118」

ABC会计师事务所的A注册会计师负责审计甲公司2016年度财务报表，与货币资金审计相关的部分事项如下：

❶ A注册会计师认为库存现金重大错报风险很低，因此，未测试甲公司财务主管每月末盘点库存现金的控制，于2016年12月31日实施了现金监盘，结果满意。

❷ 对于账面余额与银行对账单余额存在差异的银行账户，A注册会计师获取了银行存款余额调节表，检查了调节表中的加计数是否正确，并检查了调节后的银行存款日记账余额与银行对账单余额是否一致，据此认可了银行存款余额调节表。

❸ 因对甲公司管理层提供的银行对账单的真实性存有疑虑，A注册会计师在出纳陪同下前往银行获取银行对账单。在银行柜台人员打印对账单时，A注册会计师前往该银行其他部门实施了银行函证。

❹ 为测试银行账户交易入账的真实性，A 注册会计师在验证银行对账单的真实性后，从银行存款日记账中选取样本与银行对账单进行核对，并检查了支持性文件，结果满意。

「要求」针对上述事项，逐项指出 A 注册会计师的做法是否恰当，如不恰当，简要说明理由。

3.「2017 年 · 简答题 · 题码 149120」

ABC 会计师事务所的 A 注册会计师负责审计甲公司 2016 年度财务报表，与货币资金审计相关的部分事项如下：

❶ 2017 年 1 月 5 日，A 注册会计师对甲公司库存现金实施了监盘，并与当日现金日记账余额核对一致，据此认可了年末现金余额。

❷ 因对甲公司人民币结算账户的完整性存有疑虑，A 注册会计师检查了管理层提供的《已开立银行结算账户清单》，结果满意。

❸ A 注册会计师对甲公司存放于乙银行的银行存款以及与该银行往来的其他重要信息寄发了询证函，收到乙银行寄回的银行存款证明，其金额与甲公司记录一致。A 注册会计师认为函证结果满意。

❹ 甲公司利用销售经理个人银行账户结算货款，指派出纳保管该账户交易密码。A 注册会计师检查了该账户的交易记录和相关财务报表凭证，获取了甲公司管理层的书面声明，结果满意。

❺ 为测试银行账户交易入账的完整性，A 注册会计师在验证银行对账单的真实性后，从中选取交易样本与银行存款日记账记录进行了核对。

「要求」针对上述事项，逐项指出 A 注册会计师的做法是否恰当。如不恰当，简要说明理由。

4.「2016 年 · 简答题 · 题码 149122」

在对被审计单位甲公司 2016 年度财务报表进行审计时，甲公司在总部和营业部均设有出纳部门，A 注册会计师负责审计货币资金项目。具体要点如下：

❶ 为顺利监盘库存现金，A 注册会计师在监盘前一天通知甲公司出纳员做好监盘准备。

❷ 考虑到出纳日常工作安排，对总部和营业部库存现金的监盘时间分别定在上午十点和下午三点。

❸ 监盘库存现金的工作由 A 注册会计师以及甲公司总部和营业部出纳员共同进行。

❹ 监盘时，出纳员把现金放入保险柜，并将已办妥现金收付手续的交易登入现金日记账，结出现金日记账余额，A 注册会计师当场盘点出纳员负责的库存现金。

❺ A 注册会计师核对现金日记账后填写“库存现金监盘表”，并在签字后形成审计工作底稿。

「要求」针对上述事项，逐项指出上述库存现金监盘工作中的做法是否恰当。如不恰当，请简要说明理由。

5.「2015 年 · 简答题 · 题码 149124」

ABC 会计师事务所负责审计甲公司 2014 年度财务报表，审计项目团队认为货币资金的存在和完整性认定存在舞弊导致的重大错报风险，审计工作底稿中与货币资金审计相关的部分内容摘录如下：

❶ 2015 年 2 月 2 日，审计项目团队要求甲公司管理层于次日对库存现金进行盘点，2 月 3 日，审计项目团队在现场实施了监盘，并将结果与现金日记账进行了核对，未发现差异。

❷ 因对甲公司管理层提供的银行账户清单的完整性存有疑虑，审计项目团队前往当地中国人民银行查询并打印了甲公司已开立银行结算账户清单，结果满意。

❸ 因对甲公司提供的银行对账单的真实性存有疑虑，审计项目团队要求甲公司管理层重新取得了所有银行账户的对账单，并现场观察了对账单的打印过程，未发现异常。

❹ 针对年末银行存款余额调节表中企业已开支票银行尚未扣款的调节项，审计项目团队通过检查相关的支票存根和记账凭证予以确认。

「要求」针对上述事项，逐项指出审计项目团队的做法是否恰当，如不恰当，提出改进建议。

13 第十三章　对舞弊和法律法规的考虑

「考情分析」

考点	星级	近十年考频	2012年	2013年	2014年	2015年	2016年	2017年	2018年	2019年	2020年	2021年
1. 舞弊的相关概念	★	3			√	√						√
2. 风险评估	★★	6	√		√	√	√	√				√
3. 风险应对	★★★	8	√	√	√	√	√	√			√	√
4. 无法继续执行审计业务	★★	2				√	√					
5. 财务报表审计中对法律法规的考虑	★★	6	√			√	√		√	√		√

「考点 1」舞弊的相关概念（★）

「2015 年・单选题・题码 147350」

在判断注册会计师是否按照审计准则的规定执行工作以应对舞弊风险时，下列各项中，不需要考虑的是（　　）。

A. 注册会计师是否根据具体情况实施了审计程序，并获取了充分、适当的审计证据

B. 注册会计师在审计过程中是否保持了职业怀疑

C. 注册会计师是否识别出舞弊导致的财务报表重大错报

D. 注册会计师是否根据审计证据评价结果出具了恰当的审计报告

「考点 2」风险评估（★★）

1.「2020 年・单选题・题码 147354」

下列情形中，可能表明被审计单位存在编制虚假财务报告的机会的是（　　）。

A. 被审计单位在经济环境和文化背景不同的国家或地区从事重大经营

B. 管理层对信息技术缺乏了解

C. 控股股东为被审计单位的债务提供担保

D. 对管理层的费用支出监督不足

2.「2017 年・单选题・题码 147355」

下列各项中，属于舞弊发生的首要条件的是（　　）。

A. 实施舞弊的动机或压力

B. 治理层和管理层对舞弊行为的态度

C. 实施舞弊的机会

D. 为舞弊行为寻找借口的能力

3.「2015 年・单选题・题码 147356」

下列舞弊风险因素中，与实施舞弊的动机或压力相关的是（　　）。

A. 组织结构过于复杂，存在异常的法律实体或管理层级

B. 非财务管理人员过度参与会计政策的选择或重大会计估计的确定

C. 职责分离或独立审核不充分

D. 管理层在被审计单位中拥有重大经济利益

4.「2015 年 · 多选题 · 题码 147357」

下列舞弊风险因素中，与编制虚假财务报告相关的有（　　）。

A. 在非所有者管理的主体中，管理层由一人或少数人控制，且缺乏补偿性控制

B. 对高级管理人员支出的监督不足

C. 会计系统和信息系统无效

D. 利用商业中介进行交易，但缺乏明显的商业理由

「考点 3」风险应对（★★★）

1.「2020 年 · 单选题 · 题码 147366」

下列做法中，通常无法应对舞弊导致的认定层次重大错报风险的是（　　）。

A. 改变控制测试的时间　　B. 改变实质性程序的时间

C. 改变审计程序的范围　　D. 改变审计程序的性质

2.「2019 年 · 单选题 · 题码 147367」

被审计单位存在的下列事项中，最可能导致注册会计师对财务报表整体可审计性产生疑问的是（　　）。

A. 被审计单位没有书面的内部控制　　B. 管理层诚信存在严重问题

C. 管理层凌驾于内部控制之上　　D. 管理层没有及时完善内部控制存在的缺陷

3.「2021 年 · 多选题 · 题码 156842」

针对评估的由于舞弊导致的财务报表层次重大错报风险，下列各项中属于注册会计师应当采取的应对措施的有（　　）。

A. 在分派和督导项目组成员时，考虑承担重要业务职责的项目组成员所具备的知识、技能和能力

B. 评价被审计单位对会计政策的选择和运用，是否可能表明管理层通过操纵利润对财务信息作出虚假报告

C. 在选择审计程序的性质、时间安排和范围时，增加审计程序的不可预见性

D. 扩大细节测试的样本规模

4.「2019 年 · 多选题 · 题码 147370」

为应对管理层凌驾于控制之上的风险，下列各项中，注册会计师应当实施的有（　　）。

A. 确认关联方交易是否得到适当授权

B. 测试编制财务报表过程中编制的会计分录和其他调整是否适当

C. 评价被审计单位正常经营过程的重大交易的商业理由

D. 复核会计估计是否存在偏向

5.「2018 年 · 多选题 · 题码 147371」

为应对管理层凌驾于控制之上的风险，下列审计程序中注册会计师应当在所有审计业务中

实施的有（　　）。

A. 复核会计估计是否存在偏向

B. 对报告期末作出的会计分录和其他调整实施测试

C. 对关联方交易及余额实施函证程序

D. 对营业收入实施实质性分析程序

6.「2017 年・单选题・题码 147368」

下列审计程序中，通常不能应对管理层凌驾于控制之上的风险的是（　　）。

A. 测试会计分录和其他调整　　B. 获取有关重大关联方交易的管理层书面声明

C. 复核会计估计是否存在偏向　　D. 评价重大非常规交易的商业理由

7.「2015 年・单选题・题码 147369」

如果注册会计师认为存货数量存在舞弊导致的重大错报风险，下列做法中，通常不能应对该风险的是（　　）。

A. 扩大与存货相关的内部控制测试的样本规模

B. 要求被审计单位在报告期末或临近期末的时点实施存货盘点

C. 在不预先通知的情况下对特定存放地点的存货实施监盘

D. 利用专家的工作对特殊类型的存货实施更严格的检查

8.「2015 年・多选题・题码 147372」

下列各项中，属于管理层通过凌驾于控制之上实施舞弊的手段的有（　　）。

A. 不恰当地调整会计估计所依据的假设

B. 隐瞒可能影响财务报表金额的事实

C. 篡改与重大交易相关的会计记录和交易条款

D. 构造复杂的交易以歪曲财务状况或经营成果

「考点 4」财务报表审计中对法律法规的考虑（★★）

1.「2019 年・多选题・题码 147380」

下列有关注册会计师在执行财务报表审计时对法律法规的考虑的说法中，正确的有（　　）。

A. 注册会计师没有责任防止被审计单位违反法律法规

B. 对于直接影响财务报表金额和披露的法律法规，注册会计师应就被审计单位遵守了这些法律法规获取充分、适当的审计证据

C. 对于不直接影响财务报表金额和披露的法律法规，注册会计师应就被审计单位遵守了这些法律法规获取管理层的书面声明

D. 如果识别出被审计单位的违反法律法规行为，注册会计师应当考虑是否有责任向被审计单位以外的监管机构报告

2.「2018 年・单选题・题码 147377」

当怀疑被审计单位存在违反法律法规的行为时，下列各项审计程序中，通常不能为注册会计师提供额外审计证据的是（　　）。

A. 获取被审计单位管理层的书面声明　　B. 与被审计单位治理层讨论

C. 向被审计单位内部法律顾问咨询　　D. 向会计师事务所的法律顾问咨询

3.「**2016 年 · 单选题 · 题码 147378**」

下列有关财务报表审计中对法律法规的考虑的说法中，错误的是（　）。

A. 注册会计师没有责任防止被审计单位违反法律法规

B. 注册会计师有责任实施特定的审计程序，以识别和应对可能对财务报表产生重大影响的违反法律法规行为

C. 注册会计师通常采用书面形式与被审计单位治理层沟通审计过程中注意到的有关违反法律法规的事项

D. 如果被审计单位存在对财务报表有重大影响的违反法律法规行为，且未能在财务报表中得到充分反映，注册会计师应当发表保留意见或否定意见

4.「**2015 年 · 单选题 · 题码 147379**」

下列审计程序中，通常不能识别被审计单位违反法律法规行为的是（　）。

A. 阅读董事会和管理层的会议纪要

B. 向管理层、内部或外部法律顾问询问诉讼、索赔及评估情况

C. 获取管理层关于被审计单位不存在违反法律法规行为的书面声明

D. 对营业外支出中的罚款及滞纳金支出实施细节测试

5.「**2015 年 · 多选题 · 题码 147381**」

如果识别出被审计单位违反法律法规的行为，下列各项程序中，注册会计师应当实施的有（　）。

A. 了解违反法律法规行为的性质及其发生的环境

B. 评价识别出的违反法律法规行为对注册会计师风险评估的影响

C. 评价被审计单位书面声明的可靠性

D. 就识别出的所有违反法律法规行为与治理层进行沟通

主观题部分

1.「**2015 年 · 简答题 · 题码 149127**」

A 注册会计师通过询问管理层以充分了解甲公司是否存在与处理会计分录和其他调整相关的不恰当或异常的活动。

「**要求**」指出 A 注册会计师的做法是否恰当。如不恰当，简要说明理由。

2.「**2017 年 · 综合题 · 题码 149129**」

A 注册会计师在审计工作底稿中记录了实施的进一步审计程序，部分内容摘录如下：

A 注册会计师发现甲公司未与部分快递员签订劳动合同且未缴纳社保金。管理层解释系快递员流动频繁所致。A 注册会计师检查了甲公司人事部门的员工入职和离职记录，认为解释合理，未再实施其他审计程序。

「**要求**」假定不考虑其他条件，指出 A 注册会计师的做法是否恰当。如不恰当，简要说明理由。

3.「**2016 年 · 综合题 · 题码 149131**」

甲公司部分原材料系向农户采购，财务人员办理结算时应当查验农户身份证，并将身份证复印件及农户签字的收据作为付款凭证附件。2 000 元以上的付款应当通过银行转账。A 注册会计师在审计工作底稿中记录了与采购与付款交易相关的审计工作，部分内容摘录如下：

2015 年 10 月，A 注册会计师在观察原材料验收流程时发现某农户向验收员支付回扣，以提高核定的品质等级。A 注册会计师认为该事项不重大，在审计完成阶段向管理层通报了该事项。

「**要求**」假定不考虑其他条件，指出 A 注册会计师的做法是否恰当。如不恰当，简要说明理由。

4.「**2015 年 · 综合题 · 题码 149134**」

A 注册会计师在审计工作底稿中记录了风险应对的情况，部分内容摘录如下：

A 注册会计师在实施会计分录测试时，将甲集团公司全年的日常会计核算中的分录作为待测试总体，在测试其完整性后，对选取的样本实施了细节测试，未发现异常。

「**要求**」假定不考虑其他条件，指出 A 注册会计师的做法是否恰当。如不恰当，简要说明理由。

5.「**2015 年 · 综合题 · 题码 149137**」

A 注册会计师在审计工作底稿中记录了处理错报的相关情况，部分内容摘录如下：

A 注册会计师发现甲集团公司销售副总经理挪用客户回款 50 万元，就该事项与总经理和治理层进行了沟通。因管理层已同意调整该错报并对相关内部控制缺陷进行整改，A 注册会计师未再执行其他审计工作。

「**要求**」假定不考虑其他条件，指出 A 注册会计师的做法是否恰当。如不恰当，简要说明理由并提出改进建议。

14 第十四章 审计沟通

「考情分析」

考点	星级	近十年考频	2012年	2013年	2014年	2015年	2016年	2017年	2018年	2019年	2020年	2021年
1. 沟通的事项	★★★	5	√	√	√	√						√
2. 沟通的过程	★★★	6	√	√	√		√	√			√	
3. 前后任注册会计师的定义	★★★	3		√	√							√
4. 前后任注册会计师沟通的总体原则	★★★	2			√			√				
5. 前后任注册会计师接受委托前的沟通	★★★	8	√	√	√	√	√	√	√	√		
6. 前后任注册会计师接受委托后的沟通	★★	3			√	√	√					

「考点1」沟通的事项（★★★）

「2021 年 · 单选题 · 题码 156838」

下列各项中，注册会计师应当以书面形式与治理层沟通的是（　　）。

A. 注册会计师识别出的值得关注的内部控制缺陷

B. 注册会计师识别出的可能导致对被审计单位持续经营能力产生重大疑虑的事项或情况

C. 被审计单位管理层对注册会计师执行审计工作的范围施加的限制

D. 注册会计师识别出的管理层未向注册会计师披露的重大关联方交易

「考点2」沟通的过程（★★★）

1.「2020 年 · 单选题 · 题码 147405」

下列各项沟通中，注册会计师应当采用书面形式的是（　　）。

A. 在接受委托后，与前任注册会计师进行沟通

B. 在上市公司审计中，与治理层沟通关键审计事项

C. 在上市公司审计中，与治理层沟通注册会计师的独立性

D. 在接受委托前，与前任注册会计师进行沟通

2.「2017 年 · 单选题 · 题码 147406」

下列各项中，注册会计师应当以书面形式与治理层沟通的是（　　）。

A. 注册会计师识别出的舞弊风险

B. 未更正错报

C. 注册会计师确定的关键审计事项

D. 注册会计师识别出的值得关注的内部控制缺陷

3.「2016 年·单选题·题码 147407」

下列各项中，注册会计师应当以书面形式与治理层沟通的是（　　）。

A. 计划的审计范围和时间安排　　B. 审计过程中遇到的重大困难

C. 审计中发现的所有内部控制缺陷　　D. 上市公司审计中注册会计师的独立性

4.「2015 年·单选题·题码 147408」

在审计过程中，注册会计师需要与被审计单位治理层进行沟通，下列关于与治理层沟通的说法中，错误的是（　　）。

A. 首次承接委托时，与治理层的沟通随同就审计业务达成一致意见一并进行

B. 在审计过程中遇到的重大困难，应汇总在完成审计工作时与治理层进行沟通

C. 如果注册会计师与治理层之间的双向沟通不充分，且情况得不到解决，应当采取适当防范措施

D. 对于审计准则要求的注册会计师的独立性，注册会计师应当以书面形式与治理层沟通

5.「2015 年·多选题·题码 147409」

如果注册会计师与治理层之间的双向沟通不充分，并且这种情况得不到解决，下列措施中，注册会计师可以采取的有（　　）。

A. 根据范围受到的限制发表非无保留意见

B. 与监管机构、被审计单位外部的在治理结构中拥有更高权力的组织或人员进行沟通

C. 在法律法规允许的情况下解除业务约定

D. 就采取不同措施的后果征询法律意见

「考点 3」前后任注册会计师沟通的总体原则（★★★）

1.「2017 年·单选题·题码 147413」

下列有关前任注册会计师与后任注册会计师的沟通的说法中，正确的是（　　）。

A. 后任注册会计师应当在接受委托前和接受委托后与前任注册会计师进行沟通

B. 前任注册会计师和后任注册会计师应当将沟通的情况记录于审计工作底稿

C. 后任注册会计师与前任注册会计师的沟通应当采用书面方式

D. 后任注册会计师应当在取得被审计单位的书面同意后，与前任注册会计师进行沟通

2.「2016 年·多选题·题码 147414」

下列有关前后任注册会计师沟通的说法中，错误的有（　　）。

A. 后任注册会计师在接受委托前与前任注册会计师沟通，应当征得被审计单位同意

B. 在接受委托前，后任注册会计师应当采用书面形式与前任注册会计师进行沟通

C. 如果需要查阅前任注册会计师的审计工作底稿，后任注册会计师不必征得被审计单位同意

D. 在接受委托前和接受委托后，后任注册会计师均应当与前任注册会计师沟通

「考点 4」前后任注册会计师接受委托前的沟通（★★★）

「2015 年·单选题·题码 147415」

下列有关前后任注册会计师沟通的说法中，错误的是（　　）。

A. 接受委托前的沟通是必要的审计程序，接受委托后的沟通不是必要的审计程序

B. 如果被审计单位不同意前任注册会计师对后任注册会计师的询问作出答复，后任注册会计师应当拒绝接受委托

C. 当会计师事务所通过投标方式承接审计业务时，前任注册会计师无须对所有参与投标的会计师事务所的询问进行答复

D. 接受委托后，如果需要查阅前任注册会计师的审计工作底稿，后任注册会计师应当征得被审计单位的同意

主观题部分

1.「2019 年·简答题·题码 149174」

ABC 会计师事务所首次接受委托审计甲公司 2018 年度财务报表，委派 A 注册会计师担任项目合伙人。与首次承接审计业务相关的部分事项如下：

❶ DEF 会计师事务所审计了甲公司 2017 年度财务报表。XYZ 会计师事务所接受委托审计甲公司 2018 年度财务报表，但未完成审计工作。A 注册会计师将 DEF 会计师事务所确定为前任注册会计师，与其进行了沟通。

❷ A 注册会计师在与甲公司签署审计业务约定书并征得管理层同意后，与前任注册会计师进行了口头沟通，沟通内容包括：是否发现甲公司管理层存在诚信方面的问题；前任注册会计师与甲公司管理层在重大会计、审计等问题上存在的意见分歧；向甲公司治理层通报的管理层舞弊、违反法律法规行为以及值得关注的内部控制缺陷；甲公司变更会计师事务所的原因。

❸ 在征得甲公司管理层同意，并向前任注册会计师承诺不对任何人作出关于其是否遵循审计准则的任何评论后，A 注册会计师通过查阅前任注册会计师的审计工作底稿，获取了有关甲公司固定资产期初余额的审计证据，并在审计报告的其他事项段中提及部分依赖了前任注册会计师的工作。

「要求」针对上述事项，逐项指出 A 注册会计师的做法是否恰当。如不恰当，简要说明理由。

2.「2015 年·简答题·题码 149180」

ABC 会计师事务所通过招投标程序，首次接受委托审计甲银行 2014 年度财务报表，委派 A 注册会计师担任审计项目合伙人，B 注册会计师担任项目质量复核合伙人。中标后，经甲银行同意，A 注册会计师立即与前任注册会计师进行了沟通，内容包括：

❶前任注册会计师认为甲银行更换会计师事务所的原因；

❷其是否发现甲银行管理层存在诚信问题；

❸其与甲银行管理层在重大会计和审计等问题上是否存在意见分歧；

❹其向甲银行治理层通报的管理层舞弊、违反法律法规行为以及值得关注的内部控制缺陷。

「要求」指出 A 注册会计师的做法是否恰当。如不恰当，简要说明理由。

3. [2016 年·简答题·题码 149185]

ABC 会计师事务所首次接受委托，审计上市公司甲公司 2015 年度财务报表，委派 A 注册会计师担任项目合伙人。相关事项如下：

A 注册会计师与前任注册会计师在征得甲公司管理层口头同意后，通过电话进行了接受委托前的沟通，未发现影响其接受委托的事项，并将沟通情况记入审计工作底稿。

「要求」指出 A 注册会计师的做法是否恰当。如不恰当，简要说明理由。

4.「**2020 年·综合题·题码 149196**」

A 注册会计师在审计工作底稿中记录了重大事项的处理情况，部分内容摘录如下：

A 注册会计师在审计中发现甲公司采购总监存在受贿行为，立即与总经理沟通了该事项，获悉董事会已收到内部员工举报，正在进行调查。A 注册会计师认为无须再与董事会或股东会沟通。

「要求」假定不考虑其他条件，指出 A 注册会计师的做法是否恰当。如不恰当，简要说明理由。

5.「**2019 年·综合题·题码 149203**」

A 注册会计师在审计工作底稿中记录了重大事项的处理情况，部分内容摘录如下：

A 注册会计师在审计过程中发现，甲公司出纳利用内部控制缺陷挪用公司资金 600 万元。甲公司管理层追回了该款项，并将出纳开除。因该事项未对甲公司造成损失，且管理层已向治理层汇报，A 注册会计师认为无须再与治理层沟通。

「要求」假定不考虑其他条件，指出 A 注册会计师的做法是否恰当。如不恰当，简要说明理由。

6.「**2017 年·综合题·题码 149383**」

A 注册会计师在审计工作底稿中记录了审计计划，部分内容摘录如下：

A 注册会计师拟与治理层沟通计划的审计范围和时间安排，为避免损害审计的有效性，沟通内容不包括识别出的重大错报风险以及应对措施。

「要求」假定不考虑其他条件，指出审计计划的内容是否恰当。如不恰当，简要说明理由。

7.「**2015 年·综合题·题码 149349**」

A 注册会计师在审计工作底稿中记录了重大事项的处理情况，部分内容摘录如下：

审计过程中，A 注册会计师与甲集团公司管理层讨论了值得管理层关注的内部控制缺陷，并在审计报告日后、审计工作底稿归档日前以书面形式向集团管理层和治理层通报了值得关注的内部控制缺陷。

「要求」假定不考虑其他条件，指出 A 注册会计师的做法是否恰当。如不恰当，简要说明理由。

15 第十五章　注册会计师利用他人的工作

「考情分析」

考点	星级	近十年考频	2012年	2013年	2014年	2015年	2016年	2017年	2018年	2019年	2020年	2021年
1. 内部审计与注册会计师审计的关系	★★	2			√				√			
2. 确定是否利用、在哪些领域利用以及在多大程度上利用内部审计的工作	★★★	1								√		
3. 确定是否利用、在哪些领域利用以及在多大程度上利用内部审计人员提供直接协助	★★★	3			√				√		√	
4. 专家的概念、利用专家工作的目标及责任	★★★	5				√	√		√	√		√
5. 确定专家的工作是否足以实现审计目的	★★★	5	√	√	√		√		√			

「考点1」内部审计与注册会计师审计的关系（★★）

1.「2020年·单选题·题码147419」

在对被审计单位同时执行财务报表审计和内部控制审计时，下列各项工作中，注册会计师可以利用被审计单位内部审计工作的是（　　）。

A. 确定重要性水平　　B. 了解企业层面控制

C. 对重大业务流程实施穿行测试　　D. 确定细节测试的样本量

2.「2018年·单选题·题码147420」

下列各项中，注册会计师通常可以利用内部审计人员工作的是（　　）。

A. 评估会计政策的恰当性　　B. 确定财务报表整体的重要性

C. 实施控制测试　　D. 确定细节测试的样本规模

「考点2」确定是否利用、在哪些领域利用以及在多大程度上利用内部审计的工作（★★★）

1.「2019年·多选题·题码147427」

下列情况中，注册会计师不得利用内部审计工作的有（　　）。

A. 内部审计没有采用系统、规范化的方法

B. 评估的认定层次重大错报风险较高

C. 内部审计的地位不足以支持内审的客观性

D. 计划和实施的审计工作涉及较多判断

2.「2018 年・单选题・题码 147426」

在确定是否能够利用内部审计的工作以实现审计目的时，下列有关注册会计师执行的评价的说法中，错误的是（　　）。

A. 注册会计师应当评价内部审计人员是否能够符合注册会计师职业道德守则有关客观性的要求

B. 注册会计师应当评价内部审计人员的胜任能力

C. 注册会计师应当评价内部审计在被审计单位中的地位，以及相关政策和程序支持内部审计人员客观性的程度

D. 注册会计师应当评价内部审计是否采用系统、规范化的方法（包括质量管理）

「考点 3」专家的概念、利用专家工作的目标及责任（★★★）

1.「2020 年・单选题・题码 147434」

下列人员中，应当遵守注册会计师所在会计师事务所的质量管理政策和程序的是（　　）。

A. 注册会计师利用的内部专家

B. 来自其他会计师事务所的组成部分注册会计师

C. 其工作被用作审计证据的被审计单位管理层的专家

D. 为财务报表审计提供直接协助的被审计单位内部审计人员

2.「2019 年・多选题・题码 147436」

下列有关注册会计师的专家的说法中，正确的是（　　）。

A. 注册会计师的专家包括在会计和审计领域具有专长的个人或组织

B. 注册会计师的专家可以是网络事务所的合伙人或员工

C. 注册会计师的专家可以是事务所的临时工

D. 注册会计师的专家包括被审计单位管理层的专家

3.「2015 年・单选题・题码 147435」

下列参与审计业务的人员中，不属于注册会计师的专家的是（　　）。

A. 对保险合同进行精算的会计师事务所精算部门人员

B. 受聘于会计师事务所对投资性房地产进行评估的资产评估师

C. 就复杂会计问题提供建议的会计师事务所技术部门人员

D. 对与企业重组相关的复杂税务问题进行分析的会计师事务所税务部门人员

「考点 4」确定专家的工作是否足以实现审计目的（★★★）

1.「2019 年・多选题・题码 147441」

下列各项中，注册会计师在利用外部专家工作时应当与专家达成一致意见的有（　　）。

A. 注册会计师和专家各自的责任

B. 注册会计师和专家之间沟通的性质、时间安排和范围

C. 注册会计师对专家遵守事务所质量管理政策和程序的要求
D. 专家工作的性质、范围和目标

2.「2018 年 · 单选题 · 题码 147439」
下列有关注册会计师的外部专家的说法中，错误的是（　　）。
A. 外部专家无须遵守注册会计师职业道德守则的要求
B. 外部专家不是审计项目团队成员
C. 外部专家不受会计师事务所质量管理政策和程序的约束
D. 外部专家的工作底稿通常不构成审计工作底稿

3.「2016 年 · 单选题 · 题码 147440」
下列有关注册会计师的专家的说法中，正确的是（　　）。
A. 无论是内部专家还是外部专家，都不包括会计、审计领域的专家
B. 无论是内部专家还是外部专家，都是项目组成员，受会计师事务所质量管理政策和程序的约束
C. 无论是内部专家还是外部专家，注册会计师都应当询问对专家客观性产生不利影响的利益和关系
D. 无论是内部专家还是外部专家，注册会计师都应当就专家工作的性质、范围和目标等事项与专家达成一致意见并形成书面协议

主观题部分

1.「2020 · 简答题 · 题码 149367」
A 注册会计师聘请评估专家对甲公司某项商誉的减值测试结果进行复核。A 注册会计师评价了专家的胜任能力、专业素质、客观性及专长领域，获取了专家的复核报告，并实施特定程序对专家工作的恰当性作出了评价，据此认可了专家的工作。
「要求」指出 A 注册会计师的做法是否恰当。如不恰当，简要说明理由。

2.「2016 年 · 简答题 · 题码 149378」
2015 年甲公司聘请 XYZ 咨询公司提供精算服务，并根据精算结果进行了会计处理，A 注册会计师评价了 XYZ 咨询公司的胜任能力和专业素质，了解和评价了其工作，认为可以将其工作结果作为审计证据。
「要求」指出 A 注册会计师做法是否恰当。如不恰当，简要说明理由。

3.「2017 年 · 综合题 · 题码 149380」
A 注册会计师在审计工作底稿中记录了审计计划，部分摘录如下：
A 注册会计师拟利用评估专家对甲公司的商誉减值测试进行评估。由专家负责评价其使用的重要原始数据的相关性、准确性和完整性。A 注册会计师负责评价：
❶专家工作涉及使用的重要假设和方法的相关性和合理性；
❷专家工作结果的相关性和合理性，以及与其他审计证据的一致性。
「要求」指出审计计划的内容是否恰当。如不恰当，简要说明理由。

4.「**2015 年·综合题·题码 149382**」

A 注册会计师在审计工作底稿中记录了重大事项的处理情况，部分内容摘录如下：A 注册会计师在存货监盘过程中利用了专家的工作，专家工作的结果与甲公司管理层的盘点结果差异较大，A 注册会计师实施了追加的审计程序并与该管理层沟通后仍无法解决，因该项差异对财务报表的影响重大但不广泛，A 注册会计师拟出具保留意见审计报告，并提及专家的工作，同时指明这种提及不减轻注册会计师对审计意见承担的责任。

「**要求**」指出 A 注册会计师的做法是否恰当。如不恰当，简要说明理由。

5.「**2020 年·综合题·题码 149384**」

A 注册会计师在审计工作底稿中记录了审计计划，部分事项如下：

A 注册会计师阅读了甲公司内审部门出具的职工薪酬专项检查报告，拟在职工薪酬的审计中利用参与该专项检查的内部审计人员提供直接协助。

「**要求**」假定不考虑其他条件，指出 A 注册会计师的做法是否恰当。如不恰当，简要说明理由。

6.「**2015 年·综合题·题码 149392**」

A 注册会计师在审计工作底稿中记录了重大事项的处理情况，部分内容摘录如下：

因审计中利用的外部专家并非注册会计师，A 注册会计师未要求其遵守注册会计师职业道德守则的相关规定。

「**要求**」假定不考虑其他条件，指出 A 注册会计师的做法是否恰当。如不恰当，简要说明理由。

16 第十六章　对集团财务报表审计的特殊考虑

「考情分析」

考点	星级	近十年考频	2012年	2013年	2014年	2015年	2016年	2017年	2018年	2019年	2020年	2021年
1. 集团财务报表审计概述	★★	4			√		√		√			√
2. 重要性	★★★	5		√				√	√		√	√
3. 了解组成部分注册会计师	★★★	3				√			√			√
4. 集团财务报表审计的风险应对	★★★	3						√			√	√
5. 集团项目组的沟通与评价	★★	1		√								

「考点 1」集团财务报表审计概述（★★）

「2016 年 · 多选题 · 题码 147448」

下列各项中，可能属于集团财务报表审计中的组成部分的有（　　）。

A. 集团内的母公司　　B. 集团职能部门

C. 集团内子公司对外投资的联营企业　　D. 集团的分支机构

「考点 2」重要性（★★★）

1.「2020 年 · 单选题 · 题码 147449」

对于集团财务报表审计，下列有关组成部分重要性的说法中，错误的是（　　）。

A. 不同组成部分的组成部分重要性应当不同

B. 组成部分重要性应当由集团项目组确定

C. 组成部分重要性应当小于集团财务报表整体的重要性

D. 并非所有组成部分都需要组成部分重要性

2.「2018 年 · 单选题 · 题码 147450」

对于集团财务报表审计，下列有关组成部分重要性的说法中，错误的是（　　）。

A. 组成部分重要性应当小于集团财务报表整体的重要性

B. 组成部分重要性应当由集团项目组确定

C. 不重要的组成部分无须确定组成部分重要性

D. 不同组成部分的组成部分重要性可能不同

3.「2017 年·多选题·题码 147451」

在审计集团财务报表时，下列有关组成部分重要性的说法中，正确的有（　　）。

A. 组成部分重要性的汇总数不能高于集团财务报表整体的重要性

B. 集团项目组应当将组成部分重要性设定为低于集团财务报表整体的重要性

C. 组成部分重要性应当由集团项目组确定

D. 集团项目组应当为所有组成部分确定组成部分重要性

4.「2015 年·多选题·题码 147452」

下列各项中，集团项目组应当确定的有（　　）。

A. 集团财务报表明显微小错报的临界值　B. 组成部分重要性

C. 组成部分实际执行的重要性　D. 集团财务报表实际执行的重要性

「考点 3」了解组成部分注册会计师（★★★）

1.「2018 年·单选题·题码 147458」

在审计集团财务报表时，下列情形中，导致集团项目组无法利用组成部分注册会计师工作的是（　　）。

A. 组成部分注册会计师未处于积极有效的监管环境中

B. 组成部分注册会计师不符合与集团审计相关的独立性要求

C. 集团项目组对组成部分注册会计师的专业胜任能力存有并非重大的疑虑

D. 组成部分注册会计师无法向集团项目组提供所有审计工作底稿

2.「2015 年·单选题·题码 147459」

在了解组成部分注册会计师后，下列情形中，集团项目组可以采取措施消除其疑虑或影响的是（　　）。

A. 组成部分注册会计师不符合与集团审计相关的独立性要求

B. 集团项目组对组成部分注册会计师的专业胜任能力存有重大疑虑

C. 集团项目组对组成部分注册会计师的职业道德存有重大疑虑

D. 组成部分注册会计师未处于积极有效的监管环境中

「考点 4」集团财务报表审计的风险应对（★★★）

1.「2020 年·单选题·题码 147476」

对于集团财务报表审计，下列工作类型中，不适用于重要组成部分的是（　　）。

A. 使用组成部分重要性对组成部分财务信息实施审阅

B. 对一个或多个账户余额、一类或多类交易或披露实施审计

C. 使用组成部分重要性对组成部分财务信息实施审计

D. 实施特定的审计程序

2.「2020 年·单选题·题码 147477」

对于集团财务报表审计，下列有关集团项目组参与重要组成部分审计工作的说法中，错误的是（　　）。

A. 集团项目组应当参与组成部分注册会计师实施的风险评估程序

B. 集团项目组应当参与组成部分注册会计师针对导致集团财务报表发生重大错报的特别风险实施的进一步审计程序

C. 集团项目组应当复核组成部分注册会计师对识别出的导致集团财务报表发生重大错报的特别风险形成的审计工作底稿

D. 集团项目组应当与组成部分注册会计师或组成部分管理层讨论对集团而言重要的组成部分业务活动

3.「**2020 年 · 多选题 · 题码 147479**」

对于集团财务报表审计，下列各项因素中，集团项目组在确定对组成部分财务信息拟执行的工作类型以及参与组成部分注册会计师工作的程度时，需要考虑的有（　　）。

A. 是否识别出导致集团财务报表发生重大错报的特别风险

B. 对集团层面控制的设计的评价，以及其是否得到执行的判断

C. 集团项目组对组成部分注册会计师的了解

D. 组成部分的重要程度

4.「**2017 年 · 单选题 · 题码 147478**」

在审计集团财务报表时，不适用于重要组成部分的是（　　）。

A. 特定项目审计

B. 实施特定审计程序

C. 财务信息审阅

D. 财务信息审计

5.「**2020 年 · 多选题 · 题码 147480**」

对于集团财务报表审计，下列各项中，集团项目组应当要求组成部分注册会计师沟通的有（　　）。

A. 表明可能存在组成部分管理层偏向的迹象

B. 组成部分层面的值得关注的内部控制缺陷

C. 组成部分注册会计师的总体发现、得出的结论和形成的意见

D. 组成部分注册会计师识别出的且已得到更正的重大错报

主观题部分

1.「**2018 年 · 简答题 · 题码 149394**」

ABC 会计师事务所的 A 注册会计师负责审计多家上市公司 2017 年度财务报表。XYZ 会计师事务所担任丁公司海外重要子公司的组成部分注册会计师。A 注册会计师认为该事项与财务报表使用者理解审计工作相关，拟在对丁公司 2017 年度财务报表出具的无保留意见审计报告中增加其他事项段，说明该子公司经 XYZ 会计师事务所审计。

「**要求**」指出 A 注册会计师的做法是否恰当。如不恰当，简要说明理由。

2.「**2016 年 · 简答题 · 题码 149396**」

ABC 会计师事务所的 A 注册会计师负责审计甲集团公司 2015 年度财务报表，与集团审计相关的部分事项如下：

❶ 乙公司为不重要的组成部分，A 注册会计师对组成部分注册会计师的专业胜任能力存在重大疑虑，因此，对其审计工作底稿实施了详细复核，不再实施其他审计程序。

❷ 丙公司为甲集团公司 2015 年新收购的子公司，存在导致集团财务报表发生重大错报的特别风险，A 注册会计师要求组成部分注册会计师使用组成部分重要性对丙公司财务信息实施审阅。

❸ 丁公司为海外子公司，A 注册会计师要求担任丁公司组成部分注册会计师的境外会计师事务所确认其是否了解并遵守中国注册会计师职业道德守则的规定。

❹ 联营公司戊公司为重要组成部分，因无法接触戊公司的管理层和注册会计师，A 注册会计师取得了戊公司 2015 年度财务报表和审计报告，甲集团公司管理层拥有的戊公司财务信息及作出的与戊公司财务信息有关的书面声明，认为这些信息已构成与戊公司相关的充分适当的审计证据。

「要求」针对上述事项，逐项指出 A 注册会计师做法是否恰当。如不恰当，简要说明理由。

3.「2019 年 · 简答题 · 题码 149398」

ABC 会计师事务所的 A 注册会计师负责审计甲集团公司 2018 年度财务报表。与集团审计相关的部分事项如下：

❶ A 注册会计师将资产总额、营业收入或利润总额超过设定金额的组成部分识别为重要组成部分，其余作为不重要的组成部分。

❷ 乙公司为重要组成部分，各项主要财务指标均占集团财务报表相关财务指标的 50% 以上。A 注册会计师亲自担任组成部分注册会计师，选取乙公司财务报表中所有金额超过组成部分重要性的项目执行了审计工作，结果满意。

❸ A 注册会计师对不重要组成部分的财务报表执行了集团层面分析程序，并对这些组成部分的年末银行存款、借款和与金融机构往来的其他信息实施了函证程序，结果满意。

❹ A 注册会计师评估认为重要组成部分丙公司的组成部分注册会计师具备专业胜任能力，复核后认可了其确定的组成部分重要性和组成部分实际执行的重要性。

❺ A 注册会计师要求所有组成部分注册会计师汇报组成部分的控制缺陷和超过组成部分实际执行重要性的未更正错报，将其与集团层面的控制缺陷和未更正错报汇总评估后认为甲集团公司不存在值得关注的内部控制缺陷；集团财务报表不存在重大错报。

「要求」针对上述事项，逐项指出 A 注册会计师的做法是否恰当。如不恰当，简要说明理由。

4. [2019 年 · 简答题 · 题码 149400]

ABC 会计师事务所的 A 注册会计师负责审计甲集团公司 2018 年度财务报表。与集团审计相关的部分事项如下：

联营企业戊公司为重要组成部分。因未能就戊公司财务信息获取充分、适当的审计证据，A 注册会计师另行选取了三家不重要的组成部分作为替代，使用组成部分重要性对这些不重要组成部分的财务信息执行了审计，结果满意。

「要求」针对上述事项，指出 A 注册会计师的做法是否恰当。如不恰当，简要说明理由。

5.「2015 年 · 综合题 · 题码 149406」

甲集团公司是 ABC 会计师事务所的常年审计客户，主要从事化妆品的生产、批发和零售。A 注册会计师负责审计甲集团公司 2014 年度财务报表，确定集团财务报表整体的重要性为 600 万元。

资料一：

A 注册会计师在审计工作底稿中记录了审计计划，部分内容摘录如下：

❶ 子公司乙公司从事新产品研发，2014 年度新增无形资产 1 000 万元。为自行研发的产品专利，A 注册会计师拟仅针对乙公司的研发支出实施审计程序。

❷ 子公司丙公司负责生产，产品全部在集团内销售。A 注册会计师认为丙公司的成本核算存在可能导致集团财务报表发生重大错报的特别风险，拟仅针对与成本核算相关的财务报表项目实施审计。

❸ 甲集团公司的零售收入来自 40 家子公司，每家子公司的主要财务报表项目金额占集团的比例均低于 1%。A 注册会计师认为这些子公司均不重要，拟实施集团层面分析程序。

❹ DEF 会计师事务所作为组成部分注册会计师负责审计联营企业丁公司的财务信息，其审计项目组按丁公司利润总额的 3% 确定组成部分重要性为 300 万元，实际执行的重要性为 150 万元。

❺ 子公司戊公司负责甲集团公司主要原材料的进口业务，通过外汇掉期交易管理外汇风险。A 注册会计师拟使用 50 万元的组成部分重要性对戊公司财务信息实施审阅。

资料二：

A 注册会计师在审计工作底稿中记录了甲集团公司的财务数据，部分内容摘录如下：

金额单位：万元

集团/组成部分	2014 年（未审数）		
	资产总额	营业收入	利润总额
甲集团公司（合并）	80 000	60 000 其中：批发收入 38 000 零售收入 20 000 其他 2 000	12 000
乙公司	1 900	200	(300)
丙公司	60 000	40 000	8 000
丁公司	20 000	50 000	10 000
戊公司	2 000	200	50

「要求」对资料一第❶～❺项，结合资料二，假定不考虑其他条件，逐项指出资料一所列审计计划是否恰当。如不恰当，简要说明理由。

17 第十七章　其他特殊项目的审计

「考情分析」

考点	星级	近十年考频	2012年	2013年	2014年	2015年	2016年	2017年	2018年	2019年	2020年	2021年
1. 审计会计估计	★★★	7	√	√		√		√	√	√		√
2. 关联方审计	★★★	5	√		√	√		√				√
3. 持续经营假设	★★	4	√		√					√	√	
4. 首次接受委托时对期初余额的审计	★★	7	√		√	√	√		√	√		√

「考点 1」审计会计估计（★★★）

1. **「2019 年・单选题・题码 147489」**

下列有关注册会计师了解内部控制的说法中，错误的是（　　）。

A. 注册会计师应当了解与特别风险相关的控制

B. 注册会计师应当了解与会计估计相关的控制

C. 注册会计师应当了解超出被审计单位正常经营过程的重大关联方交易相关的控制

D. 注册会计师应当了解与会计差错更正相关的控制

2. **「2019 年・单选题・题码 147490」**

下列有关注册会计师评估特别风险的说法中，正确的是（　　）。

A. 注册会计师应当将具有高度估计不确定性的会计估计评估为存在特别风险

B. 注册会计师应当将涉及重大管理层判断和重大审计判断的事项评估为存在特别风险

C. 注册会计师应当将管理层凌驾于控制之上的风险作为特别风险

D. 注册会计师应当将重大非常规交易评估为存在特别风险

3. **「2019 年・单选题・题码 147491」**

下列有关注册会计师作出区间估计以评价管理层的点估计的说法中，错误的是（　　）。

A. 注册会计师作出区间估计时可以使用与管理层不同的假设

B. 在极其特殊的情况下，注册会计师可能缩小区间估计直至审计证据指向点估计

C. 注册会计师作出的区间估计需要包括所有可能的结果

D. 如果注册会计师难以将区间估计的区间缩小至低于实际执行的重要性，可能意味着与会计估计相关的估计不确定性可能导致特别风险

4. **「2019 年・单选题・题码 147492」**

下列各项中，通常不能应对与会计估计相关的重大错报风险的是（　　）。

A. 复核上期财务报表中会计估计的结果

B. 测试管理层在作出会计估计时采用的关键假设

C. 确定截至审计报告日发生的事项是否提供有关会计估计的审计证据

D. 测试与管理层如何作出会计估计相关的控制的运行有效性

5.「2021 年 · 多选题 · 题码 156844」

下列情形中，注册会计师应当认定会计估计存在错报的有（　　）。

A. 当审计证据支持点估计时，管理层的点估计与注册会计师的点估计存在差异

B. 如注册会计师运用区间估计评价管理层的点估计是适当的，管理层的点估计不在区间估计的区间内

C. 会计估计的结果与上期财务报表中已确认金额之间存在重大差异

D. 会计估计存在管理层偏向的迹象

6.「2018 年 · 多选题 · 题码 147496」

下列各项中，影响会计估计的估计不确定性程度的有（　　）。

A. 会计估计涉及的预测期的长度

B. 会计估计对假设变化的敏感性

C. 会计估计对判断的依赖程度

D. 会计估计依据不可观察到的输入数据的程度

7.「2018 年 · 多选题 · 题码 147497」

下列各项会计估计中，可能具有高度估计不确定性的有（　　）。

A. 未采用经认可的计量技术计算的会计估计

B. 高度依赖管理层判断的会计估计

C. 采用高度专业化的、由被审计单位自主开发的模型作出的公允价值会计估计

D. 在缺乏可观察到的输入数据的情况下作出的公允价值会计估计

8.「2017 年 · 单选题 · 题码 147493」

下列有关会计估计错报的说法中，正确的是（　　）。

A. 当审计证据支持注册会计师的点估计时，该点估计与管理层的点估计之间的差异构成错报

B. 由于会计估计具有主观性，与会计估计相关的错报是判断错报

C. 如果会计估计的结果与上期财务报表中已确认的金额存在重大差异，表明上期财务报表存在错报

D. 如果管理层的点估计在注册会计师的区间估计内，表明管理层的点估计不存在错报

9.「2017 年 · 多选题 · 题码 147498」

下列有关注册会计师作出的区间估计的说法中，正确的有（　　）。

A. 注册会计师作出的区间估计需要包括所有可能的结果

B. 注册会计师有可能缩小区间估计直至审计证据指向点估计

C. 当区间估计的区间缩小至等于或低于财务报表整体的重要性时，该区间估计对于评价管理层的点估计是适当的

D. 如果使用有别于管理层的假设或方法作出区间估计，注册会计师应当充分了解管理层的假设或方法

10.「2016 年 · 单选题 · 题码 147494」

下列有关估计不确定性的说法中，错误的是（　　）。

A. 会计估计涉及的预测期越长，估计不确定性越高

B. 会计估计与实际结果之间的差异越大，估计不确定性越高

C. 会计估计所使用的不可观察输入值越多，估计不确定性越高

D. 历史数据与会计估计预测未来事项的相关性越小，估计不确定性越高

11.「2015 年 · 单选题 · 题码 147495」

下列与会计估计审计相关的程序中，注册会计师应当在风险评估阶段实施的是（　　）。

A. 确定管理层是否恰当运用与会计估计相关的财务报告编制基础

B. 复核上期财务报表中会计估计的结果

C. 确定管理层作出会计估计的方法是否恰当

D. 评估会计估计的合理性

12.「2015 年 · 多选题 · 题码 147499」

下列各项审计工作中，可以应对与会计估计相关的重大错报风险的有（　　）。

A. 测试与管理层作出会计估计相关的控制的运行有效性

B. 作出注册会计师的点估计或区间估计，以评价管理层的点估计

C. 确定截至审计报告日发生的事项是否提供有关会计估计的审计证据

D. 测试管理层如何作出会计估计以及会计估计所依据的数据

13.［2017 年 · 多选题 · 题码 147500］

下列各因素中，影响会计估计的估计不确定性程度的有（　　）。

A. 管理层在作出会计估计时是否利用专家工作

B. 是否存在可以降低估计不确定性的经认可的计量技术

C. 是否能够从外部来源获得可靠数据

D. 会计估计对假设变化的敏感性

14.［2015 年 · 多选题 · 题码 147501］

下列各项中，表明可能存在与会计估计相关的管理层偏向的有（　　）。

A. 以前年度财务报表确认和披露的重大会计估计与后期实际结果之间存在差异

B. 变更会计估计后被审计单位的财务成果发生显著变化，与管理层增加利润的目标一致

C. 会计估计所依赖的假设存在内在的不一致，如对成本费用增长率的预期与收入增长率的预期显著不同

D. 环境已经发生变化，但管理层并未根据变化对会计估计或估计方法作出相应的改变

「考点 2」关联方审计（★★★）

1.「2017 年 · 单选题 · 题码 147510」

下列有关超出被审计单位正常经营过程的重大关联方交易的说法中，错误的是（　　）。

A. 此类交易导致的风险可能不是特别风险

B. 注册会计师应当评价此类交易是否已按照适用的财务报告编制基础得到恰当的会计处理

和披露

C. 注册会计师应当检查与此类交易相关的合同或协议，以评价交易的商业理由

D. 此类交易经过恰当授权和批准，不足以就其不存在由于舞弊或错误导致的重大错报风险得出结论

2.「2016 年 · 单选题 · 题码 147511」

下列情形中，注册会计师应当将其评估为存在特别风险的是（　　）。

A. 被审计单位将重要子公司转让给实际控制人控制的企业并取得大额转让收益

B. 被审计单位对母公司的销量占总销量的 50%

C. 被审计单位与收购交易的对方签订了对赌协议

D. 被审计单位销售产品给子公司的价格低于销售给第三方的价格

3.「2016 年 · 多选题 · 题码 147514」

下列有关关联方审计的说法中，错误的有（　　）。

A. 关联方交易比非关联方交易具有更高的财务报表重大错报风险

B. 如果识别出管理层未向注册会计师披露的重大关联方交易，注册会计师应当出具非无保留意见的审计报告

C. 如果适用的财务报告编制基础未对关联方做出规定，注册会计师无须对关联方关系及其交易实施审计程序

D. 如果与被审计单位存在担保关系的其他方，不在管理层提供的关联方清单上，注册会计师需要对是否存在未披露的关联方关系保持警觉

4.「2015 年 · 单选题 · 题码 147512」

如果注册会计师识别出超出正常经营过程的重大关联方交易导致的舞弊风险，下列程序中，通常能够有效应对该风险的是（　　）。

A. 检查交易是否经适当的管理层审批

B. 评价交易是否具有合理的商业理由

C. 检查交易是否按照适用的财务报告编制基础进行会计处理和披露

D. 就交易事项向关联方函证

5.「2015 年 · 多选题 · 题码 147515」

为确定是否存在管理层以前未识别或未向注册会计师披露的关联方关系或交易时，下列文件中，注册会计师应当检查的有（　　）。

A. 实施审计程序时获取的银行和律师的询证函回函

B. 内部审计人员的报告

C. 股东会和治理层会议的纪要

D. 被审计单位在报告期内重新商定的重要合同

「考点 3」持续经营假设（★★）

1.「2020 年 · 多选题 · 题码 147527」

针对识别出的可能导致对被审计单位持续经营能力产生重大疑虑的事项或情况，假定治理

层不参与管理被审计单位，下列各项中，注册会计师应当与治理层沟通的有（　　）。

A. 这些事项或情况是否构成关键审计事项

B. 注册会计师对这些事项或情况实施的审计程序及其结果

C. 这些事项或情况是否构成重大不确定性

D. 财务报表中的相关披露是否充分

2.「**2020 年 · 多选题 · 题码 147528**」

如果识别出可能导致对被审计单位持续经营能力产生重大疑虑的事项或情况，注册会计师应当实施追加的审计程序，以确定是否存在重大不确定性。下列各项审计程序中，注册会计师应当实施的有（　　）。

A. 评价与管理层评估持续经营能力相关的内部控制是否运行有效

B. 考虑自管理层作出评估后是否存在其他可获得的事实或信息

C. 如果管理层未对被审计单位持续经营能力作出评估，提请管理层进行评估

D. 要求管理层提供有关未来应对计划及其可行性的书面声明

3.「**2019 年 · 单选题 · 题码 147525**」

如果注册会计师识别出可能导致对被审计单位持续经营能力产生重大疑虑的事项或情况，下列说法中，错误的是（　　）。

A. 注册会计师应当通过实施追加的审计程序，以确定这些事项或情况是否存在重大不确定性

B. 注册会计师应当评价管理层与持续经营能力评估相关的未来应对计划对具体情况是否可行

C. 注册会计师应当考虑自管理层对持续经营能力作出评估后是否存在其他可获得的事实或信息

D. 注册会计师应当根据对这些事项或情况是否存在重大不确定性的评估结果，确定是否与治理层沟通

4.「**2015 年 · 单选题 · 题码 147526**」

下列有关注册会计师评价管理层对持续经营能力做出的评估的说法中，错误的是（　　）。

A. 注册会计师应当纠正管理层对持续经营能力做出评估时缺乏分析的错误

B. 注册会计师应当询问管理层是否知悉超出评估期间的、可能导致对持续经营产生重大疑虑的事项或情况

C. 在评价管理层做出的评估时，注册会计师应当考虑该评估是否已包括注册会计师在审计过程中注意到的所有相关信息

D. 注册会计师评价的期间应当与管理层对持续经营能力做出评估期间相同，通常为自财务报表日起的十二个月

5.「**2015 年 · 多选题 · 题码 147529**」

针对识别出的可能导致对被审计单位持续经营能力产生重大疑虑的事项或情况，假定治理层不参与管理被审计单位，下列各项中，注册会计师应当与治理层沟通的有（　　）。

A. 这些事项或情况是否构成重大不确定性

B. 注册会计师对这些事项或情况实施的追加审计程序

C. 在财务报表编制和列报中运用持续经营假设是否适当

D. 财务报表中的相关披露是否充分

6. 「2015 年 · 多选题 · 题码 147530」

识别出可能导致对持续经营能力产生重大疑虑的事项或情况，下列审计程序中，注册会计师应当实施的有（　　）。

A. 注册会计师评价与持续经营能力评估相关的未来应对计划对于被审计单位的具体情况是否可行

B. 考虑自管理层做出评估后是否存在其他可获得的事实或信息

C. 要求管理层提供有关未来应对计划及其可行性的书面声明

D. 如果管理层尚未对被审计单位持续经营能力做出评估，提请其进行评估

7. 「2018 年 · 多选题 · 题码 147531」

如果被审计单位存在可能导致对其持续经营能力产生重大疑虑的事项或情况，下列各项中，注册会计师应当执行的有（　　）。

A. 与治理层沟通这些事项或情况

B. 评价管理层与持续经营能力评估相关的未来应对计划

C. 评价财务报表是否对这些事项或情况作出充分披露

D. 要求管理层提供有关未来应对计划及其可行性的书面声明

「考点 4」首次接受委托时对期初余额的审计（★★）

1. 「2020 年 · 多选题 · 题码 147538」

对于首次审计业务，下列各项程序中，注册会计师应当实施的有（　　）。

A. 阅读前任注册会计师出具的审计报告

B. 阅读最近期间的财务报表

C. 在接受审计委托前与前任注册会计师沟通

D. 对期初银行存款余额实施函证程序

2. 「2020 年 · 多选题 · 题码 147539」

下列有关首次审计业务的期初余额审计的说法中，正确的有（　　）。

A. 如果前任注册会计师对上期财务报表发表了非无保留意见，注册会计师在评估本期财务报表重大错报风险时，应当评价导致对上期财务报表发表非无保留意见的事项的影响

B. 为确定期初余额是否含有对本期财务报表产生重大影响的错报，注册会计师应当确定适用于期初余额的重要性水平

C. 查阅前任注册会计师审计工作底稿获取的信息可能影响后任注册会计师对期初余额实施审计程序的范围

D. 即使上期财务报表未经审计，注册会计师也无须专门对期初余额发表审计意见

3. 「2018 年 · 单选题 · 题码 147536」

首次接受委托时，下列审计工作中，注册会计师应当执行的是（　　）。

A. 为期初余额确定财务报表整体的重要性和实际执行的重要性

B. 评价期初余额是否含有对上期财务报表产生重大影响的错报

C. 查阅前任注册会计师的审计工作底稿

D. 确定期初余额反映的恰当的会计政策是否在本期财务报表中得到一贯应用

4.「2016 年・单选题・题码 147537」

下列有关期初余额审计的说法中，正确的是（　　）。

A. 如果上期财务报表已经前任注册会计师审计，或未经审计，注册会计师可以在审计报告中增加其他事项段说明相关情况

B. 如果不能针对期初余额获取充分、适当的审计证据，注册会计师应当发表保留意见

C. 如果按照适用的财务报告编制基础确定的与期初余额相关的会计政策未能在本期得到一贯运用，注册会计师应当发表保留意见或否定意见

D. 如果期初余额存在对本期财务报表产生重大影响的错报，且错报的影响未能得到正确的会计处理和恰当的列报，注册会计师应当发表保留意见

5.「2015 年・多选题・题码 147540」

下列有关注册会计师首次接受委托时就期初余额获取审计证据的说法中，正确的有（　　）。

A. 对非流动资产和非流动负债，注册会计师可以通过检查形成期初余额的会计记录和其他信息获取有关期初余额的审计证据

B. 对流动资产和流动负债，注册会计师可以通过本期实施的审计程序获取有关期初余额的审计证据

C. 注册会计师可以通过向第三方函证获取有关期初余额的审计证据

D. 如果上期财务报表已经审计，注册会计师可以通过查阅前任注册会计师的审计工作底稿获取有关期初余额的审计证据

主观题部分

1.「2020 年・简答题・题码 149426」

ABC 会计师事务所的 A 注册会计师负责审计甲公司 2019 年度财务报表。与关联方审计相关的部分事项如下：

❶ A 注册会计师通过询问关联方名称、关联方自上期以来发生的变化、是否与关联方发生交易以及交易的类型、定价政策和目的，向管理层了解了关联方关系及其交易，并在审计工作底稿中记录了询问情况。

❷ 甲公司与关联方乙公司签订协议，向其转让一幢办公楼并售后回租。A 注册会计师认为该项交易影响重大，查阅了相关协议，评价了交易的商业合理性和交易价格的公允性，向管理层询问核实了交易条款，检查了收款记录和过户文件，结果满意，据此认可了该交易的会计处理和披露。

❸ 甲公司管理层在财务报表附注中披露，其向控股股东控制的集团财务公司的借款为公平交易。A 注册会计师将该借款的利率与同期银行借款利率进行了比较，未发现差异，据此认可了管理层的披露。

❹ 因会计人员疏忽，甲公司将与关联方丙公司的交易误披露为与关联方丁公司的交易。A 注册会计师要求管理层作出调整，并检查了其他关联方交易的披露是否存在类似情况，

结果满意，因而未与治理层沟通该事项。

❺ A 注册会计师怀疑甲公司 2019 年年末新增的大客户戊公司是甲公司的关联方。管理层解释戊公司是甲公司为开拓某地市场而签约的总经销商，并非关联方。A 注册会计师查阅了相关的经销合同，向戊公司函证了销售金额和应收账款余额，检查了出库物流单据和签收记录，结果满意，认可了管理层的解释。

「要求」针对上述事项，逐项指出 A 注册会计师的做法是否恰当。如不恰当，简要说明理由。

2.「2020 年・简答题・题码 149428」

甲公司是 ABC 会计师事务所的常年审计客户。A 注册会计师负责审计甲公司 2019 年度财务报表，评估认为商誉减值存在特别风险。与商誉减值审计相关的部分事项如下：

❶ 因甲公司管理层在实施商誉减值测试时利用了外部专家的工作，A 注册会计师认为与商誉减值相关的内部控制与审计无关，无须对其进行了解。

❷ 甲公司管理层在预测资产组未来现金流量时采用的未来五年收入增长率明显高于过去三年的实际增长率，且缺乏在手订单支持。A 注册会计师对管理层进行了访谈，并检查了管理层批准的未来五年预算，据此认可了管理层的假设。

「要求」针对上述事项，逐项指出 A 注册会计师的做法是否恰当。如不恰当，简要说明理由。

3.「2020 年・简答题・题码 149430」

甲公司商誉减值测试使用的折现率明显低于同行业可比公司的平均值，管理层聘请的评估专家解释其原因是甲公司融资成本较低。A 注册会计师询问管理层得到了同样的解释，据此认可了折现率的合理性。

「要求」指出 A 注册会计师的做法是否恰当。如不恰当，简要说明理由。

4.「2019 年・简答题・题码 149432」

ABC 会计师事务所首次接受委托审计甲公司 2018 年度财务报表，委派 A 注册会计师担任项目合伙人。与首次承接审计业务相关的部分事项如下：

❶ 对于长期股权投资的期初余额，A 注册会计师检查了形成期初余额的会计记录，以及包括投资协议和被投资单位工商登记信息在内的相关支持性文件，结果满意。

❷ A 注册会计师对 2018 年末的存货实施了监盘，将年末存货数量调节至期初存货数量，并抽样检查了 2018 年度存货数量的变动情况，据此认可了存货的期初余额。

「要求」针对上述事项，逐项指出 A 注册会计师的做法是否恰当。如不恰当，简要说明理由。

5.「2019 年・简答题・题码 149434」

ABC 会计师事务所的 A 注册会计师负责审计甲公司 2018 年度财务报表。甲公司对其产品提供一年的保修义务，根据以往经验，保修费用占销售收入的比例为 5% ~10%，管理层按 5% 确认了 2017 年度的保修费用。A 注册会计师认为可能存在管理层偏向，要求管理层调整计提比例。

「要求」指出 A 注册会计师的做法是否恰当。如不恰当，简要说明理由。

6.「2018 年・简答题・题码 149443」

ABC 会计师事务所的 A 注册会计师负责审计甲公司 2017 年度财务报表。与会计估计审计相关的部分事项如下：

❶ A 注册会计师就管理层确认的某项预计负债作出了区间估计，该区间包括了甲公司所有可能承担的赔偿金额。管理层确认的预计负债处于该区间内，A 注册会计师据此认可了管理层确认的金额。

❷ 2016 年末，管理层对某项应收款项全额计提了坏账准备。因 2017 年全额收回该款项，管理层转回了相应的坏账准备。A 注册会计师据此认为 2016 年度财务报表存在重大错报，要求管理层更正 2017 年度财务报表的对应数据。

❸ 管理层编制盈利预测以评价递延所得税资产的可回收性。A 注册会计师向管理层询问了盈利预测中使用的假设的依据，并对盈利预测实施了重新计算，结果满意，据此认可了管理层的评价。

❹ 2017 年末，甲公司确认与产品保修义务相关的预计负债 400 万元。A 注册会计师作出的点估计为 600 万元。管理层将预计负债调增至 550 万元。A 注册会计师将未调整的 50 万元作为错报累积。

❺ 甲公司的会计政策规定，按照成本与可变现净值孰低计提存货跌价准备。A 注册会计师将 2016 年末的存货跌价准备与相关存货在 2017 年实际发生的损失进行了比较，未发现重大差异，认为管理层的估计合理，据此认可了 2017 年末的存货跌价准备余额。

「要求」针对上述事项，逐项指出 A 注册会计师的做法是否恰当。如不恰当，简要说明理由。

7.「2018 年・简答题・题码 149446」

ABC 会计师事务所的 A 注册会计师负责审计多家上市公司 2017 年度财务报表。因原董事长以公司名义违规对外提供多项担保，导致戊公司 2017 年发生多起重大诉讼，多个银行账户被冻结，业务停止，主要客户和员工流失。管理层在 2017 年度财务报表中确认了大额预计负债，并披露了持续经营存在的重大不确定性。A 注册会计师认为存在多项对财务报表整体具有重要影响的重大不确定性，拟对戊公司财务报表发表无法表示意见。

「要求」指出 A 注册会计师的做法是否恰当。如不恰当，简要说明理由。

8.「2018 年・简答题・题码 149449」

会计师事务所的 A 注册会计师负责审计甲公司 2017 年度财务报表。2017 年末甲公司某项重大未决诉讼的结果极不确定，管理层无法作出合理估计，但在财务报表附注中披露了该事项。因该事项不影响财务报表的确认与计量，注册会计师认为不存在特别风险。

「要求」指出审计项目团队的做法是否恰当。如不恰当，简要说明理由。

9.「2016 年・简答题・题码 149451」

ABC 会计师事务所首次接受委托，审计上市公司甲公司 2015 年度财务报表，委派 A 注册会计师担任项目合伙人。相关事项如下：

❶ A 注册会计师在对年末存货实施审计程序的基础上，对期初存货项目的计价实施了审计程序，据此获取了有关存货期初余额的充分、适当的审计证据。

❷ A 注册会计师评估认为前任注册会计师具有独立性和专业胜任能力，查阅了前任注册会计师的审计工作底稿，结果满意，未再对非流动资产期初余额实施其他专门的审计程序。

「要求」针对上述事项，指出 A 注册会计师的做法是否恰当。如不恰当，简要说明理由。

10. 「**2016 年 · 简答题 · 题码 149460**」

甲公司是 ABC 会计师事务所的常年审计客户。A 注册会计师负责审计甲公司 2015 年度财务报表，确定财务报表整体的重要性为 200 万元。审计工作底稿中与会计估计审计相关的部分事项摘录如下：

❶ 因甲公司 2015 年度经营情况较上年度没有发生重大变化，A 注册会计师通过实施分析程序对上年会计估计在本年的结果进行了复核，以评估与会计估计相关的重大错报风险。

❷ 甲公司管理层实施固定资产减值测试时采用的重大假设具有高度估计不确定性，导致特别风险。A 注册会计师评价了管理层采用的计量方法，测试了基础数据，并将重大假设与相关历史数据进行了比较，未发现重大差异，据此认为管理层的减值测试结果合理。

❸ 2015 年 12 月，甲公司厂房发生重大火灾，管理层根据保险合同和损失情况估计和确认了应收理赔款 1 000 万元，A 注册会计师检查了保险合同和甲公司管理层编制的损失情况说明，据此认为管理层的会计估计合理。

「**要求**」针对上述事项，逐项指出 A 注册会计师做法是否恰当。如不恰当，简要说明理由。

11. 「**2016 年 · 简答题 · 题码 153954**」

ABC 会计师事务所的 A 注册会计师负责审计甲公司 2015 年度财务报表。审计工作底稿中与负债审计相关的部分内容摘录如下：

❶ 由于 2015 年人员工资和维修材料价格持续上涨，甲公司实际发生的产品质量保证支出与以前年度的预计数相差较大。A 注册会计师要求管理层就该差异进行追溯调整。

❷ 甲公司年末与固定资产弃置义务相关的预计负债余额为 200 万元。A 注册会计师作出了 300 万元到 360 万元之间的区间估计，与管理层沟通后同意其按 100 万元的错报进行调整。

「**要求**」针对上述事项，逐项指出 A 注册会计师的做法是否恰当。如不恰当，简要说明理由。

12. 「**2015 年 · 简答题 · 题码 149464**」

ABC 会计师事务所的 A 注册会计师担任多家被审计单位 2014 年度财务报表审计的项目合伙人。因丙公司严重亏损，董事会拟于 2015 年对其进行清算。管理层运用持续经营假设编制了 2014 年度财务报表，并在财务报表附注中充分披露了清算计划。

「**要求**」指出 A 注册会计师应当出具何种类型的非标准审计报告，并简要说明理由。

13. [**2015 年 · 简答题 · 题码 149466**]

A 注册会计师负责审计甲公司 2014 年度财务报表，甲公司管理层在 2014 年度计提了大额商誉减值准备，并在财务报表附注中披露了测试过程，但未披露预计未来现金流量的关键假设和依据，A 注册会计师认为该事项不影响本期财务报表的金额，同意管理层的上述做法。

「**要求**」指出 A 注册会计师做法是否恰当，如不恰当简要说明理由。

14.［2017 年・简答题・题码 149468］

ABC 会计师事务所的 A 注册会计师负责审计多家上市公司 2016 年度财务报表，遇到下列与审计报告相关的事项：

A 注册会计师实施审计程序后，认为丁公司管理层运用持续经营假设编制财务报表不适当，拟在审计报告中增加与持续经营相关的重大不确定性部分，提醒财务报表使用者关注。

「要求」指出 A 注册会计师的做法是否恰当。如不恰当，简要说明理由。

15.「2016 年・简答题・题码 149470」

A 注册会计师负责审计甲公司 2015 年度财务报表。甲公司的某重要子公司将于 2016 年清算，其 2015 年度财务报表以非持续经营为基础编制，甲公司管理层在合并财务报表附注中披露了该情况，A 注册会计师拟在对甲公司合并财务报表出具的审计报告中增加强调事项段，提醒财务报表使用者关注该事项。

「要求」指出 A 注册会计师拟出具的审计报告类型是否恰当。如不恰当，指出应当出具何种类型的审计报告。

16.「2020 年・综合题・题码 149472」

A 注册会计师在审计工作底稿中记录了重大事项的处理情况，部分内容摘录如下：

甲公司某重要客户于 2020 年 1 月初申请破产清算。管理层在计提 2019 年末坏账准备时考虑了这一情况。A 注册会计师检查了相关法律文件、评估了计提金额的合理性，结果满意，据此认可了管理层的处理。

「要求」假定不考虑其他条件，指出 A 注册会计师的做法是否恰当。如不恰当，简要说明理由。

17.「2017 年・综合题・题码 149475」

A 注册会计师在审计工作底稿中记录了审计计划，部分内容摘录如下：

A 注册会计师评价认为前任注册会计师具备专业胜任能力，因此，拟通过查阅其审计工作底稿，获取与非流动资产和非流动负债期初余额相关的审计证据。

「要求」假定不考虑其他条件，指出审计计划的内容是否恰当。如不恰当，简要说明理由。

18.「2016 年・综合题・题码 149483」

A 注册会计师在审计工作底稿中记录了重大事项的处理情况，部分内容摘录如下：

甲公司 2015 年末营运资金为负数，大额银行借款将于 2016 年到期，存在导致对持续经营能力产生重大疑虑的事项。A 注册会计师评估后认为管理层的应对计划可行，甲公司持续经营能力不存在重大不确定性，无须与管理层沟通。

「要求」假定不考虑其他条件，指出 A 注册会计师的做法是否恰当。如不恰当，简要说明理由。

19.「2015 年・综合题・题码 149495」

A 注册会计师在审计工作底稿中记录了重大事项的处理情况，部分内容摘录如下：

❶ 化妆品行业将于2016年执行更严格的化学成分限量标准，甲集团公司的主要产品可能因此被淘汰。管理层提供了其对该事项的评估及相关书面声明，A注册会计师据此认为该事项不影响甲集团公司的持续经营能力。

❷ A注册会计师认为甲集团公司2014年某新增主要客户很可能是甲集团公司的关联方，在询问管理层和实施追加的进一步审计程序后仍无法确定，拟因此发表保留意见。

「要求」针对上述事项，假定不考虑其他条件，逐项指出A注册会计师的做法是否恰当。如不恰当，简要说明理由。

18 第十八章　完成审计工作

「考情分析」

考点	星级	近十年考频	2012年	2013年	2014年	2015年	2016年	2017年	2018年	2019年	2020年	2021年
1. 评价审计中识别的错报	★★★	3		√		√						√
2. 复核审计工作（包括项目组内部复核和项目质量复核）	★★	4			√		√		√			√
3. 期后事项	★★★	4	√	√		√						√
4. 书面声明	★★★	7	√	√	√	√	√	√	√			

「考点 1」评价审计中识别的错报（★★★）

「2015 年・单选题・题码 147545」

下列有关注册会计师对错报进行沟通的说法中，错误的是（　　）。

A. 除非法律法规禁止，注册会计师应当及时将审计过程中发现的所有错报与适当层级的管理层进行沟通

B. 注册会计师应当要求管理层更正审计过程中发现的超过明显微小错报临界值的错报

C. 除非法律法规禁止，注册会计师应当与治理层沟通未更正错报

D. 注册会计师应当与治理层沟通与以前期间相关的未更正错报对相关类别的交易、账户余额或披露以及财务报表整体的影响

「考点 2」复核审计工作（包括项目组内部复核和项目质量复核）（★★）

1. **「2019 年・单选题・题码 147549」**

下列有关审计工作底稿复核的说法中，错误的是（　　）。

A. 项目合伙人应当复核所有审计工作底稿

B. 审计工作底稿中应当记录复核人员姓名及其复核时间

C. 项目质量管理复核人员应当在审计报告出具前复核审计工作底稿

D. 应当由项目组内经验较多的人员复核经验较少的人员编制的审计工作底稿

2. **「2019 年・多选题・题码 147551」**

下列审计程序中，注册会计师在所有审计业务中均应当实施的有（　　）。

A. 了解被审计单位的内部控制

B. 在临近审计结束时，运用分析程序对财务报表进行总体复核

C. 实施用作风险评估的分析程序

D. 将财务报表与会计记录进行核对

3.「2016 年 · 单选题 · 题码 147550」

下列有关项目合伙人复核的说法中，错误的是（　　）。

A. 审计工作中遇到的重大事项

B. 审计工作中遇到的重大职业判断

C. 项目合伙人应当复核与重大错报风险相关的所有审计工作底稿

D. 项目合伙人应当在审计工作底稿中记录复核的范围和时间

「考点 3」期后事项（★★★）

「2015 年 · 多选题 · 题码 147545」

下列有关期后事项审计的说法中，正确的有（　　）。

A. 注册会计师应当设计和实施审计程序，获取充分、适当的审计证据，以确定所有在财务报表日至财务报表报出日之间发生的、需要在财务报表中调整或披露的事项均已得到识别

B. 注册会计师应当恰当应对在审计报告日后知悉的且如果在审计报告日知悉可能导致注册会计师修改审计报告的事实

C. 在财务报表报出后，注册会计师没有义务针对财务报表实施任何审计程序

D. 注册会计师应当要求管理层提供书面声明，确认所有在财务报表日后发生的、按照适用的财务报告编制基础的规定应予调整或披露的事项均已得到调整或披露

「考点 4」书面声明（★★★）

1.「2018 年 · 单选题 · 题码 147562」

下列有关书面声明日期的说法中，错误的是（　　）。

A. 书面声明的日期不得早于财务报表报出日

B. 书面声明的日期不得晚于审计报告日

C. 书面声明的日期可以和审计报告日是同一天

D. 书面声明的日期可以早于审计报告日

2.「2017 · 单选题 · 题码 147563」

下列有关书面声明的作用的说法中，错误的是（　　）。

A. 书面声明是审计证据的重要来源

B. 要求管理层提供书面声明而非口头声明，可以提高管理层声明的质量

C. 在某些情况下，书面声明可能可以为相关事项提供充分、适当的审计证据

D. 书面声明可能影响注册会计师需要获取的审计证据的性质和范围

3.「2017 年 · 单选题 · 题码 147564」

下列有关管理层书面声明的作用的说法中，错误的是（　　）。

A. 书面声明为财务报表审计提供了必要的审计证据

B. 管理层已提供可靠书面声明的事实，可能影响注册会计师就具体认定获取的审计证据的性质和范围

C. 书面声明可以促使管理层更加认真地考虑声明所涉及的事项

D. 书面声明本身不为所涉及的任何事项提供充分、适当的审计证据

4.「2016 年 · 单选题 · 题码 147565」

下列有关书面声明的说法中，错误的是（　　）。

A. 即使管理层已提供可靠的书面说明，也不影响注册会计师就管理层责任履行情况或具体认定获取的其他审计证据的性质和范围

B. 为支持与财务报表或某项具体认定相关的其他审计证据，注册会计师可以要求管理层提供关于财务报表或特定认定的书面声明

C. 如果管理层不向注册会计师提供所有交易均已记录并反映在财务报表中的书面声明，注册会计师应当对财务报表发表保留意见或无法表示意见

D. 如果在审计报告中提及的所有期间内，现任管理层均尚未就任，注册会计师也需要向现任管理层获取涵盖整个相关期间的书面声明

5.「2015 年 · 单选题 · 题码 147566」

下列有关书面声明的说法中，正确的是（　　）。

A. 书面声明的日期应当和审计报告日在同一天，且应当涵盖审计报告针对的所有财务报表和期间

B. 管理层已提供可靠书面声明的事实，影响注册会计师就管理层责任履行情况或具体认定获取的其他审计证据的性质和范围

C. 如果对管理层的诚信产生重大疑虑，以至于认为其作出的书面声明不可靠，注册会计师在出具审计报告时就应当对财务报表发表无法表示意见

D. 如果书面声明与其他审计证据不一致，注册会计师应当要求管理层修改书面声明

6.「2018 年 · 单选题 · 题码 147567」

当怀疑被审计单位存在违反法律法规行为时，下列各项审计程序中，通常不能为注册会计师提供额外审计证据的是（　　）。

A. 获取被审计单位管理层的书面声明　　B. 与被审计单位治理层讨论

C. 向被审计单位内部法律顾问咨询　　D. 向会计师事务所的法律顾问咨询

主观题部分

1.「2020 年 · 简答题 · 题码 149541」

2020 年第一季度，甲公司某重要子公司的医用防护产品开始热销，管理层认为该事项不影响与该子公司相关的商誉的减值测试。A 注册会计师检查了期后相关产品的销售情况，认可了管理层的做法。

「要求」指出 A 注册会计师的做法是否恰当。如不恰当，简要说明理由。

2.「2016 年 · 简答题 · 题码 149543」

ABC 会计师事务所的 A 注册会计师负责审计甲集团公司 2015 年度财务报表。2016 年 2 月 15 日，组成部分注册会计师对己公司 2015 年度财务信息出具了审计报告，A 注册会计师对己公司 2016 年 2 月 15 日至集团审计报告日期间实施了期后事项审计程序，未发现需要调整或披露的事项。

「要求」指出 A 注册会计师做法是否恰当。如不恰当，简要说明理由。

3.「2015 年 · 简答题 · 题码 149545」

ABC 会计师事务所首次接受委托，审计甲公司 2014 年度财务报表，甲公司处于新兴行业，面临较大竞争压力，目前侧重于抢占市场份额。甲公司某项应付账款被误计入其他应付款，其金额高于财务报表整体的重要性，因此项错报不影响甲公司的经营业绩和关键财务指标，审计项目团队同意管理层不予调整。

「要求」指出审计项目团队的做法是否恰当。如不恰当，简要说明理由。

4.「2020 年 · 综合题 · 题码 149547」

甲公司是 ABC 会计师事务所的常年审计客户，主要从事家电产品的生产、批发和零售。A 注册会计师负责审计甲公司 2019 年度财务报表，确定财务报表整体的重要性为 800 万元，明显微小错报的临界值为 40 万元。

A 注册会计师在审计工作底稿中记录了重大事项的处理情况，部分内容摘录如下：

❶ A 注册会计师在审计过程中发现了一笔 300 万元的重分类错报，因金额较小未提出审计调整，要求管理层在书面声明中说明该错报对财务报表整体的影响不重大。

❷ 甲公司总经理因新冠肺炎疫情滞留外地，无法签署书面声明。A 注册会计师与总经理视频沟通。总经理表示同意书面声明的内容，并授权副总经理在书面声明上签字并加盖了公章。A 注册会计师接受了甲公司的做法。

「要求」针对上述事项，假定不考虑其他条件，逐项指出 A 注册会计师的做法是否恰当。如不恰当，简要说明理由。

5.「2019 年 · 综合题 · 题码 149562」

甲公司是 ABC 会计师事务所的常年审计客户，主要从事轨道交通车辆配套产品的生产和销售。A 注册会计师负责审计甲公司 2018 年度财务报表，确定财务报表整体的重要性为 1 000 万元，实际执行的重要性为 500 万元。

A 注册会计师在审计工作底稿中记录了重大事项的处理情况，部分内容摘录如下：

❶ 甲公司 2018 年度财务报表存在一笔未更正错报 400 万元，系少计提企业所得税所致。因该错报金额小于财务报表整体的重要性，A 注册会计师认为该错报不重大，不影响审计结论。

❷ 甲公司于 2019 年初更换了管理层。因已获取新任管理层有关 2018 年度财务报表的书面声明，A 注册会计师未再要求前任管理层提供书面声明。

❸ 在审计报告日后、财务报表报出日前，甲公司 2018 年末的一项重大未决诉讼终审结案，管理层根据判决结果调整了 2018 年度财务报表。在对该调整实施审计程序后，A 注册会计师对重新批准的财务报表出具了新的审计报告。

「要求」针对上述事项，假定不考虑其他条件，逐项指出 A 注册会计师的做法是否恰当。如不恰当，简要说明理由。

6.「2018 年 · 综合题 · 题码 149564」

上市公司甲公司是 ABC 会计师事务所的常年审计客户，主要从事汽车的生产和销售。A 注册会计师负责审计甲公司 2017 年度财务报表，确定财务报表整体的重要性为 1 000 万元，明显微小错报临界值为 30 万元。

A 注册会计师在审计工作底稿中记录了实施进一步审计程序的情况，部分内容摘录如下：

A 注册会计师在测试管理费用时发现两笔错报，分别为少计会议费 40 万元和多计研发支出 50 万元，因合计金额小于明显微小错报的临界值，未予累积。

「要求」假定不考虑其他条件，指出 A 注册会计师的做法是否恰当。如不恰当，简要说明理由。

7.「**2018 年・综合题・题码 149566**」

A 注册会计师在审计工作底稿中记录了重大事项的处理情况，部分内容摘录如下：

❶ 2018 年 1 月初，甲公司对某型号汽车实施召回，免费更换安全气囊，预计将发生更换费用 4 000 万元。管理层在 2017 年度财务报表中确认了该项费用并进行了披露。A 注册会计师在对更换费用及相关披露实施审计程序后，认可了管理层的处理。

❷ 因不同意 A 注册会计师提出的某些审计调整建议，管理层拒绝在书面声明中说明未更正错报单独或汇总起来对财务报表整体的影响不重大。考虑到未更正错报对财务报表的影响很小，A 注册会计师同意管理层不提供该项声明。

「要求」针对上述事项，假定不考虑其他条件，逐项指出 A 注册会计师的做法是否恰当。如不恰当，简要说明理由。

8.「**2016 年・综合题・题码 149568**」

A 注册会计师在审计工作底稿中记录了重大事项的处理情况，其中财务报表整体的重要性为 100 万元，部分内容摘录如下：

❶ 2016 年 2 月，甲公司因 2015 年的食品安全事件向主管部门缴纳罚款 300 万元，管理层在 2015 年度财务报表中将其确认为营业外支出。A 注册会计师检查了处罚文件和付款单据，认可了管理层的处理。

❷ 审计过程中累积的错报合计数为 200 万元。因管理层已全部更正，A 注册会计师认为错报对审计工作和审计报告均无影响。

「要求」针对上述事项，假定不考虑其他条件，逐项指出 A 注册会计师的做法是否恰当。如不恰当，简要说明理由。

9.「**2015 年・综合题・题码 149570**」

甲集团公司是 ABC 会计师事务所的常年审计客户，主要从事化妆品的生产、批发和零售。A 注册会计师负责审计甲集团公司 2014 年度财务报表，确定集团财务报表整体的重要性为 600 万元。

A 注册会计师在审计工作底稿中记录了处理错报的相关情况，部分内容摘录如下：

❶ 2014 年，甲集团公司推出销售返利制度，并在 ERP 系统中开发了返利管理模块。A 注册会计师在对某组成部分执行审计时发现，因系统参数设置有误，导致选取的测试项目少计返利 2 万元。A 注册会计师认为该错报低于集团财务报表明显微小错报的临界值，可忽略不计。

❷ A 注册会计师使用审计抽样对管理费用进行了测试，发现测试样本存在 20 万元错报。A

注册会计师认为该错报不重大，同意管理层不予调整。

❸ 2014 年 10 月，甲集团公司账面余额 1 200 万元的一条新建生产线达到预定可使用状态。截至 2014 年末，因未办理竣工决算，该生产线尚未转入固定资产。A 注册会计师认为该错报为分类错误，涉及折旧金额很小，不构成重大错报，同意管理层不予调整。

「要求」针对上述事项，假定不考虑其他条件，逐项指出 A 注册会计师的做法是否恰当。如不恰当，简要说明理由并提出改进建议。

10.「**2017 年・综合题・题码 149478**」

A 注册会计师在审计工作底稿中记录了审计完成阶段的工作，部分内容摘录如下：

甲公司 2016 年末的一项重大未决诉讼在审计报告日前终审结案，管理层根据判决结果调整了 2016 年度财务报表。A 注册会计师检查了法院判决书以及甲公司的账务处理和披露，结果满意，未再实施其他审计程序。

「要求」假定不考虑其他条件，指出 A 注册会计师的做法是否恰当。如不恰当，简要说明理由。

19 第十九章　审计报告

「考情分析」

考点	星级	近十年考频	2012年	2013年	2014年	2015年	2016年	2017年	2018年	2019年	2020年	2021年
1. 审计报告的基本内容	★	1					√					
2. 审计意见	★★★	3	√			√						√
3. 在审计报告增加强调事项段和其他事项段	★★★	2	√									√
4. 比较信息	★★★	4			√		√	√		√		

「考点1」审计报告的基本内容（★）

「2016年·单选题·题码147571」

下列有关审计报告日的说法中，错误的是（　　）。

A. 审计报告日可以晚于管理层签署已审计财务报表的日期

B. 审计报告日不应早于管理层书面声明的日期

C. 在特殊情况下，注册会计师可以出具双重日期的审计报告

D. 审计报告日应当是注册会计师获取充分、适当的审计证据，并在此基础上对财务报表形成审计意见的日期

「考点2」比较信息（★★★）

「2015年·单选题·题码147575」

下列有关在审计报告中提及相关人员的说法中，错误的是（　　）。

A. 如果上期财务报表已由前任注册会计师审计，注册会计师不应在无保留意见审计报告中提及前任注册会计师的相关工作，除非法律法规另有规定

B. 注册会计师不应在无保留意见的审计报告中提及专家的相关工作，除非法律法规另有规定

C. 注册会计师不应在无保留意见的审计报告中提及服务机构注册会计师的相关工作，除非法律法规另有规定

D. 注册会计师对集团财务报表出具的审计报告不应提及组成部分注册会计师，除非法律法规另有规定

主观题部分

1.「2020年·简答题·题码149572」

ABC会计师事务所的A注册会计师负责审计多家上市公司2019年度财务报表，遇到下列与审计报告相关的事项：

❶ A注册会计师在审计报告日后获取并阅读了甲公司2019年年度报告的最终版本，发现

其他信息存在重大错报。因与管理层和治理层沟通后该错报未得到更正，A注册会计师拟在甲公司股东大会上通报该事项，但不重新出具审计报告。

❷ 因受新冠肺炎疫情影响，A注册会计师无法对乙公司某海外重要子公司执行审计工作，拟对乙公司财务报表发表无法表示意见。管理层在财务报表中充分披露了乙公司持续经营能力存在的重大不确定性和未来应对计划。A注册会计师拟在无法表示意见的审计报告中增加与持续经营相关的重大不确定性部分，提醒报表使用者关注这一情况。

❸ 丙公司管理层以无法作出准确估计为由未对2019年末的长期股权投资、固定资产和无形资产计提减值准备。A注册会计师实施审计程序获取充分、适当的审计证据后，认为上述事项导致的错报对财务报表具有重大且广泛的影响，拟对财务报表发表无法表示意见。

❹ 丁公司2019年度营业收入和毛利率均大幅增长，A注册会计师评估认为存在较高的舞弊风险，将收入确认作为审计中最为重要的事项与治理层进行了沟通。A注册会计师实施审计程序后未发现收入确认存在重大错报，拟将收入确认作为审计报告中的关键审计事项，并在审计应对部分说明，丁公司的收入确认符合企业会计准则的规定，在所有重大方面公允反映了丁公司2019年度的营业收入。

❺ 戊公司管理层在2019年度财务报表附注中充分披露了与持续经营相关的多项重大不确定性。因无法判断管理层采用持续经营假设编制财务报表是否适当，A注册会计师拟发表无法表示意见，并在审计报告中增加强调事项段，提醒报表使用者关注戊公司因连续亏损已触发证券交易所退市标准的风险提示公告。

「要求」针对上述事项，逐项指出A注册会计师的做法是否恰当。如不恰当，简要说明理由。

2.「2019年·简答题·题码149574」

ABC会计师事务所的A注册会计师负责审计多家上市公司2018年度财务报表，遇到下列与审计报告相关的事项：

❶ 因无法就甲公司2018年度财务报表的多个项目获取充分、适当的审计证据，A注册会计师发表了无法表示意见，并在审计报告的关键审计事项部分说明：除形成无法表示意见的基础部分所述事项外，不存在其他需要在审计报告中沟通的关键审计事项。

❷ 乙公司管理层2017年末未计提商誉减值准备，A注册会计师无法就此获取充分适当的审计证据，对2017年度财务报表发表了保留意见。管理层于2018年末根据减值测试结果计提了商誉减值准备，并在2018年度利润表中确认了资产减值损失。A注册会计师认为导致上年度发表保留意见的事项已经解决，对2018年度财务报表发表了无保留意见。

❸ 因丙公司原董事长以子公司名义违规提供对外担保，导致该子公司2018年度发生多起诉讼。丙公司管理层针对年末未决诉讼在财务报表中估计并确认了大额预计负债。因丙公司在审计报告日前转让了该子公司的全部股权，A注册会计师认为违规担保事项已解决，对2018年度财务报表发表了无保留意见。

❹ 2018年11月初，丁公司因处置重要子公司戊公司的部分股权而对其丧失控制，自此不再将其纳入合并财务报表范围。由于无法获取戊公司2018年度财务报表和相关财务信息，A注册会计师认为无法就与剩余股权相关的财务报表项目获取充分、适当的审计证据，对财务报表发表了保留意见。

❺ 2018 年末，己公司将大额债权转让给庚公司，因转回相关的坏账准备而产生的利润占当年利润总额的 20%。因无法就该交易的商业理由获取充分、适当的审计证据，A 注册会计师对财务报表发表了保留意见。

「要求」针对上述事项，逐项指出 A 注册会计师的做法是否恰当。如不恰当，简要说明理由。

3.「2018 年・简答题・题码 149576」

ABC 会计师事务所的 A 注册会计师负责审计多家上市公司 2017 年度财务报表，遇到下列与审计报告相关的事项：

❶ 甲公司管理层在 2017 年度财务报表中确认和披露了年内收购乙公司的交易。A 注册会计师将其作为审计中最为重要的事项与治理层进行了沟通，拟在审计报告的关键审计事项部分沟通该事项。同时，因该事项对财务报表使用者理解财务报表至关重要，A 注册会计师拟在审计报告中增加强调事项段予以说明。

❷ A 注册会计师无法就丙公司年末与重大诉讼相关的预计负债获取充分、适当的审计证据，拟对财务报表发表保留意见。A 注册会计师在审计报告日前取得并阅读了丙公司 2017 年年度报告，未发现其他信息与财务报表有重大不一致或存在重大错报，拟在保留意见审计报告的其他信息部分说明无任何需要报告的事项。

❸ 己公司的某重要子公司因环保问题被监管部门调查并停业整顿。A 注册会计师将该事项识别为关键审计事项。因己公司管理层未在财务报表附注中披露该子公司停业整顿的具体原因，A 注册会计师拟在审计报告的关键审计事项部分进行补充说明。

「要求」针对上述事项，逐项指出 A 注册会计师的做法是否恰当。如不恰当，简要说明理由。

4.「2017 年・简答题・题码 149578」

ABC 会计师事务所的 A 注册会计师负责审计多家上市公司 2016 年度财务报表，遇到下列与审计报告相关的事项：

❶ A 注册会计师对甲公司关联方关系及交易实施审计程序并与治理层沟通后，对是否存在未在财务报表中披露的关联方关系及交易仍存有疑虑，拟将其作为关键审计事项在审计报告中沟通。

❷ A 注册会计师在乙公司审计报告日后获取并阅读了乙公司 2016 年年度报告的最终版本，发现其他信息存在重大错报，与管理层和治理层沟通后，该错报未得到更正。A 注册会计师拟重新出具审计报告，指出其他信息存在的重大错报。

❸ ABC 会计师事务所首次接受委托，审计丙公司 2016 年度财务报表。A 注册会计师拟在审计报告中增加其他事项段，说明上期财务报表由前任注册会计师审计及其出具的审计报告的日期。

❹ 丁公司 2016 年发生重大经营亏损。A 注册会计师实施审计程序并与治理层沟通后，认为可能导致对持续经营能力产生重大疑虑的事项或情况不存在重大不确定性。因在审计工作中对该事项进行过重点关注，A 注册会计师拟将其作为关键审计事项在审计报告中沟通。

❺ 戊公司管理层在 2016 年度财务报表附注中披露了 2017 年 1 月发生的一项重大收购。A 注册会计师认为该事项对财务报表使用者理解财务报表至关重要，拟在审计报告中增加

其他事项段予以说明。

❻ A 注册会计师认为，己公司财务报表附注中未披露其对外提供的多项担保，构成重大错报，因此就己公司持续经营问题对财务报表发表无法表示意见，不再在审计报告中说明披露错报。

「要求」针对上述事项，逐项指出 A 注册会计师的做法是否恰当。如不恰当，简要说明理由。

5.「**2017 年 · 简答题 · 题码 149580**」

ABC 会计师事务所的 A 注册会计师负责审计多家被审计单位 2016 年度财务报表。与审计工作底稿相关的部分事项如下：

❶ A 注册会计师获取了丁公司 2016 年年度报告的最终版本，阅读和考虑年度报告中的其他信息后，通过在年度报告封面上注明“已阅读”作为已执行工作的记录。

❷ 审计丙公司 2016 年度财务报表。因发现 2015 年度财务报表中存在重大错报，丙公司管理层在编制 2016 年度财务报表时对对应数据进行了恰当重述和披露，A 注册会计师就 2015 年度财务报表重新出具审计报告，拟在 2016 年度审计报告中增加强调事项段，提醒财务报表使用者关注重述事项。

❸ 因无法就乙公司对某联营企业投资的账面价值及投资收益获取充分、适当的审计证据，A 注册会计师拟对乙公司财务报表发表保留意见，并在审计报告的其他信息部分说明，无法确定年度报告中与该联营企业投资相关的其他信息是否存在重大错报。

「要求」针对上述事项，逐项指出 A 注册会计师的做法是否恰当。如不恰当，简要说明理由。

6.「**2016 年 · 简答题 · 题码 149582**」

甲公司是 ABC 会计师事务所的常年审计客户。A 注册会计师负责审计甲公司 2015 年度财务报表，确定财务报表整体的重要性为 200 万元。因 2014 年末少计无形资产减值准备 300 万元，A 注册会计师对甲公司 2014 年度财务报表发表了保留意见，甲公司于 2015 年处置了相关无形资产，并在 2015 年度财务报表中确认了处置损益。A 注册会计师认为导致对上期财务报表发表保留意见的事项已经解决，不影响 2015 年度审计报告。

「要求」指出 A 注册会计师的做法是否恰当。如不恰当，简要说明理由。

7.「**2015 年 · 简答题 · 题码 149584**」

ABC 会计师事务所的 A 注册会计师担任多家被审计单位 2014 年度财务报表审计的项目合伙人，遇到下列导致出具非标准审计报告的事项：

❶ 甲公司 2014 年初开始使用新的 ERP 系统，因系统缺陷导致 2014 年度成本核算混乱，审计项目团队无法对营业成本、存货等项目实施审计程序。

❷ 2014 年，因采用新发布的企业会计准则，乙公司对以前年度投资形成的部分长期股权投资改按公允价值计量，并确认了大额公允价值变动收益，未对比较数据进行追溯调整。

❸ 丁公司是金融机构，在风险管理中运用大量复杂金融工具。因风险管理负责人离职，人事部暂未招聘到合适的人员，管理层未能在财务报表附注中披露与金融工具相关的风险。

❹ 戊公司 2013 年度财务报表未经审计。管理层将一项应当在 2014 年度确认的大额长期资产减值损失作为前期差错，重述了比较数据。

「要求」针对上述事项，逐项指出 A 注册会计师应当出具何种类型的非标准审计报告，并简要说明理由。

8.「2015 年 · 简答题 · 题码 149592」

ABC 会计师事务所的 A 注册会计师在执行项目质量复核时遇到下列与审计报告相关的事项：

❶ 上市公司甲公司与收入确认相关的内部控制存在值得关注的缺陷，并因此导致重大错报，管理层接受了审计调整建议，截至审计报告日，该项缺陷尚未完成整改，管理层在财务报表附注中披露了这一情况，审计项目组认为该事项对本期财务报表无影响，拟出具无保留意见审计报告。

❷ 2014 年 10 月，上市公司乙公司的董事因涉嫌内幕交易被证券监管机构立案调查，截至审计报告日，尚无调查结论，审计项目组拟在无保留意见的审计报告中增加其他事项段说明这一情况。

❸ 丙公司对某客户的大额应收账款计提了 5% 的坏账准备，2015 年初，该客户因经营不善、无力偿还到期债务而向法院申请破产，审计项目组认为该项应收账款的可回收性存在重大不确定性，拟在无保留意见的审计报告中增加强调事项段说明这一情况。

❹ 丁公司是外资投资企业，委托 ABC 会计师事务所对其分别按企业会计准则和国际财务报告准则编制的两套财务报表进行审计，审计项目组拟分别在审计报告中增加强调事项段，说明对另一套财务报表出具审计报告的情形。

❺ 戊公司管理层为达到营业收入业绩指标，通过与关联公司互开销售发票虚增收入和成本，金额重大，管理层拒绝接受审计调整建议，审计项目组认为该错报对利润无影响，拟出具无保留意见的审计报告。

「要求」针对上述事项，代 A 注册会计师逐项判断审计项目组出具的审计报告类型是否恰当。如不恰当，简要说明理由，并指出应当出具何种类型的审计报告。

9.「2016 年 · 简答题 · 题码 149594」

ABC 会计师事务所的 A 注册会计师负责审计甲公司等多家被审计单位 2015 年度财务报表，遇到下列与审计报告相关的事项：

❶ 丙公司为 ABC 会计师事务所 2015 年度承接的新客户，其公章、财务专用章和法定代表人名单由总经理一人保管，A 注册会计师认为无法就财务报表是否存在由于舞弊导致的重大错报获取充分、适当的审计证据，拟发表保留意见。

❷ 2015 年 8 月，丁公司取得戊公司 60% 的股权，因 2015 年度合并财务报表中未将戊公司纳入合并范围，并在财务报表附注中披露了这一重大事项，A 注册会计师拟在审计报告中增加强调事项段，提醒财务报表使用者关注该事项。

「要求」针对上述事项，逐项指出 A 注册会计师拟出具的审计报告类型是否恰当。如不恰当，请指出应当出具何种类型的审计报告。

10.「2018 年 · 综合题 · 题码 149596」

A 注册会计师在审计工作底稿中记录了重大事项的处理情况，部分内容摘录如下：

因未能在审计报告日前获取甲公司 2017 年年度报告，A 注册会计师于审计报告日后从网上下载了甲公司公布的年度报告进行阅读，结果满意。

「要求」假定不考虑其他条件，指出A注册会计师的做法是否恰当。如不恰当，简要说明理由。

11.「**2017年·综合题·题码149608**」

A注册会计师在审计工作底稿中记录了审计完成阶段的工作，部分内容摘录如下：

❶ 因仅实施替代程序无法获取充分、适当的审计证据，A注册会计师就一份重要的询证函通过电话与被询证方确认了函证信息并被告知回函已寄出，于当日出具了审计报告。A注册会计师于次日收到回函，结果满意。

❷ A注册会计师未能在审计报告日前获取甲公司2016年年度报告的最终版本，因此，未要求管理层提供有关其他信息的书面声明。

「要求」针对上述事项，假定不考虑其他条件，逐项指出A注册会计师的做法是否恰当。如不恰当，简要说明理由。

12.「**2016年·综合题·题码149610**」

甲公司是会计师事务所的常年审计客户，主要从事肉制品的加工和销售。A注册会计师负责审计甲公司2015年度财务报表，确定财务报表整体的重要性为100万元。审计报告日为2016年4月30日。

A注册会计师在审计工作底稿中记录了重大事项的处理情况，部分内容摘录如下：

因甲公司2015年末多项诉讼的未来结果具有重大不确定性，A注册会计师拟在审计报告中增加强调事项段，与治理层就该事项和拟使用的报告措辞进行了沟通。

「要求」假定不考虑其他条件，指出A注册会计师的做法是否恰当。如不恰当，简要说明理由。

20 第二十章　企业内部控制审计

「考情分析」

考点	星级	近十年考频	2012年	2013年	2014年	2015年	2016年	2017年	2018年	2019年	2020年	2021年
1. 内部控制审计的相关概念	★★★	1						√				
2. 计划审计工作	★	1								√		
3. 选择拟测试的控制——自上而下的方法	★★★	3						√	√	√		
4. 测试控制的有效性	★	3						√	√			√
5. 内部控制缺陷评价	★★★	3						√		√		√
6. 出具审计报告	★★★	3						√	√			√

「考点 1」内部控制审计的相关概念（★★★）

「2017 年・多选题・题码 147579」

下列有关财务报表审计与内部控制审计的共同点的说法中，正确的有（　　）。

A. 两者识别的重要账户、列报及其相关认定相同

B. 两者的审计报告意见类型相同

C. 两者了解和测试内部控制设计和运行有效性的审计程序类型相同

D. 两者测试内部控制运行有效性的范围相同

「考点 2」计划审计工作（★）

1.「2020 年・多选题・题码 147587」

在执行内部控制审计时，下列有关控制偏差的说法中，正确的有（　　）。

A. 如果发现的控制偏差是系统性偏差，注册会计师应当扩大样本规模进行测试

B. 如果发现控制偏差，注册会计师应当确定偏差对与所测试控制相关的风险评估的影响

C. 如果发现的控制偏差是人为有意造成的，注册会计师应当考虑舞弊的可能迹象

D. 如果发现的控制偏差是系统性偏差，注册会计师应当考虑对审计方案的影响

2.「2019 年・单选题・题码 147586」

对于内部控制审计业务，下列有关控制测试的时间安排的说法中，错误的是（　　）。

A. 注册会计师应当获取内部控制在基准日之前一段足够长的期间内有效运行的审计证据

B. 如果被审计单位在所审计年度内对控制作出改变，注册会计师应当对新的控制和被取代的控制分别实施控制测试

C. 注册会计师对控制有效性测试的实施越接近基准日，提供的控制有效性的审计证据越有力

D. 如果已获取有关控制在期中运行有效性的审计证据，注册会计师应当获取补充证据，将期中测试结果前推至基准日

3.「2019 年 · 多选题 · 题码 147588」

在执行集团公司内部控制审计时，对于内部控制可能存在重大缺陷的业务流程，下列做法中，正确的有（　　）。

A. 亲自测试相关内部控制而非利用他人工作

B. 在接近内部控制评价基准日的时间测试内部控制

C. 选择更多的子公司进行内部控制测试

D. 增加相关内部控制的控制测试量

「考点 3」选择拟测试的控制——自上而下的方法（★★★）

「2017 年 · 单选题 · 题码 147592」

注册会计师执行内部控制审计时，下列有关识别重要账户、列报及其相关认定的说法中，错误的是（　　）。

A. 注册会计师应当从定性和定量两个方面识别重要账户、列报及其相关认定

B. 在识别重要账户、列报及其相关认定时，注册会计师应当确定重大错报的可能来源

C. 注册会计师通常将超过财务报表整体重要性的账户认定为重要账户

D. 在识别重要账户、列报及其相关认定时，注册会计师应当考虑控制的影响

「考点 4」测试控制的有效性（★）

「2018 年 · 单选题 · 题码 147596」

在执行内部控制审计时，下列有关注册会计师选择拟测试的控制的说法中，错误的是（　　）。

A. 注册会计师应当选择测试对形成内部控制审计意见有重大影响的控制

B. 注册会计师无须测试即使有缺陷也合理预期不会导致财务报表重大错报的控制

C. 注册会计师选择拟测试的控制，应当涵盖企业管理层在执行内部控制自我评价时测试的控制

D. 注册会计师通常选择能够为一个或多个重要账户或列报的一个或多个相关认定提供最有效果或最有效率的证据的控制进行测试

「考点 5」内部控制缺陷评价（★★★）

1.「2019 年 · 单选题 · 题码 147599」

在执行内部控制审计时，下列有关注册会计师评价控制缺陷的说法中，错误的是（　　）。

A. 在评价控制缺陷的严重程度时，注册会计师无须考虑错报是否发生

B. 在评价一项控制缺陷或多项控制缺陷的组合是否构成重大缺陷时，注册会计师应当考虑补偿性控制的影响

C. 在评价控制缺陷是否可能导致错报时，注册会计师无须量化错报发生的概率

D. 如果被审计单位在基准日完成了对所有存在缺陷的内部控制的整改，注册会计师可以评价认为内部控制在基准日运行有效

2.「2017 年 · 单选题 · 题码 147600」

注册会计师执行内部控制审计时，下列有关评价控制缺陷的说法中，错误的是（　　）。

A. 如果一项控制缺陷存在补偿性控制，注册会计师不应将该控制缺陷评价为重大缺陷

B. 注册会计师评价控制缺陷的严重程度时，无须考虑错报是否已经发生

C. 注册会计师评价控制缺陷是否可能导致错报时，无须量化错报发生的概率

D. 注册会计师评价控制缺陷导致的潜在错报的金额大小时，应当考虑本期或未来期间受控制缺陷影响的账户余额或各类交易涉及的交易量

「考点 6」出具审计报告（★★★）

「2020 年 · 多选题 · 题码 147602」

下列情形中，注册会计师应当考虑在内部控制审计报告中增加强调事项段的有（　　）。

A. 被审计单位的企业内部控制评价报告对要素的列报不完整

B. 注册会计师知悉在基准日不存在但在期后期间发生的事项，且这类期后事项对内部控制有重大影响

C. 被审计单位存在非财务报告内部控制重大缺陷

D. 上一年度的内部控制重大缺陷在本年度已得到整改

21 第二十一章 会计师事务所业务质量管理

「考情分析」

考点	星级	近十年考频	2012年	2013年	2014年	2015年	2016年	2017年	2018年	2019年	2020年	2021年
1. 会计师事务所的质量管理体系	★★★	8			√	√	√	√	√	√	√	√
2. 项目质量复核	★★★	9		√	√	√	√	√	√	√	√	√

「2016 年 · 多选题 · 题码 147684」

下列各项中，上市实体的项目质量管理复核人应当执行的有（　　）。

A. 与项目合伙人讨论重大事项

B. 复核与重大错报风险相关的所有审计工作底稿

C. 复核财务报表与拟出具的审计报告

D. 考虑项目组就具体审计业务对会计师事务所独立性作出判断

主观题部分

1.「2018 年 · 简答题 · 题码 149612」

ABC 会计师事务所的质量管理制度部分内容摘录如下：

❶ 在业务质量及职业道德考核成绩为优的前提下，连续两年业务收入排名靠前的高级经理可晋升合伙人。

❷ 审计部员工须每年签署其遵守事务所独立性政策和程序的书面确认函，其他部门员工须每三年签署一次该书面确认函。

❸ 审计项目团队成员应当在执行业务时遵守事务所质量管理制度，参与审计项目的实习生和事务所外部专家不受上述规定的限制。

「要求」针对上述事项，逐项指出 ABC 会计师事务所的质量管理制度的内容是否恰当。如不恰当，简要说明理由。

2.「2017 年 · 简答题 · 题码 149614」

ABC 会计师事务所的质量管理制度部分内容摘录如下：每六年为一个周期，对每个项目合伙人已完成的业务至少选取两项进行检查。

「要求」指出 ABC 会计师事务所的质量管理制度的内容是否恰当。如不恰当，简要说明理由。

3.「2016 年 · 简答题 · 题码 149616」

ABC 会计师事务所的质量管理制度部分内容摘录如下：

❶ 合伙人考核的主要指标依次为业务收入指标的完成情况、参与事务所管理的程度、职业

道德遵守情况及业务质量评价结果。

❷ 事务所质量管理部门每三年进行一次业务检查，每次检查选取每位合伙人已完成的一个项目。

「要求」针对上述事项，逐项指出 ABC 会计师事务所的质量管理制度的内容是否恰当。如不恰当，简要说明理由。

4.「**2019 年・简答题・题码 149618**」

ABC 会计师事务所的质量管理制度部分内容摘录如下：

❶ 事务所每年对业务收入考核排名前十位的合伙人奖励 50 万元，对业务质量考核排名后十位的合伙人罚款 5 万元。

❷ 事务所每三年至少两次向所有需要按照相关职业道德要求保持独立性的人员获取其遵守独立性政策和程序的书面确认函。

❸ 为确保客观性，项目质量管理复核人员不得为其复核的审计项目提供咨询。

「要求」针对上述事项，逐项指出 ABC 会计师事务所的质量管理制度的内容是否恰当。如不恰当，简要说明理由。

5.「**2019 年・简答题・题码 149620**」

ABC 会计师事务所的质量管理体系部分内容摘录如下：

❶ 经理及以上级别人员须每年签署其遵守事务所独立性政策和程序的书面确认函，其他人员签署该书面确认函的具体要求由其所在部门的主管合伙人决定。

❷ 审计过程中项目合伙人与项目质量复核人员出现意见分歧时，应咨询事务所专业技术委员会，如分歧仍不能解决，经首席合伙人和质量管理主管合伙人批准方可出具审计报告。

「要求」针对上述事项，指出 ABC 会计师事务所的质量管理体系的内容是否恰当。如不恰当，简要说明理由。

6.「**2015 年・简答题・题码 149622**」

ABC 会计师事务所的质量管理体系部分内容摘录如下：

会计师事务所接受或保持客户关系和具体业务的前提条件是：会计师事务所能够胜任该项业务，具有执行该项业务必要的素质、时间和资源已考虑客户诚信，没有信息表明客户缺乏诚信。

「要求」指出 ABC 会计师事务所的质量管理体系是否恰当。如不恰当，简要说明理由。

22 第二十二章 职业道德基本原则和概念框架

1.「2016·简答题·题码 149624」

ABC 会计师事务所首次接受委托审计上市公司甲公司 2015 年度财务报表，委派 A 注册会计师担任项目合伙人。A 注册会计师将与某重大会计问题相关的审计工作底稿发给其大学导师，并就具体问题进行了讨论。

「要求」指出 A 注册会计师的做法是否恰当。如不恰当，简要说明理由。

2.「2017 年·简答题·题码 149626」

ABC 会计师事务所委派 A 注册会计师担任上市公司甲公司 2016 年度财务报表审计项目合伙人。ABC 会计师事务所推荐甲公司与某开发区管委会签订了投资协议，因此获得开发区管委会的奖励 10 万元。

「要求」指出是否存在违反中国注册会计师职业道德守则有关职业道德和独立性规定的情况，并简要说明理由。

23 第二十三章　审计业务对独立性的要求

「考情分析」

考点	星级	近十年考频	2012年	2013年	2014年	2015年	2016年	2017年	2018年	2019年	2020年	2021年
1. 基本概念和要求	★	1	√									
2. 经济利益——自身利益	★★★	8	√	√	√	√		√	√	√		√
3. 贷款和担保以及商业关系	★★★	3			√			√	√			
4. 家庭和私人关系——自身利益、密切关系或外在压力	★★★	2							√			√
5. 与审计客户发生人员交流	★★★	6	√	√		√	√			√		√
6. 与审计客户长期存在业务关系——密切关系、自身利益	★★★	4	√			√	√					√
7. 为审计客户提供非鉴证服务	★★★	5		√	√		√		√			√
8. 影响独立性的其他事项	★	1		√								

「考点1」经济利益——自身利益（★★★）

1. **「2020年·简答题·题码149629」**

上市公司甲公司是ABC会计师事务所的常年审计客户。审计项目团队在甲公司2019年财务报表审计中遇到下列事项，甲公司是上市公司乙公司的重要联营企业。项目经理B注册会计师的父亲于2020年1月6日购买了乙公司股票2 000股。乙公司不是ABC会计师事务所的审计客户。

「要求」指出是否可能存在违反中国注册会计师职业道德守则有关独立性规定的情况，并简要说明理由。

2. **「2019年·简答题·题码149631」**

上市公司甲公司是ABC会计师事务所的常年审计客户。审计项目团队在甲公司2018年度财务报表审计中遇到下列事项。审计项目团队成员B注册会计师的父亲在丙公司持有重大经济利益。丙公司为甲公司不重要的联营企业，不是ABC会计师事务所的审计客户。

「要求」指出是否可能存在违反中国注册会计师职业道德守则有关独立性规定的情况，并简要说明理由。

3.「2019 年·简答题·题码 149633」

上市公司甲公司是 ABC 会计师事务所的常年审计客户，与上市公司乙公司为同一母公司的重要子公司，乙公司不是该事务所的审计客户。甲公司审计项目组在 2018 年度财务报表审计中遇到下列事项：

❶ 项目合伙人 A 注册会计师的父亲于 2018 年 5 月买入乙公司股票 20 000 股，该股权对 A 注册会计师的父亲而言不属于重大经济利益。

❷ 审计项目组成员 D 的妻子于 2018 年 5 月在网贷平台上购买了互联网金融产品 10 万元。根据其与网贷平台及资金使用方签署的三方协议，该资金用于补充甲公司某不重要子公司的短期流动资金。

「要求」逐项指出是否可能存在违反中国注册会计师职业道德守则有关独立性规定的情况，并简要说明理由。

4.「2018 年·简答题·题码 149635」

上市公司甲公司是 ABC 会计师事务所的常年审计客户。审计项目团队在甲公司 2017 年度财务报表审计中遇到下列事项。项目合伙人 A 注册会计师的妻子在甲公司担任人事部经理并持有该公司股票期权 1 万股，该期权自 2018 年 1 月 1 日起可以行权。A 注册会计师的妻子于 2018 年 1 月 2 日行权后立即处置了该股票。

「要求」指出是否可能存在违反中国注册会计师职业道德守则有关独立性规定的情况，并简要说明理由。

5.「2018 年·简答题·题码 149637」

上市公司甲银行是 ABC 会计师事务所的常年审计客户。审计项目组在甲银行 2017 年度财务报表审计中遇到下列事项。项目合伙人 A 注册会计师将其股票账户长期借给好友使用。2017 年 7 月，好友通过该股票账户买入甲银行股票 2 000 股，2017 年 9 月卖出，亏损 1 000 元。

「要求」指出是否可能存在违反中国注册会计师职业道德守则有关独立性规定的情况，并简要说明理由。

6.「2017 年·简答题·题码 149639」

ABC 会计师事务所委派 A 注册会计师担任上市公司甲公司 2016 年度财务报表审计项目合伙人。A 注册会计师因继承其祖父的遗产获得甲公司股票 20 000 股，承诺将在有权处置这些股票之日起一个月内出售。

「要求」指出是否存在违反中国注册会计师职业道德守则有关职业道德和独立性规定的情况，并简要说明理由。

7.「2017 年·简答题·题码 149641」

ABC 会计师事务所委派 A 注册会计师担任非上市银行甲银行 2016 年度财务报表审计项目合伙人。甲银行是上市公司乙公司的重要子公司。A 注册会计师的妻子于 2016 年 9 月 7 日购买乙公司股票 1 000 股，次日卖出。乙公司不是 ABC 会计师事务所客户。

「要求」指出是否存在违反中国注册会计师职业道德守则有关独立性规定的情况，并简要说明理由。

8.「2016 年・简答题・题码 149653」

ABC 会计师事务所委派 A 注册会计师担任上市公司甲公司 2015 年度财务报表审计项目合伙人。2015 年 10 月，审计项目团队就某重大会计问题咨询了事务所技术部的 B 注册会计师。B 注册会计师的妻子于 2015 年 6 月购买了甲公司的股票，于 2015 年 12 月卖出。

「要求」指出是否存在违反中国注册会计师职业道德守则有关独立性规定的情况，并简要说明理由。

9.「2015 年・简答题・题码 149655」

上市公司甲公司是 ABC 会计师事务所的常年审计客户。审计项目团队在甲公司 2014 年度财务报表审计中遇到下列事项。A 注册会计师自 2012 年度起担任甲公司财务报表审计项目合伙人，其妻子在甲公司 2013 年年度报告公布后购买了甲公司股票 3 000 股，在 2014 年度审计工作开始前卖出了这些股票。

「要求」指出是否可能存在违反中国注册会计师职业道德守则有关独立性规定的情况，并简要说明理由。将答案直接填入答题区相应的表格内。

「考点 2」贷款和担保以及商业关系（★★★）

1.「2020 年・简答题・题码 149657」

上市公司甲公司是 ABC 会计师事务所的常年审计客户。XYZ 公司和 ABC 会计师事务所处于同一网络。审计项目团队在甲公司 2019 年度财务报表审计中遇到下列事项：

❶ 2019 年 11 月，甲公司的重要联营企业丁公司与 XYZ 公司签订协议，授权 XYZ 公司代理丁公司的软件使用许可。丁公司不是 ABC 会计师事务所的审计客户。

❷ ABC 会计师事务所在甲公司经营的直播平台上推出了线上会计培训课程，按照正常商业条款向甲公司支付使用费。

「要求」针对上述事项，逐项指出是否可能存在违反中国注册会计师职业道德守则有关独立性规定的情况，并简要说明理由。

2.「2019 年・简答题・题码 149659」

上市公司甲公司是 ABC 会计师事务所的常年审计客户。审计项目团队在甲公司 2018 年度财务报表审计中遇到下列事项，甲公司研发的新型电动汽车于 2018 年 12 月上市，甲公司在 ABC 会计师事务所年会上为其员工举办了专场试驾活动，并宣布事务所员工可以按照甲公司给其同类大客户的优惠价格购车。

「要求」指出是否可能存在违反中国注册会计师职业道德守则有关独立性规定的情况，并简要说明理由。

3.「2018 年 · 简答题 · 题码 149666」

上市公司甲公司是 ABC 会计师事务所的常年审计客户。审计项目团队在甲公司 2017 年度财务报表审计中遇到下列事项，乙公司是甲公司的子公司，从事小额贷款业务。2017 年 12 月，乙公司和 ABC 会计师事务所联合对外发布行业研究报告，对该行业现状与前景进行分析，并介绍了乙公司的业务。

「要求」指出是否可能存在违反中国注册会计师职业道德守则有关独立性规定的情况，并简要说明理由。

4.「2017 年 · 简答题 · 题码 149668」

ABC 会计师事务所委派 A 注册会计师担任上市公司甲公司 2016 年度财务报表审计项目合伙人。D 注册会计师和 A 注册会计师同处一个分部，不是甲公司审计项目团队成员。D 的母亲和甲公司某董事共同开办了一家早教机构。

「要求」指出是否存在违反中国注册会计师职业道德守则有关职业道德和独立性规定的情况，并简要说明理由。

5.「2017 年 · 简答题 · 题码 149670」

ABC 会计师事务所委派 A 注册会计师担任非上市银行甲银行 2016 年度财务报表审计项目合伙人。2016 年 7 月，审计项目组成员 C 按照正常的程序、条款和条件从甲银行取得购房贷款 500 万元。该贷款对 C 而言重大。

「要求」指出是否存在违反中国注册会计师职业道德守则有关独立性规定的情况，并简要说明理由。

6.「2015 年 · 简答题 · 题码 149672」

上市公司甲公司是 ABC 会计师事务所的常年审计客户。XYZ 公司和 ABC 会计师事务所处于同一网络。审计项目团队在甲公司 2014 年度财务报表审计中遇到下列事项，甲公司的子公司丁公司提供信息系统咨询服务，与 XYZ 公司组成联合服务团队，向目标客户推广营业税改增值税相关咨询和信息系统咨询一揽子服务。

「要求」指出是否可能存在违反中国注册会计师职业道德守则有关独立性规定的情况，并简要说明理由。

「考点 3」家庭和私人关系——自身利益、密切关系或外在压力（★★★）

1.「2018 年 · 简答题 · 题码 149674」

上市公司甲公司是 ABC 会计师事务所的常年审计客户。XYZ 公司和 ABC 会计师事务所处于同一网络。审计项目团队在甲公司 2017 年度财务报表审计中遇到下列事项。XYZ 公司合伙人 C 的丈夫于 2017 年 7 月加入甲公司并担任培训部经理，合伙人 C 没有为甲公司提供任何服务。

「要求」指出是否可能存在违反中国注册会计师职业道德守则有关独立性规定的情况，并简要说明理由。

2.「2017 年・简答题・题码 149676」

ABC 会计师事务所委派 A 注册会计师担任上市公司甲公司 2016 年度财务报表审计项目合伙人。2016 年 11 月，丙公司被甲公司收购成为其重要子公司，2017 年 1 月 1 日，甲公司审计项目团队成员 C 的妻子加入丙公司并担任财务总监。

「要求」指出是否存在违反中国注册会计师职业道德守则有关职业道德和独立性规定的情况，并简要说明理由。

「考点 4」与审计客户发生人员交流（★★★）

1.「2019 年・简答题・题码 149678」

上市公司甲公司是 ABC 会计师事务所的常年审计客户。审计项目团队在甲公司 2018 年度财务报表审计中遇到下列事项。审计项目团队成员 C 曾担任甲公司成本会计，2018 年 5 月离职加入 ABC 会计师事务所，同年 10 月加入甲公司审计项目团队，负责审计固定资产。

「要求」指出是否可能存在违反中国注册会计师职业道德守则有关独立性规定的情况，并简要说明理由。

2.「2018 年・简答题・题码 149680」

上市公司甲公司是 ABC 会计师事务所的常年审计客户。审计项目团队在甲公司 2017 年度财务报表审计中遇到下列事项，B 注册会计师曾担任甲公司 2016 年度财务报表审计的项目质量管理复核人，于 2017 年 5 月退休，之后未和 ABC 会计师事务所保持交往。2018 年 1 月 1 日，B 注册会计师受聘担任甲公司独立董事。

「要求」指出是否可能存在违反中国注册会计师职业道德守则有关独立性规定的情况，并简要说明理由。

3.「2017 年・简答题・题码 149683」

ABC 会计师事务所委派 A 注册会计师担任非上市银行甲银行 2016 年度财务报表审计项目合伙人。ABC 会计师事务所的合伙人 B 于 2015 年 1 月 1 日退休后，根据政策继续享受两年分红。B 自 2016 年 7 月 1 日起担任甲银行独立董事。

「要求」指出是否存在违反中国注册会计师职业道德守则有关独立性规定的情况，并简要说明理由。

4.「2016 年・简答题・题码 149685」

ABC 会计师事务所委派 A 注册会计师担任上市公司甲公司 2015 年度财务报表审计项目合伙人。审计项目团队成员 C 曾任甲公司重要子公司的出纳，2014 年 10 月加入 ABC 会计师事务所，2015 年 9 月加入甲公司审计项目团队，参与审计固定资产项目。

「要求」指出是否存在违反中国注册会计师职业道德守则有关独立性规定的情况，并简要说明理由。

5.「2016 年 · 简答题 · 题码 149687」

非上市公司甲银行是 ABC 会计师事务所的常年审计客户。ABC 会计师事务所和 XYZ 公司处于同一网络。审计项目组在甲银行 2015 年度财务报表审计中遇到下列事项，2015 年 9 月，XYZ 公司的合伙人 C 受聘兼任甲银行独立董事。C 不是甲银行审计项目组成员，也未向甲银行及其关联实体提供任何非审计服务。

「要求」指出是否存在违反中国注册会计师职业道德守则有关独立性规定的情况，并简要说明理由。

6.「2015 年 · 简答题 · 题码 149690」

上市公司甲公司是 ABC 会计师事务所的常年审计客户。乙公司是非公众利益实体，于 2014 年 6 月被甲公司收购，成为甲公司重要的全资子公司。审计项目团队在甲公司 2014 年度财务报表审计中遇到下列事项，C 注册会计师曾是 ABC 会计师事务所的管理合伙人，于 2014 年 1 月退休后担任甲公司董事。

「要求」指出是否可能存在违反中国注册会计师职业道德守则有关独立性规定的情况，并简要说明理由。

「考点 5」与审计客户长期存在业务关系——密切关系、自身利益（★★★）

1.「2020 年 · 简答题 · 题码 149693」

上市公司甲公司是 ABC 会计师事务所的常年审计客户。审计项目团队在甲公司 2019 年度财务报表审计中遇到下列事项，A 注册会计师自 2013 年度起担任甲公司审计项目合伙人，2017 年 12 月因个人原因调离甲公司审计项目团队，2019 年 12 月起重新担任甲公司审计项目合伙人。

「要求」指出是否可能存在违反中国注册会计师职业道德守则有关独立性规定的情况，并简要说明理由。

2.「2019 年 · 简答题 · 题码 149695」

上市公司甲公司是 ABC 会计师事务所的常年审计客户。审计项目团队在甲公司 2018 年度财务报表审计中遇到下列事项。项目合伙人 A 注册会计师曾负责审计甲公司 2013 年度至 2015 年度财务报表，之后调离甲公司审计项目团队，担任乙公司 2016 年度至 2017 年度财务报表审计项目合伙人，乙公司是甲公司不重要的子公司，是公司不重要的联营企业，不是 ABC 会计师事务所的审计客户。

「要求」指出是否可能存在违反中国注册会计师职业道德守则有关独立性规定的情况，并简要说明理由。

3.「2019 年 · 简答题 · 题码 149697」

上市公司甲公司是 ABC 会计师事务所的常年审计客户，甲公司审计项目组在 2018 年度财务报表审计中遇到下列事项，B 注册会计师曾作为审计经理签署了甲公司 2013 年度至 2017 年度审计报告，之后调离甲公司审计项目组，加入事务所质量管理部，负责复核所有上市公司审计客户的财务报表。

「要求」指出是否可能存在违反中国注册会计师职业道德守则有关独立性规定的情况，并简要说明理由。

4.「**2017 年 · 简答题 · 题码 149600**」

ABC 会计师事务所委派 A 注册会计师担任上市公司甲公司 2016 年度财务报表审计项目合伙人。B 注册会计师曾担任甲公司 2011 年度至 2015 年度财务报表审计项目合伙人，之后调离甲公司审计项目团队，担任乙公司 2016 年度财务报表审计项目合伙人。乙公司是甲公司重要的子公司。

「要求」指出是否存在违反中国注册会计师职业道德守则有关职业道德和独立性规定的情况，并简要说明理由。

5.「**2017 年 · 简答题 · 题码 149702**」

ABC 会计师事务所委派 A 注册会计师担任非上市银行甲银行 2016 年度财务报表审计项目合伙人。审计中遇到下列事项：

A 注册会计师 2009 年度至 2011 年度担任甲银行审计项目经理，并签署了审计报告，2012 年度未参与甲银行审计，也未以任何方式影响审计结果。2013 年度和 2014 年度担任甲银行审计项目合伙人。

「要求」指出是否存在违反中国注册会计师职业道德守则有关独立性规定的情况，并简要说明理由。

6.「**2016 年 · 简答题 · 题码 149705**」

ABC 会计师事务所委派 A 注册会计师担任上市公司甲公司 2015 年度财务报表审计项目合伙人。甲公司于 2014 年 8 月首次公开发行股票并上市，A 注册会计师自 2010 年度起担任甲公司财务报表审计项目合伙人。

「要求」指出是否存在违反中国注册会计师职业道德守则有关独立性规定的情况，并简要说明理由。

7.「**2016 年 · 简答题 · 题码 149707**」

非上市公司甲银行是 ABC 会计师事务所的常年审计客户。审计项目组在甲银行 2015 年度财务报表审计中遇到下列事项。A 注册会计师自 2010 年度起担任甲银行财务报表审计项目合伙人，五年任期结束后轮换出该审计项目，转任乙公司 2015 年度财务报表审计项目合伙人，乙公司和甲银行同为丙公司的重要子公司。

「要求」指出是否存在违反中国注册会计师职业道德守则有关独立性规定的情况，并简要说明理由。

8.「**2015 年 · 简答题 · 题码 149709**」

上市公司甲公司是 ABC 会计师事务所的常年审计客户。乙公司是非公众利益实体，于 2014 年 6 月被甲公司收购，成为甲公司重要的全资子公司。审计项目团队在甲公司 2014 年度财务报表审计中遇到下列事项，B 注册会计师自 2009 年度起担任乙公司财务报表审计项目合伙人，在乙公司被甲公司收购后，继续担任乙公司 2014 年度财务报表审计项目合伙人，并成为甲公司的关键审计合伙人。

「要求」指出是否可能存在违反中国注册会计师职业道德守则有关独立性规定的情况，并简要说明理由。

「考点 6」为审计客户提供非鉴证服务（★★★）

1.「2020 年 · 简答题 · 题码 149737」

上市公司甲公司是 ABC 会计师事务所的常年审计客户。XYZ 公司和 ABC 会计师事务所处于同一网络。审计项目团队在甲公司 2019 年度财务报表审计中遇到下列事项：

❶ 丙公司是甲公司的不重要的子公司，其内审部聘请 XYZ 公司提供投资业务流程专项审计服务。提供该服务的项目组成员不是甲公司审计项目团队成员。

❷ 2019 年 10 月，甲公司聘请 XYZ 公司提供招聘董事会秘书的服务，包括物色候选人、组织面试并向甲公司汇报面试结果。由甲公司董事会确定最终聘用人选。

「要求」针对上述事项，逐项指出是否可能存在违反中国注册会计师职业道德守则有关独立性规定的情况，并简要说明理由。

2.「2019 年 · 简答题 · 题码 149739」

上市公司甲公司是 ABC 会计师事务所的常年审计客户。XYZ 公司和 ABC 会计师事务所处于同一网络。审计项目团队在甲公司 2018 年度财务报表审计中遇到下列事项：

❶ 甲公司聘请 XYZ 公司提供人力资源系统的设计和实施服务，该系统包括考勤管理和薪酬计算等功能。

❷ 甲公司是丁公司的重要联营企业。2018 年 8 月，XYZ 公司接受丁公司委托对其拟投资的标的公司进行评估，作为定价参考。丁公司不是 ABC 会计师事务所的审计客户。

「要求」针对上述事项，逐项指出是否可能存在违反中国注册会计师职业道德守则有关独立性规定的情况，并简要说明理由。

3.「2018 年 · 简答题 · 题码 149741」

上市公司甲公司是 ABC 会计师事务所的常年审计客户。XYZ 公司和 ABC 会计师事务所处于同一网络。审计项目团队在甲公司 2017 年度财务报表审计中遇到下列事项：

❶ 甲公司聘请系统实施服务商提供财务系统的优化设计和实施服务，聘请 XYZ 公司负责执行系统用户权限测试。系统实施服务商与 ABC 会计师事务所不属于同一网络。

❷ 甲公司内审部计划对新并购的子公司执行内部控制审计。因缺乏人手，甲公司聘请 XYZ 公司协助执行该项工作，但 XYZ 公司不参与制定内审计划或管理层决策。

「要求」针对上述事项，逐项指出是否可能存在违反中国注册会计师职业道德守则有关独立性规定的情况，并简要说明理由。

4.「2018 年・简答题・题码 149744」

上市公司甲银行是 ABC 会计师事务所的常年审计客户。XYZ 公司和 ABC 会计师事务所处于同一网络。审计项目组在甲银行 2017 年度财务报表审计中遇到下列事项：

2017 年 6 月，为满足新金融工具相关会计准则的要求，甲银行聘请 XYZ 公司对信息系统中有关金融资产分类、估值和减值模型的设置提出修改建议并编写系统功能说明书。对信息系统的修改由第三方供应商负责实施。

「要求」指出是否可能存在违反中国注册会计师职业道德守则有关独立性规定的情况，并简要说明理由。

5.「2017 年・简答题・题码 149746」

ABC 会计师事务所委派 A 注册会计师担任上市公司甲公司 2016 年度财务报表审计项目合伙人。ABC 会计师事务所和 XYZ 公司处于同一网络。丁公司是甲公司的母公司，聘请 XYZ 公司为其共享服务中心提供信息系统的设计和实施服务。该共享服务中心承担丁公司下属各公司的财务及人力资源等职能。丁公司不是 ABC 会计师事务所的审计客户。

「要求」指出是否存在违反中国注册会计师职业道德守则有关职业道德和独立性规定的情况，并简要说明理由。

6.「2017 年・简答题・题码 149749」

ABC 会计师事务所委派 A 注册会计师担任非上市银行甲银行 2016 年度财务报表审计项目合伙人。ABC 会计师事务所和 XYZ 公司处于同一网络。XYZ 公司接受甲银行委托，对其内审部完成的某项内审工作进行复核，并负责向治理层汇报内审工作结果。该项内审工作与财务会计系统、财务报表以及财务报告相关的内部控制均无关。

「要求」指出是否存在违反中国注册会计师职业道德守则有关独立性规定的情况，并简要说明理由。

7.「2016 年・简答题・题码 149751」

ABC 会计师事务所委派 A 注册会计师担任上市公司甲公司 2015 年度财务报表审计项目合伙人，ABC 会计师事务所和 XYZ 公司处于同一网络。审计项目团队在审计中遇到下列事项：

❶ 甲公司聘请 XYZ 公司担任某合同纠纷的诉讼代理人，诉讼结果将对甲公司财务报表产生重大影响。

❷ 甲公司购买的成本核算软件由 XYZ 公司和一家软件公司共同开发和推广，该软件公司不是 ABC 会计师事务所的审计客户或其关联实体。

「要求」针对上述事项，逐项指出是否存在违反中国注册会计师职业道德守则有关独立性规定的情况，并简要说明理由。

8.「2015 年・简答题・题码 149753」

上市公司甲公司是 ABC 会计师事务所的常年审计客户。乙公司是非公众利益实体，于 2014 年 6 月被甲公司收购，成为甲公司重要的全资子公司。XYZ 公司和 ABC 会计师事务所处于同一网络。审计项目团队在甲公司 2014 年度财务报表审计中遇到下列事项：

❶ 在收购过程中，甲公司聘请 XYZ 公司对乙公司的各项资产和负债进行了评估，并根据评估结果确定了购买日乙公司可辨认净资产的公允价值。

❷ 丙公司是甲公司新收购的海外子公司，为甲公司不重要的子公司。丙公司聘请 XYZ 公司将其按照国际财务报告准则编制的财务报表转化为按照中国企业会计准则编制的财务报表。

「要求」针对上述事项，逐项指出是否可能存在违反中国注册会计师职业道德守则有关独立性规定的情况，并简要说明理由。

「考点 7」影响独立性的其他事项（★）

1.「2018 年 · 简答题 · 题码 149757」

ABC 会计师事务所的质量管理体系部分内容摘录如下：审计业务合伙人在保证审计质量的前提下，可以向其负责的审计客户推销非鉴证服务，并按该非鉴证服务收入的 5% 提取奖金。

「要求」指出 ABC 会计师事务所的质量管理体系的内容是否恰当。如不恰当，简要说明理由。

2.「2016 年 · 简答题 · 题码 149759」

ABC 会计师事务所委派 A 注册会计师担任上市公司甲公司 2015 年度财务报表审计项目合伙人。A 注册会计师受邀参加了甲公司年度股东大会，全体参与人员均获得甲公司生产的移动硬盘作为礼品。

「要求」指出是否存在违反中国注册会计师职业道德守则有关独立性规定的情况，并简要说明理由。

答 案

01 第一章　审计概述·答案

「考点 1」注册会计师的业务类型（★★★）

1.【答案】BD

【解析】选项 AC 错误，对财务信息执行商定程序、管理咨询属于相关服务，不提供保证水平。

2.【答案】CD

【解析】选项 AB 属于，鉴证业务包括审计（包括财务报表审计、内部控制审计、其他审计业务）、审阅、其他鉴证业务。

选项 CD 不属于，相关服务包括税务咨询和管理咨询、代编财务信息、对财务信息执行商定程序。

3.【答案】AB

【解析】选项 AB 正确，鉴证业务包括审计（包括财务报表审计、内部控制审计、其他审计业务）、审阅、其他鉴证业务。

选项 CD 错误，相关服务包括税务咨询和管理咨询、代编财务信息、对财务信息执行商定程序。

4.【答案】B

【解析】选项 ACD 属于，鉴证业务包括审计（选项 A）、审阅（选项 C）和其他鉴证业务（选项 D）。

选项 B 不属于，相关服务包括税务咨询、管理咨询、代编财务信息、对财务信息执行商定程序（选项 B）等。

【抢分技巧】区分鉴证业务和相关服务是客观题常见考点，属于送分题。区分的基本方法是熟悉下面框架图中常见的业务内容。对于陌生的考点，如“预测性财务信息审核”也可以运用“秒杀法”，只要有“审”字的就是鉴证业务，其余的就是相关服务。

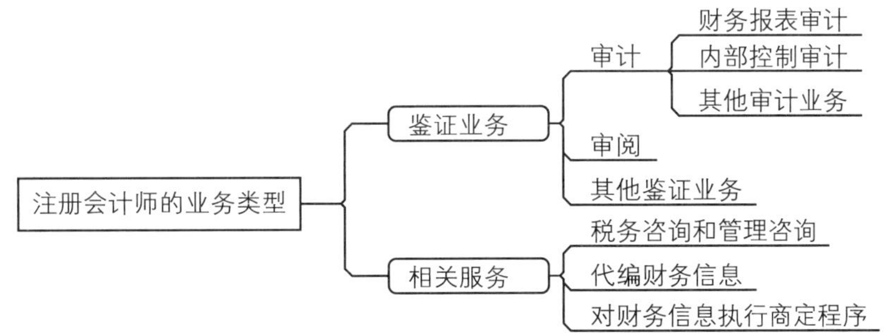

「考点 2」审计的定义和保证水平（★★★）

1.【答案】A

【解析】

① 选项 A 说法错误，财务报表审计只能为财务报表是否不存在舞弊或错误导致的重大错报

提供合理保证，不能保证发现所有重大错报。

② 选项 B 说法正确，审计目的是改善财务报表的质量或内涵，增强除管理层之外的预期使用者对财务报表的信赖程度，即以合理保证的方式提高财务报表的可信度。

③ 选项 C 说法正确，审计的保证程度是合理保证，合理保证是一种高水平保证。

④ 选项 D 说法正确，审计的基础是独立性和专业性，注册会计师应独立于被审计单位和预期使用者。

2. **【答案】** AB

【解析】 选项 AB 正确，审计属于合理保证的鉴证业务；

选项 CD 错误，审阅属于有限保证的鉴证业务，其他鉴证业务的保证水平不一定，有可能是合理保证，也有可能是有限保证。

3. **【答案】** D

【解析】

① 选项 A 说法正确，审计不涉及为如何利用信息提供建议。

② 选项 B 说法正确，审计的目的是改善财务报表的质量或内涵，增强除管理层之外的预期使用者对财务报表的信赖程度。

③ 选项 C 说法正确，由于审计存在固有局限性，所以只能提供合理保证，不能提供绝对保证。

④ 选项 D 说法错误，审计的最终产品是审计报告。财务报表是被审计单位管理层编制的，不是审计的产品。

4. **【答案】** D

【解析】

① 选项 A 说法正确，审计的基础是独立性和专业性。

② 选项 B 说法正确，审计的目的是改善财务报表的质量或内涵，增强除管理层之外的预期使用者对财务报表的信赖程度。

③ 选项 C 说法正确，财务报表审计可以有效满足财务报表预期使用者的需求。

④ 选项 D 说法错误，因为审计存在固有局限性，注册会计师不能消除审计风险，只能从一定程度上降低。

5. **【答案】** CD

【解析】

① 选项 A 说法错误，审计属于合理保证的鉴证业务，审阅属于有限保证的鉴证业务，其他鉴证业务中既可能包含合理保证的鉴证业务，也可能包含有限保证的鉴证业务。

② 选项 B 说法错误，合理保证是高水平的保证，有限保证是低于审计业务的保证水平，不能直接说是低水平或者中等水平的保证。

③ 选项 C 说法正确，合理保证以积极方式得出结论，有限保证以消极方式得出结论。

④ 选项 D 说法正确，合理保证的保证水平高于有限保证，所需要的审计证据的数量多于有限保证。

6.【答案】C

【解析】

① 选项 A 说法正确，审计业务提供的保证水平高于审阅业务，收集证据的数量通常多于审阅业务。

② 选项 B 说法正确，财务报表审计提出结论的方式是积极式，财务报表审阅提出结论的方式是消极式。

③ 选项 C 说法错误，审计业务证据收集程序包括检查、观察、询问、函证、重新计算、重新执行、分析程序等，审阅业务收集证据的程序受到有意识的限制，主要采用询问和分析程序，所以财务报表审计采用的证据收集程序多于财务报表审阅。

④ 选项 D 说法正确，审计提供合理保证，审阅提供有限保证（有限保证是低于审计业务的保证水平），所以财务报表审计提供的保证水平高于财务报表审阅。

7.【答案】C

【解析】选项 A 错误、选项 C 正确，鉴证业务中既可能包含合理保证的鉴证业务，也可能包含有限保证的鉴证业务，如审计提供合理保证，合理保证是高水平保证，而审阅提供有限保证，有限保证是低于高水平的保证。

选项 BD 错误，代编财务信息、对财务信息执行商定程序属于相关服务，不涉及提供任何程度的保证。

8.【答案】B

【解析】

① 选项 A 说法正确，审计业务以积极方式发表意见，审阅业务以消极方式发表意见。

② 选项 B 说法错误，审计业务证据收集程序包括检查、观察、询问、函证、重新计算、重新执行、分析程序等。

③ 选项 C 说法正确，为教材原文考查。

④ 选项 D 说法正确，审计业务的保证程度高于审阅业务，检查风险低于审阅业务。

【抢分技巧】只有鉴证业务才有保证水平，相关服务是不涉及保证的。鉴证业务都是三方关系人，相关服务是两方关系人。因此鉴证业务和相关服务的区分直接可以用下图解决：

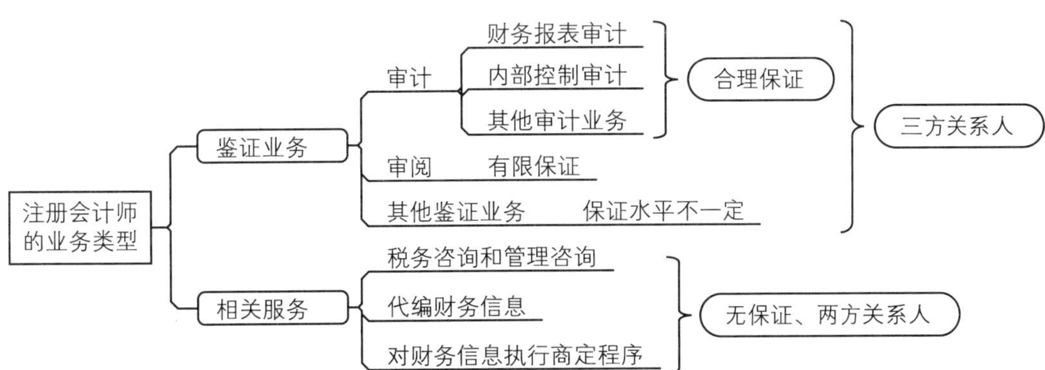

「考点3」审计要素（★★★）

1.【答案】D

【解析】审计要素包括以下几点：

① 审计业务的三方关系人；

② 财务报表（选项C）；

③ 财务报表编制基础（选项A）；

④ 审计证据；

⑤ 审计报告（选项B）。

2.【答案】B

【解析】

① 选项A说法正确，注册会计师可能无法识别使用审计报告的所有组织和人员，尤其在各种可能的预期使用者对财务报表存在不同的利益需求时。此时，预期使用者主要是指那些与财务报表有重要和共同利益的主要利益相关者。

② 选项B说法错误，由于审计意见有利于提高财务报表的可信性，有可能对管理层有用，因此，在这种情况下，管理层也可能会成为预期使用者之一，但不能是唯一的预期使用者。

③ 选项C说法正确，审计业务委托人可能是被审计单位管理层，也有可能是治理层或股东，管理层可以成为预期使用者之一，所以预期使用者可能是业务委托人。但是也有可能不是，比如外部监管机构可能使用审计报告和经审计的财务报表，但该外部监管机构不是业务委托人。

④ 选项D说法正确，审计业务的三方关系人分别是注册会计师、被审计单位管理层（责任方）、财务报表预期使用者。执行审计业务的注册会计师不是审计报告的预期使用者。

3.【答案】ABCD

【解析】选项ABCD正确，审计要素包括以下几点：

① 审计业务的三方关系人（选项C）；

② 财务报表；

③ 财务报表编制基础（选项B）；

④ 审计证据（选项A）；

⑤ 审计报告（选项D）。

4.【答案】C

【解析】选项ABD属于，预期使用者是指预期使用审计报告和财务报表的组织或人员。通常认为，公司的股东、债权人和监管机构等属于预期使用者。

选项C不属于，对财务报表进行审计发表审计意见的注册会计师需要独立于被审计单位和财务报表预期使用者，因此对被审计单位财务报表执行审计业务的注册会计师不是审计报告的预期使用者。

5.【答案】ABCD

【解析】选项 ABCD 正确，审计要素包括以下几点：

① 审计业务的三方关系人；

② 财务报表（选项 A）；

③ 财务报表编制基础（选项 C）；

④ 审计证据（选项 B）；

⑤ 审计报告（选项 D）

6.【答案】B

【解析】

① 选项 A 说法错误，审计业务的最终产品只有审计报告，这是常见的迷惑选项，财务报表是管理层的工作成果。

② 选项 B 说法正确，如果不存在除责任方之外的其他预期使用者，就不存在三方关系人，则该项业务不属于审计业务。

③ 选项 C 说法错误，审计的目的是增强“财务报表”的可信度，但是不能减轻被审计单位管理层对财务报表的责任，责任方应承担完全责任。

④ 选项 D 说法错误，执行审计业务获取的审计证据大多数是说服性而非结论性的。

「考点 4」审计基本要求（★★★）

1.【答案】ABCD

【解析】选项 ABCD 正确，注册会计师需要对职业判断作出适当书面记录，记录下列事项，有利于提高职业判断的可辩护性：

① 对职业判断问题和目标的描述；

② 解决职业判断相关问题的思路（选项 B）；

③ 收集到的相关信息（选项 C）；

④ 得出的结论以及得出结论的理由（选项 A）；

⑤ 就决策结论与被审计单位进行沟通的方式和时间（选项 D）。

2.【答案】ABCD

【解析】选项 ABCD 正确，审计基本要求包括：①遵守审计准则；②遵守职业道德守则；③保持职业怀疑；④合理运用职业判断。

3.【答案】D

【解析】

① 选项 A 说法正确，注册会计师如果不能保持职业怀疑就不能及时发现被审计单位的风险。

② 选项 BC 说法正确，为教材原文考查。

③ 选项 D 说法错误，保持职业怀疑，有助于使注册会计师识别到存在由于舞弊导致的重大错报的可能性，但由于审计存在固有局限性，保持职业怀疑不能使注册会计师发现所有由于舞弊导致的错报。

4.【答案】D

【解析】选项 ABC 说法正确，为教材原文考查。

选项 D 说法错误，职业怀疑要求注册会计师不应依赖以往对管理层和治理层诚信形成的判断，也不能直接假定管理层缺乏诚信。

5.【答案】B

【解析】

① 选项 A 说法正确，为教材原文考查。

② 选项 B 说法错误，注册会计师需要对重大职业判断作出适当的书面记录，而非对其在审计过程中作出的所有职业判断均进行书面记录。

③ 选项 C 说法正确，注册会计师具有以下特征有助于提高职业判断的质量：a. 丰富的知识、经验和良好的专业技术；b. 独立、客观和公正；c. 保持适当的职业怀疑。

④ 选项 D 说法正确，衡量职业判断质量标准包括：a. 准确性或意见一致性；b. 决策一贯性和稳定性；c. 可辩护性。

6.【答案】ACD

【解析】

① 选择 A 正确，确定重要性需要运用职业判断。

② 选项 B 错误，审计工作底稿归档的最晚日期为审计报告日后 60 天，最晚日期是确定的，不涉及“判断”。

③ 选项 C 正确，确定是否利用内部审计/前任注册会计师/专家的工作均属于职业判断的运用。

④ 选项 D 正确，审计抽样中，注册会计师在样本设计、选取和评价样本时需要运用职业判断。

7.【答案】D

【解析】

① 选项 A 说法正确，这句话的意思是说如果注册会计师做出的一些决策，与实际情况相违背了，或者说没有获取充分适当审计证据就做出该决策了，那注册会计师不能以“我依靠的是职业判断，不准确很正常”这种类似的说法，去为自己所做出的不恰当决策找借口。

② 选项 B 说法正确，注册会计师需要对职业判断作出适当的书面记录，对下列事项进行书面记录，有利于提高职业判断的可辩护性：a. 对职业判断问题和目标的描述；b. 解决职业判断相关问题的思路；c. 收集到的相关信息；d. 得出的结论以及得出结论的理由；e. 就决策结论与被审计单位进行沟通的方式和时间。

③ 选项 C 说法正确，为教材原文考查。

④ 选项 D 说法错误，职业判断涉及注册会计师执业中的各类决策，包括与具体会计处理相关的决策、与审计程序相关的决策，以及与遵守职业道德要求相关的决策。

8.【答案】A

【解析】

① 选项 A 说法错误，会计师事务所的业绩评价机制有可能会促进，也有可能会削弱注册会

计师对职业怀疑的保持程度，是否削弱或促进取决于事务所如何设计及执行。

② 选项 B 说法正确，职业怀疑需要注册会计师综合运用相关知识、经验等，对可能表明存在导致错报的情形保持怀疑。

③ 选项 C 说法正确，审计的时间安排太紧张、工作量太大可能会阻碍注册会计师保持职业怀疑。注意是“可能”，不是“一定”。

④ 选项 D 说法正确，职业怀疑与客观公正、独立性两项职业道德基本原则密切相关。保持独立性可以增强注册会计师在审计中保持客观公正、职业怀疑的能力。

9.【答案】A

【解析】选项 A 说法错误，职业怀疑与客观和公正、独立性这两项职业道德基本原则密切相关。保持独立性可以增强注册会计师在审计中保持客观公正、职业怀疑的能力。在审计中，看见“所有”这种字眼的答案我们都应该关注。

选项 BCD 说法正确，为教材原文考查。

「考点5」审计风险（★★★）

1.【答案】B

【解析】

① 选项 A 说法正确，为教材原文考查。

② 选项 B 说法错误，重大错报风险有可能是错误导致的，也有可能是舞弊导致的。

③ 选项 C 说法正确，为教材原文考查。

④ 选项 D 说法正确，特别风险是需要特别考虑的风险，有可能是报表层次的（如管理层凌驾风险），也有可能是认定层次的（如超出正常经营过程的重大关联方交易风险）。关于特别风险的考点第七章会涉及。

2.【答案】D

【解析】审计固有限制的来源：

① 财务报告的性质（选项 A 属于）；

② 审计程序的性质（选项 B 属于）；

③ 在合理时间内以合理的成本完成审计的需要（选项 C 属于）。审计中的困难、时间或成本等事项本身，不能作为注册会计师省略不可替代审计程序或满足于说服力不足的审计证据的正当理由。

3.【答案】B

【解析】

① 选项 A 说法正确，为教材原文考查。

② 选项 B 说法错误，认定层次的重大错报风险可以进一步细分为固有风险和控制风险。

③ 选项 C 说法正确，为教材原文考查。

④ 选项 D 说法正确，重大错报风险的评估中，判断是否重大时，既要考虑金额又要考虑性质。

4.【答案】A

【解析】选项 BCD 属于，审计的固有限制源于：①财务报告的性质（选项 D）；②审计程序的性质（选项 BC）；③在合理的时间内以合理的成本完成审计的需要。

5.【答案】A

【解析】

① 选项 A 正确，固有风险和控制风险属于认定层次的重大错报风险，独立于财务报表审计而存在。

② 选项 B 错误，认定层次的重大错报风险可以进一步细分为固有风险和控制风险。

③ 选项 C 错误，注册会计师既可以对固有风险和控制风险进行单独评估，也可以对其进行合并评估。

④ 选项 D 错误，由于内部控制的固有局限性，控制风险始终存在，不可能消除掉。

6.【答案】ABCD

【解析】选项 ABCD 正确，审计的固有限制源于：

① 财务报告的性质（选项 B）；

② 审计程序的性质（选项 AC）；

③ 在合理的时间内以合理的成本完成审计的需要（选项 D）。

7.【答案】ABC

【解析】选项 ABC 正确，审计固有限制的影响因素有：①财务报告的性质（例如，财务报表项目涉及主观决策、评估或一定程度的不确定性）；②审计程序的性质（例如，注册会计师获取审计证据的能力受到实务和法律上的限制）；③财务报告的及时性和成本效益的权衡（例如，注册会计师只能在合理的时间内以合理的成本完成审计工作）。

选项 D 错误，注册会计师的胜任能力不足够不属于"固有"局限性，因为换个人就可以解决这个问题，不是固有限制。

8.【答案】A

【解析】

① 选项 A 说法错误，选项 A 属于审计风险的定义，并非是检查风险的定义。

② 选项 B 说法正确，为教材原文考查。

③ 选项 C 说法正确，检查风险是注册会计师的"主观风险"，与审计程序设计的合理性和执行的有效性直接相关，但无法降为 0。

④ 选项 D 说法正确，注册会计师可以通过适当计划、在项目组成员之间进行恰当的职责分配、保持职业怀疑的态度以及监督、指导和复核项目组成员执行的审计工作降低检查风险。

9.【答案】A

【解析】

① 选项 A 说法错误，可接受的检查风险 = 可接受审计风险/评估的重大错报风险 =10%/35% =28.6%，不是 25%。

② 选项 B 说法正确，表达审计风险水平可以用"高""中等""低"等文字定性描述。

③ 选项 C 说法正确，由于审计只能提供合理保证，不能提供绝对保证，所以即使存在审计

风险并不意味着注册会计师要承担法律后果。

④ 选项 D 说法正确，重大错报风险是客观的，是审计前存在的风险，独立于财务报表审计而存在。

【抢分技巧】审计风险、重大错报风险、检查风险的区分技巧。

审计风险	“发表错误审计意见的可能性”，与“审计意见”直接挂钩
重大错报风险	报表本身存在的，独立于财务报表审计而存在，不能降低或控制，只能评估
检查风险	“实施程序后没有发现错报的风险”，能够降低或者控制

02 第二章　审计计划·答案

「考点1」初步业务活动（★★）

1.【答案】C

【解析】选项ABD要考虑，确定财务报告编制基础的可接受性时，需要考虑以下相关因素：①被审计单位的性质；②财务报表的目的；③财务报表的性质；④法律法规是否规定了适用的财务报告编制基础。

选项C无须考虑，遵照原文，选项C不属于考虑因素之一。

2.【答案】B

【解析】选项ACD包含，审计业务约定书的基本内容包括：①财务报表审计的目标与范围；②注册会计师的责任；③管理层的责任；④指出用于编制财务报表所适用的财务报告编制基础；⑤提及注册会计师拟出具的审计报告的预期形式和内容，以及对在特定情况下出具的审计报告可能不同于预期形式和内容的说明。

选项B不包含，出具审计报告的日期不属于业务约定书的基本内容。对于具体的出具日期，是注册会计师在总体审计策略和具体审计计划中预计的，一般不会写在约定书中，且审计过程中可能出现各种变化，出具报告的日期也可能调整。

3.【答案】ACD

【解析】选项ACD正确，初步业务活动的内容包括：①评价遵守相关职业道德要求的情况；②针对保持客户关系和具体审计业务，实施相应的质量管理程序；③就审计业务约定条款达成一致意见。

选项B错误，确定审计范围和项目组成员属于总体审计策略的范畴。

4.【答案】C

【解析】选项ABD属于，审计的前提条件包括：①确定管理层在编制财务报表时采用的财务报告编制基础是否是可接受的；②就管理层责任达成一致意见（选项ABD属于管理层责任），即确定管理层是否认可并理解其与财务报表相关的责任。

选项C错误，管理层是否承诺更正审计过程中识别出的重大错报并不属于审计的前提条件。其次，“管理层并不需要承诺更正审计过程中的重大错报”这句话本身就是错的。

5.【答案】AB

【解析】选项AB正确，导致业务变更的合理理由只有：①环境变化对审计服务的需求产生影响；②对原来要求的审计业务的性质存在误解。

选项CD错误，无论是管理层施加的还是其他情况引起的审计范围受到限制，通常不被认为是变更业务的合理理由。

【抢分技巧】审计业务约定条款的变更的合理理由和不合理理由的区分是常见考点，按关键词直接“秒杀”即可。

<table>
<tr><td>变更理由</td><td>是否合理</td><td colspan="2">能否提及之前的业务以及原审计业务中已执行的程序</td></tr>
<tr><td rowspan="2">①环境变化；
②存在误解</td><td rowspan="2">合理</td><td>审计→审阅、其他相关服务</td><td>不可以</td></tr>
<tr><td>审计→商定程序</td><td>可以</td></tr>
<tr><td>审计范围受到限制</td><td>不合理</td><td colspan="2"></td></tr>
</table>

6.【答案】B

【解析】

① 选项 A 说法正确，审计业务约定书的基本内容包括：a. 财务报表审计的目标与范围；b. 注册会计师的责任；c. 管理层的责任；d. 指出用于编制财务报表所适用的财务报告编制基础；e. 提及注册会计师拟出具的审计报告的预期形式和内容，以及对在特定情况下出具的审计报告可能不同于预期形式和内容的说明。

② 选项 B 说法错误，如果母公司的注册会计师同时也是组成部分的注册会计师，需要考虑下列因素，决定是否向组成部分单独致送审计业务约定书：a. 组成部分注册会计师的委托人；b. 是否对组成部分单独出具审计报告；c. 与审计委托相关的法律法规的规定；d. 母公司占组成部分的所有权份额；e. 组成部分管理层相对于母公司的独立程度。

③ 选项 C 说法正确，为教材原文考查。

④ 选项 D 说法正确，确定审计前提条件是签订审计业务约定书前应该做的工作。

7.【答案】ABCD

【解析】选项 ABCD 均正确，确定财务报告编制基础的可接受性时，需要考虑以下相关因素：①被审计单位的性质；②财务报表的目的；③财务报表的性质；④法律法规是否规定了适用的财务报告编制基础。

这类遵照原文的考点需要进行适当记忆。

8.【答案】ABC

【解析】选项 ABC 正确，初步业务活动的目的包括：①具备执行业务所需的独立性和专业胜任能力；②不存在因管理层诚信问题而可能影响注册会计师保持该项业务的意愿的事项；③与被审计单位之间不存在对业务约定条款的误解。

选项 D 错误，承接业务后进行风险评估程序的目的是识别被审计单位存在的重大错报风险。

【抢分技巧】初步业务活动的目的和内容常见的考试形式是给出一些事项判断是否属于初步业务活动。目前的考试方式就是原文考查，因此解题技巧以尊重原文为主，同时也要关注常见的干扰项。

<table>
<tr><td colspan="2">属于初步业务活动</td><td>不属于初步业务活动的内容</td></tr>
<tr><td>目的</td><td>内容</td><td rowspan="2">✐确定审计范围和项目组成员
✐识别被审计单位存在的重大错报风险</td></tr>
<tr><td>具备执行业务所需的独立性和专业胜任能力</td><td>评价遵守相关职业道德要求的情况</td></tr>
</table>

续表

属于初步业务活动		不属于初步业务活动的内容
目的	内容	
不存在因管理层诚信问题而可能影响注册会计师保持该项业务的意愿的事项	针对保持客户关系和具体审计业务，实施相应的质量管理程序	✐在执行首次审计业务时，查阅前任注册会计师的审计工作底稿 ✐确定项目组成员及拟利用的专家
与被审计单位之间不存在对业务约定条款的误解	就审计业务约定条款与被审计单位达成一致意见	

「考点2」总体审计策略和具体审计计划（★）

1. **【答案】** D

【解析】

① 选项A说法正确，根据《中国注册会计师审计准则第1201号——计划审计工作》，在制定总体审计策略时，注册会计师应当考虑初步业务活动的结果。

② 选项B说法正确，具体审计计划包括：a. 风险评估程序；b. 计划实施的进一步审计程序；c. 计划其他审计程序。

③ 选项C说法正确，为教材原文考查。

④ 选项D说法错误，总体审计策略指导具体审计计划的制定，通常在具体审计计划之前。但两项计划具有内在紧密联系，对其中一项的决定可以影响甚至改变另一项的决定。

2. **【答案】** C

【解析】 选项ABD不当选，确定对项目组成员的指导、监督以及对其工作进行复核的性质、时间安排和范围主要取决于下列因素：

① 被审计单位的规模和复杂程度（选项A）；

② 审计领域；

③ 评估的重大错报风险（选项B）；

④ 执行审计工作的项目组成员的专业素质和胜任能力（选项D）。

选项C当选，关键词是“项目组内部”复核，项目质量管理复核人不是项目组内部成员。

3. **【答案】** ABC

【解析】 在确定编制财务报表所采用的财务报告编制基础的可接受性时，注册会计师需要考虑下列相关因素：

①被审计单位的性质（选项B正确）；②财务报表的目的（选项C正确）；③财务报表的性质（选项A正确）；④法律法规是否规定了适用的财务报告编制基础。

4. **【答案】** CD

【解析】

① 选项A错误，确定重要性是在制定总体审计策略时考虑。

② 选项B错误，确定是否需要实施项目质量管理复核是在制定总体审计策略的审计资源时确定的。

③ 选项 CD 正确，为获取充分、适当的审计证据，而确定审计程序的性质、时间安排和范围，是具体审计计划的核心。具体审计计划包括：a. 风险评估程序；b. 计划实施的进一步审计程序；c. 其他审计程序。

5.【答案】A

【解析】

① 选项 A 正确，制定总体审计策略的过程通常在具体审计计划之前。

② 选项 B 错误，总体审计策略指导具体审计计划的制定，通常在具体审计计划之前。但两项计划具有内在紧密联系，对其中一项的决定可以影响甚至改变另一项的决定。

③ 选项 C 错误，具体审计计划的核心是确定审计程序的性质、时间安排和范围。核心词是“程序”。审计范围属于总体审计策略的内容。

④ 选项 D 错误，计划审计工作并非审计业务的一个孤立阶段，而是一个持续的、不断修正的过程，贯穿于整个审计业务的始终。在进一步审计程序前需要制定计划，进一步审计程序完成以后也可能需要调整审计计划。

【抢分技巧】总体审计策略和具体审计计划的联系和区别属于常考点。考核关键点如下表：

区别	联系
围绕核心词“程序”展开的就是具体审计计划，其余的都是总体审计策略。 特别关注审计方案（或总体审计方案）属于具体审计计划的范畴	总体审计策略通常在具体审计计划之前。 但两项计划具有内在紧密联系，对其中一项的决定可以影响甚至改变另一项的决定（即具体审计计划对总体审计策略也有反向影响）

「考点3」重要性（★★★）

1.【答案】B

【解析】在选择基准时，需要考虑的因素包括：

① 财务报表要素（如资产、负债、所有者权益、收入和费用）；

② 是否存在特定会计主体的财务报表使用者特别关注的项目（如为了评价财务业绩，使用者可能更关注利润、收入或净资产）；

③ 被审计单位的性质（选项 D）、所处的生命周期阶段以及所处行业和经济环境；

④ 被审计单位的所有权结构（选项 A）和融资方式（选项 C）（例如，如果被审计单位仅通过债务而非权益进行融资，财务报表使用者可能更关注资产及资产的索偿权，而非被审计单位的收益）；

⑤ 基准的相对波动性。

选项 B 错误，是否为首次接受委托的审计项目影响实际执行重要性。

2.【答案】C

【解析】

① 选项 A 说法正确，注册会计师在制定总体审计策略时应当确定财务报表整体的重要性。

② 选项 B 说法正确，确定财务报表整体的重要性不仅要考虑定量方面还要考虑定性方面。

③ 选项 C 说法错误，审计风险不影响财务报表整体的重要性，相反财务报表整体的重要性

金额越高，审计程序的范围越小，审计风险越高。

④ 选项 D 说法正确，重要性不是一成不变的，可能需要在审计过程中作出修改。由于存在下列原因，注册会计师可能需要修改财务报表整体的重要性和特定类别的交易、账户余额或披露的重要性水平：a. 审计过程中情况发生重大变化（如决定处置被审计单位的一个重要组成部分）；b. 获取新信息；c. 通过实施进一步审计程序，注册会计师对被审计单位及其经营所了解的情况发生变化。

3.【答案】C

【解析】

① 选项 AB 说法正确，“实际执行的重要性”是指注册会计师确定的低于“财务报表整体重要性”的一个或多个金额。

② 选项 C 说法错误，“实际执行的重要性”是指注册会计师确定的低于“财务报表整体重要性”的一个或多个金额，旨在将未更正和未发现错报的汇总数超过“财务报表整体重要性”的可能性降至适当的低水平。因为财务报表整体重要性在所有审计业务中都必须设定，所以实际执行重要性在所有的审计业务中都需要确定。

③ 选项 D 说法正确，可容忍错报可以小于或等于实际执行的重要性水平。

4.【答案】ABCD

【解析】选项 ABCD 均正确。

财务报表整体重要性的目的	
计划审计工作阶段	①决定风险评估程序的性质、时间安排和范围
	②识别和评估重大错报风险
	③确定进一步审计程序的性质、时间安排和范围
形成审计结论阶段	评价已识别的错报对财务报表的影响和对审计报告中审计意见的影响

通常而言，实际执行的重要性通常为财务报表整体重要性的 50% ~75%。

5.【答案】ABD

【解析】选项 ABD 正确，尽管特定类别的交易、账户余额或披露发生的错报金额低于财务报表整体的重要性，但如果能够被合理预期，将对使用者根据财务报表做出的经济决策产生影响，例如：

① 法律法规或适用的财务报告编制基础是否影响财务报表使用者对特定项目（如关联方交易、管理层和治理层的薪酬及对具有较高估计不确定性的公允价值会计估计的敏感性分析）计量或披露的预期（选项 D）。

② 与被审计单位所处行业相关的关键性披露（如制药企业的研究与开发成本）（选项 A）。

③ 财务报表使用者是否特别关注财务报表中单独披露的业务的特定方面（如新收购的业务）（选项 B）。

按照上述教材原文描述，选项 C 错误。

6.【答案】B

【解析】选项 ACD 属于，注册会计师使用整体重要性水平的目的有：

① 决定风险评估程序的性质、时间安排和范围（选项 A）；

② 识别和评估重大错报风险（选项 D）；

③ 确定进一步审计程序的性质、时间安排和范围；

④ 评价已识别的错报对财务报表的影响和对审计报告中审计意见的影响（选项 C）。

选项 B 不属于，确定审计中识别出的错误是否需要累积是明显微小错报临界值的作用。

7.【答案】D

【解析】

① 选项 B 要考虑，确定“实际执行的重要性”应考虑的因素：

a. 对被审计单位的了解（这些了解在实施风险评估程序的过程中得到更新）；

b. 前期审计工作中识别出的错报的性质和范围（选项 B）；

c. 根据前期识别出的错报对本期错报作出的预期。

② 选项 AC 要考虑，通常而言，实际执行的重要性通常为财务报表整体重要性的 50% ~ 75%。如果存在下列情况，注册会计师可能考虑选择较低的百分比来确定实际执行的重要性：

a. 首次接受委托的审计项目（选项 A）；

b. 连续审计项目，以前年度审计调整较多；

c. 项目总体风险较高；

d. 存在或预期存在值得关注的内控缺陷（选项 C）。

③ 选项 D 不用考虑，是否存在财务报表使用者特别关注的项目属于选择财务报表整体重要性的基准时需要考虑的因素，注册会计师在确定实际执行的重要性时无须考虑。

8.【答案】ABD

【解析】

① 选项 A 正确，注册会计师在制定总体审计策略时，应当确定财务报表整体的重要性。

② 选项 B 正确，审计准则要求注册会计师确定低于财务报表整体重要性的一个或多个金额作为实际执行的重要性。

③ 选项 C 错误，如果在实施细节测试时不使用审计抽样，则可不确定可容忍错报。

④ 选项 D 正确，注册会计师需要在制定审计策略和审计计划时，确定一个明显微小错报的临界值，低于该临界值的错报视为明显微小的错报，可以不累积。

9.【答案】ABD

【解析】

① 选项 AB 正确，注册会计师在确定财务报表整体重要性水平选择基准时的考虑因素包括：

a. 财务报表要素（如资产、负债、所有者权益、收入和费用）；

b. 是否存在特定会计主体的财务报表使用者特别关注的项目（如为了评价财务业绩，使用者可能更关注利润、收入或净资产）；

c. 被审计单位的性质、所处的生命周期阶段以及所处行业和经济环境（选项 AB）；

d. 被审计单位的所有权结构和融资方式（例如，如果被审计单位仅通过债务而非权益进行融资，财务报表使用者可能更关注资产及资产的索偿权，而非被审计单位的收益）；

e. 基准的相对波动性。

② 选项 D 正确，注册会计师在确定财务报表整体重要性水平选择百分比时的考虑因素包括：

a. 被审计单位是否为上市公司或公众利益实体；

b. 财务报表使用者的范围（选项 D）；

c. 被审计单位是否由集团内部关联方提供融资或是否有大额对外融资（如债券或银行贷款）；

d. 财务报表使用者是否对基准数据特别敏感（如具有特殊目的的财务报表的使用者）。

③ 选项 C 错误，根据上述内容，选项 C 不属于在确定财务报表整体重要性水平时的考虑因素。

10. **【答案】** A

【解析】 选项 A 正确，注册会计师通常采用较高的百分比（接近 75%）确定实际执行的重要性：①连续审计项目，以前年度审计调整较少；②项目总体风险为低到中等（如处于低风险行业、管理层有足够的能力、市场或业绩压力较小）；③以前期间的审计经验表明内控运行有效。

选项 BCD 错误，采用较低百分比的情形（接近 50%）：①首次接受委托的审计项目；②连续审计项目，以前年度审计调整较多；③项目总体风险较高（如处于高风险行业、管理能力欠缺、经常面临较大市场竞争压力或业绩压力等）；④存在或预期存在值得关注的内控缺陷。

11. **【答案】** C

【解析】 选项 ABD 错误，根据下表选项 ABD 属于需要采用较低百分比确定实际执行重要性的情形。

选项 C 正确，根据下表选项 C 属于需要采用较高百分比确定实际执行重要性的情形。

实际执行的重要性通常为财务报表整体重要性的 50% ~75%

经验值	情形
接近财务报表整体重要性 50% 的情况（严）	① 首次接受委托的审计项目； ② 连续审计的项目，以前年度审计调整较多； ③ 项目总体风险较高（如处于高风险行业、管理能力欠缺、经常面临较大市场竞争压力或业绩压力等）； ④ 存在或者预期存在值得关注的内部控制缺陷
接近财务报表整体重要性 75% 的情况（宽）	① 连续审计的项目，以前年度审计调整较少； ② 项目总体风险低到中等（如处于低风险行业、管理层有足够的能力、市场或业绩压力较小）； ③ 以前期间的审计经验表明内部控制运行有效

12.【答案】D

【解析】

① 选项 A 错误，在确定重要性基准时，不需要考虑重大错报风险。

② 选项 B 错误，对于以营利为目的的被审计单位，注册会计师可能（注意，不是“应当”）选取经常性业务的税前利润作为基准。

③ 选项 C 错误，根据被审计单位的经营情况的变化，重要性水平的基准可以根据实际来变化，并不是一成不变。

④ 选项 D 正确，选定基准的相关数据，通常包括前期财务成果和财务状况、本期最新的财务成果和财务状况、本期的预算和预测结果。

13.【答案】C

【解析】

① 选项 A 错误，盈利水平稳定的企业，选择经常性业务的税前利润为基准。

② 选项 B 错误，处于开办期的企业，选择总资产为基准。

③ 选项 C 正确，为教材原文考查。

④ 选项 D 错误，公益性基金会，选择捐赠收入或捐赠支出总额为基准。

「考点 4」错报（★）

1.【答案】ABC

【解析】选项 ABC 正确，在确定明显微小错报的临界值时，注册会计师可能考虑以下因素：

① 以前年度审计中识别出的错报（包括已更正和未更正错报）的数量和金额（选项 A）；

② 重大错报风险的评估结果（选项 B）；

③ 被审计单位治理层和管理层对注册会计师与其沟通错报的期望；

④ 被审计单位的财务指标是否勉强达到监管机构的要求或投资者的期望（选项 C）。

选项 D 错误，根据上述内容，财务报表使用者的经济决策受错报影响的程度不是考虑因素之一。

2.【答案】C

【解析】选项 ABD 要考虑，注册会计师确定明显微小错报临界值时的考虑因素：

① 以前年度审计中识别出的错报的数量和金额（选项 B）；

② 重大错报风险的评估结果（选项 A）；

③ 被审计单位治理层和管理层对注册会计师与其沟通错报的期望（选项 D）；

④ 被审计单位的财务指标是否勉强达到监管机构的要求或投资者的期望。

选项 C 无须考虑，根据教材原文，选项 C 是无须考虑的因素。

【抢分技巧】确定财务报表整体重要性基准和百分比的考虑因素、实际执行重要性的考虑因素、特定类别交易、账户余额或披露的重要性水平的考虑因素以及明显微小错报临界值的考虑因素是常见的考点，要进行区别。

<table>
<tr><th colspan="2">各类型的重要性</th><th>考虑因素</th><th>不考虑的因素</th></tr>
<tr><td rowspan="2">财务报表整体重要性</td><td>基准</td><td>① 财务报表要素；
② 是否存在特定会计主体的财务报表使用者特别关注的项目；
③ 被审计单位的性质、所处的生命周期阶段以及所处行业和经济环境；
④ 被审计单位的所有权结构和融资方式；
⑤ 基准的相对波动性。
【提示】不考虑的有重大错报风险、以前年度错报情况</td><td rowspan="2">不需考虑与具体项目计量相关的固有不确定性</td></tr>
<tr><td>百分比</td><td>①被审计单位是否为上市公司或公众利益实体；
② 财务报表使用者的范围；
③ 被审计单位是否由集团内部关联方提供融资或是否有大额对外融资（如债券或银行贷款）；
④ 财务报表使用者是否对基准数据特别敏感（如具有特殊目的的财务报表的使用者）</td></tr>
<tr><td colspan="2">特定类别交易、账户余额或披露的重要性水平</td><td>① 法律法规或适用的财务报告编制基础是否影响财务报表使用者对特定项目计量或披露的预期；
② 与被审计单位所处行业相关的关键性披露；
③ 财务报表使用者是否特别关注财务报表中单独披露的业务的特定方面</td><td></td></tr>
<tr><td colspan="2">实际执行的重要性</td><td>① 对被审计单位的了解（这些了解在实施风险评估程序的过程中会得到更新）；
② 前期审计工作中识别出的错报的性质和范围；
③ 根据前期识别出的错报对本期错报作出的预期。
【提示】项目风险情况、被审计单位内部控制也是影响因素</td><td></td></tr>
<tr><td colspan="2">明显微小错报的临界值</td><td>① 以前年度审计中识别出的错报（包括已更正和未更正错报）的数量和余额；
② 重大错报风险的评估结果；
③ 被审计单位治理层和管理层对注册会计师与其沟通错报的期望；
④ 被审计单位的财务指标是否勉强达到监管机构的要求或投资者的期望</td><td></td></tr>
</table>

主观题部分

1.【答案】

事项❶，恰当。

事项❷，不恰当。由于 ABC 会计师事务所首次接受委托，甲公司处于新兴行业，属于高风险行业，且面临较大的竞争压力，应考虑选择较低的百分比来确定实际执行的重要性，如接近于 50%。

事项❸，恰当。

事项❹，不恰当。可能需要对金额低于实际执行的重要性的财务报表项目实施进一步审计程序，比如单个低于实际执行的重要性项目汇总起来可能金额重大，或者识别出存在舞弊风险的财务报表项目，或者存在低估风险的财务报表项目。

【解析】

事项❶，题干中说“甲公司处于新兴行业，面临较大竞争压力，目前侧重于抢占市场份额”“财务报表使用者最为关注收入指标”，因此选择营业收入作为基准是正确的。

事项❷，本题考查的是实际执行重要性百分比的选择。题干中影响百分比选择的因素包括：a. “首次接受委托”；b. 项目总体风险较高“甲公司处于新兴行业，面临较大竞争压力”；c. “甲公司以前年度内部控制运行良好、审计调整较少”。

根据 a 和 b 应该选择较低的百分比，但是根据 c 应该选择较高的百分比，整体来说要从严，所以最后结论是应该选择较低的百分比。

事项❸，注册会计师可能将明显微小错报的临界值确定为财务报表整体重要性的 3% ~5%，也可能低一些或高一些，但通常不超过财务报表整体重要性的 10%！除非注册会计师认为有必要单独为重分类错报确定一个更高的临界值。根据上述考点，3% 的比例没问题，其次，重分类错报的临界值不是必须单独确定，而是有必要可以单独确定，因此题干中选择不单独确定是正确的。

事项❹，本题考查的是进一步审计程序的范围，进一步审计程序的范围是由实际执行的重要性水平决定的，注册会计师在计划审计工作时可以根据实际执行的重要性确定需要对哪些类型的交易、账户余额和披露实施进一步审计程序，即通常选取金额超过实际执行的重要性的财务报表项目。但这不代表注册会计师可以对所有金额低于实际执行的重要性的财务报表项目不实施进一步审计程序，考虑因素：

a. 汇总：单个金额低于实际执行的重要性的财务报表项目汇总起来可能金额重大，注册会计师需要考虑汇总后的潜在错报风险。
b. 低估：对于存在低估风险的财务报表项目，不能仅仅因为其金额低于实际执行的重要性而不实施进一步审计程序。
c. 舞弊：对于识别出存在舞弊风险的财务报表项目，不能因为其金额低于实际执行的重要性而不实施进一步审计程序。

因此，即使金额低于实际执行的重要性也有可能要实施进一步审计程序。

【考点】基准选择考虑的因素、实际执行重要性百分比的选择、明显微小错报临界值确定、进一步审计程序范围、可容忍错报确定、错报的性质

2. **【答案】**不恰当。不应替换原工作底稿，应当在原工作底稿的基础上记录对审计计划作出的重大修改及其理由。

   【解析】“用新编制的审计计划工作底稿替换了原工作底稿”说明审计计划发生重大变化以后原计划的底稿删除了，是错误的，不能删除，都需要记录，并记录更改原因。

3. **【答案】**不恰当。其他应付款存在低估风险/还应当考虑舞弊风险，不能仅因为其金额低于实际执行的重要性而不实施进一步审计程序。

   【解析】注册会计师在计划审计工作时可以根据实际执行的重要性确定需要对哪些类型的交易、账户余额和披露实施进一步审计程序，即通常选取金额超过实际执行的重要性的财务报表项目。但这不代表注册会计师可以对所有金额低于实际执行的重要性的财务报表项目不实施进一步审计程序，考虑因素：

   ① 汇总：单个金额低于实际执行的重要性的财务报表项目汇总起来可能金额重大，注册会

计师需要考虑汇总后的潜在错报风险。

② 低估：对于存在低估风险的财务报表项目，不能仅仅因为其金额低于实际执行的重要性而不实施进一步审计程序。

③ 舞弊：对于识别出存在舞弊风险的财务报表项目，不能因为其金额低于实际执行的重要性而不实施进一步审计程序。

因此，即使金额低于实际执行重要性也有可能要实施进一步审计程序。

4. **【答案】** 不恰当。单个金额低于实际执行的重要性的项目汇总起来可能金额重大，需要考虑汇总后的潜在风险；对存在低估风险的财务报表项目，不能因为其金额低于实际执行的重要性而不实施进一步审计程序。

【解析】 本题考查的是进一步审计程序的范围，进一步审计程序的范围是由实际执行重要性水平决定的。进一步审计程序的范围为：通常选取金额超过实际执行的重要性的财务报表项目，但这不代表注册会计师可以对所有金额低于实际执行的重要性的财务报表项目不实施进一步审计程序，考虑因素：

① 汇总：单个金额低于实际执行的重要性的财务报表项目汇总起来可能金额重大，注册会计师需要考虑汇总后的潜在错报风险。

② 低估：对于存在低估风险的财务报表项目，不能仅仅因为其金额低于实际执行的重要性而不实施进一步审计程序。

③ 舞弊：对于识别出存在舞弊风险的财务报表项目，不能因为其金额低于实际执行的重要性而不实施进一步审计程序。

题干中范围只包括“金额高于实际执行的重要性的财务报表项目”和“金额低于实际执行的重要性但存在舞弊风险的财务报表项目”，因此范围不完整。

03 第三章　审计证据·答案

「考点1」审计证据的性质（★★★）

1.【答案】C

【解析】

①选项ABD说法正确，为教材原文考查。

②选项C说法错误，在某些情况下，信息的缺乏本身也构成审计证据。

2.【答案】C

【解析】

①选项A说法正确，相关且可靠的审计证据是高质量的审计证据，所以适当性包括相关性和可靠性两个方面。

②选项B说法正确，适当性包括相关性和可靠性两个方面，审计证据的相关性说的就是适当性，适当性影响充分性。

③选项C说法错误，相关且可靠的审计证据是高质量的审计证据，但是可靠性和相关性之间没有关系。

④选项D说法正确，审计证据的相关性可能受测试方向的影响。如“顺查”查完整，“逆查”查存在或发生。

3.【答案】AB

【解析】审计工作通常不涉及鉴定文件记录的真伪，注册会计师也不是鉴定文件记录真伪的专家，选项C错误。

职业怀疑要求客观评价管理层和治理层，并不是质疑管理层的诚信，选项D错误。

4.【答案】B

【解析】选项ACD影响，审计证据的可靠性受其来源和性质（存在形式）的影响，并取决于获取审计证据的具体环境（内部控制）。

选项B不影响，用作审计证据的信息与认定之间的关系说的是相关性，不影响可靠性。

5.【答案】C

【解析】

①选项A正确，充分性衡量数量，适当性衡量质量。

②选项B正确，为教材原文考查。

③选项C错误，选项D正确，审计证据的充分性不影响审计证据的适当性，反过来，适当性影响充分性。

6.【答案】D

【解析】

①选项AC说法正确，审计证据的质量影响数量，但是数量可能无法弥补质量上的缺陷（数量不影响质量）。

②选项B说法正确，审计证据的适当性是对审计证据质量的衡量，只有相关且可靠的审计

证据才是高质量的审计证据。

③ 选项 D 说法错误，审计证据的充分性是对审计证据数量的衡量，审计证据适当性是对审计证据质量的衡量。

7.【答案】C

【解析】

① 选项 A 说法正确，审计证据的充分性是对数量的衡量，适当性是对审计证据质量的衡量。

② 选项 B 说法正确，审计证据的质量（适当性）与审计证据的相关性和可靠性有关。

③ 选项 C 说法错误，仅靠审计证据的数量可能无法弥补质量的缺陷。

④ 选项 D 说法正确，审计证据的质量影响数量，但是数量对质量没有影响。

8.【答案】D

【解析】

① 选项 A 错误，只有相关且可靠的审计证据才是高质量的。

② 选项 B 错误，审计证据的充分性（数量）不影响适当性，即充分性也不影响可靠性。

③ 选项 C 错误，审计证据的可靠性是相对的，不是绝对的，内部控制薄弱时生成的审计证据有可能是可靠的，内部控制有效时生成的审计证据也有可能是不可靠的。

④ 选项 D 正确，外部独立来源获取的审计证据比其他来源获取的审计证据更可靠，但是可靠性是相对的，不是绝对的，外部独立来源获取的审计证据可能是不可靠的，其他来源获取的审计证据也可能是可靠的。

9.【答案】B

【解析】

① 选项 A 说法正确，从外部独立来源获取的审计证据比从其他来源获取的审计证据更可靠。

② 选项 B 说法错误，不同证据发生矛盾时，不能妄然评定孰对孰错，应当追加必要的审计程序。

③ 选项 C 说法正确，审计证据的相关性可能受测试方向的影响，如“顺查”查完整，“逆查”查存在或发生。

④ 选项 D 说法正确，为教材原文考查。

10.【答案】C

【解析】

① 选项 A 错误，审计证据产生矛盾，首先应查明原因，不能直接相信任何一个证据。

② 选项 B 错误，审计证据包括会计师事务所接受与保持客户或业务时实施质量管理程序获取的信息。

③ 选项 C 正确，注册会计师可以考虑获取审计证据的成本与所获取信息的有用性之间的关系，但不应以获取审计证据的困难和成本为由减少不可替代的审计程序。

④ 选项 D 错误，审计工作通常不涉及鉴定文件记录的真伪，注册会计师也不是鉴定文件记录真伪的专家，但应当考虑用作审计证据的信息的可靠性。如果在审计过程中识别出的情况使其认为文件记录可能是伪造的，注册会计师应当作出进一步调查。

【抢分技巧】 审计证据充分性和适当性的关系、影响充分性和适当性的因素是常见考点，大家可以通过下图予以区分并清晰掌握。

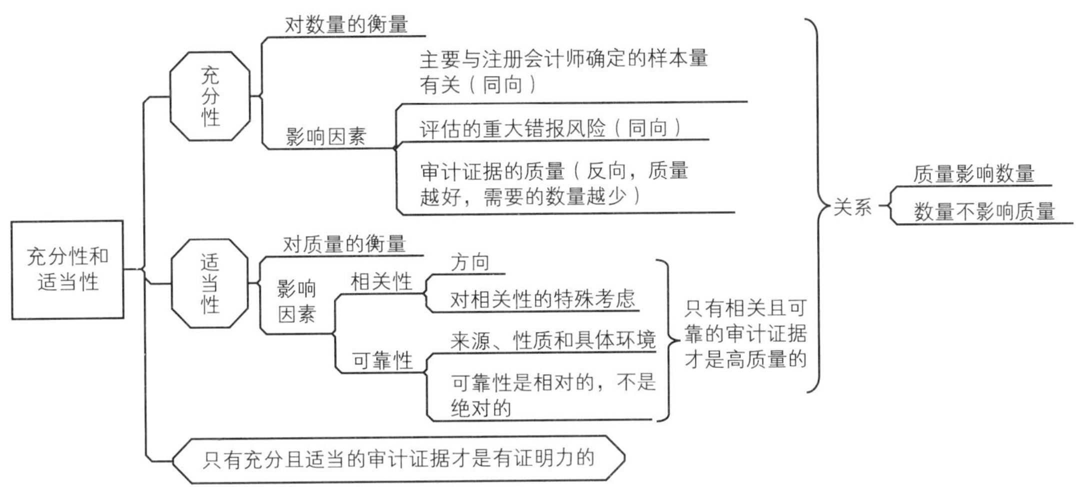

11. **【答案】** ABCD

【解析】 选项 ABCD 正确，审计证据包括：

① 注册会计师在本期或以前审计中获取的信息（选项 AB）；

② 会计师事务所接受与保持客户或业务时实施质量管理程序获取的信息（选项 C）；

③ 被审计单位雇用或聘请专家编制的信息（选项 D）。

「考点2」审计程序（★）

1. **【答案】** A

【解析】 选项 A 不适用，重新执行仅适用于控制测试，不适用于细节测试。

选项 BCD 适用，细节测试的程序包括询问、观察、检查、函证、重新计算。

2. **【答案】** C

【解析】 针对某些事项，注册会计师可能认为有必要向管理层和治理层（如适用）获取书面声明，以证实对口头询问的答复，选项 C 错误。

「考点3」函证（★★★）

1. **【答案】** ACD

【解析】 选项 ACD 正确，在作出函证决策时，注册会计师应当考虑以下主要因素：①评估的认定层次重大错报风险（选项 A）；②函证程序针对的认定（选项 C）；③实施除函证以外的其他审计程序，注册会计师还可以考虑以下因素：①被询证者对函证事项的了解；②预期被询证者回复询证函的能力或意愿；③预期被询证者的客观性（选项 D）。

选项 B 错误，在确定是否实施函证时，需要考虑的是预期被询证者的配合程度，而非被审计单位管理层的配合程度。

2.【答案】ABD

【解析】

① 选项 A 说法错误，只对询证函进行口头回复不能作为可靠的审计证据。

② 选项 B 说法错误，回函中格式化的免责条款不影响回函可靠性，某些限制条款可能使注册会计师对回函中所包含信息的完整性、准确性或注册会计师能够信赖其所含信息的程度产生怀疑。

③ 选项 C 说法正确，询证函的回函不能由被审计单位转交。

④ 选项 D 说法错误，如果对电子形式的回函，确认程序安全并得到适当控制，则会提高相关回函的可靠性。

3.【答案】D

【解析】

① 选项 A 说法正确，如果在合理时间内没有收到积极式询证函回函，注册会计师应当考虑必要时再次向被询证者寄发询证函。

② 选项 B 说法正确，如果认为管理层不允许寄发询证函的原因不合理，或实施替代程序无法获取相关、可靠的审计证据，注册会计师应当确定其对审计工作和审计意见的影响，可能发表非无保留意见，注意不是一定发表非无保留意见，是有这种可能性。

③ 选项 C 说法正确，如果注册会计师认为取得积极式函证回函是获取充分、适当的审计证据的必要程序，则替代程序不能提供注册会计师所需要的审计证据。

④ 选项 D 说法错误，为了确保对函证全过程的控制，防止被审计单位与被询证者串通舞弊，不应由被审计单位催收询证函。

4.【答案】D

【解析】在作出函证决策时，注册会计师应当考虑以下三个主要因素：①评估的认定层次重大错报风险；②函证程序针对的认定；③实施除函证以外的其他审计程序。

选项 ABC 正确，选项 D 错误，注册会计师还可以考虑以下因素以确定是否选择函证程序作为实质性程序：①被询证者对函证事项的了解（选项 A）；②预期被询证者回复询证函的能力和意愿（选项 B）；③预期被询证者的客观性（选项 C 正确，选项 D 错误）。

「考点 4」分析程序（★★★）

1.【答案】A

【解析】

① 选项 A 说法错误，分析程序可用于风险评估程序、实质性程序及总体复核，在风险评估阶段和总体复核阶段必须运用分析程序，所以注册会计师需要在所有审计业务中运用分析程序。

② 选项 B 说法正确，实质性分析程序不仅仅是细节测试的一种补充，在某些审计领域，如果重大错报风险较低且数据之间具有稳定的预期关系，注册会计师可以单独使用实质性分析程序获取充分适当的审计证据。

③ 选项 C 说法正确，分析程序适用于在一段时期内存在预期关系的大量交易，并不适用所有的财务报表认定。

④ 选项 D 说法正确，分析程序所使用的信息包括财务数据和非财务数据。

2.【答案】B

【解析】选项 B 无须考虑，选项 ACD 考虑，可接受的差异额受重要性、计划的保证水平以及评估的重大错报风险的影响。评估的重大错报风险越高，需要的审计证据越多，可接受的差异额也会降低，可接受差异额必须小于或等于实际执行的重要性。

3.【答案】B

【解析】选项 ACD 有关，选项 B 无关，与作出预期所使用数据的可靠性相关的有：

① 可获得信息的来源；

② 可获得信息的可比性（选项 C）；

③ 可获得信息的性质和相关性（选项 A）；

④ 与信息编制相关的控制（选项 D）。

4.【答案】C

【解析】

① 选项 A 说法正确，从精确度上来说，实质性分析程序的精确度低于细节测试。

② 选项 B 说法正确，分析程序适用于在一段时期内存在预期关系的大量交易，并不适用所有的财务报表认定（例如，针对账户余额的权利和义务）。

③ 选项 C 说法错误，实质性分析程序与细节测试都可用于收集审计证据，以识别财务报表认定层次的重大错报风险。当使用分析程序比细节测试能更有效地将认定层次的检查风险降至可接受的水平时，注册会计师可以考虑单独或结合细节测试。

④ 选项 D 说法正确，当使用分析程序比细节测试能更有效地将认定层次的检查风险降至可接受的水平时，注册会计师可以考虑单独或结合细节测试，运用实质性分析程序。

5.【答案】C

【解析】

① 选项 A 说法正确，风险评估程序的分析程序中所使用的数据汇总性比较强，这是相对于实质性分析程序中的分析程序来讲的。

② 选项 BD 说法正确，为教材原文考查。

③ 选项 C 说法错误，分析程序都需要设定预期值。

6.【答案】B

【解析】

① 选项 A 说法正确，在临近审计结束时运用分析程序的重点通常集中在财务报表层次。

② 选项 B 说法错误，注册会计师在总体复核阶段实施分析程序的目的是确定财务报表整体是否与其对被审计单位的了解一致。

③ 选项 C 说法正确，在临近审计结束时运用分析程序采用的方法与风险评估程序中使用的分析程序基本相同。

④ 选项 D 说法正确，实质性分析程序是为了对特定账户余额和披露提供实质性的保证水平，而在临近审计结束时运用分析程序并非为了这个目的，其目的是确定财务报表整体是否与其对被审计单位的了解一致。

7.【答案】B

【解析】

① 选项 A 错误，分析程序是指注册会计师通过分析不同财务数据之间以及财务数据与非财务数据之间的内在关系，对财务信息作出评价，不只包括财务数据。

② 选项 B 正确，注册会计师无须在了解被审计单位及其环境的各个方面实施分析程序，如了解内部控制。

③ 选项 C 错误，当分析程序能够更有效地将认定层次的检查风险降至可接受的水平时，分析程序可以用作实质性程序，此时实质性分析程序比细节测试更有效。

④ 选项 D 错误，用于总体复核的分析程序的主要目的在于确定财务报表整体是否与其对被审计单位的了解一致。

8.【答案】ACD

【解析】选项 ACD 正确，注册会计师在确定实质性分析程序的可接受差异额时，需要考虑：

① 重要性（选项 A）；

② 计划的保证水平（选项 C）；

③ 一项错报单独或连同其他错报导致财务报表发生重大错报的可能性（选项 D）。

选项 B 错误，根据上述内容，选项 B 不属于考虑因素。

主观题部分

1.【答案】

事项❶，恰当。

事项❷，恰当。

事项❸，不恰当。应当对应收账款实施函证，除非不重要或函证很可能无效/收款单据和银行对账单可能不可靠。

事项❹，不恰当。没有核实微信联络人的身份。

【解析】

事项❶，询证函发出之前，注册会计师应将部分或全部被询证者的名称、地址与被审计单位有关记录进行核对，以确保询证函的名称、地址等内容的准确性。如何核对（以下方法择其一即可）？包括但不限于：

a. 通过拨打公共查询电话核实被询证者的名称和地址；

b. 通过被询证者的网站或其他公开网站核对被询证者的名称和地址（题干采用的是这个方法，所以正确）；

c. 将被询证者的名称和地址信息与被审计单位持有的相关合同等文件核对；

d. 对于供应商或客户，可以将被询证者的名称、地址与被审计单位收到或开具的增值税专用发票中的对方单位名称、地址进行核对。

事项❷，审计项目组已将经过被审计单位授权盖章的纸质询证函寄给银行，但银行由于疫情原因无法及时接收或回复询证函。在这种情况下，根据财政部、中国银保监会《关于进一步规范银行函证及回函工作的通知》规定，会计师事务所对被审计单位开户行的回函真实性存有疑虑或开户行未对全部函证事项及时回函的情况下，可向开户行的上级行反映投诉，上级行应督促开户行积极配合办理，或由上级行直接办理。因此，审计项目组可以考虑向被询证银行的上级行或总行反映相关情况，提请上级行或总行代为办理回函，或由总行指定其他分行代为办理回函。

上述规定没有收录进教材中，属于热点考点。

事项❸，2020 年 3 月收回了应收账款不满足不函证的理由，应当实施函证。

事项❹，收到电子邮件回函以后应当和被询证者取得联系核实，本题中这一步没问题。但是核实的方式有问题，没有对丙公司财务人员的微信号进行核实，不能判断真的是丙公司财务人员，所以不正确，应该确认对方的身份。

【考点】函证的实施与评价、函证内容

2.【答案】恰当。

【解析】计件工资制的意思是，产量 × 计件工资标准 = 直接人工成本。“取得了生产部门提供的产量统计报告和人事部门提供的计件工资标准，评价了相关信息的可靠性”说明针对被审计单位给予的资料没有直接拿来就用，而是进行了评价，说明产量和计件工资标准都不存在问题，由此得出的直接人工成本的预期值也是准确的，因此恰当。

本题的考点是针对被审计单位提供的信息，不能拿来就用，必须进行评价，包括评价信息的完整性和准确性。题干中评价了可靠性，就等于评价了准确性和完整性。

【考点】评价信息的完整性和准确性

3.【答案】

事项❶，不恰当。注册会计师应当对重要的银行借款实施函证程序。

事项❷，不恰当。评估的重大错报风险较高时，注册会计师应在期末或接近期末实施函证/在期末审计时应再次发函/只有重大错报风险评估为低水平，才可以在期中实施函证。

事项❸，不恰当。函证不能为准确性、计价和分摊认定/应收账款坏账准备计提提供充分、适当的证据。

事项❹，不恰当。注册会计师还应考虑可能存在重大的舞弊或错误，以及管理层的诚信度。

事项❺，恰当。

【解析】

事项❶，大额银行借款应当实施函证。只有银行借款不重要且风险很低才可以不实施函证，本题银行借款是大额，所以重要，应当实施函证。

事项❷，本题考查函证的时间。“重大错报风险较高”，所以“在期中审计时对截至 2017 年 9 月末的余额实施了函证程序”，逻辑存在错误。只有重大错报风险评估为低水平，才可以在期中实施函证。

事项❸，函证主要是针对存在性，不能为应收账款的坏账准备提供充分证据。

事项❹，当被审计单位管理层要求对拟函证的某些账户余额或其他信息不实施函证时，注册会计师应当考虑该项要求是否合理，并获取审计证据予以支持。如果认为管理层的要求合理，注册会计师应当实施替代审计程序。以获取与这些账户余额或其他信息相关的充分、适当的审计证据。如果认为管理层的要求不合理，且被其阻挠而无法实施函证，注册会计师应当视为审计范围受到限制，并考虑对审计报告可能产生的影响。

分析管理层要求不实施函证的原因时，注册会计师应当保持职业怀疑态度，并考虑（不管理由是否合理都应该考虑）：

a. 管理层是否诚信；

b. 是否可能存在重大的舞弊或错误；

c. 替代审计程序能否提供与这些账户余额或其他信息相关的充分、适当的审计证据。

题干中理由合理，直接实施了替代审计程序，没有额外考虑上面三点。

注意，题干中已经打算实施替代性审计程序了，说明替代程序可以获取充分证据，所以只需要额外考虑❶和❷即可。

事项❺，应付账款存在低估风险，要求被询证者提供余额信息可以实现审计目标。

【考点】函证范围、函证时间、函证的实施

4. **【答案】**

事项❶，恰当。

事项❷，不恰当。客户清单属于内部信息/客户清单并不是用以验证发函地址准确性的适当证据/应当通过合同、公开网站等来源核对地址。

事项❸，不恰当。应对所有未回函的余额实施替代程序。

事项❹，不恰当。应从供应商清单中选取函证对象/从应付账款明细账中选取函证对象不足以应对低估风险。

【解析】

事项❶，本题的问题是注册会计师收不到回函怎么办，不是没有发函，应该实施替代性审计程序，题干中注册会计师实施的替代性审计程序可以证明某人民币银行账户确实已经注销，所以正确。

事项❷，询证函发出之前，注册会计师应将部分或全部被询证者的名称、地址与被审计单位有关记录进行核对，以确保询证函的名称、地址等内容的准确性。如何核对（以下方法择其一即可）？包括但不限于：

a. 通过拨打公共查询电话核实被询证者的名称和地址；

b. 通过被询证者的网站或其他公开网站核对被询证者的名称和地址；

c. 将被询证者的名称和地址信息与被审计单位持有的相关合同等文件核对。

题干中注册会计师核对的方式是与销售部门提供的客户清单中的地址进行核对，销售部门的客户清单可靠性较弱，核对方式不对。

事项❸，有 15 家客户未回函，应该对这 15 家全部实施替代性审计程序。

事项❹，“甲公司未对货到票未到的原材料进行暂估”这句话说明是应该暂估应付账款而不暂估，属于存在低估风险。应付账款低估风险应从供应商清单中选取函证对象，而不是应付账款明细账。

【考点】积极式函证未收到回函时的处理、函证过程的控制、回函中不符事项的处理、函证对象

5. **【答案】**不恰当。注册会计师应当验证传真件回函的可靠性。

【解析】收到传真件回函要跟被询证者取得联系核实回函的来源和内容。

6. **【答案】**不恰当。该条款影响回函可靠性。

【解析】“接收人不能依赖函证中的信息”影响回函可靠性。

7.【答案】

事项❶，恰当。

事项❷，不恰当。仅挑选大金额主要供应商实施函证不能应对低估的错报风险/还应选取小额或零余额账户。

事项❸，不恰当。注册会计师应当观察函证的处理过程/需要在整个过程中保持对询证函的控制。

事项❹，不恰当。注册会计师应当调查不符事项，以确定是否存在错报。

事项❺，不恰当。注册会计师应当对该情况进行核实/口头证据不充分，还应实施其他审计程序/仅询问程序不足。

事项❻，不恰当。未直接取得回函影响回函的可靠性/应取得戊公司直接寄发的询证函回函。

【解析】

事项❶，询证函发出之前，注册会计师应将部分或全部被询证者的名称、地址与被审计单位有关记录进行核对，以确保询证函的名称、地址等内容的准确性。如何核对（以下方法择其一即可）？包括但不限于：

a. 通过拨打公共查询电话核实被询证者的名称和地址；

b. 通过被询证者的网站或其他公开网站核对被询证者的名称和地址；

c. 将被询证者的名称和地址信息与被审计单位持有的相关合同等文件核对（题干采用的是这个方法，所以正确）；

d. 对于供应商或客户，可以将被询证者的名称、地址与被审计单位收到或开具的增值税专用发票中的对方单位名称、地址进行核对（题干采用的是这个方法，所以正确）。

事项❷，应付账款低估风险不能只选择大余额应付账款进行函证。

事项❸，“出纳到柜台办理相关事宜，审计项目组成员在等候区等候”是错误的，没有对询证函保持全过程控制。

事项❹，“年末应收账款余额100万元，回函金额90万元”说明回函存在不符事项。对回函中出现的不符事项的处理。注册会计师需要调查核实原因，确定其是否构成错报。“因差异金额高于明显微小错报的临界值，审计项目团队据此提出了审计调整建议”说明注册会计师将该差异直接当作错报处理了，是错误的，差异不一定是错报。

事项❺，“客户丁公司回函邮戳显示发函地址与甲公司提供的地址不一致”是存在舞弊迹象。解释是口头回复，也就是仅通过询问就获取了充分证据，错误。

事项❻，“审计项目团队收到戊公司境内关联公司代为寄发的询证函回函”并不是直接由被询证者发回的询证函，影响回函的可靠性，不能信赖。

8.【答案】

事项❶，不恰当。应根据2014年度的变化情况设定预期值。

事项❷，恰当。

事项❸，不恰当。测试与产量信息编制相关的内部控制/测试产量信息/应测试内部信息的可靠性。

事项❹，不恰当。在临近审计结束时，应当运用分析程序对财务报表进行总体复核/总体复核分析是必要程序。

【解析】

事项❶，“2014 年度市场需求显著下降”说明 2014 年的情况和上年有很大不同，但是注册会计师在实施分析程序时，仍然以上年的报表数为预期值，不正确，应该以今年的实际情况为预期值。

事项❷，可接受差异额的确定小于或等于实际执行重要性。“将实际执行的重要性作为已记录金额与预期值之间可接受的差异额”说明是等于，所以正确。

事项❸，题干逻辑为：因为选项来自非财务部门，结果可靠。这个逻辑很明显不成立，非财务部门提供的信息不一定可靠。

事项❹，总体复核时应当实施分析程序。审计中的“应当”就是必须要做的意思，什么理由都不行。

9. 【答案】

事项❶，不恰当。审计项目团队应当对银行存款账户（包括零余额账户和在本期内注销的账户）实施函证程序，除非有充分证据表明某一银行存款对财务报表不重要且与之相关的重大错报风险很低。

事项❷，不恰当。不能仅通过甲公司的解释（即口头证据）和提供的收款回单（被审计单位内部提供）获取证据，审计项目团队应实施其他审计程序，比如亲自到银行进行核实等。

【解析】

事项❶，审计项目团队认为货币资金的存在和完整性认定存在舞弊导致的重大错报风险，所以风险是高的，因此不满足不函证的条件。

事项❷，“询证函回函上的印章与以前年度的不同”是一件异常事项，风险较高，询问和检查被审计单位的收款回单并不能提供强有力的证据，最好亲自去银行核对验证。

10. 【答案】不恰当。注册会计师应将实际差异额与可接受差异额进行比较，不应仅认为低于实际执行的重要性水平而认为其不存在风险。

【解析】差异额应当和可接受差异额进行比较，而不是实际执行重要性水平。

11. 【答案】

事项❶，不恰当。注册会计师应当检查所有应收票据原件/仅检查复印件不足以获取充分、适当的审计证据/还应实施其他审计程序。

事项❷，恰当。

【解析】

事项❶，对于重大的应收票据应当获取更加可靠的审计证据。复印件不算可靠的审计证据。

事项❷，利用被审计单位的快递服务会导致回函失去可靠性。鉴于客户有回函的意愿，再次寄发询证函为正确的做法。

12. 【答案】恰当。

【解析】注册会计师应当对函证的全过程保持控制。题目中“A 注册会计师拟亲自向律师寄发由管理层编制的询证函”，发出前的控制体现为注册会计师“直接发出”，题目满足了这个要求。同时，为使函证程序能有效实施，在询证函发出前，注册会计师需要恰当地设计询证函并进行资料的核对，但在此题目中，注册会计师要求与律师进行直接沟通，所以即便询证函由管理层编制，注册会计师仍然保持了对这个过程的控制。

04 第四章　审计抽样方法·答案

「考点1」审计抽样的基本概念（★★★）

1.【答案】C

【解析】

① 检查风险取决于审计程序设计的合理性和执行的有效性，为教材原文考查（选项A）。

② 由于审计存在固有局限性，检查风险不可能降低为零（选项B）。

在使用审计抽样时，审计风险既可能受到抽样风险的影响，又可能受到非抽样风险的影响。

③ 抽样风险和非抽样风险在重大错报风险的评估和检查风险的确定过程中均可能涉及（选项C）。

④ 因为审计风险＝重大错报风险×检查风险，因此在既定的审计风险水平下，可接受的检查风险水平与认定层次重大错报风险的评估结果呈反向关系（选项D）。

2.【答案】A

【解析】选项A说法错误，非统计抽样无法客观计量抽样风险，统计抽样能够客观地计量抽样风险。

3.【答案】A

【解析】选项A说法错误，选项BC说法正确，代表性与整个样本而非样本中的单个项目相关，与样本规模无关，而与如何选取样本相关。

选项D说法正确，代表性通常只与错报的发生率而非错报的特定性质相关。

4.【答案】B

【解析】

① 选项A说法正确，非抽样风险的影响因素包括：

a. 选择了不适于实现特定目标的审计程序；

b. 选择的总体不适合于测试目标；

c. 未能适当地定义误差（选项A）；

d. 未能适当地评价审计发现的情况。

② 选项B说法错误，非抽样风险是注册会计师由于任何与抽样风险无关的原因而得出错误结论的风险。非抽样风险是由人为因素造成的，难以量化，注册会计师可以通过采取适当的质量管理政策和程序，对审计工作进行适当的指导、监督和复核，仔细设计审计程序，以及对审计实务的适当改进将非抽样风险降至可接受的水平。

③ 选项C说法正确，非抽样风险是人为原因导致的，而且在任何审计业务中都不能避免。

④ 选项D说法正确，对总体中所有的项目实施测试就是全查，全查可以消除抽样风险，非抽样风险和样本规模没有关系。

5.【答案】D

【解析】

① 选项A说法正确，在使用审计抽样时，审计风险既可能受到抽样风险的影响，又可能受

到非抽样风险的影响。抽样风险和非抽样风险在重大错报风险的评估和检查风险的确定过程中均可能涉及。

② 选项 B 说法正确，非抽样风险是人为原因导致的，难以量化。

③ 选项 C 说法正确，注册会计师可以通过采取适当的质量管理政策和程序，对审计工作进行适当的指导、监督和复核，仔细设计审计程序，以及对审计实务的适当改进，注册会计师可以将非抽样风险降至可接受的水平。

④ 选项 D 说法错误，扩大样本只能降低抽样风险，无法降低非抽样风险。

6.【答案】B

【解析】

① 选项 A 说法正确，如果样本的选取是无偏向的，该样本通常就具有了代表性。

② 选项 B 说法错误，代表性也指在既定的风险水平下，注册会计师根据样本得出的结论，与对整个总体实施与样本相同的审计程序得出的结论类似，而不是指根据样本测试结果推断的错报一定与总体中的错报完全相同。

③ 选项 C 说法正确，样本代表性与样本规模无关，而与如何选取样本相关。

④ 选项 D 说法正确，代表性通常只与错报的发生率而非错报的特定性质相关（例如，异常情况导致的样本错报就不具有代表性）。

【抢分技巧】关于样本代表性，大家可以记忆一个口诀。

三个相关、三个无关：整体相关、个别无关；方法相关、规模无关；发生率相关、性质无关。

7.【答案】ABCD

【解析】

① 选项 A 错误，风险评估程序通常不涉及审计抽样。

② 选择 B 错误，对于未留下运行轨迹的控制，注册会计师通常实施询问、观察等审计程序，以获取有关控制运行有效性的审计证据，此时不宜使用审计抽样。

③ 选项 C 错误，在被审计单位采用信息技术处理各类交易及其他信息时，注册会计师通常只需要测试信息技术一般控制，并从各类交易中选取一笔或几笔交易进行测试，就能获取有关信息技术应用控制运行有效性的审计证据，此时不需使用审计抽样。

④ 选项 D 错误，实质性程序包含细节测试和实质性分析程序，其中细节测试可以使用审计抽样，而实质性分析程序不宜使用审计抽样。

8.【答案】ABC

【解析】选项 ABC 正确，审计抽样应当同时具备三个基本特征：

① 对具有审计相关性的总体中低于百分之百的项目实施审计程序（选项 A）；

② 所有抽样单元都有被选取的机会（选项 C）；

③ 可以根据样本项目的测试结果推断出有关抽样总体的结论（选项 B）。

选项 D 错误，属于选取特定项目，不属于审计抽样。

9.【答案】D

【解析】

① 选项 A 错误，信赖过度风险属于抽样风险。

② 选项 B 错误，信赖过度风险影响审计的效果。

③ 选项 C 错误，信赖过度风险与控制测试相关，与细节测试不相关。

④ 选项 D 正确，信赖过度风险属于抽样风险，抽样风险和样本规模反向变动。

10. 【答案】C

【解析】

① 选项 A 说法正确，非统计抽样无法量化抽样风险，只能定性估计。

② 选项 B 说法正确，当注册会计师对总体中的所有项目都实施检查时，就是全查，不是抽样，既然不是抽样就不存在抽样风险。

③ 选项 C 说法错误，注册会计师未能恰当地定义误差将导致非抽样风险。

④ 选项 D 说法正确，无论是控制测试还是细节测试，抽样风险和样本规模均反向变动，因此扩大样本规模可以降低抽样风险。

11. 【答案】ABD

【解析】

① 选项 A 说法正确，非抽样风险是指由于任何与抽样风险无关的原因而得出错误结论的风险，所有审计程序中都可能会有。

② 选项 B 说法正确，保持职业怀疑有助于注册会计师更好地执行审计工作，降低非抽样风险。

③ 选项 C 说法错误，注册会计师通过扩大样本规模能够降低的是抽样风险，非抽样风险可以通过指导、监督和复核来降低。

④ 选项 D 说法正确，通过采取适当的质量管理政策和程序，对审计工作进行适当的指导、监督和复核，仔细设计审计程序，以及对审计实务的适当改进，注册会计师可以将非抽样风险降至可接受的水平。

12. 【答案】A

【解析】

① 选项 A 说法错误，选项 B 说法正确，信赖过度和误受风险表明被骗了，所以影响效果；信赖不足和误拒风险表明多干活了，吃亏了，所以影响效率。注册会计师更关注信赖过度风险和误受风险。

② 选项 C 说法正确，为教材原文考查。

③ 选项 D 说法正确，“依赖应收账款函证来揭露未入账的应收账款”的审计程序不足以实现审计目标，属于非抽样风险。

13. 【答案】D

【解析】

① 选项 AC 说法正确，只要存在抽样，就一定存在抽样风险。抽样样本规模越大，抽样风险越小。非抽样风险，是人为原因造成的，与样本规模无关。

② 选项 B 说法正确，统计抽样和非统计抽样的区别在于，统计抽样可以客观地计量抽样风险，通过调整样本规模精确地控制风险。

③ 选项 D 说法错误，控制测试中的抽样风险包括信赖过度风险和信赖不足风险。

【抢分技巧】审计抽样中存在一些基本概念，如抽样与选取特定项目的区别、抽样风险与非抽样风险、统计抽样和非统计抽样等，都是易混易错点，大家可以通过下图梳理掌握。

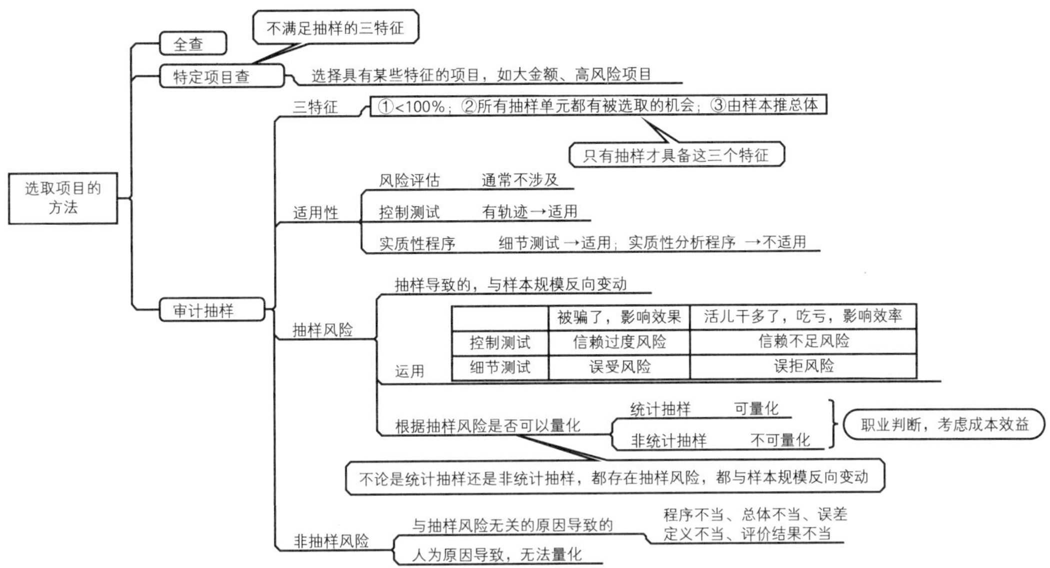

「考点2」审计抽样在控制测试中的应用（★★★）

1.【答案】D

【解析】除非总体非常小，一般而言，总体规模对样本规模的影响几乎为零（选项A）。

可容忍偏差率样本规模反向变动（选项B）。

可接受的信赖过度风险与样本规模反向变动（选项C）。

预计总体偏差率与样本规模同向变动（选项D）。

2.【答案】A

【解析】选项A不影响，选取样本的方法与样本规模无关。

选项BCD影响，控制测试中影响样本规模的因素包括：

① 可接受的信赖过度风险；

② 可容忍偏差率（选项C）；

③ 预计总体偏差率；

④ 总体规模；

⑤ 控制运行的相关期间（选项D）；

⑥ 控制程序复杂度；

⑦ 测试的控制类型（选项B）。

3.【答案】D

【解析】

① 选项AB错误，风险评估程序通常不涉及审计抽样。了解控制的设计和确定控制是否得到执行是风险评估程序。

② 选项 C 错误，在被审计单位采用信息技术处理各类交易及其他信息时，注册会计师通常只需要测试信息技术一般控制，并从各类交易中选取一笔或几笔交易进行测试，就能获取有关信息技术应用控制运行有效性的审计证据，此时无须使用审计抽样。

③ 选项 D 正确，当控制的运行留下轨迹时，注册会计师可以考虑使用审计抽样实施控制测试。

4. 【答案】C

【解析】选项 ABD 正确，控制测试中影响样本规模的因素包括：

① 可接受的信赖过度风险，与样本规模反向变动；

② 可容忍偏差率，与样本规模反向变动（选项 B）；

③ 预计总体偏差率，与样本规模同向变动（选项 A）；

④ 总体规模，对大规模总体而言，总体的实际容量对样本规模几乎没有影响（选项 D）；

⑤ 控制运行的相关期间，运行时间越长，样本规模越大（同向）；

⑥ 控制程序复杂度，控制程序越复杂，样本规模越大（同向）；

⑦ 测试的控制类型，人工控制实施的测试要多于自动化控制。

选项 C 错误，影响样本的因素是可接受的信赖过度风险，不是信赖不足风险，信赖不足风险和样本规模无关。

5. 【答案】AB

【解析】

① 选项 AB 正确，系统选样和随机选样既可用于统计抽样也可用于非统计抽样。

② 选项 C 错误，随意选样仅适用于非统计抽样。

③ 选项 D 错误，整群选样通常不能在审计抽样中使用。

6. 【答案】B

【解析】选项 ACD 说法正确，选项 B 说法错误，控制测试中影响样本规模的因素包括：

① 可接受的信赖过度风险，与样本规模反向变动（选项 A）；

② 可容忍偏差率，与样本规模反向变动（选项 C）；

③ 预计总体偏差率，与样本规模同向变动（选项 D）；

④ 总体规模，对大规模总体而言，总体的实际容量对样本规模几乎没有影响（选项 B）；

⑤ 控制运行的相关期间，运行时间越长，样本规模越大（同向）；

⑥ 控制程序复杂度，控制程序越复杂，样本规模越大（同向）；

⑦ 测试的控制类型，人工控制实施的测试要多于自动化控制。

7. 【答案】A

【解析】选项 A 正确，如果注册会计师所选取样本对应的单据丢失，则应当追查单据丢失的原因，不能简单地另外选取替代样本。

选项 BCD 错误，无效单据、未使用或者不适用的单据，不构成对设定控制的偏差，可选取其他单据来替代。比如空白收据、作废单据。

8. 【答案】D

【解析】

① 选项 A 错误，变量抽样是一种对总体金额得出结论的抽样方法，目的是测试错报金额，

适用于细节测试。

② 选项 B 错误，货币单元抽样是一种用属性抽样原理对货币金额而不是对发生率得出结论的统计抽样方法，适用于细节测试。

③ 选项 C 错误，差额估计抽样是以样本实际金额和账面金额的平均差额来估计总体实际金额与账面金额的平均差额，是对具体金额得出结论的抽样方法，适用于细节测试。

④ 选项 D 正确，属性抽样关注点在“属性”，即发生率，因此属性抽样是对总体中某一事项发生率得出结论的抽样方法，目的是测试控制的偏差率，适用于控制测试。

「考点 3」审计抽样在细节测试中的应用（★★★）

1. **【答案】** B

【解析】 选项 B 正确，分层可以降低每一层内项目的变异性，从而减少样本规模，提高审计效率。

2. **【答案】** ABCD

【解析】 选项 ABCD 正确，在细节测试中，注册会计师应根据审计目标和所实施审计程序的性质定义抽样单元。抽样单元可能是一个账户余额（选项 B）、一笔交易（选项 A）或交易中的一个记录（选项 D），甚至是每个货币单元（选项 C）。

3. **【答案】** ABC

【解析】 选项 D 错误，确定未更正错报时对财务报表整体的影响是否重大时，应当依据计划的重要性而非实际执行的重要性。

4. **【答案】** A

【解析】 选项 A 说法错误，可接受的误受风险与样本规模反向变动；

选项 BCD 说法正确，细节测试的样本规模包括：

① 可接受的误受风险，与样本规模反向变动（选项 AD）；

② 可容忍错报，与样本规模反向变动（选项 B）；

③ 预计总体错报，与样本规模同向变动；

④ 总体的变异性，与样本规模同向变动（选项 C）；

⑤ 总体规模，对样本规模影响很小。

5. **【答案】** AB

【解析】

① 选项 A 正确，误差就是错误，错报是要从金额和性质两方面考虑的，即使金额不重大，性质可能重大，所以无论误差的金额大小，即全部误差，都是要进行定性分析的，看是否性质重要。

② 选项 B 正确，意思是异常误差不能看误差的本身，有可能还存在其他类似的情况，所以要实施追加的程序，看看还有没有出现类似情况。

③ 选项 C 错误，在使用统计抽样时，控制测试的抽样风险可以计量，非统计抽样中，抽样风险不可以计量。无论在统计抽样还是非统计抽样中，注册会计师在评价样本结果时，都应考虑抽样风险。

④ 选项 D 错误，在细节测试中，使用非统计抽样方法，如果根据样本结果推断的总体错报小于可容忍错报，但二者很接近，则总体不能接受。在这里一定要区分是统计抽样还是非统计抽样，比较结果是不同的。

6. 【答案】BC

【解析】

① 选项 A 说法正确，注册会计师应当对单个重大项目逐一实施检查，以将抽样风险控制在合理的范围。注册会计师进行单独测试的所有项目都不构成抽样总体。增加单独测试的账户可以减少样本规模。因此单独测试的账户越多，拟抽样的剩余总体越小，可容忍错报占抽样总体的比例越高。

② 选项 B 说法错误，在定义抽样单元时，注册会计师也应考虑实施计划的审计程序或替代程序的难易程度。

③ 选项 C 说法错误，在确定可接受的误受风险水平时，注册会计师需要考虑针对同一审计目标的其他实质性程序的检查风险，这句话为教材原文，考查方式很细致，不是直接考影响样本规模的因素，而是进一步考查影响可接受的误受风险的因素。

④ 选项 D 说法正确，注册会计师在评价样本结果时常常用到比率法和差额法，如果发现错报金额与项目的金额紧密相关，注册会计师通常会选择比率法；如果发现错报金额与项目的数量紧密相关，注册会计师通常会选择差额法。不过，如果注册会计师决定使用统计抽样，且预计没有差异或只有少量差异，就不应使用比率法和差额法，而考虑使用其他的替代方法，如均值法或货币单元抽样。

⑤ 本题考查的考点比较偏，难度很高，主要是针对细节进行深入考查，大家务必仔细研读教材。

7. 【答案】D

【解析】

① 选项 A 错误，可接受的抽样风险越高，样本规模越小，简单说就是你愿意接受更高风险的话就可以少做程序。

② 选项 B 错误，可容忍偏差率与样本规模的关系是反向变动。

③ 选项 C 错误，除非总体非常小，一般而言，总体规模对样本规模的影响几乎为零。

④ 选项 D 正确，在控制测试中，在既定的可容忍误差下，注册会计师预计的总体误差越大（误差就是偏差），样本规模越大，即预计总体偏差率和样本规模同向变动。

主观题部分

1. 【答案】

事项❶，不恰当。控制测试的样本测试范围应当涵盖整个期间。

事项❷，不恰当。因为控制发生重大变化，2014 年上半年和下半年与原材料采购批准相关的内部控制活动不同，应当分别测试 25 个。

【解析】

事项❶，“主要发生在下半年”并不意味着只有下半年有，所以从下半年固定资产采购中选取样本实施控制测试会导致上半年发生的采购绝对不可能被抽到，因此总体不完整。答案也可以写为“样本应当涵盖整个期间”或“从全年固定资产采购中选取样本实施控制测试”或“抽样的总体不完整”。

事项❷，“控制发生重大变化”说明内部控制“不同质”，应当将上半年和下半年的交易当作两个总体分别抽样测试。题干中“审计项目组从上半年和下半年的交易中分别选取12个和13个样本实施控制测试”说明还是当作一个总体测试的。

【考点】控制测试样本选择

2. **【答案】**不恰当。在运用审计抽样实施细节测试时，注册会计师应当将可容忍错报的金额设定为等于或低于实际执行的重要性。

【解析】可容忍错报必须小于或等于实际执行的重要性水平。

3. **【答案】**否。货币单元抽样不适用于测试总体的低估/完整性。

【解析】“采用货币单元抽样测试应付账款的准确性和完整性”说明审计目标是“准确性和完整性”，抽样方法是货币单元抽样。但是根据教材考点，货币单元抽样只适合查高估，不适合查低估，所以该抽样方法不能实现“完整性”目标。

“随意抽样”做控制测试没有问题，是非统计抽样的方法。

4. **【答案】**否。推断的总体错报应为2 000万元。

【解析】比率法计算公式：

比率＝样本审定金额÷样本账面金额＝160÷200＝80%；

估计的总体金额＝总体账面金额×比率＝10 000×80%＝8 000（万元）；

推断的总体错报＝总体账面金额－估计的总体金额＝10 000－8 000＝2 000（万元）。

5. **【答案】**

事项❶，否。控制偏差系由舞弊导致，扩大样本规模通常无效/该内部控制无效。

事项❷，否。该错报可能是系统性错报，注册会计师只对部分分公司进行了抽查，说明其他分公司也可能存在类似的错报。A注册会计师应当调查其他分公司是否有类似情况。

【解析】

事项❶，舞弊导致的控制偏差扩大样本规模无效，可以直接认定内部控制无效。

事项❷，“某分公司存在以报销凭证冲抵现金的情况”，其他分公司也可能存在该情况，应该进一步调查。

6. **【答案】**否。甲公司应该以全年的付款单据作为整体从中选择合适的样本量/整群选样通常不适用于审计抽样。

【解析】“选取2016年12月26日至12月31日的全部付款单据共计80张作为样本”说明样本选取是不均的，也就是整群选样，整群选样不适用于审计抽样。

大家如果没办法识别出整群选样来，也可以根据你的理解，选样要在全年的付款单中选取，不能只从某一部分中选取，这种答案也是可以的。

05 第五章　信息技术对审计的影响·答案

1. 【答案】A

【解析】选项 A 不受影响，财务报表审计目标的制定不受被审计单位信息系统的设计和运行直接影响。

选项 BCD 受影响，审计风险的评估（选项 B）、对被审计单位业务流程和控制的了解（选项 C）、审计工作的执行以及需要收集的审计证据的性质（选项 D）都受被审计单位信息系统的设计和运行的直接影响。

2. 【答案】D

【解析】

① 选项 A 说法正确，被审计单位对信息技术的运用不改变注册会计师制定审计目标、进行风险评估和了解内部控制的原则性要求，为教材原文考查。

② 选项 B 说法正确，信息技术对审计过程的影响主要体现在以下几个方面：a. 对审计线索的影响；b. 对审计技术手段的影响；c. 对内部控制的影响；d. 对审计内容的影响（选项 C）；e. 对注册会计师的影响。

③ 选项 C 说法正确，被审计单位对信息技术的运用影响注册会计师需要获取的审计证据的性质。

④ 选项 D 说法错误，被审计单位对信息技术的运用影响注册会计师需要获取的审计证据的数量，如高度自动化应用控制。

3. 【答案】B

【解析】

① 选项 AD 说法正确，信息技术一般控制是指为了保证信息系统的安全，对整个信息系统以及外部各种环境要素实施的、对所有的应用或控制模块具有普遍影响的控制措施。

② 选项 B 说法错误，信息技术一般控制“通常”会对实现部分或全部财务报表认定作出间接贡献，在有些情况下，信息技术一般控制也可能对实现信息处理目标和财务报表认定作出直接贡献。

③ 选项 C 说法正确，信息技术一般控制包括程序开发、程序变更、程序和数据访问以及计算机运行四个方面。

4. 【答案】A

【解析】

① 选项 A 说法错误，信息技术环境复杂度与信息系统是否复杂无关。

② 选项 B 说法正确，评估信息系统的复杂度，需要考虑系统生成的交易数量。

③ 选项 C 说法正确，评估信息系统的复杂度，需要考虑系统中进行的复杂计算的数量。

④ 选项 D 说法正确，对信息系统复杂度的评估，受被审计单位所使用的系统类型的影响。

主观题部分

1. 【答案】恰当。

【解析】注册会计师只有当拟信赖自动化控制时，才应当测试信息技术一般控制和应用控制。甲公司收入交易高度依赖信息系统，注册会计师对其一般控制和应用控制进行测试的做法恰当。

2.【答案】不恰当。对拟信赖的存货管理系统，注册会计师仅了解了系统的一般控制，没有了解系统的应用控制；仅测试了系统的自动化应用控制，没有测试系统的一般控制。

【解析】题干的逻辑为：由于"拟信赖与存货相关的自动化应用控制"，所以了解了"一般控制"，测试了"应用控制"。题干中既提到了"了解"，又提到了"测试"。但是一般控制和应用控制都应当了解，题干只了解了一般控制，所以错误。如果拟信赖应用控制，则必须测试一般控制，题干没有测试，所以错误。

3.【答案】是

【解析】"收入交易高度依赖信息系统"，所以要对信息系统进行测试。题干中一般控制和应用控制均进行了测试，所以正确。

06 第六章 审计工作底稿·答案

「考点1」审计工作底稿概述（★★）

1.【答案】B

【解析】选项B当选，选项ACD不当选，下表为编制审计工作底稿的目的。

主要目的	辅助目的
①提供充分、适当的记录，作为出具审计报告的基础； ②提供证据，证明已按照审计准则和法律法规计划和执行了审计工作	①有助于计划和执行审计工作（选项A）； ②有助于履行指导、监督与复核的责任； ③便于项目组说明其执行审计工作的情况（选项D）； ④保留对未来审计工作持续产生重大影响的事项的记录； ⑤便于实施项目质量复核与检查； ⑥便于监管机构和注册会计师协会实施执业质量检查（选项C）

注册会计师编制工作底稿的目的不包括为被审计单位服务，主要是为了自己和内外部质量检查。

2.【答案】ABD

【解析】选项C错误，ABD正确。下表为编制审计工作底稿的目的。

主要目的	辅助目的
①提供充分、适当的记录，作为出具审计报告的基础； ②提供证据，证明已按照审计准则和法律法规计划和执行了审计工作	①有助于计划和执行审计工作（选项A）； ②有助于履行指导、监督与复核的责任； ③便于项目组说明其执行审计工作的情况； ④保留对未来审计工作持续产生重大影响的事项的记录（选项B）； ⑤便于实施项目质量复核与检查； ⑥便于监管机构和注册会计师协会实施执业质量检查（选项D）

注册会计师编制工作底稿的目的不包括为后任注册会计师服务。

「考点2」审计工作底稿的格式、要素和范围（★★）

【答案】B

【解析】选项ACD正确，注册会计师在确定审计工作底稿的要素和范围时通常需要考虑如下因素：

①被审计单位的规模和复杂程度；

②拟实施审计程序的性质；

③识别出的重大错报风险；

④已获取的审计证据的重要程度（选项C）；

⑤识别出的例外事项的性质和范围（选项D）；

⑥ 当从已执行审计工作或获取审计证据的记录中不易确定结论或结论的基础时，记录结论或结论基础的必要性；

⑦ 审计方法和使用的工具（选项 A）。

选项 B 错误，根据上述考虑因素，选项 B 为无须考虑的因素。

「考点 3」审计工作底稿的归档（★★★）

1.【答案】C

【解析】

① 选项 A 说法正确，审计工作底稿的保存期限应当自审计报告日起至少保存 10 年。

② 选项 B 说法正确，审计报告日到审计工作底稿的归档日的间隔为≥0 天，所以自审计工作底稿归档日起保存 10 年就意味着从审计报告日起算保存期一定≥10 年。

③ 选项 C 说法错误，审计工作底稿的保存期限应当自审计报告日起至少保存 10 年，但是财务报表日到审计报告日可能大于 5 年，这种情况下自审计报告日起算到保存时间就不够 10 年。

④ 选项 D 说法正确，无限期大于 10 年，满足要求。

2.【答案】D

【解析】

① 选项 AB 错误，注册会计师应当自审计报告日起 60 天内将审计工作底稿归档。

② 选项 C 错误，如果针对客户的同一财务信息执行不同的委托业务，出具两个或多个不同的报告，会计师事务所应当将其视为不同的业务，在规定的归档期限内分别将审计工作底稿归档为最终审计档案。

③ 选项 D 正确，审计工作底稿的归档期限为审计报告日后 60 天内。如果注册会计师未能完成审计业务，审计工作底稿的归档期限为审计业务中止后的 60 天内归档。

3.【答案】C

【解析】选项 ABD 不当选，在归档期间对审计工作底稿作出的变动属于事务性的，注册会计师可以作出变动，主要包括：

① 删除或废弃被取代的审计工作底稿（选项 A 属于）；

② 对审计工作底稿进行分类、整理和交叉索引（选项 B 属于）；

③ 对审计档案归整工作的完成核对表签字认可；

④ 记录在审计报告日前获取的、与项目组相关成员进行讨论并达成一致意见的审计证据（选项 D 属于）。

选项 C 当选，管理层声明应在审计报告日前获取；对于审计报告日后才获取的，属于新的审计证据。

4.【答案】ABD

【解析】选项 ABD 正确，在归档期间对审计工作底稿作出的变动属于事务性的，注册会计师可以作出变动，主要包括：

① 删除或废弃被取代的审计工作底稿（选项 A）；

② 对审计工作底稿进行分类、整理和交叉索引（选项B）；
③ 对审计档案归整工作的完成核对表签字认可（选项D）；
④ 记录在审计报告日前获取的、与项目组相关成员进行讨论并达成一致意见的审计证据。
选项C错误，在归入审计工作底稿时，要归入最终版本，但是重点在于这不属于事务性变动，不是简单地删除草稿，进行档案归整等事务性变动，这里获取的最终版评估报告在内容上可能会与之前有所不同，进而可能会产生新的审计证据，所以在性质上是不一样的。

主观题部分

【答案】

事项❶，不恰当。不论业务是否可能重新启动，审计底稿应当在业务中止后的60天内进行归档。

事项❷，恰当。

事项❸，不恰当。会计师事务所应当自审计报告日起对审计工作底稿至少保存10年。

事项❹，不恰当。注册会计师应记录对已归档的审计底稿进行的修改或增加的理由、记录及复核的时间与人员。

【解析】

事项❶，审计工作底稿都在审计报告报出日后或者业务中止后的60天内归档。

事项❷，不删除原底稿是正确的，因为审计报告是根据替代性程序得出的结论，将回函纳入底稿中不影响已经得出的审计结论，只起补充说明的作用。

事项❸，归档后的底稿保存期满之前不能删除或废弃。

事项❹，“直接”说明没有进行记录修改或增加的理由、时间和人员，以及复核的时间和人员。

07 第七章　风险评估·答案

「考点1」风险评估程序、信息来源以及项目组内部的讨论（★）

【答案】ABD

【解析】选项 ABD 正确，运用于风险评估程序的审计程序有：询问、分析程序、观察和检查。

选项 C 错误，重新执行是控制测试的程序。

「考点2」了解被审计单位及其环境（★★★）

1.【答案】B

【解析】

①选项 AC 正确，如果被审计单位变更了重要的会计政策，注册会计师应当考虑变更的原因及其适当性，即考虑：

a. 会计政策变更是否是法律、行政法规或者适用的会计准则和相关会计制度要求的变更；

b. 会计政策变更是否能够提供更可靠、更相关的会计信息（选项 A）。

除此之外，注册会计师还应当关注会计政策的变更是否得到恰当处理和充分披露。

当新的企业会计准则颁布施行时，注册会计师应考虑被审计单位是否应采用新颁布的会计准则，如果采用，是否已按照新会计准则的要求做好衔接调整工作，并收集执行新会计准则需要的信息资料（选项 C）。

②选项 B 错误，在缺乏权威性标准或共识的领域，注册会计师应当关注被审计单位选用了哪些会计政策、为什么选用这些会计政策以及选用这些会计政策产生的影响，关注≠协助，协助会影响独立性。

③选项 D 正确，除上述与会计政策的选择和运用相关的事项外，注册会计师还应对被审计单位下列与会计政策运用相关的情况予以关注：

a. 是否采用激进的会计政策、方法、估计和判断（选项 D）；

b. 财会人员是否拥有足够的运用会计准则的知识、经验和能力；

c. 是否拥有足够的资源支持会计政策的运用，如人力资源及培训、信息技术的采用、数据和信息的采集等。

2.【答案】ABC

【解析】

①选项 A 正确，如果被审计单位的风险评估过程符合其具体情况，了解被审计单位的风险评估过程和结果有助于注册会计师识别财务报表的重大错报风险。

②选项 B 正确，在评价被审计单位风险评估过程的设计和执行时，注册会计师应当确定管理层如何识别与财务报告相关的经营风险、如何估计该风险的重要性、如何评估风险发生的可能性，以及如何采取措施管理这些风险。

③选项 C 正确，注册会计师可以通过了解被审计单位及其环境的其他方面信息，评价被审

计单位风险评估过程的有效性。

④ 选项D错误，如果识别出管理层未能识别的重大错报风险，注册会计师应当考虑被审计单位的风险评估过程为何没有识别出这些风险，以及评估过程是否适合于具体环境，或者确定与风险评估过程相关的内部控制是否存在值得关注的内部控制缺陷。

3.【答案】D

【解析】选项ABC错误，均属于事前控制，属于预防性控制。

选项D正确，属于检查性控制，是先编制银行存款余额调节表，再由财务经理复核。

4.【答案】D

【解析】

① 选项AC错误，属于控制活动的内容。控制活动是指有助于确保管理层的指令得以执行的政策和程序。包括授权、业绩评价、信息处理、实物控制和职责分离等相关的活动。

② 选项B错误，属于控制环境。控制环境要素包括：对诚信和道德价值观念的沟通与落实、对胜任能力的重视、治理层的参与程度、管理层的理念和经营风格、组织结构及职权与责任的分配、人力资源政策与实务。注意，“职权与责任的分配”不是职责分离，职责分离是控制活动。

③ 选项D正确，属于对控制的监督。内审部门和外部审计的评估都属于对控制的监督。

5.【答案】B

【解析】

① 选项A错误，了解被审计单位及其环境是一个贯穿始终的过程。

② 选项B正确，注册会计师是单位的外部人员，对被审计单位及其环境了解的程度不如内部经营者的了解程度高。

③ 选项C错误，了解被审计单位及其环境是必要程序。

④ 选项D错误，风险评估程序的性质、时间安排和范围取决于审计业务的具体情况，如被审计单位的规模和复杂程度，以及注册会计师的相关审计经验。

6.【答案】C

【解析】选项AB正确，为教材原文考查。

选项C错误，选项D正确，经营风险可能对各类交易、账户余额和披露的认定层次重大错报风险或财务报表层次重大错报风险产生直接影响。

7.【答案】D

【解析】选项ABC错误，定期盘点、调查原因、复核均属于事后的检查性控制。

选项D正确，职责分离属于预防性控制。

8.【答案】BCD

【解析】

① 选项A错误，对内部控制了解的深度，包括评价控制的设计，并确定其是否得到执行。但不包括对控制是否得到一贯执行的测试。确定其是否得到一贯执行是控制测试的目的。

② 选项B正确，注册会计师需要了解和评价的内部控制只是与财务报表审计相关的内部控制，并非被审计单位所有的内部控制。

③ 选项 C 正确，除非存在某些可以使控制得到一贯运行的自动化控制，否则注册会计师对控制的了解并不足以测试控制运行的有效性。注意“通常”两个字。

④ 选项 D 正确，询问本身并不足以评价控制的设计以及确定其是否得到执行，注册会计师应当将询问与其他审计程序结合采用。

9.【答案】B

【解析】选项 ACD 不当选。控制环境要素（6 个）包括：对诚信和道德价值观念的沟通与落实、对胜任能力的重视、治理层的参与程度、管理层的理念和经营风格、组织结构及职权与责任的分配以及人力资源政策与实务。

选项 B 当选，属于控制要素中控制监督的内容。单独的评价活动属于对控制的监督，是由内部审计人员或具有类似职能的人员对内部控制的设计和执行进行的，以找出内部控制的优点和不足，并提出改进建议。

【抢分技巧】与内部审计和外部审计相关的都属于对控制的监督。

10.【答案】A

【解析】选项 A 不属于，重新执行适用于控制测试。

选项 BCD 属于，了解被审计单位及其环境时实施的审计程序包括询问、观察、检查、分析程序。

「考点 3」评估重大错报风险（★★★）

1.【答案】ABCD

【解析】选项 ABCD 正确，执行穿行测试可获得下列方面的证据：

① 确认对业务流程的了解（选项 A）；

② 确认对重要交易的了解是完整的（选项 D）即在交易流程中所有与财务报表认定相关的可能发生错报的环节都已识别；

③ 确认所获取有关流程中的预防性控制和检查性控制信息的准确性；

④ 评估控制设计的有效性（选项 B）；

⑤ 确认控制是否得到执行（选项 C）；

⑥ 确认之前所做的书面记录的准确性。

注意，控制设计的有效性 = 控制设计的合理性 ≠ 控制运行的有效性。

2.【答案】ACD

【解析】选项 ACD 正确，均与财务报表整体存在广泛联系。财务报表层次重大错报风险与财务报表整体存在广泛联系，可能影响多项认定。

选项 B 错误，即使是投资多家联营企业也只涉及长期股权投资，因此属于认定层次重大错报风险。

3.【答案】C

【解析】选项 ABD 不当选，在判断哪些风险是特别风险时，注册会计师应当至少考虑下列事项：

① 风险是否属于舞弊风险；

② 风险是否与近期经济环境、会计处理方法或其他方面的重大变化相关，因而需要特别关注；
③ 交易的复杂程度（选项 A）；
④ 风险是否涉及重大的关联方交易（选项 B）；
⑤ 财务信息计量的主观程度，特别是计量结果是否具有高度不确定性（选项 D）；
⑥ 风险是否涉及异常或超出正常经营过程的重大交易。

选项 C 当选，被审计单位财务人员的胜任能力在确定一项重大错报风险是否为特别风险时，不是应当考虑事项。

4.【答案】AC

【解析】

① 选项 A 正确，财务总监缺乏必要的胜任能力，可能导致财务报表层次重大错报风险。
② 选项 B 错误，被审计单位的长期资产减值准备存在高度的估计不确定性，影响的是长期资产的准确性、计价和分摊认定，属于认定层次的重大错报风险。
③ 选项 C 正确，某些重大错报风险可能与财务报表整体广泛相关，进而影响多项认定。例如管理层缺乏诚信或承受异常的压力可能引发舞弊风险，这些风险与财务报表整体相关。
④ 选项 D 错误，被审计单位的某项销售交易涉及复杂的安排，可能涉及该项交易是虚构的，影响的是营业收入的发生认定，属于认定层次的重大错报风险。

5.【答案】C

【解析】

① 选项 A 错误，被审计单位的竞争者开发的新产品上市，会影响被审计单位类似产品的营业收入等个别报表项目，是认定层次重大错报风险。
② 选项 B 错误，仅影响金融工具投资的报表项目。
③ 选项 C 正确，通常与财务报表层次的重大错报风险有关的迹象：
   a. 可能导致注册会计师对被审计单位的持续经营能力产生重大疑虑的事项，包括：在经济不稳定的国家和地区开展业务、资产的流动性出现问题、重要客户流失、融资能力受到限制等；
   b. 管理层缺乏诚信或承受异常的压力可能引发舞弊风险；
   c. 财务报表层次的重大错报风险很可能源于薄弱的控制环境，包括：被审计单位治理层、管理层对内部控制的重要性缺乏认识，没有建立必要的制度和程序；或管理层经营理念偏于激进，又缺乏实现激进目标的人力资源等。
④ 选项 D 错误，仅影响该项关联方交易，所以是认定层次的重大错报风险。

6.【答案】CD

【解析】

① 选项 A 错误，认定层次的重大错报风险包括固有风险和控制风险。
② 选项 B 错误，识别的重大错报风险不仅可能与特定的某类交易、账户余额和披露的认定相关，还可能与财务报表整体广泛相关，本题错在“应当”两个字，有些重大错报风险不是认定层次风险，和具体的认定层次联系不起来。
③ 选项 C 正确，为教材原文考查。

④ 选项 D 正确，风险评估是一个不断变化的过程。

7.【答案】B

【解析】

① 选项 A 错误，注册会计师在判断重大错报风险是否为特别风险时，不应考虑识别出的控制对于相关风险的抵销效果。

② 选项 B 正确，三种确定的特别风险：舞弊风险；管理层凌驾于内部控制之上的风险（选项 B）；超出正常经营过程的重大关联方交易。

③ 选项 C 错误，注册会计师应当了解与特别风险相关的内部控制，是否测试是由对内部控制的了解决定的（即是否测试不一定）。

④ 选项 D 错误，注册会计师应当对特别风险实施实质性程序，如果针对特别风险实施的审计程序仅为实质性程序，这些程序应当包括细节测试或将细节测试与实质性分析程序结合使用，以获取充分、适当的审计证据。如果要实施控制测试，不是仅实施实质性程序，则没有要求应当实施细节测试。

8.【答案】ABC

【解析】

① 选项 A 正确，注册会计师在判断重大错报风险是否为特别风险时，不应考虑识别出的控制对于相关风险的抵销效果。

② 选项 B 正确，特别风险通常与重大的非常规交易和判断事项有关。

③ 选项 C 正确，"了解和评估" 是了解内部控制，不包括测试内部控制。对特别风险，注册会计师应当评价相关控制的设计情况，并确定其是否已经得到执行（简单说：应当了解内控）。

④ 选项 D 错误，注册会计师通常应当基于收入确认存在舞弊风险的假定，但并非所有情况下都直接认定收入确认存在特别风险。

9.【答案】A

【解析】选项 A 正确，如果通过对内部控制的了解发现下列情况，并对财务报表局部或整体的可审计性产生疑问，注册会计师应当考虑出具保留意见或无法表示意见的审计报告：①被审计单位会计记录状况和可靠性存在重大问题，不能获取充分、适当的审计证据以发表无保留意见；②对管理层的诚信存在严重疑虑。必要时，注册会计师应当考虑解除业务约定。

选项 BCD 错误，不属于上述对财务报表的可审计性产生疑问的情形。

主观题部分

1.【答案】是

【解析】因为"该控制与审计无关"，所以"拟不纳入了解内部控制的范围"，这个逻辑本身没有问题，因为注册会计师需要了解和评价的内部控制只是与财务报表审计相关的内部控制。

所以主要需要判断的是排班制度是否属于与财务报表审计相关的内部控制。因为排班制度并不会影响人工成本的核算，只是不同的时间谁来干活儿的问题，所以不会对直接人工成本产生影响，因此属于与财务报表审计无关的内部控制，无须了解。

2.【答案】否。应当由项目合伙人确定向未参与讨论的项目组成员通报哪些事项，而不是项目组其他成员。

【解析】应当由项目合伙人确定向未参与讨论的项目组成员通报哪些事项。

3.【答案】

事项❶是。理由：旧款产品价格调整至成本价，考虑销售费用和相关税费后可变现净值将低于存货账面价值，而存货跌价准备计提比例与上年一致，可能存在少计存货跌价准备的风险。财务报表项目名称及认定：资产减值损失（完整性/准确性）、存货（准确性、计价和分摊）。

事项❷是。理由：免费赠送的清洗服务属于公司承诺的履约义务，应当递延到未来履约时确认收入，可能存在多计营业收入和预计负债的风险。财务报表项目名称及认定：营业收入（发生）、合同负债（完整性）、预计负债（存在）、销售费用（发生）。

事项❸是。理由：甲公司在对乙公司投资采用权益法核算时，直接用乙公司净利润计算，未抵销与联营企业乙公司之间发生的未实现内部交易损益，可能存在多计投资收益的风险。财务报表项目名称及认定：投资收益（准确性）、长期股权投资（准确性、计价和分摊）。

事项❹是。理由：节能产品价格补贴很可能构成产品价格的组成部分，可能存在少计营业收入的风险。2019 年度研发费用未见增长，而计入损益的研发补助大幅增长，相关补助可能与资产相关，可能存在少计递延收益的风险。财务报表项目名称及认定：其他收益（发生）、营业收入（完整性/准确性）、递延收益（完整性）。

事项❺是。理由：质保期延长一倍，产品质量保证预计负债仅增长 20%，可能存在少计预计负债的风险。财务报表项目名称及认定：销售费用（准确性）、预计负债（准确性、计价和分摊）。

【解析】

事项❶财务报表数据中没有涉及新洗衣机的数据，所以“甲公司推出了应用 AI 技术的新款洗衣机，新产品迅速占领市场并持续热销”这句话没有用，“甲公司自 2019 年末起以成本价清理旧款洗衣机库存”，这句话涉及旧洗衣机的问题。因为 2019 年末起以成本价清理旧款洗衣机库存，所以预估 2019 年旧款洗衣机毛利率会比 2018 年大幅度降低。根据报表数据，2018 年毛利率 =(220 000 −170 000) ÷220 000 =22. 72%，2019 年毛利率 =(130 000 −120 000) ÷130 000 =7. 7%，确实发生大幅度下降，因此收入和成本不存在重大错报风险。其次，看存货，根据“以成本价清理旧款洗衣机库存”可知，存货应该大幅度减值，但是财务报表中，2018 年存货跌价准备的比例 =1 600 ÷40 000 =4%，2019 年存货跌价准备的比例 =800 ÷20 000 =4%，没有变化，因此存在重大错报风险，存货跌价准备可能高估，跌价准备的高估或低估都是由于减值计算不准确导致的，因此与存货的“准确性、计价和分摊”认定相关，与资产减值损失的“完整性/准确性”相关。这里资产减值损失有“完整性”风险，是因为可能根本没有计提减值损失导致减值过低，也可能是计提了，但是比例太低，与准确性相关。

事项❷“赠送 5 次空调免费清洗服务”属于一项单独的履约义务，等到未来履约时确认收入，现在应该计入“合同负债”，但是题干中将该其当作一般的售后服务处理，计入了“预计负债”，会计分录为：

借：销售费用　　6 000

　　贷：预计负债　　6 000

借：银行存款　　6 000

　　贷：营业收入　　（即财务报表中空调部分的营业收入包含了这 6 000 元）6 000

正确分录应该为：

借：银行存款　　6 000

　　贷：合同负债　　6 000

因此，题干中存在的风险为预计负债高估（常常与存在认定相关）、销售费用高估（常常与发生认定相关）、营业收入高估（常常与发生认定相关）、合同负债低估（常常与完整性认定相关）。

事项❸“甲公司取得常年合作电商平台乙公司 20% 的股权，对其具有重大影响”说明是权益法核算的长期股权投资。“乙公司 2019 年度净利润为 3 亿元”那甲公司应该确认的会计分录为：

借：长期股权投资——损益调整　　6 000 万

　　贷：投资收益　　6 000 万

但是“乙公司 2019 年接受委托对甲公司自有电子商务平台进行升级改造”说明投资方和被投资方存在内部交易，需要进行抵销。但是题干中财务报表数据显示“长期股权投资——乙公司”2019 年涨了 6 000 万元，也就是直接根据被投资方的利润 20% 确认的，没有进行内部交易的抵销，因此存在长期股权投资的高估和投资收益的高估。长期股权投资的高估是因为长投核算不准确（没有抵销内部交易）导致的，因此存在长期股权投资“准确性、计价和分摊”认定风险。与此相匹配的投资收益存在“准确性”认定风险，这里写“准确性/完整性”也可以给分。

事项❹“甲公司获得节能产品价格补贴 5 000 万元”应该计入营业收入，不作为政府补助处理。但是财务报表中将这 5 000 万元补贴计入了“甲公司获得节能产品价格补贴 5 000 万元”，说明当作政府补助了，存在营业收入低估风险（完全漏记了这样一笔收入，与完整性认定相关。也可以写“完整性/准确性”）和其他收益高估风险（完全虚增，与发生认定相关）。

甲公司获得智能家电研发补助 6 000 万元，因此题干中财务报表数据“其他收益——研发补助”有 6 000 万元，说明甲公司将该笔补助作为与收益相关政府补助处理了。但是表格中还有“研发费用”这一栏数据，我们可以对比来看。研发费用 2018 年有 24 000 万元，政府补助金额为 3 000 万元，2019 年研发费用有 25 000 万元，但是政府补助竟然有 6 000 万元，这不符合逻辑。正确的逻辑是你发生的研发费越多获取的政府补助越多，因此可能存在的风险是 2019 年的补助可能与资产相关，而不是与收益相关。因此存在“其他收益”多记、“递延收益”少记的风险，其他收益的多记与发生认定相关，递延收益少记与完整性认定相关。

事项❺本题的智能家电产品的质保属于一般的质保，正确的会计分录为：

借：销售费用

　　贷：预计负债

但是“将智能家电产品的质保期由一年延长至两年”意味着甲公司的预计负债和相关费用增加了一倍，因为保障多了一倍。但是题干的财务报表中显示“预计负债——智能家电产品质量保证”只增加了1/5，因此，存在预计负债和销售费用的低估风险。预计负债的低估不是完全没记账，而是记了但是金额低了，因此与预计负债的准确性、计价和分摊认定相关，与之相匹配的是销售费用的准确性认定。

4.【答案】

事项❶，是。理由：2017年产能利用率已接近饱和，2018年营业收入大幅增长，可能存在多计营业收入、营业成本的风险。财务报表项目名称及认定：营业收入（发生）、营业成本（发生）。

事项❷，是。理由：客户汇入的款项不是补贴收入/是预收款，可能存在多计其他收益的风险。财务报表项目名称及认定：其他收益（发生）、合同负债（完整性）。

事项❸，是。理由：c产品的主要原材料由客户提供且毛利率很低，该业务可能是受托加工业务/需要采用净额法确认收入，可能存在多计存货、营业收入和营业成本的风险。财务报表项目名称及认定：存货（存在）、营业收入（发生）、营业成本（发生）。

事项❹，是。理由：产品订单锐减，可能导致相关的无形资产/专有技术出现减值，可能存在少计无形资产减值的风险。财务报表项目名称及认定：资产减值损失（完整性/准确性）、无形资产（准确性、计价和分摊）。

事项❺，是。理由：由于甲公司承担研发过程中的风险并享有研发成果，该项研发实质上是甲公司的自主研发，可能存在少计开发支出或研发费用、多计预付款项的风险。财务报表项目名称及认定：开发支出/研发费用（完整性）、预付款项（存在）。

【解析】

事项❶，2017年a产品生产线的产能利用率已接近饱和，即a产品产量已达到最大，在其价格未提高的情况下，a产品2018年的收入与成本均提高了50%，故营业收入、营业成本可能存在高估（与发生认定有关）。

事项❷，本题中甲公司为乙公司设计开发新产品b的模具，乙公司于2018年10月汇付甲公司1 200万元，为模具前期开发提供资金支持，这句话说明这1 200万元应该属于预收账款，也就是应该计入“合同负债”当中，不是补贴款。但是财务报表中将这笔款计入了“其他收益”中，很明显存在高估其他收益、低估合同负债的风险。其他收益的高估与发生认定相关，同时合同负债漏记了，与完整性认定相关。

事项❸，甲公司给丙公司定制产品，并且需要向丙公司购买原材料，本质上属于受托加工业务。受托加工业务的收入应该为加工费。针对该笔业务财务报表确认收入10 000万元，营业成本9 800万元。首先，金额过大，毛利率过低，很有可能表明被审计单位不是按照净额法确认收入的，是按照商品的售价确认的收入，按商品的成本结转成本，即总额法确认收入，不符合受托加工业务确认收入的方式，存在营业收入的高估风险和营业成本的高估风险。营业收入的高估常常和“发生”认定相关，这里也可以写“发生/完整性”。营业成本按照收入的原则处理，和“发生”认定相关。

其次，财务报表数据显示“存货——c产品主要原材料”有2 000万元，金额也很高，结合上面被审计单位处理收入和成本确认的方式，很有可能是将购买的原材料当作自己的存货入账。但是按照受托加工的本质，这批存货不属于被审计单位，不能计入被审计单位的报表，因此存在存货高估风险，与“存在”认定相关。

事项❹，由“竞争对手改进生产工艺，大幅提高了产品质量，甲公司 d 产品的订单量锐减”我们可以推断被审计单位 2018 年 d 产品的收入和成本很可能会发生大幅度下降，存货会增加，生产该产品的技术很可能会减值。根据财务报表数据，收入、成本和存货都和材料描述相匹配。但是“无形资产——d 产品专有技术”由 2017 年的 3 000 万元变成 2 500 万元，并不算大幅度的减值（和收入成本及存货的幅度相比较），因此可能存在无形资产减值计提不足的风险，和无形资产的准确性、计价和分摊认定相关，和资产减值损失的准确性认定相关，在这里写“准确性/完整性”也可以。

此外，有财务数据显示本年度毛利率比上年度低很多，有同学觉得是不是存在低估收入和高估成本的风险，我们结合被审计单位少计提无形资产减值准备的行为和上市公司喜欢高估利润的习惯做法推断这种风险不高，因此可以排除存在这种风险的可能性。

事项❺，本题中甲公司委托丁公司做研发，但是风险和收益都是甲公司自己的，因此本质上可以看作甲公司自己在研发。但是题干中把 5 000 ×40% =2 000（万元）作为“预付款项——丁公司研发费”处理，也就是被审计单位可能把这项研发活动当作委托业务处理，即自己不确认研发费用。但是根据业务实质，应该将 2 000 万元的预付款作为自己的研发费用处理。因此，存在少记开发支出或研发费用（漏记，与完整性认定相关），多记预付账款的风险（不该确认的确认了，与存在认定相关）。

5.【答案】

事项❶，是。理由：在原材料和劳动力成本大幅上涨，主要产品价格下降的情况下，毛利率仍与上年基本持平，可能存在多计收入、少计成本的风险。财务报表项目名称及认定：营业收入（发生）、营业成本（完整性/准确性）

事项❷，是。理由：互联网汽车开发成本资本化形成无形资产，相关补助可能是与资产相关的政府补助，可能存在多计其他收益的风险。财务报表项目名称及认定：其他收益（发生）、递延收益（完整性）、无形资产（准确性、计价和分摊）。

事项❸，是。理由：该事项的变更属于会计估计变更且金额重大，可能存在少计预计负债和销售费用的风险。财务报表项目名称及认定：销售费用（准确性）、预计负债（准确性、计价和分摊）。

事项❹，是。理由：长期股权投资应当在确认购入之后才能采用权益法核算，且在此期间确认的投资收益不应包括购买前的损益，因此可能存在多计投资收益和长期股权投资的风险。财务报表项目名称及认定：长期股权投资（准确性、计价和分摊）、投资收益（准确性）。

事项❺，是。理由：第一，截至 2017 年末，该转让交易未获批准，尚不满足划分为持有待售资产的条件，可能存在多计持有待售资产的风险。第二，结合资料二可以看出，该持有待售资产的转让价格明显低于账面价值，可能存在少计资产减值准备的风险。财务报表项目名称及认定：持有待售资产（存在）、固定资产（完整性）、固定资产（准确性、计价和分摊）、资产减值损失（准确性）。

【解析】

事项❶，“钢材价格及劳动力成本大幅上涨”说明成本上涨，“调低主打车型的价格”说明价格在下降，则毛利率应该会大幅下降。毛利率 =（营业收入 −营业成本）÷营业收入 =（单价 × 销量 −单位成本 × 销量）÷（单价 × 销量）=（单价 −单位成本）÷单价 =1 −单位成本 ÷单价。但是根据财务报表所示，2016 年的毛利率 =（95 000 −84 500）÷95 000 =11.05%，2017 年的毛利率 =（100 000 −89 000）÷100 000 =11%。毛利率并没有发生大幅下跌，因此存在收入高估、成本低估的风险。营业收入高估通常和“发生”认定相关。成本低估有可能存在漏记，也有可能在核算过程中故意调整核算方式来降低成本，因此通常和“完整性/准确性”认定相关。

事项❷，本题中政府补助的是无形资产的开发，因此属于与资产相关的政府补助，应该计入“递延收入 1 800 万元”，但是题干中将其计入了“其他收益”，说明是将其当作与收益相关的政府补助处理了，因此存在其他收益的高估风险（本来应该没有，但是报表记了，因此和发生认定相关），存在递延收益低估（漏记了，完整性认定）。同时，与资产相关的政府补助有可能是总额法，有可能是净额法。如果是净额法，结合前面的报表数据（将该补助当作与收益相关的政府补助），无形资产 4 000 万元应该是要扣掉 1 800 万元补助，即 2 200 万元计入无形资产当中，所以无形资产存在核算不准确的风险（与准确性、计价和分摊认定相关）。

事项❸，“产品质量保证金的计提比例由营业收入的 3% 调整为 2%”导致销售费用降低了 850 万元，属于会计估计变更，需要有合理的理由，题干没有说有什么理由，因此存在通过故意调整质保金比例来降低销售费用的风险。此项销售费用是发生了的，只是可能不恰当地调整了比例，因此与销售费用的“准确性”认定相关。与之相匹配的“预计负债”，也存在核算不准确的风险，与准确性、计价和分摊认定相关。

事项❹，“2017 年 12 月 31 日，甲公司以 1 亿元购入丙公司 40% 股权”根据长期股权投资权益法的核算方式，甲公司不应该将被投资方今年利润的 40% 确认为自己的“长期股权投资——丙公司”和“投资收益”。但是财务报表数据确认了，因此存在“长期股权投资——丙公司”的高估风险（由于长投核算不准确导致的，与准确性、计价和分摊认定相关）和“投资收益”的高估风险（核算不准确导致的，与准确性认定相关）。

事项❺，“2018 年 1 月，该交易获得批准并完成交付”说明 2017 年末还没有获取批准。不满足划分为持有待售资产的条件，但是题干的财务报表中将其计入了“持有待售资产——拟销售给丁公司的设备”，存在多计持有待售资产的风险（不该记的记账了，与存在认定相关），同时说明固定资产少了一部分（账上漏记了一项固定资产，与完整性相关）。其次，该设备达成的交易价格为 3 000 万元，但是账面价值为 4 200 万元。说明该项资产年末当作固定资产核算时应当进行减值 1 200 万元，但是财务报表并没有减值，因此存在减值不准确的风险，与固定资产的准确性、计价和分摊认定相关，同时和资产减值损失的准确性认定相关。

6.【答案】

事项❶，是。理由：在制定利润分享计划后，甲公司管理层为获得利润增长奖励，具有实施舞弊的动机和压力/2016 年度的净利润勉强达到利润分享条件，可能表明财务报表存在舞弊导致的重大错报风险。

事项❷，是。理由：甲公司在新业务模式下收入快速增长且金额重大，可能存在多计收入的风险。甲公司按实际飞行小时计提退租大修费用，2016 年度计提的该项费用较上年的增长比例远低于航空货运收入/实际飞行小时的增长比例，存在少计大修费用的风险。财务报表项目名称及认定：应收账款/合同资产（存在）、营业收入（发生）、营业成本（完整性/准确性）、长期应付款（完整性/准确性、计价和分摊）。

事项❸，否。

事项❹，是。理由：对于收取的加盟费应当在整个加盟期间内分期确认，不能一次性计入收入。财务报表项目名称及认定：合同负债（完整性）、营业收入（发生）。

事项❺，否。

【解析】

事项❶，股东大会给予管理层一项利润分享计划，即 2016 年度实现净利润较上年度增长 20% 以上就给管理层奖励。那我们看看财务报表数据，2016 年的利润增长有没有达到这个要求。2015 年利润为 16 000 万元，2016 年利润为 19 500 万元，增长率为 21. 87%，即刚刚超过了股东大会的要求（勉强达标），存在舞弊的重大错报风险。利润的舞弊风险来源有很多原因，因此属于报表层次重大错报风险，无法与具体的认定相结合。

事项❷，首先“管理层按实际飞行小时和预计每飞行小时维修费率计提租赁期满退租时的大修费用”说明一个公式：飞行小时 × 每飞行小时维修费率 = 退租时的大修费用。根据报表数据及材料数据，飞行小时是未知的，每飞行小时维修费率是不变的，变化率为 1，我们先假设报表中退租时的大修费用是正确的，那么今年的“长期应付款——退租大修费用”是去年的 4 倍，我们可以倒推出今年的实际飞行小时应该也是去年的 4 倍。其次，“甲公司航空运输服务降价 40%，业务出现爆发式增长”说明了另一个公式：单价 × 业务量 = 营业收入。根据报表数据及材料数据，单价降价 40%，即今年是去年的 0. 6 倍，业务量未知，我们假设营业收入是正确的，根据报表数据，今年是去年的 4 倍，我们可以倒推出今年的业务量应该是去年的 6. 67 倍，对于航空运输服务来说“实际飞行小时”基本上等同于“业务量”。但是根据上述两个公式我们发现了矛盾点。到底是 4 倍还是 6. 67 倍呢？很可能是存在问题的，即退租时的大修费用存在低估风险，或者是营业收入存在高估风险。营业收入的高估风险和发生认定相关，与之匹配的是应收账款/合同资产的高估风险，与存在性认定相关。长期应付款存在低估风险，与完整性认定相关，也可能和准确性认定相关，可能是在核算大修理费的时候核算不准确导致低估。与之相对应的是营业成本（因为属于租赁来的飞机）存在低估风险，与完整性/准确性相关。

事项❸，根据题干的描述，甲公司应该享有一项权益法核算的长期股权投资。报表中与之有关的数据只有“投资收益——丙公司 30 万元”，所以我们要判断这项投资收益是否正确。题干以及财务报表中并没有给到被投资方丙公司的净利润，因此无法判断这项投资收益核算是否正确，因此不存在重大错报风险。

事项❹，加盟服务要提供五年加盟期间的培训和网络服务，说明属于一段时间的履约义务，因此加盟费 3 000 万元不能一次性计入本年利润，正确的会计分录为：

借：银行存款　　3 000

　　贷：主营业务收入　　600

合同负债　　2 400

根据资料二，甲公司将3 000万元的加盟费全部在2016年确认，因此存在低估合同负债（漏记了，与完整性认定相关），高估营业收入（多记了一部分收入，与发生认定相关）的风险。

事项❺，“2017年1月，该电影已取得发行放映许可证，将于2017年春节上映”说明电影能如期上映。那么本年年末甲公司向丁公司预付1 000万元属于预付账款，是正确的，不存在重大错报风险。

7.【答案】

事项❶，是。理由：甲公司2015年毛利率为32%，2014年为33%，与成本大幅上涨不符，可能存在少计营业成本、多计营业收入的风险。财务报表项目名称及认定：营业收入（发生/准确性）、营业成本（完整性）、应收账款/合同资产（存在）、存货（存在）。

事项❷，是。理由：豁免的商标使用费应该计入资本公积，存在多计营业外收入、少计资本公积的风险。财务报表项目名称及认定：营业外收入（发生）、资本公积（完整性）。

事项❸，否。

事项❹，是。理由：换入资产和换出资产的公允价值不能可靠计量，应以换出资产的账面价值为基础确认换入资产成本/补价不能确认收益，存在多计投资收益、多计无形资产的风险。财务报表项目名称及认定：无形资产（准确性、计价和分摊）、投资收益（发生）。

事项❺，是。理由：该项投资性房地产的公允价值在一个月内上涨40%，可能存在多计公允价值变动收益的风险。财务报表项目名称及认定：公允价值变动收益（准确性）、投资性房地产（准确性、计价和分摊）。

【解析】

事项❶，“甲公司未因本年度成本大幅上涨而提高售价”说明成本在上升的，但是单价没变化，毛利率应该降低。毛利率=(收入-成本)÷收入。但从财务报表数据看，毛利率基本不变，根据公式，可能是收入计多了，或成本计少了。营业收入存在高估风险，与发生认定相关，也可能与准确性认定相关；与之相关的应收账款/合同资产也存在高估风险，影响存在认定。

营业成本存在低估风险与完整性（也可能与准确性相关）。同时营业成本是由存货科目转入的，因此存货转入营业成本的部分可能少计了，剩下的存货金额可能高估了，也就是影响存在认定。

事项❷，“2015年度母公司豁免了该项费用”属于母公司的投资，应该计入资本公积中。但是根据表格财务报表数据将其计入“营业外收入——母公司豁免商标使用费”中，因此存在资本公积低估风险和营业外收入高估风险。资本公积的低估是直接漏记了这一项，因此与完整性认定相关。营业外收入高估是存在不该确认为营业外收入的确认了，因此是虚增，与发生认定相关。

事项❸，因计划未确定，因此财务报表中不应该确认，根据财务报表数据及资料一，管理层没有确认该项激励计划是正确的，不存在重大错报风险。

事项❹，本题考查的是非货币性资产交换。“换入资产和换出资产的公允价值均不能可靠计量”因此应该是以账面价值计量的非货币性资产交换，不能确认投资收益。换出的是价值500万元的长期股权投资，换入的有补价100万元现金以及无形资产，因此无形资产应该为 400 万元。存在高估投资收益的风险和高估无形资产的风险。投资收益的高估是完全虚增的，根本不应该确认，因此与存在认定相关。无形资产是有的，但是金额核算不对，因此与准确性、计价和分摊相关。

事项❺，本题在旧准则下公允价值增值应该计入“公允价值变动收益——投资性房地产（二号办公楼）”，但是按照新准则应该计入“其他综合收益——投资性房地产（二号办公楼）”。按照旧准则增加了 4 000 万元（一个月上升 40% 的公允价值）的公允价值变动损益对利润产生很大的影响，因此存在重大错报风险。但是按照新准则，计入其他综合收益不影响利润，风险就降低了很多。

08 第八章 风险应对·答案

「考点1」针对财务报表层次重大错报风险的总体应对措施（★★）

1.【答案】B

【解析】

① 选项AD说法正确，被审计单位人员，尤其是管理层，如果熟悉注册会计师的审计套路，就可能采取种种规避手段，掩盖财务报告中的舞弊行为。因此，在设计拟实施审计程序的性质、时间安排和范围时，为了避免既定思维对审计方案的限制，避免对审计效果的人为干涉，从而使得针对重大错报风险的进一步审计程序更加有效，注册会计师要考虑使某些程序不被被审计单位管理层预见或事先了解（本段文字为教材原文）。

② 选项B说法错误，增加审计程序的不可预见性，可以通过调整审计程序的性质、时间安排和范围来达成，调整范围并非一定导致注册会计师实施更多的审计程序。

③ 选项C说法正确，本选项为教材原文考查。

2.【答案】B

【解析】选项ACD能应对，在期末而非期中实施更多的审计程序、增加拟纳入审计范围的经营地点的数量、增加审计程序的不可预见性均属于总体应对措施，可以应对财务报表层次重大错报风险。

选项B不能应对，报表层次重大错报风险很可能源于薄弱的控制环境，导致对控制的信赖程度非常低，因此扩大控制测试的范围无法应对报表层次的重大错报风险，应该扩大实质性程序的范围。

3.【答案】ACD

【解析】

① 选项A正确，注册会计师需要与被审计单位管理层事先沟通拟实施具有不可预见性的审计程序的要求，但不能告知其具体内容。

② 选项B错误，注册会计师可以在签订审计业务约定书时明确提出这一要求，而不是应当。

③ 选项CD正确，注册会计师可以通过以下方式提高审计程序的不可预见性：

a. 对某些未测试过的低于设定的重要性水平或风险较小的账户余额和认定实施实质性程序；

b. 调整实施审计程序的时间，使被审计单位不可预期；

c. 采取不同的审计抽样方法，使当期抽取的测试样本与以前有所不同；

d. 选取不同的地点实施审计程序，或预先不告知被审计单位所选定的测试地点。

「考点2」针对认定层次重大错报风险的进一步审计程序（★）

1.【答案】ABCD

【解析】在设计进一步审计程序时，注册会计师应当考虑下列因素：

① 风险的重要性（选项D）。

② 重大错报发生的可能性（选项 B）。
③ 涉及的各类交易、账户余额和披露的特征（选项 A）。
④ 被审计单位采用的特定控制的性质。不同性质的控制（尤其是人工控制或自动化控制）对注册会计师设计进一步审计程序具有重要影响（选项 C）。
⑤ 注册会计师是否拟获取审计证据，以确定内部控制在防止或发现并纠正重大错报方面的有效性。如果注册会计师在风险评估时预期内部控制运行有效，随后拟实施的进一步审计程序就必须包括控制测试，且实质性程序自然会受到之前控制测试结果的影响。

2.【答案】ABCD

【解析】选项 ABCD 正确，注册会计师在确定何时实施审计程序时要考虑的因素：
① 控制环境（选项 D）；
② 何时能得到相关信息（选项 A）；
③ 错报风险的性质（选项 C）；
④ 审计证据适用的期间或时点（选项 B）；
⑤ 编制报表的时间，尤其是某些披露的时间。

3.【答案】D

【解析】
① 选项 A 说法正确，良好的控制环境可以抵销在期中实施进一步审计程序的一些局限性，注册会计师可以更多地在期中实施进一步审计程序。
② 选项 B 说法正确，注册会计师在确定何时实施审计程序时要考虑的因素包括何时能得到相关信息。如果某些控制活动可能仅在期中（或期中以前）发生，而之后可能难以再被观察到，则应当在期中实施进一步审计程序。
③ 选项 C 说法正确，如果评估的重大错报风险为低水平，注册会计师可以选择资产负债表日前适当日期为截止日实施函证程序。
④ 选项 D 说法错误，如果被审计单位在期末或接近期末发生了重大交易，或重大交易在期末尚未完成（必须满足本前提条件），注册会计师应当考虑交易的发生或截止等认定可能存在的重大错报风险，并在期末或期末以后检查此类交易。并不是所有的重大交易都是在期末或期末以后实施实质性程序。本题错误率非常高，考查得极其细致，为教材原文考查。

4.【答案】ACD

【解析】选项 ACD 正确，确定进一步审计程序的范围时，注册会计师应当考虑下列因素：
① 确定的重要性水平（选项 D）；
② 评估的重大错报风险（选项 A）；
③ 计划获取的保证程度（选项 C）。
选项 B 错误，审计证据适用的期间或时点，属于审计程序时间应当考虑的重要因素。

「考点3」控制测试（★★★）

1.【答案】ABCD

【解析】

① 选项A正确，注册会计师应当/必须了解和评价与特别风险相关的控制的设计情况，并确定其是否得到执行。

② 选项B正确，对于与特别风险相关的控制，注册会计师不能利用以前审计获取的有关控制运行有效性的审计证据，本期必须重新测试。

③ 选项C正确，如果被审计单位未能实施控制以恰当应对特别风险，则不实施控制测试，仅为实质性程序，注册会计师应当/必须针对特别风险实施细节测试。

④ 选项D正确，如果注册会计师实施控制测试后认为与特别风险相关的控制运行有效，说明要做控制测试，不是仅实施实质性程序，此时，对特别风险实施的实质性程序可以仅为实质性分析程序，也可以将细节测试和实质性分析程序结合使用。

2.【答案】A

【解析】

① 选项A错误，财务报表审计中，决定是否信赖以前审计获取的有关控制运行有效性的审计证据时无须考虑控制发生的频率，控制发生的频率影响的是控制测试的范围。

② 选项BC正确，在确定利用以前审计获取的有关控制运行有效性的审计证据是否适当以及再次测试控制的时间间隔时，注册会计师应当考虑的因素或情况包括：

a. 内部控制其他要素的有效性，包括控制环境、对控制的监督以及被审计单位的风险评估过程。

b. 控制特征（是人工控制还是自动化控制）产生的风险（选项BC）。

c. 信息技术一般控制的有效性。

d. 影响内部控制的重大人事变动。

e. 由于环境发生变化而特定控制缺乏相应变化导致的风险。

f. 重大错报的风险和对控制的信赖程度。

③ 选项D正确，考虑以前审计获取的有关控制运行有效性的审计证据的基本思路是，考虑拟信赖的以前审计中测试的控制在本期是否发生变化，如果拟信赖以前审计获取的有关控制运行有效性的审计证据，注册会计师应当实施询问并结合观察和检查程序，获取这些控制是否已经发生变化的审计证据。

3.【答案】C

【解析】

① 选项A说法正确，测试被审计单位对控制的监督也能够作为一项有益的补充证据，以便更有把握地将控制在期中运行有效性的审计证据延伸至期末。

② 选项B说法正确，被审计单位的控制环境越有效说明风险越低，从而注册会计师需要获取的剩余期间的补充证据越少。

③ 选项C说法错误，如果这些控制在剩余期间发生了变化（如信息系统、业务流程或人事管理等方面发生变动），注册会计师需要了解并测试控制的变化对期中审计证据的影响，

穿行测试属于了解内部控制，还应当进行控制测试。

④ 选项 D 说法正确，注册会计师在信赖控制的基础上拟减少的实质性程序的范围越大，说明通过实质性程序获取的审计证据的数量越少，从而需要获取的剩余期间的补充证据越多。

4.【答案】ABC

【解析】

① 选项 A 正确，对于旨在减轻特别风险的控制，如果注册会计师拟信赖该控制，无论本期是否发生变化，都不应依赖以前审计获取的证据，应在本期测试这些控制的运行有效性。

② 选项 B 正确，对于不属于与特别风险相关的控制。如拟信赖的控制自上次测试后未发生变化，且不属于旨在减轻特别风险的控制，应运用职业判断确定是否在本期审计中测试其运行有效性，以及本次测试与上次测试的间隔期间，但每三年至少对控制测试一次。

③ 选项 C 正确，考虑以前审计获取的有关控制运行有效性的审计证据，基本思路是考虑拟信赖的以前审计中测试的控制在本期是否发生变化，如果控制在本年发生重大变化，则不应利用以前年度获取的有关控制运行有效的审计证据，本选项的核心词是“重大”，重大变化相当于变化且不相关。

④ 选项 D 错误，当被审计单位控制环境薄弱或对控制的监督薄弱时，注册会计师应当缩短再次测试控制的时间间隔或完全不信赖以前审计获取的审计证据。也就是说如果缩短测试控制的时间间隔，以前年度获取的审计证据还是可以信赖的，本期可以不测试。

5.【答案】AC

【解析】

① 选项 A 说法错误，如果拟信赖以前审计获取的有关控制运行有效性的审计证据，注册会计师应当通过实施询问并结合观察或检查程序，获取这些控制是否已经发生变化的审计证据，不能仅询问。

② 选项 B 说法正确，如果拟信赖的控制在本期发生变化，注册会计师应当考虑以前审计获取的有关控制运行有效性的审计证据是否与本期审计相关，为原文考查。

③ 选项 C 说法错误，如果拟信赖的控制自上次测试后未发生变化，且不属于旨在减轻特别风险的控制，注册会计师应当运用职业判断确定是否在本期审计中测试其运行有效性，以及本次测试与上次测试的时间间隔，但每三年至少对控制测试一次。因此，如果拟信赖的控制在本期未发生变化，注册会计师不一定可以运用职业判断决定不在本期测试其运行的有效性。

④ 选项 D 说法正确，如果重大错报风险较大，或对控制的信赖程度较高，注册会计师应当缩短再次测试的时间间隔或是完全不信赖以前审计获取的审计证据。

「考点 4」实质性程序（★★★）

1.【答案】ABCD

【解析】选项 ABCD 正确，在判断哪些风险是特别风险时，注册会计师应当至少考虑下列事项：

① 风险是否属于舞弊风险（选项 D）；

② 风险是否与近期经济环境、会计处理方法或其他方面的重大变化相关，因而需要特别关

注（选项B）；

③ 交易的复杂程度；

④ 风险是否涉及重大的关联方交易（选项A）；

⑤ 财务信息计量的主观程度，特别是计量结果是否具有高度不确定性（选项C）；

⑥ 风险是否涉及异常或超出正常经营过程的重大交易。

2.【答案】D

【解析】选项ABC不当选，函证、检查、询问程序均适用于细节测试。

选项D当选，重新执行是仅适用于控制测试的程序。

3.【答案】D

【解析】

① 选项A错误，无论评估的重大错报风险结果如何，注册会计师都应当针对所有重大类别的交易、账户余额和披露实施实质性程序，关键词是“重大”，而不是所有类别的。

② 选项B错误，如果针对特别风险实施的程序仅为实质性程序（前提条件很重要），这些程序应当包括细节测试，或将细节测试和实质性分析程序结合使用，以获取充分、适当的审计证据。

③ 选项C错误，针对剩余期间可以仅实施实质性程序，也可以将实质性程序与控制测试结合使用。

④ 选项D正确，注册会计师实施的实质性程序包括细节测试和实质性分析程序，还包括：a. 将财务报表中的信息与其所依据的会计记录进行核对或调节；b. 检查财务报表编制过程中作出的重大会计分录和其他调整。

4.【答案】C

【解析】

① 选项A说法正确，分析程序适用于在一段时期内存在预期关系的大量交易，并不适用所有的财务报表认定。

② 选项B说法正确，在实质性程序中，并非必须使用分析程序，根据情况可以使用分析程序。

③ 选项C说法错误，针对特别风险，可以实施实质性分析程序，也可以不实施，不是一定不适用。

④ 选项D说法正确，分析程序适用于在一段时期内存在预期关系的大量交易，并不适用所有的财务报表认定，所以对特定实质性分析程序适用性的确定，受到认定的性质的影响。在某些审计领域，如果重大错报风险较低且数据之间具有稳定的预期关系，注册会计师可以单独使用实质性分析程序获取充分、适当的审计证据，所以对特定实质性分析程序适用性的确定，受到注册会计师对重大错报风险评估的影响，风险越高，越不适宜采用实质性分析程序。

【抢分技巧】对审计程序要求的总结：

<table>
<tr><td>风险评估程序
(包括了解内部控制)</td><td colspan="3">应当实施</td></tr>
<tr><td rowspan="4">进一步审计程序</td><td rowspan="2">控制测试</td><td colspan="2">注册会计师应当实施控制测试的情形有:
① 在评估认定层次重大错报风险时，预期控制的运行是有效的;
② 仅实施实质性程序并不能够提供认定层次充分、适当的审计证据</td></tr>
<tr><td>特别风险</td><td>必须了解内部控制，但是是否测试不一定</td></tr>
<tr><td rowspan="2">实质性程序</td><td colspan="2">无论评估的重大错报风险如何，注册会计师都应当针对所有重大类别的交易、账户余额和披露实施实质性程序</td></tr>
<tr><td>特别风险</td><td>如果针对特别风险实施的程序仅为实质性程序，这些程序应当包括细节测试，或将细节测试和实质性分析程序结合使用</td></tr>
</table>

5.【答案】A

【解析】

① 选项 A 说法错误，评估的控制风险越低，说明预期越信赖内部控制，即减少实质性程序越多，则通过实施控制测试获取的审计证据可能越多。

② 选项 B 说法正确，计划从实质性程序中获取的保证程度越高，说明越打算依赖实质性程序，需要靠实质性程序获取的审计证据可能越多。

③ 选项 C 说法正确，审计证据的质量影响数量，质量越好，数量越少。但是反过来数量对质量没有影响。这一点非常容易出错，要重点关注。

④ 选项 D 说法正确，重大错报风险影响审计证据的数量，风险越大，需要的审计证据数量越多。

主观题部分

1.【答案】不恰当。制造业企业的营业成本通常涉及重大类别交易，应当实施实质性程序。

【解析】制造业企业中营业成本一般是重大的，这是常识，大家需要掌握。

针对营业成本，注册会计师实施的审计程序包括：检查成本核算系统、检查复核审批。这两个程序都是控制测试。仅仅通过实施控制测试就得出“认可了甲公司 2019 年度的营业成本”的结论是错误的。控制测试不能判断营业成本是否存在错报，需要实施实质性程序。

考点为“无论评估的重大错报风险如何，注册会计师都应当针对所有重大类别的交易、账户余额和披露实施实质性程序”。营业成本是重大的，必须实施实质性程序。

2.【答案】不恰当。注册会计师应当考虑在期末或接近期末实施实质性程序/若针对特别风险实施的审计程序仅为实质性程序，这些程序应当包括细节测试，针对 12 月的营业收入应实施细节测试。

【解析】收入存在舞弊风险，即特别风险。

【解题思路】①针对特别风险，应该在期末或接近期末实施实质性程序。所以 A 注册会计师拟在期中审计时对营业收入实施细节测试是错误的，无法应对该风险。

②题干中表示 A 注册会计师采用实质性方案应对舞弊风险，说明“针对特别风险实施的审计程序仅为实质性程序”。这时候必须包含细节测试，但是题干中对 12 月的程序中只有实质性分析程序，没有实施细节测试，所以错误。

【考点】针对特别风险的应对程序

3. **【答案】**

事项❶，不恰当。一般制造业企业的成本核算属于重大类别的交易或账户余额，应当实施实质性程序。

事项❷，不恰当。以前年度与存货相关的控制运行有效不是减少本年度细节测试样本规模的充分理由/注册会计师还应当了解相关控制在本期是否发生变化，并评价变化对于控制运行有效性的影响程度。

【解析】

事项❶，制造型企业的成本核算一般是重大的。注册会计师的风险应对程序只有控制测试，不包含实质性程序是错误的，因为无论评估的重大错报风险如何，注册会计师都应当针对所有重大类别的交易、账户余额和披露实施实质性程序。

事项❷，本题的逻辑为：因为不存在特别风险，且以前年度控制运行有效，所以减少了本年度存货细节测试的样本量。这个逻辑的潜在含义是以前年度控制运行有效，那么本期内部控制运行有效，就可以减少本期的细节测试样本量。但是问题是以前年度控制运行有效并不代表本期内部控制运行有效，还应该了解内部控制在本期的变化和相关性。

4. **【答案】**不恰当。当针对特别风险的应对程序仅为实质性程序时，应当包括细节测试。

【解析】针对特别风险注册会计师了解了内部控制，实施了实质性分析程序，得出认可了坏账准备计提的金额的结论。这个程序中，了解内部控制没有问题，但是没有说实施了控制测试，说明没有做控制测试。针对特别风险，如果应对程序仅为实质性程序时，应当包括细节测试。而题干只说了实施实质性分析程序，没有做细节测试，所以是错误的。

5. **【答案】**恰当。

【解析】针对特别风险注册会计师了解了内部控制，没有实施控制测试，说明注册会计师不打算信赖被审计单位的内部控制，而直接实施了细节测试。说明应对程序仅为实质性程序时应当包含细节测试，完全正确。

6. **【答案】**不恰当。应当对重大账户余额实施实质性程序。

【解析】针对大额定期存款（重大账户余额），A 注册会计师因为去年实施的实质性程序结果满意，本年没有实施实质性程序。这个逻辑的潜在含义是利用了以前年度实质性程序的审计证据。那能利用吗？A 注册会计师拟利用以前审计获取的审计证据时，应当在本期实施审计程序，以确定这些审计证据是否具有持续相关性。但是题干中并没有实施程序验证审计程序的持续相关性，所以是错误的。

7. **【答案】**不恰当。注册会计师没有（应当）对重大账户余额实施实质性程序。

【解析】针对重大账户余额，因为未发生变动，所以未实施进一步审计程序。这个逻辑是错误的。根据无论评估的重大错报风险如何，注册会计师都应当针对所有重大类别的交易、账户余额和披露实施实质性程序，注册会计师应当对重大账户余额实施实质性程序。

8.【答案】

事项❶，不恰当。旨在减轻特别风险的控制，应在当年测试相关控制的运行有效性/不能依赖以前控制测试有效的审计证据。

事项❷，不恰当。通过实质性程序未发现错报，并不能证明与所测试认定相关的内部控制是有效的/注册会计师不能以实质性程序的结果推断内部控制的有效性。

事项❸，不恰当。只检查财务经理的签字不足够/应当检查财务经理是否按规定完整实施了该控制。

事项❹，恰当。

【解析】

事项❶，首先，关键词为“特别风险”，针对特别风险，如果拟信赖，不能利用以前期间的审计证据，必须本期测试。

事项❷，实质性程序没发现错报不能说内部控制就是有效的。

事项❸，本题的内部控制制度包括以下几个环节：a. 财务经理复核销售返利计算表；b. 签字。项目组在做控制测试时只测试了签字这一个控制，没有检查是否按规定复核，就得出“该控制运行有效”的结论，很明显不准确，控制测试应该检查是否严格按照制度完整实施了所有的控制环节。

事项❹，对自动化运行的控制，可以通过测试信息系统一般控制的有效性获取控制在剩余期间运行有效的审计证据。

9.【答案】

事项❶，不恰当。如拟利用以前所获取的审计证据，应当在本期实施审计程序，以确定针对该项股权投资减值的证据是否具有持续相关性（即变化）。

事项❷，不恰当。根据管理层提供的诉讼事项清单无法查明披露不完整的诉讼事项（内部信息——准确、完整）。

事项❸，不恰当。因该相关控制是旨在减轻特别风险的相关控制，因此应当测试当期相关控制的运行有效性。

事项❹，恰当。

事项❺，不恰当。穿行测试不能为控制运行的有效性提供充分证据，还应当实施控制测试。

【解析】

事项❶，“因为……未发生变化，拟不实施进一步审计程序”，这个逻辑的潜在含义是打算利用以前期间实质性程序的审计证据（因为控制测试可以不做，所以题干中提到的进一步审计程序主要是实质性程序）。但是在实质性程序中，确定能否利用以前期间的审计证据时，除了考虑是否发生重大变化外，还需要在本期实施审计程序以确定这些审计证据是否具有持续相关性。

事项❷，目的是查找“未向注册会计师披露的诉讼事项”即完整性，但程序是“根据管理层提供的诉讼事项清单，检查相关的文件记录”，这个程序根本不可能发现未披露的诉讼事项。

事项❸，本题的关键在于识别出“特别风险”，针对特别风险，不能利用以前年度的审计证据，必须本期测试。

事项❹，了解内部控制以后，可以不实施控制测试。针对特别风险，注册会计师的风险应对程序为细节测试，没问题。

事项❺，穿行测试只能了解内部控制设计是否合理，是否得到执行，不能判断内部控制运行有效性。

10. **【答案】**

事项❶，是。

事项❷，否。仅检查签字不足以证明控制运行有效/还应了解副总经理是否确实复核了报告内容。

【解析】

事项❶，因为期中测试的内部控制是无效的，因此不信赖内部控制，直接依赖实质性程序是正确的。

事项❷，被审计单位的内部控制环节包括：a. 销售经理比较分析，并编制分析报告；b. 副总经理审核。注册会计师在测试内部控制时只检查了报告上副总经理的签字，并不能说明销售经理的内部控制实施到位了，所以错误。

11. **【答案】**不恰当。实施实质性程序未发现错报，并不能说明相关的控制运行有效。

【解析】实质性程序未发现错报就认为内控有效，是错误的。

12. **【答案】**

事项❶，不恰当。内部控制测试及细节测试均应涵盖整个审计期间。注册会计师还应当测试内部控制在剩余期间的运行有效性以获取审计证据及对 1 ~10 月的成本核算实施细节测试。

事项❷，恰当。

【解析】

事项❶，针对仅实施实质性程序不能获取充分、适当的审计证据的风险，应当实施控制测试。但是，题干中测试了 2017 年 1 ~10 月期间的运行有效性，说明 11 ~12 月的内部控制没有测试，所以是错误的。其次，"对 2017 年 11 ~12 月的成本核算实施细节测试"说明针对 1 ~10 月的成本核算没有实施实质性程序，这是错误的，因为注册会计师都应当针对所有重大类别的交易、账户余额和披露实施实质性程序。所以本题存在两处错误，大家在写答案的时候至少要指出一处错误。

事项❷，"询问管理层、阅读内控手册并执行穿行测试"为了解内部控制，了解的结果为内部控制设计合理。但是注册会计师不打算实施控制测试，只实施实质性程序是正确的。因为内部控制只有打算依赖才需要测试，不依赖不测试。

13. **【答案】**恰当。

【解析】通过了解内部控制，并对拟信赖的实施控制测试，正确。

14. **【答案】**

事项❶，不恰当。仅靠询问不足以提供充分、适当的审计证据，控制未能有效执行。

事项❷，恰当。

【解析】

事项❶，题干中控制测试程序只有询问就得出控制测试结果满意的结论是错误的，询问本身并不足以测试控制运行的有效性，注册会计师需要将询问与其他审计程序结合使用。

事项❷，注册会计师在实施细节测试时，发现差错，之后除了采用询问的程序之外，还考虑了对其他审计程序的影响，扩大了样本规模，所以该项正确。

15. 【答案】

事项❶，恰当。

事项❷，不恰当。穿行测试不能为控制运行的有效性提供充分证据/穿行测试用于了解内部控制，还应当实施控制测试。

【解析】

事项❶，看到内部控制，就要想到了解内部控制是必须的，但控制测试是可选的。只有在拟信赖的时候才进行控制测试（你不信赖，测出来结果如何都没意义）。

事项❷，穿行测试是风险评估程序，不是控制测试程序，重新执行才是控制测试的审计程序，要区分清楚。

09 第九章 销售与收款循环的审计·答案

「考点」销售与收款循环的重大错报风险的评估（★）

【答案】 B

【解析】

① 选项 A 说法正确，与公开市场交易相比，关联方之间可能利用彼此之间的特殊关系从事虚构交易，从而导致收入的发生认定存在舞弊风险的可能性更高。

② 选项 B 说法错误，以营利为目的的单位，管理层实施舞弊的动机或者压力不同，所处内外环境也不同，舞弊风险涉及的具体认定可能不同，舞弊风险的可能性也不同，例如可能为了完成业绩指标而高估收入或者为了降低税费而低估收入等，注册会计师要具体问题具体分析。

③ 选项 C 说法正确，如果被审计单位预期下一年度的目标较难达到，而又超额完成了本年的利润目标，可能存在将本期的收入推迟到下一年度确认，进而导致收入的截止认定存在舞弊风险的可能性较大。

④ 选项 D 说法正确，完工进度具有高度估计不确定性，可能导致收入的准确性认定存在舞弊风险的可能性较大。

主观题部分

1. **【答案】** 恰当。

【解析】“乙公司回函确认金额小于函证金额”说明回函有差异。A 注册会计师实施了调查差异的程序：检查支持性文件（合同、出库单以及签收单），电话确认。程序不存在错误。本题考点为对回函中出现的不符事项的处理。注册会计师需要调查核实原因，确定其是否构成错报。注册会计师不能仅通过询问（管理层的解释）被审计单位相关人员对不符事项的性质和原因得出结论，而是要在询问原因的基础上，检查相关的原始凭证和文件资料予以证实。必要时与被询证方联系，获取相关信息和解释。

2. **【答案】** 不恰当。改进建议：对于存在收入高估风险，应从资产负债表日前若干天的收入明细账查至客户签收记录，或从资产负债表日后若干天的客户签收记录查至收入明细账。

【解析】 针对“收入存在高估风险”，“从资产负债表日前若干天的客户签收记录查至收入明细账，并从资产负债表日后若干天的收入明细账查至客户签收记录”只能应对低估风险，无法应对高估风险。

截止性测试的审计程序：

起点	方向	可能发现的不正常情况
以账簿记录为起点（逆查）	从资产负债表日前的账簿记录追查至客户签收的出库单	出库单日期在资产负债表日后——营业收入违反截止认定（提前）

续表

起点	方向	可能发现的不正常情况
以账簿记录为起点（逆查）	从资产负债表日后的账簿记录追查至客户签收的出库单	出库单日期在资产负债表日前——营业收入违反截止认定（推迟）
以出库单为起点（顺查）	从资产负债表日前客户签收的出库单追查至账簿记录	入账日期在资产负债表日后——营业收入违反截止认定（推迟）
	从资产负债表日后客户签收的出库单追查至账簿记录	入账日期在资产负债表日前——营业收入违反截止认定（提前）

3. **【答案】** 不恰当。应当针对350万元的差异全额进行调查。

   【解析】 差异额超过可接受差异额应当全额调查，不能只针对超出部分做调查。

4. **【答案】**

   事项❶，是。

   事项❷，否。需要对差异额的全额进行调查。

   【解析】

   事项❶，针对“应收账款增长幅度明显高于收入增长幅度”的异常情形，注册会计师实施的审计程序非常严格，例如“扩大了函证、截止测试和期后收款测试的样本量，并走访了甲公司的重要客户”都属于非常规程序（即延伸程序），可以应对该风险。

   事项❷，实施实质性分析程序时，差异额远高于可接受差异额，应当针对1 400万元的差异额全额调查。

5. **【答案】** 否。差异超过可接受的差异额，注册会计师应当调查该差异，而不是将超出部分直接作为错报。

   【解析】 实质性分析程序中差异额超过可接受差异额应当针对600万元差异全额调查，而不是直接认定其为错报进行调整。

10 第十章 采购与付款循环的审计·答案

主观题部分

【答案】

事项❶，恰当。

事项❷，不恰当。还应检查资产负债表日后货币资金的付款项目/获取甲公司与供应商之间的对账单并与财务记录进行核对调节/检查采购业务形成的相关原始凭证。

【解析】

事项❶，各部门使用的请购单无须连续编号，因此内控设计有效。

事项❷，检查应付账款是否计入了正确的会计期间，是否存在未入账的应付账款的审计程序包括：

a. 对本期发生的应付账款增减变动，检查至相关支持性文件，确认会计处理是否正确；

b. 检查资产负债表日后应付账款明细账贷方发生额的相应凭证，关注其验收单、购货发票的日期，确认其入账时间是否合理；

c. 获取并检查被审计单位与其供应商之间的对账单以及被审计单位编制的差异调节表，确定应付账款金额的准确性；

d. 针对资产负债表日后付款项目，检查银行对账单及有关付款凭证（银行汇款通知、供应商收据等），询问被审计单位内部或外部的知情人员，查找有无未及时入账的应付账款；

e. 结合存货监盘程序，检查被审计单位在资产负债日前后的存货入库资料（验收报告或入库单），检查相关负债是否计入了正确的会计期间；

f. 获取期后收取、记录或支付的发票明细，从中选取项目进行测试并检查支持性文件、追踪已选取项目至应付账款明细账、货到票未到的暂估入账和预提费用明细表等，关注费用所计入的会计期间。

题干中实施的程序包括 b 和 e。因为未入账应付账款是非常难查的，所以注册会计师要尽量多做审计程序（广撒网），评价费用是否被记录于正确的会计期间，并相应确定是否存在期末未入账负债。

所以可以根据教材给的方法再进行补充一部分即可，注意，并不要求全部补充完整。只需要补充一部分表明我们要尽可能多地实施审计程序查找未入账应付账款。

11 第十一章　生产与存货循环的审计·答案

「考点」生产与存货循环的实质性程序（★★★）

【答案】B

【解析】

① 选项 A 错误，存货监盘程序包括评价、观察、检查、执行抽盘等程序；

② 选项 B 正确，对存货进行盘点是管理层职责，注会不能代为执行，也不能协助被审计单位的盘点工作；

③ 选项 C 错误，存货监盘并不足以提供与存货权利与义务认定相关的充分、适当的审计证据；

④ 选项 D 错误，因不可预见的情况无法在存货盘点现场实施监盘，注册会计师应当另择日期实施监盘，并对间隔期内发生的交易实施审计程序。

主观题部分

1.【答案】

事项❶，不恰当。未（应）测试存货跌价准备明细表的完整性。

事项❷，不恰当。不能代行管理层的盘点职责。未在现场观察管理层的盘点。

事项❸，不恰当。没有就第三方保管的原材料状况获取审计证据。

事项❹，不恰当。已售未出库产成品台账和销售部门开出的提货单属于内部证据，应检查销售发票等外部证据。

事项❺，不恰当。注册会计师应当查明原因，并考虑错误的潜在范围和重大程度/可以要求被审计单位重新盘点。

事项❻，不恰当。注册会计师应当实施适当的审计程序，确定盘点日与资产负债表日之间存货的变动是否已得到恰当的记录。

【解析】

事项❶，“取得了甲公司 2019 年末存货跌价准备明细表”说明注册会计师实施审计程序时使用了被审计单位生成的信息，针对该信息需要验证完整性和准确性。题干中“测试了明细表中的存货数量、单位成本和可变现净值”说明验证了准确性，但是没有验证完整性。

事项❷，“管理层和 A 注册会计师分别执行了其中的八个和两个仓库的盘点”说明 A 注册会计师代替了被审计单位实施盘点程序，是错误的。

事项❸，针对由第三方保管或控制的存货，注册会计师应当实施下列一项或两项审计程序。

（1）向持有被审计单位存货的第三方函证存货的数量和状况。

（2）实施检查或其他适合具体情况的审计程序：

实施或安排其他注册会计师实施对第三方的存货监盘（如可行）；

获取其他注册会计师或服务机构注册会计师针对用以保证存货得到恰当盘点和保管的内控的适当性而出具的报告；

检查与第三方持有的存货相关的文件记录，如仓储单；

当存货被作为抵押品时，要求其他机构或人员进行确认。

题干采用了函证程序获取了存货数量是正确的。但是账面价值 = 单价 × 数量 − 减值准备。题干中获取了单价和数量相关的审计证据，但是并没有获取减值相关的资料，所以不正确。本题的核心词在于识别“账面价值”四个字。

事项❹，台账和销售部门开出的提货单都属于内部证据，可靠性较低。

事项❺，注册会计师在执行抽盘时发现差异，注册会计师应当查明原因，并及时提请被审计单位进行改正。注册会计师还应当考虑错误的潜在范围和重大程度，在可能的情况下，扩大检查范围以减少错误的发生。注册会计师还可要求被审计单位重新盘点，重新盘点的范围可限于某一特殊领域的存货或特定盘点小组。

事项❻，变动较小不等于没有变动，仍然应该确定存货盘点日与财务报表日之间的存货变动是否已得到恰当的记录。

【考点】存货计价测试、存货监盘

2.**【答案】**

事项❶，不恰当。注册会计师应当对盘点结果汇总表进行复核/应当将抽盘数量与盘点结果汇总表核对/应当将盘点标签数量与盘点结果汇总表核对。

事项❷，不恰当。存货对于财务报表是重要的，应当对存货实施监盘程序。

事项❸，恰当。

事项❹，不恰当。注册会计师没有（应当）观察己公司管理层制定的盘点程序的执行情况。

事项❺，不恰当。确定抽盘范围时，注册会计师还应当考虑观察盘点程序执行情况的结论和检查存货的结果。还应考虑指令和程序实施的有效性。

【解析】

事项❶，将抽盘样本的数量与盘点标签记录的数量进行了核对说明抽盘样本数量和盘点标签记录的数量是一致的，但是抽盘样本的数量、盘点标签记录的数量并没有与盘点结果汇总表进行核对，因此不能说明盘点结果汇总表记录的存货数量是正确的。所以可以选择抽盘样本的数量与盘点结果汇总表进行核对，或者是盘点标签记录的数量与盘点结果汇总表进行核对。本题的关键词是“盘点结果汇总表”。

事项❷，存货金额重大，注册会计师只实施了检查程序（获取并检查支持性文件），就认为获取了存货存在和状况的充分、适当的审计证据。这个逻辑是错误的，因为如果存货对财务报表是重要的，注册会计师应当实施监盘程序。题干没有实施监盘程序，所以错误。

事项❸，存货在多个地点，注册会计师取得了存货存放地点清单并检查了其完整性，再根据重要性及风险确定监盘地点。这个选取存货监盘地点的思路完全正确。

事项❹，盘点结束后、存货未开始流动前抵达盘点现场，说明没有实施现场观察程序。在存货盘点现场实施监盘时，注册会计师应当实施下列审计程序：a. 评价管理层用以记录和控制存货盘点结果的指令和程序；b. 观察管理层制定的盘点程序的执行情况；c. 检查存货；d. 执行抽盘。四个程序缺一不可。

事项❺，在实施观察程序后，如果认为被审计单位内部控制良好且得到有效实施，存货盘点组织良好，可以相应缩小实施检查程序的范围。

【考点】存货监盘

3.【答案】

事项❶，不恰当。注册会计师应当测试盘点日至资产负债表日之间存货的变动情况是否已得到恰当记录。

事项❷，恰当。

事项❸，不恰当。注册会计师还需要测试存货货龄分析表准确性。

事项❹，不恰当。由于不可预见的情况导致无法在存货盘点现场实施监盘，A 注册会计师应当另择日期实施监盘，并对间隔期内发生的交易实施审计程序。

【解析】

事项❶，“年末存货余额与盘点日余额差异较小”，并不是完全没有差异，所以不能直接根据 12 月 25 日的数量认可年末存货数量。

本题考点为：如果存货盘点在财务报表日以外的其他日期进行，注册会计师除实施存货监盘相关审计程序外，还应当实施其他审计程序，确定存货盘点日与财务报表日之间的存货变动是否已得到恰当的记录。

事项❷，执行双向抽盘的目的是为了保证盘点记录的准确和完整。

事项❸，“获取了甲公司的存货……不存在遗漏”说明考虑了完整性，但是没有考虑准确性，所以还需要测试存货货龄分析表准确性。准确性和完整性的考虑缺一不可。

事项❹，“天气恶劣”属于不可预见的情况导致无法在存货盘点现场实施监盘。注册会计师应当另择日期实施监盘，并对间隔期间内发生的交易实施审计程序。

【考点】存货监盘

4.【答案】

事项❶，不恰当。注册会计师还应当观察管理层制定的盘点程序的执行情况。

事项❷，恰当。

事项❸，不恰当。注册会计师还应当检查暂估存货的单价是否适当。

事项❹，不恰当。已全额计提跌价准备的存货价值虽然为零，但存货实物仍存在，仍需对其监盘/仍需要对存货是否存在实施监盘。

事项❺，不恰当。抽盘的总体不完整。

事项❻，不恰当。注册会计师不能仅满足已更正样本错报。注册会计师应当考虑错误的潜在范围和重大程度，在可能的情况下，扩大检查范围以减少错误的发生。

【解析】

事项❶，在存货盘点现场实施监盘时，注册会计师应当实施下列审计程序：a. 评价管理层用以记录和控制存货盘点结果的指令和程序；b. 观察管理层制定的盘点程序的执行情况；c. 检查存货；d. 执行抽盘。四个程序缺一不可。题干中没有做程序 b，所以错误。

事项❷，如果只有少数项目构成了存货的主要部分，注册会计师可能选择将存货监盘用作实质性程序。

事项❸，存货金额 = 数量 × 单价，实施监盘，确定的是数量，测试截止，确定的是是否计入了正确的期间，所以还需要检查暂估存货的单价。

事项❹，即使存货已经全额计提跌价准备，存货实物还是有的，只是价值上来说不值钱，所以仍然需要实施监盘程序验证存货的存在。类似于应收账款即使全额计提了坏账准备，但是客户欠你钱这是存在的，仍然需要函证。

事项❺，A 应该在盘点的全部存货中选取部分做抽盘。

事项❻，“A 注册会计师提请甲公司盘点人员重新盘点了这些项目并更正了盘点记录”说明只是把错误的改了，但是没有考虑潜在错报。

注册会计师在执行抽盘时发现差异，注册会计师应当查明原因，并及时提请被审计单位进行改正。注册会计师还应当考虑错误的潜在范围和重大程度，在可能的情况下，扩大检查范围以减少错误的发生。注册会计师还可要求被审计单位重新盘点，重新盘点的范围可限于某一特殊领域的存货或特定盘点小组。

【考点】存货计价测试、存货监盘

5. **【答案】**

事项❶，不恰当。A 注册会计师应了解与生产和存货循环相关的业务流程。

事项❷，不恰当。存货监盘是检查存货的存在，已全额计提跌价准备的存货价值虽然为零，但数量仍存在/仍需对存货是否存在实施监盘。

事项❸，不恰当。存货对财务报表是重要的，注册会计师应当实施监盘。

事项❹，不恰当。如果存货是重要的，A 注册会计师应要求已公司重新盘点存货并实施现场监盘/A 注册会计师应对己公司存货执行监盘程序。

事项❺，恰当。

【解析】

事项❶，必须了解内部控制。

事项❷，存货监盘的目的主要是存货的存在认定，“已全额计提跌价准备”并不代表存货不存在，所以仍然应当实施监盘程序。

事项❸，“金额重大”说明存货是重要的，针对重要的存货应当实施监盘程序，但是题干中注册会计师实施的程序不包括监盘。

事项❹，“年末存货余额重大”说明存货是重要的，注册会计师应当实施监盘。但是题干中注册会计师实施的程序不包括监盘。

事项❺，“乙公司 2017 年末持有的在途存货”所有权属于被审计单位，因此应当纳入监盘范围。

6. **【答案】**是。

【解析】如果由第三方保管或控制的存货对财务报表是重要的，注册会计师应当实施下列一项或两项审计程序：

① 向持有被审计单位存货的第三方函证存货的数量和状况。

② 实施检查或其他适合具体情况的审计程序：

a. 实施或安排其他注册会计师实施对第三方的存货监盘（如可行）；

b. 获取其他注册会计师或服务机构注册会计师针对用以保证存货得到恰当盘点和保管的内控的适当性而出具的报告；

c. 检查与第三方持有的存货相关的文件记录，如仓储单（题干采用的是这种方式）；

d. 当存货被作为抵押品时，要求其他机构或人员进行确认。

此外，可以考虑应由第三方保管存货的商业理由的合理性，以进行存货相关风险的评估，包括舞弊风险的评估，并计划和实施适当的审计程序，比如检查被审计单位和第三方所签署的存货保管协议的相关条款，复核被审计单位调查及评价第三方工作的程序。

7.【答案】否。注册会计师应当考虑存货存放地点清单的完整性。

【解析】看到存货的存放地点，就要想到存货地点的完整性。地点清单是管理层提供的，首先得确定这个清单是不是完整的。

12 第十二章　货币资金的审计·答案

「考点」货币资金的实质性程序（★★★）

【答案】C

【解析】

① 选项 A 说法正确，函证可以为“存在”认定提供可靠的证据。

② 选项 B 说法正确，对于未质押的定期存款，检查开户证实书原件。

③ 选项 C 说法错误，对于已质押的定期存款，检查定期存单复印件，并与相应的质押合同进行核对（这个程序是不能少的）。

④ 选项 D 说法正确，在资产负债表日后已到期的定期存款，核对兑付凭证能够证明资产负债表日前定期存款是存在的。

主观题部分

1.【答案】

事项❶，不恰当。斜线划掉表示该项目不适用，与发函目的不符/应当在银行借款项目填写零或无。

事项❷，不恰当。管理层提供的网上银行余额截屏，经被审计单位之手，容易被篡改，应实施其他替代审计程序。

【解析】

事项❶，斜线表示不适用，余额为 0 的写 0 或者无。该考点教材已经删除，了解即可。

事项❷，未收到回函，所以 A 注会实施了替代程序，我们需要判断的是注会的替代程序是否正确。网银截屏有被篡改的可能性，需要观察被审计单位人员登录并操作网银系统导出信息的过程，并核对网银界面的真实性。

【考点】银行存款的实质性程序

2.【答案】

事项❶，恰当。

事项❷，不恰当。A 注册会计师还可能需要检查调节事项/关注长期未达账项/关注未达账项中异常的支付款项。

事项❸，不恰当。应全程关注银行对账单的打印过程/未对银行对账单获取过程保持控制。

事项❹，恰当。

【解析】

事项❶，注册会计师可能基于风险评估结果判断无须对现金盘点实施控制测试，仅实施实质性程序。

事项❷，本题考查银行存款余额调节表的审计程序。题干中做的程序有“检查了调节表中的加计数是否正确，并检查了调节后的银行存款日记账余额与银行对账单余额是否一致”，也就是只是针对调节表中的数据做了一下加计计算，并没有调查调节表的调节事项是否真实准确。所以还应该实施的审计程序有：a. 检查调节事项；b. 关注长期未达账项，查看是否存在挪用资金等事项；c. 特别关注银付企未付、企付银未付中支付异常的账款事项。以上三种程序至少写一种。

事项❸，风险是对对账单的真实性有疑虑，注册会计师可以做的程序包括：

a. 亲自到银行获取对账单，并对获取过程保持控制；

b. 还可以观察被审计单位人员登录并操作网银系统导出信息的过程，核对网银界面的真实性，核对网银中显示或下载的信息与提供给注册会计师的对账单中信息的一致性。

以上的两种程序任意一种都可以验证对账单的真实性。但是根据题干可知注册会计师选择了第一种办法，但是需要对银行柜员打印对账单的过程保持控制。

事项❹，为测试交易的真实性（即发生/存在），注册会计师应该选择逆查，题干中"从银行存款日记账中选取样本与银行对账单进行核对"起点是银行存款日记账，所以正确。

【考点】库存现金的实质性程序、银行存款的实质性程序

3. **【答案】**

事项❶，不恰当。A 注册会计师应将监盘金额调整至资产负债表日的金额，并对变动情况实施程序。

事项❷，不恰当。A 注册会计师应当亲自到中国人民银行或基本存款账户开户行查询并打印《已开立银行结算账户清单》。

事项❸，不恰当。A 注册会计师应要求乙银行将所函证的其他重要信息予以回函。

事项❹，不恰当。利用个人银行账户结算货款不符规定，可能属于舞弊，仅检查账户的交易记录和相关财务报表凭证及书面声明不足以应对。

事项❺，恰当。

【解析】

事项❶，在非资产负债表日对库存现金进行盘点和监盘时，应将监盘金额调整至资产负债表日的金额，并对变动情况实施程序。题干中直接根据 2017 年 1 月 5 日的监盘结果认可了"年末"余额是错误的。

事项❷，"检查了管理层提供的《已开立银行结算账户清单》"说明不是注册会计师自己获取的，存在错误。

如果对被审计单位银行账户的完整性存有疑虑，注册会计师可以考虑额外实施以下实质性程序：

a. 注册会计师亲自到中国人民银行或基本存款账户开户行查询并打印《已开立银行结算账户清单》，以确认被审计单位账面记录的银行人民币结算账户是否完整；

b. 结合其他相关细节测试，关注原始单据中被审计单位的收（付）款银行账户是否包含在注册会计师已获取的开立银行账户清单内。

事项❸，函证的目的是验证"甲公司存放于乙银行的银行存款以及与该银行往来的其他重要信息"，收到的回函只有银行存款的证明，并没有"其他重要信息"的证明，所以回函内容不完整。

事项❹，"甲公司利用销售经理个人银行账户结算货款"说明存在舞弊迹象。针对该风险，注册会计师的审计程序为"检查了凭证、获取了管理层的书面声明"，这些程序不能获取针对舞弊的有力证据。

事项❺，目的是“交易入账的完整性”，注册会计师应该选择顺查，题干中“验证银行对账单的真实性后，从中选取交易样本与银行存款日记账记录进行了核对”说明起点是银行对账单，属于顺查，所以正确。

【考点】库存现金的实质性程序、银行存款的实质性程序

4. **【答案】**

事项❶，不恰当。对库存现金的监盘最好实施突击性的检查，提前通知甲公司的做法不当。

事项❷，不恰当。甲公司总部和营业部多部门存放库存现金，应同时进行盘点；若不能同时监盘，应当对后监盘的库存现金实施封存。

事项❸，不恰当。除了注册会计师，甲公司参与盘点人员应包括出纳和会计主管人员。

事项❹，不恰当。盘点工作应当由出纳员负责，注册会计师负责监盘。

事项❺，不恰当。“库存现金监盘表”的审计工作底稿的签字人员除了注册会计师，还应当有甲公司出纳员、会计主管。

【解析】

事项❶，“在监盘前一天通知甲公司出纳员做好监盘准备”是错误的，现金监盘要突击性检查。

事项❷，甲公司总部和营业部多部门存放库存现金，应同时进行盘点。

事项❸，必须参加监盘人员包括：出纳员（盘点人）、会计主管和注册会计师（监盘人）。

事项❹，A 注册会计师当场盘点出纳员负责的库存现金是错误的，注册会计师负责监盘，不是盘点。

事项❺，除了注册会计师，还应当有甲公司出纳员、会计主管在“库存现金监盘表”的审计工作底稿签字。

【考点】库存现金的实质性程序

5. **【答案】**

事项❶，不恰当。对库存现金的监盘最好实施突击性检查，提前通知会由于审计程序的可预见性导致程序的效力降低。

事项❷，恰当。

事项❸，不恰当。如果对甲公司提供的银行对账单的真实性存有疑虑，注册会计师可以在被审计单位的协助下亲自到银行获取银行对账单。在获取银行对账单时，注册会计师要对全过程保持控制。

事项❹，不恰当。针对年末银行存款余额调节表中企业已开支票银行尚未扣款的调节项，审计项目团队不仅应通过检查相关的支票存根和记账凭证予以确认，还应取得期后银行对账单，确认未达账项是否存在，银行是否已于期后入账。

【解析】

事项❶，“要求甲公司管理层于次日对库存现金进行盘点”是错误的，现金监盘不同于存货监盘程序，不能提前沟通，要突击性检查。

事项❷，如果对被审计单位银行账户的完整性存有疑虑，注册会计师可以考虑额外实施以下实质性程序：

a. 注册会计师亲自到中国人民银行或基本存款账户开户行查询并打印《已开立银行结算账

户清单》，以确认被审计单位账面记录的银行人民币结算账户是否完整；

b. 结合其他相关细节测试，关注原始单据中被审计单位的收（付）款银行账户是否包含在注册会计师已获取的开立银行账户清单内。

事项❸，“要求甲公司管理层重新取得了所有银行账户的对账单”是错误的，应当自己亲自去打印。

事项❹，“企业已开支票银行尚未扣款”是企付银未付，“检查相关的支票存根和记账凭证”只能证明企业支付了，并不能证明银行没有支付，因此需要看期后银行对账单，确定期后银行付款了，就能证明该事项是真实的。

【考点】库存现金的实质性程序、银行存款的实质性程序

13 第十三章　对舞弊和法律法规的考虑·答案

「考点1」舞弊的相关概念（★）

【答案】C

【解析】选项ABD正确，注册会计师是否按照审计准则的规定实施了审计工作，取决于：

① 其是否根据具体情况实施了审计程序（选项A）；

② 是否获取了充分、适当的审计证据；

③ 是否根据审计证据评价结果出具了恰当的审计报告（选项D）。

审计准则还规定，注册会计师需要在整个审计过程中保持职业怀疑（选项B）。

选项C错误，完成审计后发现舞弊导致的财务报表重大错报，并不必然表明注册会计师没有遵守审计准则。注册会计师有责任对财务报表整体是否不存在由于舞弊或错误导致的重大错报获取合理保证，但由于审计的固有限制，注册会计师不能获取绝对保证，注册会计师几乎无法应对串通舞弊或伪造文件记录导致的重大错报。

「考点2」风险评估（★★）

1. 【答案】A

【解析】舞弊的种类有两个：编制虚假财务报告和侵占资产。

① 选项A正确，被审计单位在经济环境和文化背景不同的国家或地区从事重大经营可能表明被审计单位存在编制虚假财务报告的机会。

② 选项B错误，管理层对信息技术缺乏了解，从而使信息技术人员有机会侵占资产，表明存在侵占资产的机会。

③ 选项C错误，控股股东为被审计单位的债务提供担保可能表明被审计单位存在编制虚假报告的动机或压力。

④ 选项D错误，对管理层的费用支出监督不足表明存在侵占资产的机会，关键词是“支出”。

2. 【答案】A

【解析】选项A正确，具有舞弊的动机或压力是舞弊发生的首要条件。

3. 【答案】D

【解析】

① 选项AC错误，增加了舞弊的成功率，属于机会。

② 选项B错误，非财务管理人员的过度参与说明态度有问题，属于态度或借口。

③ 选项D正确，管理层在被审计单位中拥有重大经济利益，利益驱使，动机很足，属于动机或压力。

4. 【答案】ACD

【解析】

① 选项AD正确，存在编制虚假财务报告的机会。

② 选项B错误，存在侵占资产的机会，关键词是“支出”。

③ 选项C正确，会计系统和信息系统无效，存在值得关注的内部控制缺陷，存在编制虚假财务报告的机会。

「考点3」风险应对（★★★）

1.【答案】A

【解析】选项A当选，存在舞弊风险情形下，被审计单位的内部控制几乎无效。

选项BCD不当选，注册会计师应当考虑通过下列方式，应对舞弊导致的认定层次重大错报风险：

① 改变拟实施审计程序的性质，以获取更为可靠、相关的审计证据，或获取其他佐证性信息（选项D）；

② 改变实质性程序的时间，包括在期末或接近期末实施实质性程序，或针对本期较早时间发生的交易事项，或贯穿于本会计期间的交易事项实施测试（选项B）；

③ 改变审计程序的范围，包括扩大样本规模、采用更详细的数据实施分析程序等（选项C）。

2.【答案】B

【解析】如果通过对内部控制的了解发现下列情况，并对财务报表局部或整体的可审计性产生疑问，注册会计师应当考虑出具保留意见或无法表示意见的审计报告：

① 被审计单位会计记录的状况和可靠性存在重大问题，不能获取充分、适当的审计证据以发表无保留意见；

② 对管理层的诚信存在严重疑虑（选项B正确）。

必要时，注册会计师应当考虑解除业务约定。

3.【答案】ABC

【解析】在针对评估的由于舞弊导致的财务报表层次重大错报风险确定总体应对措施时，注册会计师应当：

① 在分派和督导项目组成员时，考虑承担重要业务职责的项目组成员所具备的知识、技能和能力，并考虑由于舞弊导致的重大错报风险的评估结果（选项A）；

② 评价被审计单位对会计政策（特别是涉及主观计量和复杂交易的会计政策）的选择和运用，是否可能表明管理层通过操纵利润对财务信息作出虚假报告（选项B）；

③ 在选择审计程序的性质、时间安排和范围时，增加审计程序的不可预见性（选项C）。

4.【答案】BCD

【解析】选项BCD正确，注册会计师针对管理层凌驾于控制之上的风险所应当实施的审计程序有：

① 测试日常会计核算过程中作出的会计分录以及编制财务报表过程中作出的其他调整是否适当（选项B）；

② 复核会计估计是否存在偏向，并评价产生这种偏向的环境是否表明存在由于舞弊导致的重大错报风险（选项D）；

③ 对于超出被审计单位正常经营过程的重大交易，或基于对被审计单位及其环境的了解以及在审计过程中获取的其他信息而显得异常的重大交易，评价其商业理由（或缺乏商业

理由）是否表明被审计单位从事交易的目的是为了对财务信息作出虚假报告或掩盖侵占资产的行为（选项 C）。

5.【答案】AB

【解析】选项 AB 正确，注册会计师针对管理层凌驾于控制之上的风险所应当实施的审计程序：

① 测试日常会计核算过程中作出的会计分录以及编制财务报表过程中作出的其他调整是否适当（选项 B）；

② 复核会计估计是否存在偏向，并评价产生这种偏向的环境是否表明存在由于舞弊导致的重大错报风险（选项 A）；

③ 对于超出被审计单位正常经营过程的重大交易，或基于对被审计单位及其环境的了解以及在审计过程中获取的其他信息而显得异常的重大交易，评价其商业理由（或缺乏商业理由）是否表明被审计单位从事交易的目的是为了对财务信息作出虚假报告或掩盖侵占资产的行为。

6.【答案】B

【解析】选项 ACD 正确，由于管理层在被审计单位的地位，管理层凌驾于控制之上的风险在所有被审计单位都会存在，注册会计师针对管理层凌驾于控制之上的风险所应当实施的审计程序：

① 测试日常会计核算过程中做出的会计分录以及编制财务报表过程中作出的其他调整是否适当（选项 A）；

② 复核会计估计是否存在偏向，并评价产生这种偏向的环境是否表明存在由于舞弊导致的重大错报风险（选项 C）；

③ 对于超出被审计单位正常经营过程的重大交易，或基于对被审计单位及其环境的了解以及在审计过程中获取的其他信息而显得异常的重大交易，评价其商业理由（或缺乏商业理由）是否表明被审计单位从事交易的目的是为了对财务信息作出虚假报告或掩盖侵占资产的行为（选项 D）。

7.【答案】A

【解析】

① 选项 A 做法错误，存货数量存在舞弊导致的重大错报风险，说明内部控制几乎无效，此时多做控制测试意义不大，应当多做实质性程序。

② 选项 B 做法正确，选择时间在报告期末或临近期末盘点是较理想的状态，可以应对题目中的风险。

③ 选项 C 做法正确，不预先通知，增加监盘的不可预见性，或者在同一天对所有存放地点的存货实施监盘均可应对舞弊风险。

④ 选项 D 做法正确，借助专家的力量实施审计程序，可以增加获取审计证据的可靠性，从而应对舞弊风险。

8.【答案】ABCD

【解析】选项 ABCD 正确，管理层凌驾于控制之上实施舞弊的手段主要包括：

① 作出虚假的会计分录，特别是在临近会计期末时，从而操纵经营成果或实现其他目的；
② 不恰当地调整对账户余额作出估计时使用的假设和判断（选项 A）；
③ 在财务报表中漏记、提前确认或推迟确认报告期内发生的交易或事项；
④ 遗漏、掩盖或歪曲适用的财务报告编制基础要求的披露或为实现公允反映所需的披露；
⑤ 隐瞒可能影响财务报表金额的事实（选项 B）；
⑥ 构造复杂交易以歪曲财务状况或经营成果（选项 D）；
⑦ 篡改与重大和异常交易相关的记录和条款（选项 C）。

「考点 4」财务报表审计中对法律法规的考虑（★★）

1.【答案】ABD

【解析】

① 选项 A 正确，注册会计师没有责任防止被审计单位违反法律法规行为，也不能期望其发现所有的违反法律法规的行为。
② 选项 B 正确，对于第一类法律法规，注册会计师的责任是，就被审计单位遵守这些法律法规获取充分、适当的审计证据。
③ 选项 C 错误，对于第二类法律法规，注册会计师的责任仅限于实施特定的审计程序，以有助于识别可能对财务报表产生重大影响的违反这些法律法规的行为。
④ 选项 D 正确，对于向监管机构报告，都是不确定的，因此题干表述“应当考虑是否有责任”是正确的。

【抢分技巧】对两类法律法规一定要明确区分。针对第一类法律法规（对财务报表有直接影响），注册会计师有责任就被审计单位遵守这些法律法规获取充分、适当的审计证据。针对第二类法律法规，注册会计师的责任仅限于实施特定的审计程序，以有助于识别可能对财务报表产生重大影响的违反这些法律法规的行为。

2.【答案】A

【解析】选项 BCD 不当选。怀疑被审计单位存在违反法律法规行为时的审计程序：
① 与治理层讨论（选项 B）；
② 向被审计单位内部或外部的法律顾问咨询（选项 C）；
③ 向所在会计师事务所的法律顾问咨询（选项 D）。

选项 A 当选，书面声明可以提供必要的审计证据，但书面声明本身并不提供充分、适当的审计证据，不影响注册会计师拟获取的其他审计证据的性质和范围。

3.【答案】B

【解析】

① 选项 A 说法正确，注册会计师没有责任防止被审计单位违反法律法规行为，也不能期望其发现所有的违反法律法规行为。
② 选项 B 说法错误，针对第一类法律法规，注册会计师有责任实施审计程序获取被审计单位遵守法律法规的充分适当的审计证据。对于第二类法律法规，违反它，可能对财务报表产生重大影响，注册会计师的责任仅限于实施特定审计程序，以有助于识别可能对财务报表产生重大影响的行为。

③ 选项 CD 说法正确，教材原文表述。

4.【答案】C

【解析】选项 ABD 不当选。识别被审计单位违反法律法规行为的审计程序包括：

① 阅读会议纪要（选项 A）；

② 向被审计单位管理层、内部或外部法律顾问询问诉讼、索赔及评估情况（选项 B）；

③ 对某类交易、账户余额和披露实施细节测试（选项 D）。

选项 C 当选，书面声明可以提供必要的审计证据，但书面声明本身并不提供充分、适当的审计证据，不影响注册会计师拟获取的其他审计证据的性质和范围。

5.【答案】ABC

【解析】选项 ABC 正确，识别出或怀疑存在违反法律法规行为时实施的审计程序：

① 注意到违反法律法规行为相关的信息，注册会计师的审计程序：

a. 了解违反法律法规行为的性质及其发生的环境（选项 A）；

b. 获取进一步的信息，以评价对财务报表可能产生的影响。

② 怀疑被审计单位存在违反法律法规行为时的审计程序：

a. 与治理层讨论；

b. 向被审计单位内部或外部的法律顾问咨询；

c. 向所在会计师事务所的法律顾问咨询。

③ 评价识别出的或怀疑存在的违反法律法规行为的影响：

a. 评价对其他方面可能的影响，包括对注册会计师风险评估和被审计单位书面声明可靠性的影响（选项 BC）；

b. 考虑是否有必要解除业务约定。

选项 D 错误，除非治理层全部成员参与管理被审计单位，因而知悉注册会计师已沟通的、涉及识别出的或怀疑存在的违反法律法规行为的事项，注册会计师应当与治理层沟通审计过程中注意到的有关违反法律法规的事项（除非法律法规禁止），但不必沟通明显不重要的事项。因此“所有”两个字太过绝对。

主观题部分

1.【答案】不恰当。A 注册会计师通过询问参与财务报告过程的人员以了解甲公司是否存在与处理会计分录和其他调整相关的不恰当或异常的活动。

【解析】注册会计师应该向参与财务报告过程的人员询问与处理会计分录和其他调整相关的不恰当或异常的活动。题干中的管理层不是参与财务报告过程的人员，所以不正确。

【考点】注册会计师针对管理层凌驾于控制之上的风险所应当实施的审计程序

2.【答案】否。注册会计师应当评价违法违规行为对财务报表可能产生的影响/将相关情况与治理层进行沟通。

【解析】“未与部分快递员签订劳动合同且未缴纳社保金”属于违法违规行为。对于违法违规行为，注册会计师除了要考虑该事项的真实性，还需要考虑对财务报表造成的影响。

3.【答案】否。涉及被审计单位员工舞弊，应当及时与管理层进行沟通。

【解析】 农户向验收员支付回扣说明存在舞弊风险。针对舞弊风险注册会计师应该尽快提请适当层级的管理层关注这一事项是很重要的，即使该事项可能被认为不重要。“在审计完成阶段向管理层通报了该事项”说明不是及时通报。

4. **【答案】** 否。会计分录测试的总体还应当包括在报告期末作出的其他调整。

【解析】 看到抽样首先就要想到总体的完整性，测试会计分录，包括日常分录和其他调整分录。

5. **【答案】** 否。理由：该错报涉及较高层级的管理层舞弊。

改进建议：注册会计师应当采取下列措施：

① 重新评估舞弊导致的重大错报风险；

② 考虑重新评估的结果对审计程序的性质、时间安排和范围的影响；

③ 重新考虑此前获取的审计证据的可靠性。

【解析】 如果有理由认为该项错报是或可能是由于舞弊导致的，且涉及管理层，特别是涉及较高层级的管理层，无论该项错报是否重大，注册会计师都应当：

① 重新评估舞弊导致的重大错报风险；

② 考虑重新评估的结果对审计程序的性质、时间安排和范围的影响；

③ 重新考虑此前获取的审计证据的可靠性。

14 第十四章　审计沟通·答案

「考点1」沟通的事项（★★★）

【答案】A

【解析】注册会计师应当以书面形式及时向治理层通报审计过程中识别出的值得关注的内部控制缺陷，选项A正确；

对于审计准则要求的注册会计师的独立性，注册会计师也应当以书面形式与治理层沟通。

「考点2」沟通的过程（★★★）

1.【答案】C

【解析】选项C正确，以下事项应当采取书面形式：

注册会计师的独立性（选项C）、值得关注的内部控制缺陷，注册会计师应当（必须）以书面形式与治理层沟通。书面沟通可能包括向治理层提供审计业务约定书。

选项ABD错误，这些事项不是强制要求必须书面沟通的，即可口头可书面。

2.【答案】D

【解析】选项D正确，以下事项应当采取书面形式：

注册会计师的独立性、值得关注的内部控制缺陷（选项D），注册会计师应当（必须）以书面形式与治理层沟通。书面沟通可能包括向治理层提供审计业务约定书。

选项ABC错误，这些事项不是强制要求必须书面沟通的，即可口头可书面。

3.【答案】D

【解析】

① 选项AB错误，这些事项可以采用书面或口头形式沟通。

② 选项C错误，审计中发现的值得关注（不是所有）的内部控制缺陷应当采用书面形式沟通。

③ 选项D正确，上市公司审计中注册会计师的独立性应当以书面形式与治理层沟通。

【抢分技巧】与治理层沟通的形式要用排除法解决，只要是内部控制重大缺陷和独立性以外的，都不是应当书面形式沟通。

4.【答案】B

【解析】选项ACD说法正确，教材原文表述，选项A要注意，题干没有说“应当”，而是说被审计单位选择了这样做，所以是正确的。

选项B说法错误，对于审计中遇到的重大困难，应尽快与治理层沟通。

5.【答案】ABCD

【解析】选项ABCD正确，如果注册会计师与治理层之间的双向沟通不充分，并且这种情况得不到解决，注册会计师可以采取下列措施（即以下措施并不强制要求都做）：

① 根据范围受到的限制发表非无保留意见（选项A）；

② 就采取不同措施的后果征询法律意见（选项D）；

③ 与第三方（如监管机构）、被审计单位外部的在治理结构中拥有更高权力的组织或人员（如企业的业主，股东大会中的股东）或对公共部门负责的政府部门进行沟通（选项 B）；

④ 在法律法规允许的情况下解除业务约定（选项 C）。

「考点 3」前后任注册会计师沟通的总体原则（★★★）

1.【答案】D

【解析】

① 选项 A 错误，接受委托后与前任注册会计师的沟通不是必要程序，由后任注册会计师根据审计工作的需要自行决定。

② 选项 B 错误，后任注册会计师应当将沟通的情况记录于审计工作底稿。

③ 选项 C 错误，后任注册会计师与前任注册会计师的沟通可以采用书面或口头的方式。

④ 选项 D 正确，在与前任注册会计师进行沟通之前，应当取得被审计单位的书面同意。

2.【答案】BCD

【解析】

① 选项 A 说法正确，在与前任注册会计师进行沟通之前，应当取得被审计单位的书面同意。

② 选项 B 说法错误，在接受委托前，后任注册会计师可以采用书面形式或口头形式与前任注册会计师进行沟通。

③ 选项 C 说法错误，如果需要查阅前任注册会计师的审计工作底稿，后任注册会计师必须征得被审计单位同意。

④ 选项 D 说法错误，在接受委托前，后任注册会计师应与前任注册会计师沟通，而接受委托后，与前任注册会计师的沟通非必要程序。

「考点 4」前后任注册会计师接受委托前的沟通（★★★）

【答案】B

【解析】

① 选项 AD 说法正确，为教材原文考查。

② 选项 B 说法错误，如果被审计单位不同意前任注册会计师作出答复，或限制答复的范围，后任注册会计师应当向被审计单位询问原因，并考虑是否接受委托。当出现上述情况时，后任注册会计师一般应拒绝接受委托（注意不是一定拒绝），除非可以通过其他方式获知必要的事实，或有充分的证据表明被审计单位财务报表的审计风险水平非常低。

③ 选项 C 说法正确，会计师事务所通过投标方式承接审计业务时，前任注册会计师只需要对中标的会计师事务所的询问进行答复。

主观题部分

1.【答案】

事项❶，不恰当。前任注册会计师还包括 XYZ 会计师事务所/在后任注册会计师之前接受委托对当期财务报表进行审计但未完成审计工作的会计师事务所。

事项❷，不恰当。应在接受委托前（签署业务约定书前）与前任注册会计师进行沟通。

事项❸，不恰当。后任注册会计师应当对自身实施的审计程序（得出的审计结论）负责。

【解析】

事项❶，前任注册会计师包括：a. 已对被审计单位上期财务报表进行审计，但被现任注册会计师接替的其他会计师事务所的注册会计师；b. 接受委托但未完成审计工作，已经或可能与委托人解除业务约定的注册会计师。前任可以不只有一个。“XYZ 会计师事务所接受委托审计甲公司 2018 年度财务报表，但未完成审计工作”属于第二种情形。

事项❷，“签署审计业务约定书后”说明属于接受委托以后的沟通。但是题干中的沟通内容属于接受委托前的内容，所以做法不恰当。

事项❸，注册会计师在审计报告中可以提及前任注册会计师对对应数据出具的审计报告。决定提及时，在审计报告中增加其他事项段说明：

a. 上期财务报表已由前任注册会计师审计；

b. 前任注册会计师发表的意见的类型（如果是非无保留意见，还应当说明发表非无保留意见的理由）；

c. 前任注册会计师出具的审计报告的日期。

由上述内容可知，不能提及依赖了前任注册会计师的工作，注册会计师要独立对自己负责。

【考点】前后任注册会计师的定义、前后任注册会计师接受委托前沟通、前后任注册会计师接受委托后的沟通

2. 【答案】恰当。

【解析】“中标后”说明是接受委托前的沟通。“经甲银行同意”说明征得被审计单位的同意。沟通内容没问题，完全正确。

【考点】前后任注册会计师接受委托前沟通

3. 【答案】不恰当，后任注册会计师应当提请被审计单位以书面方式允许前任注册会计师对其询问作出充分答复，非口头同意。

【解析】接受委托前的沟通必须经过被审计单位的书面同意。

【考点】前后任注册会计师接受委托前沟通

4. 【答案】否。舞弊涉及管理层/在内部控制中承担重要职责的员工，应当与治理层沟通。

【解析】“甲公司采购总监存在受贿行为”属于管理层舞弊，“与总经理沟通了该事项”属于与管理层进行了沟通，但是还应该和治理层进行沟通，因此“无须再与董事会或股东会沟通”是错误的。

【考点】注册会计师与治理层的沟通事项

5. 【答案】否。该事项表明存在值得关注的内部控制缺陷，应当与治理层沟通。

【解析】“出纳利用内部控制缺陷挪用公司资金 600 万元”属于舞弊，也属于内部控制存在重大缺陷。如果确定或怀疑舞弊涉及管理层、在内部控制中承担重要职责的员工以及其舞弊行为可能导致财务报表重大错报的其他人员，注册会计师应当尽早就此类事项与治理层沟通。虽然题干中显示已经追回了款项，未给公司造成损失，但是该内控缺陷会导致舞弊，属于值得关注的内部控制缺陷，应该与治理层书面沟通。

【考点】注册会计师与治理层的沟通事项

6. **【答案】** 否。注册会计师还应当与治理层沟通所识别出的特别风险。

【解析】 特别风险是必须要和治理层沟通的，因此不是重大错报风险都不沟通。“注册会计师拟如何应对由于舞弊或错误导致的特别风险以及重大错报风险评估水平较高的领域”也是必须沟通的，因此有些重大错报风险的应对措施是需要和治理层沟通的。

【考点】 注册会计师与治理层的沟通事项

7. **【答案】** 是。

【解析】 根据准则 1152 号应用指南：

❶ 注册会计师应当以书面形式及时向治理层通报值得关注的内部控制缺陷，但在确定何时致送书面沟通文件时，注册会计师可能考虑收到这些沟通文件是否是使治理层能够履行监督责任的重要因素；

❷ 对于上市实体，治理层可能需要在批准财务报表前收到注册会计师的书面沟通文件，对于其他实体，注册会计师可能在较晚的日期致送书面沟通文件，但无论何种情况，因为书面沟通文件属于审计档案的一部分，都要在最终审计档案归档之前致送治理层；

❸ 无论在何时以书面形式通报值得关注的内部控制缺陷，注册会计师都可以尽早向管理层和治理层（如适用）口头通报这些事项。

综上所述：审计报告日不是致送书面沟通文件的最终截止日期，同时，根据题目的描述“在审计过程中，A 注册会计师与甲集团公司管理层讨论了值得管理层关注的内部控制缺陷”，注会已经及时与管理层进行了口头沟通，可以帮助他们及时采取纠正措施以降低重大错报风险，并且在审计工作底稿归档日前向治理层致送了书面报告（题干中没有说明甲集团是否为上市实体），并无不妥。

【考点】 注册会计师与治理层的沟通过程

15 第十五章　注册会计师利用他人的工作·答案

「考点1」内部审计与注册会计师审计的关系（★★）

1.【答案】C

【解析】选项ABD不当选，注册会计师必须对与财务报表审计有关的所有重大事项独立作出职业判断，而不应完全依赖内部审计工作。包括：

① 重大错报风险的评估，了解企业层面控制属于风险评估程序（选项B）；

② 重要性水平的确定（选项A）；

③ 样本规模的确定（选项D）；

④ 对会计政策和会计估计的评估等。

选项C当选，穿行测试是执行层面的事情，不涉及重大职业判断。

2.【答案】C

【解析】注册会计师必须对与财务报表审计有关的所有重大事项独立作出职业判断。

选项ABD不当选，选项C当选，通常，审计过程中涉及的职业判断，如重大错报风险的评估、重要性水平的确定（选项B）、样本规模的确定（选项D）、对会计政策和会计估计的评估等（选项A），均应当由注册会计师负责执行，不可以利用内部审计人员工作。

「考点2」确定是否利用、在哪些领域利用以及在多大程度上利用内部审计的工作（★★★）

1.【答案】AC

【解析】选项AC正确，如果存在下列情形之一，注册会计师不得利用内部审计的工作：

① 内部审计在被审计单位的地位以及相关政策和程序不足以支持内部审计人员的客观性（选项C）；

② 内部审计人员缺乏足够的胜任能力；

③ 内部审计没有采用系统、规范化的方法（包括质量管理）（选项A）。

选项BD错误，属于较少利用内部审计工作的情形。要注意区分少用和不用的情形。

2.【答案】A

【解析】选项A说法错误，内审人员无须遵守注册会计师的职业道德要求。

选项BCD说法正确，注册会计师应当通过评价下列事项，确定是否能够利用内部审计的工作以实现审计目的：

① 内部审计在被审计单位中的地位以及相关政策和程序支持内部审计人员客观性的程度（选项C）；

② 内部审计人员的胜任能力（选项B）；

③ 内部审计是否采用系统、规范化的方法（包括质量管理）（选项D）。

「考点3」专家的概念、利用专家工作的目标及责任（★★★）

1.【答案】A

【解析】选项A正确，注册会计师利用的内部专家属于项目组成员，应当遵守注册会计师所在会计师事务所的质量管理政策和程序。

选项BCD错误，来自其他会计师事务所的组成部分注册会计师、其工作被用作审计证据的被审计单位管理层的专家和为财务报表审计提供直接协助的被审计单位内部审计人员均不是事务所的成员，不受会计师事务所制定的质量管理政策和程序的约束。

2.【答案】BC

【解析】

① 选项A错误，所谓注册会计师的专家，必须是会计或审计领域以外的具有专长的个人或组织。

② 选项BC正确，专家既可能是会计师事务所内部专家（如会计师事务所或网络事务所的合伙人或员工，包括临时员工），也可能是事务所外部专家。

③ 选项D错误，被审计单位管理层的专家并不包含在内。

3.【答案】C

【解析】专家可以是会计师事务所内部专家（如会计师事务所或其网络所的合伙人或员工，包括临时工），也可以是外部专家；专长在会计审计领域内的不属于专家。

① 选项A属于，会计师事务所精算部门人员的专长是对保险合同进行精算（非会计审计领域），属于注册会计师的专家。

② 选项B属于，资产评估师的专长是评估投资性房地产（非会计审计领域），属于注册会计师的专家。

③ 选项C不属于，会计师事务所技术部门人员的专长是就复杂会计问题提供建议（会计领域），不属于注册会计师的专家。

④ 选项D属于，会计师事务所税务部门人员的专长是对与企业重组相关的复杂税务问题进行分析（非会计审计领域），属于注册会计师的专家。

【抢分技巧】外部专家和内部专家的区别见下表：

	内部专家	外部专家
是否遵守会计师事务所统一的质量管理政策和程序	是	否
是否需要保密	是	是
底稿归谁	事务所	外部专家
是项目组成员吗	是	否

「考点4」确定专家的工作是否足以实现审计目的（★★★）

1.【答案】ABD

【解析】选项ABD正确，无论是内部专家还是外部专家，注册会计师应当就以下事项与其达成一致意见，并根据需要形成书面协议，与专家达成一致意见的内容包括：
① 专家工作的性质、范围和目标（选项D）；
② 注册会计师和专家各自的角色与责任（选项A）；
③ 注册会计师和专家之间沟通的性质、时间安排和范围（选项B）；
④ 对专家遵守保密规定的要求。

2.【答案】A
【解析】
① 选项A说法错误，外部专家需要遵守注册会计师职业道德守则中的保密要求。
② 选项B说法正确，外部专家不是审计项目团队成员。
③ 选项C说法正确，外部专家不受会计师事务所质量管理政策和程序的约束。
④ 选项D说法正确，除非协议另作安排，外部专家的工作底稿属于外部专家，不是审计工作底稿的一部分。

3.【答案】A
【解析】
① 选项A正确，专家可能是会计师事务所内部专家（如会计师事务所或其网络所的合伙人或员工，包括临时工），也可能是外部专家。专长在会计审计领域内的不属于专家。
② 选项B错误，内部专家属于项目组成员，应当遵守注册会计师所在会计师事务所的质量管理政策和程序。外部专家不是项目组成员，不受会计师事务所制定的质量管理政策和程序的约束。
③ 选项C错误，在评价外部专家客观性时，注册会计师应当询问可能对专家客观性产生不利影响的利益和关系。
④ 选项D错误，无论是内部专家还是外部专家，注册会计师都应当就专家工作的性质、范围和目标等事项与专家达成一致意见，并根据需要形成书面协议（书面协议不是必需的）。

主观题部分

1.【答案】恰当。
【解析】本题考查的是利用专家工作的条件。
【考点】确定专家工作是否可以实现审计目的的审计程序

2.【答案】不恰当。注册会计师还应评价管理层的专家的客观性。
【解析】注册会计师应当评价专家是否具有实现审计目的所必需的胜任能力、专业素质和客观性。
【考点】确定专家工作是否可以实现审计目的的审计程序

3.【答案】否。应当由注册会计师评价专家的工作涉及使用的重要原始数据的相关性、准确性和完整性。
【解析】注册会计师应当评价专家的工作是否足以实现审计目的，包括：a. 专家的工作结果或结论的相关性和合理性，以及与其他审计证据的一致性；b. 如果专家的工作涉及使用重要的假设和方法，这些假设和方法在具体情况下的相关性和合理性；c. 如果专家的工作涉及使用重要的原始数据，这些原始数据的相关性、完整性和准确性。

【考点】 确定专家工作是否可以实现审计目的的审计程序

4. **【答案】** 是。

【解析】 专家同意注册会计师与被审计单位或其他人员讨论其工作结果或结论，必要时同意将其工作结果或结论的细节作为在审计报告中发表非无保留意见的基础（即非无保留意见中可以提及专家工作）。

【考点】 确定专家工作是否可以实现审计目的的审计程序

5. **【答案】** 否。涉及内部审计人员已经参与并报告的工作不得利用内部审计人员提供直接协助。

【解析】 注册会计师不得利用内部审计人员提供直接协助以实施具有下列特征的程序：

❶ 在审计中涉及作出重大判断；

❷ 涉及较高的重大错报风险，在实施相关审计程序或评价收集的审计证据时需要作出较多的判断；

❸ 涉及内部审计人员已经参与并且已经或将要由内部审计向管理层或治理层报告的工作；

❹ 涉及注册会计师按照规定就内部审计职能，以及利用内部审计工作或利用内部审计人员提供直接协助作出的决策。

题干中“甲公司内审部门出具的职工薪酬专项检查报告”说明该内审人员已经参与了该项工作，并且向管理层提供了报告，那么该项工作不能由该内部审计人员提供直接协助。

【考点】 确定是否利用、在哪些领域利用以及在多大程度上利用内部审计人员提供直接协助

6. **【答案】** 否。外部专家应当遵守职业道德要求中的保密条款。

【解析】 外部专家不是项目组成员，不用遵守事务所质量管理政策和程序，但必须遵守保密规定（内部专家两者都要遵守）。

【考点】 确定专家工作是否可以实现审计目的的审计程序

16 第十六章　对集团财务报表审计的特殊考虑·答案

「考点1」集团财务报表审计概述（★★）

【答案】ABCD

【解析】选项ABCD正确，母公司（选项A）、子公司、合营企业以及按权益法或成本法核算的被投资实体（选项C），集团本部、分支机构（选项D），职能部门（选项B）、生产过程、单项产品或劳务或地区均可视为组成部分。

「考点2」重要性（★★★）

1.【答案】A

【解析】

① 选项A说法错误，集团项目组针对不同组成部分确定的重要性水平可能不同，也可能相同。

② 选项B说法正确，如果组成部分注册会计师对组成部分财务信息实施审计或审阅，集团项目组应当基于集团审计目的，为这些组成部分确定组成部分重要性。

③ 选项C说法正确，为将未更正和未发现错报的汇总数超过集团财务报表整体的重要性的可能性降至适当的低水平，集团项目组应当将组成部分重要性设定为低于集团财务报表整体的重要性。

④ 选项D说法正确，如果仅计划在集团层面对某组成部分实施分析程序，那么集团项目组就不用为该组成部分确定重要性。

2.【答案】C

【解析】

① 选项A说法正确，集团项目组应当将组成部分重要性设定为低于集团财务报表整体的重要性。

② 选项B说法正确，如果组成部分注册会计师对组成部分财务信息实施审计或审阅，集团项目组应当基于集团审计目的，为这些组成部分确定组成部分重要性。

③ 选项C说法错误，如果对不重要组成部分实施审计或审阅，需要为不重要组成部分确定重要性，即是否需要确定重要性是由对组成部分实施的程序决定的，不是由它是否是重要组成部分决定的。

④ 选项D说法正确，集团项目组针对不同组成部分确定的重要性水平可能不同，也可能相同。

【抢分技巧】是否需要确定重要性不是由组成部分是否重要决定的，而是由对组成部分执行的程序决定的。

3.【答案】BC

【解析】

① 选项A错误，对不同组成部分确定的重要性的汇总数，有可能高于集团财务报表整体重要性。

② 选项B正确，集团项目组应当将组成部分重要性设定为低于集团财务报表整体的重要性

（单个组成部分重要性必须低于集团重要性，汇总起来可以高于集团重要性）。

③ 选项 C 正确，如果组成部分注册会计师对组成部分财务信息实施审计或审阅，集团项目组应当基于集团审计目的，为这些组成部分确定组成部分重要性。

④ 选项 D 错误，“所有”一词过于绝对，如果集团项目组仅计划对不重要的组成部分在集团层面实施分析程序，那么无须为其确定重要性。

4. **【答案】** ABD

【解析】

① 选项 A 正确，集团项目组需要针对集团财务报表设定明显微小错报临界值。

② 选项 B 正确，如果组成部分注册会计师对组成部分财务信息实施审计或审阅，集团项目组应当基于集团审计目的，为这些组成部分确定组成部分重要性。

③ 选项 C 错误，组成部分实际执行的重要性可以由集团的项目组确定，也可以由组成部分注册会计师确定后，再由集团项目组进行评价。

④ 选项 D 正确，在制定集团总体审计策略时，集团项目组应确定集团财务报表整体的重要性。

【抢分技巧】 基本原则：集团的重要性集团自己确定，组成部分的要看是哪种重要性。

「考点 3」了解组成部分注册会计师（★★★）

1. **【答案】** B

【解析】 集团项目组无法利用组成部分注册会计师工作的意思是需要亲自执行。根据下表，选项 B 正确。

<table>
<tr><th colspan="2">情形</th><th>参与能否消除</th><th>应对措施</th></tr>
<tr><td colspan="2">不符合与集团审计相关的独立性要求（选项 B）</td><td rowspan="2">参与不能消除影响</td><td rowspan="2">应当就组成部分财务信息亲自获取充分、适当的审计证据</td></tr>
<tr><td>集团项目组对下列事项存在重大疑虑</td><td>① 职业道德；
② 组成部分注册会计师是否具备专业胜任能力；
③ 集团项目组参与组成部分注册会计师工作的程度是否足以获取充分、适当的审计证据</td></tr>
<tr><td>集团项目组对下列事项存在并非重大疑虑</td><td>① 专业胜任能力并非重大的疑虑（如认为其缺乏行业专门知识）（选项 C）；
② 组成部分注册会计师未处于积极有效的监管环境（选项 A）</td><td colspan="2">通过参与组成部分注册会计师的工作可以消除影响</td></tr>
</table>

2. **【答案】** D

【解析】 根据下表，选项 ABC 不当选，选项 D 当选。

<table>
<tr><th colspan="2">情形</th><th>参与能否消除</th><th>应对措施</th></tr>
<tr><td colspan="2">不符合与集团审计相关的独立性要求（选项 A）</td><td rowspan="2">参与不能消除影响</td><td rowspan="2">应当就组成部分财务信息亲自获取充分、适当的审计证据</td></tr>
<tr><td>集团项目组对下列事项存在重大疑虑</td><td>① 职业道德（选项 C）；
② 组成部分注册会计师是否具备专业胜任能力（选项 B）；
③ 集团项目组参与组成部分注册会计师工作的程度是否足以获取充分、适当的审计证据</td></tr>
<tr><td>集团项目组对下列事项存在并非重大疑虑</td><td>① 专业胜任能力并非重大的疑虑（如认为其缺乏行业专门知识）；
② 组成部分注册会计师未处于积极有效的监管环境（选项 D）</td><td colspan="2">通过参与组成部分注册会计师的工作可以消除影响</td></tr>
</table>

「考点 4」集团财务报表审计的风险应对（★★★）

1.【答案】A

【解析】选项 A 正确，对于重要组成部分，只能对组成部分财务信息实施审计，而不能实施审阅。

选项 BCD 错误，对由于其特定性质或情况，可能存在导致集团财务报表发生重大错报的特别风险的重要组成部分，集团项目组或代表集团项目组的组成部分注册会计师应当执行下列一项或多项工作：

① 使用组成部分重要性对组成部分财务信息实施审计（选项 C）；

② 针对与可能导致集团财务报表发生重大错报的特别风险相关的一个或多个账户余额、一类或多类交易或披露事项实施审计（选项 B）；

③ 针对可能导致集团财务报表发生重大错报的特别风险实施特定的审计程序（选项 D）。

2.【答案】B

【解析】

① 选项 A 说法正确，在风险评估层面，集团项目组应当参与组成部分注册会计师实施的风险评估程序，以识别导致集团财务报表发生重大错报的特别风险。

② 选项 B 说法错误，如果识别出导致集团财务报表发生重大错报的特别风险，集团项目组应当评价针对识别出的特别风险拟实施的进一步审计程序的恰当性。根据对组成部分注册会计师的了解，集团项目组应当确定是否有必要参与进一步审计程序。

③ 选项 CD 说法正确，集团项目组参与的性质、时间安排和范围受其对组成部分注册会计师所了解情况的影响，但至少应当包括：

a. 与组成部分注册会计师或组成部分管理层讨论对集团而言重要的组成部分业务活动（选项 D）；

b. 与组成部分注册会计师讨论由于舞弊或错误导致组成部分财务信息发生重大错报的可能性；

c. 复核组成部分注册会计师对识别出的导致集团财务报表发生重大错报的特别风险形成的审计工作底稿（选项 C）。

【抢分技巧】对于重要组成部分，风险评估程序时应当参与，进一步审计程序不一定要参与。

3.【答案】ABCD

【解析】选项 ABCD 正确，集团项目组确定对组成部分财务信息拟执行工作的类型以及参与组成部分注册会计师工作的程度，受下列因素影响：

①组成部分的重要程度（选项 D）；

②识别出的导致集团财务报表发生重大错报的特别风险（选项 A）；

③对集团层面控制的设计的评价，以及其是否得到执行的判断（选项 B）；

④集团项目组对组成部分注册会计师的了解（选项 C）。

4.【答案】C

【解析】选项 C 正确，对于具有财务重大性的单个组成部分，集团项目组或代表集团项目组的组成部分注册会计师运用该组成部分的重要性，对组成部分财务信息实施审计，而不能实施审阅。

选项 ABD 错误，对由于其特定性质或情况，可能存在导致集团财务报表发生重大错报的特别风险的重要组成部分，集团项目组或代表集团项目组的组成部分注册会计师应当执行下列一项或多项工作：

①使用组成部分重要性对组成部分财务信息实施审计（选项 D）；

②针对与可能导致集团财务报表发生重大错报的特别风险相关的一个或多个账户余额、一类或多类交易或披露事项实施审计（选项 A）；

③针对可能导致集团财务报表发生重大错报的特别风险实施特定的审计程序（选项 B）。

5.【答案】ABC

【解析】根据教材原文，选项 ABC 正确，组成部分注册会计师识别出的且已得到更正的重大错报无须和集团项目组沟通。

主观题部分

1.【答案】不恰当。注册会计师对集团财务报表出具的审计报告不应提及组成部分注册会计师，除非法律法规另有规定。

【解析】“拟在对丁公司 2017 年度财务报表出具的无保留意见审计报告中增加其他事项段，说明该子公司经 XYZ 会计师事务所审计”说明是提及组成部分注册会计师，集团审计中一旦见到提及组成部分注册会计师就一定是错的。

【考点】集团财务报表审计中的责任设定

2.【答案】

事项❶，不恰当。对组成部分注册会计师的专业胜任能力存有重大疑虑，不应由组成部分注册会计师执行工作/应当由集团项目组亲自获取审计证据。

事项❷，不恰当。丙公司为重要组成部分，不应执行审阅，应当对丙公司执行财务信息审计/特定账户余额、披露或交易审计/实施特定审计程序。

事项❸，恰当。

事项❹，不恰当。戊公司是重要组成部分，A 注册会计师取得的这些信息不能构成与戊公司相关的充分、适当的审计证据。

【解析】

事项❶，专业胜任能力存在重大疑虑，应当由集团项目组亲自获取审计证据。

事项❷，“丙公司存在导致集团财务报表发生重大错报的特别风险”说明丙公司是重要组成部分，应当实施审计程序，而不是审阅。

事项❸，组成部分注册会计师需要遵守与集团审计相关的职业道德要求，而集团项目组遵守的是中国注册会计师职业道德守则的规定。

事项❹，戊公司为重要组成部分，A注册会计师应该对其实施审计程序，才能获取充分适当的审计证据。A注册会计师取得戊公司财务报表和审计报告以及书面声明并不是充分适当的审计证据。

【考点】了解组成部分注册会计师、集团财务报表审计的风险应对

3.【答案】

事项❶，不恰当。在识别重要组成部分时还要考虑可能存在导致集团财务报表发生重大错报的特别风险的组成部分。

事项❷，不恰当。乙公司是具有财务重大性的重要组成部分，应当对乙公司财务信息执行审计。

事项❸，恰当。

事项❹，不恰当。应当由集团项目组确定组成部分重要性。

事项❺，不恰当。应当要求组成部分注册会计师汇报超过集团层面明显微小错报临界值的错报。

【解析】

事项❶，识别重要组成部分时，除了考虑财务重大性还需要考虑风险重大性。

事项❷，乙公司为财务重大性重要组成部分，应当对乙公司财务信息执行审计。题干中“A选取乙公司财务报表中所有金额超过组成部分重要性的项目执行了审计工作”，这个审计程序的范围要小于对乙公司财务信息执行审计的范围，所以错误。

注册会计师在计划审计工作时可以根据实际执行的重要性确定需要对哪些类型的交易、账户余额和披露实施进一步审计程序，即通常选取金额超过实际执行的重要性的财务报表项目。

但这不代表注册会计师可以对所有金额低于实际执行的重要性的财务报表项目不实施进一步审计程序，考虑因素：

a. 汇总：单个金额低于实际执行的重要性的财务报表项目汇总起来可能金额重大，注册会计师需要考虑汇总后的潜在错报风险；

b. 低估：对于存在低估风险的财务报表项目，不能仅仅因为其金额低于实际执行的重要性而不实施进一步审计程序；

c. 舞弊：对于识别出存在舞弊风险的财务报表项目，不能因为其金额低于实际执行的重要性而不实施进一步审计程序。

事项❸，对于不重要的组成部分，集团项目组应当在集团层面实施分析程序是正确的。

事项❹，组成部分重要性应当由集团项目组确定。

事项❺，组成部分注册会计师需要向集团项目组汇报的内容包括：组成部分财务信息中未

更正错报的清单（清单不必包括低于集团项目组通报的临界值且明显微小的错报）。所以应该汇报的是超过集团层面明显微小错报临界值的错报。

【考点】重要性、了解组成部分注册会计师、集团财务报表审计的风险应对、项目组的沟通与评价

4. **【答案】**不恰当。未能就重要组成部分财务信息获取充分、适当的审计证据，表明审计范围受到重大限制。另选其他组成部分实施审计并不能降低所受的限制。注册会计师不能认为满意。

【解析】如果集团管理层限制集团项目组或组成部分注册会计师接触重要组成部分的信息，则集团项目组无法获取与该组成部分相关的充分、适当的审计证据。

【考点】评价审计证据的充分性和适当性

5. **【答案】**

事项❶，恰当。

事项❷，不恰当。丙公司是具有财务重大性的重要组成部分，应当对丙公司的财务信息实施审计。

事项❸，不恰当。零售收入占集团营业收入的三分之一/金额重大，对这 40 家子公司仅在集团层面实施分析程序不足够。

事项❹，不恰当。组成部分重要性应当由集团项目组确定。

事项❺，不恰当。戊公司的业务涉及外汇掉期交易，属于可能存在导致集团财务报表发生重大错报的特别风险的重要组成部分，应当实施审计/审计程序。

【解析】

事项❶，根据资料二表格中的数据，乙公司不属于具有财务重大性的组成部分。但因其主要从事新产品研发，2014 年新增无形资产 1 000 万元，且当年亏损，存在有可能导致集团财务报表发生重大错报的特别风险。针对具有特别风险的部分（无形资产部分），可以选择对特定项目实施审计。

事项❷，丙公司资产总额、收入总额、利润总额均超过集团财务报表对应项目的 15%，属于具有财务重大性的重要组成部分，必须利用组成部分重要性对该组成部分的财务信息实施审计。

事项❸，虽然这些子公司均不重要，但因为零售收入占收入总额的 1/3，金额重大，所以只在集团层面实施分析程序不能获取充分适当的证据。

事项❹，除了组成部分实际执行重要性，其他重要性都必须由集团项目组确定。组成部分实际执行的重要性可以由集团项目组来定，也可以由组成部分来定，但是如果组成部分来定，集团项目组应当评价其适当性。

事项❺，戊公司的业务涉及外汇掉期交易，属于可能存在导致集团财务报表发生重大错报的特别风险的重要组成部分，不能实施审阅，应当执行下列一项或多项工作，对财务信息实施审计、对特定项目实施审计，或者对特定项目实施特定的审计程序。

【考点】集团财务报表审计的风险应对、组成部分重要性的确定

17 第十七章　其他特殊项目的审计·答案

「考点1」审计会计估计（★★★）

1.【答案】D

【解析】

① 选项A说法正确，对特别风险，注册会计师应当评价相关控制的设计情况，并确定其是否已经得到执行（简单说：应当了解内控）。

② 选项B说法正确，会计估计内部控制应当了解。

③ 选项C说法正确，超出被审计单位正常经营过程的重大关联方交易，结合选项A，特别风险相关的控制应该了解。

④ 选项D说法错误，注册会计师只需要了解与审计相关的控制，如果注册会计师发现了错报，要求被审计单位管理层更正了，注册会计师关注的是更正后的结果是否正确，对于管理层怎么更正的，有关更正的控制，与注册会计师没有关系。所以注册会计师应当了解的是与会计差错相关的控制，而不是差错更正相关的控制。

【抢分技巧】本题考查的是了解内部控制的范围，注册会计师只需要了解与审计相关的控制，并不是所有内部控制。

2.【答案】C

【解析】选项ABD错误，这些事项都需要进一步评估才能确定是否存在特别风险。

选项C正确，应当评估为特别风险的事项只有三个：

① 舞弊导致的重大错报风险；

② 管理层凌驾于控制之上的风险（选项C）；

③ 超出被审计单位正常经营过程的重大关联方交易导致的重大错报风险。

3.【答案】C

【解析】

① 选项A说法正确，如果使用有别于管理层的假设和方法，注册会计师应当充分了解管理层的假设和方法。由这句话可知，注册会计师可以使用与被审计单位管理层不一致的假设和方法做出估计。

② 选项B说法正确，教材原文考查。

③ 选项C说法错误，注册会计师作出的区间估计需要包括所有“合理”的结果，而非所有“可能”的结果（高频考点）。

④ 选项D说法正确，通常情况下，当区间估计的区间已缩小至等于或低于实际执行的重要性时，该区间估计对于评价管理层的点估计是适当的。对于某些特定行业，可能难以将区间缩小至低于某一金额，这并不必然否定管理层对会计估计的确认，但是可能意味着与会计估计相关的估计不确定性可能导致特别风险。

4.【答案】A

【解析】选项A当选，对上期会计估计的复核，通常是用来“评估”本期的会计估计导致的重大错报风险。

选项 BCD 不当选，在应对评估的重大错报风险时，注册会计师应当考虑会计估计的性质，并实施下列一项或多项程序：

① 确定截至审计报告日发生的事项是否提供有关会计估计的审计证据（选项 C）；

② 测试管理层如何作出会计估计以及会计估计所依据的数据（包括假设）（选项 B）；

③ 测试与管理层如何作出会计估计相关的控制的运行有效性，并实施恰当的实质性程序（选项 D）；

④ 作出注册会计师的点估计或区间估计，以评价管理层的点估计。

5.【答案】AB

【解析】

① 当审计证据支持点估计时，注册会计师的点估计与管理层的点估计之间的差异构成错报（选项 A）。

② 当注册会计师认为使用其区间估计能够获取充分、适当的审计证据时，则在注册会计师区间估计之外的管理层的点估计得不到审计证据的支持（选项 B）。

③ 会计估计的结果与上期财务报表中已确认金额之间存在重大差异，并不必然表明存在错报，选项 C 错误。

④ 会计估计存在管理层偏向的迹象，不一定表明存在错报，选项 D 错误。

6.【答案】ABCD

【解析】选项 ABCD 正确，与会计估计相关的估计不确定性程度的影响因素：

① 会计估计对判断的依赖程度（选项 C）；

② 会计估计对假设变化的敏感性（选项 B）；

③ 是否存在可以降低估计不确定性的经认可的计量技术；

④ 预测期长度和从过去事项得出的数据对预测未来事项的相关性（选项 A）；

⑤ 是否能够从外部来源获得可靠数据；

⑥ 会计估计依据可观察到或不可观察到的输入数据的程度（选项 D）。

7.【答案】ABCD

【解析】选项 ABCD 正确，存在高度估计不确定性的会计估计的例子：

① 高度依赖判断的会计估计（选项 B）；

② 未采用经认可的计量技术计算的会计估计（选项 A）；

③ 注册会计师对上期财务报表中类似会计估计进行复核的结果表明最初的会计估计与实际结果之间存在很大差异，在这种情况下管理层作出的会计估计；

④ 采用高度专业化的、由被审计单位自主开发的模型，或在缺乏可观察到的输入数据的情况下作出的公允价值会计估计（选项 CD）。

8.【答案】A

【解析】

① 选项 A 正确，当审计证据支持注册会计师的点估计时，该点估计与管理层的点估计之间的差异构成错报。

② 选项 B 错误，与会计估计相关的错报包括事实错报、判断错报和推断错报。

③ 选项 C 错误，会计估计的结果与上期财务报表中已确认金额之间的差异，并不必然表明上期财务报表存在错报。

④ 选项 D 错误，管理层的点估计在注册会计师的区间估计内不一定没有错。例如，注册会计师针对一项投资性房地产的价值做出的区间估计是 100 万 ~200 万元之间，管理层作出的点估计是 130 万元，这个时候注册会计师能不能说管理层估计的是错的？不能！因为没有证据，但是可以说这个估计是适当的，也就是不用调整错报。但是能不能说管理层估计的绝对不存在错报？不能！因为“真相只有一个”！虽然注册会计师估计的是 100 万 ~200 万元之间，但是这套房子值多少钱其实是确定的，可能是 120 万元，也可能是 180 万元，只是我们不知道，所以管理层估计的 130 万元可能是错的，也可能是对的，只不过因为注册会计师不确定，所以不能说人家估计的是错的（这个选项错误率非常高，大家要好好思考）。

9.【答案】BD

【解析】

① 选项 A 错误，注册会计师作出的区间估计需要包括所有合理的结果。

② 选项 B 正确，在极其特殊的情况下，注册会计师可能缩小区间估计直至审计证据指向点估计。

③ 选项 C 错误，当区间估计的区间缩小至等于或低于实际执行重要性而不是财务报表整体的重要性时，该区间估计对于评价管理层的点估计是适当的。

④ 选项 D 正确，如果使用有别于管理层的假设或方法，注册会计师应当充分了解管理层的假设或方法。

10.【答案】B

【解析】选项 ACD 不当选。与会计估计相关的估计不确定性的影响因素：

① 会计估计对判断的依赖程度；

② 会计估计对假设变化的敏感性；

③ 是否存在可以降低估计不确定性的经认可的计量技术；

④ 预测期长度和从过去事项得出的数据对预测未来事项的相关性（选项 AD）；

⑤ 是否能够从外部来源获得可靠数据；

⑥ 会计估计依据可观察到或不可观察到的输入数据程度（选项 C）。

本题问的是“错误”，因此选项 B 当选。

【抢分技巧】这种题目一定要遵照原文选择。

11.【答案】B

【解析】选项 ACD 错误，均是风险应对阶段实施的。

选项 B 正确，风险评估程序包括：

① 了解适用的财务报告编制基础的要求；

② 了解管理层如何识别是否需要作出会计估计；

③ 了解管理层如何作出会计估计；

④ 复核上期会计估计（选项 B）。

12.【答案】ABCD

【解析】选项 ABCD 正确，在应对评估的重大错报风险时，注册会计师应当考虑会计估计的性质，并实施下列一项或多项程序：

① 确定截至审计报告日发生的事项是否提供有关会计估计的审计证据（选项 C）；

② 测试管理层如何作出会计估计以及会计估计所依据的数据（选项 D）；

③ 测试与管理层如何作出会计估计相关的控制的运行有效性，并实施恰当的实质性程序（选项 A）；

④ 作出注册会计师的点估计或区间估计，以评价管理层的点估计（选项 B）。

13.【答案】BCD

【解析】与会计估计相关的估计不确定性的程度受下列因素的影响：

① 会计估计对判断的依赖程度；

② 会计估计对假设变化的敏感性（选项 D）；

③ 是否存在可以降低估计不确定性的经认可的计量技术（当然，作为输入数据的假设，其主观程度仍可导致估计不确定性）（选项 B）；

④ 预测期的长度和从过去事项得出的数据对预测未来事项的相关性；

⑤ 是否能够从外部来源获得可靠数据（选项 C）；

⑥ 会计估计依据可观察到的或不可观察到的输入数据的程度。

14.【答案】BCD

【解析】以前年度财务报表确认和披露的重大会计估计与后期实际结果之间存在差异并不必然表明上期财务报表存在错报或存在管理层偏向。

「考点 2」关联方审计（★★★）

1.【答案】A

【解析】选项 A 说法错误，超出被审计单位正常经营过程的重大关联方交易一定属于特别风险。

选项 BCD 说法正确，针对超出被审计单位正常经营过程的重大关联方交易导致重大错报风险的应对程序：

检查相关合同或协议（如有）	如果检查相关合同或协议，注册会计师应当评价： ① 交易的商业理由（或缺乏商业理由）是否表明被审计单位从事交易的目的可能是为了对财务信息作出虚假报告或为了隐瞒侵占资产的行为（选项 C）； ② 交易条款是否与管理层的解释一致； ③ 关联方交易是否已按照适用的财务报告编制基础得到恰当会计处理和披露（选项 B）
获取交易已经恰当授权和批准的审计证据	如果超出正常经营过程的重大关联方交易经管理层、治理层或股东（如适用）授权和批准，可以为注册会计师提供审计证据。当然，授权和批准本身并不足以就是否不存在由于舞弊或错误导致的重大错报风险得出结论（选项 D）

2.【答案】A

【解析】注册会计师应当将识别出的、超出被审计单位正常经营过程的重大关联方交易导致的风险确定为特别风险，必须同时满足三个条件：超常；重大；关联方。

① 选项 A 正确，转让子公司属于超常交易；“取得大额转让收益”“重要子公司”说明重大；“将重要子公司转让给实际控制人”满足关联方交易。

② 选项 B 错误，被审计单位向母公司销售产品不属超常规交易；“销量占总销量的 50%”说明重大；“被审计单位对母公司的销量”是关联方交易。三个条件只满足两个。

③ 选项 C 错误，“收购业务”属于超常交易；题干中看不太出来是否重大；被审计单位与收购交易的对方在收购前还不是关联方关系，不是三个条件同时满足。

④ 选项 D 错误，销售产品不属于超常交易；“价格低于销售给第三方的价格”看不出来低多少，交易量也不知道有多大，所以看不出来是否重大；“被审计单位销售产品给子公司”属于关联方交易，不是三个条件同时满足。

3.【答案】ABC

【解析】

① 选项 A 说法错误，与非关联方相比，关联方交易可能并不具有更高的财务报表重大错报风险。

② 选项 B 说法错误，首先应该考虑实施相关审计程序进行确认，而不是直接考虑对审计意见的影响。

③ 选项 C 说法错误，即使适用的财务报告编制基础对关联方作出很少的规定或没有作出规定，注册会计师仍然需要了解被审计单位的关联方关系及其交易，以足以确定财务报表就其受到关联方关系及其交易的影响而言是否实现公允反映。

④ 选项 D 说法正确，如果与被审计单位存在担保关系的其他方，且不在管理层提供的关联方清单上，注册会计师需要对是否存在未披露的关联方关系保持警觉。

4.【答案】B

【解析】

① 选项 A 错误，如果被审计单位与关联方串通舞弊或关联方对被审计单位具有支配性影响，被审计单位与授权和批准相关的控制可能是无效的。

② 选项 B 正确，交易的商业理由（或缺乏商业理由）是应对舞弊风险最有力的证据，同时也是应对超出正常经营过程的重大关联方交易导致的特别风险的审计程序。

③ 选项 C 错误，关联方交易是否已按照适用财务报告编制基础得到恰当处理和披露。核心词是“恰当”两个字。

④ 选项 D 错误，对于关联方的舞弊风险，向关联方函证可能是无效的。

【抢分技巧】本题最核心的是注意“舞弊”这个词汇，也就是关联方交易和舞弊结合的考题，不是单纯地考某一个点。

5.【答案】AC

【解析】选项 AC 正确，为确定是否存在管理层以前未识别或未向注册会计师披露的关联方关系或关联方交易，注册会计师应当检查下列记录或文件：

① 注册会计师实施审计程序时获取的银行和律师的询证函回函（选项 A）；

② 股东会和治理层会议的纪要（选项 C）；

③ 注册会计师认为必要的其他记录和文件。

选项 BD 是可以检查的内容，不是应当检查的内容。

「考点3」持续经营假设（★★）

1.【答案】CD

【解析】选项 CD 正确，注册会计师应当与治理层就识别出的可能导致对被审计单位持续经营能力产生重大疑虑的事项或情况进行沟通，除非治理层全部成员参与管理被审计单位。与治理层的沟通应当包括下列方面：

① 这些事项或情况是否构成重大不确定性（选项 C）；

② 管理层在编制财务报表时运用持续经营假设是否适当；

③ 财务报表中的相关披露是否充分（选项 D）；

④ 对审计报告的影响（如适用）。

2.【答案】BCD

【解析】选项 BCD 正确，如果识别出可能导致对持续经营能力产生重大疑虑的事项或情况，注册会计师应当通过实施追加的审计程序，获取充分、适当的审计证据，以确定是否存在重大不确定性。这些程序应当包括下列方面：

① 如果管理层尚未对被审计单位持续经营能力作出评估，提请其进行评估（选项 C）；

② 评价管理层与持续经营能力评估相关的未来应对计划，这些计划的结果是否可能改善目前的状况，以及管理层的计划对于具体情况是否可行；

③ 如果被审计单位已编制现金流量预测，且对预测的分析是评价管理层未来应对计划时所考虑的事项或情况的未来结果的重要因素，评价用于编制预测的基础数据的可靠性，并确定预测所基于的假设是否具有充分的支持；

④ 考虑自管理层作出评估后是否存在其他可获得的事实或信息（选项 B）；

⑤ 要求管理层和治理层（如适用）提供有关未来应对计划及其可行性的书面声明（选项 D）。

3.【答案】D

【解析】

① 选项 A 说法正确，如果识别出可能导致对持续经营能力产生重大疑虑的事项或情况，注册会计师应当通过实施追加的审计程序，获取充分、适当的审计证据，以确定是否存在重大不确定性，选项 A 正确。

② 选项 BC 说法正确，这些追加的程序应当包括：

a. 如果管理层尚未对被审计单位持续经营能力作出评估，提请其进行评估。

b. 评价管理层与持续经营能力评估相关的未来应对计划。这些计划的结果是否可能改善目前的情况，以及管理层的计划对于具体情况是否可行（选项 B）。

c. 如果被审计单位已编制现金流量预测，且对预测的分析是评价管理层未来应对计划时所考虑的事项或情况的未来结果的重要因素，评价用于编制预测的基础数据的可靠性，并确定预测所基于的假设是否具有充分的支持。

d. 考虑自管理层作出评估后是否存在其他可获得的事实或信息（选项 C）。

e. 要求管理层和治理层（如适用）提供有关未来应对计划及其可行性的书面声明。

③ 选项 D 说法错误，注册会计师应当与治理层就识别出的可能导致对被审计单位持续经营能力产生重大疑虑的事项或情况进行沟通，除非治理层全部成员参与管理被审计单位。

4. 【答案】A

【解析】选项 A 说法错误，纠正管理层缺乏分析的错误不是注册会计师的责任。

选项 BCD 说法正确，均为教材原文表述。

5. 【答案】ACD

【解析】选项 ACD 正确，注册会计师应当与治理层就识别出的可能导致对被审计单位持续经营能力产生重大疑虑的事项或情况进行沟通，除非治理层全部成员参与管理被审计单位。与治理层的沟通应当包括下列方面：

① 这些事项或情况是否构成重大不确定性（选项 A）；

② 管理层在编制财务报表时运用持续经营假设是否适当（选项 C）；

③ 财务报表中的相关披露是否充分（选项 D）；

④ 对审计报告的影响（如适用）。

6. 【答案】ABCD

【解析】选项 ABCD 正确，注册会计师应当通过实施追加的审计程序，获取充分、适当的审计证据，以确定是否存在重大不确定性。

① 如果管理层尚未对被审计单位持续经营能力做出评估，提请其进行评估（选项 D）；

② 评价管理层与持续经营能力评估相关的未来应对计划，这些计划的结果是否可能改善目前的状况，以及管理层的计划对于具体情况是否可行（选项 A）；

③ 如果被审计单位已编制现金流量预测，且对预测的分析是评价管理层未来应对计划时所考虑的事项或情况的未来结果的重要因素，评价用于编制预测的基础数据的可靠性，并确定预测所基于的假设是否具有充分的支持；

④ 考虑自管理层做出评估后是否存在其他可得的事实或信息（选项 B）；

⑤ 要求管理层和治理层（如适用）提供有关未来应对计划及其可行性的书面声明（选项 C）。

7. 【答案】ABCD

【解析】选项 ABCD 均符合题意。本题跨章节，综合性较强，需认真掌握。

「考点 4」首次接受委托时对期初余额的审计（★★）

1. 【答案】ABC

【解析】

① 选项 AB 正确，为达到上述期初余额的审计目标，注册会计师应当阅读被审计单位最近期间的财务报表（选项 B）和相关披露，以及前任注册会计师出具的审计报告（如有）（选项 A），获取与期初余额相关的信息。

② 选项 C 正确，在接受委托前，后任注册会计师应当与前任注册会计师进行必要沟通，并对沟通结果进行评价，以确定是否接受委托。

③ 选项 D 错误，注册会计师可以对期初银行存款余额实施函证程序，而非应当。

2.【答案】ACD

【解析】

① 选项 AD 正确，均为教材原文表述。

② 选项 B 错误，注册会计师对财务报表进行审计，是对被审计单位所审期间财务报表发表审计意见，无须专门对期初余额发表审计意见，也无须确定适用于期初余额的重要性水平。

③ 选项 C 正确，查阅前任注册会计师工作底稿获取的信息可能影响后任注册会计师实施审计程序的性质、时间安排和范围，但后任注册会计师应当对自身实施的审计程序和得出的审计结论负责。后任注册会计师不应在审计报告中表明，其审计意见全部或部分地依赖前任注册会计师的审计报告或工作。

3.【答案】D

【解析】

① 选项 A 错误，注册会计师无须为期初余额确定财务报表整体的重要性和实际执行的重要性水平。

② 选项 B 错误，应当确定期初余额是否含有对本期（不是上期）财务报表产生重大影响的错报。

③ 选项 C 错误，查阅前任注册会计师的审计工作底稿不是“应当”执行的审计程序，是“可以”执行的程序。

④ 选项 D 正确，注册会计师在接受委托时，确定期初余额反映的恰当的会计政策是否在本期财务报表中得到一贯应用。

4.【答案】C

【解析】

① 选项 A 说法错误，如果上期财务报表已经前任注册会计师审计，当决定提及时，应当在审计报告中增加其他事项段说明相关情况；未经审计，注册会计师应当在审计报告中增加其他事项段说明相关情况。根据上述规定可知，已经审计可以提及，未经审计应当提及。

② 选项 B 说法错误，如果不能针对期初余额获取充分、适当的审计证据，注册会计师应当发表保留意见或无法表示意见。

③ 选项 C 说法正确，如果按照适用的财务报告编制基础确定的与期初余额相关的会计政策未能在本期得到一贯运用（属于重大错报），注册会计师应当发表保留意见或否定意见。

④ 选项 D 说法错误，如果期初余额存在对本期财务报表产生重大影响的错报，且错报的影响未能得到正确的会计处理和恰当的列报，注册会计师应当发表保留意见或否定意见。

5.【答案】ABCD

【解析】

① 选项 A 正确，相对于流动资产和流动负债而言，非流动资产和非流动负债比较稳定，变动较少，注册会计师可以通过检查形成期初余额的会计记录和其他信息获取审计证据。

② 选项 B 正确，对流动资产和流动负债，注册会计师通常可以通过本期实施的审计程序获取部分审计证据。

③ 选项 C 正确，在某些情况下，注册会计师可以通过向第三方函证获取有关期初余额（如长期借款和长期股权投资的期初余额）的部分审计证据。在另外一些情况下，注册会计

师还可能需要实施追加的审计程序。

④ 选项D正确，如果上期财务报表已经审计，注册会计师可以通过查阅前任注册会计师的审计工作底稿，以获取有关期初余额的审计证据。

主观题部分

1.【答案】

事项❶，不恰当。还应询问关联方的特征/关联方关系的性质。

事项❷，不恰当。还应获取交易已经恰当授权和批准的审计证据。

事项❸，不恰当。还应比较该借款的其他条款和条件。

事项❹，恰当。

事项❺，不恰当。还应就是否存在关联方关系实施进一步的审计程序/所实施程序无法证实是否存在关联方关系。

【解析】

事项❶，注册会计师应当向管理层询问下列事项：

a. 关联方的名称和特征，包括关联方自上期以来发生的变化；

b. 被审计单位和关联方之间关系的性质；

c. 被审计单位在本期是否与关联方发生交易，如发生，交易的类型、定价政策和目的。

【口诀】名称、特征、变化、关系、交易。

题干中没有询问管理方的特征。

事项❷，“甲公司与关联方乙公司”说明是关联方关系、“转让一幢办公楼并售后回租”说明是超出正常经营过程的交易、“交易影响重大”说明交易重大，满足超常重大关联方交易的条件，存在特别风险。

针对以上风险，应对程序为：

a. 检查相关合同或协议（如有）注册会计师应当评价：

第一，交易的商业理由（或缺乏商业理由）是否表明被审计单位从事交易的目的可能是为了对财务信息作出虚假报告或为了隐瞒侵占资产的行为；

第二，交易条款是否与管理层的解释一致；

第三，关联方交易是否已按照适用的财务报告编制基础得到恰当会计处理和披露。

b. 获取交易已经恰当授权和批准的审计证据。

题干中没有涉及到“获取交易已经恰当授权和批准的审计证据”，因此程序不正确。

事项❸，“A注册会计师将该借款的利率与同期银行借款利率进行了比较”说明只比较了价格，还应该比较其他条款和条件。

事项❹，披露错报已经修改了，并且考虑了潜在错报的影响，无须再和治理层进行沟通。

事项❺，“查阅经销合同、函证、检查出库物流单据和签收记录”都是一些常规程序，很难发现隐藏的关联方。

【考点】关联方关系和交易的风险评估、风险应对

2.【答案】

事项❶，不恰当。商誉减值涉及会计估计/商誉减值存在特别风险，应当了解相关的内部控制。

事项❷，不恰当。关键假设的证据不充分/未对明显不合理的假设获取充分、适当的审计证据。

【解析】

事项❶，商誉减值会影响财务报表，属于与审计相关的内部控制，应该了解。

事项❷，针对增长率异常的假设，注册会计师的做法包括：问问管理层为什么这么假设，检查了管理层有没有批准。这两个程序不能充分解释为什么假设增长率那么高。

【考点】会计估计的风险评估、风险应对

3.【答案】不恰当。询问管理层不足以证实管理层专家的说法。

【解析】题干问的是“A 注册会计师的做法是否恰当”，那么你就要思考针对“商誉减值测试使用的折现率明显低于同行业可比公司的平均值”事项，A 注册会计师做了什么。A 注册会计师是要证实专家的解释是否正确，如何证实的？通过“询问管理层”，很明显程序不充分。

【考点】会计估计的风险应对

4.【答案】

事项❶，恰当。

事项❷，不恰当。还应对期初存货的计价实施审计程序。

【解析】

事项❶，长期股权投资的期初余额审计程序：通过检查形成期初余额的会计记录和其他信息获取审计证据，还可以通过向第三方函证获取部分审计证据。注意这里函证是可以选择，不是应当函证。

事项❷，题干最后的结论是认可“存货的期初余额”，余额 = 数量 × 单价（或单位成本），但是注册会计师的审计程序只获取了期初数量，没有获取单价的审计证据，所以不能得出该结论。

【考点】首次接受委托对期初余额的审计程序

5.【答案】不恰当。注册会计师应当复核管理层在作出会计估计时的判断和决策，以识别是否可能存在管理层偏向的迹象。在得出某项会计估计是否合理的结论时，可能存在管理层偏向的迹象本身并不构成错报。

【解析】“A 注册会计师要求管理层调整计提比例”说明 A 认为属于错报，但是存在管理层偏向的迹象本身并不构成错报，因此不能直接要求调整，而是实施程序判断是否存在错报。

【考点】会计估计的风险应对

6.【答案】

事项❶，不恰当。注册会计师作出的区间估计需要包括所有合理的结果而非所有可能的结果。

事项❷，不恰当。2016 年年度财务报表中的会计估计与实际结果存在差异，并不必然表明 2016 年年度财务报表存在错报。

事项❸，不恰当。仅执行询问和重新计算无法获取有关假设合理性的充分、适当的审计证据，还应当执行程序评价盈利预测中假设的合理性。

事项❹，恰当。

事项❺，不恰当。上期会计估计的结果与上期财务报表中原已确认金额不存在重大差异，不足以作为上期会计估计不存在重大错报的依据/复核上期会计估计的结果属于风险评估程序，不足以得出认可2017年末的存货跌价准备余额的结论。

【解析】

事项❶，作出的区间估计需要包括所有合理的结果而不是所有可能的结果。

事项❷，会计估计的结果与上期财务报表中已确认金额之间的差异，并不必然表明上期财务报表存在错报。

事项❸，针对管理层作出的会计估计，注册会计师实施的审计程序包括：询问、重新计算，就认可了管理层作出的估计。这一思路是错误的，询问和重新计算都是在管理层使用的假设的基础上实施的审计程序，而没有思考假设本身是否合理。

事项❹，管理层点估计调整为550万元，注册会计师点估计为600万元，存在50万元的未更正错报。

事项❺，注册会计师根据2016年计提的跌价准备和2017年的实际结果进行比较，没有差异，就说明2016年的估计是合理的，这一逻辑是错误的，没有差异并不一定表明不存在错报。

【考点】评价会计估计的合理性并确定错报、风险应对、会计估计概述

7. **【答案】**恰当。

【解析】题干中持续经营假设是适当的，但是具有重大不确定性，且管理层已经充分披露。但是因为“存在多项对财务报表整体具有重要影响的重大不确定性”，这种情况下发表无法表示意见是恰当的。

【考点】考虑持续经营假设的审计结论与报告

8. **【答案】**不恰当。A注册会计师应当根据职业判断确定识别出的具有高度估计不确定性的会计估计是否会导致特别风险。

【解析】“因该事项不影响财务报表的确认与计量，注册会计师认为不存在特别风险”说明注册会计师是直接将其确认为不存在特别风险的，没有进行评估。

【考点】会计估计的风险评估

9. **【答案】**

事项❶，不恰当。还应将当前已经监盘的存货数量调节至期初存货数量，另可对毛利和存货截止实施审计程序。

事项❷，恰当。

【解析】

事项❶，期初余额＝期初单价×期初数量。

事项❷，以下三种程序：查阅前任工作底稿、评价本期实施的审计程序是否提供期初余额的审计证据、其他审计专门的程序。实施其中一项或多项审计程序即可。

【考点】首次接受委托对期初余额的审计程序

10. **【答案】**

事项❶，不恰当。对具有高度估计不确定性的会计估计仅实施分析程序不足。

事项❷，不恰当。对存在特别风险的会计估计，注册会计师还应评价管理层如何考虑替代性的假设/未评价管理层在作出会计估计时如何处理估计不确定性。

事项❸，不恰当。应当考虑从保险公司获取相关证据，还应当考虑利用专家工作对损失情况进行评估。

【解析】

事项❶，审计准则第 1321 号应用指南第 42 段：

对上期审计中识别出的具有高度估计不确定性的会计估计，或者自上期以来发生重大变化的会计估计，注册会计师可能认为需要进行更加详细的复核（仅实施分析程序不够）；反之，对因记录常规和重复发生交易而产生的会计估计，注册会计师可能认为运用分析程序作为风险评估程序足以实现复核目的。

但是本题存在一点问题，“甲公司 2015 年度经营情况较上年度没有发生重大变化”，也看不出来是具有高度估计不确定性，按道理仅实施分析程序复核是够的。所以本题存在缺陷，大家看看做个了解即可。

事项❷，风险为会计估计特别风险。注册会计师采取的应对措施为：a. 评价了计量方法；b. 测试了基础数据；c. 将重大假设与相关历史数据进行了比较。其中 a 和 b 属于会计估计导致的常规重大错报风险的应对措施。c 属于评价了重大假设，属于特别风险应对措施的一部分。因此题干的应对措施中没有针对特别风险评价替代性假设的合理性。也可以从总体上说未评价管理层在作出会计估计时如何处理估计不确定性。

事项❸，保险合同和甲公司管理层编制的损失情况说明不算是确凿的证据，要评价管理层的会计估计，能清楚界定损失情况的就是保险公司确认的理赔金额，专家的评估也有一定的可靠性。

【考点】会计估计的风险应对

11. 【答案】

事项❶，不恰当。资产负债表日后价格的变化并不表明前期会计估计存在差错。

事项❷，恰当。

【解析】

事项❶，实际发生的支出和预计数相差较大（即会计估计的结果与上期财务报表中已确认金额之间的差异），并不必然表明上期财务报表存在错报。

事项❷，错报至少有 100 万元，管理层按 100 万元做了调整，就导致管理层点估计落在了注册会计师区间估计上，认为是适当的。

【考点】会计估计概述、风险应对

12. 【答案】否定意见。被审计单位运用持续经营假设不适当。

【解析】“董事会拟于 2015 年对其进行清算”但是管理层依然运用持续经营假设编制 2014 年的财务报表，说明持续经营假设不合理，应当发表否定意见审计报告。

【考点】考虑持续经营假设的审计结论与报告

13. 【答案】不恰当。关键假设披露不充分属于重大错报，不应同意管理层的做法，应提请管理层完善对该大额商誉减值的披露。

【解析】披露不充分属于重大错报。

【考点】会计估计的风险应对

14.【答案】不恰当。丁公司管理层运用持续经营假设不恰当，A 注册会计师应出具否定意见的审计报告。

【解析】持续经营假设不适当直接发表否定意见。

【考点】考虑持续经营假设的审计结论与报告

15.【答案】不恰当。

【解析】如果在具体情况下运用持续经营假设是不恰当的，但是管理层选择编制报表时采用替代性假设，并且报表对此进行了充分的披露，注册会计师可以发表无保留意见，但是应当在审计报告中增加强调事项段。

【考点】考虑持续经营假设的审计结论与报告

16.【答案】是。

【解析】针对客户破产清算，检查相关法律文件是恰当的审计程序。

【考点】会计估计的风险评估

17.【答案】否。注册会计师还应当评价前任注册会计师的独立性。

【解析】如果拟利用前任注册会计师的工作，应当评价其专业胜任能力和独立性，缺一不可。

18.【答案】否。存在导致对持续经营能力产生重大疑虑的事项，应当与治理层进行沟通。

【解析】注册会计师应当与治理层就识别出的可能导致对被审计单位持续经营能力产生重大疑虑的事项或情况进行沟通，除非治理层全部成员参与管理被审计单位。

无论管理层制定的应对计划是否可行，存到导致持续经营能力产生重大疑虑的事项，都需要与治理层沟通，这是准则的强制性要求。

【考点】考虑持续经营假设与治理层沟通

19.【答案】

事项❶，否。如果识别出可能导致对持续经营能力产生重大疑虑的事项，注册会计师应当通过实施追加的审计程序，获取充分、适当的审计证据，以确定是否存在重大不确定性/未对管理层的评估实施进一步审计程序/书面声明本身并不为所涉及的任何事项提供充分、适当的审计证据。

事项❷，否。注册会计师应当考虑将该事项作为审计中的重大困难与治理层进行沟通，要求治理层提供进一步的信息。

【解析】

事项❶，书面声明本身并不为所涉及的任何事项提供充分、适当的审计证据，不能作为省略不可替代程序的理由。

事项❷，按照第十七章的考点，除非治理层全部成员参与管理被审计单位，注册会计师应当与治理层沟通审计工作中发现的与关联方相关的重大事项。按照第十四章的要求，获取不到充分适当的审计证据属于审计过程中遇到的重大困难，与管理层沟通解决不了再找治理层沟通。

【考点】考虑持续经营假设与治理层沟通

18 第十八章　完成审计工作·答案

「考点1」评价审计中识别的错报（★★★）

【答案】A

【解析】

① 选项A说法错误，除非法律法规禁止，注册会计师应当及时将审计过程中累积的（即超过明显微小错报临界值的）所有错报与适当层级的管理层进行沟通。

② 选项B说法正确，在与适当层级管理层沟通错报时，注册会计师还应当要求管理层更正这些错报。

③ 选项C说法正确，除非法律法规禁止，注册会计师应当与治理层沟通未更正错报，以及这些错报单独或汇总起来可能对审计意见产生的影响。

④ 选项D说法正确，注册会计师应当与治理层沟通与以前期间相关的未更正错报对相关类别的交易、账户余额或披露以及财务报表整体的影响。

「考点2」复核审计工作（包括项目组内部复核和项目质量复核）（★★）

1.【答案】A

【解析】

① 选项A说法错误，项目合伙人无须复核所有审计工作底稿。项目合伙人应当在签署审计报告前复核财务报表、审计报告以及相关的审计工作底稿并非所有审计工作底稿。

② 选项B说法正确，审计工作底稿中应当记录复核人员姓名及其复核时间。

③ 选项C说法正确，项目质量管理复核人员应当在审计报告出具前复核审计工作底稿。

④ 选项D说法正确，应当由项目组内经验较多的人员复核经验较少的人员编制的审计工作底稿。

2.【答案】ABCD

【解析】

① 选项A正确，注册会计师应当了解被审计单位的内部控制。但是注意，不能说应当了解被审计单位“所有”内部控制。

② 选项B正确，注册会计师在临近审计结束时，应当运用分析程序对财务报表进行总体复核。

③ 选项C正确，注册会计师应当实施用作风险评估的分析程序。

④ 选项D正确，“将财务报表与会计记录进行核对”属于实质性程序，在所有审计业务中都应当实施。

3.【答案】C

【解析】

① 选项AB说法正确，选项C说法错误，项目合伙人复核的内容包括：

a. 重大事项（选项A）；

b. 重大判断，包括与在审计中遇到的困难或有争议事项相关的判断，以及得出的结论（选项B）；

c. 根据项目合伙人的职业判断，与项目合伙人的职责有关的其他事项。

② 选项 D 说法正确，项目合伙人应当记录复核的范围和时间。

「考点3」期后事项（★★★）

【答案】 BCD

【解析】

① 选项 A 错误，注册会计师应当设计和实施审计程序，获取充分、适当的审计证据，以确定所有在财务报表日至审计报告日之间发生的、需要在财务报表中调整或披露的事项均已得到识别。这里需要负责的是“财务报表日至审计报告日之间”，而不是“财务报表日至财务报表报出日之间”。

② 选项 B 正确，注册会计师在审计报告日后至财务报表报出日前知悉了某事实，且若在审计报告日知悉可能导致修改审计报告，注册会计师应当采取以下措施：

a. 与管理层和治理层（如适用）讨论该事项；

b. 确定财务报表是否需要修改；

c. 如需修改，询问管理层如何在财务报表中处理该事项。

③ 选项 C 正确，在财务报表报出后，注册会计师没有义务针对财务报表实施任何审计程序（没有义务识别第三阶段期后事项）。

④ 选项 D 正确，为教材原文考查，考点为第三节书面声明的形式。

【抢分技巧】 审计报告日至财务报表报出日、财务报表报出日后，这两个时段，注册会计师是没有义务识别（无须主动）期后事项的，但是如果知悉了事实，那也应该去实施审计程序！这个不冲突！即“财务报表报出后，注册会计师没有义务针对财务报表实施任何审计程序”这句话并没有问题！

「考点4」书面声明（★★★）

1. **【答案】** A

【解析】 选项 A 说法错误，选项 BCD 说法正确，书面声明的日期应当尽量接近对财务报表出具审计报告的日期，但不得在审计报告日后。

2. **【答案】** C

【解析】

① 选项 A 说法正确，书面声明是注册会计师在财务报表审计中需要获取的必要信息，是审计证据的重要来源。

② 选项 B 说法正确，在很多情况下，要求管理层提供书面声明而非口头声明，可以促使管理层更加认真地考虑声明所涉及的事项，从而可以提高管理层声明的质量。

③ 选项 C 说法错误，尽管书面声明提供必要的审计证据，但其本身并不为所涉及的任何事项提供充分、适当的审计证据。

④ 选项 D 说法正确，管理层已提供可靠书面声明的事实，不影响注册会计师就管理层责任履行情况或具体认定获取的其他审计证据的性质和范围。反过来，如果管理层提供的书面声明不可靠，有可能影响注册会计师需要获取的审计证据的性质和范围。

3.【答案】B

【解析】

① 选项 A 说法正确，书面声明是注册会计师在财务报表审计中需要获取的必要信息，是审计证据的重要来源。

② 选项 B 说法错误，管理层已提供可靠书面声明的事实，并不影响注册会计师就管理层责任履行情况或具体认定获取的其他审计证据的性质和范围。

③ 选项 C 说法正确，书面声明可以促使管理层更加认真地考虑声明所涉及的事项。

④ 选项 D 说法正确，尽管书面声明提供必要的审计证据，但本身并不为所涉及的任何事项提供充分、适当的审计证据。

4.【答案】C

【解析】选项 AD 说法正确，为教材原文考查。

选项 B 说法正确，注册会计师可能认为有必要要求管理层提供有关财务报表特定认定的书面声明。

选项 C 说法错误，如果管理层不向注册会计师提供所有交易均已记录并反映在财务报表中的书面声明，注册会计师应当对财务报表发表无法表示意见。

5.【答案】C

【解析】

① 选项 A 错误，书面声明的日期应当尽量接近对财务报表出具审计报告的日期，并非“应当”在同一天。

② 选项 B 错误，管理层已提供可靠书面声明的事实，并不影响注册会计师就管理层责任履行情况或具体认定获取的其他审计证据的性质和范围。

③ 选项 C 正确，如果注册会计师对管理层的诚信产生重大疑虑，以至于认为其作出的书面声明不可靠，则应当发表无法表示意见。

④ 选项 D 错误，如果书面声明与其他审计证据不一致，注册会计师应当实施程序设法解决这些问题，不能直接修改书面声明。

6.【答案】A

【解析】书面声明本身并不为所涉及的任何事项提供充分、适当的审计证据。

主观题部分

1.【答案】恰当。

【解析】“2020 年第一季度，甲公司某重要子公司的医用防护产品开始热销”这句话说明是年后新发生的事，管理层认为不影响 2019 年底的商誉减值。如果这个事是真的，根据会计准则确实不会影响 2019 年底的商誉减值测试，不用调整报表。所以注册会计师需要做程序验证该事项是不是真实的，经验证发现确实是真实的，认为管理层不调报表是正确的。

大家觉得这个题目非常难，因为本题本质上考的是会计问题，不是审计问题，你只要知道“2020 年第一季度，甲公司某重要子公司的医用防护产品开始热销”这句话不影响 2019 年末的商誉减值就能做对。

【考点】三个时段的审计要求

2.【答案】恰当。

【解析】注意集团审计中，是以集团审计报告日为准，也就是“2016 年 2 月 15 日至集团审计报告日期间”，属于第一时段发生的事项（财务报表日至审计报告日），应当设计专门的审计程序来识别，所以恰当。

【考点】三个时段的审计要求

3.【答案】恰当。

【解析】“应付账款被误计入其他应付款”属于分类错报。对分类错报主要考虑性质。“不影响甲公司的经营业绩和关键财务指标”说明性质不严重，不构成重大错报。

【考点】评价未更正错报的影响

4.【答案】

事项❶，否。应当要求管理层更正所有超过明显微小错报临界值的错报/累积的错报。

事项❷，是。

【解析】

事项❶，300 万元的重分类错报金额大于 40 万元的临界值，应该要求管理层进行更正。

事项❷，书面声明经授权可以由副总经理签字。

5.【答案】

事项❶，否。是否构成重大错报还应当考虑错报的性质。

事项❷，是。

事项❸，否。还应将对期后事项的审计程序延伸至新的审计报告日。

【解析】

事项❶，在判断错报是否重大时，除了考虑金额还需要考虑性质。

事项❷，新任管理层应当对书面声明负全责，既然已经给了，就可以不再要求前任管理层提供书面声明。

事项❸，该事项属于第二时段的期后事项，如果管理层修改了财务报表，注册会计师应当对有关修改实施必要的审计程序，应当将用于识别期后事项的审计程序延伸至新的审计报告日，并针对修改后的财务报表出具新的审计报告。

6.【答案】否。两笔错报金额均大于明显微小错报的临界值，在计算对于报表影响时两笔错报不能相互抵销，应该予以累积。

【解析】不同项目的错报之间不能抵销。

7.【答案】

事项❶，是。

事项❷，否。注册会计师仍应当要求管理层提供有关未更正错报的书面声明/书面声明可以增加有关不同意某事项构成错报的表述。

【解析】

事项❶，更换的安全气囊是 2017 年销售车辆发生的费用，计入 2017 年的费用中是正确的会计处理方式。本题考查的就是会计处理。

事项❷，提供有关未更正错报的书面声明是必须的。

8.【答案】

事项❶，是。

事项❷，否。累积的错报合计数 200 万元超过财务报表整体的重要性，没有考虑对审计工作的影响/应当确定是否需要考虑修改审计计划。

【解析】

事项❶，缴纳罚款的主要审计证据就是处罚文件，所以注册会计师检查了处罚文件以及付款单据，是恰当的。

事项❷，如果出现下列情况之一，注册会计师应当确定是否需要修改总体审计策略和具体审计计划：

① 识别出的错报的性质以及错报发生的环境表明可能存在其他错报，并且可能存在其他错报与审计过程中累积的错报合计起来可能是重大的；

② 审计过程中累积的错报合计数接近按照《中国注册会计师审计准则 1211 号——计划和执行审计工作时的重要性》的规定确定的重要性。

本题中的错报合计数为 200 万元超过了财务报表整体重要性 100 万元，此时注册会计师应当确定是否需要修改总体审计策略和具体审计计划，而不是直接认为错报对审计工作无影响。

9.【答案】

事项❶，否。理由：该错报为系统性错报/可能发生于其他组成部分。

改进建议：集团项目组应当关注并汇总其他组成部分的这类错报，汇总考虑该类错报对集团财务报表的影响。

事项❷，否。理由：没有推断总体错报。

改进建议：注册会计师应当使用在抽样中发现的样本错报去推断总体的错报金额/应针对推断的总体错报金额评价其是否重大。

事项❸，是。

【解析】

事项❶，EPR 的系统参数设置有误导致出现 2 万元的错报可能不只这一笔，属于系统性错报，可能不会单独发生。要考虑错报的潜在影响。

事项❷，题干中直接根据样本 20 万元错报，得出财报中错报不重大的结论是错误的。判断错报是否重大应该是根据由样本推断出来的总体错报来判断。

事项❸，确定一项分类错报是否重大，需要进行定性评估，即使分类错报超过了在评价其他错报时运用的重要性水平，注册会计师可能仍认为该分类错报对财务报表整体不产生重大影响。

按照题目的描述，2014 年 10 月达到可使用状态，到 2014 年末的时候，少计的折旧只有两个月，影响到利润表的折旧金额很小，说明对财务报表的影响并不重大，可以同意管理层不予调整。

10.【答案】是。

【解析】“2016 年末的一项重大未决诉讼在审计报告日前终审结案”属于第一阶段期后事

项，且属于调整事项，管理层调整了财报，非常正确。注册会计师要针对管理层的调整实施审计程序，判断调整是否正确，题干的程序没有问题，针对期后事项的审计程序就结束了，直接出报告。

【考点】期后事项的种类

19 第十九章　审计报告·答案

「考点1」审计报告的基本内容（★）

【答案】D

【解析】

① 选项A说法正确，注册会计师签署审计报告的日期可能与管理层签署已审计财务报表的日期为同一天，也可能晚于管理层签署已审计财务报表的日期。

② 选项B说法正确，管理层书面声明应当尽量接近对财务报表出具审计报告的日期，但不得在审计报告日后，可以早于。

③ 选项C说法正确，在审计报告日至财务报表报出日发生的期后事项，注册会计师可以签署双重报告日期，即保留原定的审计报告日，并就期后事项注明新的审计报告日。

④ 选项D说法错误，审计报告日不应早于注册会计师获取充分、适当的审计证据，并在此基础上对财务报表形成审计意见的日期。所以审计报告日可能和形成审计意见的日期为同一日，也可能在形成审计意见之后。

「考点2」比较信息（★★★）

【答案】A

【解析】

① 选项A说法错误，对应数据审计中，如果上期财务报表已由前任注册会计师审计，注册会计师可以在审计报告中提及前任注册会计师的相关工作。

比较报表审计中，注册会计师应当在审计报告中提及前任注册会计师的相关工作。

但是后任注册会计师不应在审计报告中表明，其审计意见全部或部分地依赖前任注册会计师的审计报告或工作。在这里一定要注意可以提及的是什么。

② 选项BC说法正确，无保留意见的审计报告中不能提及专家和服务机构注册会计师的相关工作。

服务机构，是指向被审计单位提供服务，并且其服务构成与被审计单位财务报告相关的信息系统组成部分的第三方机构（或第三方机构的分部）。

服务机构注册会计师，是指接受服务机构委托，对服务机构的控制出具鉴证报告的注册会计师。注册会计师不应在无保留意见的审计报告中提及服务机构注册会计师的相关工作，除非法律法规另有规定。参看《中国注册会计师审计准则第1241号——对被审计单位使用服务机构的考虑》第二十九条。

③ 选项D说法正确，为教材原文考查。

【抢分技巧】关于什么可以提及，什么不能提及，大家可以参考教材第十九章【考点收纳盒】关于提及的总结。

主观题部分

1.【答案】

事项❶，恰当。

事项❷，恰当。

事项❸，不恰当。财务报表存在重大且广泛的错报/应发表否定意见。

事项❹，不恰当。关键审计事项不能包含对财务报表单一要素单独发表的意见。

事项❺，不恰当。强调事项段应提及已在财务报表中披露的事项/不符合强调事项段的定义。

【解析】

事项❶，其他信息存在重大错报，与管理层和治理层沟通后该错报未得到更正，注册会计师可能采取以下措施：

a. 向管理层提供一份新的或修改后的审计报告，其中指出其他信息的重大错报；

b. 提醒审计报告使用者关注其他信息的重大错报，例如，在股东大会上通报该事项；

c. 与监管机构或相关职业团体沟通未更正的重大错报；

d. 考虑对持续承接业务的影响。

本题采用的是第二种措施，因此正确。

事项❷，本题涉及两件事情。第一，A 注册会计师无法对乙公司某海外重要子公司执行审计工作，因此审计意见为无法表示意见。第二，关于持续经营假设，持续经营假设适当但是存在重大不确定性，管理层在财务报表中已经充分披露，因此应该在无法表示意见的审计报告中增加与持续经营相关的重大不确定性段落。

事项❸，未计提减值准备属于重大错报，不是证据不足，达到重大且广泛的程度，应该发表否定意见。

事项❹，“丁公司的收入确认符合企业会计准则的规定，在所有重大方面公允反映了丁公司 2019 年度的营业收入”这句话的意思是对收入发表了意见，是错误的，关键审计事项段不能对单一要素发表审计意见，只需要说明审计中遇到的重大事项是什么，注册会计师如何解决的即可。

事项❺，题干中没有提到“戊公司因连续亏损已触发证券交易所退市标准的风险提示公告”在财务报表中进行恰当列报或披露，不满足强调事项段的定义。

【考点】不同情况下存在重大错报时的应对、确定非无保留意见的类型、在审计报告中沟通关键审计事项、强调事项段

2.【答案】

事项❶，不恰当。当对财务报表发表无法表示意见时，注册会计师不得在审计报告中包含关键审计事项部分。

事项❷，不恰当。导致上期发表保留意见的事项未得到解决/对本期数据仍有影响，应发表保留意见。

事项❸，不恰当。可能存在未知悉的担保事项和潜在的诉讼风险/尚未就担保事项的完整性获取充分、适当的审计证据，不应发表无保留意见。

事项❹，不恰当。戊公司为重要子公司，2018 年 1 ~10 月的经营成果对丁公司合并财务报

表具有重大而广泛的影响/应发表无法表示意见。

事项❺，恰当。

【解析】

事项❶，多个项目无法获取充分、适当的审计证据，发表无法表示意见是正确的。但是无法表示意见的审计报告中不能包含关键审计事项部分。

事项❷，期末计提减值准备的事项会影响本期减值准备的计提金额。比如本来应该上期计提300万元，本期计提300万元，总共600万元的减值准备。但是因为上期没有计提，全部在本期计提，导致本期减值多计提300万元。所以导致上年度发表保留意见的事项并没有解决，对本期有重大影响，仍然应当发表保留意见。

事项❸，在审计报告日前转让了该子公司的全部股权，管理层计提的大量预计负债也是存在的，也应该对该负债获取充分适当的审计证据，不能说转让了就解决了。未获取到充分适当的审计证据，不能发表无保留意见。

其次，负债最大的风险是完整性/低估，所以答案强调的是针对完整性获取充分适当证据。

事项❹，2018年11月以前子公司还是合并报表的一部分，但是获取不到这部分子公司充分适当的审计证据，应该是重大且广泛的证据不足，应该发表无法表示审计意见。

事项❺，“无法就该交易的商业理由获取充分、适当的审计证据”说明是证据不足。“大额债权”说明是重大的。“转回相关的坏账准备而产生的利润占当年利润总额的20%”只是说占利润的比重大，是重大的，但是对利润的影响没有达到“扭亏为盈”，因此是重大不广泛的证据不足，发表保留意见是正确的。

【考点】在审计报告中沟通关键审计事项、审计报告、确定非无保留意见的类型

3.【答案】

事项❶，不恰当。注册会计师已经在关键审计事项部分沟通该事项，不应增加强调事项段/该事项同时符合关键审计事项和强调事项的标准，应仅作为关键审计事项。

事项❷，不恰当。注册会计师需要考虑导致保留意见的事项对其他信息的影响/注册会计师需要在其他信息部分说明无法判断与导致保留意见的事项相关的其他信息是否存在重大错报。

事项❸，不恰当。注册会计师不应在关键审计事项部分描述被审计单位的原始信息/关键审计事项不能替代管理层的披露/应要求管理层作出补充披露。

【解析】

事项❶，题干的意思是这件事情既符合关键审计事项段的定义（审计中最为重要的事项），同时也符合强调事项段的定义（管理层在财务报表中确认和披露了，该事项对财务报表使用者理解财务报表至关重要），所以在关键审计事项段和强调事项段同时列示这一件事。这是错误的，一件事情是不能重复列示的。同时符合关键审计事项段和强调事项段定义的时候，优先在关键审计事项段列示。

事项❷，如果审计报告日前已经获取其他信息，则选择下列两种做法之一进行说明：

a. 说明注册会计师无任何需要报告的事项；

b. 如果注册会计师认为其他信息存在未更正的重大错报，说明其他信息中存在未更正重大错报。如果发表保留或者否定意见，注册会计师应当考虑导致非无保留意见的事项对上述说明的影响。

事项❸，“管理层未在财务报表附注中披露该子公司停业整顿的具体原因”说明该事项在财报中没有披露（属于原始信息），而披露该信息是被审计单位管理层的责任，注册会计师不能帮管理层去披露该信息。

【考点】在审计报告中沟通关键审计事项、强调事项段、报告

4. **【答案】**

事项❶，不恰当。关键审计事项必须是已经得到满意解决的事项/关键审计事项不能替代非无保留意见/应当发表非无保留意见。

事项❷，恰当。

事项❸，不恰当。还应当说明前任注册会计师发表的审计报告意见类型。

事项❹，恰当。

事项❺，不恰当。应当增加强调事项段予以说明而非其他事项段。

事项❻，不恰当。应当在审计报告形成无法表示意见的基础部分说明存在的披露错报。

【解析】

事项❶，a. “对……仍存有疑虑”说明证据不足，应该发表非无保留意见。在这里也可以写保留/无法表示意见，只要能反驳掉题干中的关键审计事项段就可以。

b. 按照关键审计事项段的含义，关键审计事项是已经得到满意解决的事项，既不存在审计范围受到限制，也不存在注册会计师与被审计单位管理层意见分歧的情况。题干中“仍存有疑虑”说明并没有满意解决，不符合关键审计事项段的含义，所以错误。

上述两种表达方式写出其中一种就是正确的。

事项❷，审计报告日以后获取财务报告最终版本发现其他信息存在重大错报，且管理层和治理层不愿意更正，注册会计师可以采取以下措施：

a. 向管理层提供一份新的或修改后的审计报告，其中指出其他信息的重大错报；

b. 提醒审计报告使用者关注其他信息的重大错报，例如，在股东大会上通报该事项；

c. 与监管机构或相关职业团体沟通未更正的重大错报；

d. 考虑对持续承接业务的影响。

以上措施采取一项或多项均可以，题干采取的是措施 a，所以正确。

事项❸，对应数据：前任审过，其他事项段可以提及（已经审计、意见类型、日期），题干中没有提及意见类型，是错误的。

事项❹，“导致对持续经营能力产生重大疑虑的事项或情况不存在重大不确定性”说明不是涉及持续经营能力存在重大不确定的情形，这里错误率很高，大家一定要注意读题。

“在审计工作中对该事项进行过重点关注”说明符合关键审计事项段的定义。

事项❺，“该事项对财务报表使用者理解财务报表至关重要”符合的是强调事项段的定义，不是其他事项段。

事项❻，题干中有两件事情，第一件事是披露不完整导致重大错报，应该发表保留意见。第二件事是持续经营问题导致发表无法表示意见。那么审计报告最终的结果肯定是更加严重的，无法表示意见。但是在无法表示意见的审计报告中应该提及发现的重大错报问题。题干中“不再在审计报告中说明披露错报”是错误的。

【考点】在审计报告中沟通关键审计事项、不同情况下存在重大错报时的应对、审计报告、

确定非无保留意见的类型

5.【答案】

事项❶，不恰当。注册会计师应当记录实施的具体审计程序。

事项❷，不恰当。A注册会计师已对2015年度财务报表重新出具审计报告，2016年度财务报表的对应数据已做恰当重述，因此无须在2016年度审计报告中提及对应数据。

事项❸，恰当。

【解析】

事项❶，根据《中国注册会计师审计准则第1131号——审计工作底稿》中与本准则相关的要求，注册会计师应当就下列事项形成审计工作底稿：

a. 按照本准则的规定实施的程序（本题考查的是这种情形）；

b. 注册会计师按照本准则的规定执行工作所针对的其他信息的最终版本。

事项❷，对应数据和本期数据均正确，该事项已经得到满意解决，本期无须提及对应数据和之前的审计报告。

事项❸，如果审计报告日前已经获取其他信息，则选择下列两种做法之一进行说明：

a. 说明注册会计师无任何需要报告的事项；

b. 如果注册会计师认为其他信息存在未更正的重大错报，说明其他信息中的未更正重大错报。如果发表保留或者否定意见，注册会计师应当考虑导致非无保留意见的事项对上述说明的影响。

【考点】审计报告

6.【答案】不恰当。该事项对本期财务报表影响重大，A注册会计师应当考虑该事项对2015年审计意见的影响。

【解析】“甲公司于2015年处置了相关无形资产”，但是2014年末少计无形资产减值准备300万元的事项会影响2015年的处置损益，因此该事项对本期财务报表影响重大，事项没有解决，仍然影响本期的审计报告，会导致本期发表保留意见审计报告。

【考点】审计报告

7.【答案】

事项❶，保留意见/无法表示意见。由于系统缺陷，无法获取充分、适当的审计证据，对财务报表影响重大/重大而广泛。

事项❷，保留意见。比较数据存在重大错报但不广泛，当期数据存在重大错报但不广泛。

事项❸，保留意见。存在影响重大但不具有广泛性的披露错报。

事项❹，带其他事项段的保留意见。应在其他事项段中说明对应数据未经审计，且存在影响重大但不广泛的错报。

【解析】

事项❶，“无法对营业成本、存货等项目实施审计程序”属于证据不足，应当发表保留/无法表示意见。“/”的意思是写对其中一个就给分。

事项❷，“未对比较数据进行追溯调整”说明比较数据存在重大错报。本期由于核算方式的改变带来的公允价值变动收益受到去年长期股权投资成本的影响，所以本期长期股权投资账面价值以及公允价值变动收益也存在重大错报。其次，错报只和长期股权投资相关，属于重大但是不广泛的错报，因此发表保留意见审计报告。

事项❸，“管理层未能在财务报表附注中披露与金融工具相关的风险”是披露不完整的错报，重大而不广泛，所以应该发表保留意见审计报告。

事项❹，“管理层将一项应当在2014年度确认的大额长期资产减值损失作为前期差错，重述了比较数据”这句话的意思是资产减值本来应该在2014年确认，但是管理层当作前期差错确认在了2013年，所以存在重大但不广泛的错报，应当发表无保留意见。其次，“2013年度财务报表未经审计”注册会计师应当在审计报告的其他事项段中说明对应数据未经审计。因此应当发表带其他事项段的保留意见。

【考点】确定非无保留意见的类型、审计报告

8.【答案】

事项❶，恰当。

事项❷，不恰当。董事因涉嫌内幕交易被证券监管机构立案调查，截至审计报告日尚无结论。表明监管行动的未来结果存在不确定性，应考虑在强调事项段中说明。

事项❸，不恰当。该客户因经营不善、无力偿还到期债务而向法院申请破产，审计项目组认为该项应收账款的可回收性存在重大不确定性，应收账款坏账准备计提存在重大错报，应发表保留意见。

事项❹，不恰当。该事项属于对两套以上财务报表出具审计报告的情形，可以增加其他事项段说明对另一套财务报表出具审计报告的情形，应出具带其他事项段的无保留意见审计报告。

事项❺，不恰当。通过与关联公司互开销售发票虚增收入和成本，金额重大，营业收入和营业成本存在重大错报，但是未对利润产生影响，影响重大不广泛，应发表保留意见。

【解析】

事项❶，“管理层接受了审计调整建议”说明错报已经得到更正，不存在重大错报，因此出具无保留意见审计报告是正确的。要注意，虽然内部控制缺陷尚未完成整改，但是注册会计师并不对内部控制发表审计意见，即使有缺陷也不影响审计意见。

事项❷，监管行动的未来结果存在不确定性适合在强调事项段中进行说明。

事项❸，“该项应收账款的可回收性存在重大不确定性”可能需要进一步提取坏账准备，5%的坏账率过低，存在坏账准备计提不足的重大错报，应该发表保留意见。

事项❹，对两套以上财务报表出具审计报告的情形符合其他事项段的要求。

事项❺，“与关联公司互开销售发票虚增收入和成本，金额重大”即使对利润没有影响，仍然属于重大错报，应该发表保留意见。

【考点】确定非无保留意见的类型、强调事项段、其他事项段

9.【答案】

事项❶，不恰当。被审计单位公章、财务专用章和法定代表人名章由总经理一人保管，属于内部控制重大缺陷，影响广泛，应当出具无法表示意见审计报告。

事项❷，不恰当。未将子公司纳入合并范围，应当出具否定意见的审计报告。

【解析】

事项❶，“无法就财务报表是否存在由于舞弊导致的重大错报获取充分、适当的审计证据”属于证据不足，而且“公章、财务专用章和法定代表人名章由总经理一人保管”属于内部

控制存在重大缺陷，该内控波及面非常广，达到了广泛性程度，应该发表无法表示意见。

事项❷，应该纳入而没有纳入合并范围属于重大错报，而且子公司达到了广泛性程度，应该出具否定意见审计报告。

【考点】确定非无保留意见的类型

10. **【答案】**否。注册会计师应当获取管理层提供的最终版年度报告，不应在网上下载，且应当在公布前获取年度报告。

【解析】题干中的年度报告（一提到年度报告考查的一定是其他信息）在审计报告日以后才获取到是可以的，但是必须在被审计单位公布前提供给注册会计师。题干中说是从网上下载的，因此一定是公布以后，错误。

11. **【答案】**

事项❶，否。口头回复不能作为可靠的审计证据/在审计报告日前审计工作未完成/未获取充分、适当的审计证据不应出具审计报告。

事项❷，否。如果在审计报告日前未能获取年度报告的最终版本，则应当要求管理层提供相应的书面声明。

【解析】

事项❶，“因仅实施替代程序无法获取充分、适当的审计证据”所以必须获取回函作为审计证据。但是A注册会计师没有等收到书面回函，根据电话信息就出具了审计报告，说明注册会计师将电话内容当作了可靠的回函证据，是错误的，口头回函不是可靠的审计证据。

事项❷，如果组成年度报告的部分或全部文件在审计报告日后才能取得，要求管理层提供书面声明，声明上述文件的最终版本将在可获取时并且在被审计单位公布前提供给注册会计师，以使注册会计师可以完成准则要求的程序。因此，书面声明是必需的。

12. **【答案】**是。

【解析】“多项诉讼的未来结果具有重大不确定性”，属于增加强调事项段的情形，同时报告措辞也是可以与治理层沟通的内容。

20 第二十章 企业内部控制审计·答案

「考点1」内部控制审计的相关概念（★★★）

【答案】AC

【解析】

① 选项 A 正确，两者识别的重要账户、列报及其相关认定相同。

② 选项 B 错误，企业内部控制审计意见包括无保留意见、否定意见和无法表示意见三种类型，没有保留意见。

③ 选项 C 正确，两者了解和测试内部控制设计和运行有效性的审计程序类型相同。

④ 选项 D 错误，财务报表审计中，如果预期不信赖内部控制，可以不实施控制测试。在内部控制审计中，注册会计师应当针对所有重要账户和列报的每一个相关认定获取控制设计和运行有效性的审计证据，以便对内部控制整体的有效性发表审计意见。

「考点2」计划审计工作（★）

1.【答案】BCD

【解析】

① 选项 A 错误，如果发现的控制偏差是系统性偏差，注册会计师无法通过扩大样本规模来应对（第四章审计抽样在控制测试中的运用的考点）。

② 选项 B 正确，如果发现控制偏差，注册会计师应当确定对下列事项的影响：与所测试控制相关的风险的评估；需要获取的审计证据；控制运行有效性的结论。

③ 选项 CD 正确，如果发现的控制偏差是系统性偏差或人为有意造成的偏差，注册会计师应当考虑舞弊的可能迹象以及对审计方案的影响。

2.【答案】B

【解析】

① 选项 A 说法正确，对于内部控制审计业务，注册会计师应当获取内部控制在基准日之前一段足够长的期间内有效运行的审计证据。

② 选项 B 说法错误，如果被审计单位为了提高控制效果和效率或整改控制缺陷而对控制作出改变，注册会计师应当考虑这些变化并适当予以记录。

a. 如果注册会计师认为新的控制能够满足控制的相关目标，而且新控制已运行足够长的时间，足以使注册会计师通过实施控制测试评估其设计和运行的有效性，则注册会计师不再需要测试被取代的控制的设计和运行有效性；

b. 但是如果被取代的控制的运行有效性对注册会计师执行财务报表审计时的控制风险评估具有重要影响，注册会计师应当适当地测试这些被取代的控制的设计和运行的有效性。

③ 选项 C 说法正确，对控制有效性测试的实施时间越接近基准日，提供的控制有效性的审计证据越有力。

④ 选项 D 说法正确，如果已获取有关控制在期中运行有效性的审计证据，注册会计师应当确定还需要获取哪些补充审计证据，以证实剩余期间控制的运行情况。在将期中测试结

果前推至基准日时，注册会计师应当考虑相关因素以确定需获取的补充审计证据。

3.【答案】ABCD

【解析】选项 ABCD 正确，在内部控制审计中，对于内部控制可能存在重大缺陷的领域，注册会计师应给予充分的关注，具体表现在：

① 对相关的内部控制亲自进行测试而非利用他人工作（选项 A）；

② 在接近内部控制评价基准日的时间测试内部控制（选项 B）；

③ 选择更多的子公司或业务部门进行测试（选项 C）；

④ 增加相关内部控制的控制测试量等（选项 D）。

「考点 3」选择拟测试的控制——自上而下的方法（★★★）

【答案】D

【解析】

① 选项 A 说法正确，注册会计师应当从定性和定量两个方面作出评价，包括考虑舞弊的影响。

② 选项 B 说法正确，在识别重要账户、列报及其相关认定时，注册会计师应当确定重大错报的可能来源。

③ 选项 C 说法正确，超过财务报表整体的重要性的账户，无论是内部控制审计还是财务报表审计，通常情况下被认定为重要账户。

④ 选项 D 说法错误，在识别重要账户、列报及其相关认定时，注册会计师不应考虑控制的影响，因为内部控制审计的目标本身就是评价控制的有效性。

「考点 4」测试控制的有效性（★）

【答案】C

【解析】选项 ABD 说法正确，为教材原文考查。

选项 C 说法错误，企业管理层在执行内部控制自我评价时选择测试的控制，可能多于注册会计师认为为了评价内部控制的有效性有必要测试的控制。因此，不能“涵盖”。

「考点 5」内部控制缺陷评价（★★★）

1.【答案】D

【解析】

① 选项 A 说法正确，控制缺陷的严重程度与错报是否发生无关，而取决于控制不能防止或发现并纠正错报的可能性的大小。

② 选项 B 说法正确，在确定一项控制缺陷或多项控制缺陷的组合是否构成重大缺陷时，注册会计师应当评价补偿性控制的影响。

③ 选项 C 说法正确，评价控制缺陷是否可能导致错报时，注册会计师无须将错报发生的概率量化为某特定的百分比或区间。

④ 选项 D 说法错误，如果被审计单位在基准日前对存在缺陷的控制进行整改，整改后的控制需要运行足够长的时间，才能使注册会计师得出其是否有效的审计结论。

2.【答案】A

【解析】

① 选项 A 说法错误，在确定一项控制缺陷或多项控制缺陷的组合是否构成重大缺陷时，注册会计师应当评价补偿性控制的影响。在评价补偿性控制是否能够弥补控制缺陷时，注册会计师应当考虑补偿性控制是否有足够的精确度以防止或发现并纠正可能发生的重大错报。也就是说，即使存在补偿性控制注册会计师也可能将该控制缺陷评价为重大缺陷。

② 选项 B 说法正确，控制缺陷的严重程度与错报是否发生无关，而取决于控制不能防止或发现并纠正错报的可能性的大小。

③ 选项 C 说法正确，评价控制缺陷是否可能导致错报时，注册会计师无须将错报发生的概念量化为某特定的百分比或区间。

④ 选项 D 说法正确，在评价因一项或多项控制缺陷导致的潜在错报的金额大小时，注册会计师应当考虑的因素包括：

a. 受控制缺陷影响的财务报表金额或交易总额；

b. 在本期或预计的未来期间受控制缺陷影响的账户余额或各类交易涉及的交易量。

「考点6」出具审计报告（★★★）

【答案】AB

【解析】

① 选项 A 正确，如果确定企业内部控制评价报告对要素的列报不完整或不恰当，注册会计师应当在内部控制审计报告中增加强调事项段，说明这一情况并解释得出该结论的理由。

② 选项 B 正确，如果注册会计师知悉在基准日并不存在但在期后期间发生的事项，且这类期后事项对内部控制有重大影响，注册会计师应当在内部控制审计报告中增加强调事项段，描述该事项及其影响，或提醒内部控制审计报告使用者关注企业内部控制评价报告中披露的该事项及其影响。

③ 选项 C 错误，当注册会计师确定被审计单位存在非财务报告内部控制重大缺陷时，应当在内部控制审计报告中增加“非财务报告内部控制重大缺陷描述段”，对重大缺陷的性质及其对实现相关控制目标的影响程度进行披露。

④ 选项 D 错误，上一年度的内部控制重大缺陷在本年度已得到整改不属于需增加强调事项段的事项。

21 第二十一章　会计师事务所业务质量管理·答案

【答案】ACD

【解析】选项ACD正确，选项B错误，在实施项目质量复核时，项目质量复核人员应当实施下列程序：

①阅读并了解相关信息，这些信息包括：

a. 与项目组就项目和客户的性质和具体情况进行沟通获取的信息；

b. 与会计师事务所就监控和整改程序进行沟通获取的信息，特别是针对可能与项目组的重大判断相关或影响该重大判断的领域识别出的缺陷进行的沟通。

②与项目合伙人及项目组其他成员讨论重大事项，以及在项目计划、实施和报告时作出的重大判断（选项A）。

③选取部分与项目组作出的重大判断相关的业务工作底稿进行复核（选项B，是重大判断相关的，不是所有）。

④对于财务报表审计业务，评价项目合伙人确定独立性要求已得到遵守的依据（选项D）。

⑤评价是否已就疑难问题或争议事项、涉及意见分歧的事项进行适当咨询，并评价咨询得出的结论。

⑥对于财务报表审计业务，评价项目合伙人得出下列结论的依据：

a. 项目合伙人对整个审计过程的参与程度是充分且适当的；

b. 项目合伙人能够确定作出的重大判断和得出的结论适合项目的性质和具体情况。

⑦针对下列方面实施复核：

a. 针对财务报表审计业务，复核被审计财务报表和审计报告，以及审计报告中对关键审计事项的描述（如适用）（选项C）；

b. 针对财务报表审阅业务，复核被审阅财务报表或财务信息，以及拟出具的审阅报告；

c. 针对财务报表审计和审阅以外的其他鉴证业务或相关服务业务，复核业务报告和鉴证对象信息（如适用）。

主观题部分

1.【答案】

事项❶，恰当。

事项❷，不恰当。针对其他部门参与审计业务的人员/需要按照职业道德要求保持独立性的人员，会计师事务所也须每年至少一次获得这些人员遵守独立性政策和程序的书面确认函。

事项❸，不恰当。审计项目实习生属于项目组成员，应在提供服务期间遵守事务所质量管理制度。

【解析】

事项❶，建立以质量为导向的晋升机制，不得以承接和执行业务的收入或利润作为晋升合伙人的首要指标。

事项❷，会计师事务所需要每年至少一次向所有需要按照职业道德要求保持独立性的人员获取其已遵守独立性要求的书面确认函。不只是“审计部员工”。

事项❸，事务所所有人员都要遵守事务所质量管理制度。

【考点】质量管理体系的组成要素、质量管理体系的目标、总体要求

2.【答案】不恰当。至少每三年对每个项目合伙人检查一项已完成的业务。

【解析】会计师事务所的监控活动应当包括从会计师事务所已经完成的项目中周期性地选择部分项目进行检查。在每个周期内，对每个项目合伙人，至少选择一项已完成的项目进行检查。对承接上市实体审计业务的每个项目合伙人，检查周期最长不得超过三年。

【考点】质量管理体系的组成要素

3.【答案】

事项❶，不恰当。事务所应当建立以质量为导向的业绩评价政策/应将业务质量放在第一位。

事项❷，恰当。

【解析】

事项❶，建立以质量为导向的晋升机制，不得以承接和执行业务的收入或利润作为晋升合伙人的首要指标。

事项❷，会计师事务所的监控活动应当包括从会计师事务所已经完成的项目中周期性地选择部分项目进行检查。在每个周期内，对每个项目合伙人，至少选择一项已完成的项目进行检查。对承接上市实体审计业务的每个项目合伙人，检查周期最长不得超过三年。

【考点】质量管理体系的组成要素

4.【答案】

事项❶，不恰当。事务所的奖惩制度没有体现以质量为导向。

事项❷，不恰当。对事务所中需要按照职业道德要求保持独立性的人员，须每年至少一次获得这些人员遵守独立性政策和程序的书面确认函。

事项❸，恰当。

【解析】

事项❶，建立以质量为导向的晋升考核机制，不得以承接和执行业务的收入或利润作为晋升考核合伙人的首要指标。

事项❷，事务所应当每年至少一次向所有受独立性要求约束的人员获取其遵守独立性政策和程序的书面确认函。

事项❸，为保证客观性，项目质量复核人员应当独立于执行业务的项目组。如果项目质量管理复核人员为其复核的审计项目提供咨询则该复核人就成为项目组成员，损害客观性。

【考点】质量管理体系的组成要素、项目质量复核人员的委派和资质要求

5.【答案】

事项❶，不恰当。事务所应当每年至少一次向所有需要按照相关职业道德要求保持独立性的人员获取其遵守独立性政策和程序的书面确认函。

事项❷，不恰当。只有分歧得以解决，项目合伙人才能出具审计报告。

【解析】

事项❶，对所有需要保持独立性的人员，事务所应当每年至少一次向所有受独立性要求约

束的人员获取其遵守独立性政策的书面确认函。

事项❷，分歧不解决不能出报告。

6.【答案】不恰当，会计师事务所接受或保持客户关系和具体业务的前提条件还包括能够遵守相关职业道德要求。

【解析】会计师事务所应当充分考虑相关职业道德要求、管理层和治理层的诚信状况、业务风险以及是否具备执行业务所必需的时间和资源，审慎作出承接与保持的决策。

22 第二十二章　职业道德基本原则和概念框架·答案

1.【**答案**】不恰当。未经客户许可或工作单位授权，A 注册会计师不得将客户涉密信息提供给事务所以外的第三方。

【**解析**】在未经客户、工作单位授权的情况下，不得向会计师事务所、工作单位以外的第三方披露其所获知的涉密信息，除非法律法规或职业准则规定会员在这种情况下有权利或义务进行披露。

【**考点**】保密

2.【**答案**】违反。ABC 会计师事务所收取与甲公司有关的介绍费可能违反客观和公正原则。

【**解析**】推荐甲公司与某开发区管委会签订了投资协议并收费属于收取业务介绍费或佣金。

【**考点**】收费

23 第二十三章　审计业务对独立性的要求·答案

「考点1」经济利益——自身利益（★★★）

1.【答案】违反。B注册会计师的父亲在审计业务期间拥有甲公司关联实体的直接经济利益，因自身利益对独立性产生严重不利影响。

【解析】“甲公司是上市公司乙公司的重要联营企业”说明乙公司对甲公司有重大影响，同时甲公司对乙公司来说也是重要的，因此乙公司是甲公司的关联实体。“2020年1月6日”属于审计业务期间。会计师事务所、审计项目团队成员及其主要近亲属在业务期间不得在审计客户（包括其关联实体）中拥有直接经济利益。

【考点】不得在审计客户中拥有的经济利益的情形

2.【答案】违反。甲公司对丙公司有重大影响，且项目组成员B的父亲在丙公司持有重大经济利益，因自身利益对独立性产生严重不利影响。

【解析】“丙公司为甲公司不重要的联营企业”，说明甲对丙有重大影响，但是丙对甲来说不重要，即丙不是甲的关联实体。那只能按照在同一实体中（与审计客户拥有共同经济利益）拥有经济利益的要求来判断。

除非满足下列条件之一，否则会计师事务所、审计项目团队成员及其主要近亲属不得在该实体中拥有经济利益：

① 经济利益对会计师事务所、审计项目团队成员及其主要近亲属，以及审计客户均不重要；

② 审计客户无法对该实体施加重大影响。

题干条件①和②均不满足，所以会对独立性产生影响。

【考点】与审计客户拥有共同经济利益

3.【答案】

事项❶，违反。审计项目团队成员的主要近亲属不得在审计客户的关联实体中拥有直接经济利益，否则将因自身利益对独立性产生非常严重的不利影响。

事项❷，违反。审计项目团队成员的主要近亲属不得在审计客户的关联实体中拥有重大间接经济利益，否则将因自身利益对独立性产生非常严重的不利影响。

【解析】

事项❶，甲公司与上市公司乙公司为同一母公司的重要子公司，所以乙公司是甲公司的关联实体。A的父亲于2018年5月买入乙公司股票20 000股，虽然不重大，但是属于直接经济利益，不允许。

事项❷，甲公司某不重要子公司也属于甲公司的关联实体。“在网贷平台上购买了互联网金融产品10万元”属于重大间接经济利益。项目组成员的主要近亲属不允许在审计客户（包括其关联实体）中拥有重大间接经济利益。

【考点】不得在审计客户中拥有的经济利益的情形

4.【答案】违反。A注册会计师的妻子不得以任何形式/通过员工股票期权计划拥有甲公司的直接经济利益，否则将因自身利益对独立性产生严重不利影响。

【解析】项目合伙人的主要近亲属不得在审计客户（包括关联实体）中拥有直接经济利益，由于任职受雇带来的也不可以。

【考点】不得在审计客户中拥有的经济利益的情形

5.【答案】违反。项目合伙人通过外借股票账户买卖审计客户的股票，应视为在审计客户中拥有直接经济利益，将因自身利益对独立性产生严重不利影响。

【解析】虽然“A注册会计师将其股票账户长期借给好友使用”，但是账户是A注册会计师自己的，所以应视为项目合伙人在审计客户中拥有直接经济利益。而且2017年7～9月属于应该保持独立性的期间。

【考点】不得在审计客户中拥有的经济利益的情形

6.【答案】违反。A注册会计师应当在有权处置时立即处置甲公司股票或调离所在项目组，否则将因自身利益对独立性产生严重不利影响。

【解析】审计项目团队成员在无意中获取审计客户的直接或重大间接经济利益（包括继承、馈赠、企业合并等）应当立即处置全部经济利益，或处置全部直接经济利益并处置足够数量的间接经济利益，使剩余经济利益不再重大。

【考点】在无意中获取的经济利益

7.【答案】违反。甲银行是乙公司的重要子公司，A注册会计师的主要近亲属在财务报表涵盖期间，在对审计客户有控制性权益的实体中拥有直接经济利益，且审计客户对该实体重要，将因自身利益对独立性产生非常严重的不利影响。

【解析】“甲银行是乙公司的重要子公司”说明乙公司是甲公司的“关联实体”。项目组成员的主要近亲属在报表涵盖期间不得在审计客户（包括关联实体）中拥有直接经济利益。本题也可以按照在控制审计客户的实体中拥有经济利益处理。

【考点】在控制审计客户的实体中拥有经济利益

8.【答案】违反。B注册会计师属于项目团队成员，B注册会计师的直系亲属在审计期间拥有审计客户的直接经济利益，将因自身利益对独立性产生严重不利的影响。

【解析】“审计项目组就某重大会计问题咨询了事务所技术部的B注册会计师”说明B注册会计师属于项目团队成员。项目团队成员的主要近亲属在报表涵盖期间不得在审计客户中拥有直接经济利益。

【考点】不得在审计客户中拥有的经济利益的情形

9.【答案】违反。因针对甲公司的审计业务具有连续性，2013年度审计报告出具后至2014年度审计工作开始前仍属于业务期间，A注册会计师的主要近亲属（妻子）在该期间持有甲公司的股票，将因自身利益对独立性产生严重不利影响。

【解析】“A注册会计师自2012年度起担任甲公司财务报表审计项目合伙人”说明是连续审计。2013年年报公布后2014年审计工作开始前也属于业务期间，需要保持独立性。

【考点】不得在审计客户中拥有的经济利益的情形

「考点2」贷款和担保以及商业关系（★★★）

1.【答案】

事项❶，违反。甲公司的重要联营企业丁公司授权XYZ公司代理丁公司的软件使用许可，属于按照协议销售或推广客户的产品或服务，属于准则禁止的商业关系，可能因自身利益或外在压力产生严重不利影响。

事项❷，不违反。ABC会计师事务所按照正常商业条款支付直播平台使用费，不会对独立性产生不利影响。

【解析】

事项❶，"代理丁公司的软件使用许可"属于事务所（包括网络所）为审计客户推广产品，属于禁止的商业关系。

事项❷，"事务所在甲公司经营的直播平台上推出了线上会计培训课程"属于购买了审计客户的商品或服务，按照正常的商业程序公平交易，通常不影响独立性。

【考点】商业关系

2.【答案】违反。该试驾活动被视为ABC会计师事务所向其员工推销甲公司产品/属于禁止的商业关系，将因自身利益对独立性产生严重不利影响。

【解析】"甲公司在ABC会计师事务所年会上为其员工举办了专场试驾活动"目的是让事务所帮甲公司把产品卖出去，所以属于互相推广的商业关系，会计师事务所不得参与此类业务。

【考点】商业关系

3.【答案】违反。ABC会计师事务所通过和乙公司共同发布的行业研究报告推广了乙公司的业务/属于禁止的商业关系。

【解析】"联合对外发布行业研究报告"属于捆绑销售，"介绍了乙公司的业务"属于互相推广，都是禁止的商业关系。

【考点】商业关系

4.【答案】不违反。D注册会计师不是甲公司审计项目团队成员，其母亲与甲公司董事的合作不属于被禁止的商业关系。

【解析】"D注册会计师和A注册会计师同处一个分部，不是甲公司审计项目组成员"说明D注册会计师不是甲公司审计项目团队成员，D注册会计师的母亲也不是项目团队成员的主要近亲属，不属于被禁止的商业关系。

【考点】商业关系

5.【答案】不违反。审计项目团队成员按照正常程序、条款和条件从甲银行取得购房贷款，不会对独立性产生不利影响。

【解析】审计项目团队成员按照正常的程序、条款和条件从银行类金融机构取得贷款或担保，不管是否重大都不会对独立性产生不利影响。这里面一定要区分事务所和项目团队成员，要求是不同的。

【考点】贷款和担保

6.【答案】违反。XYZ 公司和丁公司以双方的名义捆绑提供服务，将因自身利益或外在压力对独立性产生严重不利影响/上述关系属于准则禁止的商业关系。

【解析】“向目标客户推广营业税改增值税相关咨询和信息系统咨询一揽子服务”属于捆绑销售，是准则禁止的商业关系。

【考点】商业关系

「考点 3」家庭和私人关系——自身利益、密切关系或外在压力（★★★）

1.【答案】不违反。合伙人 C 不是审计项目团队成员，且其丈夫的职位对所审计的财务报表的编制不能施加重大影响，不会对独立性产生不利影响。

【解析】XYZ 公司合伙人 C 不是项目团队成员。

会计师事务所中审计项目团队以外的合伙人或员工，与审计客户的董事、高级管理人员或特定员工之间存在家庭或私人关系（丈夫是家庭关系），可能因自身利益、密切关系或外在压力产生不利影响。

但是题干中 C 的丈夫担任的是培训部经理，不属于审计客户的董事、高级管理人员或特定员工，所以不影响独立性。

2.【答案】违反。C 的妻子在甲公司审计业务期间/执行审计期间担任丙公司财务总监，将因自身利益、密切关系或外在压力对独立性产生严重不利影响。

【解析】“丙公司被甲公司收购成为其重要子公司”说明丙公司财务信息能够对甲公司产生重大影响，“甲公司审计项目组成员 C 的妻子加入丙公司并担任财务总监”说明其妻子所处的职位将对甲公司的财务报表或会计记录施加重大影响。

审计项目团队成员的主要近亲属在审计业务期间在被审计单位担任董事、高级管理人员或担任能够对被审计单位的财务报表或会计记录施加重大影响的职位，将对独立性产生非常严重的不利影响，导致没有防范措施能够消除该不利影响或将其降低至可接受的水平。拥有此类关系的人员不得成为审计项目团队成员。

「考点 4」与审计客户发生人员交流（★★★）

1.【答案】违反。C 在财务报表涵盖的期间曾担任甲公司的特定员工/财务人员，因自身利益、自我评价或密切关系对独立性产生严重不利影响。

【解析】“2018 年 5 月离职加入 ABC 会计师事务所”说明 2018 年 1 ~4 月 C 曾经担任审计客户的特定员工。而 2018 年 1 ~4 月属于报表涵盖期间。

如果在被审计财务报表涵盖的期间，审计项目团队成员曾担任审计客户的董事、高级管理人员或特定员工，将对独立性产生非常严重的不利影响，导致没有防范措施能够消除该不利影响或将其降低至可接受的水平。会计师事务所不得将此类人员分派到审计项目团队。

【考点】最近曾任审计客户的董事、高级管理人员或特定员工

2.【答案】违反。B 注册会计师在 2017 年财务报表发布前就已担任甲公司独立董事，属于因密切关系和外在压力对独立性产生严重不利影响。

【解析】甲公司是上市公司，属于公众利益实体。项目质量管理复核人是关键审计合伙人。除非该合伙人不再担任关键审计合伙人后，该公众利益实体发布了已审计财务报表，其涵

盖期间不少于 12 个月，并且该合伙人不是该财务报表的审计项目团队成员，否则独立性将视为受到损害。该合伙人需要等到 2016 年度财务报表对外发布以后（大概在 2017 年上半年），再往后延伸 12 个月（大概到 2018 年上半年）才能够受聘担任甲公司独立董事。

【考点】与审计客户发生雇佣关系

3.【答案】违反。ABC 会计师事务所的合伙人 B 加入审计客户担任独立董事，且与事务所保持重要联系，将因密切关系或外在压力对独立性产生不利影响。

【解析】事务所前任合伙加入审计客户，担任重要职位（董高特），但仍与会计师事务所保持重要联系（根据政策继续享受两年分红就属于保持重要联系），将产生非常严重的不利影响，导致没有防范措施能够将其降低至可接受的水平。

【考点】与审计客户发生雇佣关系

4.【答案】不违反。审计项目团队成员 C 在财务报表涵盖期间之前加入事务所，且其在审计项目团队中的工作不涉及评价其就职于甲公司的子公司时所做的工作，因此不会对独立性产生不利影响。

【解析】“2014 年 10 月加入 ABC 会计师事务所”属于报表涵盖期间之前审计项目团队成员曾担任审计客户的特定员工（出纳）。这种情形是否影响独立性主要是看现在在项目组负责的固定资产项目审计是否会涉及审计之前做的出纳工作，很明显并不会，也就是不会涉及“自我评价”，所以不影响独立性。

【考点】最近曾任审计客户的董事、高级管理人员或特定员工

5.【答案】违反。会计师事务所（网络所）的合伙人或者员工兼任审计客户的董事或高级管理人员，将因自我评价和自身利益产生非常严重的不利影响。

【解析】如果会计师事务所的合伙人或员工（不只是项目团队成员）兼任审计客户的董事或高级管理人员，将因自我评价和自身利益产生非常严重的不利影响，导致没有防范措施能够将其降低至可接受的水平（不得兼任）。

【考点】兼任审计客户的董事或高级管理人员

6.【答案】违反。C 注册会计师作为高级合伙人在离职后 12 个月内加入甲公司担任董事，因外在压力对独立性产生严重不利影响。

【解析】高级合伙人离职已超过 12 个月才能加入审计客户担任重要职位（董高特）。

【考点】与审计客户发生雇佣关系

「考点 5」与审计客户长期存在业务关系——密切关系、自身利益（★★★）

1.【答案】违反。A 注册会计师于 2017 年 12 月调离审计项目团队，2019 年 12 月重新担任审计项目合伙人，冷却时间只有 2 年，未达到冷却期 5 年，违反独立性。

【解析】“审计项目合伙人”为关键审计合伙人，项目合伙人的最长任职期为 5 年，冷却期也为 5 年。大家要注意项目合伙人、质量复核人和其他关键审计合伙人冷却期的要求，是不同的。

【考点】属于公众利益实体的审计客户

2.【答案】不违反。A 注册会计师不是甲公司 2016 年度及 2017 年度关键审计合伙人/2016 年

度及2017年度不计入甲公司关键审计合伙人5年连续任期。

【解析】关键审计合伙人，是指项目合伙人、实施项目质量复核的负责人，以及审计项目组中负责对财务报表审计所涉及的重大事项作出关键决策或判断的其他审计合伙人。其他审计合伙人还包括负责审计重要子公司或分支机构的项目合伙人。

"乙公司是甲公司不重要的子公司"说明2016~2017年，A注册会计师不是甲公司的关键审计合伙人。

【考点】关键审计合伙人

3.【答案】违反。B注册会计师在5年的冷却期内不得为该客户的审计业务提供项目质量复核，否则将因密切关系和自身利益对独立性产生不利影响。

【解析】在冷却期内，关键审计合伙人不得有下列行为：

① 成为审计项目组成员或为审计项目提供项目质量管理。

② 就有关技术或行业特定问题、交易或事项向审计项目组或审计客户提供咨询（如果与审计项目组沟通仅限于该人员任职期间的最后一个年度所执行的工作或得出的结论，并且该工作和结论与审计业务仍然相关，则不违反本项规定）。

③ 负责领导或协调会计师事务所向审计客户提供的专业服务，或者监控会计师事务所与审计客户的关系。

④ 执行上述各项未提及的、涉及审计客户且导致该人员出现下列情况的职责或活动（包括提供非鉴证服务）：

a. 与审计客户高级管理层或治理层进行重大或频繁的互动；

b. 对审计业务的结果施加直接影响。

因此，"加入事务所质量管理部，负责复核所有上市公司审计客户的财务报表"影响独立性。

【考点】属于公众利益实体的审计客户、冷却期

4.【答案】违反。B注册会计师在冷却期不应参与甲公司的审计业务，否则将因密切关系或自身利益对独立性产生严重不利影响。

【解析】B注册会计师曾担任甲公司2011年度至2015年度财务报表审计项目合伙人，属于项目合伙人，冷却期为5年，冷却期内不得再次担任甲公司的关键审计合伙人。乙公司是甲公司重要的子公司，那么乙公司的项目合伙人就是甲公司的关键审计合伙人，因此会影响独立性。

【考点】属于公众利益实体的审计客户、冷却期

5.【答案】违反。截至2014年，A注册会计师已连续担任甲公司关键审计合伙人5年。2015年、2016年处于冷却期，不得担任项目合伙人。

【解析】A注册会计师2012年未参与甲银行审计，但前期服务3年应累计，因此截至2014年任期满5年，2015~2019年处于冷却期，不得参与甲公司审计业务。

【考点】属于公众利益实体的审计客户、冷却期

6.【答案】不违反。A注册会计师在甲公司首次公开发行股票后担任关键审计合伙人的时间没有超过2年，不违反有关独立性规定。

【解析】甲公司于2014年8月首次公开发行股票并上市，A注册会计师在甲公司成为公众

利益实体前已经担任4年，之后可以继续担任关键审计合伙人2年。

【考点】审计客户成为公众利益实体后的轮换机制

7.【答案】不违反。乙公司属于甲公司的姐妹实体，双方互不影响，也不纳入另一方的财务报表。A注册会计师担任乙公司审计项目合伙人与甲公司审计业务无关，不会对独立性产生不利影响。

【解析】“非上市公司甲银行”属于公众利益实体。

关键审计合伙人，是指项目合伙人、实施项目质量复核的负责人，以及审计项目组中负责对财务报表审计所涉及的重大事项作出关键决策或判断的其他审计合伙人。其他审计合伙人还包括负责审计重要子公司或分支机构的项目合伙人。

根据关键审计合伙人的概念，2015年A注册会计师不是甲银行的关键审计合伙人。不受5年任职期的限制。

【考点】审计客户成为公众利益实体后的轮换机制

8.【答案】不违反。B注册会计师在成为公众利益实体的关键合伙人后还可以继续服务2年。

【解析】“在乙公司被甲公司收购后”乙公司由非公众利益实体变成了公众利益实体。在成为公众利益实体前，B注册会计师为乙公司服务了5年，在变成公众利益实体审计客户以后还可以继续服务2年，因此2014年可以继续担任乙公司的项目合伙人。

【考点】审计客户成为公众利益实体后的轮换机制

「考点6」为审计客户提供非鉴证服务（★★★）

1.【答案】

事项❶，违反。子公司构成ABC会计师事务所实施审计程序的对象，XYZ公司为子公司提供审计服务，将因自我评价对独立性产生严重不利影响。

事项❷，违反。XYZ公司为甲公司提供招聘董事会秘书，将因自身利益、密切关系或外在压力产生严重不利影响。

【解析】

事项❶，“丙公司是甲公司的不重要的子公司”重不重要不要紧，是子公司的财务信息要纳入甲公司的合并报表。给子公司提供投资业务流程专项审计服务对甲公司财务报表具有重大影响，因此影响独立性。

事项❷，董事会秘书属于高级管理人员，“物色候选人、组织面试并向甲公司汇报面试结果”涉及管理层职责，不得提供。

【考点】内部审计服务、招聘服务

2.【答案】

事项❶，违反。人力资源系统包括薪酬计算功能，生成的信息对甲公司会计记录或财务报表影响重大/构成财务报告内部控制的重要组成部分，将因自我评价对独立性产生严重不利影响。

事项❷，不违反。对丁公司投资标的的评估结果不会对甲公司财务报表产生影响/不构成实施审计程序的对象，不会对独立性产生不利影响。

【解析】

事项❶，“提供人力资源系统的设计和实施服务” 属于信息技术系统服务。

会计师事务所不得向属于公众利益实体的审计客户提供与设计或操作信息技术系统相关的服务的情形：

① 信息技术系统构成财务报告内部控制的重要组成部分；

② 信息技术系统生成的信息对会计记录或被审计财务报表影响重大；

题干中的人力资源系统包括考勤管理和薪酬计算等功能，该系统生成的信息对会计记录或被审计财务报表影响重大，所以会对独立性产生重大影响。

事项❷，“甲公司是丁公司的重要联营企业” 说明丁公司持有甲公司股份，这里不考虑关联实体的概念，只考虑是否会对甲公司财务信息实施重大影响即可。“XYZ 公司接受丁公司委托对其拟投资的标的公司进行评估，作为定价参考” 会对丁公司的财务信息产生重大影响，但是丁公司的财务信息不会影响甲公司，所以不影响独立性。

【考点】信息技术系统服务、评估服务

3. 【答案】

事项❶，违反。为甲公司进行财务系统的用户权限测试涉及承担管理层职责，将因自我评价对独立性产生严重不利影响。

事项❷，违反。该内部审计服务涉及甲公司与财务报告相关的内部控制，将因自我评价对独立性产生严重不利影响。

【解析】

事项❶，“执行财务系统用户权限测试” 属于提供信息技术系统服务，生成的信息对会计记录或被审计财务报表影响重大，所以影响独立性。

换个角度，执行财务系统用户权限测试属于管理层职责。

事项❷，在审计客户属于公众利益实体的情况下，会计师事务所不得提供与下列方面有关的内部审计服务：

a. 与财务报告相关的内部控制；

b. 财务会计系统；

c. 单独或累积起来对被审计财务报表具有重大影响的金额或披露。

“对新并购的子公司执行内部控制审计” 包含 “与财务报告相关的内部控制”，在审计客户属于公众利益实体的情况下，会计师事务所不得提供该服务。

【考点】信息技术系统服务、内部审计服务

4. 【答案】违反。XYZ 公司提供的信息技术系统服务对会计记录或被审计财务报表影响重大/构成财务报告内部控制的重要组成部分，将因自我评价对独立性产生不利影响。

【解析】“对信息系统中有关金融资产分类、估值和减值模型的设置提出修改建议并编写系统功能说明书” 属于信息系统服务，而且该服务涉及金融资产，属于提供的信息技术系统服务，对会计记录或被审计财务报表影响重大，影响独立性。

【考点】信息技术系统服务

5. 【答案】违反。丁公司共享服务中心承担甲公司的财务职能/所涉及的财务系统构成甲公司财务报告内部控制的重要组成部分/生成的信息对甲公司财务报表影响重大，为共享服务中心提供设计和实施服务将因自我评价对独立性产生严重不利影响。

【解析】“该共享服务中心承担丁公司下属各公司的财务及人力资源等职能”说明该共享服务中心承担了甲公司（丁公司的子公司）的财务职能，生成的信息对甲公司财务报表影响重大，将因自我评价对独立性产生严重不利影响。

【考点】信息技术系统服务

6. **【答案】**违反。ABC 会计师事务所的网络所 XYZ 公司为甲银行提供内审复核的工作是承担管理层职责，可能因自我评价、自身利益、密切关系和过度推介对独立性产生不利影响。

【解析】“非上市银行甲银行”属于公众利益实体。

如果会计师事务所人员在为审计客户提供内部审计服务时承担管理层职责，将产生非常严重的不利影响，导致没有防范措施能够将其降低至可接受的水平。

【考点】内部审计服务

7. **【答案】**

事项❶，违反。为审计客户担任诉讼代理人，且该纠纷所涉及金额对被审计财务报表有重大影响，将因自我评价/过度推介对独立性产生严重不利影响。

事项❷，违反。ABC 会计师事务所的网络所参与了甲公司重要财务系统的设计/参与设计的成本核算软件构成甲公司财务报表内部控制的重要组成部分，该系统生成的信息对会计记录或被审计财务报表影响重大，将因自我评价对独立性产生严重不利影响。

【解析】

事项❶，如果会计师事务所人员担任辩护人（即诉讼代理人），并且纠纷或法律诉讼所涉金额对被审计财务报表有重大影响，将产生非常严重的不利影响，导致没有防范措施能够将其降低至可接受的水平。会计师事务所不得为审计客户提供此类服务。

事项❷，“成本核算软件由 XYZ 公司和一家软件公司共同开发和推广”，该信息系统服务构成甲公司财务报表内部控制的重要组成部分。且该系统生成的信息（成本）对会计记录或被审计财务报表影响重大，将因自我评价对独立性产生不利影响。

【考点】法律服务、信息技术系统服务

8. **【答案】**

事项❶，违反。该评估结果对甲公司合并财务报表影响重大，可能导致因自我评价对独立性产生严重不利影响。

事项❷，违反。该服务不属于日常性和机械性的工作，将因自我评价对独立性产生严重不利影响。

【解析】

事项❶，评估结果会影响被并购方可辨认资产的公允价值，而被并购方可辨认净资产的公允价值会对甲公司财务报表有重大影响。

事项❷，会计师事务所为会计准则转换（如为了遵守集团会计政策从企业会计准则转换为国际财务报告准则）提供技术支持或建议等会计咨询服务，是不影响独立性的。但是题干中不是提供咨询服务，而是直接帮助被审计单位编报表，属于承担管理层职责，不属于日常性和机械性的工作，会影响独立性。

【考点】评估服务、会计和记账服务

「考点7」影响独立性的其他事项（★）

1. **【答案】**不恰当。关键审计合伙人的薪酬或业绩评价不得与其向审计客户推销的非鉴证服务直接挂钩。

   【解析】项目合伙人属于关键审计合伙人。关键审计合伙人的薪酬或业绩评价不得与其向审计客户推销的非鉴证服务直接挂钩。

   某一审计项目组成员的薪酬或业绩评价与其向审计客户推销的非鉴证服务挂钩，将因自身利益产生不利影响。防范措施：

   ① 将该成员调离审计项目组；

   ② 由审计项目组以外的注册会计师复核该成员已执行的工作。

   【考点】薪酬或业绩评价政策

2. **【答案】**违反。A 注册会计师不得收受甲公司的任何礼品。

   【解析】会计师事务所或审计项目团队成员不得接受礼品。

   【考点】礼品和款待

BT 教育——陪伴奋斗年华

致敬这个时代最有梦想的人

有时候会觉得自己很孤单，哪怕并不缺少亲人朋友关切的眼神。因为没有处在相同的境地，没有面临等同的压力，没有殊途同归的共同目标，所以有口难言，情绪都烂在心里。想要与志同道合的朋友喝酒聊天，想要在他们眼里找回激情和梦想，想要与保持着同一份初心的人一路前行。

陪伴，是最温暖的情怀，是最长情的告白，而BT教育就想要送你这一份温暖，陪伴奋斗年华。

学习知识固然重要，可是陪伴或许才是教育的本质。有“效率”的陪伴，应该是“双向沟通”，就像高效的学习不应当只是“单向传输”一样。老师懂你的困惑，你也能跟上老师的节奏，及时的互通和反馈才是陪伴的真谛！信息时代里，我们缺少的绝对不是那堆冷冰冰的知识，而是能有良师在授业解惑之余不断引导你培养终身受益的学习方法，也是益友持续鼓励你不渝前行，这或许就是教育的本质。这样的经历在我们学生时代也许并不陌生，只是多年之后再回首，那些坚定又充实的学习时光竟然是那般遥远。在BT教育里，我们想要给你陪伴，带你再回那段时光。

纵然无线Wi-Fi不能传递热能，可是陪伴却可以带来无限温情。直播间里，老师说“懂得了就扣1”，一连串的1111让我们透过屏幕感受到你们的欣喜和雀跃；班级群里，助教说“复习完了要打卡”，同学们较着劲儿地报进度，互相鼓励着去坚持，真切地觉得在奋斗的不只是自己。

纵使我们来自全国各地，可是有着相同的奋斗心情。我们在一群素未谋面的陌生人中嗅到了至真至纯的人情味儿，让早读成为了习惯，拼搏至凌晨成为了常态。助教的督促，老师的答疑，同学的鼓励，让汗水终将换来理想成绩的感动。正是对这份温暖的向往，对目标的矢志不渝，让你在最美的年华，选择了奋斗在BT教育。一个人走得很快，一群人相伴可以走得更远。

熹微晨光中，鸟鸣和BT教育陪你，静谧的夜里，咖啡和BT教育陪你；没有休息的周六日，没有旅行的假期，BT教育一直陪你，陪你！陪你遥望真理无穷，陪你感受每进一寸的欢喜，陪你平缓坎坷心情，陪你度过奋斗年华！

BT教育—陪伴奋斗年华。BestTime，最美的年华，奋斗在BT教育！

使用说明

CPA 知识涉及面广，知识点零散，记忆强度大，但其逻辑非常连贯，像一棵大树，从树干伸展到树枝再到树叶，体系严谨。学习过程中若能沿着考点脉络不断延伸，再不断消化拓展，即可事半功倍，这便是通关的捷径。

思维框架图的作用就是调动鲜活的思考力，梳理你脑中的知识，并形成完整的体系。这样不仅可以避免混淆知识之间的关系，出现丢三落四、张冠李戴的情况，还可以有效地帮助你巩固记忆，将整本书越背越薄、越背越快。

所以思维框架图绝不是简单地将教材目录和各级标题抄一抄即可，而应该运用归纳整理能力提炼知识要点，接着理清知识点之间的逻辑脉络，进而重组内容架构。为贯彻 BT 教育高效应试的特色，我们在 CPA 思维框架图独创如下特点：

1. 根据考点分割，进行考情分析

我们整理了近 10 年真题，并统计了每个考点的考查频次。除此之外，每章的知识点我们都配置了考情分析、考频、分值、命题形式，重点内容一目了然。只有知道考什么、怎么考，我们才能有的放矢地分配好精力，高效学习。

2. 重点标记、一目了然

我们对每一科的考点都标注了星级，★的数量代表考频高低，一星为低频考点，若时间紧张，可适度选择放弃；但若想追求高分则尽量全部掌握。

3. 内容精简、考点全面

我们对每个考点都进行了深度提炼加工，在全面覆盖考点的基础上，减少了 95% 以上的文字量，极大减轻了学习负担。

思维框架图的使用方法

针对不同的学习阶段，巧妙地使用思维框架图，可以达成不同的效果，框架图可以贯穿你的备考全程，真正做到一册在手，学习不愁。

【预习阶段——内容提要】

在脑海中对章节建立整体模块布局，重要的考点还需进行额外标注，大概扫一下前三级内容标题。

【复习阶段——学霸笔记】

使用思维框架图，复习刚刚学完的章节，能将散装概念再次梳理，并形成结构性极强的体系，帮助自己加深理解、巩固记忆。

打开对应章节的思维框架图，从上到下，从左到右，出声朗读，完成初步梳理。再采用费曼学习法用自己的语言把知识点讲给自己听，若能够流畅地讲述下去，则证明本章内容已基本掌握；若某个地方卡住了，说明知识消化存在问题，则标记疑惑点，再次学习直至掌握。

对于时间较充裕的同学，这时候需要你拿出一张白纸自己画思维框架图，再与我们的思维框架图进行对比，查漏补缺；对于时间紧张的同学，则画出大体框架，在脑海中不断填充细节。

【背诵阶段——通关手册】

CPA 的备考过程其实是与遗忘作斗争的过程，这份自带考点考频分析表、做题技巧的思维框架图，就是你冲刺背诵最好的笔记，相比满满文字的讲义，思维框架图更清晰，且有助于你点、线、面地逐步复述知识点，查漏补缺，再搭配语音微课，利用碎片化时间不断重复巩固记忆，可以有效将书越背越薄、越背越牢！

目　录

CONTENTS

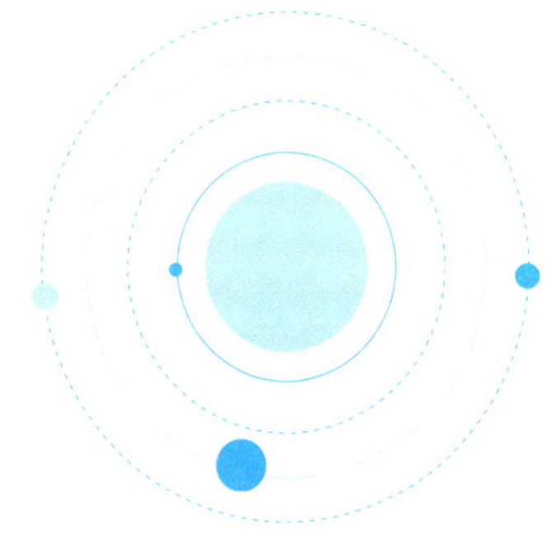

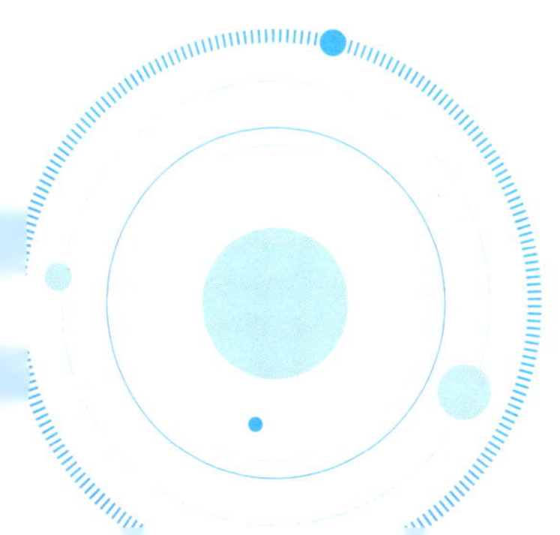

第一章

审计概述

分值比重：7分左右

命题形式：选择题

★ 核心考点：注册会计师的业务类型、审计的定义和保证水平、审计要素、审计目标、审计基本要求、审计风险

审计概述

- **审计概念★★★**
  - 注册会计师业务种类
    - **鉴证业务**——审计（合理保证）、审阅（有限保证）、其他鉴证业务（不一定）
    - **相关服务**——税务咨询、代编财务信息、商定程序（不涉及保证）
  - 审计定义
    - **用户**——财务报表预期使用者
    - **目的**——不涉及为如何利用信息提供建议
    - **保证程度**——提供合理保证，不能提供绝对保证
    - **独立性和专业性**——注册会计师应当独立于被审计单位和预期使用者
    - **成果**——审计报告
  - 合理保证和有限保证

	合理保证（财务报表审计）	有限保证（财务报表审阅）
证据收集程序	证据收集程序**包括检查记录或文件、检查有形资产、观察、询问、函证、重新计算、重新执行、分析程序**等	主要采用**询问和分析程序**获取证据
所需证据数量	较多	较少
检查风险	较低	较高
财务报表的可信性	较高	较低
提出结论的方式	以积极方式提出结论	以消极方式提出结论

  - 注册会计师审计、政府审计和内部审计
    - **注册会计师审计和政府审计**——目的、对象、标准、收入来源、取证权限、发现问题处理方式均存在不同
    - **注册会计师审计和内部审计**——独立性、审计方式、审计程序、审计职责、审计作用均不同
- **审计要素★★★**
  - 当事人（三方关系）
    - **注册会计师（责任）**——对由被审计单位管理层负责的财务报表发表审计意见
    - **被审计单位管理层（责任）**——①编表之责 ②内控之责 ③提供必要工作条件之责
    - **预期使用者（对象）**
    - 关系（管理层与预期使用者）：
      - 管理层和预期使用者可能来自同一企业，但并不意味着两者就是同一方
      - 管理层也会成为预期使用者之一，但不唯一
  - 对象（财务报表）
  - 财务报告编制基础
  - 评判依据（审计证据）
  - 结论（审计报告）
- ...接下页

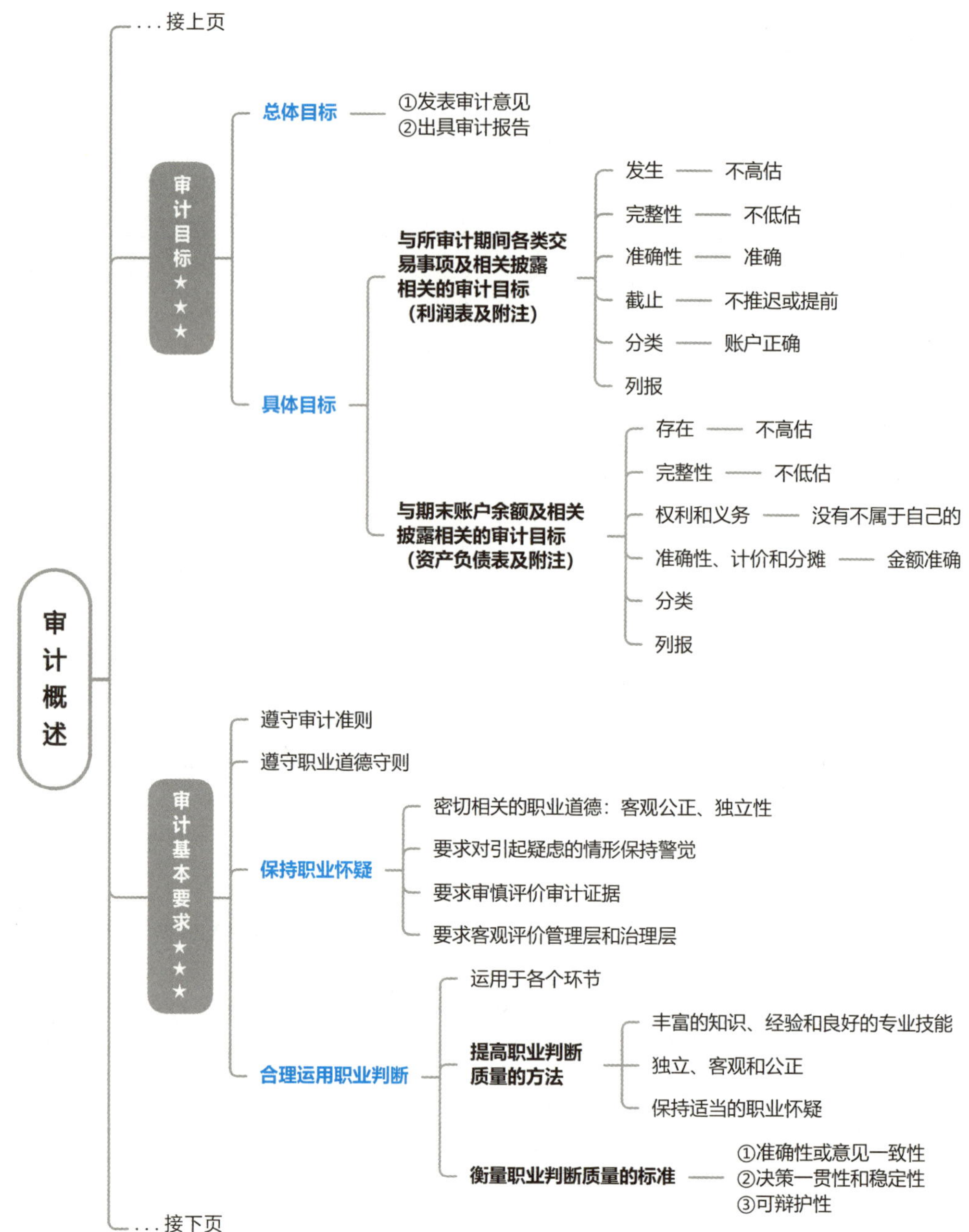
...接上页
审计概述
审计目标★★★
总体目标
①发表审计意见
②出具审计报告
具体目标
与所审计期间各类交易事项及相关披露相关的审计目标（利润表及附注）
发生 —— 不高估
完整性 —— 不低估
准确性 —— 准确
截止 —— 不推迟或提前
分类 —— 账户正确
列报
与期末账户余额及相关披露相关的审计目标（资产负债表及附注）
存在 —— 不高估
完整性 —— 不低估
权利和义务 —— 没有不属于自己的
准确性、计价和分摊 —— 金额准确
分类
列报
审计基本要求★★★
遵守审计准则
遵守职业道德守则
保持职业怀疑
密切相关的职业道德：客观公正、独立性
要求对引起疑虑的情形保持警觉
要求审慎评价审计证据
要求客观评价管理层和治理层
合理运用职业判断
运用于各个环节
提高职业判断质量的方法
丰富的知识、经验和良好的专业技能
独立、客观和公正
保持适当的职业怀疑
衡量职业判断质量的标准
①准确性或意见一致性
②决策一贯性和稳定性
③可辩护性
...接下页

...接上页

审计概述

审计风险★★★

- 审计风险=重大错报风险×检查风险
- 重大错报风险（审计前存在）
  - 财务报表层次
  - 认定层次
    - 固有风险：考虑相关的内控之前，某一认定易于发生错报的可能性
    - 控制风险：某一认定发生错报，但没有被内部控制及时防止或发现并纠正的可能性
    - 可以合并评估，也可以单独评估
- 检查风险
  - 取决于审计程序设计的合理性和执行的有效性！
  - 可以降低，但是不可能降低为零
- 审计固有限制
  - 来源
    - 财务报告的性质
    - 审计程序的性质
    - 财务报告的及时性和成本效益的权衡
  - 影响
    - 注册会计师不可能将审计风险降至零
    - 大多数审计证据是说服性而非结论性的
    - 审计只能提供合理保证，不能提供绝对保证

第二章

审计计划

- 分值比重：5分左右
- 命题形式：选择题、综合题
- ★ 核心考点：初步业务活动、重要性

- 审计计划
  - 初步业务活动★★
    - 目的
      - ①注册会计师具备执行业务所需的独立性和专业胜任能力
      - ②不存在因管理层诚信问题
      - ③与被审计单位之间不存在对业务约定条款的误解
    - 内容
      - ①针对保持客户关系和具体审计业务，实施相应的质量管理程序
      - ②评价遵守相关职业道德要求的情况
      - ③就审计业务约定条款与被审计单位达成一致意见
    - 前提条件
      - 财务报告编制基础可接受
      - **管理层认可并理解其承担的三项责任**
        - ①编表之责
        - ②内控之责
        - ③提供必要工作条件之责
    - 审计业务约定书
      - **基本内容**：目标范围、双方责任（注册会计师和管理层）、编制基础、审计报告
      - **组成部分审计**：不一定需要向组成部分单独致送审计业务约定书
      - **连续审计**：注册会计师应当根据具体情况评估是否需要对审计业务约定条款作出修改
      - **审计业务约定条款变更**
        - 合理理由
          - ①环境变化对审计服务的需求产生影响
          - ②对原来要求的审计业务的性质存在误解
          - 能否提及之前的业务以及已执行的程序
            - 审计→审阅、其他相关服务：不可以提及
            - 审计→商定程序：可以提及
        - 不合理理由：审计范围受到限制
  - 总体审计策略和具体审计计划★
    - 制定总体审计策略：确定审计范围、计划报告目标、时间安排及所需沟通、审计方向（财报整体重要性）和审计资源
    - 制定具体审计计划
      - 核心：确定审计程序的性质、时间安排和范围
      - ①风险评估程序
      - ②进一步审计程序
      - ③其他审计程序
    - （以上两项：总体审计策略通常在具体审计计划之前）
    - 持续的、不断修正的过程，贯穿于整个审计业务的始终
  - ...接下页

...接上页

- **审计计划**
  - **重要性★★★**
    - 财务报表整体重要性
      - 总体审计策略——审计方向确定
      - **基准×百分比**
        - 基准
          - 考虑因素——报表要素、特别关注项目、单位性质、生命周期、经济环境、所有权结构、融资方式、基准的相对波动性
          - 常用基准
        - 百分比考虑因素
          - 被审计单位是否为上市公司或公众利益实体
          - 财务报表使用者的范围
          - 被审计单位是否有大额对外融资或是否由集团内部关联方提供融资
          - 财务报表使用者是否对基准数据特别敏感
      - 不考虑与具体项目计量相关的固有不确定性
      - **目的**
        - 决定风险评估程序的性质、时间安排和范围
        - 识别和评估重大错报风险
        - 确定进一步审计程序的性质、时间安排和范围
        - 评价已识别的错报对财务报表和审计意见的影响
    - 特定类别的交易、账户余额或披露的重要性
      - 可有可无，如果有，必须低于财务报表整体的重要性
      - 考虑因素
    - 实际执行的重要性
      - **确定时考虑的因素**——①对被审计单位的了解（这些了解在实施风险评估程序的过程中会得到更新）②前期审计工作中识别出的错报的性质和范围 ③根据前期识别出的错报对本期错报作出的预期
      - **接近50%**——①首次接受委托的审计项目 ②连续审计的项目，以前年度审计调整较多 ③项目总体风险较高 ④存在或者预期存在值得关注的内部控制缺陷
      - **接近75%**——①连续审计的项目，以前年度审计调整较少 ②项目总体风险低到为中等 ③以前期间的审计经验表明内部控制运行有效
      - **运用**
        - 通常：选取金额超过实际执行的重要性的财务报表项目实施进一步审计程序
        - 例外：汇总风险、低估风险、舞弊风险
    - 明显微小错报临界值
      - **性质**——可以不累积
      - **金额**——财务报表整体重要性的3%~5%，也可能低一些或高一些，但通常不超过10%
      - **考虑因素**
        - ①以前年度审计中识别出的错报
        - ②重大错报风险的评估结果
        - ③治理层和管理层对注册会计师与其沟通错报的期望
        - ④财务指标是否勉强达标
  - **错报★**
    - 含义——金额、分类或列报与财务报告编制基础存在的差异
    - 来源——错误或舞弊
    - 分类——事实错报、判断错报（会计估计、会计判断）、推断错报（抽样）

第三章

审计证据

- 分值比重：8分左右
- 命题形式：选择题、简答题、综合题
- ★ 核心考点：审计证据的性质、函证、分析程序

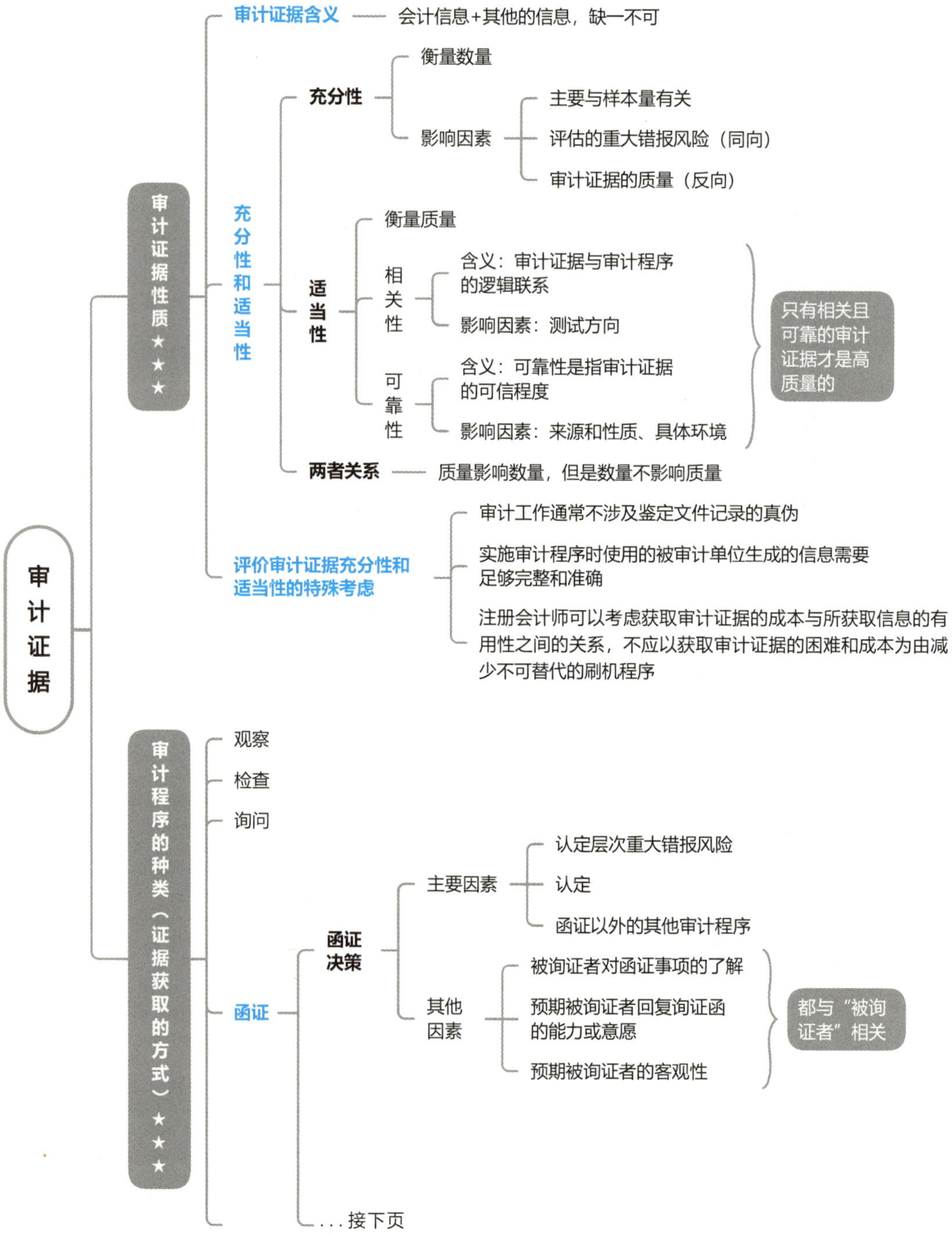

- 审计证据
  - 审计证据性质★★★
    - 审计证据含义 —— 会计信息+其他的信息，缺一不可
    - 充分性和适当性
      - 充分性
        - 衡量数量
        - 影响因素
          - 主要与样本量有关
          - 评估的重大错报风险（同向）
          - 审计证据的质量（反向）
      - 适当性
        - 衡量质量
        - 相关性
          - 含义：审计证据与审计程序的逻辑联系
          - 影响因素：测试方向
        - 可靠性
          - 含义：可靠性是指审计证据的可信程度
          - 影响因素：来源和性质、具体环境
        - （相关性、可靠性）只有相关且可靠的审计证据才是高质量的
      - 两者关系 —— 质量影响数量，但是数量不影响质量
    - 评价审计证据充分性和适当性的特殊考虑
      - 审计工作通常不涉及鉴定文件记录的真伪
      - 实施审计程序时使用的被审计单位生成的信息需要足够完整和准确
      - 注册会计师可以考虑获取审计证据的成本与所获取信息的有用性之间的关系，不应以获取审计证据的困难和成本为由减少不可替代的刷机程序
  - 审计程序的种类（证据获取的方式）★★★
    - 观察
    - 检查
    - 询问
    - 函证
      - 函证决策
        - 主要因素
          - 认定层次重大错报风险
          - 认定
          - 函证以外的其他审计程序
        - 其他因素
          - 被询证者对函证事项的了解
          - 预期被询证者回复询证函的能力或意愿
          - 预期被询证者的客观性
          - （以上）都与"被询证者"相关
      - ...接下页

审计证据

审计程序的种类（证据获取的方式）★★★

函证

...接上页

- **函证对象（应当函证）**
  - 银行存款、借款及与金融机构往来的其他重要信息 —— 不函证的情形：不重要且重大错报风险很低
  - 应收账款
    - 不函证的情形：不重要或函证很可能无效
    - 无效导致不函证：替代程序
- **函证时间**
  - 通常 —— 以资产负债表日作为截止日，在资产负债表日后适当时间内实施函证
  - 特例
    - 条件 —— 重大错报风险评估为低水平
    - 程序 —— 选择资产负债表日前适当日期为截止日实施函证，但应对所函证项目自该截止日起至资产负债表日止发生变动实施实质性程序
- **管理层要求不实施函证的处理**
  - 理由
    - 合理：替代
    - 不合理，被阻挠不能函证：审计范围受限
  - 保持怀疑，考虑
    - 管理层是否诚信
    - 是否存在重大舞弊或错误
    - 充分适当的审计证据
- **函证方式**
  - 积极 —— 所有情况下都必须回函
  - 消极
    - 仅不同意询证函所列示信息的情况下予以回函
    - 条件（同时满足）可单独实施 —— 重大错报风险评估为低水平；涉及大量余额较小的账户；预期不存在大量的错误；没有理由相信被询证者不认真对待函证
- **实施与评价**
  - 总体要求 —— 全过程保持控制
  - 发出
    - 谁发出 —— 由注册会计师直接发出
    - 发函前核对
      - 询证函中填列的需要被询证者确认的信息
      - 被询证者是否恰当
      - 直接向注册会计师回函的地址
      - 被询证者的名称、地址
        - 全部或部分核对
        - 方式 —— 企查查、天眼查等查询工具或系统、公话、公网、合同、专票
    - 发出方式
      - 邮寄 —— 不使用被审计单位本身的邮寄设施
      - 跟函
      - 电子函证方式（新教材变动）—— 在发函前可以基于对特定询证方式所存在风险的评估，考虑采取相应的控制措施

...接下页

- 审计证据
  - 审计程序的种类（证据获取的方式）★★★
    - ...接上页
      - 收回
        - 积极式函证未收回 —— 必要时再次发出 —— 仍未回复 —— 替代程序
        - 收到回函
          - 评价回函的可靠性
            - 方式
              - 邮寄
                - 直寄给注册会计师，不得转交
                - 核对 —— 原件、名称（信封、印章以及签名）、地址（信封、邮戳）
              - 跟函
                - ①了解被询证者处理函证的通常流程和处理人员
                - ②确认处理询证函人员的身份和权限
                - ③观察是否认真处理询证函
              - 电子形式
                - 为电子形式的回函创造安全环境
                - 存在疑虑时，可以与被询证者联系以核实回函的来源及内容
                - 必要时，注册会计师可以要求被询证者提供回函原件
              - 口头 —— 不可靠
              - 传真 —— 核实
            - 限制性条款
              - 条款不影响回函可靠性：格式化免责
              - 影响回函的可靠性：某些限制条款可能使注册会计师对回函中所包含信息的完整性、准确性或注册会计师能够信赖其所含信息的程度产生怀疑
            - 回函不可靠 —— 评价其对评估的相关重大错报风险（包括舞弊风险），以及其他审计程序的性质、时间安排和范围的影响
          - 对不符事项的处理 —— 调查
    - **重新计算** —— 对记录或文件中的数据计算准确性进行核对
    - **重新执行** —— 重新独立执行原本作为被审计单位内部控制组成部分的程序或控制
    - ...接下页

...接上页

审计证据

审计程序的种类（证据获取的方式）★★★

分析程序（运用的三个阶段）

- **风险评估程序**
  - 必要性 —— 应当
  - 目的 —— 了解被审计单位及其环境，识别和评估重大错报风险
- **实质性程序**
  - 必要性 —— 可以
  - 目的：将认定层次的检查风险降至可接受水平
  - 总体要求
    - 实质性分析程序不仅仅是细节测试的一种补充
    - 考虑的因素
      - 对特定认定的适用性 —— 适用于在一段时期内存在预期关系的大量交易
      - 数据可靠性
      - 预期值的准确程度
      - 可接受的差异额 —— 重要性、保证程度、重大错报风险
- **总体复核（应当运用）**
  - 必要性 —— 应当
  - 目的 —— 确定财务报表整体是否与其对被审计单位的了解一致

第四章

审计抽样方法

分值比重：6.5分左右

命题形式：选择题、综合题

★ 核心考点：审计抽样的基本概念、审计抽样在控制测试中的应用、审计抽样在细节测试中的应用

- **审计抽样方法**
  - **审计抽样的基本概念★★★**
    - **审计抽样**
      - 对总体中低于百分之百的项目实施审计程序
      - 所有抽样单元均有被选取的机会
      - 可以根据样本推断总体（代表性与规模无关）
    - **适用范围**
      - 风险评估程序（×）
      - **进一步审计程序**
        - 控制测试（有运行轨迹的√）
        - 实质性程序
          - 细节测试（√）
          - 实质性分析程序（×）
    - **风险分类**
      - **抽样风险**
        - 控制测试
          - 信赖过度风险（影响效果）
          - 信赖不足风险（影响效率）
        - 细节测试
          - 误受风险（影响效果）
          - 误拒风险（影响效率）
      - **非抽样风险**
        - 人为错误造成的，不能量化，但可以通过审计程序来降低或防范
        - 与样本规模无关
    - **抽样分类**
      - **统计抽样**
        - 特征
          - ①随机选取样本项目
          - ②运用概率论评价样本结果、计量抽样风险
        - 特点：能客观计量和控制抽样风险
        - 方法
          - 属性抽样：适用于控制测试（偏差率）
          - 变量抽样：适用于细节测试（金额）
      - **非统计抽样** —— 特点：无法量化抽样风险，只能估计
  - **审计抽样在控制测试中的应用★★★**
    - **样本设计阶段**
      - 目标
      - **定义总体**
        - 适当性（方向）
        - 完整性（内容、时间）
        - 同质性
      - **定义抽样单元** —— 一份文件资料、一个记录或其中一行
      - **定义偏差构成条件** —— 考虑其认为必要的所有环节
      - **定义测试期间** —— 通常在期中实施控制测试
        - 将测试扩展至在剩余期间发生的交易
        - 不将测试扩展至在剩余期间发生的交易
    - ...接下页

审计抽样方法

审计抽样在控制测试中的应用★★★

...接上页

选取样本阶段

- **确定抽样方法**
  - 简单随机选样（统计√/非统计√）
  - 系统选样（统计：总体随机分布√/非统计√）
  - 随意选样（统计×/非统计√）
  - 整群选样（统计×/非统计×）
- **确定样本规模**
  - 影响样本规模的因素
    - 可接受的信赖过度风险（抽样风险）——反向
    - 可容忍偏差率——反向
    - 预计总体偏差率——同向
    - 总体规模——影响很小
    - 控制运行的相关期间——同向
    - 控制程序复杂度——同向
    - 测试的控制类型，人工控制实施的测试要多过自动化控制
  - 确定样本量
    - 统计抽样：定量
    - 非统计抽样：定性
- **选取样本并对其实施审计程序**
  - 无效单据、未使用单据、不适用的单据——选取其他单据
  - 无法对选取的项目实施检查——视为控制偏差

评价样本结果阶段

- **计算偏差率**
  - 样本偏差率=样本中发现的偏差数量÷样本规模
  - 无须另外推断总体偏差率，但须考虑抽样风险
- **考虑抽样风险**
  - 统计抽样
    - 总体偏差率上限≥可容忍偏差率——总体不能接受
    - 总体偏差率上限低于但接近可容忍偏差率——考虑是否接受总体
    - 总体偏差率上限低于可容忍偏差率——总体可以接受
  - 非统计抽样
    - 总体偏差率大于/低于但接近可容忍偏差率——总体不能接受
    - 差额不是很大也不是很小——考虑扩大样本规模或实施其他测试
    - 大大低于——总体可以接受
- **考虑偏差的性质和原因**
  - 应当调查识别出所有偏差的性质和原因
  - 系统偏差或舞弊导致，扩大样本规模通常无效
- **得出总体结论**
  - 支持计划评估的控制有效性→可能不修改计划
  - 不支持
    - ①进一步测试其他控制（如补偿性控制）
    - ②提高重大错报风险评估水平，并相应修改计划的实质性程序的性质、时间安排和范围

记录抽样程序

...接下页

审计抽样方法

...接上页

审计抽样在细节测试中的应用★★★

- 样本设计阶段
  - **目标**——识别重大错报
  - **定义总体**
    - 适当性（方向）
    - 完整性（内容、时间）
  - **识别单个重大项目和极不重要的项目**——不构成抽样总体
  - **定义抽样单元**——一个账户余额、一笔交易或交易中的一个记录，甚至是每个货币单元
  - 界定错报
- 选取样本阶段
  - **确定抽样方法**
    - 统计抽样
      - 货币单元抽样
        - 特点
          - 每个货币单元被选中的机会相同
          - 项目金额越大，被选中的概率就越大
        - 优点
          - 比传统变量抽样更易于使用
          - 确定样本规模时无须直接考虑总体的特征（如变异性）
          - 无须通过分层减少变异性
          - 货币单元抽样将自动识别所有单个重大项目
          - 预计不存在错报时样本规模通常比传统变量抽样方法更小
        - 缺点
          - 不适用于测试低估
          - 对零余额或负余额的选取需要在设计时特别考虑
          - 在评价样本时可能高估抽样风险的影响
          - 需要逐个累计总体金额
          - 当预计总体错报的金额增加时，货币单元抽样所需的样本规模也会增加
      - 传统变量抽样
        - 优点
          - 存在较多错报时，传统变量抽样只需较小的样本规模
          - 关注总体低估时，使用传统变量抽样比货币单元抽样更合适
          - 不需要特别考虑零余额或负余额项目的选取
        - 缺点
          - 比货币单元抽样更复杂
          - 需要估计总体特征的标准差（变异性）
          - 如果几乎不存在错报，传统变量抽样中的差异法和比率法将无法使用
          - 不适用于存在非常大的项目，或者在总体的账面金额与审定金额之间存在非常大的差异，而且样本规模比较小的情况
    - 非统计抽样
  - ...接下页

- **审计抽样方法**
  - **审计抽样在细节测试中的应用★★★**
    - **评价样本结果阶段**
      - ...接上页
      - **确定样本规模**
        - 影响样本规模的因素
          - 可接受的误受风险 —— 反向
          - 可容忍错报 —— 反向
          - 预计总体错报 —— 同向
          - 总体的变异性 —— 同向
          - 总体规模 —— 影响很小
        - 确定样本量
          - 统计抽样
            - 货币单元抽样样本量
              - 查表法
              - 公式法：（总体账面金额÷可容忍错报）×保证系数
            - 传统变量抽样样本量 —— 运用计算机程序
          - 非统计抽样 —— 职业判断和经验
      - **选取样本并对其实施审计程序**
        - 简单随机选样（统计√/非统计√）
        - 系统选样（统计√/非统计√）
        - 随意选样（统计×/非统计√）
        - 整群选样（统计×/非统计×）
      - **推断总体的错报**
        - 货币单元抽样
          - 逻辑单元的账面金额≥选择间隔
推断的错报=该逻辑单元的实际错报金额
          - 逻辑单元的账面金额＜选择间隔
推断的错报=（样本账面金额-样本审定金额）÷样本账面金额×选样间隔
        - 传统变量抽样
          - 均值法
            - 总体错报金额=总体账面金额-（样本审定金额÷样本规模）×总体规模
            - 若未对总体分层，通常不使用均值法
          - 差额法
            - 总体错报金额=（样本账面金额-样本审定金额）÷样本规模×总体规模
            - 要求样本项目存在错报
            - 错报金额与项目数量密切相关
          - 比率法
            - 总体错报金额=总体账面金额-总体账面金额×(样本审定金额÷样本账面金额)
            - 要求样本项目存在错报
            - 错报金额与项目金额密切相关
      - **考虑抽样风险**
        - 非统计抽样（抽样风险不可量化，定性评估） —— 计算总体错报，与可容忍错报比较，判断总体能否接受
          - 大于或接近，不能接受
          - 既不很小又不很大，考虑能否接受
          - 远远低于，可接受
        - 统计抽样（货币单元抽样） —— 计算总体错报上限，与可容忍错报比较，判断总体能否接受
          - 推断的错报总额上限≥可容忍错报，则不能接受
          - 推断的错报总额上限＜可容忍错报，则可以接受
      - ...接下页

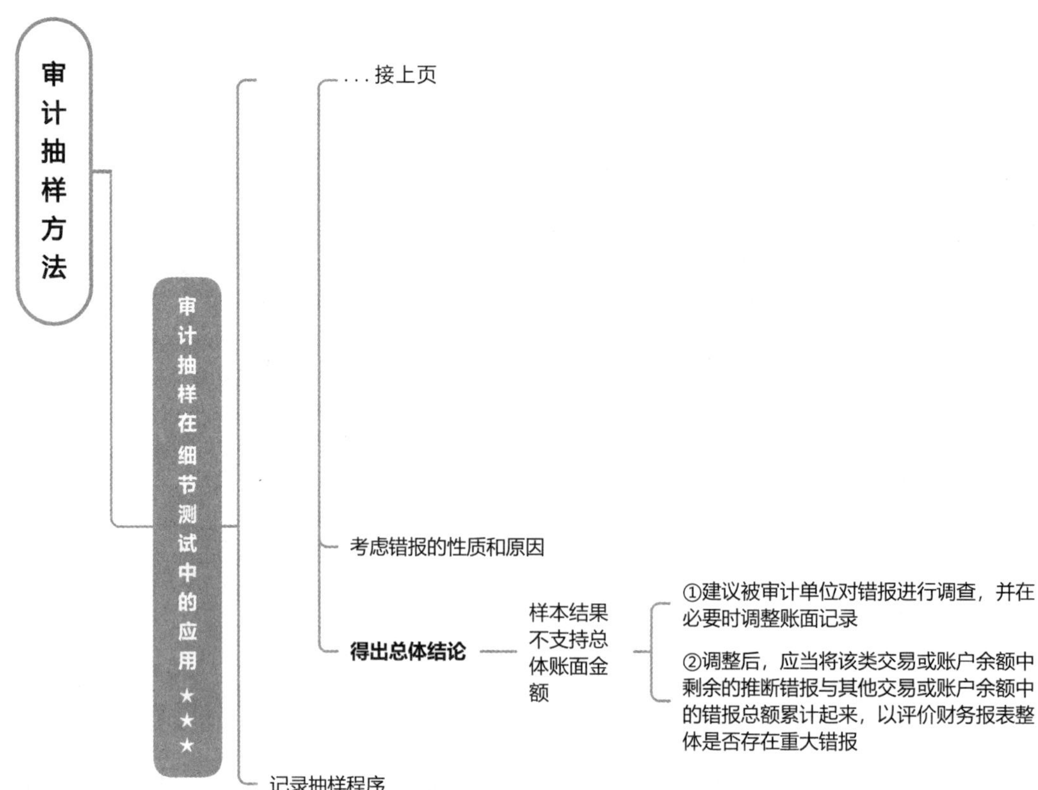
审计抽样方法
审计抽样在细节测试中的应用★★★
...接上页
考虑错报的性质和原因
得出总体结论
样本结果不支持总体账面金额
①建议被审计单位对错报进行调查，并在必要时调整账面记录
②调整后，应当将该类交易或账户余额中剩余的推断错报与其他交易或账户余额中的错报总额累计起来，以评价财务报表整体是否存在重大错报
记录抽样程序

第五章

信息技术对审计的影响

分值比重：1分左右

命题形式：选择题

核心考点：信息技术中的一般控制和应用控制

信息技术对审计的影响

- 信息技术对企业财务报告和内部控制的影响 ★
  - 对财务报告的影响——考虑信息的准确性、完整性、授权体系及访问限制
  - 对内部控制的影响——取决于被审计单位对信息系统的依赖程度
  - 注册会计师在信息化环境下面临的挑战
- 信息技术中的一般控制和应用控制测试 ★★
  - 公司层面信息技术控制
  - 信息技术一般控制
    - 对所有的应用或控制模块具有普遍影响的控制措施
    - 计划依赖自动应用控制就需要对相关的信息技术一般控制进行测试
  - 信息技术应用控制
  - 三者关系
    - 公司层面信息技术控制决定了信息技术一般控制和信息技术应用控制的风险基调
    - 信息技术一般控制对应用控制的有效性具有普遍性影响
    - 通常优先评估公司层面信息技术控制和信息技术一般控制的有效性
- 信息技术对审计过程的影响 ★
  - 信息技术对审计的影响
    - 并不改变注册会计师制定审计目标、进行风险评估和了解内部控制的原则性要求
    - 必须更深入了解企业的信息技术应用范围和性质
- 在不太复杂的IT环境下的审计 ★
  - 仍需要了解信息技术一般控制和应用控制
  - 不测试其运行有效性
- 在较为复杂的IT环境下的审计 ★
  - 需要更多运用计算机辅助审计技术、电子表格、数据分析等工具

第六章

审计工作底稿

分值比重：3分左右

命题形式：选择题、简答题

核心考点：审计工作底稿的归档

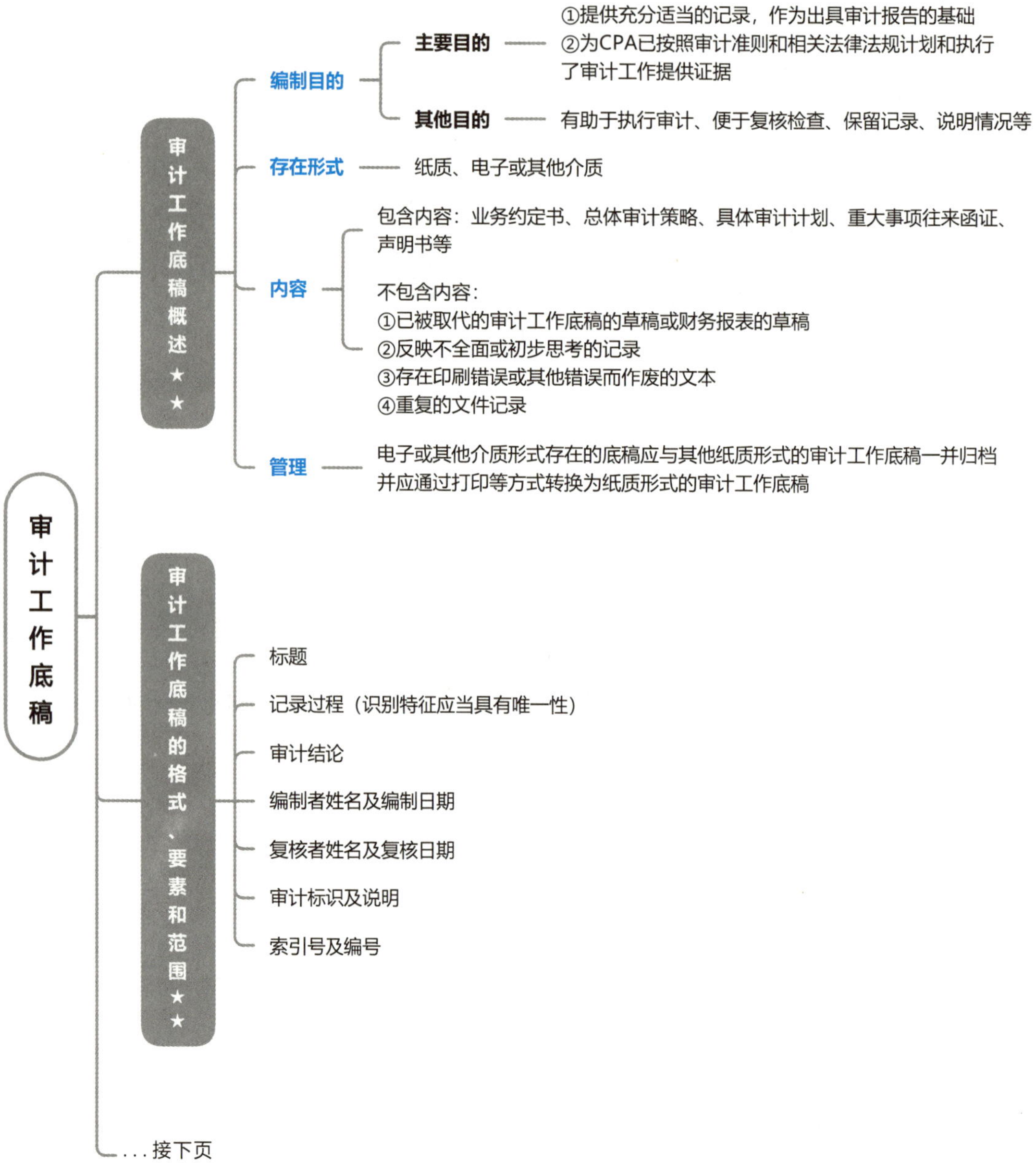

- 审计工作底稿
  - 审计工作底稿概述★★
    - 编制目的
      - 主要目的
        - ①提供充分适当的记录，作为出具审计报告的基础
        - ②为CPA已按照审计准则和相关法律法规计划和执行了审计工作提供证据
      - 其他目的 —— 有助于执行审计、便于复核检查、保留记录、说明情况等
    - 存在形式 —— 纸质、电子或其他介质
    - 内容
      - 包含内容：业务约定书、总体审计策略、具体审计计划、重大事项往来函证、声明书等
      - 不包含内容：
        ①已被取代的审计工作底稿的草稿或财务报表的草稿
        ②反映不全面或初步思考的记录
        ③存在印刷错误或其他错误而作废的文本
        ④重复的文件记录
    - 管理 —— 电子或其他介质形式存在的底稿应与其他纸质形式的审计工作底稿一并归档并应通过打印等方式转换为纸质形式的审计工作底稿
  - 审计工作底稿的格式、要素和范围★★
    - 标题
    - 记录过程（识别特征应当具有唯一性）
    - 审计结论
    - 编制者姓名及编制日期
    - 复核者姓名及复核日期
    - 审计标识及说明
    - 索引号及编号
  - ...接下页

审计工作底稿

...接上页

审计工作底稿的归档★★★

- **性质**
  - 是一项事务性的工作，不涉及实施新的审计程序或得出新的结论
  - **事务性变动**
    - 删除或废弃被取代的审计工作底稿
    - 对审计工作底稿进行分类、整理和交叉索引
    - 对审计档案归整工作的完成核对表签字认可
    - 记录在审计报告日前获取的、与项目组相关成员进行讨论并达成一致意见的审计证据
- **归档期限**
  - 完成：审计报告日后，60天内
  - 未完成：审计业务中止日后，60天内
- **归档期后的变动**
  - 在完成档案的归整工作后，不应在规定的保存期限届满前删除或废弃任何性质的审计工作底稿
  - **需要变动情形**
    - 已实施必要的审计程序，取得充分、适当的审计证据并得出了恰当的审计结论，但审计工作底稿的记录不充分
    - 报告日后，发现例外情况要求实施新的或追加审计程序，或导致得出新的结论
  - **变动记录要求**
    - 修改或增加底稿的理由
    - 修改或增加底稿的时间和人员，以及复核的时间和人员
- **保存期限**
  - 完成：审计报告日起，至少保存10年
  - 未完成：审计业务中止日起，至少保存10年

第七章

风险评估

分值比重：8分左右

命题形式：选择题、综合题

★ 核心考点：了解被审计单位及其环境、评估重大错报风险

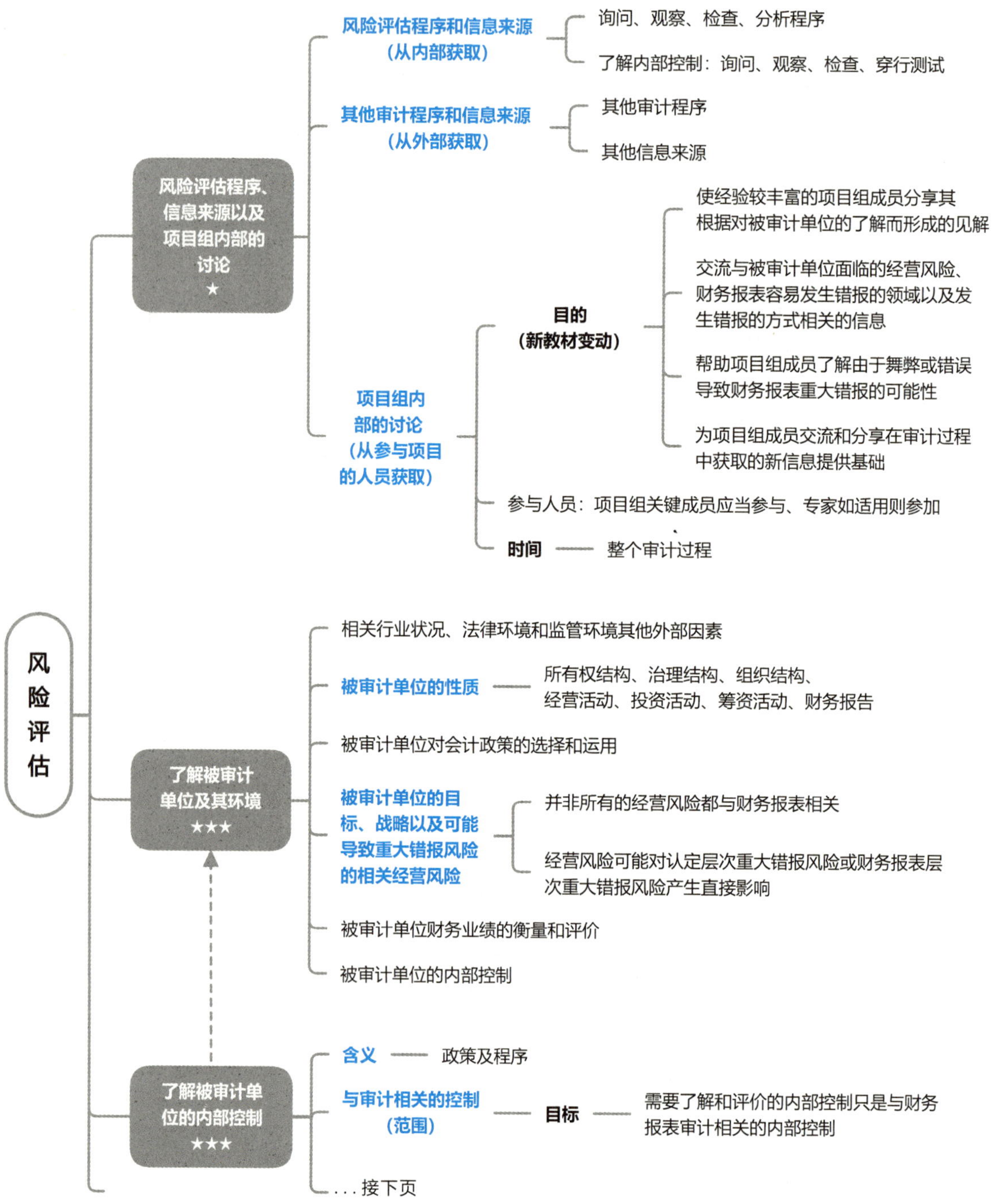

- 风险评估
  - 风险评估程序、信息来源以及项目组内部的讨论 ★
    - **风险评估程序和信息来源（从内部获取）**
      - 询问、观察、检查、分析程序
      - 了解内部控制：询问、观察、检查、穿行测试
    - **其他审计程序和信息来源（从外部获取）**
      - 其他审计程序
      - 其他信息来源
    - **项目组内部的讨论（从参与项目的人员获取）**
      - **目的（新教材变动）**
        - 使经验较丰富的项目组成员分享其根据对被审计单位的了解而形成的见解
        - 交流与被审计单位面临的经营风险、财务报表容易发生错报的领域以及发生错报的方式相关的信息
        - 帮助项目组成员了解由于舞弊或错误导致财务报表重大错报的可能性
        - 为项目组成员交流和分享在审计过程中获取的新信息提供基础
      - 参与人员：项目组关键成员应当参与、专家如适用则参加
      - **时间** —— 整个审计过程
  - 了解被审计单位及其环境 ★★★
    - 相关行业状况、法律环境和监管环境其他外部因素
    - **被审计单位的性质** —— 所有权结构、治理结构、组织结构、经营活动、投资活动、筹资活动、财务报告
    - 被审计单位对会计政策的选择和运用
    - **被审计单位的目标、战略以及可能导致重大错报风险的相关经营风险**
      - 并非所有的经营风险都与财务报表相关
      - 经营风险可能对认定层次重大错报风险或财务报表层次重大错报风险产生直接影响
    - 被审计单位财务业绩的衡量和评价
    - 被审计单位的内部控制
  - 了解被审计单位的内部控制 ★★★
    - **含义** —— 政策及程序
    - **与审计相关的控制（范围）** —— **目标** —— 需要了解和评价的内部控制只是与财务报表审计相关的内部控制
    - ...接下页

风险评估

...接上页

- **了解的深度**
  - 评价控制的设计，并确定其是否得到执行
  - 审计程序：询问、观察、检查、穿行测试
- 内部控制的人工和自动化成分
- 内部控制的局限性
- **内控五要素**
  - **控制环境**
    - 与控制环境相关的因素
      - ①对诚信和道德价值观念的沟通与落实
      - ②对胜任能力的重视
      - ③治理层的参与程度
      - ④管理层的理念和经营风格
      - ⑤组织结构及职权与责任的分配
      - ⑥人力资源政策和实务
    - 控制环境本身并不能防止或发现并纠正各类交易、账户余额和披露认定层次的重大错报
  - **风险评估过程** —— 注册会计师需要了解的是与财务报告相关的被审计单位风险评估过程
  - **信息系统和沟通** —— 注册会计师需要了解的是与财务报告相关的信息系统和沟通
  - **控制活动** —— 授权、业绩评价、信息处理、实物控制、职责分离
  - **对控制的监督** —— 持续的监督、单独的评价（内审、外审）
- **在整体层面和业务流程层面了解内部控制**
  - 整体层面
  - **业务流程层面**
    - 预防性控制
    - 检查性控制

评估重大错报风险★★★

- **层次**
  - **报表层次重大错报风险**
    - 薄弱的控制环境
    - 导致CPA对被审计单位的持续经营能力产生重大疑虑的事项
    - 管理层缺乏诚信或承受异常的压力可能引发舞弊风险
  - **认定层次重大错报风险**
    - 存在复杂的联营或合营
    - 存在重大的关联方交易
- **评估重大错报风险时考虑的因素**
  - **后果**
    - 原因（性质）
    - 金额
  - 可能性（概率）

...接下页

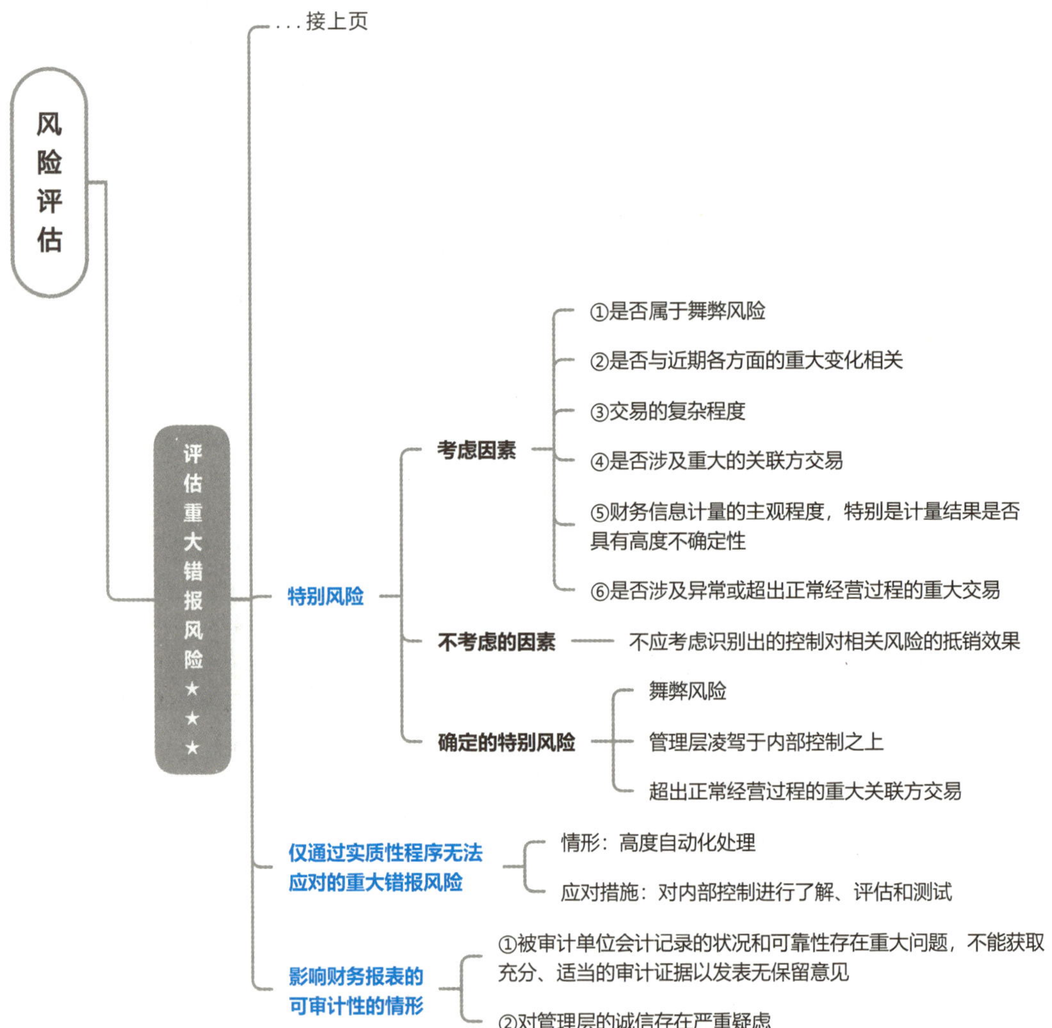
...接上页
风险评估
评估重大错报风险★★★
特别风险
考虑因素
①是否属于舞弊风险
②是否与近期各方面的重大变化相关
③交易的复杂程度
④是否涉及重大的关联方交易
⑤财务信息计量的主观程度，特别是计量结果是否具有高度不确定性
⑥是否涉及异常或超出正常经营过程的重大交易
不考虑的因素
不应考虑识别出的控制对相关风险的抵销效果
确定的特别风险
舞弊风险
管理层凌驾于内部控制之上
超出正常经营过程的重大关联方交易
仅通过实质性程序无法应对的重大错报风险
情形：高度自动化处理
应对措施：对内部控制进行了解、评估和测试
影响财务报表的可审计性的情形
①被审计单位会计记录的状况和可靠性存在重大问题，不能获取充分、适当的审计证据以发表无保留意见
②对管理层的诚信存在严重疑虑

第八章

风险应对

分值比重：6分左右

命题形式：选择题、简答题、综合题

核心考点：控制测试、实质性审计程序

- 风险应对
  - 针对财务报表层次重大错报风险的总体应对措施★★
    - 措施
      - 强调保持职业怀疑的必要性
      - 指派更有经验或特殊技能的人员、利用专家工作
      - 提供更多的督导
      - **在进一步审计程序时增加审计程序不可预见性**
        - 方法
          - ①测试以前未测试的（性质）
          - ②调整实施审计程序的时间
          - ③采用不同的审计抽样方法，使抽取的测试样本与以前有所不同（范围）
          - ④选取不同的地点实施审计程序，或预先不告知被审计单位所选定的测试地点（范围）
        - 要求
          - 可以与被审计单位管理层事先沟通，但不能告知其具体内容
          - 可以在签订审计业务约定书时明确提出这一要求
      - **对审计程序的性质、时间安排、范围作出总体修改**
        - 在期末而非期中实施更多的审计程序（时间）
        - 通过实施实质性程序获取更广泛的审计证据（性质）
        - 增加拟纳入审计范围的经营地点的数量（范围）
    - 总体应对措施对拟实施进一步审计程序的总体审计方案的影响
      - **综合性方案**
        - 内部控制预期有效 —— 前提：符合成本效益原则
        - 仅实施实质性程序无法应对重大错报风险
      - **实质性方案**
        - 内部控制预期无效
        - 控制测试不符合成本效益原则
        - 评估的重大错报风险很高
  - ...接下页

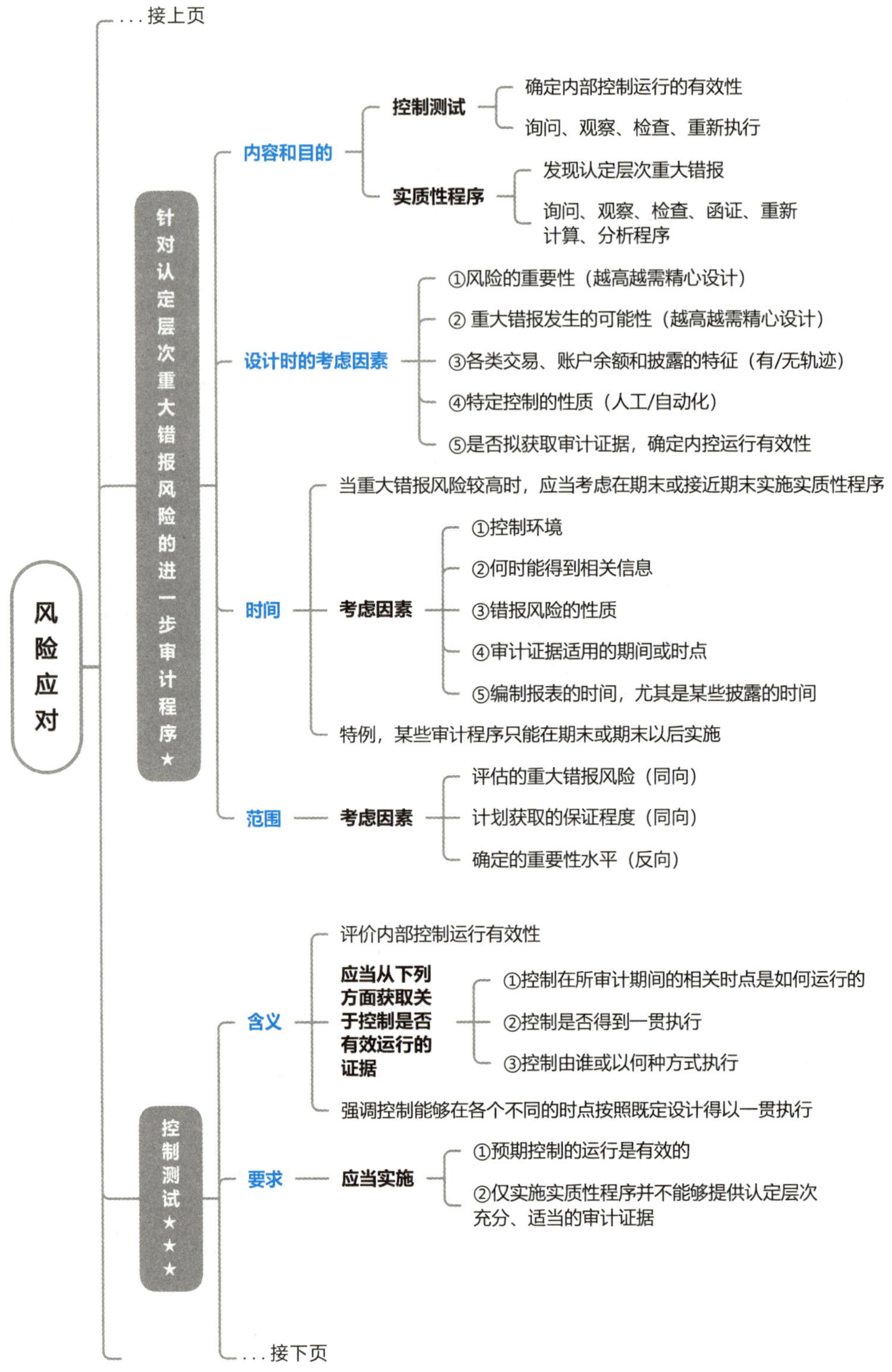
...接上页
风险应对
针对认定层次重大错报风险的进一步审计程序★
内容和目的
控制测试
确定内部控制运行的有效性
询问、观察、检查、重新执行
实质性程序
发现认定层次重大错报
询问、观察、检查、函证、重新计算、分析程序
设计时的考虑因素
①风险的重要性（越高越需精心设计）
②重大错报发生的可能性（越高越需精心设计）
③各类交易、账户余额和披露的特征（有/无轨迹）
④特定控制的性质（人工/自动化）
⑤是否拟获取审计证据，确定内控运行有效性
时间
当重大错报风险较高时，应当考虑在期末或接近期末实施实质性程序
考虑因素
①控制环境
②何时能得到相关信息
③错报风险的性质
④审计证据适用的期间或时点
⑤编制报表的时间，尤其是某些披露的时间
特例，某些审计程序只能在期末或期末以后实施
范围
考虑因素
评估的重大错报风险（同向）
计划获取的保证程度（同向）
确定的重要性水平（反向）
控制测试★★★
含义
评价内部控制运行有效性
应当从下列方面获取关于控制是否有效运行的证据
①控制在所审计期间的相关时点是如何运行的
②控制是否得到一贯执行
③控制由谁或以何种方式执行
强调控制能够在各个不同的时点按照既定设计得以一贯执行
要求
应当实施
①预期控制的运行是有效的
②仅实施实质性程序并不能够提供认定层次充分、适当的审计证据
...接下页

风险应对

...接上页

控制测试★★★

性质

- **审计程序**
  - 询问——询问本身并不足以测试控制运行的有效性
  - 观察
  - 检查
  - 重新执行
- **要求**
  - ①考虑特定控制的性质（如是否有轨迹）
  - ②考虑测试与认定直接相关和间接相关的控制（都要测试）
  - ③如何对一项自动化的应用控制实施控制测试——一般控制运行有效+应用控制得到执行=应用控制运行有效
- **双重目的**——可以考虑针对同一交易同时实施控制测试和细节测试，以实现双重目的

时间

- **在期中开展**——已获取有关控制在期中运行有效性的审计证据，并拟利用
  - 获取这些控制在剩余期间发生重大变化的审计证据
    - 变化——了解并测试控制变化对期中审计证据的影响
    - 没有变化——可能决定信赖期中审计获取的证据
  - 确定针对剩余期间还需要获取的补充审计证据——考虑因素
- **以前审计获取的审计证据**
  - 旨在减轻特别风险——本期测试
  - 有实质性变化——本期测试
  - 未实质性变化——至少每三年测试一次

范围（考虑因素）

- **被审计单位执行控制的频率**——同向
- **注册会计师拟信赖控制运行有效性的时间长度**——同向
- **控制的预期偏差**——同向/无效
- **通过测试与认定相关的其他控制获取的审计证据的范围**——反向
- **拟获取的有关认定层次控制运行有效性的审计证据的相关性和可靠性**——反向
- **对控制的信赖程度**——同向
- **对自动化控制的测试范围的特别考虑**——一旦确定被审计单位正在执行该控制，通常无需扩大控制测试的范围

...接下页

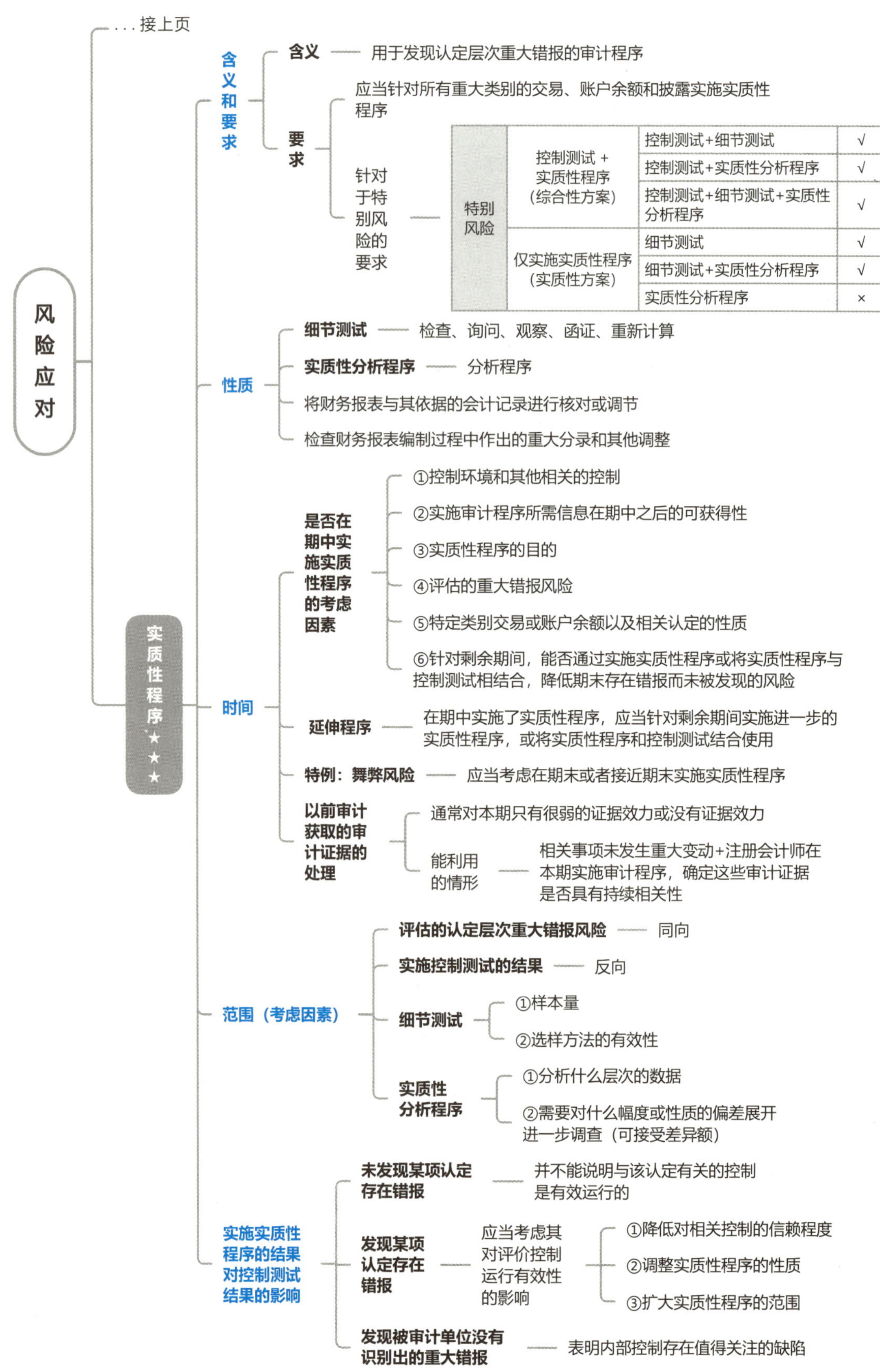
...接上页
风险应对
实质性程序★★★
含义和要求
含义 —— 用于发现认定层次重大错报的审计程序
要求
应当针对所有重大类别的交易、账户余额和披露实施实质性程序
针对于特别风险的要求
特别风险
控制测试+实质性程序（综合性方案）
控制测试+细节测试 √
控制测试+实质性分析程序 √
控制测试+细节测试+实质性分析程序 √
仅实施实质性程序（实质性方案）
细节测试 √
细节测试+实质性分析程序 √
实质性分析程序 ×
性质
细节测试 —— 检查、询问、观察、函证、重新计算
实质性分析程序 —— 分析程序
将财务报表与其依据的会计记录进行核对或调节
检查财务报表编制过程中作出的重大分录和其他调整
时间
是否在期中实施实质性程序的考虑因素
①控制环境和其他相关的控制
②实施审计程序所需信息在期中之后的可获得性
③实质性程序的目的
④评估的重大错报风险
⑤特定类别交易或账户余额以及相关认定的性质
⑥针对剩余期间，能否通过实施实质性程序或将实质性程序与控制测试相结合，降低期末存在错报而未被发现的风险
延伸程序 —— 在期中实施了实质性程序，应当针对剩余期间实施进一步的实质性程序，或将实质性程序和控制测试结合使用
特例：舞弊风险 —— 应当考虑在期末或者接近期末实施实质性程序
以前审计获取的审计证据的处理
通常对本期只有很弱的证据效力或没有证据效力
能利用的情形 —— 相关事项未发生重大变动+注册会计师在本期实施审计程序，确定这些审计证据是否具有持续相关性
范围（考虑因素）
评估的认定层次重大错报风险 —— 同向
实施控制测试的结果 —— 反向
细节测试
①样本量
②选样方法的有效性
实质性分析程序
①分析什么层次的数据
②需要对什么幅度或性质的偏差展开进一步调查（可接受差异额）
实施实质性程序的结果对控制测试结果的影响
未发现某项认定存在错报 —— 并不能说明与该认定有关的控制是有效运行的
发现某项认定存在错报 —— 应当考虑其对评价控制运行有效性的影响
①降低对相关控制的信赖程度
②调整实质性程序的性质
③扩大实质性程序的范围
发现被审计单位没有识别出的重大错报 —— 表明内部控制存在值得关注的缺陷

第九章

销售与收款循环的审计

分值比重：2分左右
命题形式：简答题、综合题
核心考点：销售与收款循环的实质性程序

- 销售与收款循环的审计
  - 销售与收款循环的风险评估 ★★
    - 业务活动及内部控制
  - 销售与收款循环的重大错报风险的评估 ★
    - 重大错报风险的评估 —— 收入存在舞弊风险的假定
    - 常用的收入确认舞弊手段
    - 表明在收入确认方面可能存在舞弊风险的迹象
  - 销售与收款循环的风险应对 ★★★
    - 控制测试
    - 实质性程序
      - 营业收入
        - 目标 —— 发生、完整性、准确性、截止、分类、列报
        - 一般实质性程序
          - 获取营业收入明细表
          - 实施实质性分析程序 —— 差异超过可接受差异额，需要对差异额的全额进行调查证实
          - 检查主营业务收入确认方法是否符合企业会计准则的规定
          - 检查交易价格
          - 逆查（查存在）
          - 顺查（查完整）
          - 函证（结合应收账款）
          - 主营业务收入的截止测试
            - 选取资产负债表日前后若干天的出库单，与应收账款和收入明细账进行核对；同时，从应收账款和收入明细账选取在资产负债表日前后若干天的凭证，与出库单核对
            - 复核资产负债表日前后销售和发货水平，确定业务活动水平是否异常
            - 取得资产负债表日后所有的销售退回记录，检查是否存在提前确认收入的情况
            - 结合对资产负债表日应收账款/合同资产的函证程序，检查有无未取得对方认可的销售
          - 检查销售退回
          - 检查可变对价的会计处理
          - 检查主营业务收入在财务报表中的列报和披露是否符合企业会计准则的规定
        - . . . 接下页

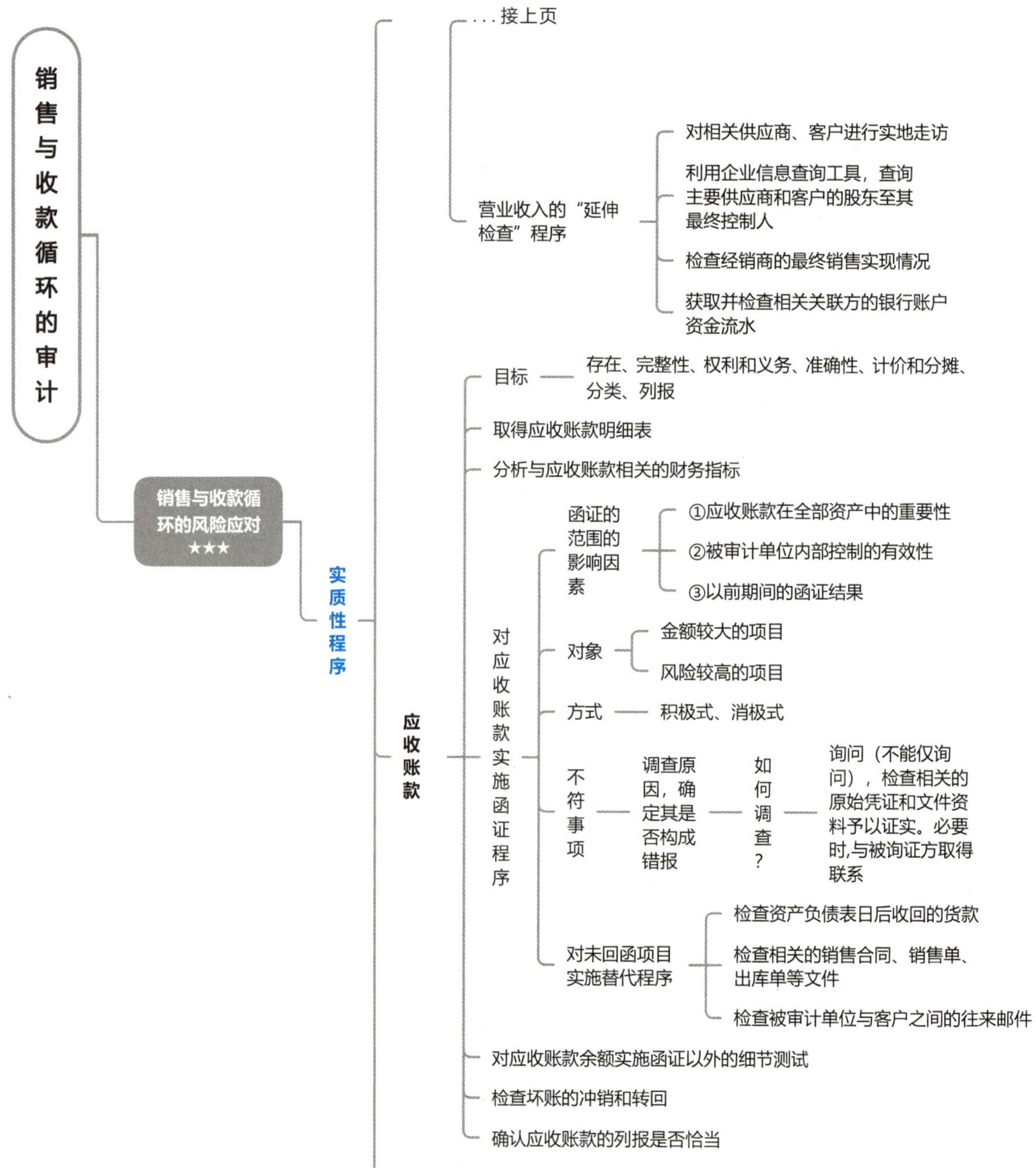
销售与收款循环的审计
销售与收款循环的风险应对 ★★★
实质性程序
...接上页
营业收入的“延伸检查”程序
对相关供应商、客户进行实地走访
利用企业信息查询工具，查询主要供应商和客户的股东至其最终控制人
检查经销商的最终销售实现情况
获取并检查相关关联方的银行账户资金流水
应收账款
目标
存在、完整性、权利和义务、准确性、计价和分摊、分类、列报
取得应收账款明细表
分析与应收账款相关的财务指标
对应收账款实施函证程序
函证的范围的影响因素
①应收账款在全部资产中的重要性
②被审计单位内部控制的有效性
③以前期间的函证结果
对象
金额较大的项目
风险较高的项目
方式
积极式、消极式
不符事项
调查原因，确定其是否构成错报
如何调查？
询问（不能仅询问），检查相关的原始凭证和文件资料予以证实。必要时,与被询证方取得联系
对未回函项目实施替代程序
检查资产负债表日后收回的货款
检查相关的销售合同、销售单、出库单等文件
检查被审计单位与客户之间的往来邮件
对应收账款余额实施函证以外的细节测试
检查坏账的冲销和转回
确认应收账款的列报是否恰当
坏账准备

第十章

采购与付款循环的审计

分值比重：2分左右

命题形式：综合题

★ 核心考点：采购与付款循环的实质性程序

- 采购与付款循环的审计
  - 采购与付款循环的风险评估 ★
    - 涉及的主要业务活动
    - 内部控制活动（职责分离）
  - 采购与付款循环的重大错报风险 ★
    - 低估负债
    - 管理层错报负债费用支出的偏好和动机
    - 费用支出的复杂性
    - 不正确地记录外币交易
    - 舞弊和盗窃的固有风险
    - 存在未记录的权利和义务
  - 采购与付款循环的风险应对 ★★
    - 控制测试
    - 实质性程序
      - 应付账款
        - 目标 —— 存在；完整性；权利和义务；准确性、计价和分摊；分类；列报
        - 获取或编制应付账款明细表
        - 函证应付账款
          - 方向 —— 从非财务部门（如采购部门）获取适当的供应商清单选取样本进行测试并执行函证程序
          - 对象 —— 不能只挑选大额应付账款/大供应商实施函证程序，还需要关注小余额或零余额供应商
          - 对不符事项的处理 —— 调查差异 —— 检查支持性文件
          - 对未回函的项目实施替代程序 —— 检查付款单据、相关的采购单据
        - ...接下页

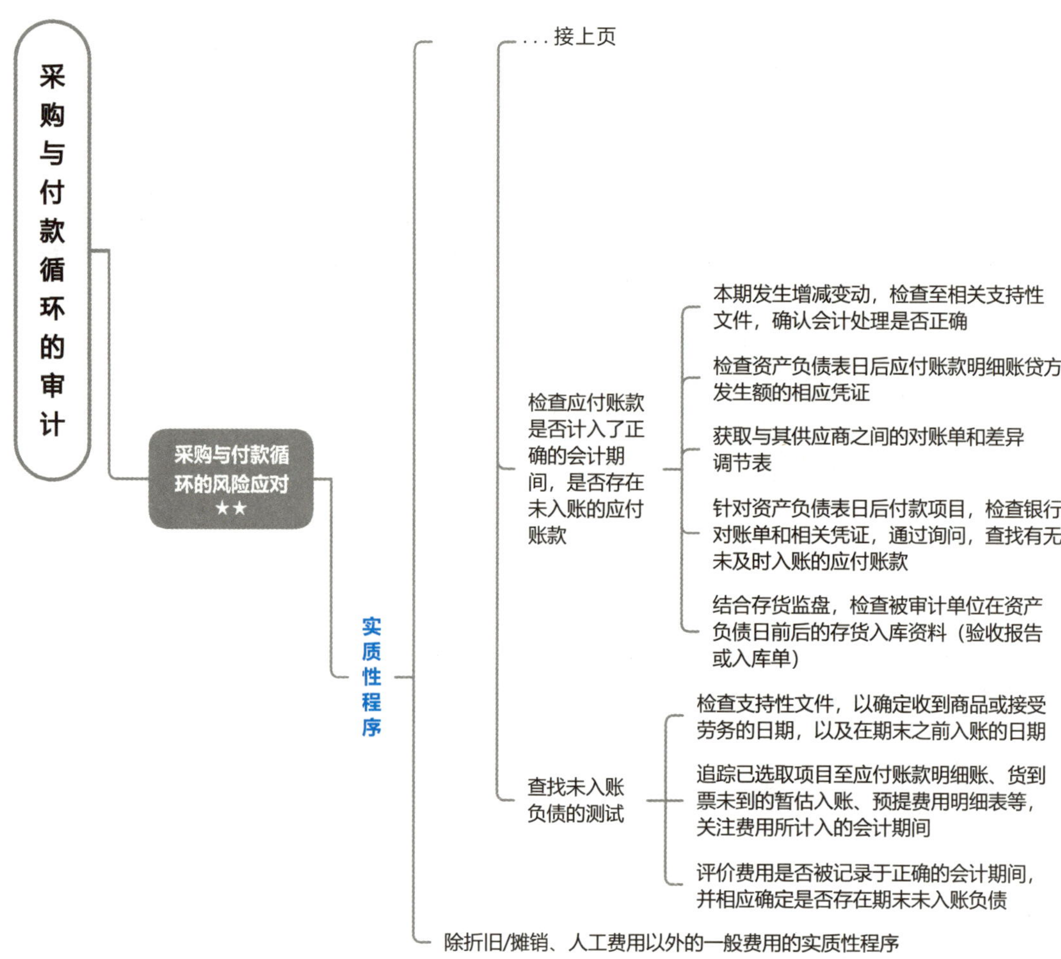

采购与付款循环的审计
采购与付款循环的风险应对★★
实质性程序
...接上页
检查应付账款是否计入了正确的会计期间，是否存在未入账的应付账款
本期发生增减变动，检查至相关支持性文件，确认会计处理是否正确
检查资产负债表日后应付账款明细账贷方发生额的相应凭证
获取与其供应商之间的对账单和差异调节表
针对资产负债表日后付款项目，检查银行对账单和相关凭证，通过询问，查找有无未及时入账的应付账款
结合存货监盘，检查被审计单位在资产负债日前后的存货入库资料（验收报告或入库单）
查找未入账负债的测试
检查支持性文件，以确定收到商品或接受劳务的日期，以及在期末之前入账的日期
追踪已选取项目至应付账款明细账、货到票未到的暂估入账、预提费用明细表等，关注费用所计入的会计期间
评价费用是否被记录于正确的会计期间，并相应确定是否存在期末未入账负债
除折旧/摊销、人工费用以外的一般费用的实质性程序

第十一章

生产与存货循环的审计

分值比重：6分左右

命题形式：简答题、综合题

★ 核心考点：生产与存货循环的实质性程序

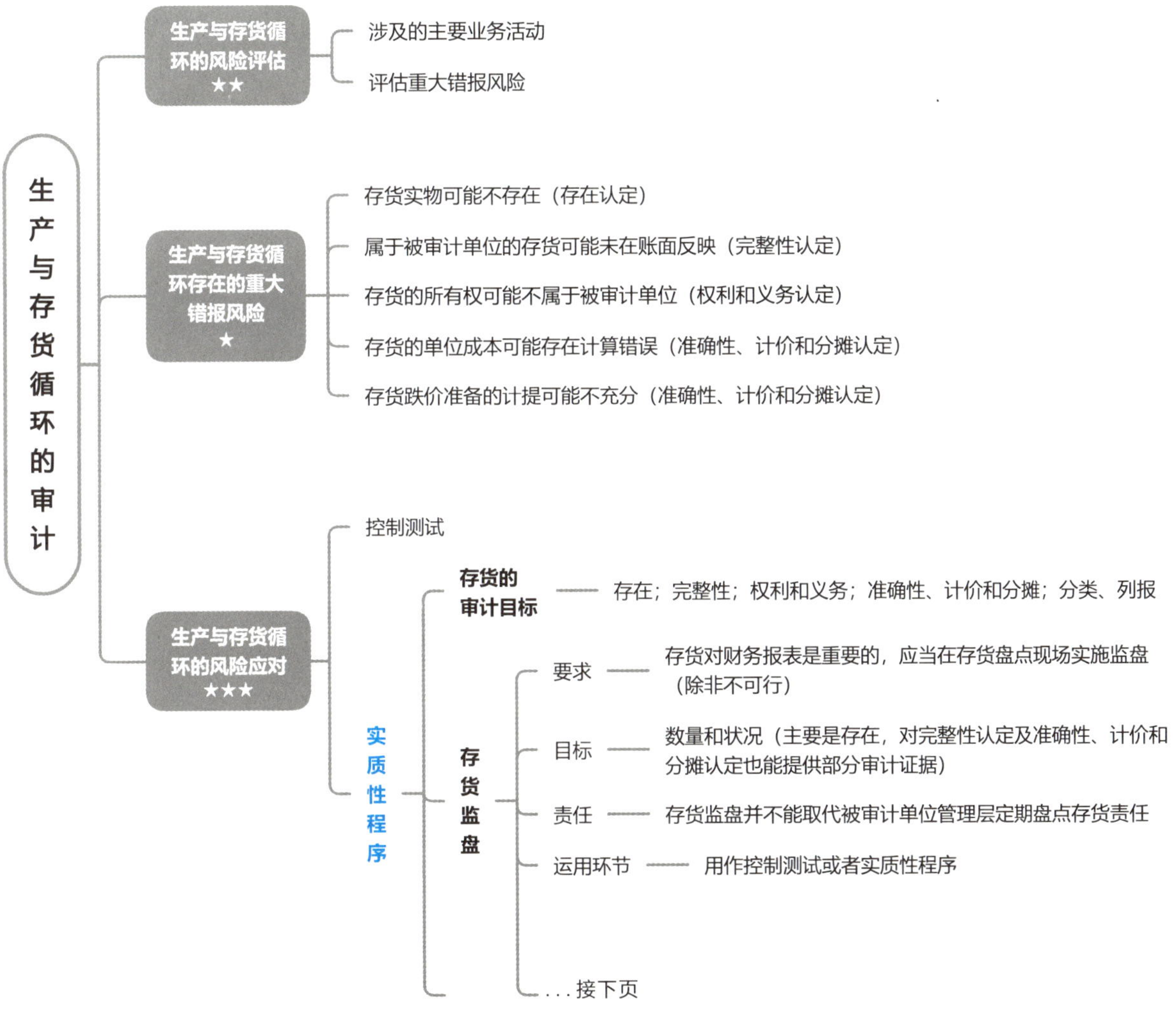

生产与存货循环的审计

- **生产与存货循环的风险评估★★**
  - 涉及的主要业务活动
  - 评估重大错报风险
- **生产与存货循环存在的重大错报风险★**
  - 存货实物可能不存在（存在认定）
  - 属于被审计单位的存货可能未在账面反映（完整性认定）
  - 存货的所有权可能不属于被审计单位（权利和义务认定）
  - 存货的单位成本可能存在计算错误（准确性、计价和分摊认定）
  - 存货跌价准备的计提可能不充分（准确性、计价和分摊认定）
- **生产与存货循环的风险应对★★★**
  - 控制测试
  - 实质性程序
    - **存货的审计目标** —— 存在；完整性；权利和义务；准确性、计价和分摊；分类、列报
    - **存货监盘**
      - 要求 —— 存货对财务报表是重要的，应当在存货盘点现场实施监盘（除非不可行）
      - 目标 —— 数量和状况（主要是存在，对完整性认定及准确性、计价和分摊认定也能提供部分审计证据）
      - 责任 —— 存货监盘并不能取代被审计单位管理层定期盘点存货责任
      - 运用环节 —— 用作控制测试或者实质性程序
      - ...接下页

生产与存货循环的审计

生产与存货循环的风险应对 ★★★

实质性程序

存货监盘

...接上页

- 制定存货监盘计划
  - 考虑事项
    - 与存货相关的重大错报风险
    - 与存货相关的内部控制的性质——应当了解被审计单位与存货相关的内部控制
    - 对存货盘点是否制定了适当程序并下达了正确指令
    - 存货监盘的时间安排——如果盘点在资产负债表日以外的其他日期进行，应当实施其他审计程序以确定盘点日至资产负债表日间的存货变动是否已得到恰当的记录
    - 被审计单位是否一贯采用永续盘存制
    - 存货的存放地点，以确定适当的监盘地点——要求被审计单位提供一份完整的存货存放地点清单（包括期末库存量为零的仓库、租赁的仓库，以及第三方代被审计单位保管存货的仓库等），并考虑其完整性
    - 是否需要专家协助
  - 主要内容
    - 存货监盘的目标、范围和时间安排——范围的大小取决于存货的内容、性质以及与存货相关的内部控制的完善程度和重大错报风险的评估结果
    - 存货监盘的要点及关注事项
    - 参加存货监盘人员的分工
    - 抽盘存货的范围
- 存货监盘前的工作（观察盘点现场）
  - 应纳入盘点范围的——是否已经恰当整理和排列，并附有盘点标识
  - 未纳入盘点范围的——查明未纳入的原因
  - 对所有权不属于被审计单位的存货——取得其规格、数量等有关资料，确定是否已单独存放、标明，且未被纳入盘点范围
  - 被审计单位声明不存在受托代存存货
- 监盘程序
  - 评价管理层用以记录和控制存货盘点结果的指令和程序
  - 观察管理层制定的盘点程序的执行情况
  - 检查存货
  - 执行抽盘
    - 双向抽盘（记录查实物，实物查记录）
    - 避免让被审计单位事先了解将抽盘的存货项目
    - 发现差异的措施
      ①查明原因，提请被审计单位进行改正
      ②考虑错误的潜在范围和重大程度，在可能的情况下，扩大检查范围以减少错误的发生
      ③要求重新盘点，重新盘点的范围可限于某一特殊领域的存货或特定盘点小组

...接下页

生产与存货循环的审计

- 生产与存货循环的风险应对★★★
  - 实质性程序
    - 存货监盘
      - ...接上页
      - 监盘结束
        - 再次观察盘点现场
        - 取得并检查已填用、作废及未使用的盘点表单，确定其是否连续编号
      - 特殊情况处理
        - 监盘不可行（产生原因）
          - 合理：由存货性质和存放地点等因素造成（安全威胁）
            ①替代程序可行：实施替代审计程序
            ②替代程序不可行：注册会计师需要按照规定发表非无保留意见
          - 不合理：审计中的困难、时间或成本，不能作为CPA不实施存货监盘的理由
        - 因不可预见的情况无法现场盘点
          - 另择日期，并对间隔期内发生的交易实施审计程序
        - 由第三方保管或控制的存货
          - 函证存货的数量和状况
          - 实施检查或其他审计程序
            ①安排其他注会实施对第三方的存货监盘（如可行）
            ②获取其他注会或服务机构注会针对用以保证存货得到恰当盘点和保管的内控的适当性而出具的报告
            ③检查存货相关的文件记录
            ④当存货被作为抵押品时，要求其他机构或人员进行确认
          - 考虑应由第三方保管存货的商业理由的合理性并计划和实施适当的审计程序
    - 存货计价测试

第十二章

货币资金的审计

分值比重：3分左右

命题形式：简答题

核心考点：无

- 货币资金的审计
  - 风险评估★
    - 涉及的主要业务活动
    - 相关内部控制
      - 岗位分工及授权批准
      - 现金及银行存款管理
      - 票据及有关印章管理
      - 监督检查
    - 评估重大错报风险
  - 风险应对★★★
    - 控制测试
    - 实质性程序
      - 库存现金
        - 核对库存现金日记账与总账的金额是否相符，检查非记账本位币库存现金的折算汇率及折算金额是否正确
        - 监盘库存现金
          - 范围：所有库存现金
          - 人员：出纳员（盘点人）、会计主管和注册会计师（监盘人）
          - 时间
            - 上午上班前或下午下班时
            - 若库存现金存放部门两处或两处以上，应同时进行盘点
            - 在非资产负债表日进行盘点和监盘时，应将监盘金额调整至资产负债表日的金额，并对变动情况实施程序
          - 方式：突击进行
        - 抽查大额库存现金收支
        - 检查库存现金是否在财务报表中作出恰当列报
      - 银行存款
        - 获取银行存款余额明细表 —— 对银行账户的完整性存有疑虑
          - 亲自到中国人民银行或基本户开户行打印《已开立银行结算账户清单》
          - 结合其他相关细节测试
        - ...接下页

货币资金的审计

风险应对★★★

实质性程序

- ...接上页
- 检查银行存款账户发生额
  - 获取加盖印章的全部银行对账单，若对真实性存有疑虑可亲自获取，并保证全过程控制
  - 从银行对账单中选样与银行日记账进行双向核对
  - 浏览资产负债表日前后的银行对账单和被审计单位银行存款账簿记录，关注是否存在大额、异常资金变动以及大量大额红字冲销或调整记录，如存在，需要实施进一步的审计程序
- 取得并检查银行对账单和银行存款余额调节表
  - 取得并检查银行对账单
    - 应对银行对账单的真实性保持警觉，必要时亲自到银行获取对账单
    - 对账单与银行询证函回函核对
    - 还可以观察被审计单位人员登录并操作网银系统导出信息的过程，核对网银界面的真实性
  - 取得并检查银行存款余额调节表
    - 检查调节表中加计数是否正确
    - 检查调节事项
    - 关注长期未达账项，查看是否存在挪用资金等事项
    - 特别关注银付企未付、企付银未付中支付异常的领款事项
- 函证银行存款余额（第3章）

定期存款

- 如果定期存款占银行存款的比例偏高，或同时负债比例偏高，需要向管理层询问定期存款存在的商业理由并评估其合理性
- 对未质押定期存款检查开户证实书原件
- 对已质押的定期存款，检查定期存单复印件，并与相应的质押合同核对
- 函证定期存款相关信息
- 分析利息收入的合理性
- 对于在报告期内到期结转的定期存款、资产负债表日后已提取的定期存款，检查、核对相应的兑付凭证、银行对账单或网银记录

其他货币资金的实质性程序

- 因互联网支付留存于第三方支付平台的资金
  - 了解其用途和使用情况，获取与第三方支付平台签订的协议
  - 获取第三方支付平台发生额及余额明细，并与账面记录进行核对，对大额交易考虑实施进一步的检查程序
- 保证金存款
- 存出投资款

第十三章

对舞弊和法律法规的考虑

- 分值比重：5分左右
- 命题形式：选择题、综合题
- ★ 核心考点：风险应对、与管理层、治理层和被审计单位之外的适当机构沟通

对舞弊和法律法规的考虑

对舞弊的考虑★★★

- **舞弊的种类**
  - 编制虚假财务报告
  - 侵占资产
- **与舞弊相关的责任**
  - **治理层、管理层责任** —— 主要责任
  - **注册会计师责任** —— 对财务报表整体是否不存在由于舞弊或错误导致的重大错报获取合理保证
- **风险评估**
  - **风险评估程序和相关活动**
    - 询问
    - 评价舞弊风险因素（舞弊三角模型）
      - 动机或压力
      - 机会
      - 态度或借口
    - 实施分析程序
    - 考虑其他信息
    - 组织项目组讨论
  - **识别和评估舞弊导致的重大错报风险**
    - 舞弊导致的重大错报风险属于特别风险
    - 应当基于收入确认存在舞弊风险的假定，判断哪些类型的收入或认定导致舞弊风险
- **风险应对**
  - **应对舞弊导致的风险**
    - 总体应对措施
      - 分派和督导时，考虑承担要职的项目组成员所具备的知识技能和能力，并考虑舞弊导致的重大错报风险的评估结果
      - 评价被审计单位对会计政策的选择和运用
      - 在选择审计程序的性质、时间安排和范围时，增加审计程序的不可预见性
    - 进一步审计程序
      - 改变拟实施审计程序的性质
      - 改变审计程序的时间（在期末或接近期末实施）
      - 改变审计程序的范围（扩大样本规模）
    - 针对管理层凌驾于控制之上的风险的审计程序
      - 复核会计估计是否存在偏向
      - 对于超出被审计单位正常经营过程的重大交易，评价其商业理由
      - ...接下页

对舞弊和法律法规的考虑

对舞弊的考虑★★★

...接上页

- 测试所有与审计财务报表相关的会计分录及其他调整是否恰当
  - 向参与财务报告过程的人员询问与处理会计分录和其他调整相关的不恰当或异常的活动
  - 测试报告期末作出的
  - 考虑是否有必要测试整个会计期间的

评价审计证据

- 分析异常
- **评价错报**
  - 如果涉及管理层，特别是涉及较高层级的管理层舞弊导致的错报，无论该项错报是否重大，注册会计师都应当
    - ①重新评价对由于舞弊导致的重大错报风险的评估结果
    - ②重新评价该评估结果对旨在应对评估的风险的审计程序的性质、时间安排和范围的影响
    - ③重新考虑此前获取的审计证据的可靠性

无法继续执行审计业务

- **情形**
  - ①被审计单位没有针对舞弊采取适当的、必要的措施，即使该舞弊对财务报表并不重大
  - ②由于舞弊导致的重大错报风险的考虑以及实施审计测试的结果，表明存在重大且广泛的舞弊风险
  - ③注册会计师对管理层或治理层的胜任能力或诚信产生重大疑虑
- **应对措施**
  - 是否需要向审计业务委托人或监管机构报告
  - 考虑是否需要解除业务约定

书面声明

沟通舞弊

- **管理层** —— 适当层级的管理层至少要比涉嫌舞弊人员高出一个级别
- **治理层** —— 舞弊涉及管理层、在内部控制中承担重要职责的员工以及其舞弊行为可能导致财务报表重大错报的其他人员
- **除被审计单位之外的适当机构** —— 应当确定是否有责任报告

...接下页

...接上页

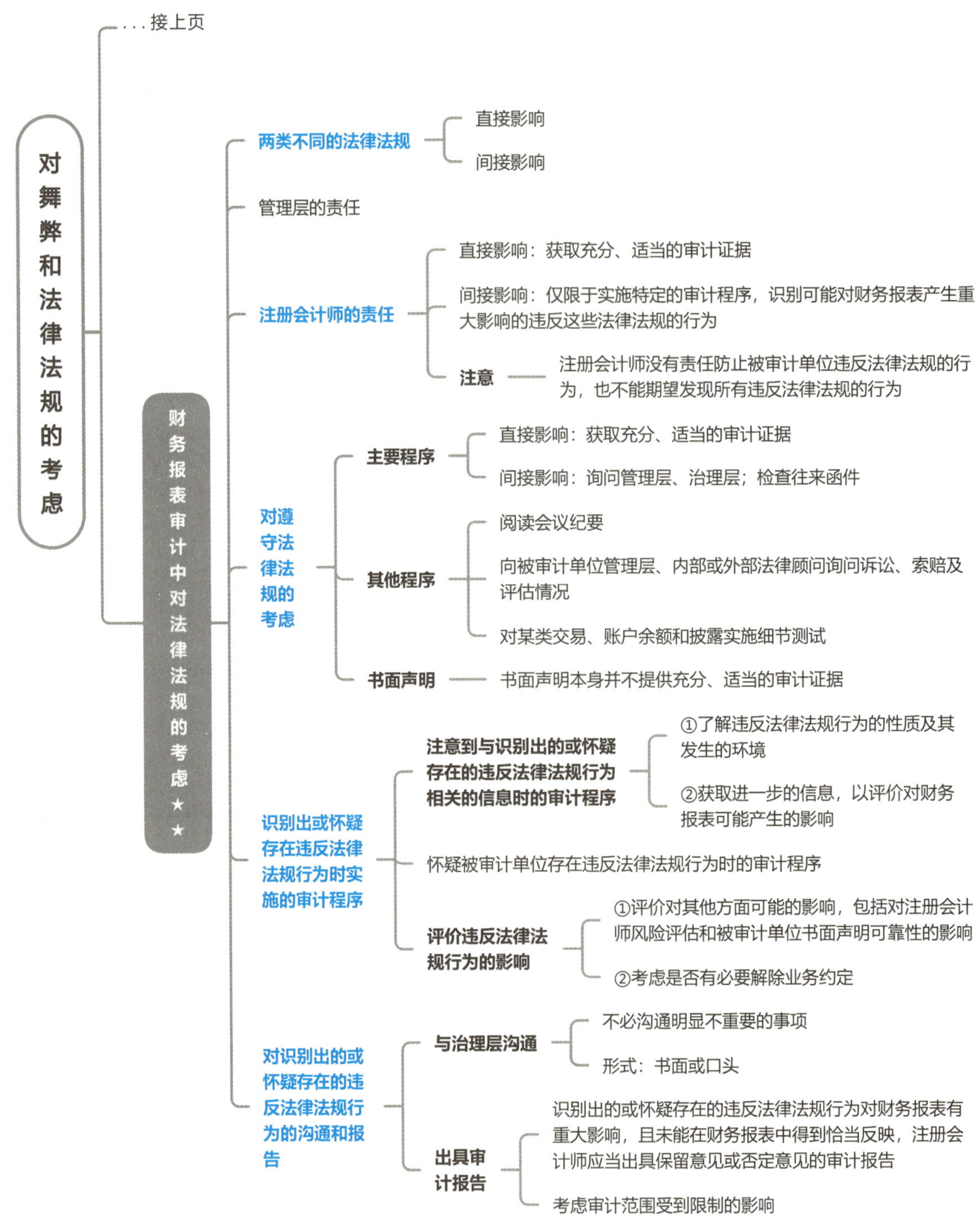

对舞弊和法律法规的考虑
财务报表审计中对法律法规的考虑★★
两类不同的法律法规
直接影响
间接影响
管理层的责任
注册会计师的责任
直接影响：获取充分、适当的审计证据
间接影响：仅限于实施特定的审计程序，识别可能对财务报表产生重大影响的违反这些法律法规的行为
注意
注册会计师没有责任防止被审计单位违反法律法规的行为，也不能期望发现所有违反法律法规的行为
对遵守法律法规的考虑
主要程序
直接影响：获取充分、适当的审计证据
间接影响：询问管理层、治理层；检查往来函件
其他程序
阅读会议纪要
向被审计单位管理层、内部或外部法律顾问询问诉讼、索赔及评估情况
对某类交易、账户余额和披露实施细节测试
书面声明
书面声明本身并不提供充分、适当的审计证据
识别出或怀疑存在违反法律法规行为时实施的审计程序
注意到与识别出的或怀疑存在的违反法律法规行为相关的信息时的审计程序
①了解违反法律法规行为的性质及其发生的环境
②获取进一步的信息，以评价对财务报表可能产生的影响
怀疑被审计单位存在违反法律法规行为时的审计程序
评价违反法律法规行为的影响
①评价对其他方面可能的影响，包括对注册会计师风险评估和被审计单位书面声明可靠性的影响
②考虑是否有必要解除业务约定
对识别出的或怀疑存在的违反法律法规行为的沟通和报告
与治理层沟通
不必沟通明显不重要的事项
形式：书面或口头
出具审计报告
识别出的或怀疑存在的违反法律法规行为对财务报表有重大影响，且未能在财务报表中得到恰当反映，注册会计师应当出具保留意见或否定意见的审计报告
考虑审计范围受到限制的影响

第十四章

审计沟通

分值比重：3分左右

命题形式：选择题、简答题、综合题

核心考点：沟通的事项、沟通的过程、前后任注册会计师

- 审计沟通
  - 与治理层的沟通★★★
    - 沟通的对象
    - 沟通的事项
      - CPA与财务报表审计的责任
      - **计划的审计范围和时间安排**
        - 沟通原则
          - 应该与治理层沟通计划的审计范围和时间安排的总体情况，包括识别出的特别风险
          - 沟通时，不能沟通具体审计程序，避免损害审计的有效性
        - 沟通内容
          - 拟如何应对由于舞弊或错误导致的特别风险以及重大错报风险评估水平较高的领域
          - 对与审计相关的内部控制采取的方案
          - 在审计中对重要性概念的运用
          - 利用专家的工作
          - 可能构成关键审计事项所作的初步判断
          - 针对编制基础或重大变化对报表及披露的影响，拟采取的措施
        - 责任 —— 并不改变注册会计师独自承担制定总体审计策略和具体审计计划的责任
      - **审计中发生的重大问题**
        - 对会计实务重大方面的质量的看法
        - 审计工作中遇到的重大困难
        - 已与管理层讨论或需要书面沟通的重大事项
        - 注册会计师要求提供的书面声明
        - 影响审计报告形式和内容的情形
      - **值得关注的内部控制缺陷** —— 书面形式
      - **注册会计师的独立性** —— 书面形式
    - 沟通过程
      - **确定沟通过程**
        - 通常，先与管理层沟通，再与治理层沟通
        - 与第三方沟通 —— 注册会计师对第三方不承担责任
      - **沟通的形式**
        - 可以口头或者书面沟通
        - 必须书面沟通的事项
          - 注册会计师的独立性
          - 值得关注的内部控制缺陷
      - . . . 接下页

审计沟通

...接上页

- **沟通的时间安排**
  - 计划事项→早期阶段
  - 重大困难→尽快沟通
  - 值得关注的内部控制缺陷→书面沟通前，可能尽快向治理层口头沟通
  - 独立性→任何时候都适当
  - 沟通审计中发现的问题→可能作为总结性讨论的一部分
- **双向沟通不充分，并且这种情况得不到解决**
  - 根据范围受到限制发表非无保留意见
  - 就采取不同措施的后果征询法律意见
  - 与第三方、被审计单位外部的拥有更高权利的组织和个人或公共部门负责的政府部门进行沟通
  - 在法律法规允许的情况下解除业务约定
- **沟通的记录**
  - 口头形式沟通→应当记录在审计工作底稿中
  - 书面形式→应当保存一份副本，作为审计工作底稿的一部分
  - 会议记录——可以将其副本作为对口头沟通的记录
  - 不容易识别出适当的沟通人员→应当记录识别的过程
  - 治理层全部成员参与管理→应当记录对沟通充分性进行考虑的过程

与前后任注册会计师的沟通★★★

- **前后任会计师（可能不只一个）**
  - **前任**
    - 已对被审计单位上期财务报表进行审计，但被现任注册会计师接替的其他会计师事务所的注册会计师
    - 接受委托但未完成审计工作，已经或可能与委托人解除业务约定的注册会计师
  - **后任**
    - 正在考虑接受委托或已经接受委托，接替前任注册会计师对被审计单位本期财务报表进行审计的注册会计师
    - 被审计单位委托注册会计师对已审计财务报表进行重新审计，正在考虑接受委托或已经接受委托的注册会计师
  - **注意**
    - 投标方式承接的，只有中标的才是后任
    - 如果上期财务报表仅经过代编或审阅，执行代编或审阅业务的注册会计师不能被视为前任注册会计师
    - 基本原则：换所，不是换人
- **沟通的总体原则**
  - 后任注册会计师主动发起
  - 征得被审计单位的同意
  - 前后任均需履行保密义务
  - 可以采取书面或口头方式

...接下页

...接上页

审计沟通

与前后任注册会计师的沟通★★★

接受委托前的沟通（必要审计程序）

- 目的：了解被审计单位更换事务所的原因，确定是否接受委托
- **沟通的内容（缺一不可）**
  - 管理层是否存在诚信问题
  - 前任CPA与管理层在重大会计、审计等问题上存在的意见分歧
  - 前任CPA曾与治理层沟通过的关于管理层舞弊、违反法规行为以及值得关注的内部控制缺陷等问题
  - 前任CPA认为导致被审计单位变更会计师事务所的原因
- **前任注册会计师的答复**
  - 一般情况 —— 前任注册会计师应当作出充分答复
  - 多家竞标 —— 在被审计单位明确选定一家作为后任注册会计师之后，再对该后任的询问作出答复
  - 答复受限 —— 前任应表明其答复是有限的，并说明原因
  - 未得到答复
    - 若没有得到答复，且没有理由认为变更事务所原因异常，后任需要设法再次与前任进行沟通
    - 若仍然得不到答复，后任可以致函前任，说明在适当时间得不到答复，将假设不存在使其拒绝接受的原因，并接受委托
- **被审计单位不同意沟通的处理** —— 如果得到的答复是有限的，或未得到答复，后任注册会计师应当考虑是否接受委托

接受委托后的沟通（非必要审计程序）

- 方式：查阅前任工作底稿
- **查阅要求**
  - 前任会计师事务所可以自主决定是否允许后任获取工作底稿部分内容
  - 应当征得被审计单位的同意
- **利用审计工作底稿的责任** —— 后任注会不应在审计报告中表明，其审计意见全部或部分地依赖前任注会的审计报告或工作

发现前任注册会计师审计的财务报表可能存在重大错报的处理

- 安排三方会谈
- **被审计单位拒绝告知前任注册会计师，或前任注册会计师拒绝参加三方会谈，或后任注册会计师对解决问题的方案不满意** —— 应当考虑对审计意见的影响或解除业务约定

第十五章

注册会计师利用他人的工作

分值比重：3分左右

命题形式：选择题

核心考点：专家的概念、利用专家工作的目标及责任、确定专家工作是否足以实现审计目的

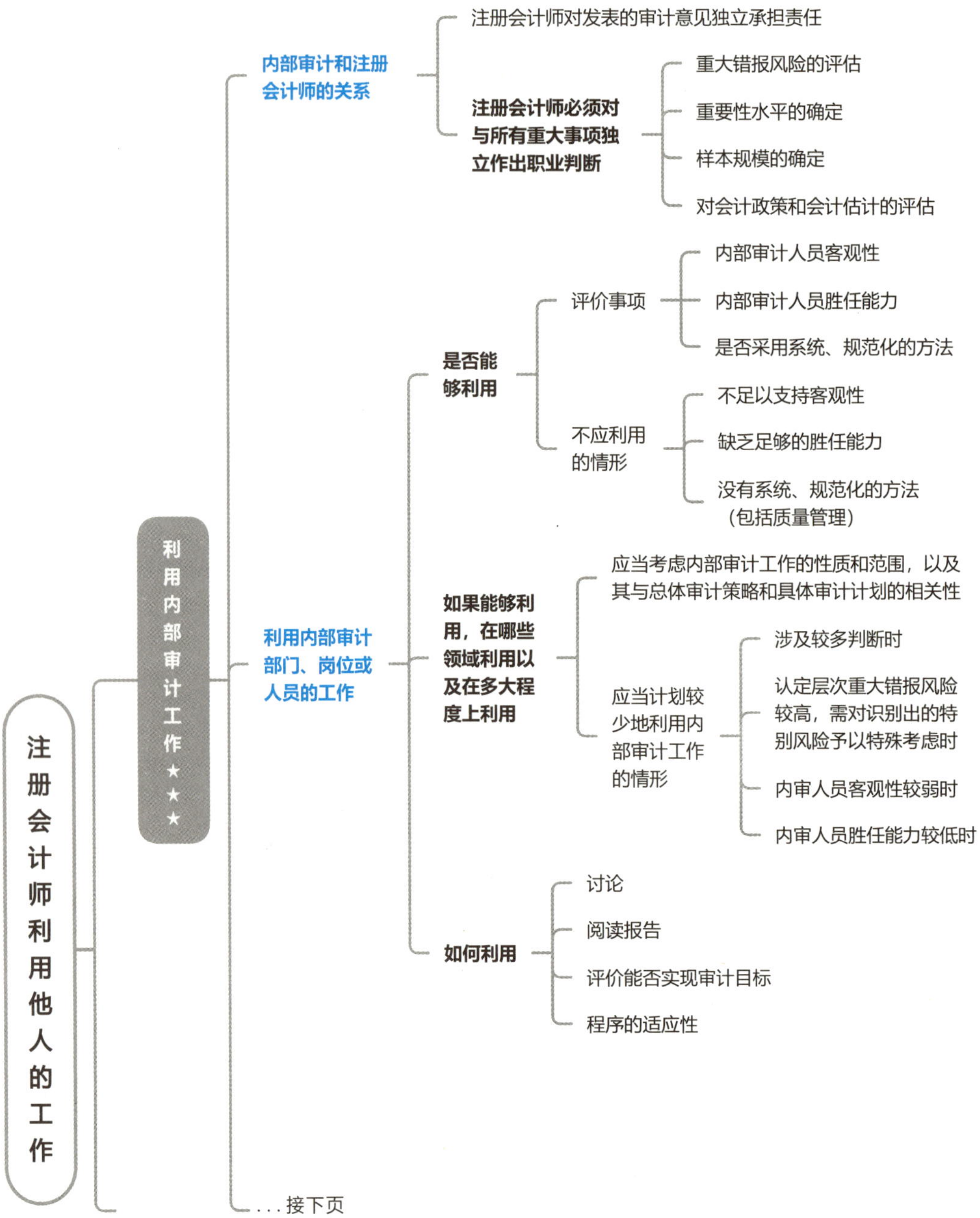

注册会计师利用他人的工作

利用内部审计工作★★★

- **内部审计和注册会计师的关系**
  - 注册会计师对发表的审计意见独立承担责任
  - **注册会计师必须对与所有重大事项独立作出职业判断**
    - 重大错报风险的评估
    - 重要性水平的确定
    - 样本规模的确定
    - 对会计政策和会计估计的评估
- **利用内部审计部门、岗位或人员的工作**
  - **是否能够利用**
    - 评价事项
      - 内部审计人员客观性
      - 内部审计人员胜任能力
      - 是否采用系统、规范化的方法
    - 不应利用的情形
      - 不足以支持客观性
      - 缺乏足够的胜任能力
      - 没有系统、规范化的方法（包括质量管理）
  - **如果能够利用，在哪些领域利用以及在多大程度上利用**
    - 应当考虑内部审计工作的性质和范围，以及其与总体审计策略和具体审计计划的相关性
    - 应当计划较少地利用内部审计工作的情形
      - 涉及较多判断时
      - 认定层次重大错报风险较高，需对识别出的特别风险予以特殊考虑时
      - 内审人员客观性较弱时
      - 内审人员胜任能力较低时
  - **如何利用**
    - 讨论
    - 阅读报告
    - 评价能否实现审计目标
    - 程序的适应性
- ...接下页

注册会计师利用他人的工作

...接上页

- **利用内部审计人员提供直接协助**
  - **是否能够利用**
    - 应当评价
      - 内部审计人员客观性
      - 提供直接协助的内部审计人员的胜任能力
    - 不应利用的情形
      - 存在对内部审计人员客观性的重大不利影响
      - 内部审计人员对拟执行的工作缺乏足够的胜任能力
  - **如果能够利用，在哪些领域利用以及在多大程度上利用**
    - 应当考虑
      - 涉及判断的程度
      - 评估的重大错报风险
      - 是否存在对其客观性的不利影响及其严重程度的评价结果
      - 胜任能力的评价结果
    - 不得利用去实施具有下列特征的程序
      - 在审计中涉及作出重大判断
      - 涉及较高的重大错报风险，需要作出较多的判断
      - 涉及内部审计人员已经参与，并且由内部审计向管理层或治理层报告的工作
      - 涉及注册会计师按照规定就内部审计，以及利用内部审计工作或利用内部审计人员提供直接协助作出的决策
  - **如果拟利用，应适当地指导、监督和复核其工作**
    - 利用之前，注会应当获取书面协议
      - 允许内审人员遵循指令，不被干涉
      - 内审人员对特定事项保密，告知客观性不利影响
    - 在进行指导、监督和复核时
      - 应当认识到内审人员并不独立被审计单位，应当恰当应对评价结果
      - 复核程序应当包括检查内审人员工作所获取的审计证据
    - 指导、监督和复核应当足以使注册会计师对内部审计人员就其执行的工作已获取充分、适当的审计证据以支持相关审计结论感到满意
- 审计工作底稿

利用专家的工作★★★

- **专家的概念**
  - 在会计和审计以外的某一领域
  - 可以是外部也可以是内部专家
  - 不包括管理层专家
- **利用专家工作的目标**
  - 确定是否利用专家的工作
  - 如果利用，专家的工作是否足以实现审计目的

...接下页

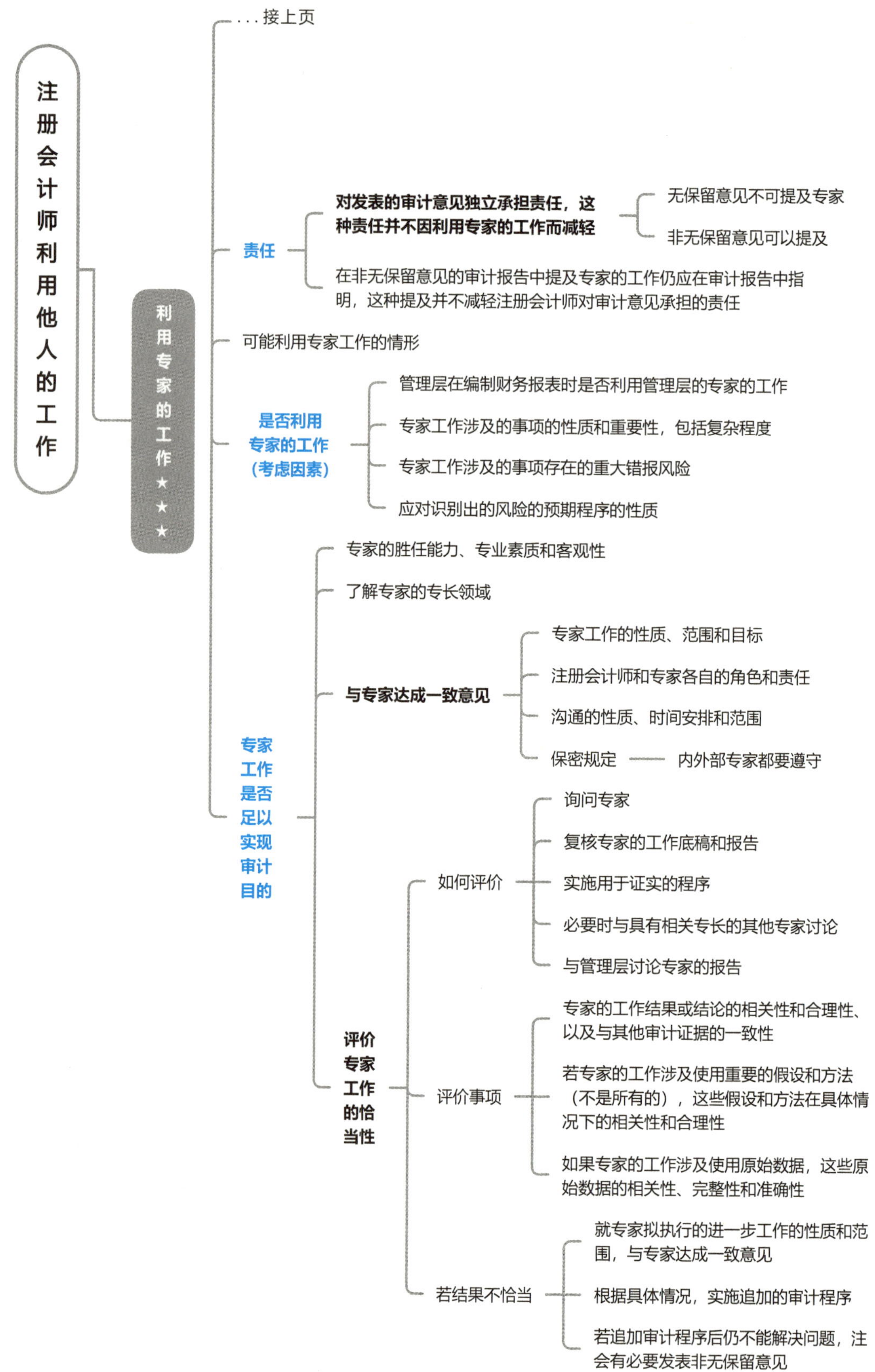
注册会计师利用他人的工作
利用专家的工作★★★
...接上页
责任
对发表的审计意见独立承担责任，这种责任并不因利用专家的工作而减轻
无保留意见不可提及专家
非无保留意见可以提及
在非无保留意见的审计报告中提及专家的工作仍应在审计报告中指明，这种提及并不减轻注册会计师对审计意见承担的责任
可能利用专家工作的情形
是否利用专家的工作（考虑因素）
管理层在编制财务报表时是否利用管理层的专家的工作
专家工作涉及的事项的性质和重要性，包括复杂程度
专家工作涉及的事项存在的重大错报风险
应对识别出的风险的预期程序的性质
专家工作是否足以实现审计目的
专家的胜任能力、专业素质和客观性
了解专家的专长领域
与专家达成一致意见
专家工作的性质、范围和目标
注册会计师和专家各自的角色和责任
沟通的性质、时间安排和范围
保密规定
内外部专家都要遵守
评价专家工作的恰当性
如何评价
询问专家
复核专家的工作底稿和报告
实施用于证实的程序
必要时与具有相关专长的其他专家讨论
与管理层讨论专家的报告
评价事项
专家的工作结果或结论的相关性和合理性、以及与其他审计证据的一致性
若专家的工作涉及使用重要的假设和方法（不是所有的），这些假设和方法在具体情况下的相关性和合理性
如果专家的工作涉及使用原始数据，这些原始数据的相关性、完整性和准确性
若结果不恰当
就专家拟执行的进一步工作的性质和范围，与专家达成一致意见
根据具体情况，实施追加的审计程序
若追加审计程序后仍不能解决问题，注会有必要发表非无保留意见

第十六章

对集团财务报表审计的特殊考虑

分值比重：5分左右

命题形式：选择题、简答题、综合题

核心考点：集团财务报表审计中的责任设定和审计目标、重要性、了解组成部分注册会计师、集团财务报表审计的风险应对

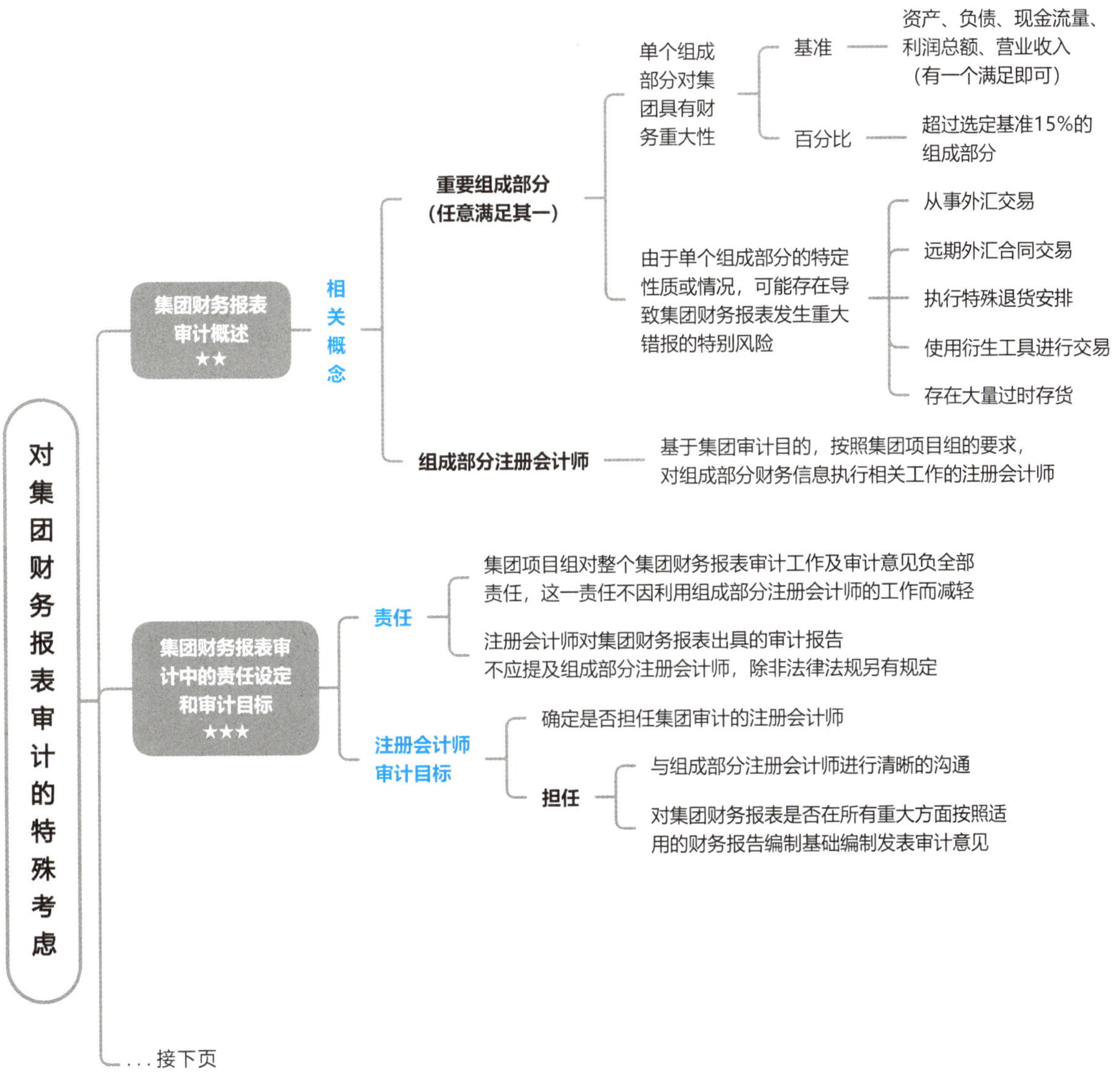

对集团财务报表审计的特殊考虑

- **集团财务报表审计概述** ★★
  - 相关概念
    - **重要组成部分（任意满足其一）**
      - 单个组成部分对集团具有财务重大性
        - 基准 —— 资产、负债、现金流量、利润总额、营业收入（有一个满足即可）
        - 百分比 —— 超过选定基准15%的组成部分
      - 由于单个组成部分的特定性质或情况，可能存在导致集团财务报表发生重大错报的特别风险
        - 从事外汇交易
        - 远期外汇合同交易
        - 执行特殊退货安排
        - 使用衍生工具进行交易
        - 存在大量过时存货
    - **组成部分注册会计师** —— 基于集团审计目的，按照集团项目组的要求，对组成部分财务信息执行相关工作的注册会计师
- **集团财务报表审计中的责任设定和审计目标** ★★★
  - 责任
    - 集团项目组对整个集团财务报表审计工作及审计意见负全部责任，这一责任不因利用组成部分注册会计师的工作而减轻
    - 注册会计师对集团财务报表出具的审计报告不应提及组成部分注册会计师，除非法律法规另有规定
  - 注册会计师审计目标
    - 确定是否担任集团审计的注册会计师
    - **担任**
      - 与组成部分注册会计师进行清晰的沟通
      - 对集团财务报表是否在所有重大方面按照适用的财务报告编制基础编制发表审计意见
- ...接下页

…接上页

对集团财务报表审计的特殊考虑

重要性★★★

- **集团财务报表整体重要性**——由集团项目组制定
- **组成部分重要性**
  - 由集团项目组确定
  - **要求**
    - 针对不同的组成部分确定的重要性可能有所不同
    - 无须采用将集团财务报表整体重要性按比例分配的方式
    - 单个组成部分的重要性低于集团财务报表整体的重要性
    - 对不同组成部分确定的重要性的汇总数，有可能高于集团财务报表整体重要性
- **组成部分实际执行重要性**
  - 组成部分注册会计师或集团项目组制定
  - 由组成部分注册会计师制定：集团项目组应当评价适当性
- **明显微小错报的临界值**
  - 由集团项目组制定
  - 组成部分注册会计师需要将组成部分财务信息中识别的超出临界值的错报通报给集团项目组

了解集团及其环境、集团组成部分及其环境★

- 集团管理层下达的指令
- 舞弊
- 集团项目组成员和组成部分注册会计师对集团财务报表重大错报风险（包括舞弊风险）的讨论
- 风险评估

了解组成部分注册会计师★★★

- **前提**
  - 只有当基于集团审计目的，计划要求由组成部分注册会计师执行组成部分财务信息的相关工作时，才需要了解
  - 如果集团项目组计划仅在集团层面对某些组成部分实施分析程序，则无需了解
- **了解事项**
  - 是否遵守与集团审计相关的职业道德要求，特别是独立性要求
  - 专业胜任能力
  - 集团项目组参与组成部分注会工作的程度是否足以获取充分、适当的审计证据
  - 组成部分注册会计师是否处于积极的监管环境中
- **应对措施**

<table>
<tr><th colspan="2">情形</th><th>参与组成部分作能否消除相关影响</th><th>应对措施</th></tr>
<tr><td colspan="2">组成部分注册会计师不符合与集团审计相关的独立性要求</td><td rowspan="4">参与不能消除影响</td><td rowspan="4">应当就组成部分财务信息亲自获取充分、适当的审计证据</td></tr>
<tr><td rowspan="3">集团项目组对下列事项存在重大疑虑</td><td>①组成部分注册会计师是否了解并将遵守与集团审计相关的职业道德要求</td></tr>
<tr><td>②组成部分注册会计师是否具备专业胜任能力</td></tr>
<tr><td>③集团项目组参与组成部分注册会计师工作的程度是否足以获取充分、适当的审计证据</td></tr>
<tr><td>集团项目组对下列事项存在并非重大疑虑</td><td>①专业胜任能力并非重大的疑虑（如认为其缺乏行业专门知识）
②未处于积极有效的监管环境中</td><td colspan="2">通过参与组成部分注册会计师的工作可以消除对专业胜任能力、未处于积极有效的监管环境中的影响</td></tr>
</table>

…接下页

对集团财务报表审计的特殊考虑

...接上页

合并过程及期后事项★★

- **合并过程**
  - 预期集团层面控制有效运行
  - 仅实施实质性程序不能提供认定层次的充分、适当的审计证据
  - → 集团项目组应当亲自测试或要求组成部分注册会计师代为测试集团层面控制运行的有效性
- **期后事项**
  - 对组成部分财务信息实施审计 —— 应当实施审计程序,以识别期后事项
  - 执行组成部分财务信息审计以外的工作 —— 告知

集团财务报表审计的风险应对★★★

- **影响对组成部分财务信息执行审计工作的类型和参与组成部分注册会计师工作程度的影响因素**
  - 组成部分的重要程度
  - 识别出的导致集团财务报表发生重大错报的特别风险
  - 对集团层面控制的设计的评价，以及其是否得到执行的判断
  - 集团项目组对组成部分注册会计师的了解
- **对组成部分需执行的工作**
  - **重要组成部分**
    - 财务重大性 —— 用该组成部分重要性，对该组成部分的财务信息实施审计
    - 特别风险
      - 使用组成部分重要性对组成部分财务信息实施审计
      - 针对与可能导致集团财务报表发生重大错报的特别风险相关的一个或多个账户余额、一类或多类交易或披露事项实施审计
      - 针对可能导致集团财务报表发生重大错报的特别风险实施特定的审计程序
  - **不重要组成部分** —— 集团层面实施分析程序
- **已执行工作但不能提供充分、适当的审计证据时的处理** —— 集团项目组选择某些不重要的组成部分亲自执行下列一项或多项工作：
  - ① 使用组成部分重要性对其实施审计
  - ② 对一个或多个账户余额、一类或多类交易或披露实施审计
  - ③ 使用组成部分重要性对其实施审阅
  - ④ 实施特定程序
- **参与组成部分注册会计师的工作**
  - **重要组成部分**
    - 集团项目组应当参与风险评估程序
    - 识别出特别风险
      - 集团项目组应当评价针对识别出的特别风险拟实施的进一步审计程序的恰当性
      - 确定是否有必要参与进一步审计程序
  - **不重要组成部分** —— 根据集团项目组对组成部分注册会计师的了解不同而不同

...接下页

...接上页

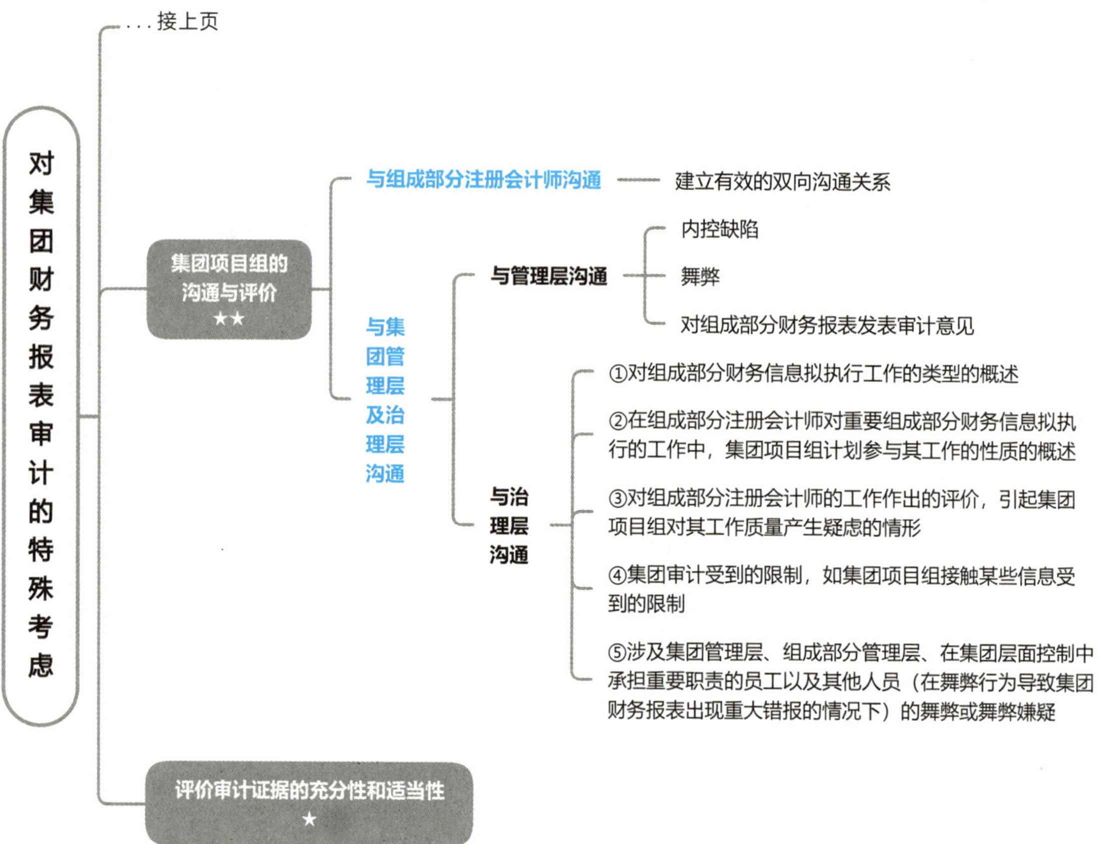
对集团财务报表审计的特殊考虑
集团项目组的沟通与评价 ★★
与组成部分注册会计师沟通
建立有效的双向沟通关系
与集团管理层及治理层沟通
与管理层沟通
内控缺陷
舞弊
对组成部分财务报表发表审计意见
与治理层沟通
①对组成部分财务信息拟执行工作的类型的概述
②在组成部分注册会计师对重要组成部分财务信息拟执行的工作中，集团项目组计划参与其工作的性质的概述
③对组成部分注册会计师的工作作出的评价，引起集团项目组对其工作质量产生疑虑的情形
④集团审计受到的限制，如集团项目组接触某些信息受到的限制
⑤涉及集团管理层、组成部分管理层、在集团层面控制中承担重要职责的员工以及其他人员（在舞弊行为导致集团财务报表出现重大错报的情况下）的舞弊或舞弊嫌疑
评价审计证据的充分性和适当性 ★

第十七章

其他特殊项目的审计

分值比重：10分左右

命题形式：选择题、简答题、综合题

核心考点：审计会计估计、关联方的审计

- 其他特殊项目的审计
  - 审计会计估计★★★
    - 概述
      - 含义
      - **责任**
        - 管理层：应当对其作出的会计估计负责
        - 注册会计师：获取充分、适当的审计证据，评价被审计单位作出的会计估计是否合理、披露是否充分
    - 风险评估
      - **风险评估程序**
        - 了解适用的财务报告编制基础的要求
        - 了解管理层如何识别是否需要作出会计估计——主要通过询问管理层
        - 了解管理层如何作出会计估计
          - 用以作出会计估计的方法，包括模型
          - 相关控制
          - 管理层是否利用管理层的专家的工作
          - 会计估计所依据的假设
          - 用以作出会计估计的方法是否已经发生或应当发生不同于上期的变化，以及变化的原因
          - 管理层是否评估以及如何评估估计不确定性的影响
        - 复核上期会计估计
          - 应当复核上期财务报表中会计估计的结果，或者复核管理层在本期财务报表中对上期会计估计作出的后续重新估计
          - 复核的目的不是质疑上期依据当时可获得的信息而做出的判断
          - 会计估计的结果与财务报表中原来已确认或披露的金额存在差异，并不必然表明财务报表存在错报
      - **识别和评估重大错报风险**
        - 会计估计不确定性的影响因素
          - 会计估计对判断的依赖程度
          - 会计估计对假设变化的敏感性
          - 是否存在可以降低估计不确定性的经认可的计量技术
          - 预测期的长度和从过去事项得出的数据对预测未来事项的相关性
          - 是否能够从外部来源获得可靠数据
          - 会计估计依据可观察到或不可观察到的输入数据的程度
        - ...接下页

其他特殊项目的审计

审计会计估计★★★

风险应对

...接上页

- 具有高度估计不确定性的会计估计
  - 高度依赖判断的会计估计
  - 未采用经认可的计量技术计算的会计估计
  - 对上期财务报表类似估计进行复核的结果表明与实际结果之间存在很大差异
  - 采用高度专业化的、由被审计单位自主开发的模型
  - 在缺乏可观察到的输入数据的情况下作出的公允价值会计估计

重大错报风险的应对措施

- 确定截至审计报告日发生的事项是否提供有关会计估计的审计证据
- 测试管理层如何作出会计估计以及会计估计所依据的数据
  - 应当评价管理层使用的计量方法和使用的假设是否合理
  - 内容
    - 管理层使用的计量方法在具体情况下是否是适当的
    - 管理层使用的假设是否合理
    - 测试会计估计所依据的数据的准确性、完整性和相关性
    - 考虑外部数据或信息的来源、相关性和可靠性
    - 重新计算会计估计并复核
    - 考虑管理层的复核和批准流程
- 测试与管理层如何作出会计估计相关的控制运行有效性，并实施恰当的实质性程序
- 作出注册会计师的点估计或区间估计，以评价管理层的点估计
  - 可以采用和管理层不同的假设和方法
  - 应当基于可获得的审计证据来缩小区间估计，直至该区间估计范围内的所有结果均可被视为合理（等于或低于实际执行的重要性）
  - 可能缩小区间估计直至审计证据指向点估计

特别风险的应对措施

- 估计不确定性
  - 评价管理层如何考虑替代性的假设或结果以及拒绝采纳的原因，在管理层没有考虑替代性的假设或结果的情况下，评价管理层在作出会计估计时如何处理估计不确定性
  - 评价管理层使用的重大假设是否合理
  - 评价管理层实施特定措施的意图和能力与其使用的重大假设的合理性
- 作出区间估计
- 确认和计量标准

...接下页

其他特殊项目的审计

...接上页

- **其他相关审计程序**
  - 关注与会计估计相关的披露 —— 披露的充分性
  - 识别可能存在管理层偏向
    - 应当复核管理层作出会计估计时的判断和决策，以识别是否可能存在管理层偏向的迹象
    - 存在管理层偏向迹象并不一定存在错报
  - 获取书面声明
    - 应当向管理层和治理层（如适用）获取书面声明
    - 书面声明包含的内容
      ①在财务报表中确认和披露的会计估计
      ②未在财务报表中确认和披露的会计估计
- **评估会计估计的合理性并确定错报**
  - **利用点估计和区间估计**
    - 注会的点估计与管理层的点估计之间的差异构成错报
    - 区间估计之外的管理层的点估计得不到审计证据的支持，该错报不小于管理层的点估计与CPA区间估计之间的最小差异
  - **导致错报的因素**
    - 事实错报
    - 判断错报
    - 推断错报

关联方审计★★★

- 关联方审计的责任
- **风险评估**
  - **了解关联方及交易**
    - 项目组内部的讨论
    - 询问管理层
      - 关联方名称、特征
      - 与关联方之间关系的性质
      - 在本期是否与关联方发生交易
    - 了解控制
  - **识别和评估重大错报风险**
    - 超出正常经营过程的重大关联方交易（特别风险）
    - 存在具有支配性影响的关联方导致的重大错报风险
    - 管理层未能识别出或未向注册会计师披露
      - 无意：管理层缺乏足够的胜任能力而导致的重大错报风险
      - 有意：管理层舞弊而导致的重大错报风险
    - 管理层披露关联方交易是公平交易时可能存在的重大错报风险
    - 管理层未能按照适用的财务报告编制基础对特定关联方关系及其交易进行恰当会计处理和披露导致的重大错报风险

...接下页

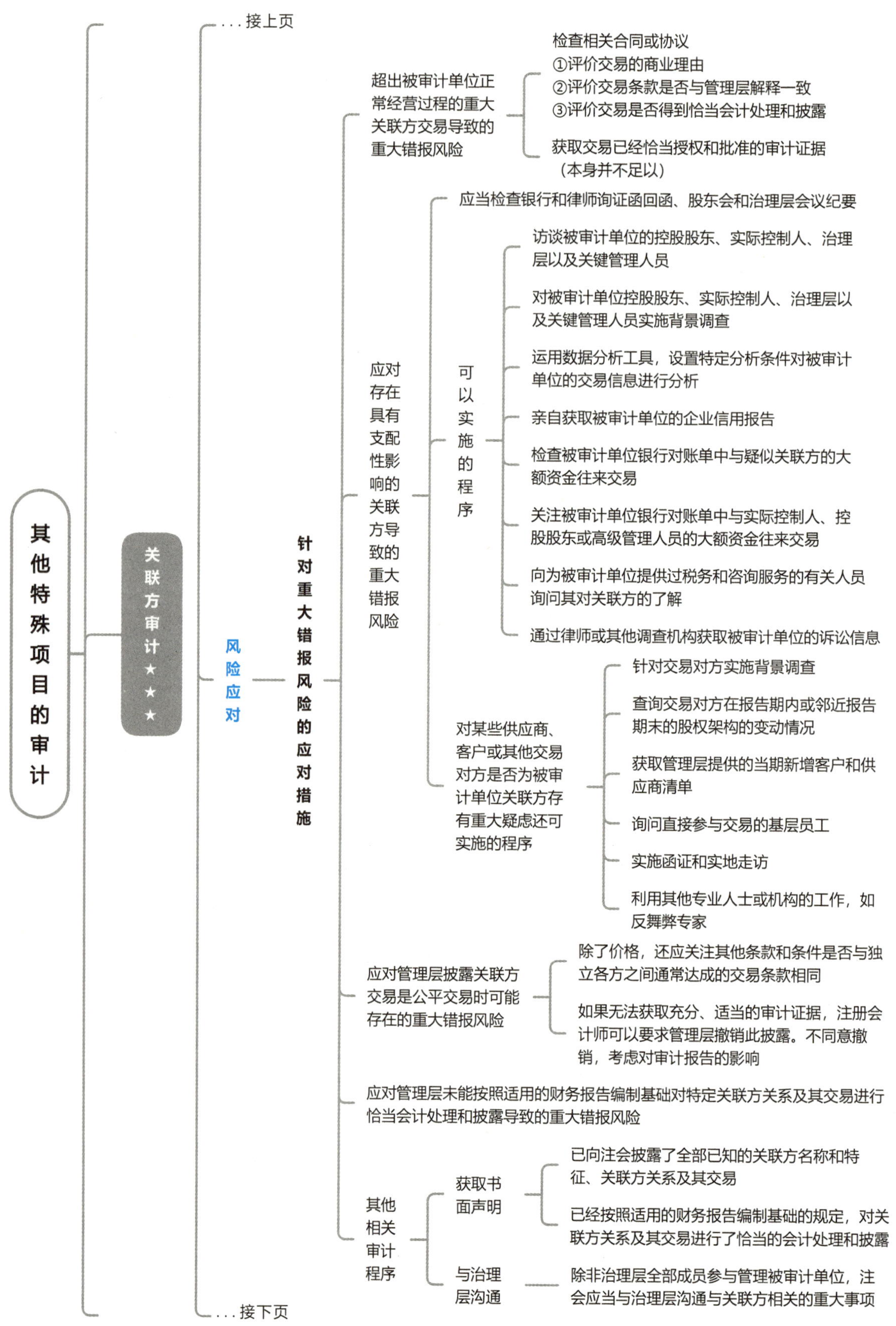

其他特殊项目的审计
关联方审计★★★
风险应对
针对重大错报风险的应对措施
...接上页
超出被审计单位正常经营过程的重大关联方交易导致的重大错报风险
检查相关合同或协议
①评价交易的商业理由
②评价交易条款是否与管理层解释一致
③评价交易是否得到恰当会计处理和披露
获取交易已经恰当授权和批准的审计证据（本身并不足以）
应对存在具有支配性影响的关联方导致的重大错报风险
应当检查银行和律师询证函回函、股东会和治理层会议纪要
可以实施的程序
访谈被审计单位的控股股东、实际控制人、治理层以及关键管理人员
对被审计单位控股股东、实际控制人、治理层以及关键管理人员实施背景调查
运用数据分析工具，设置特定分析条件对被审计单位的交易信息进行分析
亲自获取被审计单位的企业信用报告
检查被审计单位银行对账单中与疑似关联方的大额资金往来交易
关注被审计单位银行对账单中与实际控制人、控股股东或高级管理人员的大额资金往来交易
向为被审计单位提供过税务和咨询服务的有关人员询问其对关联方的了解
通过律师或其他调查机构获取被审计单位的诉讼信息
对某些供应商、客户或其他交易对方是否为被审计单位关联方存有重大疑虑还可实施的程序
针对交易对方实施背景调查
查询交易对方在报告期内或邻近报告期末的股权架构的变动情况
获取管理层提供的当期新增客户和供应商清单
询问直接参与交易的基层员工
实施函证和实地走访
利用其他专业人士或机构的工作，如反舞弊专家
应对管理层披露关联方交易是公平交易时可能存在的重大错报风险
除了价格，还应关注其他条款和条件是否与独立各方之间通常达成的交易条款相同
如果无法获取充分、适当的审计证据，注册会计师可以要求管理层撤销此披露。不同意撤销，考虑对审计报告的影响
应对管理层未能按照适用的财务报告编制基础对特定关联方关系及其交易进行恰当会计处理和披露导致的重大错报风险
其他相关审计程序
获取书面声明
已向注会披露了全部已知的关联方名称和特征、关联方关系及其交易
已经按照适用的财务报告编制基础的规定，对关联方关系及其交易进行了恰当的会计处理和披露
与治理层沟通
除非治理层全部成员参与管理被审计单位，注会应当与治理层沟通与关联方相关的重大事项
...接下页

其他特殊项目的审计

- ……接上页
- 评价会计处理和披露
  - 识别出的关联方关系及其交易是否已按照适用的财务报告编制基础得到恰当会计处理和披露
  - 关联方关系及其交易是否导致财务报表未实现公允反映

持续经营假设★★

- 责任
  - **管理层责任** —— 无论准则是否规定，都应当对持续经营能力作出评估
  - **注会责任**
    - 就管理层运用持续经营假设的适当性获取充分适当的审计证据，并就持续经营能力是否存在重大不确定性得出结论
    - 财务报告编制基础没有明确要求管理层对持续经营能力作出专门评估，注会的这种责任仍然存在
    - 未在审计报告中提及持续经营的不确定性，不能被视为对被审计单位持续经营能力的保证
- 风险评估程序和相关活动
  - 财务方面
  - 经营方面
  - 其他方面
- 风险应对
  - **评价管理层对持续经营能力作出的评估**
    - 管理层评估涵盖期间自财务报表日起12个月
    - 注会评价管理层作出的评估
      - 纠正管理层缺乏分析的错误，不是注会的责任
      - 在某些情况下，管理层缺乏详细分析以支持其评估，并不妨碍注会确定管理层运用持续经营假设是否适合具体情况
      - 注会应当考虑管理层作出的评估是否已考虑所有相关信息，其中包括注会实施审计程序获取的信息
      - 注会应当考虑管理层对相关事项或情况结果的预测所依据的假设是否合理
  - **超出管理层评估期间的事项或情况**
    - 除询问管理层外，没有责任实施其他程序
    - 只有持续经营事项的迹象达到重大时，注会才考虑进一步措施
  - **识别出后实施追加的审计程序**
    - 若管理层尚未对被审计单位持续经营能力作出评估，提请其进行评估
    - 评价管理层的未来应对计划
    - 若管理层已编制现金流量预测，评价用于编制预测的基础数据的可靠性
    - 考虑自管理层作出评估后是否存在其他可获得的事实或信息
    - 要求管理层和治理层提供有关未来应对计划及其可行性的书面声明
- 对审计报告的影响
  - **运用持续经营假设适当但存在重大不确定性**
    - 已充分披露
      - 无保留意见增加“与持续经营相关的重大不确定性”为标题的单独部分
      - 极少数情况下，存在多项对财务报表整体具有重要影响的重大不确定性时发表无法表示意见是适当的
    - 未充分披露 —— 保留意见或否定意见
  - **运用持续经营假设不适当** —— 否定意见 —— 不论是否披露
- ……接下页

其他特殊项目的审计

……接上页

- **与治理层的沟通**
  - 当与治理层就识别出的可能导致对被审计单位持续经营能力产生重大疑虑的事项或情况进行沟通，除非治理层全部成员参与管理被审计单位
  - **沟通的内容**
    - 这些事项或情况是否构成重大不确定性
    - 管理层在编制财务报表时运用持续经营假设是否恰当
    - 财务报表中的相关披露是否充分
    - 对审计报告的影响

首次接受委托时对期初余额的审计★★

- **期初余额**
  - 一般无须专门对期初余额发表审计意见，但也要对期初余额实施适当的审计程序
  - 无需单独为期初余额确定重要性水平
- **期初余额的审计目标**
  - 确定期初余额是否含有对本期财务报表产生重大影响的错报
  - 确定期初余额反映的恰当会计政策是否在本期财务报表中一贯运用，或会计政策的变更是否按照适用的财务报告编制基础作出恰当的会计处理和充分的列报与披露
  - 可以变更的情形
- **审计程序**
  - 确定上期期末余额是否已正确结转至本期或在适当的情况下已作出重新表述
  - 确定期初余额是否反映对恰当会计政策的运用
  - **实施一项或多项审计程序**
    - 如果上期经过审计，查阅前任工作底稿
    - 评价本期实施的审计程序是否提供的期初余额的审计证据
    - 其他审计专门的程序
      - 流动资产和流动负债可以通过本期实施的审计程序获取部分审计证据
        - 短期借款：通过在本期获取的付款凭证和银行对账单来证实
        - 应收账款：通过在本期获取的收款凭证和客户对账单证实期初应收账款
        - 存货：
          ①监盘当前的存货数量并调节至期初存货数量
          ②对期初存货的计价实施审计程序
          ③对毛利和存货截止实施审计程序
      - 非流动资产和非流动负债（长期股权投资、长期借款、固定资产）
        - 检查形成期初余额的会计记录和其他信息
        - 向第三方函证（与第三方有关系的）

……接下页

其他特殊项目的审计

首次接受委托时对期初余额的审计★★

...接上页

审计结论和审计报告

- **不能获取有关期初余额的充分、适当的审计证据**
  - 保留意见或无法表示意见
  - 除非法律法规禁止
    - 对经营成果和现金流量：保留意见或无法表示意见
    - 财务状况：无保留意见
- **期初余额存在对本期报表产生重大影响的错报**
  - 应当告知管理层
  - 上期财务报表由前任审计：告知前任
  - 未能得到正确处理和恰当列报：保留意见或否定意见
- **会计政策变更对审计报告的影响**
  - 未能得到一贯运用
    未能得到恰当会计处理或适当列报和披露：保留意见或否定意见
- **前任注册会计师对上期报表发表了非无保留意见**
  - 本期财务报表仍然相关和重大：非无保留意见
  - 对本期既不相关也不重大：无需因此发表非无保留意见

第十八章

完成审计工作

分值比重：4分左右

命题形式：选择题、综合题

★ 核心考点：评价审计中发现的错报、期后事项、书面声明

完成审计工作

评价审计过程中识别的错报★★★

- 累积识别出的错报（除非明显微小）
- **随着审计的推进考虑识别出的错报**
  - 识别出的错报的性质以及错报发生的环境可能表明存在其他错报
  - 审计过程中累积的错报合计数接近重要性
  - → 修改审计计划
- **沟通与更正错报** —— **应当及时将审计过程中累积的所有错报与管理层沟通并且要求更正（除非明显微小）** —— 如果管理层拒绝→说明理由
- **评价未更正的错报的影响**
  - 重新评估重要性
  - **评价未更正错报单独或汇总起来是否重大**
    - 定量：财务报表整体重要性
    - 定性
      - 某一单项不太可能被其他错报抵销
      - 确定一项分类错报是否重大，需要进行定性评估
      - 金额低于财报整体重要性，但是性质严重也构成重大错报
    - 以前期间相关的非重大未更正错报的累积影响，可能对本期财务报表产生重大影响
- **书面声明** —— 应当要求管理层和治理层提供书面声明，说明其是否认为未更正错报单独或汇总起来对财务报表整体的影响不重大

实施分析程序★

- **目的** —— 确定财务报表是否与其对被审计单位的了解一致
- **识别出以前未识别的重大错报风险** —— 需要修改重大错报风险的评估结果，并相应修改原计划实施的进一步审计程序

...接下页

完成审计工作

...接上页

复核审计工作★★

- **项目组内部复核**
  - **复核人员**
    - 经验多的复核经验少的
    - 必要时可以由项目合伙人执行复核
  - **复核时间** —— 审计项目复核贯穿审计全过程
  - 复核范围
- **项目合伙人复核**
  - **责任承担** —— 应当对审计项目的高质量承担总体责任
  - **复核时间** —— 应当在签署审计报告前复核财务报表、审计报告以及相关的审计工作底稿
  - **复核范围**
    - 重大事项
    - 重大判断
      - 对关键审计事项的描述
      - 在审计中遇到的困难
      - 有争议事项相关的判断以及得出的结论
    - 与项目合伙人的职责有关的其他事项
    - 还包括复核财务报表、审计报告以及相关的审计工作底稿，包括对关键审计事项的描述
  - **记录** —— 应当记录复核的范围和时间
- **项目质量控制复核** —— 详见第21章

期后事项★★★

- **种类**
  - **期后调整事项** —— 财务报表日已经存在的情况提供证据的事项
  - **期后非调整事项** —— 财务报表日后发生的情况提供证据的事项
- **第一时段（财务报表日-审计报告日）**
  - **注册会计师的责任：主动识别** —— 应当设计和实施审计程序
  - **时间** —— 实施时间越接近审计报告日越好
  - **结果**
    - 如果属于调整事项，应当考虑被审计单位是否对财务报表作出适当调整
    - 如果属于非调整事项，应当考虑被审计单位是否在附注中予以充分披露

...接下页

...接上页

完成审计工作

期后事项★★★

第二时段（审计报告日-财务报表报出日）

- 注会的责任：没有义务针对财务报表实施任何审计程序（被动知悉）
- **如果注会知悉了某事实，且若在审计报告日知悉可能导致修改审计报告，应采取的措施**
  - 管理层修改财务报表
    - 一般情况处理
      - 应当对有关修改实施必要的审计程序
      - 应当将用以识别期后事项的审计程序延伸至新的审计报告日
      - 并针对修改后的财务报表出具新的审计报告，新的审计报告日不应早于修改后的财务报表被批准的日期
    - 特殊情况处理
      - 特殊情况：管理层的修改仅限于反映导致修改的期后事项的影响；董事会、管理层或类似机构也仅对有关修改进行批准
      - 注会可以仅针对有关修改将用以识别期后事项的上述审计程序延伸至新的审计报告日
        ①修改审计报告，针对财务报表修改部分增加补充报告日期（原审计报告日期不变）
        ②出具新的或经修改的审计报告，在强调或其他事项段中说明审计程序仅限于财务报表相关附注所述的修改
  - 管理层不修改财务报表
    - 审计报告未提交——发表非无保留意见，然后再提交
    - 审计报告已提交
      - 通知管理层和治理层在作出必要修改前不要向第三方报出
      - 财务报表在未经必要修改的情况下仍被报出，注会应设法防止财务报表使用者信赖该审计报告

第三时段（财务报表报出日后）

- 注会的责任：没有义务针对财务报表实施任何审计程序
- **如果注会知悉了某事实，且若在审计报告日知悉可能导致修改审计报告，应采取的措施**
  - 管理层修改
    - 根据具体情况对有关修改实施必要的审计程序
    - 复核管理层采取措施能否确保所有收到原报告的人了解这一情况
    - 延伸实施审计程序，并针对修改后的财务报表出具新的审计报告
    - 特殊情况下，修改审计报告或提供新的审计报告（应当在新的或经修改的审计报告中增加强调事项段或其他事项段）
  - 管理层不修改
    - 应当通知管理层和治理层
    - 设法防止财务报表使用者信赖该审计报告

...接下页

...接上页

完成审计工作

书面声明★★★

- **特征**
  - 书面声明是注册会计师在财务报表审计中需要获取的必要信息，是审计证据的重要来源
  - 尽管书面声明提供必要的审计证据，但其本身并不为所涉及的任何事项提供充分、适当的审计证据
- **类型**
  - **针对管理层责任的书面声明**
    - 确认管理层根据审计业务约定条款，履行了按照适用的财务报告编制基础编制财务报表并使其实现公允反映（如适用）的责任
    - 针对财务报表的编制、提供信息和交易的完整性
  - **其他书面声明**——可能认为有必要要求管理层提供
- **书面声明的日期及涵盖期间**
  - **日期**
    - 应当尽量接近对财务报表出具审计报告的日期，但不得在审计报告日后
    - 在管理层签署书面声明前，注册会计师不能发表审计意见，也不能签署审计报告
  - **涵盖期间**
    - 应当涵盖审计报告针对的所有财务报表和期间
    - 若在审计报告中提及的所有期间内，出现现任管理层均尚未就任的情形。相应地，注册会计师仍然需要向现任管理层获取涵盖整个相关期间的书面声明
- 书面声明的形式
- **对书面声明可靠性的疑虑**
  - **对管理层的胜任能力、诚信、道德价值观或勤勉尽责存在疑虑**
    - 应当确定这些疑虑对书面或口头声明和审计证据总体的可靠性可能产生的影响
    - 可能认为，管理层在财务报表中作出不实陈述的风险很大，以至于审计工作无法进行，除非治理层采取适当的纠正措施，否则可能需要考虑解除业务约定
    - 很多时候，治理层采取的纠正措施可能并不足以使注册会计师发表无保留意见
  - **书面声明与其他审计程序不一致**
    - 应当实施审计程序以设法解决这些问题
    - 可能需要考虑风险评估结果是否仍然适当
    - 如果问题未解决，需要确定该不一致对书面或口头声明和审计证据总体的可靠性可能产生的影响
    - 如果认为书面声明不可靠，应当采取适当措施，包括确定其对审计意见可能产生的影响
- **管理层不提供书面声明的处理**
  - ① 与管理层讨论该事项
  - ② 重新评价管理层的诚信，并评价该事项对书面或口头声明和审计证据总体的可靠性可能产生的影响
  - ③ 采取适当措施，包括确定该事项对审计意见可能产生的影响
- **发表无法表示意见的情形**
  - 注会对管理层的诚信产生重大疑虑，以至于认为其作出的书面声明不可靠
  - 管理层不提供针对管理层责任的书面声明

第十九章

审计报告

分值比重：6分左右

命题形式：简答题、综合题

★ 核心考点：审计意见、在审计报告中沟通关键审计事项、在审计报告中增加强调事项段和其他事项段、比较信息、注册会计师对其他信息的责任

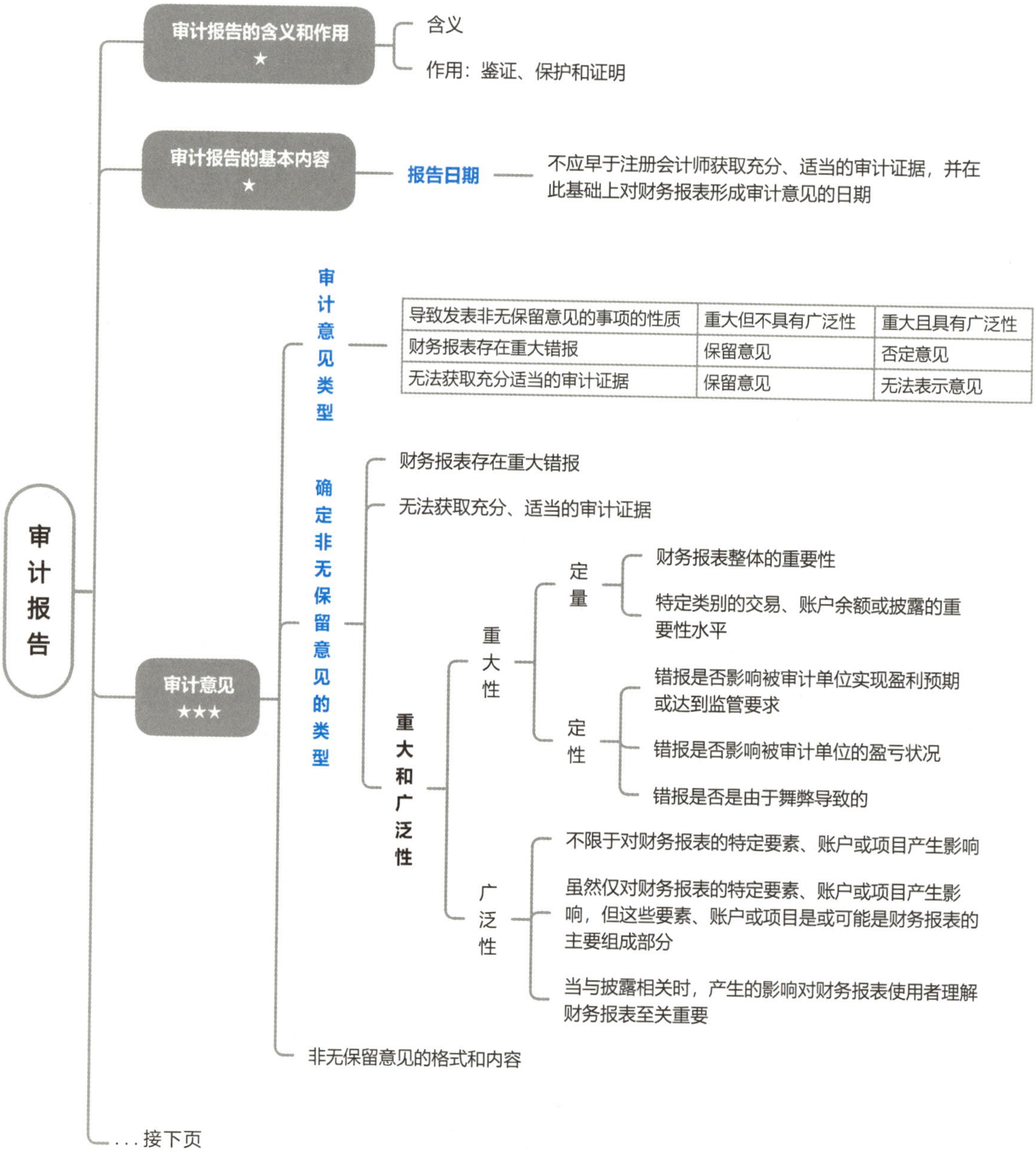

审计报告

- 审计报告的含义和作用 ★
  - 含义
  - 作用：鉴证、保护和证明
- 审计报告的基本内容 ★
  - 报告日期 —— 不应早于注册会计师获取充分、适当的审计证据，并在此基础上对财务报表形成审计意见的日期
- 审计意见 ★★★
  - 审计意见类型

导致发表非无保留意见的事项的性质	重大但不具有广泛性	重大且具有广泛性
财务报表存在重大错报	保留意见	否定意见
无法获取充分适当的审计证据	保留意见	无法表示意见

  - 确定非无保留意见的类型
    - 财务报表存在重大错报
    - 无法获取充分、适当的审计证据
    - 重大和广泛性
      - 重大性
        - 定量
          - 财务报表整体的重要性
          - 特定类别的交易、账户余额或披露的重要性水平
        - 定性
          - 错报是否影响被审计单位实现盈利预期或达到监管要求
          - 错报是否影响被审计单位的盈亏状况
          - 错报是否是由于舞弊导致的
      - 广泛性
        - 不限于对财务报表的特定要素、账户或项目产生影响
        - 虽然仅对财务报表的特定要素、账户或项目产生影响，但这些要素、账户或项目是或可能是财务报表的主要组成部分
        - 当与披露相关时，产生的影响对财务报表使用者理解财务报表至关重要
  - 非无保留意见的格式和内容

...接下页

审计报告

...接上页

在审计报告中沟通关键审计事项★★★

- 含义——是指注册会计师认为对当期财务报表审计最为重要的事项
- 发表无法表示意见时，注册会计师不得在审计报告中包含关键审计事项部分
- 决策
  - ①以“与治理层沟通的事项”为起点选择关键审计事项
  - ②从“与治理层沟通过的事项”中选出“在执行审计工作时重点关注过的事项”
  - ③从“在执行审计工作时重点关注过的事项”中确定“最为重要的事项”
- 在审计报告中沟通关键审计事项
  - 注册会计师对财务报表整体形成审计意见，而不对关键审计事项单独发表意见
  - 描述单一关键审计事项
    - 同时说明
      - 原因
      - 如何应对
    - 应当分别索引至财务报表的相关披露
    - 注册会计师需要避免不恰当地提供与被审计单位相关的原始信息
  - 关键审计事项部分披露的关键审计事项必须已经得到满意解决，即不存在审计范围受限，也不存在意见分歧的情况
  - 不在审计报告中描述该关键事项的情形
    - 情形一
      - 法律法规禁止公开披露某事项
      - 合理预期在审计报告中沟通某事项造成的负面后果超过产生的公众利益方面的益处
    - 情形二——注册会计师确定不存在关键审计事项
    - 情形三——仅有的需要沟通的关键审计事项是导致发表保留意见或否定意见的事项，或者是可能导致对被审计单位持续经营能力产生重大疑虑的事项或情况存在重大不确定性
    - 情形四——如果某事项被确定为关键审计事项，则不能以强调事项或其他事项代替对关键审计事项的描述
- 就关键审计事项与治理层沟通

在审计报告中增加强调事项段和其他事项段★★★

- 强调事项段
  - **含义**——提及已在财务报表中恰当列报或披露的事项且该事项对财务报表使用者理解财务报表至关重要
  - **增加条件（同时满足）**
    - 该事项不会导致注册会计师发表非无保留意见
    - 该事项未被确定为在审计报告中沟通的关键审计事项
  - **增加强调事项段的情形**
    - 财务报告编制基础不可接受
    - 财务报表按照特殊目的编制基础编制
    - 在审计报告日后知悉了某些事实（即期后事项），并且出具了新的或经修改的审计报告
    - 异常诉讼或监管行动的未来结果存在不确定性
    - 在财务报表日至审计报告日之间发生的重大期后事项
    - 提前应用对财务报表有重大影响的新会计准则
    - 存在已经或持续对被审计单位财务状况产生重大影响的特大灾难
  - **采取的措施**——指出审计意见没有因该强调事项而改变

...接下页

审计报告

...接上页

- **其他事项段**
  - **含义**——提及未在财务报表中列报或披露的事项，根据注册会计师的职业判断，该事项与财务报表使用者理解审计工作、注册会计师的责任或审计报告相关
  - **增加条件（同时满足）**
    - 未被法律法规禁止
    - 该事项未被确定为在审计报告中沟通的关键审计事项
  - **增加其他事项段的情形**
    - 与使用者理解审计工作相关
    - 与使用者理解注册会计师的责任或审计报告相关
    - 对两套以上财务报表出具审计报告
    - 限制审计报告分发和使用
- **与治理层的沟通**——如果拟在审计报告中增加强调事项段或其他事项段，注册会计师应当就该事项和拟使用的措辞与治理层沟通

比较信息★★★

- **类别**
  - **对应数据**
    - 含义——作为本期财务报表组成部分的上期金额和相关披露，这些金额和披露只能与本期相关的金额和披露联系起来阅读
    - 意见——审计意见仅提及本期
    - 书面声明——需要要求管理层仅就本期财务报表提供书面声明
  - **比较财务报表**
    - 含义——为了与本期财务报表相比较而包含的上期金额和相关披露
    - 意见——审计意见提及列报的财务报表所属的各期
    - 书面声明——需要要求管理层提供与审计意见所提及的所有期间相关的书面声明
- 审计程序
- **审计报告**
  - **对应数据**
    - 审计意见通常不提及对应数据
    - 例外
      - 导致对上期财务报表发表非无保留意见的事项在本期仍未解决

情形	具体处理		
对上期财务报表发表了**否定意见或无法表示意见**，且事项仍**未解决**	对本期财务报表的影响或可能产生的影响仍然**重大且具有广泛性**	应当对本期财务报表发表**否定意见或无法表示意见**	注册会计师应当在形成非无保留意见的基础部分同时提及本期数据和对应数据
	影响仍然**重大，但不再具有广泛性**	应当对本期财务报表发表**保留意见**	
对上期财务报表发表了**保留意见**，且事项仍**未解决**	应当对本期财务报表发表**非无保留意见**		
对上期财务报表发表了**非无保留意见**，且事项**未解决**，该未解决事项**可能与本期数据无关**	由于未解决事项对本期数据和对应数据的**可比性**存在影响或可能存在影响，仍需要对本期财务报表发表**非无保留意见**		注册会计师应当在形成非无保留意见的基础部分说明，由于未解决事项对本期数据和对应数据之间可比性的影响或可能的影响，因此发表了非无保留意见

...接下页

审计报告

比较信息★★★

审计报告

...接上页

上期财务报表是否经前任审计时的报告要求

- 上期财务报表已由前任审计（可以提及）
  - ①上期财务报表已由前任注册会计师审计
  - ②前任注册会计师发布的意见的类型
  - ③前任注册会计师出具的审计报告的日期
- 上期财务报表未经审计：应当在其他事项段中说明对应数据未经审计

比较财务报表

审计意见应当提及列报财务报表所属的各期，以及发表的审计意见涵盖的各期

情形	具体处理	
因本期审计对上期财务报表发表的意见与以前发表的意见不同	注册会计师应当在**其他事项段中**披露导致不同意见的实质性原因	
认为存在影响上期财务报表的**重大错报**，而**前任**注册会计师以前**出具了无保留意见**的审计报告	①注册会计师**应当与管理层进行沟通，并要求其告知前任注册会计师** ②还**应当与治理层进行沟通**，除非治理层全部成员参与管理被审计单位	
	上期财务报表**已经更正**，且**前任**注册会计师**同意**对更正后的上期财务报表**出具新的审计报告**	**仅对本期财务报表出具审计报告**
	前任注册会计师可能**无法或不愿对上期财务报表重新出具审计报告**	可以在审计报告中**增加其他事项段**，指出前任注册会计师对更正前的上期财务报表出具了报告
上期财务报表已由前任审计	**除非**前任注册会计师对上期财务报表出具的审计报告与财务报表**一同对外提供**，注册会计师除对本期财务报表发表意见外，还**应当**在**其他事项段**中说明： ①上期财务报表已由前任注册会计师审计 ②前任注册会计师发表的意见的类型（如果是非无保留意见，还应当说明发表非无保留意见的理由） ③前任注册会计师出具的审计报告的日期	
上期财务报表未经审计	**应当**在**其他事项段**中说明比较财务报表未经审计 但这种说明**并不减轻**注册会计师获取充分、适当的审计证据，以确定期初余额不含有对本期财务报表产生重大影响的错报的责任	

...接下页

...接上页

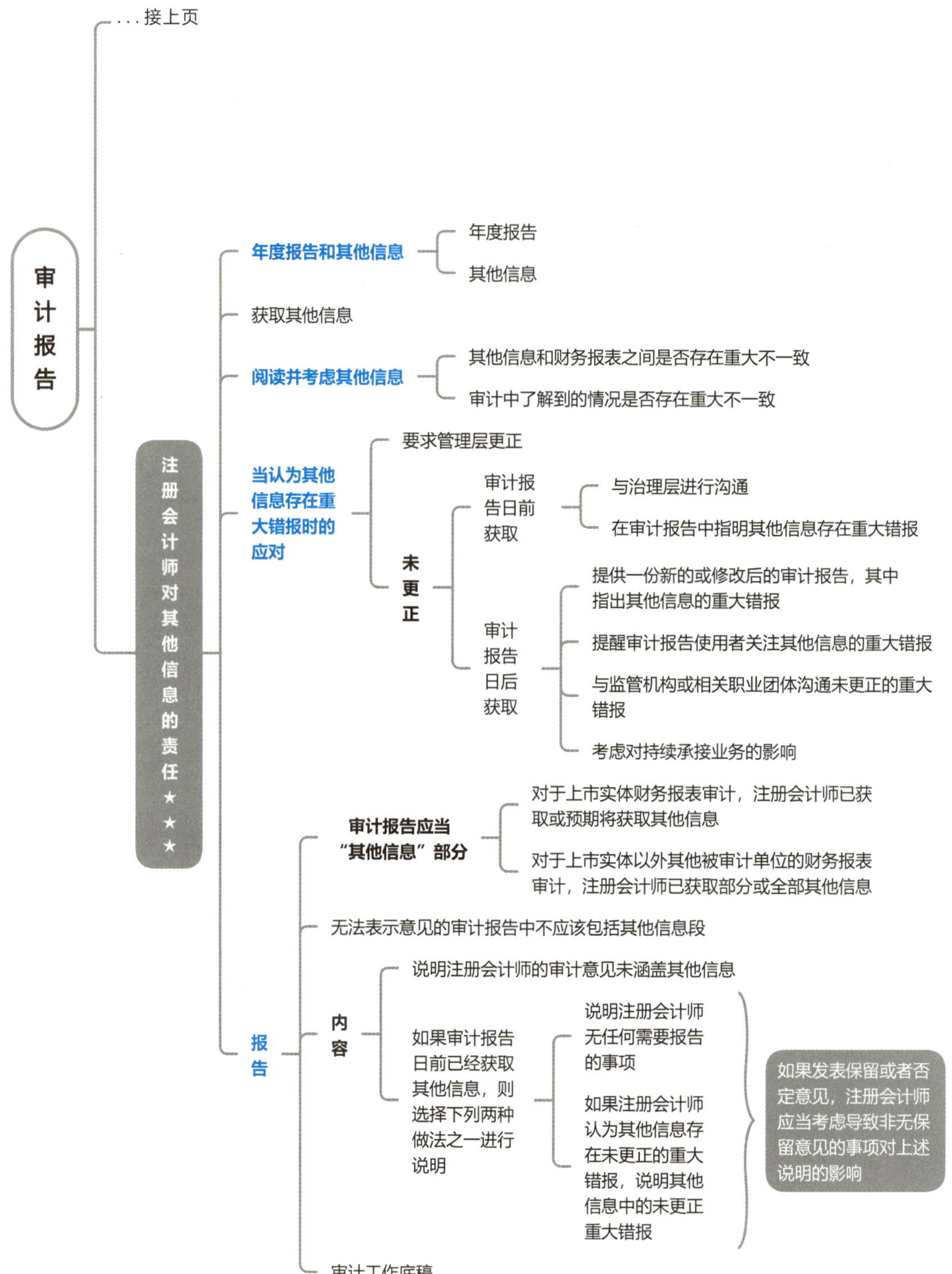
审计报告
注册会计师对其他信息的责任★★★
年度报告和其他信息
年度报告
其他信息
获取其他信息
阅读并考虑其他信息
其他信息和财务报表之间是否存在重大不一致
审计中了解到的情况是否存在重大不一致
当认为其他信息存在重大错报时的应对
要求管理层更正
未更正
审计报告日前获取
与治理层进行沟通
在审计报告中指明其他信息存在重大错报
审计报告日后获取
提供一份新的或修改后的审计报告，其中指出其他信息的重大错报
提醒审计报告使用者关注其他信息的重大错报
与监管机构或相关职业团体沟通未更正的重大错报
考虑对持续承接业务的影响
报告
审计报告应当“其他信息”部分
对于上市实体财务报表审计，注册会计师已获取或预期将获取其他信息
对于上市实体以外其他被审计单位的财务报表审计，注册会计师已获取部分或全部其他信息
无法表示意见的审计报告中不应该包括其他信息段
内容
说明注册会计师的审计意见未涵盖其他信息
如果审计报告日前已经获取其他信息，则选择下列两种做法之一进行说明
说明注册会计师无任何需要报告的事项
如果注册会计师认为其他信息存在未更正的重大错报，说明其他信息中的未更正重大错报
如果发表保留或者否定意见，注册会计师应当考虑导致非无保留意见的事项对上述说明的影响
审计工作底稿

第二十章 企业内部控制审计

分值比重：4分左右

命题形式：选择题

★ 核心考点：内部控制审计的相关概述、自上而下的方法、内部控制缺陷评价、出具审计报告

- 企业内部控制审计
  - 内部控制审计的相关概念★★★
    - 含义 —— 对特定基准日内部控制设计与运行的有效性进行审计
    - 范围 —— **严格限定在财务报告内部控制审计**
      - 针对财务报告内部控制 —— 对其有效性发表审计意见
      - 针对非财务报告内部控制 —— 对在过程中注意到的非财务报告内部控制的重大缺陷，增加“非报告内部控制重大缺陷描述段”予以披露
    - 基准日
      - 最近一个会计期间截止日
      - 对特定基准日内部控制的有效性发表意见，并不意味着注册会计师只测试基准日这一天的内部控制，而是需要考察足够长一段时间内部控制设计和运行的情况
      - 测试涵盖的期间越长，提供的控制有效性的审计证据越多
      - 整合审计中控制测试所涵盖的期间应当尽量与财务报表审计中拟信赖内部控制的期间保持一致
  - 计划审计工作★
    - 计划审计工作时应当考虑的事项
    - 总体审计策略和具体审计策略
  - 选择拟测试的控制——自上而下的方法★★★
    - 1.识别、了解和测试企业层面控制
    - 2.识别重要账户、列报及其相关认定 —— **考虑因素**
      - 定量
        - 超过财务报表整体重要性的账户，通常都被认定为重要账户
        - 一个账户或列报的金额超过财务报表整体重要性，并不必然表明其属于重要账户或列报，因为CPA还需要考虑定性的因素
      - 定性 —— 即使账户或列报从金额上看并不重大，但注册会计师可能因为固有风险或舞弊风险的影响而将其确定为重要账户或列报
      - 不仅需要在重要账户或列报层面考虑风险，还需要深入账户或列报的明细项目
      - 应当依据其固有风险，而不应考虑控制的影响
      - 应当确定重大错报的可能来源
    - 3.了解潜在错报的来源并识别相应的控制
  - . . . 接下页

企业内部控制审计

...接上页

- **4.选择拟测试的控制**
  - 对内部控制整体的有效性发表意见，但没有责任对单位控制的有效性发表意见
  - 注册会计师没有必要测试与某些相关认定有关的所有控制
  - 注册会计师在选取拟测试的控制时，通常不会选取整个流程中的所有控制，而是选择关键控制
  - 注册会计师无须测试那些即使有缺陷也合理预期不会导致财务报表重大错报的控制

测试控制的有效性★

- **内部控制的有效性**
  - 内部控制设计的有效性
  - 内部控制运行的有效性
- **与控制相关的风险** —— 与控制相关的风险越高，注册会计师需要获取的审计证据就越多
- **控制测试的性质** —— 询问、观察、检查、重新执行
- **控制测试的时间安排**
  - **基本要求**
    - 内部控制审计业务
      - 应当获取内部控制在基准日之前一段足够长的期间内有效运行的审计证据
      - 对控制有效性的测试涵盖的期间越长，提供的控制有效性的审计证据越多
      - 越接近基准日，提供的控制有效性的审计证据越有力
    - 整合审计 —— 控制测试所涵盖的期间应尽量与财务报表审计中拟信赖内部控制的期间保持一致
  - **期中测试的方法**
    - 进行期中测试，然后对剩余期间实施前推测试
    - 一部分在期中测试，剩余部分在临近年末的期间测试
    - （已获取有关控制在期中运行有效性的审计证据还应当实施前推测试）
  - **是否测试被取代的控制**
    - 新的控制能够满足控制的相关目标，而且新控制已运行足够长的时间则注册会计师不再需要测试被取代的控制的设计和运行的有效性
    - 如果被取代的控制的运行有效性对注册会计师执行财务报表审计时的控制风险评估具有重要影响，注册会计师应当适当地测试这些被取代的控制的设计和运行的有效性
  - **以前审计获取的有关控制运行有效性的审计证据** —— 除自动化控制以外，注册会计师不能利用
  - **针对信息技术一般控制和自动控制的前推程序** —— 信息技术一般控制有效且关键的自动控制未发生任何变化，则不需要对该自动控制实施前推测试
- **控制测试的范围**
  - 测试人工控制的最小样本规模
  - 测试自动化应用控制的最小样本规模
  - **发现偏差时的处理**
    - 定量 —— 单项控制并非一定要毫无偏差地运行，才被认为有效
    - 定性
      - 系统性偏差或人为有意造成的偏差（舞弊） —— 扩大样本规模无效
      - 不是系统性偏差或人为有意造成的偏差 —— 可以扩大样本规模

...接下页

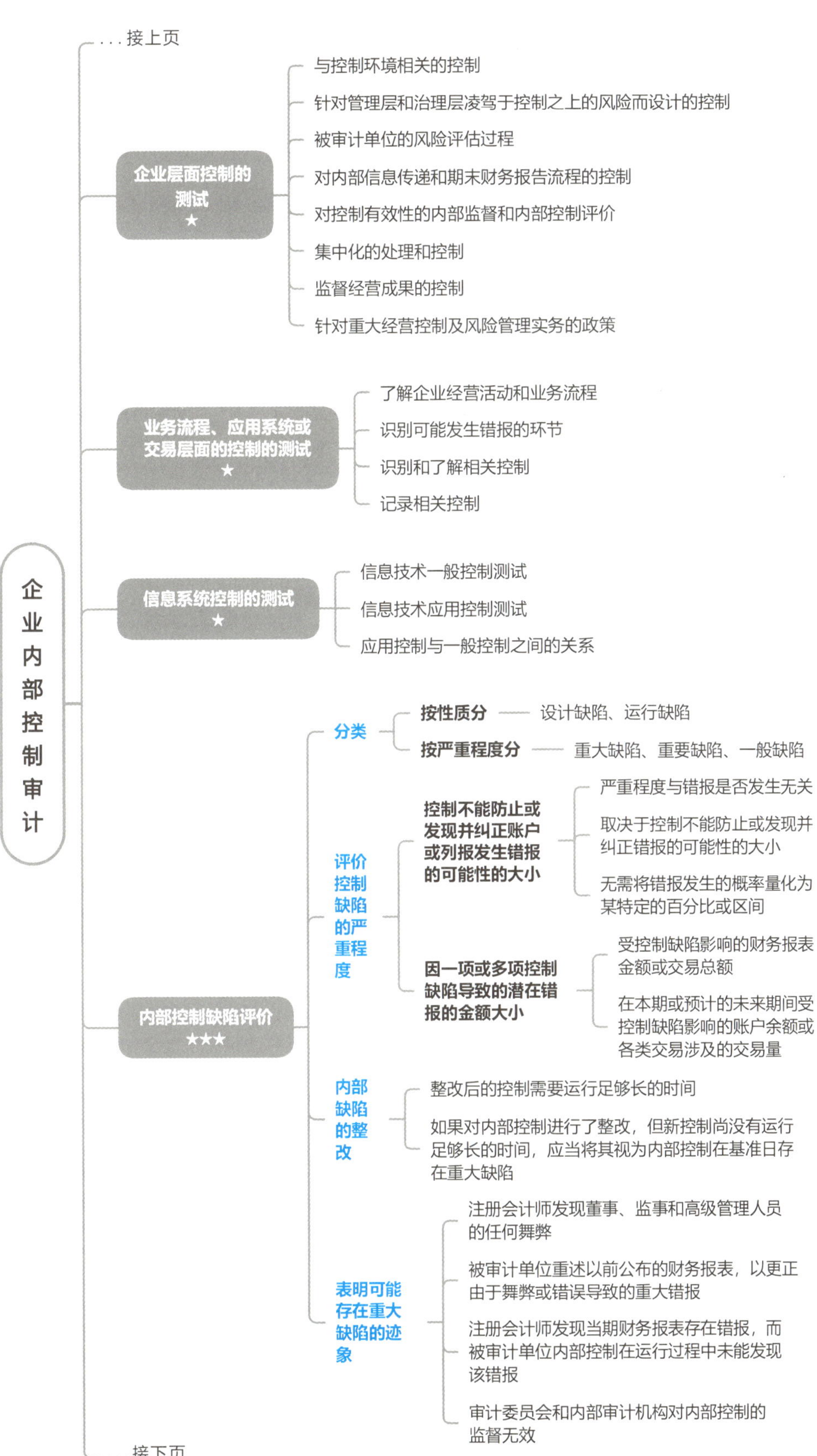
...接上页
企业内部控制审计
企业层面控制的测试 ★
与控制环境相关的控制
针对管理层和治理层凌驾于控制之上的风险而设计的控制
被审计单位的风险评估过程
对内部信息传递和期末财务报告流程的控制
对控制有效性的内部监督和内部控制评价
集中化的处理和控制
监督经营成果的控制
针对重大经营控制及风险管理实务的政策
业务流程、应用系统或交易层面的控制的测试 ★
了解企业经营活动和业务流程
识别可能发生错报的环节
识别和了解相关控制
记录相关控制
信息系统控制的测试 ★
信息技术一般控制测试
信息技术应用控制测试
应用控制与一般控制之间的关系
内部控制缺陷评价 ★★★
分类
按性质分
设计缺陷、运行缺陷
按严重程度分
重大缺陷、重要缺陷、一般缺陷
评价控制缺陷的严重程度
控制不能防止或发现并纠正账户或列报发生错报的可能性的大小
严重程度与错报是否发生无关
取决于控制不能防止或发现并纠正错报的可能性的大小
无需将错报发生的概率量化为某特定的百分比或区间
因一项或多项控制缺陷导致的潜在错报的金额大小
受控制缺陷影响的财务报表金额或交易总额
在本期或预计的未来期间受控制缺陷影响的账户余额或各类交易涉及的交易量
内部缺陷的整改
整改后的控制需要运行足够长的时间
如果对内部控制进行了整改，但新控制尚没有运行足够长的时间，应当将其视为内部控制在基准日存在重大缺陷
表明可能存在重大缺陷的迹象
注册会计师发现董事、监事和高级管理人员的任何舞弊
被审计单位重述以前公布的财务报表，以更正由于舞弊或错误导致的重大错报
注册会计师发现当期财务报表存在错报，而被审计单位内部控制在运行过程中未能发现该错报
审计委员会和内部审计机构对内部控制的监督无效
...接下页

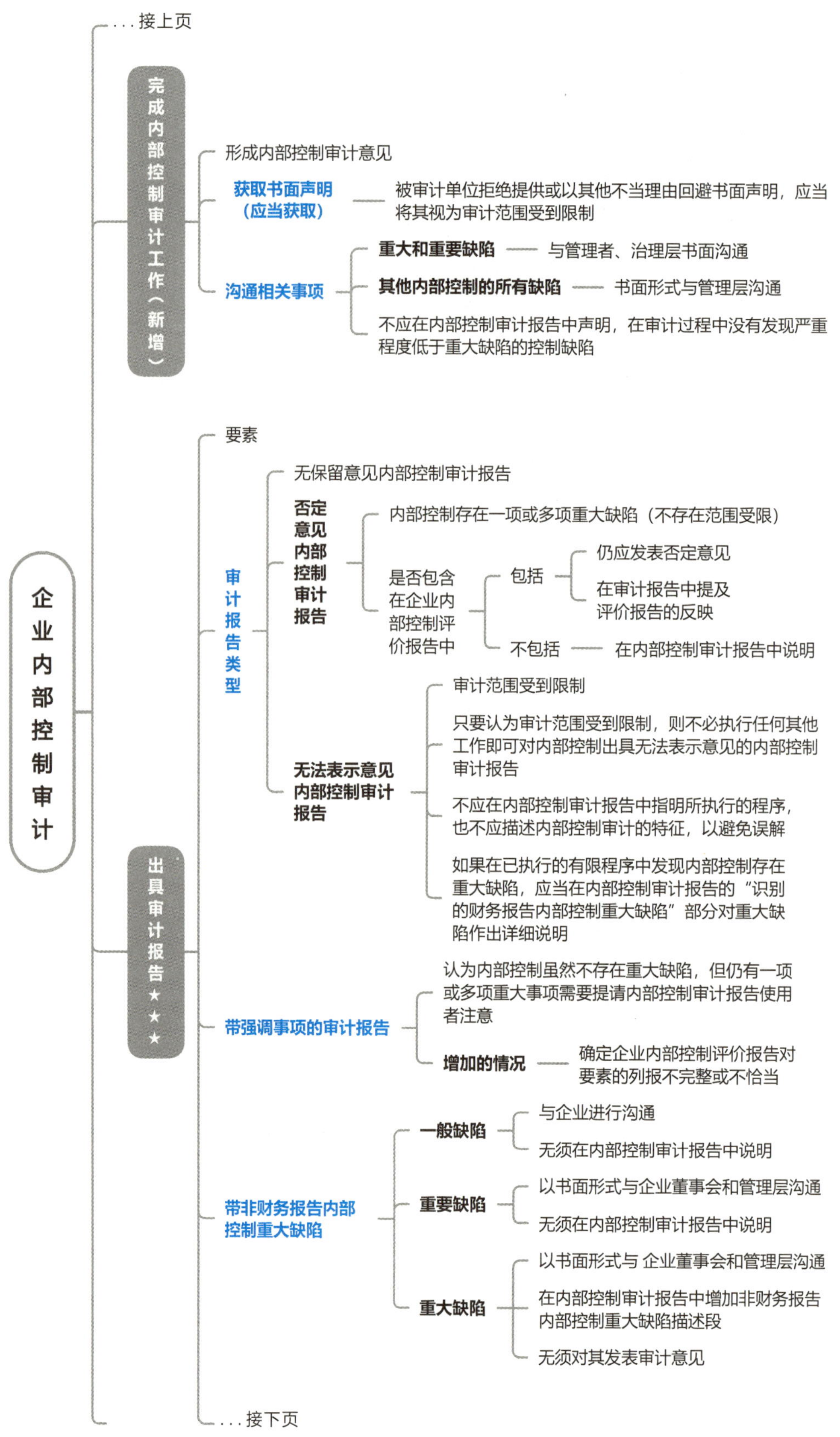
...接上页
企业内部控制审计
完成内部控制审计工作（新增）
形成内部控制审计意见
获取书面声明（应当获取）
被审计单位拒绝提供或以其他不当理由回避书面声明，应当将其视为审计范围受到限制
沟通相关事项
重大和重要缺陷
与管理者、治理层书面沟通
其他内部控制的所有缺陷
书面形式与管理层沟通
不应在内部控制审计报告中声明，在审计过程中没有发现严重程度低于重大缺陷的控制缺陷
出具审计报告★★★
要素
审计报告类型
无保留意见内部控制审计报告
否定意见内部控制审计报告
内部控制存在一项或多项重大缺陷（不存在范围受限）
是否包含在企业内部控制评价报告中
包括
仍应发表否定意见
在审计报告中提及评价报告的反映
不包括
在内部控制审计报告中说明
无法表示意见内部控制审计报告
审计范围受到限制
只要认为审计范围受到限制，则不必执行任何其他工作即可对内部控制出具无法表示意见的内部控制审计报告
不应在内部控制审计报告中指明所执行的程序，也不应描述内部控制审计的特征，以避免误解
如果在已执行的有限程序中发现内部控制存在重大缺陷，应当在内部控制审计报告的“识别的财务报告内部控制重大缺陷”部分对重大缺陷作出详细说明
带强调事项的审计报告
认为内部控制虽然不存在重大缺陷，但仍有一项或多项重大事项需要提请内部控制审计报告使用者注意
增加的情况
确定企业内部控制评价报告对要素的列报不完整或不恰当
带非财务报告内部控制重大缺陷
一般缺陷
与企业进行沟通
无须在内部控制审计报告中说明
重要缺陷
以书面形式与企业董事会和管理层沟通
无须在内部控制审计报告中说明
重大缺陷
以书面形式与 企业董事会和管理层沟通
在内部控制审计报告中增加非财务报告内部控制重大缺陷描述段
无须对其发表审计意见
...接下页

企业内部控制审计

...接上页

对期后事项的考虑（基准日后至审计报告日前）

- **知悉对基准日内部控制有效性有重大负面影响的期后事项** —— 对内部控制发表否定意见
- **不能确定期后事项对内部控制有效性的影响程度** —— 发表无法表示意见
- **管理层在评价报告中披露了基准日之后采取的整改措施** —— 在内部控制审计报告中指明不对这些信息发表意见

内部控制审计和财务报表审计的区别（新增）

主要区别	财务报表审计	内部控制审计
对内部控制进行了解和测试的目的	识别、评估和应对重大错报风险	对**内部控制的有效性**发表审计意见
测试内部控制运行有效性的范围要求	应当设计和实施控制测试的情形： （1）在评估认定层次重大错报风险时，**预期控制运行有效** （2）**仅实施实质性程序不能提供认定层次充分、适当的审计证据**	针对**所有重要**账户和列报的每一相关认定获取控制设计和运行有效性的审计证据
测试内部控制的期间要求	（1）需要获取内部控制在**整个拟信赖期间**运行有效的审计证据 （2）如果拟信赖的控制自上次测试后未发生变化，且不属于旨在减轻特别风险的控制，可以利用以前审计获取的有关控制运行有效性的审计证据，但每三年至少对控制测试一次	（1）需要获取内部控制在**基准日前足够长的时间（可能短于整个审计期间）**内运行有效的审计证据 （2）**应当在每一年度中测试内部控制**
评价控制缺陷	需要确定识别出的内部控制缺陷单独或连同其他缺陷是否构成值得关注的内部控制缺陷	应当评价识别出的内部控制缺陷是否构成一般缺陷、重要缺陷或重大缺陷
沟通控制缺陷	**应当以书面形式及时向治理层通报值得关注的内部控制缺陷**	（1）对于**重大缺陷和重要缺陷，以书面形式与治理层和管理层沟通**，书面沟通应在注册会计师出具内部控制审计报告前进行 （2）**以书面形式与管理层沟通在审计过程中识别的所有内部控制其他缺陷**
审计意见类型	**无保留意见、保留意见、否定意见和无法表示意见**	**无保留意见、否定意见和无法表示意见**

第二十一章

会计师事务所业务质量管理

- 分值比重：6分左右
- 命题形式：简答题
- ★ 核心考点：会计师事务所的质量管理体系、项目质量复核

会计师事务所业务质量管理

- 会计师事务所的质量管理体系★★★
  - 质量管理体系的目标、总体要求
    - 目标
    - 框架 —— 八要素
    - 总体要求
      - 在全所范围内统一设计、实施和运行
      - 风险导向的思路
      - 量身定制适合本事务所的质量管理体系 —— 调整的范围仅限于更改要素的名称、将某个要素进行拆分或将某些要素进行合并
      - 不断优化和完善
  - 组成要素
    - 会计师事务所的风险评估程序
    - 治理和领导层
      - 相关质量目标 —— 在全所范围内形成一种"质量至上"的文化
      - 会计师事务所质量管理领导层
        - 主要负责人（如首席合伙人、主任会计师或者同等职位的人员） —— 应当对质量管理体系承担最终责任
        - 对质量管理体系的运行承担责任的专门合伙人 —— 对质量管理体系的运行承担责任
        - 对质量管理体系特定方面的运行承担责任的专门合伙人 —— 对质量管理体系特定方面的运行承担责任
      - 合伙人管理
        - 建立以质量为导向的晋升机制，不得以承接和执行业务的收入或利润作为晋升合伙人的首要指标
        - 应当针对合伙人的晋升建立和实施质量一票否决制度
        - 会计师事务所应当在全所范围内统一进行合伙人考核和收益分配
    - 相关职业道德要求
      - 相关质量目标
      - 至少每年一次向所有需要按照相关职业道德要求保持独立性的人员获取其已遵守独立性要求的书面确认
      - 对公众利益实体的关键审计合伙人轮换制度（具体内容见二十三章详解）
        - 实时监控轮换情况
        - 建立关键审计合伙人服务年限清单
        - 每年对轮换情况进行复核，并在全所范围内统一进行轮换
    - ...接下页

会计师事务所业务质量管理

...接上页

- 客户关系和具体业务的接受与保持
  - 相关质量目标
    - 知己+知彼
    - 会计师事务所在财务和运营方面对优先事项的安排，并不会导致对是否接受或保持客户关系或具体业务作出不恰当的判断
  - 树立风险意识
    - 应当充分考虑相关职业道德要求、管理层和治理层的诚信状况、业务风险以及是否具备执行业务所必需的时间和资源
- 评价质量管理体系
  - **对质量管理体系的评价**
    - 应当至少每年一次
    - 会计师事务所主要负责人进行评价
  - 对相关人员的业绩评价
- 对质量管理体系的记录
  - 目的
  - **内容**
    - 主要负责人和对质量管理体系承担运行责任的人员各自的身份
    - 会计师事务所的质量目标和质量风险
    - 对应对措施的描述以及这些措施是如何应对质量风险的
    - 实施的监控和整改程序
    - 主要负责人对质量管理体系作出的评价及其依据
  - **保存期限**——应当涵盖足够长的期间

项目质量复核★★★

- 项目质量复核人员的委派和资质要求
  - 全所范围内（包括分所或分部）统一委派
  - **项目质量复核人员的资质要求**
    - 胜任能力——胜任能力应当至少与项目合伙人相当
    - 职业道德
      - 独立——项目合伙人和项目组其他成员不得成为本项目的项目质量复核人员
      - 客观
        - 应当委派合伙人或类似职位的人员，或者会计师事务所外部的人员担任项目质量复核人员
        - 影响客观性的事项：
          ①项目之间交叉实施项目质量复核
          ②某一项目的前任项目合伙人被委任为该项目的项目质量复核人员（冷却期至少应当为两年）
  - **为项目质量复核提供协助的人员的资质要求**——为了确保协助人员的客观性，项目合伙人和项目组其他成员也不得为本项目的项目质量复核提供协助
  - 项目质量复核人员不再符合任职资质要求的情况
- 项目质量复核的实施
  - **复核程序**
    - 阅读并了解相关信息
    - 讨论重大事项及重大职业判断
      - 与项目合伙人及项目组其他成员讨论重大事项
      - 在项目计划、实施和报告时作出的重大判断
    - 复核工作底稿
    - 评价独立性——评价项目合伙人确定独立性要求已得到遵守的依据

...接下页

会计师事务所业务质量管理

...接上页

- 评价咨询
- 评价项目合伙人的结论
- 复核
  - 针对财务报表审计业务，复核被审计财务报表和审计报告，以及审计报告中对关键审计事项的描述
  - 针对财务报表审阅业务，复核被审阅财务报表或财务信息，以及拟出具的审阅报告
  - 针对财务报表审计和审阅以外的其他鉴证业务或相关服务业务，复核业务报告和鉴证对象信息

与项目质量复核相关的政策和程序 —— 禁止项目合伙人在收到项目质量复核人员就已完成项目质量复核发出的通知之前签署业务报告

项目质量复核的完成
- 如果怀疑不能得到满意的解决，项目质量复核人员应当通知会计师事务所适当人员项目质量复核无法完成
- 如果项目质量复核人员确定项目质量复核已经完成，应当签字确认并通知项目合伙人

与项目质量复核有关的工作底稿

对财务报表审计实施的质量管理★

- **审计项目合伙人管理和实现审计质量的领导责任** —— 审计项目合伙人应当对管理和实现审计项目的高质量承担总体责任
- **相关职业道德要求** —— 在签署审计报告之前，审计项目合伙人应当负责确定相关职业道德要求（包括独立性要求）已经得到遵守
- 客户关系和审计业务的接受与保持（判断是否适当的信息）
- **业务资源** —— 拥有适当的胜任能力，包括充足的时间执行审计项目
- **业务执行**
  - 合伙人应当负责对审计项目组成员进行指导、监督并复核
  - **复核内容**
    - 重大事项
    - 重大判断
    - 与审计项目合伙人的职责有关的其他事项
    - 财务报表、审计报告以及相关的审计工作底稿，包括对关键审计事项的描述
  - **复核时间** —— 审计报告日或审计报告日之前
- 咨询
- **项目质量复核（项目合伙人的责任）**
  - 确定会计师事务所已委派项目质量复核人员
  - 配合项目质量复核人员的工作
  - 与项目质量复核人员讨论在审计中遇到的重大事项和重大判断
  - 只有在项目质量复核完成后，才签署审计报告
- **意见分歧** —— 在所有意见分歧得到解决之前，不得签署审计报告
- 监控与整改
- 审计工作底稿

第二十二章

职业道德基本原则和概念框架

- 分值比重：1分左右
- 命题形式：简答题
- ★ 核心考点：注册会计师对职业道德框架的具体运用

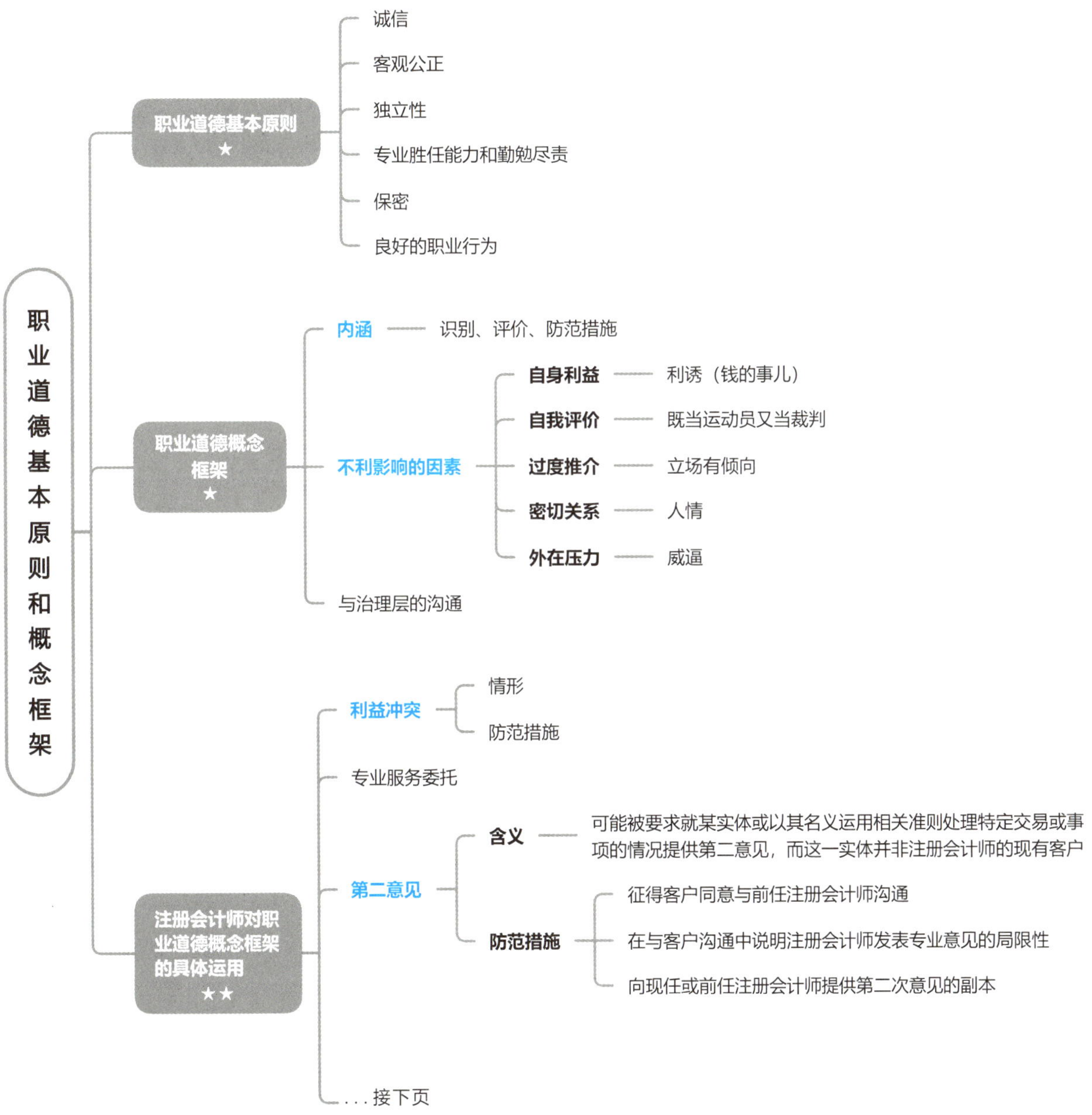

职业道德基本原则和概念框架

- 职业道德基本原则 ★
  - 诚信
  - 客观公正
  - 独立性
  - 专业胜任能力和勤勉尽责
  - 保密
  - 良好的职业行为
- 职业道德概念框架 ★
  - 内涵 —— 识别、评价、防范措施
  - 不利影响的因素
    - **自身利益** —— 利诱（钱的事儿）
    - **自我评价** —— 既当运动员又当裁判
    - **过度推介** —— 立场有倾向
    - **密切关系** —— 人情
    - **外在压力** —— 威逼
  - 与治理层的沟通
- 注册会计师对职业道德概念框架的具体运用 ★★
  - 利益冲突
    - 情形
    - 防范措施
  - 专业服务委托
  - 第二意见
    - **含义** —— 可能被要求就某实体或以其名义运用相关准则处理特定交易或事项的情况提供第二意见，而这一实体并非注册会计师的现有客户
    - **防范措施**
      - 征得客户同意与前任注册会计师沟通
      - 在与客户沟通中说明注册会计师发表专业意见的局限性
      - 向现任或前任注册会计师提供第二次意见的副本
  - ...接下页

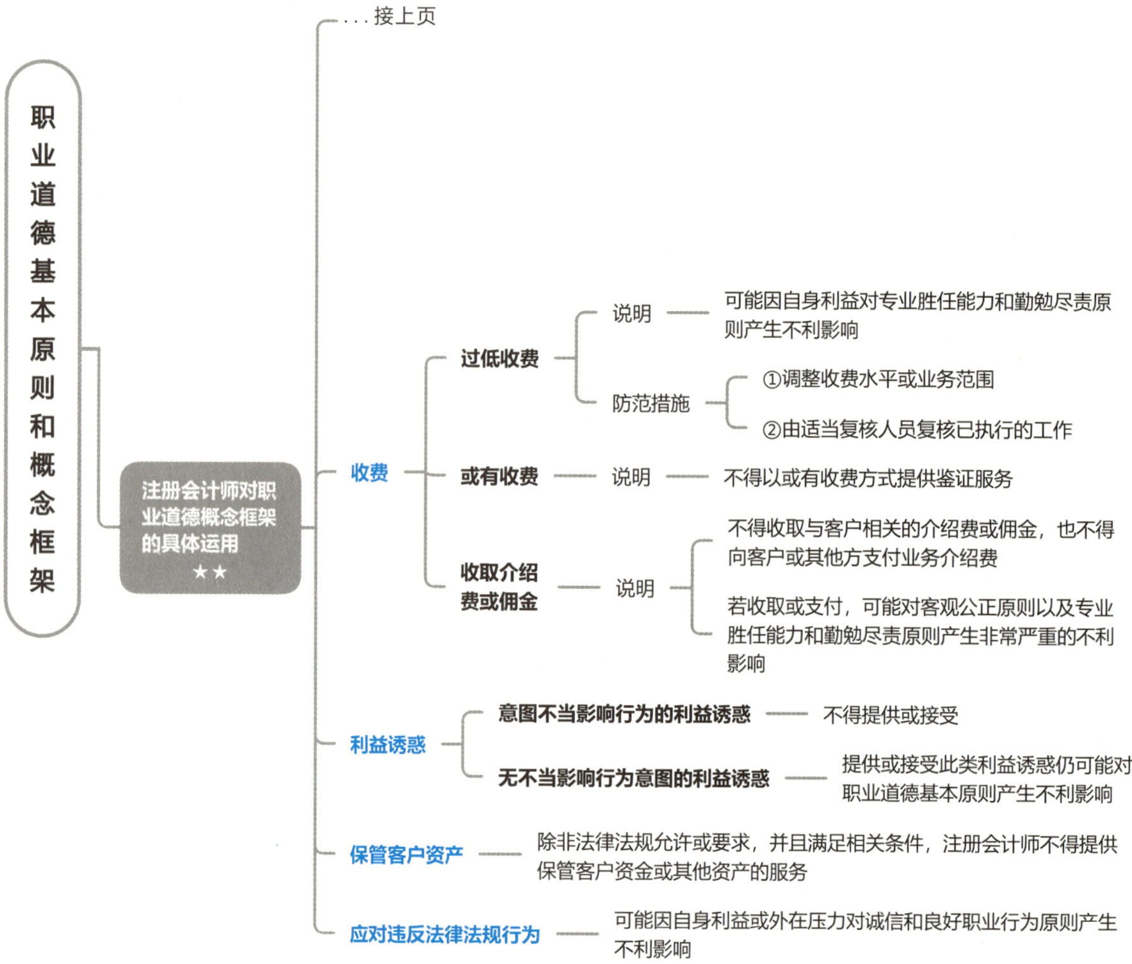
...接上页
职业道德基本原则和概念框架
注册会计师对职业道德概念框架的具体运用 ★★
收费
过低收费
说明
可能因自身利益对专业胜任能力和勤勉尽责原则产生不利影响
防范措施
①调整收费水平或业务范围
②由适当复核人员复核已执行的工作
或有收费
说明
不得以或有收费方式提供鉴证服务
收取介绍费或佣金
说明
不得收取与客户相关的介绍费或佣金，也不得向客户或其他方支付业务介绍费
若收取或支付，可能对客观公正原则以及专业胜任能力和勤勉尽责原则产生非常严重的不利影响
利益诱惑
意图不当影响行为的利益诱惑
不得提供或接受
无不当影响行为意图的利益诱惑
提供或接受此类利益诱惑仍可能对职业道德基本原则产生不利影响
保管客户资产
除非法律法规允许或要求，并且满足相关条件，注册会计师不得提供保管客户资金或其他资产的服务
应对违反法律法规行为
可能因自身利益或外在压力对诚信和良好职业行为原则产生不利影响

第二十三章

审计业务对独立性的要求

分值比重：6分左右

命题形式：简答题

★ 核心考点：经济利益、贷款和担保以及商业关系、家庭和私人关系、与审计客户长期存在业务关系、为审计客户提供非鉴证服务

- 审计业务对独立性的要求
  - 基本概念和要求★
    - 独立性概念
    - 网络和网络事务所
      - 定义
      - 判断是否形成网络的标准（视为不重要的共享的资源）
        - 共享的资源仅限于共同的审计手册或审计方法
        - 共享培训资源，而并不交流人员、客户信息或市场信息
        - 没有一个共有的技术部门
    - 公众利益实体
      - 上市公司
      - 法律法规界定的公众利益实体
      - 法律法规规定按照上市公司审计独立性的要求接受审计的实体（比如央企）
      - 其债券在法律法规认可的证券交易所报价或挂牌，或是在法律法规认可的证券交易所或其他类似机构的监管下进行交易的实体
    - 关联实体
      - 审计客户是上市公司 —— 审计客户包括其所有的“关联实体”
      - 审计客户不是上市公司 —— 审计客户仅包括该客户直接或间接控制的关联实体
    - 保持独立性的期间
      - 开始执行审计业务之日起，至出具审计报告之日止
      - 如果审计业务具有连续性，业务期间结束日应以其中一方通知解除业务关系或出具最终审计报告两者时间孰晚为准
  - 经济利益——自身利益★★★
    - 种类 —— 直接经济利益、间接经济利益
    - 不得在审计客户中拥有的经济利益的情形
      - 主体
        - 我方：①会计师事务所、审计项目团队及其主要近亲属 ②项目合伙人所在分部的其他合伙人或其主要近亲属 ③为审计客户提供非审计服务的其他合伙人、管理人员或其主要近亲属
        - 对方：审计客户
      - 经济利益 —— 拥有直接经济利益或重大间接经济利益
      - 影响独立性 —— 不得拥有
    - ...接下页

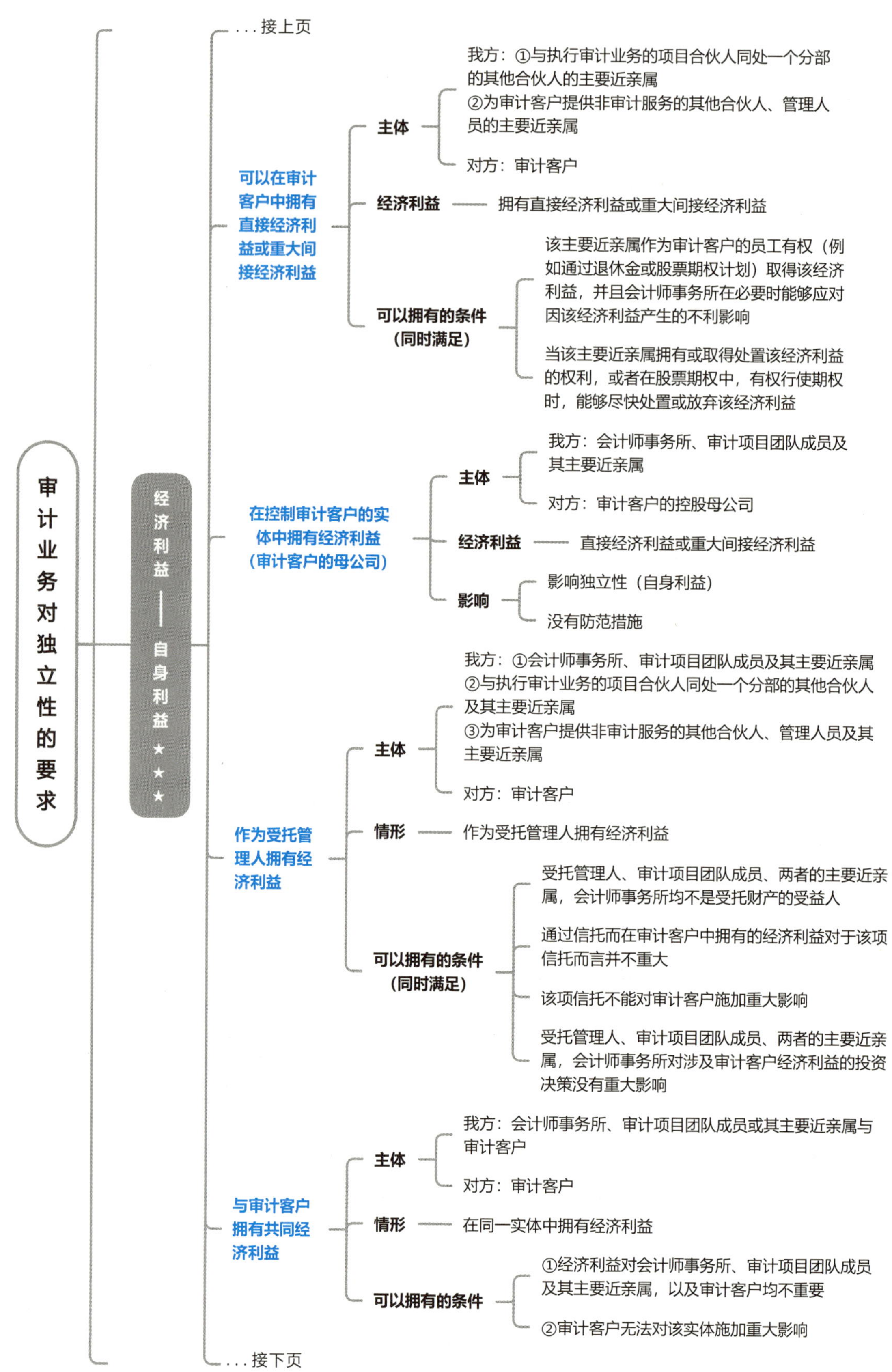

审计业务对独立性的要求
经济利益——自身利益★★★
...接上页
可以在审计客户中拥有直接经济利益或重大间接经济利益
主体
我方：①与执行审计业务的项目合伙人同处一个分部的其他合伙人的主要近亲属
②为审计客户提供非审计服务的其他合伙人、管理人员的主要近亲属
对方：审计客户
经济利益
拥有直接经济利益或重大间接经济利益
可以拥有的条件（同时满足）
该主要近亲属作为审计客户的员工有权（例如通过退休金或股票期权计划）取得该经济利益，并且会计师事务所在必要时能够应对因该经济利益产生的不利影响
当该主要近亲属拥有或取得处置该经济利益的权利，或者在股票期权中，有权行使期权时，能够尽快处置或放弃该经济利益
在控制审计客户的实体中拥有经济利益（审计客户的母公司）
主体
我方：会计师事务所、审计项目团队成员及其主要近亲属
对方：审计客户的控股母公司
经济利益
直接经济利益或重大间接经济利益
影响
影响独立性（自身利益）
没有防范措施
作为受托管理人拥有经济利益
主体
我方：①会计师事务所、审计项目团队成员及其主要近亲属
②与执行审计业务的项目合伙人同处一个分部的其他合伙人及其主要近亲属
③为审计客户提供非审计服务的其他合伙人、管理人员及其主要近亲属
对方：审计客户
情形
作为受托管理人拥有经济利益
可以拥有的条件（同时满足）
受托管理人、审计项目团队成员、两者的主要近亲属，会计师事务所均不是受托财产的受益人
通过信托而在审计客户中拥有的经济利益对于该项信托而言并不重大
该项信托不能对审计客户施加重大影响
受托管理人、审计项目团队成员、两者的主要近亲属，会计师事务所对涉及审计客户经济利益的投资决策没有重大影响
与审计客户拥有共同经济利益
主体
我方：会计师事务所、审计项目团队成员或其主要近亲属与审计客户
对方：审计客户
情形
在同一实体中拥有经济利益
可以拥有的条件
①经济利益对会计师事务所、审计项目团队成员及其主要近亲属，以及审计客户均不重要
②审计客户无法对该实体施加重大影响
...接下页

审计业务对独立性的要求

……接上页

经济利益——自身利益★★★

无意中获取的经济利益

- **主体**
  - 我方：①会计师事务所、审计项目团队成员或其主要近亲属
    ②会计师事务所员工或其主要近亲属
  - 对方：审计客户
- **情形**——继承、馈赠、企业合并等
- **防范措施**
  - 会计师事务所、审计项目团队成员或其主要近亲属——应当立即处置
  - 会计师事务所员工或其主要近亲属——应当在合理期限内尽快处置

与审计客户的利益相关者同时在某一实体中拥有经济利益

- **主体**
  - 我方：会计师事务所、审计项目团队成员或其主要近亲属
  - 对方：审计客户的董事、高级管理人员或拥有控制权的所有者
- **情形**——同时在某一实体拥有经济利益
- **影响**——影响独立性（自身利益、密切关系或外在压力）
- **防范措施**
  - ①调离审计项目团队
  - ②由审计项目团队以外的注册会计师复核该成员已执行的工作

对审计项目团队成员其他近亲属拥有的经济利益

- **主体**
  - 我方：审计项目团队某一成员的其他近亲属
  - 对方：审计客户
- **情形**——在审计客户中拥有直接或重大间接经济利益
- **影响**——影响独立性（自身利益）
- **防范措施**
  - 其他近亲属：尽快处置
  - 团队成员：调离
  - 由审计项目团队以外的适当复核人员复核该审计项目团队成员已执行的工作

对其他人员拥有经济利益的要求

- **主体**
  - 我方：事务所合伙人、专业人员，两者的其主要近亲属；与审计项目团队成员存在密切私人关系的人员
  - 对方：审计客户
- **情形**——在审计客户中拥有直接或重大间接经济利益
- **影响**——影响独立性（自身利益）
- **防范措施**
  - 将存在密切私人关系的审计项目团队成员调离审计项目团队
  - 不允许该审计项目团队成员参与有关审计业务的任何重大决策
  - 由审计项目团队以外的适当复核人员复核该审计项目团队成员已执行的工作

会计师事务所的退休金计划

- **主体**
  - 我方：会计师事务所
  - 对方：审计客户
- **情形**——因退休金计划在审计客户中拥有直接经济利益或重大间接经济利益
- **影响**——影响独立性（自身利益）
- **防范措施**——必要时采取防范措施消除不利影响或将其降低至可接受的水平

……接下页

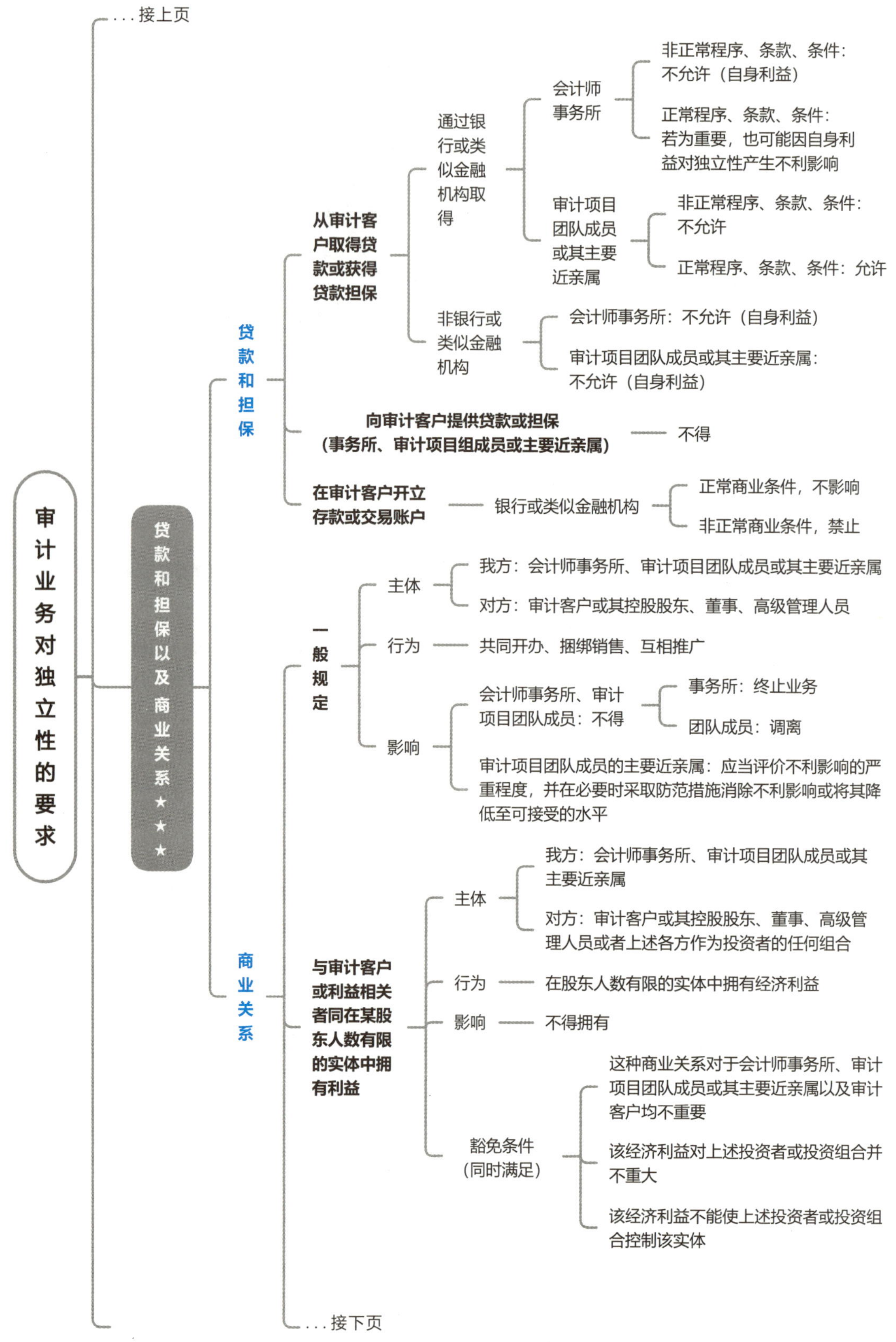
...接上页
审计业务对独立性的要求
贷款和担保以及商业关系★★★
贷款和担保
从审计客户取得贷款或获得贷款担保
通过银行或类似金融机构取得
会计师事务所
非正常程序、条款、条件：不允许（自身利益）
正常程序、条款、条件：若为重要，也可能因自身利益对独立性产生不利影响
审计项目团队成员或其主要近亲属
非正常程序、条款、条件：不允许
正常程序、条款、条件：允许
非银行或类似金融机构
会计师事务所：不允许（自身利益）
审计项目团队成员或其主要近亲属：不允许（自身利益）
向审计客户提供贷款或担保（事务所、审计项目组成员或主要近亲属）
不得
在审计客户开立存款或交易账户
银行或类似金融机构
正常商业条件，不影响
非正常商业条件，禁止
商业关系
一般规定
主体
我方：会计师事务所、审计项目团队成员或其主要近亲属
对方：审计客户或其控股股东、董事、高级管理人员
行为
共同开办、捆绑销售、互相推广
影响
会计师事务所、审计项目团队成员：不得
事务所：终止业务
团队成员：调离
审计项目团队成员的主要近亲属：应当评价不利影响的严重程度，并在必要时采取防范措施消除不利影响或将其降低至可接受的水平
与审计客户或利益相关者同在某股东人数有限的实体中拥有利益
主体
我方：会计师事务所、审计项目团队成员或其主要近亲属
对方：审计客户或其控股股东、董事、高级管理人员或者上述各方作为投资者的任何组合
行为
在股东人数有限的实体中拥有经济利益
影响
不得拥有
豁免条件（同时满足）
这种商业关系对于会计师事务所、审计项目团队成员或其主要近亲属以及审计客户均不重要
该经济利益对上述投资者或投资组合并不重大
该经济利益不能使上述投资者或投资组合控制该实体
...接下页

审计业务对独立性的要求

家庭和私人关系——自身利益、密切关系或外在压力★★★

……接上页

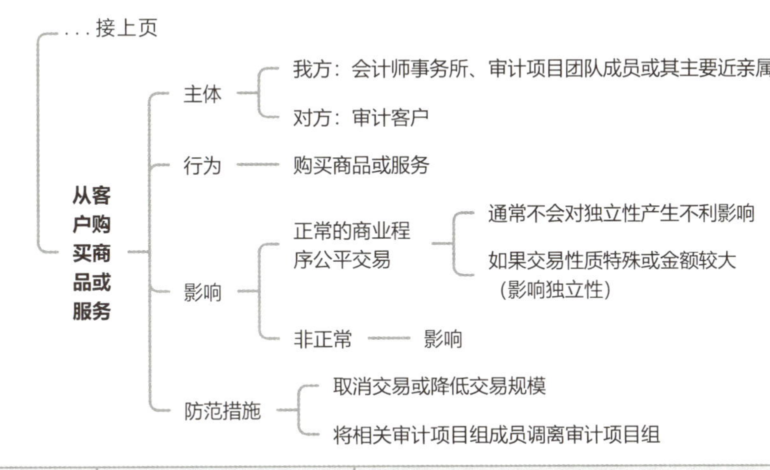

我方主体	在审计客户任职（干什么的）	结果
审计项目团队成员**的主要近亲属**	董高特	①将对独立性产生非常严重的不利影响，导致没有防范措施能够消除该不利影响或将其降低至可接受的水平 ②拥有此类关系的人员**不得**成为审计项目团队成员
	所处职位能够对客户的财务状况、经营成果和现金流量施加重大影响	将因自身利益、密切关系或外在压力对独立性产生不利影响防范措施： ①将该成员**调离**审计项目组 **②合理安排审计项目组成员的职责**，使该成员的工作不涉及其主要 / 其他近亲属的职责范围
审计项目团队成员**的其他近亲属**	董高特	
审计项目团队成员**的其他密切关系的人员**	董高特	即使该员工不是审计项目组成员的近亲属，**也将对独立性产生不利影响** 防范措施： ①将该成员**调离**审计项目组 **②合理安排该成员的职责**，使其工作不涉及与之存在密切关系的员工的职责范围
审计项目团队**以外的人员**	与审计客户的董事、高级管理人员或特定员工之间存在**家庭（亲属）或私人关系**	**可能因为自身利益、密切关系或外在压力产生不利影响** 防范措施： **①合理安排该合伙人或员工的职责**，以减少对审计项目组可能产生的影响 ②由审计项目组以外的注册会计师**复核**已执行的相关审计工作

与审计客户发生人员交流★★★

与审计客户发生雇佣关系

一般规定

- 审计项目组“前任合伙人、前任成员”加入审计客户，担任重要职位（董高特）
  - 与会计师事务所仍保持重要联系——影响独立性，没有防范措施
  - 与会计师事务所已经没有重要联系——不影响
- 前任合伙人加入的某一实体并担任董高特，该实体随后成为审计客户——可能因密切关系或外在压力产生不利影响
- 审计项目团队某成员拟加入审计客户——影响独立性（自身利益）

……接下页

审计业务对独立性的要求

...接上页

- **与审计客户发生人员交流★★★**
  - ...接上页
  - **审计客户属于公众利益实体**
    - 关键审计合伙人加入审计客户担任重要职位
      - 关键审计合伙人 —— 指项目合伙人、实施项目质量控制复核的负责人，以及审计项目组中负责对财务报表审计所涉及的重大事项作出关键决策或判断的其他审计合伙人
      - 冷却期 —— 除非该合伙人不再担任关键审计合伙人后，该公众利益发布了已审计财务报表，其涵盖期间不少于12个月，并且该合伙人不是该财务报表的审计项目组成员，否则独立性将视为受到损害
    - 前任高级合伙人加入审计客户担任重要职位 —— 除非该高级合伙人离职已超过12个月，否则独立性将视为受到损害
    - 因企业合并导致关键审计合伙人或前任高级合伙人加入审计客户担任重要职位
      - 独立性受到损害
      - 豁免条件
        - 当前任关键审计合伙人接受该职务时，并未预料到会发生企业合并
        - 前任关键审计合伙人在会计师事务所中应得的报酬或福利都已全额支付
        - 前任关键审计合伙人未继续参与，或在外界看来未参与会计师事务所的经营活动或专业活动
        - 已就前任关键审计合伙人在审计客户中的职位与治理层讨论
  - **临时借调员工**
    - 影响独立性（自我评价、过度推介或密切关系）
    - **除非同时满足下列条件，否则会计师事务所不得向审计客户借出员工**
      - 短期
      - 借出的员工不得提供禁止提供的非鉴证服务
      - 借出的员工不承担管理层职责
  - **最近曾任审计客户的董事、高级管理人员或特定员工**
    - 自身利益、自我评价或密切关系
    - **在财务报表涵盖的期间**
      - 影响独立性
      - 注册会计师不得将此类人员分派到审计项目组
    - **在财务报表涵盖的期间之前** —— 影响独立性（自身利益、自我评价或密切关系）
  - **兼任审计客户的董事或高级管理人员** —— 影响独立性（自我评价和自身利益）

...接下页

审计业务对独立性的要求

……接上页

与审计客户长期存在业务关系——密切关系、自身利益★★★

- 一般规定
- 属于公众利益实体的审计客户
  - **关键审计合伙人任职期** —— 累计时间不得超过五年
    - 项目合伙人
    - 项目质量复核人员
    - 其他属于关键审计合伙人的职务
  - **特殊情况** —— 可以延长一年
  - **冷却期**

	关键审计合伙人	冷却期
担任一项关键审计合伙人职责	项目合伙人或其他签字注册会计师	连续五年
	质量复核人员	连续三年
	其他关键审计合伙人	连续两年
担任多项关键审计合伙人职责	担任项目合伙人累计达到三年或以上	连续五年
	担任项目质量复核人员累计达到三年或以上	连续三年
	担任项目合伙人和项目质量复核人员累计达到三年或以上，但累计担任项目合伙人未达到三年	连续三年
	担任多项关键审计合伙人职责，并且不符合上述各种情况	连续两年

  - **轮换要求（非公转公）**

在审计客户成为公众利益实体前的服务年限（X 年）	成为公众利益实体后继续服务的年限	冷却期		
		项目合伙人	**项目质量复核人员**	**其他关键审计合伙人**
X ≤ 3	（5-X）年	5 年	3 年	2 年
X ≥ 4	2 年	5 年	3 年	2 年
如客户是首次公开发行证券	2 年	5 年	3 年	2 年

为审计客户提供非鉴证服务★★★

- 管理层职责
- 编制会计记录和财务报表（自我评价）
  - 编制财务报表是管理层的职责
  - **不影响的事项**
    - 沟通审计相关的事项
    - 提供会计咨询服务
    - 日常性或机械性的会计和记账服务
    - 向不属于公众利益实体的审计客户提供会计和记账服务
    - 向公众利益实体的审计客户提供会计和记账服务
- 行政事务性服务 —— 通常不影响独立性

……接下页

审计业务对独立性的要求

……接上页

为审计客户提供非鉴证服务★★★

- **评估服务（自我评价或过度推介）**
  - **不属于公众利益实体**
    - 对财务报表具有重大影响，且评估结果涉及高度主观性 —— 不得提供
    - 要求会计师事务所提供评估服务，以帮助其履行纳税申报义务或满足税务筹划目的，并且评估的结果不对财务报表产生直接影响，且间接影响并不重大，或者评估服务经税务机关或类似监管机构外部复核 —— 通常不对独立性产生不利影响
  - **属于公众利益实体** —— 单独或累积起来对财务报表具有重大影响 —— 不得提供
  - 自我评价或过度推介
- **税务服务（自我评价或过度推介）**
  - **编制纳税申报表** —— 通常不对独立性产生不利影响
  - **为编制会计分录计算税额**
    - 审计客户属于公众利益实体
    - 通常，会计师事务所不得计算当期所得税或递延所得税负债（或资产），以用于编制对被审计财务报表具有重大影响的会计分录
  - **税务筹划和其他税务咨询服务** —— 税务建议的有效性取决于某项特定会计处理或财务报表列报，且同时存在下列情况，则不得提供：
    ①审计项目组对于相关会计处理或财务报表列报的适当性存有疑问
    ②税务建议的结果或执行后果将对被审计财务报表产生重大影响
  - **协助解决税务纠纷**
    - 不得：会计师事务所人员不得在为审计客户提供税务服务时担任辩护人，并且所涉金额对被审计财务报表具有重大影响
    - 可以提供：在公开审理或仲裁期间，会计师事务所为审计客户提供有关法庭裁决事项的咨询
- **内部审计服务（自我评价）**
  - 不得承担管理层职责
  - **不得向属于公众利益实体审计客户提供以下内部审计服务**
    - 财务报告内部控制的组成部分
    - 财务会计系统
    - 单独或累积起来对被审计财务报表具有重大影响的金额或披露
- **信息技术服务（自我评价）**
  - 不得承担管理层职责
  - 不得向属于公众利益实体审计客户提供服务的情形：
    ①信息技术系统构成财务报告内部控制的重要组成部分
    ②信息技术系统生成的信息对会计记录或被审计财务报表影响重大
- **诉讼支持服务（自我评价或过度推介）** —— 会计师事务所向审计客户提供诉讼支持服务，可能因自我评价或过度推介产生不利影响

……接下页

...接上页

审计业务对独立性的要求

- **法律服务（自我评价或过度推介）**
  - 不得：首席法律顾问
  - **会计师事务所人员担任辩护人，并且纠纷或法律诉讼所涉金额对被审计财务报表有重大影响** —— 不得，没有防范措施
  - **会计师事务所人员担任辩护人，并且纠纷或法律诉讼所涉金额对被审计财务报表无重大影响** —— 防范措施
    - 由审计项目团队以外的专业人员提供该服务
    - 由未参与提供法律服务的适当复核人员复核所执行的审计工作或提供的服务
- **招聘服务（自身利益、密切关系或外在压力）**
  - 不得代表客户与应聘者进行谈判
  - **审计客户拟招聘董事、高级管理人员，或所处职位能够对客户会计记录或被审计财务报表的编制施加重大影响的员工** —— 不得提供：①寻找候选人，或从候选人中挑选出适合相应职位的人员 ②对候选人实施背景调查
- **公司理财服务（自我评价或过度推介）** —— 不得提供涉及推荐、交易或承销审计客户股票的公司财务服务

- **收费★★**
  - **收费结构**
    - 从某一审计客户收取的全部费用占某一合伙人从所有客户收取的费用总额比重很大时
    - 从某一审计客户收取的全部费用占会计师事务所收费总额比重很大时
    - 从属于公众利益实体的某一审计客户收取的全部费用比重较大
    - 以上情形：将因自身利益或外在压力产生不利影响
  - **逾期收费** —— 如果审计客户长期未支付应付的审计费用，尤其是相当部分的审计费用在出具下一年度审计报告前仍未支付 —— 可能因自身利益产生不利影响
  - **或有收费** —— 不得

- **影响独立性的其他事项★**
  - **薪酬或业绩评价政策（自身利益）**
    - 关键审计合伙人的薪酬或业绩评价不得与其向审计客户推销的非鉴证服务直接挂钩
    - 某一审计项目组成员的薪酬或业绩评价与其向审计客户推销的非鉴证服务挂钩，将因自身利益产生不利影响 —— 防范措施 ①将该成员调离审计项目组 ②由审计项目组以外的注册会计师复核该成员已执行的工作 ③修改该成员的薪酬计划或业绩评价程序
    - 自身利益
  - **礼品和款待（自身利益、密切关系或外在压力）** —— 不得接受礼品
  - **诉讼或诉讼产生威胁（自身利益和外在压力）** —— 会计师事务所或审计项目组成员与审计客户发生诉讼或很可能发生诉讼 —— 将因自身利益和外在压力产生不利影响